재무관리원론

제7판

| 민성기 엄윤성 공저 |

FINANCIAL MANAGEMENT

창 민 사

개정판을 내면서

코로나-19 팬데믹(Pandemic)으로 전 세계가 변화를 겪은 지도 만 2년이 넘어간다. 백신이 나오면 이전으로 돌아갈 것이라는 희망도 변이 바이러스의 출현으로 일상의 회복은 기약할 수 없게 되었다. 강의실에서 학생들 눈을 마주치며 강의한 게 백 년 전인 듯 싶다.

인간은 위기를 극복하며 발전해왔다. 경제는 물론 삶의 방식도 변화하고 있다. 코로나-19는 누구에게는 위기이지만 또 다른 누구에게는 기회이다. 미국의 대형 테크기업인 애플, 아마존, 메타, 구글, 테슬라, 넷플릭스 등은 코로나-19 이후에 기업가치가 더 커졌다. 비자발적 언택트 문화가 일상이 되었고, 그것을 가속화시킨 테크기업은 시장에서 높은 가치로 평가되었고, 주주의 부도 더불어 늘어났다. 혁신에 대한 보상이 확실하지만, 다른 한편으로는 부의 편중현상이라는 사회적 문제도 피할 수 없다. 사회의 구성원인 기업도 이러한 사회적 문제를 외면할 수 없다. 최근 ESG 경영이 그 대표적 사례라고 할 수 있다.

이번 개정판에서는 최근 변화된 기업환경과 재무관리의 역할을 중점으로 소개하고 개정하였다. 환경(Environment), 사회(Social), 지배구조(Governance)에 대한 사회적 관심의 증가로 인해 기업은 이익 극대화에만 관심을 가질 수 없게 되었다. 기업은 단기적 이익을 넘어 사회적 효용까지 고려하는 자본조달 및 투자 의사결정을 해야 자본시장에서 정당하게 평가받는 시대가 오고 있다. 사회적 투자(Social Investments)로 통칭되는 이러한 경향은 이미 자본시장에서 비중이 점차 증가하고 있는 추세이다.

재무관리원론 초판을 낼 때와 이제 개정판을 내는 시점을 상대적으로 비교해보면 재무관리의 기초적인 원리 부분은 크게 변한 것이 없다. 초판에서부터 저자들이 의도했던 것은 광범위하게 적용되는 재무관리의 개념들을 최대한 쉽고 간단하게 설명하려는 것이었다. 본고에서 부족한 부분은 강의하시는 교수님들의 애정어린 지도로 메워지기를 바란다.

2022년 1월
저자들 씀

차 례

| 제1편 | 재무관리의 개요

제1장 재무관리의 개요

1.1 재무관리의 개념 ······ 22

1.2 기업 관련 재무활동 ······ 25
재무활동의 연계성 • 25 기업의 재무적 결정 • 26

1.3 기업의 목적 ······ 28
기업목적의 명확화 • 28 기업가치 극대화 • 30

1.4 기업 활동과 현금흐름 ······ 31
회계자료와 현금흐름 • 34

1.5 가치평가와 현금흐름 ······ 36
수익성과 위험 • 38

1.6 재무관리와 관련 분야 ······ 39
재무관리 중요성의 강조 • 40 경제적 사고방식 • 40
회계자료의 이용 • 41

1.7 ESG와 현대 재무관리 43
ESG의 발달과정 • 44
이해관계자 자본주의 • 45
ESG 투자의 주제 및 투자전략 • 48
ESG 투자 동향 • 50
ESG 경영을 위한 금융의 역할 • 51

1.8 요약 및 결론 53

▣ 연습문제 • 54

제2장 금융시장과 금융시스템

2.1 시장경제와 자본 58
시장경제 • 58
실물경제와 금융경제 • 59
시장경제와 정부규제 • 60
기업과 자본 • 61

2.2 금융시스템과 기업 62
금융시스템의 개요 • 63
금융시스템의 효율성 • 64

2.3 금융시장의 역할 65
금융시장의 역할 • 65

2.4 금융시장의 구조 67
단기금융시장과 자본시장 • 67
외환시장 • 69
파생금융상품시장 • 69
거래소시장과 장외시장 • 69
발행시장과 유통시장 • 70
간접증권과 직접증권 • 71

2.5 금융정책 72
양적완화정책 • 73

2.6 이자율과 수익률 74
이자율 기본개념 • 74
무위험수익률의 결정 • 76
실질이자율 • 77
인플레이션 기대치 • 78
기대수익률의 결정 • 79

2.7 요약 및 결론 82

보론 재무관리적 사고 원리 83

합리적 행위의 원칙 • 84
한계적 개념의 원칙 • 86
위험과 수익률의 보상관계 • 88
분산의 원칙 • 89
자본시장 효율성의 원칙 • 90
자본시장 경쟁성의 원칙 • 92
정보인식의 원칙 • 93
상호주의 원칙 • 95
옵션의 원칙 • 97
가치창조의 원칙 • 99
모방의 원칙 • 100
화폐의 시간가치의 원칙 • 103

▣ 연습문제 • 104

| 제2편 | 재무관리의 기초원리

제3장 화폐의 시간가치

3.1 화폐의 시간가치 개념 112

3.2 화폐의 미래가치 115

미래가치 계산 • 115
복리와 단리 • 117
미래가치의 성질 • 119
복리 빈도의 변화 • 119
연금의 미래가치 • 125

3.3 화폐의 현재가치 128

현재가치 계산 • 128
연금의 현재가치 • 130
혼합 현금흐름의 현재가치 • 131

3.4 화폐의 시간가치 응용 132

지급금액의 계산 • 133
부채의 정액상환 • 134
수익률과 증가율 • 136
영구연금 • 138
조견표와 식의 이용 • 140

3.5 표면이자율과 실효이자율 143
표면이자율과 실효이자율이 같은 경우 • 144
복리 기간의 영향 • 144 할인이자의 경우 • 145
할부이자의 경우 • 146 기여예금의 경우 • 147

3.6 금융기관의 이자율 계산 149

3.7 요약 및 결론 151

▣ 확인학습 • 152 ▣ 연습문제 • 154

제4장 위험과 기대수익률

4.1 위험의 개념 162
위험의 정의 • 162
위험과 기대수익률의 보상관계 • 164
위험에 대한 태도 • 165

4.2 위험과 기대수익률의 측정 168
불확실성과 확률적 접근 • 168 확률분포 • 169
기대수익률의 측정 • 171 위험의 측정 • 172
위험과 기대수익률에 의한 선택 • 174 위험과 시간 • 175

4.3 포트폴리오 구성의 이익 176
분산의 직관적 이해 • 177 상관관계와 포트폴리오 • 178

4.4 포트폴리오의 위험과 기대수익률 180
포트폴리오의 기대수익률과 분산 • 180
포트폴리오와 상관관계 • 182

4.5 효율적 곡선과 자본시장선 184
효율적 곡선 • 184 자본시장선 • 186
자본시장선과 분리의 원칙 • 188

4.6 포트폴리오 위험의 성격 190

분산의 한계 • 190

분산가능 위험과 분산 불가능 위험 • 192

해당위험과 기회비용 • 194

4.7 자본자산 가격결정모형(*CAPM*) 196

베타의 의미 • 197

포트폴리오의 베타 • 199

4.8 증권시장선 200

과대평가, 과소평가, 적정평가 • 202

4.9 *CAPM*의 현실적 의미 203

*CAPM*과 재무관리 • 203

기대수익률과 요구수익률의 개념 • 204

4.10 요약 및 결론 205

▣ **확인학습** • 206

▣ **연습문제** • 208

제5장 가치평가

5.1 가치의 개념 212

가치와 기회비용 • 214

5.2 가치평가의 근본개념 216

가치평가의 요소들 • 217

5.3 가치평가의 과정 220

개인적 가치평가 과정 • 220

기업차원의 가치평가 • 221

시장가치평가 과정 • 221

5.4 채권의 가치평가 223

채권의 가치평가 • 224

요구수익률과 채권가격 • 226

채권가격과 만기 • 228

만기수익률 • 230

5.5 **주식의 가치평가** 232
현실적인 여러 가지 접근법 • 233
기본 방정식 • 236
제로성장모형 • 237
일정성장모형 • 238
변동성장모형 • 239

5.6 **의사결정과 주식가치** 239
기대수익률의 변화 • 240
위험수준의 변화 • 240

5.7 **시장가격과 시장효율성** 242
자본시장 효율성과 경쟁시장 • 242
효율적 시장에서의 가격행태 • 243
효율적 시장의 형태 구분 • 245

5.8 **요약 및 결론** 247

▣ **확인학습** • 249
▣ **연습문제** • 251

| 제3편 | 장기투자결정

제6장 자본예산

6.1 **자본예산의 개요** 258
자본예산의 의의 • 258
투자대안의 분류 • 259
자본예산과 제약요인 • 261

6.2 **현금흐름의 추정** 262
해당현금흐름 • 263
현금흐름에서 고려할 사항들 • 263

6.3 **초기현금흐름** 267
현금흐름의 구성 • 267
초기현금흐름 • 269
세금의 계산 • 269
순운전자본의 계산 • 270

6.4 영업현금흐름 유입 271

6.5 말기현금흐름 275

해당현금흐름 요약 • 277

6.6 자본예산의 평가기법 277

평균이익률법 • 278
자본회수기간법 • 281
순현가법(*NPV*) • 284
내부수익률법(*IRR*) • 288

6.7 순현가법과 내부수익률법의 비교 290

우선순위의 혼선 • 290
복수 내부수익률 • 293
순현가법과 내부수익률법의 평가 • 295

6.8 민감도분석과 시뮬레이션 분석 296

민감도 분석 • 296
시나리오 분석 • 298
시뮬레이션 분석 • 301

6.9 자본예산의 응용 303

투자기간이 다른 투자대안의 비교 • 303
자본배급 • 305

6.10 자본예산의 실제 308

6.11 요약 및 결론 309

▣ **확인학습** • 310
▣ **연습문제** • 312

제7장 자본비용

7.1 자본비용의 개념 318

자본비용과 요구수익률 • 318

7.2 가중평균자본비용 321

세금고려 이전의 *WACC* • 322
세금고려 이후의 *WACC* • 323

7.3 자기자본비용 324
배당성장모형 접근법 • 325 증권시장선 접근법 • 327

7.4 부채비용 330

7.5 부문별 자본비용 331
위험수준이 다른 부문들 • 332 위험수준의 적용 • 334

7.6 요약 및 결론 337

▣ **확인학습** • 338 ▣ **연습문제** • 340

| 제4편 | 기업재무결정

제8장 자본구조와 배당정책

8.1 재무레버리지 효과 346
재무레버리지의 영향 • 346 재무레버리지와 수익률 • 347
주당순이익과 영업이익 • 349

8.2 자본구조 무관련성 351
*M&M*가설I: 자본구조의 무관련성 • 352

8.3 자본구조와 자본비용 354
*M&M*가설II: 자기자본비용과 재무레버리지 • 355

8.4 세금을 고려한 *M&M*가설 I과 II 358
세금과 *M&M*가설I • 360 세금, *WACC*, 가설II • 362

8.5 파산비용 364
직접파산비용 • 365 간접파산비용 • 365

8.6 최적자본구조 367
자본구조의 정태적 이론 • 367 최적자본구조와 자본비용 • 368
자본구조: 실제 경영에의 응용 • 369

8.7 배당정책 370
배당금 잔여이론 • 371 배당정책의 무관련성 • 373

8.8 배당정책의 실제 374
배당정책의 관련성 • 374
배당정책 결정에 고려할 요인들 • 374
배당정책의 유형 • 377

8.9 배당의 특수형태 378
주식배당 • 379 주식분할 • 380

8.10 요약 및 결론 381

▣ **확인학습** • 382 ▣ **연습문제** • 383

제9장 자본조달

9.1 자본시장의 개요 387
자본시장의 의의 • 387 발행시장 • 389
유통시장 • 390

9.2 투자은행의 기능 391

9.3 증권의 발행방법 393
공 모 • 393 사 모 • 394

9.4 주식에 의한 자본조달 396
주식의 일반적 성격 • 396 주식발행의 장단점 • 397
주식의 종류 • 398

9.5 채권의 성격 및 채권시장 400
채권의 의의와 장점 • 400 채권시장 • 401
채권의 발행방법 및 절차 • 401

9.6 채권의 종류 402
발행주체에 의한 분류 • 402
담보 및 보증의 유무에 따른 분류 • 403
이자지급 방법에 따른 분류 • 404
상환시기 및 상환방법에 따른 분류 • 405
이자결정에 따른 분류 • 405
기타의 형태 • 406

9.7 채권의 등급평가 407
채권의 신용평가 및 신용등급 • 407

9.8 요약 및 결론 411

▣ 연습문제 • 412

| 제5편 | 운전자본관리

제10장 단기 재무관리와 계획

10.1 유동성 수준 418
현금과 순운전자본 • 418

10.2 영업주기와 현금주기 421
영업주기 • 421 현금주기 • 423

10.3 단기 재무정책 426
단기 재무정책 • 426 유동성 투자규모 • 427

10.4 현금예산 430
매출액과 현금수입 • 430 현금유출 • 432
현금잔고 • 433

10.5 단기차입의 성격 435
장단기 차입의 장단점 • 435 장단기 조달정책 • 436

10.6 단기자금의 조달 440

10.7 단기자금계획 442

10.8 요약 및 결론 444

▣ **확인학습** • 445 ▣ **연습문제** • 448

제11장 현금 및 유동성 관리

11.1 현금과 단기금융상품 452
투기적 동기와 예비적 동기 • 452 거래적 동기 • 453
기타 현금보유동기 • 453 현금보유 비용 • 453

11.2 적정현금잔고의 결정 454
*BAT*모형 • 454
밀러-오어 모형 : 일반론적 접근법 • 460
*BAT*모형과 밀러-오어 모형의 의미 • 463
적정현금수준과 기타 요인들 • 463

11.3 현금회수와 지급의 관리 464
현금유입의 촉진 • 464 현금유출의 통제 • 465

11.4 잉여자금 관리 465
유가증권 보유의 필요성 • 466 유가증권의 선택기준 • 467

11.5 신용거래 469
매출채권의 결정요인 • 469
신용정책 • 471
신용정책의 효과분석 • 474
최적신용정책 • 474

11.6 요약 및 결론 476

▣ **확인학습** • 478
▣ **연습문제** • 480

| 제6편 | 재무관리 특수영역

제12장 선물거래

12.1 선물거래와 선도거래 486
선도거래 • 486
선물거래 • 488

12.2 선물거래의 시장구조 489
거래소 • 489
청산소 • 490
중개회사 • 490
증거금과 일일청산제도 • 491
현물인도와 현금인도 • 493

12.3 선물거래의 유형 494

12.4 선물거래의 경제적 의의 497
위험의 관리 • 497
미래가격의 발견 • 498
운영의 이점 • 498
시장효율성의 증대 • 499
투기 기회의 제공 • 500

12.5 선물가격의 주요 결정요인 500

12.6 선물가격의 결정 503
저장불가능 상품 • 503
선물가격과 보유비용 • 505

12.7 **주가지수, 금리, 통화선물** 509
주가지수선물 • 509
주가지수선물의 가격결정 • 510
금리선물 • 513
통화선물 • 514

12.8 **스왑거래** 516
스왑거래의 의의 • 516
금리스왑 • 516
통화스왑 • 518

12.9 **요약 및 결론** 519

▣ **연습문제** • 521

제13장 옵션거래

13.1 **옵션의 기초개념** 524

13.2 **만기일의 옵션가치** 526
콜옵션의 가치 • 526
풋옵션의 가치 • 528
옵션매도의 가치 • 530

13.3 **우리나라의 옵션거래** 531

13.4 **옵션가격 결정요인** 533
옵션가격의 범위 • 536

13.5 **풋-콜 패리티** 540

13.6 **옵션가격결정모형** 544
이항옵션가격결정모형 • 544
블랙-숄즈 옵션가격결정모형 • 549

13.7 **옵션거래의 유형** 552
순수 포지션 • 553
헷지 포지션 • 554
스프레드 포지션 • 555

13.8 **요약 및 결론** 558

▣ **연습문제** • 559

제14장 국제재무관리

14.1 **외국환시장과 환율** 562
시장의 특성 • 562 　 시장 참가자들 • 563
환 율 • 564

14.2 **환위험** 567
환노출의 유형 • 567

14.3 **환위험 관리** 571

14.4 **환율과 물가 및 금리** 574
구매력평가 • 574

14.5 **이자율평가설** 579

14.6 **정치적 위험** 582

14.7 **요약 및 결론** 583

▣ **연습문제** • 584

부록: 화폐의 시간가치 조견표 587

연습문제 해답 596

찾아보기 600

제1편

재무관리의 개요

제1장 재무관리의 개요
제2장 금융시장과 금융시스템

제 1 장

재무관리의 개요

본 장에서는 재무관리의 개요를 설명하려고 한다. 재무관리에 대한 원론적인 이해는 경영학을 전공한 사람이 아니더라도 교양인의 필수적인 덕목이라 할 것이다. 재무관리는 기업을 중심으로 다루기는 하지만, 본서에서 다루는 원론적 개념은 개인을 포함한 모든 경제주체들에 적용된다고 볼 수 있다.

기업에 관한 재무관리를 다루기 위해서는 기업의 목적을 명확히 하여 의사결정의 기준점과 방향을 설정하여야 한다. 기업의 목적은 기업의 존재를 좌우하는 투자자들의 이해관계를 중심으로 설정될 것이다. 기업에 다양한 이해관계자가 있음에도 불구하고 자본 제공자인 투자자들이 기업의 주인이 되는 이유를 분명히 이해해야 한다.

재무관리의 합리적 의사결정은 가치평가를 중심으로 논의한다. 가치평가는 현실적인 현금흐름을 바탕으로 하는데, 가치평가에 필요한 요소들을 제대로 인식하고 분석하는 것이 재무관리의 핵심적인 과제라고 할 수 있다. 기업의 경우에도 가치평가가 의사결정의 중심이 된다. 본 장에서는 가치평가 과정을 개략적으로 소개한다.

1.1 재무관리의 개념

재무관리를 원론적인 차원에서 정의하면 '**돈의 관리에 대한 과학**'이라고 할 수 있다. 재무관리의 정의만 살펴보아도 재무관리가 경제생활에 얼마나 중요한 주제인가 쉽게 알 수 있다. 경제생활은 돈을 중심으로 이루어지는 것이고, 그것에 대한 과학적 관리는 매우 중요한 과제라는 것은 두말할 필요가 없을 것이기 때문이다.

돈은 모든 경제주체들의 경제활동과 직결되는 수단이다. 개인, 기업, 그리고 정부를 포함한 모든 경제주체들은 돈을 관리하고 사용한다. 물론 재무관리는 기업을 대상으로 주로 설명되기는 하지만, 재무관리의 기본 원리가 기업에만 국한되는 것은 아니라는 사실도 알아야 할 것이다. 재무관리는 모든 경제주체들의 경제활동과 연관된다.

돈은 관리의 대상이며 수단이다. 현대 자본주의 시대에는 돈의 영향력이 매우 크기 때문에 사람들은 돈을 목적으로 착각하는 경향이 있지만, 돈이 수단인 것은 분명하다. 대부분의 사람들은 돈이 행복의 중요한 조건이라고 생각한다. 돈이 행복을 위한 필요조건인 것은 사실이지만 필요충분조건은 아니다. 돈이 매우 부족하면 행복하기는 어렵겠지만, 돈이 매우 많아진다고 행복이 더 커지는 것은 아닐 것이다. 예를 들면 돈이 많으면 비싼 침대를 살 수는 있겠지만, 비싼 침대가 편안하고 안락한 수면을 보장하는 것은 아니기 때문이다.

돈의 관리는 구체적으로는 **돈과 관계된 의사결정**을 말한다. 돈과 관계된 의사결정은 경제생활의 핵심적인 과제이다. 개인의 경우에는 어떻게 돈을 벌고, 어떻게 소비하고, 저축하고, 투자하느냐 하는 것들이 돈과 관련된 의사결정일 것이다. 기업의 경우에는 투자대안의 선택, 자금의 조달방법, 그리고 일상적인 운전자금의 관리 같은 것들이 돈과 관련된 의사결정이다. 정부도 역시 조세정책을 통한 자금의 조달과 사용, 그리고 민간부문에 대한 관리 등의 돈과 관련된 의사결정을 수행한다. 즉 개인, 기업, 정부 등을 포함한 모든 경제주체는 돈의 관리, 즉 재무관리가 필요한 것이다.

돈과 관련된 의사결정은 필연적으로 **가치평가**를 요구한다. 왜냐하면 가치평가는 의사결정의 기준이 되기 때문이다. 예를 들어 '기계를 구입할 것인가?' 에 대한 의사결정은 기계에 대한 가치평가에 따라 결정될 것이다. 왜냐하면 기계의 구입에 관한 의사결정은 기계의 가치가 그것의 비용을 초과하는 경우에 정당화될 것이기 때문이다.

개인의 소비 및 투자결정도 가치평가에 따라 결정된다. 개인이 소비를 위해 1만원이라는 돈을 지출할 것인가의 문제는 지출 대상의 가치평가에 따라 달라질 것이다. 만약 지출 대상의 가치가 1만원 이상으로 평가된다면 해당 지출은 정당화될 것이고, 반대의 경우는 정당화될 수 없을 것이다. 결국 가치평가는 돈과 관련된 의사결정의 핵심적인 기준이 된다.

가치평가와 의사결정의 관계는 당연한 것으로 보이지만, 실제의 상황이 복잡해지면 이러한 기본적이고 원론적인 부분이 간과되는 경향이 있으므로 유의하여야 한다. 여기서 특히 강조하고 싶은 것은 재무관리를 공부하는 사람은 항상 '가치'라는 개념을 염두에 두어야 한다는 점이다. 왜냐하면 돈과 관련된 모든 의사결정은 가치와 연결되기 때문이다.

또한 재무관리는 돈과 관련된 **과학적인 측면**을 다룬다고 했다. 여기서 과학적인 측면을 다룬다는 의미는 논리적이고 체계적인 부분을 다룬다는 말이다. 현실 상황에서는 돈의 관리를 모두 논리적이고 체계적으로 설명할 수 있는 것은 아니다. 예를 들어 돼지꿈을 꾸고 복권을 사서 당첨이 되었다는 사실은 현실적으로 존재할 수 있지

그림 1-1 재무관리 정의

만, 논리적이고 체계적으로 설명되기 어려운 부분이다. 우리가 다루는 재무관리는 합리적 이성에 근거한 과학적 접근법에 한정된다.

'재무관리를 공부하면 부자가 되는가?'하는 물음은 매우 흥미로운 질문이다. 재무관리를 공부하는 것은 부자를 만드는 것과는 약간의 괴리가 있다. 왜냐하면 합리적이고 과학적인 접근법이 현실적인 성공을 항상 제공하는 것은 아닐 수 있기 때문이다. 하지만 합리적이고 과학적인 접근법은 다른 어떤 방식보다도 확률적 성공을 가져다주는 것은 사실이다.

현대의 재무관리는 미국의 Finance를 중심으로 발달하여 왔다. 우리나라에서는 Finance를 재무관리라고 번역하여 사용하고 있다. 최근에는 재무학 혹은 금융학이라는 용어를 사용하기도 하는데, 재무관리가 기업의 재무적 결정에만 국한된 것이 아니고 금융 및 재무에 관한 광범위한 이론적 기반을 제공하기 때문일 것이다.

본서는 기업의 재무관리를 중심으로 다루기는 하지만, 재무관리의 원론적 개념은 기업뿐만 아니라 모든 경제주체들의 행위를 대상으로 한다는 것을 밝혀두고자 한다. 본서의 제목을 재무관리원론이라고 붙인 이유이기도 하다.

개념확인

1. 재무관리란 무엇인가?
2. 재무관리와 가치평가의 관계는?
3. 재무관리와 연관된 경제주체는?
4. 재무관리는 부자학인가?

1.2 기업 관련 재무활동

재무활동의 연계성

재무활동은 돈을 중심으로 연결되어 있다. 민간부문의 재무활동은 기업의 기업재무 활동과 가계부문의 투자활동을 연결하는 것이 중심인데, 연결고리로서 금융시장 및 금융기관 등이 있다. 기업은 금융시장에서 자금을 조달하고 **실물자산**(real asset)에 투자하여 수익을 만들어내는 경제주체이다. 가계는 금융시장을 통해서 기업에 투자하는데, 기업이 발행한 **금융자산**(financial asset)에 투자하여 수익을 만들어 내는 경제주체이다. 이처럼 기업재무, 투자활동, 금융시장 및 금융기관은 서로 연결되어 있다.

기업재무(Corporate Finance) 활동은 기업의 입장에서 자금을 조달하고, 실물에 투자하고, 운영하는 과정을 포함한다. 그러므로 재무담당자의 성과는 자금의 조달, 투자의 결정, 그리고 일상적인 자금운영을 얼마나 효율적으로 수행하느냐에 따라서 결정된다고 할 수 있다. 기업의 자금조달은 증권의 발행을 수반한다.

투자활동(Investment)은 투자자의 입장에서 금융자산인 증권에 대한 투자를 수행하는 과정을 포함한다. 투자활동은 증권(securities)이라는 금융자산을 통해서 이루어지는데, 증권은 기업재무와 투자활동을 연결하는 매개체라고 할 수 있다. 투자자들은

그림 1-2 재무관리 영역

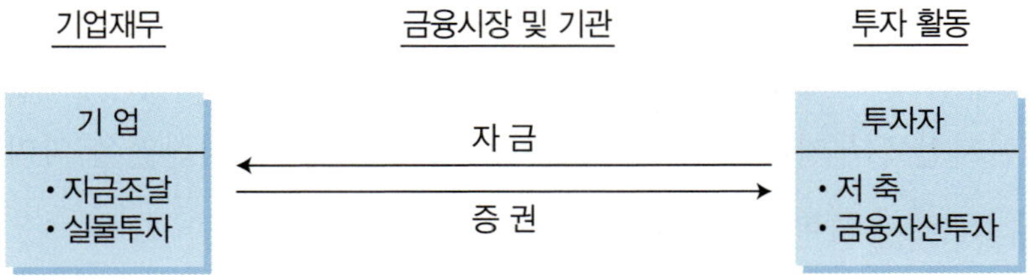

증권의 종류와 시점의 선택, 그리고 포트폴리오의 구성과 관리를 포함하여 투자의 수익성과 위험을 분석하고 관리한다.

기업은 자금조달을 위해서 증권을 발행하지만, 증권은 투자자들에게는 투자의 수단으로 인식되는 것이다. 기업은 투자자들의 요구에 부응해야 자금을 조달할 수 있으며, 투자자들은 자신들의 선호에 적합한 증권을 찾고자 한다. 증권은 발행자에게는 채무적 성격을 갖지만 투자자에게는 자산의 성격을 갖기 때문에, 자금의 수요와 공급을 나타내는 동전의 양면과 같다고 할 수 있다.

금융시장 및 기관은 증권의 발행과 유통을 담당하게 된다. 증권은 발행자와 투자자 사이의 계약과 같은 성격을 갖는 것인데, 금융시장 및 기관이 그것을 연결하는 역할을 하는 것이다. 금융시장은 단기적인 금융을 담당하는 자금시장과 장기적인 투자상품을 거래하는 자본시장 등을 포함한다. 금융기관들은 이러한 거래들을 성사시키는 중간자로서의 역할을 수행한다.

증권, 즉 금융자산은 자금, 즉 돈과 교환관계를 갖는 하나의 계약이다. 예를 들어 금융자산인 채권(bonds)은 발행 시점에서 돈과 교환되는데, 채권은 그것의 보유자에게 일정 시점에 이자와 원금을 지급한다는 계약인 것이다. 증권에는 주주들의 권리를 나타내는 주식과 채권자들에게 발행되는 채권 외에도 장단기 채권채무와 연결된 다양한 형태의 증권들이 존재한다.

기업의 재무적 결정

기업은 증권을 발행하여 자금을 조달하고, 실물에 투자하여 생산하는 경제주체이다. 기업은 증권, 즉 금융자산을 이용해서 자금을 조달한다. 그리고 조달된 자금을 가지고 실물자산에 투자하게 된다. 여기서 실물자산은 유형자산만을 의미하는 것은 아니며, 상표권이나 특허권 등과 같은 무형자산도 포함한다.

기업의 재무적 활동은 재무상태표를 보면 쉽게 이해할 수 있다. 기업의 재무상

그림 1-3 **재무상태표**

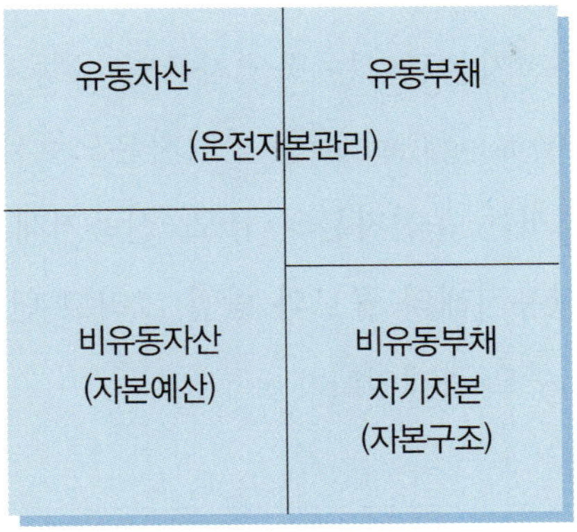

태를 나타내는 대표적인 회계자료가 재무상태표인데, 재무상태표를 대략적으로 구분하면 [그림 1-3]과 같이 나타낼 수 있다. 기업의 주요 재무적 결정들은 자본예산, 자본구조, 그리고 운전자본관리를 포함하는데, 재무상태표를 중심으로 살펴보기로 하자.

자본예산: 자본예산은 **투자재원인 자본**의 사용에 대한 결정이다. 자본의 사용에 관한 결정은 결국 투자결정을 의미한다. 기업의 투자결정은 업종의 선택과 생산방식 등에 대한 장기적인 전략적 결정으로서 경영성과에 원천적인 영향을 미치는 요인이다. 그러므로 자본예산은 기업이 재무적으로 결정해야 하는 가장 중요한 부분이라고 할 수 있다. 자본예산은 비유동자산의 선택과 연결된다.

자본구조: 자본구조는 투자 재원, 즉 자본의 조달과 그에 대한 배분의 문제를 다룬다. 기업의 자본은 자기자본과 타인자본으로 구성되는데, 타인자본은 일반적으로 장기채무라고 불리는 비유동부채를 의미한다. 기업은 자본조달 규모와 종류를 결정하고, 투자자들에게 수익을 배분해야 하는데 이것은 자본구조에서 다룬다. 자본

구조는 비유동부채 및 자기자본의 규모와 구성 등과 연결된다.

운전자본관리: 운전자본관리는 운영자본인 유동자산과 유동부채의 관리라고 할 수 있다. 운전자본(Working Capital)은 단기자본으로서 일상적인 운영에 필요한 자본이다. 운전자본관리에서는 운전자본의 규모, 신용거래, 그리고 운전자본 조달방법 등을 고려해야 한다. 신용거래의 규모와 방법 그리고 단기금융인 자금시장에서의 자금의 유출입 관리 등이 주요 과제이다.

개념확인

1. 기업 관련 재무활동을 3영역으로 구분한다면?
2. 기업재무와 투자활동의 관계는?
3. 실물자산과 금융자산을 구분하면?
4. 기업의 재무적 결정을 3분야로 나누어 본다면?

1.3 기업의 목적

기업목적의 명확화

기업의 목적에 대하여 분명히 정리할 필요가 있다. 기업은 여러 가지 대안들의 선택에 있어서 그것이 기업의 목적에 부합하는 것인지에 따라서 의사결정을 하게 될 것이다. 어떤 대안이 기업의 목적에 부합한다면 채택되어야 하며, 반대로 어떤 대안이 목적에 부합하지 않는 것이라면 기각되어야 한다. 즉 기업의 목적은 기업 의사결정의 기준점과 방향성을 제시하기 때문에 분명히 할 필요가 있는 것이다.

기업의 목적에 대해서 다양한 견해가 있을 수 있다. 그것은 기업의 이해관계자가 다양하기 때문일 것이다. 기업의 운영에 필요한 자금을 제공한 대상들만 살펴보아도, 자기자본을 제공한 주주, 장기부채를 공급한 채권자, 다양한 형태의 차입금들을 제공한 금융기관들, 그리고 외상이라는 형태로 운영자금을 제공하는 거래처들이 존재한다.

뿐만 아니라 기업의 운영을 실질적으로 담당하는 경영자와 종업원들, 기업으로부터 징세권을 가진 정부, 기업의 생산물을 구매하는 소비자, 그리고 기업의 주변 환경을 조성하는 지역사회 등이 존재한다. 기업은 스스로의 생존과 번영을 위해서 이 모든 이해관계자의 욕구를 충족시켜야 한다.

위에서 언급한 것처럼 기업은 여러 이해관계자의 다양한 요구를 충족시켜야 한다. 그러나 이해관계자들의 요구는 그야말로 다양하기 때문에 일정한 방향성을 찾기가 어렵다. 기업목적에 대한 방향성을 정립하기 위해서는 기업이 바로 **투자를 통한 생산의 주체**라는 사실을 상기해야 할 것이다.

주주들은 기업에 투자의 재원인 자본을 제공한 당사자이다. 기업은 자본이 제공되지 않으면 존재할 수 없다. 자본이야말로 기업의 존재를 가능하게 한다. 그러므로 기업은 자본의 원천적 제공자인 주주들의 부(Shareholder's wealth)를 증대시켜야 한다. 만약 기업이 주주들의 부를 증대시키려고 노력하지 않는다면, 누구도 주주로서 기업에 투자하려고 하지 않을 것이며, 그러므로 그러한 기업은 존재할 수 없을 것이다. 결국 기업은 자본의 투자자인 주주들의 부를 증대시켜야 한다는 당위성을 갖게 된다.

물론 주주 이외의 다양한 이해관계자들의 요구도 충족되어야 한다. 그러나 그것들은 주주들의 부를 증대시키는 과정에서 자연적으로 발생해야 하는 것이다. 예를 들어 주주들의 부를 증대시키는 과정에는 소비자들의 만족과 종업원들의 복리후생도 포함되어야 한다. 소비자들을 만족시켜야 매출이 증대될 것이며, 종업원들에게 복리후생이 적절히 제공되어야 기업이 원활히 운영될 것이다. 그러나 소비자 만족이나 종업원들의 복리후생 자체를 위해서 기업이 존재하는 것은 아니다.

기업의 목적은 돈을 벌어서 주주들의 부를 증대시키는 것이라고 정리되었다. 하지만 주주의 부를 증대시킨다는 것은 약간 애매한 부분이 있기 때문에 좀 더 정확하고 구체적인 정의를 내리기 위해서 논의를 진행하도록 하자. 주주의 부는 구체적으로는 기업가치와 연결된다.

기업가치 극대화

기업이 주주들의 부를 극대화하기 위하여 의사결정을 한다면, 의사결정의 기준은 무엇이 되어야 하는가? 주주들의 금전적 이익인 부는 그들이 투자한 기업의 기업가치와 직결된다. 기업가치가 증가하면 주주들의 부는 증가하게 되고, 기업가치가 감소하면 주주들의 부는 감소하게 된다. 그러므로 기업의 가치를 증가시키는 것은 바람직한 것이고 기업의 가치를 감소시키는 것은 바람직하지 못한 것이다. 결과적으로 주주들의 부의 극대화는 기업가치 극대화로 정리되는 것이다.

기업가치를 기준으로 하는 의사결정은 명확하며 구체적이다. 그러므로 기업의 모든 의사결정은 기업가치에 어떤 영향을 미치느냐에 따라서 채택여부가 결정되어야 한다. 즉 기업가치를 증가시키는 대안은 채택되어야 하고, 기업가치를 감소시키는 대안은 기각되어야 한다. 기업가치를 기준으로 하는 선택과 기각은 재무적 의사결정에만 국한된 것이 아니고, 기업의 모든 의사결정에 적용되어야 한다.

그림 1-4 기업가치와 재무적 의사결정

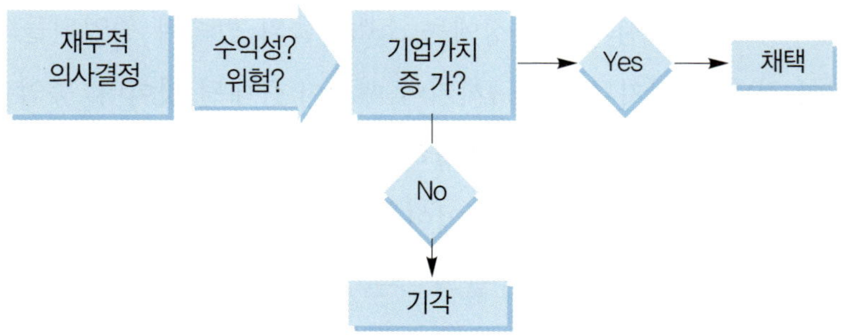

통상 기업의 목적을 이윤의 극대화 혹은 이익의 극대화라고 말하는 경우가 많다. 하지만 이윤의 극대화 혹은 이익의 극대화는 기업의 목적으로서 적절하지 않다는 점을 분명히 하도록 하자. 우선 이익 혹은 이윤이라는 개념은 재무적 관점에서 볼 때 불분명하다. 이익은 회계적 이익금인가 아니면 이익률을 의미하는가? 이익률은 구체적으로 무엇을 의미하는가? 영업이익률인가 아니면 당기순이익률인가? 이익률이 정의된다 하더라도 당해 연도의 이익률인가 아니면 지난 3년 동안의 이익률인가? 이처럼 이익 혹은 이윤이라는 개념은 구체적이거나 명확하지 않아서 기업의 목적으로 부적절하다.

뿐만 아니라 이익이라는 개념은 재무적 의사결정에서의 위험이라는 요소를 간과하는 오류를 범할 수 있다. 결과적인 이익이 발생했다 하더라도 그것이 어떤 위험의 선택으로서 발생한 것인가도 동시에 평가되어야 한다는 점이다. 단기적인 이익이 증가했다 하더라도 그것이 상당히 높은 수준의 위험을 감수한 결과라면 기업의 목적에 부합되는 것이라고 말하기 어려울 것이다. 결국 이익의 극대화 혹은 이윤의 극대화는 기업의 목적으로는 부적절하다.

개념확인

1. 기업의 목적과 기업 의사결정의 관계는?
2. 기업의 목적이 이윤추구가 아닌 이유는?
3. 기업의 주인은 누구인가?
4. 기업의 목적은?

1.4 기업 활동과 현금흐름

재무관리는 기업의 모든 활동을 **현금흐름**(cash flow)이라는 현상으로 파악한다. 여기서 말하는 기업 활동은 재무적 차원만을 의미하는 것은 아니며, 인사조직, 생산관리, 마케팅, 회계, 경영정보 등과 관련된 모든 활동을 말한다. 예를 들어, 기업을 홍보하는 광고 활동도 재무적 차원에서는 현금의 유출과 유입이라는 측면으로 바라보는 것이다.

재무관리가 모든 기업 활동을 현금흐름이라는 현상으로 파악하는 이유는, 현금이 최종적인 결제수단이기 때문이다. 기업은 궁극적으로 최종적인 결제수단인 현금의 획득을 목표로 하는 것이지, 손익계산서상의 이익을 목표로 하는 것이 아니다. 현금이야말로 기업의 일상적인 활동, 즉 부채의 상환, 자산의 구입 및 배당금의 지급 등을 위한 필수적인 결제수단이다. 가치의 최종적인 형태는 현금이지 회계적인 숫자는 아니기 때문이다.

기업의 목적은 기업가치의 증대 혹은 극대화로 정의되는데, 기업가치는 기업의 현금흐름에 의해서 결정된다. 기업의 가치는 기업이 창출하는 미래 현금흐름에 의해서 결정되는 것이다. 결국 기업 경영은 현금흐름을 많이, 그리고 안정적으로 얻고자 하는 과정이라고도 말할 수 있을 것이다.

기업의 활동은 영업활동, 투자활동, 그리고 재무활동으로 구분하여 살펴볼 수 있다. 기업의 현금흐름은 재무활동에서 조달된 현금이 자산운용에 사용되는 것이며, 동시에 **자산운용**에서 창출된 현금이 재무활동으로 환원되는 구조이다. 자산운용에는 투자자들로부터 투자된 자금을 운용해서 생산·판매 등에 투입하고 회수하는 영업활동, 그리고 생산과 판매를 위한 유무형 자산에 대한 투자활동이 포함된다. 투자활동은 비유동자산의 획득을 위한 자본적 지출뿐만 아니라, 순운전자본에의 투자도 포함된다.

상대적으로 **재무활동**은 기업에 투자하는 자본(capital)을 조달하거나, 투자의 결과로 발생한 과실을 회수하거나, 투자금 자체를 회수하는 활동을 말한다. 여기서 자본은 자기자본과 타인자본을 모두 포함하는 의미이다. 그러므로 재무활동에는 자기자본의 조달과 배당금의 지급, 그리고 타인자본의 조달과 그에 따른 원리금의 상환 등이 포함되게 된다.

기업의 가치를 결정하는 현금흐름은 자산운용의 결과로 발생하는 현금흐름의 유입과 유출에 의해서 측정된다. 자산운용은 통상적으로 실물차원에서의 투자활동과 영업활동을 포함하는 개념이다. 재무활동은 기업의 투자 및 운영을 제외한 자본의 움직임과 관련된 활동을 말한다. 즉 자기자본 혹은 부채와 관련된 현금의 유입과 유출은 모두 재무활동 현금흐름에 속하는 것이다.

[그림 1-5]는 기업 활동에 따른 현금흐름을 분야별로 나타낸 것이다. 기업의 영업활동은 현금을 투입하여 생산에 필요한 자원을 구입하는 활동으로부터 시작한다. 생산에 소요되는 자원들은 재료비, 노무비, 그리고 기타 제조경비가 포함되는데, 기업은 생산자원들을 이용하여 제품을 생산하고 판매한다. 제품의 판매로부터 발생한 매출채권을 현금으로 회수하면 영업활동이 완성되는 것이다. 즉 기업의 영업활동 현금흐름은 생산자원의 구입을 위한 현금의 유출과 판매대금의 회수에 의한 현금의 유입으로 순환과정이 이루어지는 것이다.

자산운용에는 영업활동을 위한 투자활동이 선행된다. 여기서 투자활동은 재무적

그림 1-5 기업 활동과 현금의 순환

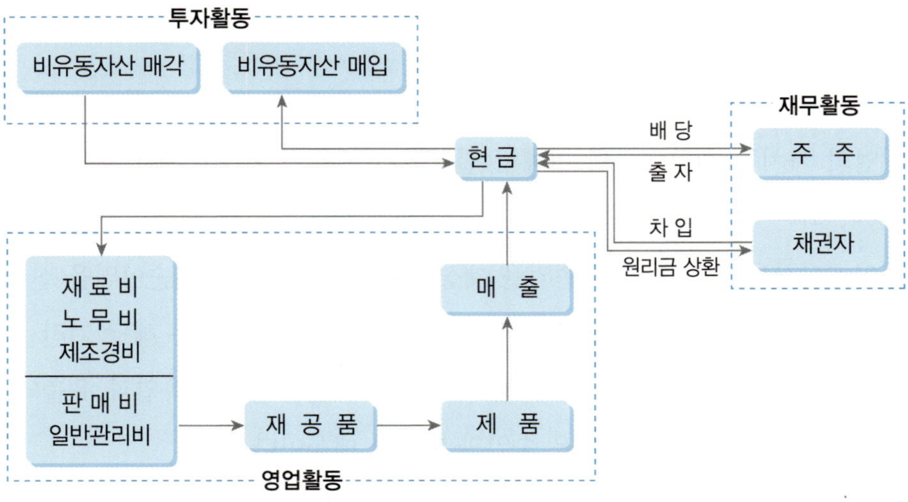

차원에서의 투자와는 별개의 개념으로, 영업활동을 위한 유무형 실물자산의 매입과 매각에 관한 모든 활동이다. 그러므로 투자활동에는 영업활동을 위한 토지, 건물, 기계 등의 구입과 처분을 포함하며, 유형의 형태뿐만 아니라 무형의 영업권 혹은 특허권뿐만 아니라 운영을 위한 운전자본에 대한 투자도 포함된다.

재무상태표에서 자산총계와 부채와 자본총계가 항상 일치하는 것처럼, 자산운용으로부터 발생하는 현금흐름은 부채의 소유자인 채권자에게 귀속되는 현금흐름과 자기자본의 소유자인 주주에게 귀속되는 현금흐름의 합계와 일치한다. 또한 자산운용 현금흐름은 재무활동 현금흐름과 항상 일치한다. 이것이 현금흐름 항등식이라고 불리는 관계이다. 이러한 관계는 기업이 자산을 이용하여 창출한 현금흐름은 결국 투자재원의 제공자에게 귀속된다는 것을 의미한다. 아래의 식이 이러한 관계를 정리하고 있다.

(현금흐름 항등식)

재무활동 현금흐름 = 채권자 현금흐름 + 주주 현금흐름

자산운용 현금흐름 = 재무활동 현금흐름

회계자료와 현금흐름

기업의 가치는 현금흐름에 의해서 결정되기 때문에 현금흐름이 재무관리의 관심 대상이 되는 것은 당연하다. 상대적으로 회계적 차원에서 영업성과를 나타내는 포괄손익계산서는 일정 기간의 손익을 계산해서 최종적으로 당기순이익을 산출하고자 하는 것이 핵심이다. 회계적 개념의 손익은 가치의 관점보다는 해당 기간 동안의 수익과 비용에 의해서 계산된다. 즉 재무적 개념이 현금흐름의 유입과 유출의 관점이라면, 상대적으로 회계적 개념은 수익과 비용의 대응이다.

재무상태표는 일정 시점의 자산, 그리고 자기자본과 부채에 대한 잔액을 표시

한다. 재무상태표에 현금이 나타나기는 하지만 일정 시점에 있어서의 크기를 나타낼 뿐 그것의 변동 상황과 원인을 설명하지는 못한다. 포괄손익계산서도 현금흐름에 관한 정보를 제공하는 데는 한계가 있다. 포괄손익계산서가 재무적 성과인 회계적 이익을 보고하기는 하지만, 회계적 이익은 현금흐름과는 차이가 있다. 그 이유는 다음과 같다.

첫째, 회계자료의 수익과 비용의 인식 시점은 발생주의에 의한 것이지 현금주의에 의한 것이 아니다. 그러므로 회계적 이익에는 현금을 동반하지 않는 부분이 존재한다. 포괄손익계산서는 매출의 발생 시점에 이익을 인식하지만, 그것이 현금유입과 일치하는 것은 아니다. 또한 손실의 경우도 회계적 손실의 발생과 현금지급이 일치하는 것도 아니다. 예를 들어 매출채권이나 미지급비용처럼 손익과 현금의 유출입이 일치하지 않는 항목들이 존재하는 것이다. 즉 회계적 손익발생과 현금의 유출입 사이에는 시점의 차이가 있을 수 있는 것이다.

둘째, 회계자료의 비용 항목에는 현금흐름과 관계없는 비용들이 있다. 예를 들어 감가상각비나 이연자산상각비와 같은 항목들은 현금흐름과 관계없는 비용 항목들이다. 물론 감가상각비는 비용의 기간 배분과 관계되어 회계적인 타당성을 갖지만 현금의 지급을 동반하는 것은 아니다. 그러므로 회계적 이익과 현금흐름은 일치하지 않을 수 있다.

셋째, 현금의 유출입은 회계적인 손익활동에 의해서만 일어나는 것이 아니다. 부채의 증가나 추가적인 자기자본의 조달을 통해서 현금이 유입될 수도 있으며, 부채의 상환이나 배당금의 지급과 같은 활동을 통해서 현금의 유출도 발생하는 것이다. 즉 자본 측면의 재무활동을 통해서도 현금의 유출입은 발생하는 것이다.

회계자료가 현금흐름을 제대로 표시하지 못하는 문제점을 현금주의 회계로 해결할 수 있지 않을까 하는 의문을 가질 수도 있다. 그러나 현금주의 회계로 전환한다고 해서 모든 문제가 해결되는 것은 아니다. 만약 현금주의로 계산한다면 일정 기간 동안에 발생한 손익이나 자산들의 가치가 왜곡될 가능성도 발생한다. 회계자료가 발생주의와 역사적 원가주의를 채택하는 것은 나름의 이유가 있기 때문이다.

회계자료 중에서 현금흐름을 표현하려는 재무제표가 현금흐름표이다. 현금흐름표는 재무상태표와 포괄손익계산서가 제공하지 못하는 현금흐름에 대한 추가적인 정보를 제공한다. 재무상태표와 포괄손익계산서가 모두 현금을 의미하는 화폐단위로 표시되고는 있지만 실질적인 현금기준으로 기록하는 것은 아니다. 현금흐름표는 이러한 문제점을 보완하려는 재무제표 중의 하나이다.

현금흐름표는 발생주의 회계에 따라 계산된 순이익이 영업활동으로 인한 현금흐름과 어떻게 다르고 어떤 조정과정을 통하여 서로 연결되는가를 설명해 주는 보고서이다. 또한 현금흐름표에는 영업활동 외에도 투자활동과 재무활동으로부터 조달되고 사용된 현금흐름도 보고한다. 다시 말하면 현금흐름표는 발생주의 회계의 문제점을 현금주의 회계로 절충한다고 볼 수 있다.

개념확인

1. 재무관리가 기업의 활동을 현금흐름으로 파악하는 이유는?
2. 현금흐름 항등식의 의미는?
3. 회계적 이익과 현금흐름의 차이는?

1.5 가치평가와 현금흐름

가치평가 혹은 가격의 결정은 재무관리에서 핵심적인 개념이다. 왜냐하면 재무적 의사결정은 가치 혹은 가격에 의해서 좌우되기 때문이다. 기업의 입장에서는 기업가치를 증가시키는 행위를 채택하여야 하고, 반대로 기업가치를 감소시키는 행위는 기각하여야 하는 것이다. 개인의 경우도 마찬가지이다. 시장가치가 올라갈 것으로 예상되는 투자는 채택하여야 하고, 시장가치가 떨어질 것으로 예상되는 투자는 기각하여야 한다.

그러면 가치 혹은 가격을 결정하는 요소는 무엇인가. 가치 혹은 가격은 현금흐름에 의해 결정된다. 현금흐름은 최종적인 결제수단으로서 가치의 근본요소가 된다. 그러므로 재무적 관점에서는 기업의 모든 활동을 현금흐름이라는 시각으로 바라보고 판단하는 것이다. 투자자들도 현금흐름을 보고 가치를 평가한다.

그러면 현금흐름의 어떤 요소들이 의사결정자들의 관심의 대상이 되는가. 의사결정자들이 바라보는 현금흐름의 요소들은 현금흐름의 크기, 현금흐름의 시기, 그리고 현금흐름의 위험 등이다. 결국 재무관리는 이러한 현금흐름의 3요소를 관찰하고, 그것을 바탕으로 가치를 평가하고, 의사결정을 내리는 것이다. 다음에 현금흐름의 3요소에 대해 간략하게 소개하고 있다.

현금흐름의 크기: 현금흐름의 크기가 주어진다면 그것을 비교 평가하는 것은 쉬운 일이다. 왜냐하면 1,000원이 500원보다 크다는 사실은 모두가 알고 있는 사실이기 때문이다. 재무관리가 현금흐름의 크기를 분석하는 작업에 별로 신경을 쓰지 않는 이유이다. 즉, 다른 조건이 같다고 했을 때 주어진 현금흐름의 규모를 비교·평가하는 것은 분석할 필요가 없을 정도로 명확할 것이다.

하지만 기업의 경영 결과에 따라 발생하는 현금흐름의 규모를 추정하는 과정은 간단한 것만은 아니다. 과거의 현금흐름을 찾아내는 것은 어려운 일이 아닐 것이다. 하지만 대부분의 경우에 의사결정에 필요한 현금흐름은 미래에 발생할 가능성이 있

그림 1-6 현금흐름의 3요소

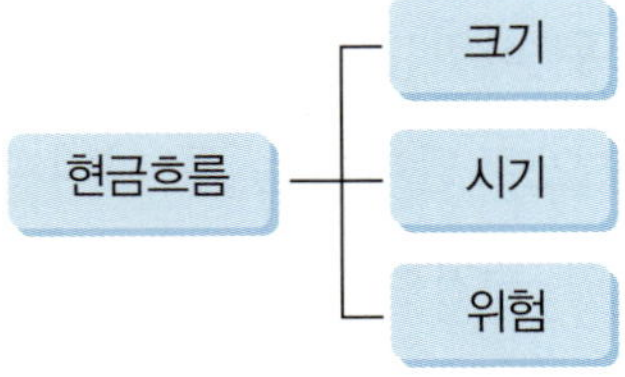

는 현금흐름이고, 미래의 현금흐름을 정확히 예측하는 것이 쉬운 일이 아닌 경우가 많다.

현금흐름의 시기: 현금흐름의 시기도 현금흐름의 규모만큼이나 중요하다. 실제로 현금흐름의 규모는 앞에서 설명한 것처럼 추정하는 과정에서는 문제의 소지가 있지만, 그것이 추정된 뒤의 비교·평가는 단순하고도 명확하다. 하지만 현금흐름은 발생 시점에 따라 가치가 달라지기 때문에, 그것을 파악하고 분석해야 할 것이다.

재무관리의 첫 번째 과제는 현금흐름의 시기를 분석하는 것이다. 재무적 현상이라는 것이 시점의 차이로 발생하는 경우가 일반적이고, 재무관리는 이러한 현상을 분석해야 하는 것이다. 왜냐하면 재무관리는 궁극적으로 가치평가에 따른 의사결정을 핵심으로 하는데, 현금흐름의 시기는 가치평가에 결정적인 영향을 미치기 때문이다.

현금흐름의 위험: 현금흐름의 위험요소도 현금흐름의 가치를 결정하는 주요한 변수 중의 하나이다. 미래 현금흐름은 상당한 불확실성을 동반하는 경우가 많다. 그리고 불확실성의 정도가 현금흐름의 가치평가에 중요한 영향을 미친다. 안정적인 현금흐름은 높게 평가될 것이며, 위험이 높은 현금흐름은 낮게 평가되어야 할 것이다. 재무관리는 이러한 문제를 구체적으로 접근해서 가치평가에 적용한다.

수익성과 위험

기업경영은 수익성과 위험이라는 두 바퀴를 굴리는 작업이라고 말할 수 있다. 하지만 수익성과 위험이라는 두 바퀴는 같은 방향으로 조율된 것들이 아니다. 어쩌면 수익성과 위험은 다른 방향으로 달아나는 두 마리 토끼라고 해야 할지도 모른다. 수익성을 추구하다 보면 위험이 증가할 가능성이 높고, 위험을 회피하려다 보면 수익성이 떨어질 가능성이 높다. 경영은 수익성과 위험이라는 두 바퀴를 어떻게 조화

그림 1-7 **기업가치와 경영**

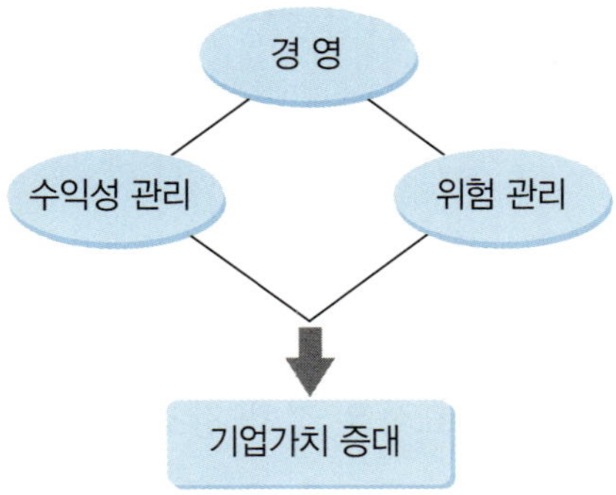

롭게 구성할 것인가에 대한 과학이자 예술이라고 볼 수도 있겠다.

결국 수익성과 위험이라는 두 바퀴는 기업가치로 귀결된다. 위험을 증가시키지 않으면서 수익성을 증가시킨다면, 기업가치는 증가할 것이다. 반면에 수익성이 증가하지 않으면서 위험만 증가한다면 기업가치는 하락할 것이다. 수익성과 위험의 조합을 적절히 가져간 기업은 기업가치가 증가할 것이다.

개념확인

1. 가치평가는 무엇을 분석하는가?
2. 현금흐름의 세 가지 요소는?
3. 기업가치를 구성하는 두 바퀴를 말한다면?

1.6 재무관리와 관련 분야

기업은 본질적으로 재화와 서비스를 생산하여 금전적인 이득을 얻고자 하는 경제주체이다. 재무관리는 기업의 금전적인 이해득실을 관리한다. 그러므로 기업경영의 각 분야에 종사하는 사람들은 재무관리의 개념을 알아야 기업의 전반적인 경영과 의사결정을 이해할 수 있다. 결국 기업의 모든 관계자들은 재무관리를 기반으로 의사결정을 할 수 있어야 한다.

재무관리 중요성의 강조

현대 경영에서 재무관리의 중요성은 점차 강조되는 경향을 보이고 있다. 과거에는 경영의 각 부분이 어느 정도의 독자성을 가지고 있었던 것이 사실이다. 즉 마케팅 분야는 매출에 대해서 예측하고 관리하며, 생산이나 기술 분야의 직원들은 생산 활동에 필요한 여러 가지 기계와 재료 등을 결정하면 되었다. 또한 재무관리는 그러한 것들을 수행하는 데 필요한 공장, 기계, 그리고 재료들을 구입하는 데 필요한 자금을 조달하면 되었었다. 그러나 현대 경영은 의사결정이 총체적인 관점에서 이루어지게 되고, 일반적으로 재무관리가 전반적인 관리를 담당하는 환경으로 변화했다.

뿐만 아니라 마케팅, 경리, 생산, 인사조직 및 기업의 각 분야의 관리자들은 그들의 행동이 기업의 가치에 어떠한 영향을 미치는지를 알아야 올바른 결정을 내릴 수 있다. 그러므로 비록 재무관리를 전문으로 하는 관리자가 아니더라도 재무 분야에 관심을 가져야 한다. 물론 재무담당자의 경우도 다른 분야를 이해해야 기업의 자금조달과 운용에 적절히 대처할 수 있을 것이다. 현실적으로 거의 모든 경영에 관한 결정은 재무관리와 연결되므로 경영에 참여하는 관리자들은 자신들의 분야와 상관없이 그들의 결정이 어떤 재무적 의미를 갖는지를 알아야 한다.

경제적 사고방식

재무관리는 경제적 사고방식(economic mind)에 기초하고 있다. 경제적 사고방식을 갖기 위해서는 기본적인 경제적 개념에 익숙해야 한다. 경제개념 중에서도 시장경제의 본질적인 시스템을 이해해야 하는데, 수요와 공급, 가격의 기능, 소비자 선택, 생산자 선택, 그리고 시장의 형태와 경쟁에 관한 개념들을 이해해야 한다. 이러한 내용들은 경제이론 중에서도 주로 미시경제 부문에 해당되는 개념들이다.

물론 재무담당자는 국민경제의 거시적 부문에 대해서도 이해하고 적응해야 한다. 기업은 국민경제 내에서 존재하기 때문에 전반적인 경제흐름에 영향을 받기 때문이다. 즉 국내총생산을 결정하는 총수요와 총공급의 변화를 이해하고 경기변동의 흐름을 파악해야 한다. 그 외에도 세계적인 경기변동과 환율, 물가, 그리고 정부의 경제정책 등이 기업 활동에 미치는 효과를 분석하고 대응하여야 한다.

여기서는 경제적 사고방식 중에서 전반적으로 통용되는 경제원리 두 가지를 예시하고자 한다. 그 하나는 **한계분석**(marginal analysis)이다. 경제적 사고방식은 의사결정이 한계적 혹은 추가적 차원에서 이루어져야 한다고 말한다. 경제학에서는 한계적인 이익이 한계적인 비용을 능가하는 경우에 선택하라고 권고하는데, 재무관리의 개념도 마찬가지이다. 현금흐름을 분석해서 한계적인 이익이 한계적인 비용을 초과하면, 즉 가치가 증가하면 선택하라는 것이다.

경제적 사고방식 중에서 중요한 또 하나의 개념은 **기회비용**(opportunity cost)의 개념이다. 경제적 관점에서 분석의 대상이 되는 비용의 개념은 항상 기회비용이다. 기회비용은 그것을 선택하기 위해서 포기해야 되는 최선의 대안이라고 정의되는데, 이것이 비용을 분석하는 올바른 방향이다. 만약 어떤 사람이 특정 모임에 참석하기 위해서 하루의 소득을 포기하였다면, 그 모임에 참석한 비용은 모임에 참석하기 위해 지출한 교통비뿐만 아니라 포기한 하루의 소득도 포함되어야 하는 것이다. 이것이 기회비용의 개념이다.

회계자료의 이용

재무관리는 실제적 적용을 위해서 경리 및 회계 부문의 자료를 이용하는 경우가

그림 1-8 **재무관리와 관련분야**

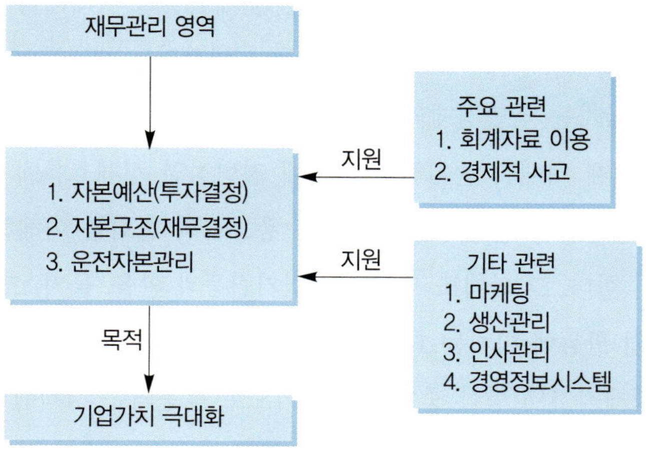

많다. 특히 중소규모의 기업에서는 재무관리와 관리회계의 기능이 통합적으로 운용되는 경우도 많다. 그러나 재무관리는 회계적 측면과 두 가지 면에서 분명히 구분된다. 재무관리는 현금흐름과 의사결정을 강조한다는 것이다.

현금흐름의 중시: 회계처리의 주요한 기능은 기업의 성과와 재무상태를 측정하고 세금을 납부하기 위한 자료를 작성하는 것이다. 주어진 기준과 원칙을 이용하여 회계담당자는 발생주의에 입각하여 수입과 지출을 계산하고 재무제표를 작성한다.

반면에 재무담당자는 현금흐름을 중시한다. 현금흐름은 현금의 유입과 유출을 의미한다. 재무담당자는 기업의 목표를 달성하는 데 필요한 자산의 구입과 금융비용 등을 분석하고 계획하여 기업의 수익성과 건전성을 유지하고자 한다. 재무담당자는 수입과 지출을 실질적인 현금의 유입과 유출이 있는 경우에 인식한다.

간단한 비유를 통하여 재무담당자와 회계담당자의 차이를 살펴보자. 기업을 사람의 몸에 비유한다면 회계담당자는 수입, 지출, 이익을 맥박으로 측정한다면, 재무담당자는 각 조직과 세포에 공급되는 혈액의 실제적 양을 가지고 인식하는 것이다. 심장의 맥박은 실제로 건전히 뛰고 있더라도 순환계의 문제 때문에 몸의 각 부분에 혈액이 도달하지 못하는 경우도 있을 수 있다. 마찬가지로 기업이 회계적 수익성이 있다 하더라도 현금흐름이 막히면 어려움을 겪을 수 있다. 재무담당자는 기업의 실제적인 혈액순환을 나타내는 현금흐름을 강조한다.

의사결정의 강조: 재무관리와 회계자료의 또 다른 차이는 의사결정에 대한 중요도의 차이이다. 회계담당자의 역할은 일관된 원칙 하에서 기업의 과거, 현재, 미래에 대한 상황을 이해하기 쉽게 제공하고자 한다. 즉 회계자료의 수집과 정리에 중점을 둔다. 재무담당자는 이러한 자료를 분석하여 의사결정 과정의 중요한 자료로 사용한다. 물론 회계담당자가 의사결정을 하지 않거나 재무담당자가 자료를 수집하지 않는 것은 아니나 강조하는 측면이 다르다.

개념확인

1. 경제적인 개념 중에서 재무결정과 연결된 개념은 무엇인가? 설명하라.
2. 재무관리는 경제학의 어느 부문과 관계가 있는가? 설명하라.
3. 재무관리와 회계자료의 차이는 무엇인가? 설명하라.
4. 현대적 경영에서 재무관리가 차지하는 위치를 설명하라.

1.7 ESG와 현대 재무관리

ESG는기업의 비재무적 요소인 환경(Environment), 사회(Social), 지배구조(Governance)를 통칭하는 용어이다. 2008년 글로벌 금융위기 이후 전통적 금융에 대한 위기의식과 반성으로 사회적 가치를 중시하는 '지속가능금융(sustainable finance)'에 대한 논의가 활발해졌다. 지속가능금융이란 기업들이 각종 비용을 감수하면서도 다양한 이유로 사회적 책임과 혜택을 제공하는 행위를 자발적으로 수행한다는 것이다.

최근 기후 · 환경 변화, 탄소중립 등의 영향으로 환경 논의가 주목받으며 'ESG 투자'에 대한 관심이 증대되었다. ESG 투자는 투자의사결정에서 기업의 재무적 성과 이외에 환경, 사회, 지배구조 등 비재무적 요소를 반영하는 투자를 의미한다. 예를 들어 화석연료 · 탄소배출 비중이 높은 기업들에 대한 투자 축소, ESG 등급이 낮은 기업에 대한 적극적 의결권행사, 탄소중립 사회를 이끌 핵심분야 기업에 대한 선도적 · 장기적 투자 확대 등을 들 수 있다.

기존의 금융투자는 시장위험, 신용위험, 운영위험 등 전통적인 금융위험을 고려하는 반면, ESG 투자는 기업의 지배구조와 사회적 책임, 기후변화로 인한 위험을 재무적 수익성과 연계하여 고려한다. 최근 글로벌자산운용사, 투자은행, 신용평가사를 중심으로 상품개발 및 투자의사 결정에 ESG를 적극적으로 반영하고 있다.

ESG의 발달과정

ESG 투자는 1970년대 이후 촉발된 '지속가능금융' 개념의 진화과정에서 부각되었다. 초창기의 ESG 투자는 주류, 담배, 무기제조 등 특정 산업을 투자에서 배제하는 윤리적 · 종교적 동기에서 출발했다. 이른바 범죄주식(sin stocks)에 대한 금융투자회사의 투자배제가 그 대표적인 예이다.

이후 지구온난화, 기업비리, 인권문제 등에 대한 사회적 관심이 증가하면서 ESG는 그 의미와 개념이 진화하였다. 최근 들어 기후위기가 심각해지면서 ESG가 본격적으로 논의되기 시작했다. 1997년 기후위기에 대해 처음으로 경고한 교토협약 때부터 ESG의 분위기는 점차 고조되기 시작했다. 교토협약은 1997년 지구온난화 규제 및 방지를 위해 협정한 기후변화 협약이다. 이후 2005년 유엔글로벌콤팩트(UNGC)에서 공식 사용된 ESG는 기업의 사회적 책임(CSR, Corporate Social Responsibility)과는 다르다.

CSR은 기업이 사회의 목적과 가치에 알맞은 의사결정을 하고, 사회적 책임을 적극적으로 수행할 때 기업가치가 높아질 수 있다는 것을 말한다. 기업은 본업을 통해 수익을 내고, 이 수익의 일부를 사회에 기여하는 것을 통해 책무를 다한다는 것이다. 기업이 추구하는 이익 극대화라는 목표는 큰 변화를 두지 않고 장기적인 기업가치 극대화를 위하여 근로복지 개선, 협력회사와의 상생관계 유지, 환경보호 등에 보다 많은 자원을 배분하는 전략으로 볼 수 있다. 반면 ESG는 기업의 목적을 경제적 가치와 사회적 가치의 제고를 통해 이해관계자의 효용 증대를 목표로 하는 경영전략이다. '주주 자본주의'에서 이해관계자의 요구를 충족시키는 도구로 사용되는 전략이 CSR이라면, '이해관계자 자본주의'에서 다양한 이해관계자의 효용 극대화를 목표로 하는 전략이 ESG이다.

ESG 투자는 2006년 UN PRI 주도로 책임투자원칙(Principles of Responsible Investing)이 제정되면서 국제적인 공론화가 이루어지기 시작했다. UN PRI는 2006년 출범한 UN 책임투자원칙단체로 약 2,000여개 자산운용사, 수탁기관 등이 PRI에 서명했다. 2008년 글로벌 금융위기로 일부 시장참가자들의 탐욕으로 인한 문제가 불거지고 윤리의 중요성이 부각되면서 ESG 투자가 전 세계적으로 증가했다.

이해관계자 자본주의

자본주의에서의 기업의 목표는 수익의 극대화, 즉 주주 가치의 극대화로 대변되는 '주주 자본주의(Shareholder Capitalism)'가 학계의 주류였다. 경제학자 밀턴 프리드먼(Milton Friedman)에 의해 제시된 자유시장경제 이론으로 제2차 세계대전 이후 자본주의의 기본 가정으로 여겨졌다. 기업의 목적은 주주 가치 제고라는 사실에 대해 의문을 갖지 않았다. 대표적인 사건으로 1970년대 남아공의 인종차별 정책이었던 아파르트헤이트에 반발하여 수많은 미국 기업들이 남아공에 투자를 중단한 것에 대해 밀턴 프리드먼은 반발하였다. 기업의 가치는 회사가 벌어들이는 순이익에 따라 결정되어야 한다고 주장하면서, 도덕적 규제와 사회적 간섭은 기업가치를 손상시킬 것이라면서 미국 기업의 남아공 투자중단을 비판하였다.

최근에는 '주주 자본주의'보다 더 큰 개념으로 '이해관계자 자본주의(Stakeholder Capitalism)'가 다수의 지지를 받고 있다. 이 개념은 1973년 다보스포럼에서 제시된 이후 꾸준히 발전하고 있다. 기업의 목적은 이해관계자들의 다양한 이해관계를 잘 조화롭게 하는 것으로 정의하고 있다. 최근의 지구온난화, 기업지배구조, 인권문제 등에 대한 사회적 관심의 증가로 이해관계자 자본주의는 구체적인 형태를 잡아가고 있다.

세계 최대의 자산운용회사인 블랙록(BlackRock)의 CEO인 래리 핑크(Larry Fink)는 매년 주주 서한을 통해 기업의 사회적 책임을 강조하는 것으로 유명하다. 2018년 래리 핑크는 기업은 재무적 이익뿐만 아니라 사회적 가치 창출을 위해 노력해야 한다고 주장했다. 기업이 계속해서 성장하기 위해서는 재무적 성과는 물론이고 사회에

그림 1-9 2018년 래리 핑크의 주주 서한 중 일부

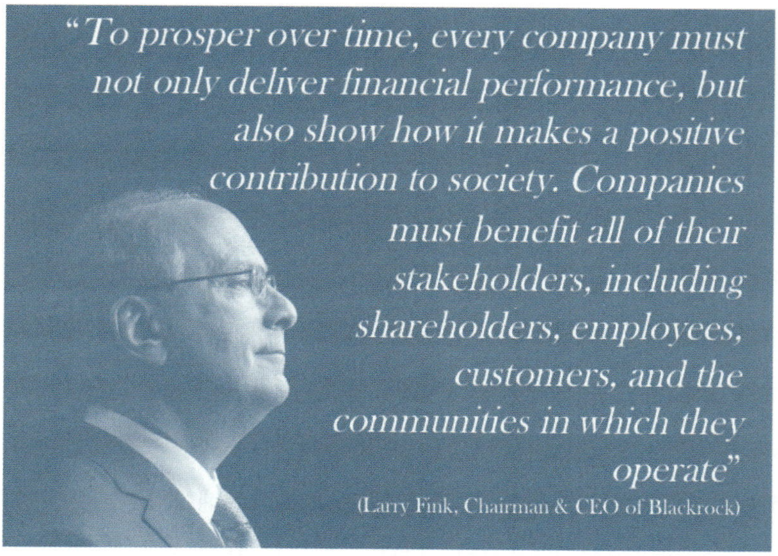

어떻게 긍정적인 기여를 하고 있는지를 보여주어야 한다고 강조하였다. 기업은 주주, 근로자, 고객, 사회구성원들을 모두 포함하는 이해관계자들에게 도움을 주어야 한다는 것으로 '이해관계자 자본주의'를 보여주는 대표적인 예이다.

한편 2019년 8월 미국 비즈니스라운드테이블(BRT, Business Roundtable)에서 181개 주요 기업들의 CEO는 기업의 목적은 단기이익 추구가 아니라 장기에 걸쳐 이해관계자 요구를 만족시키는 것임을 선언하였다. 기업의 목적이 주주 가치 제고에서 이해관계자의 가치 제고로 변경되고 있음을 보여주는 예로 '이해관계자 자본주의'가 기업을 중심으로 논의되고 있음을 보여준다. 기업은 첫째, 고객에게 가치를 제공하고, 둘째, 근로자에게 공정하고 실질적인 보상을 제공하고, 셋째, 공정하고 올바르게 협력회사를 대하며, 넷째 지역사회에 기여하며, 마지막으로, 장기 주주 가치 창출에 기여하여야 한다고 선언하였다.

그러나 기업은 이해관계자 자본주의 실천에는 미흡한 것이 현실이다. 그 주요 원인은 다음과 같다. 첫째, 기업의 ESG 경영에 대한 이해 부족이다. 대부분의 경영자는 ESG 경영을 막연하게 인식하거나 CSR과 유사한 개념으로 인식하는 경우가 흔하다. 이로 인해 ESG 경영을 규제 준수 의무로 이해하고, 기업의 경영전략을 ESG 관련 규제 대응에 초점을 맞추는 경우가 많다. 둘째, 기업은 ESG 경영을 비용으로 인식하는 경향이 있다. 따라서 기업 이미지를 높이기 위한 평판위험관리 혹은 마케팅 목적으로 ESG 경영에 접근하는 경우가 흔하다. 셋째, ESG 경영전략을 어떻게 준비해야 하는지에 대한 노하우가 부족하다. ESG 위원회 설치, ESG 전담부서 설립 등 경쟁회사 벤치마크에만 집중하는 경향이 있다. 마지막으로, ESG 경영전략의 확신 부족으로 구체적 실행계획이 미흡하다. ESG 경영이 경제적 가치와 사회적 가치 제고에 기여하는 경로 확신이 부족하기 때문에 ESG 경영전략의 단계별 실천방안 및 평가방법 등의 실행계획이 미흡한 것이 현실이다.

ESG 투자의 주제 및 투자전략

ESG 투자의 주제는 환경, 사회, 지배구조로 구분된다. 환경은 기업의 환경경영, 환경전략, 환경조직, 환경성과, 이해관계자 대응과 관련된 사항으로 기후변화, 탄소배출, 화석연료, 환경오염, 신재생에너지, 친환경 제품, 폐기물 관리 등을 포함한다. 사회는 근로자, 협력사 및 경쟁사, 소비자, 지역사회 등과 관련된 사항으로 근로자 보호, 소비자 보호, 산업안전, 하도급 거래 등을 포함한다. 지배구조는 주주권리 보호, 이사회, 감사기구, 정보공개, 공시 등과 관련된 사항으로 주주권리 보호, 소액주주 보호, 이사회 구성 및 활동, 감사제도, 공시제도 등을 포함한다.

ESG 투자는 다양한 방식으로 나타날 수 있다. 예를 들어 화석연료 · 탄소배출 비중이 높은 기업들에 대한 투자 축소, ESG 등급이 낮은 기업에 대한 적극적 의결권 행사, 탄소중립 사회를 이끌 핵심분야 기업에 대한 선도적 · 장기적 투자 확대 등을 들 수 있다.

대표적인 ESG 투자전략으로 네거티브 스크리닝(Negative Screening), 포지티브 스크리닝(Positive Screening), 테마 투자(Thematic), 임팩트 투자(Impact Investing), ESG 통합(ESG Integration), 주주 활동주의(Engagement), 규범기반 스크리닝(ESG Reporting)

표 1-1 ESG 투자의 주요 주제

환경(E)	사회(S)	지배구조(G)
기후변화 및 탄소배출	고객만족	이사회 구성
대기 및 수질오염	데이터 보호 및 프라이버시	감사위원회 구조
생물의 다양성	성별 및 다양성	뇌물 및 부패
삼림 벌채	직원참여	임원 보상
에너지 효율	지역사회 관계	로비
폐기물 관리	인권	정치 기부금
물 부족	노동기준	내부 고발자 제도

등을 들 수 있다.

네거티브 스크리닝은 ESG 기준에 부합하지 않는 산업 혹은 기업을 포트폴리오에서 제외하는 투자전략이다. 포지티브 스크리닝은 ESG 평가결과가 우수한 섹터, 기업, 프로젝트를 선별하여 포트폴리오를 구성하는 투자전략이다. 테마 투자는 기후변화, 음식, 물, 재생 에너지, 청정 기술 및 농업과 같은 특정 지속가능성 문제를 다루는 테마 자산에 대한 투자하는 투자전략이다. 임팩트 투자는 사회, 환경 문제를 해결하기 위한 목표를 가진 투자전략이다. ESG 통합은 기업 재무분석과 더불어 ESG 요소를 체계적이고 명시적으로 포함하여 분석 · 평가 · 투자하는 투자전략이다. 주주 활동주의는 책임투자기준에 맞는 기업경영 유도를 위해 주주 권한을 활용하여 기업관여 활동, 의결권행사, 주주 제안 등 적극적인 영향력을 행사하는 방식의 투자전략이다. 규범기반 스크리닝은 ESG 기준의 투명성 유지 여부에 따른 투자전략이다.

표 1-2 ESG 투자전략

ESG 투자전략	투자실행 방법
네거티브 스크리닝 (Negative Screening)	ESG 기준에 부합하지 않는 산업·기업을 포트폴리오에서 제외하는 투자
포지티브 스크리닝 (Positive Screening)	ESG 평가결과가 우수한 섹터·기업·프로젝트를 선별하는 투자
테마 투자(Thematic)	기후변화, 음식, 물, 재생 에너지, 청정 기술 및 농업과 같은 특정 지속가능성 문제를 다루는 테마 자산에 대한 투자
임팩트 투자(Impact Investing)	사회 · 환경 문제를 해결하기 위한 목표를 가진 투자
ESG 통합(ESG Integration)	기업 재무분석과 더불어 ESG 요소를 체계적이고 명시적으로 포함하여 분석·평가·투자하는 방식
주주 활동주의(Engagement)	책임투자기준에 맞는 기업경영 유도를 위해 주주 권한을 활용하여 기업관여활동, 의결권행사, 주주 제안 등 적극적인 영향력을 행사하는 방식
규범기반 스크리닝(ESG Reporting)	ESG 기준의 투명성 유지 여부에 따라 투자하는 방식

세계적으로 가장 많은 ESG 투자전략은 네거티브 스크리닝, ESG 통합, 주주 활동주의이다. 네거티브 스크리닝은 유럽 지역에서 가장 많이 활용된 전략이고, ESG 통합은 미국, 캐나다, 호주, 뉴질랜드 등에서 지속적으로 많이 활용되고 있으며, 주주 활동주의는 일본에서 지배적인 전략으로 활용되고 있다.

ESG 투자 동향

ESG 투자는 선도 금융회사를 중심으로 ESG 요인을 고려한 경영전략을 적극적으로 채택하고 있다. 블랙록, 뱅가드, 스테이트스트리트 등으로 대표되는 자산운용사, JP모건, 골드만삭스, 메릴린치-BoA 등으로 대표되는 투자은행, 피치, S&P, 무디스 등의 신용평가사가 ESG 투자를 활발하게 진행하고 있다.

유럽의 경우 스웨덴, 노르웨이, 네덜란드 등은 연기금을 중심으로 책임투자가 보편화되어 있다. 스웨덴 공적연기금인 제2국가연금펀드(AP2)는 2018년부터 운용자산 400억달러 중 120억달러를 ESG 벤치마크를 추종해 운용하기로 결정했다. 노르웨이 국부펀드(GPFG)와 네덜란드 연기금(ABP) 등 연기금을 중심으로도 책임투자가 보편화되어 있다. 영국의 대표적 상업은행인 바클레이즈는 화석연료업계의 최대 대출업자임에도 불구하고 2050년까지 탄소배출량 '0'을 목표로 하겠다고 발표하였다. 탄소배출이 많은 기업에 대한 대출을 2050년까지 회수하겠다는 것으로 고탄소배출 기업은 탄소배출을 줄이지 않는 경우 금융기관에서 대출이 어렵게 될 수 있음을 시사한다.

일본의 경우 2014년 스튜어드십 코드 도입 및 2015년 일본공적연금(GPIF)의 UN PRI 서명 이후 ESG 투자 규모가 급격히 증가하였다. 한편 MSCI는 신흥국 지수의 중국A주 편입 비중을 2020년 20%까지 확대하였으며, 이에 따라 중국 정부는 ESG 정보공개에 더욱더 주의를 기울이고 있는 상황이다.

국내 ESG 논의는 연기금 중심의 책임투자 논의에서 시작되었고, 최근에는 기업들의 지배구조 및 지속가능경영 사항 공시 논의로 확대 중이다. 국민연금은 스튜어드십 코드 채택(2018년 7월) 이후, 최근 지속가능성 및 ESG 요소를 고려하는 방향으로 기금운용원칙을 개정(2019년 11월)하면서 ESG를 기금운용의 중요 원칙으로 고려하고 있다.

ESG 관련 사항 공시는 현재 사업보고서(의무), 거래소 지배구조보고서(자율/의무) 및 지속가능보고서(자율) 등을 통해 추진하고 있다. 「녹색성장기본법」에 따라 온실가스 배출량, 에너지 사업량 등을 정기공시(사업보고서)에 보고하고 있으며, 녹색기업 지정은 수시공시(거래소 자율공시)를 통해 정보를 공개하고 있다. 「지배구조보고서」 공시는 2019년부터 유가증권시장 상장법인을 대상으로 의무화하였고, 2022년부터 코스닥 시장으로 단계적으로 확대 예정이다.

한편 금융회사를 중심으로 ESG 투자가 점차 확대되고 있다. 한국투자공사는 책임투자를 수행하기 위해 2019년부터 책임투자업무지침 제정 및 3억달러 규모 ESG 전략펀드 운용을 시작하였다. KB금융지주는 2020년 3월에 ESG 위원회를 신설하여 기업대출과 투자심사 반영 시 ESG 요소를 고려하기로 결정하였다. KB증권의 경우 IB부문의 ESG 사업을 강화하여 신재생 에너지 분야 딜(금융주선, 펀드결성, 자문 등)을 진행하고 있으며, 정유회사(SK에너지 5,000억원, GS칼텍스 1,300억원)의 그린본드 발행을 주관한 바 있다. 최근 KB국민은행은 코로나-19 피해기업 지원 등을 목적으로 하는 4,000억원 규모의 사회적 채권과 5억 달러 규모의 지속가능채권을 발행하였다.

ESG 경영을 위한 금융의 역할

향후 ESG 기준 강화는 기업 및 금융회사의 투자전략에 영향을 미칠 것이다. 포트폴리오의 잠재적 비용 절감 및 장기수익률 개선을 추구하는 연기금 · 금융회사 등은 ESG 기준이 강화될 경우 투자전략에 반영할 것이다. 향후 저탄소사회로의 전환 과정에서 탄소배출권 가격 상승은 투자자 포트폴리오에 고탄소기업 투자비중 축소를 유발하게 된다. 반면 저탄소사회를 이끌 핵심분야 기업에 대한 선도적 · 장기적 투자확대를 촉발시킬 것이다. 비재무적 요소가 기업가치의 핵심 리스크 및 기회 요인이라는 경험이 축적될 경우 ESG 포트폴리오 조정 및 ESG 공시확대요구는 불가피할 것으로 예상된다.

한편 ESG 기준 강화는 금융회사의 리스크 관리에도 영향을 미친다. 특히 환경과 관련한 기후변화는 금융회사에 다양한 형태의 리스크를 유발하여 건전성 훼손 개연성이 높다. 대표적으로 물리적 리스크와 이행 리스크를 들 수 있다. 기후변화로 인한 실물부문 물적피해가 거래관계를 통해 금융부문에 파급되는 리스크를 물리적 리스크라고 한다. 예를 들어 기후변화로 인한 홍수나 자연재해는 보험회사의 보험지급금 증가를 초래하고, 은행담보가치 하락을 유발할 수 있다. 저탄소경제로 이행하는 과정에서 화석연료 · 탄소배출 산업의 가치가 급격히 하락함에 따라 발생하는 리스크를 이행 리스크라고 한다. 예를 들어 고탄소 기업의 가치 하락으로 인한 포트폴리오 손실을 초래할 수 있다. 향후 ESG 요소가 불확실성 확대를 초래하여 시스템 리스크로 증폭될 가능성에 대해 금융회사 · 금융당국 차원의 지속적인 점검이 필요하다.

그림 1-10 ESG 금융생태계의 구성

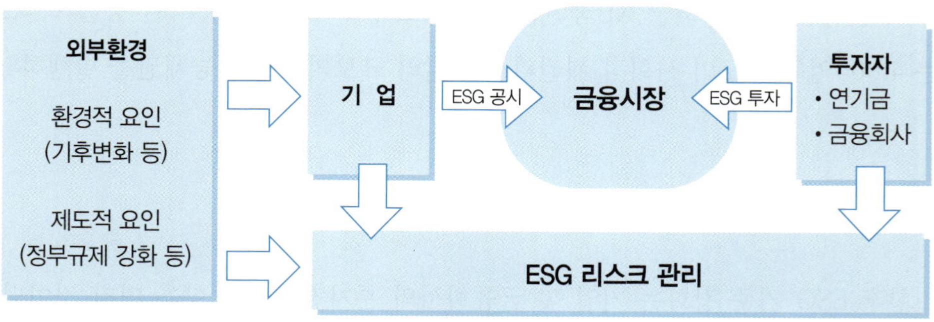

개념확인

1. ESG에 따른 재무관리의 역할을 토론해 보자.
2. ESG 투자의 주제와 전략을 토론해 보자.

1.8 요약 및 결론

본 장에서는 재무관리의 기본적인 개념들에 대하여 설명하였다. 재무관리는 돈의 관리와 연관된 과학적인 접근법이라는 사실을 이해하여야 한다. 현대는 돈의 중요성이 과거 어느 때보다도 크다. 하지만 돈이 모든 것이 아님도 확실하다. 돈의 관리, 그리고 그것의 과학적인 접근법으로 재무관리를 공부하는 자세가 필요하다.

재무관리의 각 분야는 자금의 흐름을 중심으로 기업재무, 투자활동, 그리고 그것들을 연결하는 금융시장 및 기관들로 구성된다. 기업은 금융자산을 이용해서 자금을 동원하고 실물자산에 투자한다. 가계는 금융자산을 이용해서 투자하며, 금융시장과 기관은 그러한 자금의 흐름을 연결하는 역할을 수행한다. 기업재무는 자본예산, 자본구조, 그리고 운전자본관리의 세 분야를 중심으로 한다.

재무관리는 주로 기업을 대상으로 하기 때문에 기업의 목적을 분명히 할 필요가 있다. 기업의 목적은 이익의 추구나 극대화가 아니라는 사실을 분명히 할 필요가 있다. 기업의 목적을 어떻게 설정하느냐가 기업의 의사결정에 대한 방향성을 설정하기 때문이다. 기업의 목적은 기업가치의 극대화이다.

재무관리는 기업의 활동을 현금흐름이라는 현상으로 파악한다. 현금흐름이 최종적인 결제수단이고 경제활동의 궁극적인 목표이기 때문이다. 기업 활동을 현금흐름이라는 관점에서 파악하고 가치평가를 통해서 의사결정을 하는 것이다. 주요 과제가 의사결정을 위한 가치평가라는 사실은 분명한데, 현실적인 재무적 현상이 복잡하게 전개된다 하더라도 재무관리의 기본적 과제는 변함이 없다.

재무관리는 독자적으로 존재하는 분야가 아니다. 기업의 활동은 종합적이고, 그에 대한 경영도 종합적인 차원에서 인식되어야 한다. 재무관리는 기업 활동의 한 분야이기는 하지만 다른 분야보다도 더욱 중요한 것으로 인식되는 경향이다. 왜냐하면 기업은 결국 부를 증식시키려는 경제주체이기 때문이다. 여러 분야 중에서도 재무관리는 경제적 사고와 회계자료의 이용이라는 두 축을 중심으로 운용된다.

연습문제

1.1 돈이 갖는 개인적인 의미들을 의논해보자.

1.2 재무관리는 로또복권을 맞추는 것과 같은 대박을 설명하지는 못한다. 그러면 재무관리는 무엇을 한다는 말인지 설명하라.

1.3 우리가 공부하는 재무관리는 사회과학 중의 한 분야라고 한다. 여기서 의미하는 사회과학의 의미는 무엇인지 설명하라.

1.4 재무관리 이론과 경제적 성공이 항상 일치하는 것은 아니다. 어떤 점에서 같으며, 어떤 점에서 다른 것인지 설명하라.

1.5 재무관리에서 가치평가와 의사결정의 관계를 어떻게 연결할 것인지, 가치평가가 갖는 재무관리에서의 성격을 설명하라.

1.6 기업재무와 투자론의 관계를 설명하라.

1.7 기업의 재무결정은 금융자산인 증권과 현금의 교환을 발생시킨다. 그것을 기업재무의 관점, 투자자의 관점, 그리고 제3자(시장)의 관점에서 설명하라.

1.8 기업재무의 세 분야에 대하여 설명하라.

1.9 기업가치의 극대화가 기업의 목적이 되는 이유를 설명하라.

1.10 이익의 극대화가 기업의 목적으로 적합하지 않은 이유를 간단히 설명하라.

1.11 기업가치를 증가시킨다는 것은 상반관계를 갖는 두 가지 특성의 조화를 요구한다. 기업의 가치를 결정하는 두 가지 요인들은 무엇인지 설명하라.

1.12 기업 재무담당자의 의사결정의 기준은 무엇인가? 의사결정의 기준이 영향을 미치는 영역은 어디인가 설명하라.

1.13 가치평가를 현금흐름을 중심으로 파악하는 이유는 무엇인지 설명하라.

1.14 기업 활동과 현금흐름을 설명하라.

1.15 기업경영에서 재무관리와 관련된 각 분야들의 관계를 설명하라.

1.16 재무관리와 경제학의 관계에 대하여 설명하라. 재무관리 담당자는 경제적 원리에 대하여 기본적인 이해를 하여야 하는데 그 이유에 대하여 설명하라.

1.17 재무관리와 회계학의 차이를 설명하라. 특히 비용과 수익의 인식과 의사결정과 관계되어 어떤 차이가 있는지를 설명하라.

1.18 21세기의 새로운 금융환경이 우리나라 기업에 미치는 재무적 효과를 설명하라.

1.19 시장경제의 변화는 정부규제의 변화도 유도하는 경향이 있다. 금융환경의 변화와 정부규제의 변화를 연관지어 설명하라.

1.20 마을기업은 금을 가공하여 판매하는 회사이다. 마을기업은 연초에 원재료를 구입하고 가공하는 데 900만원의 현금을 지불하였다. 연말에 가공한 금을 1,000만원에 판매하였으나 판매대금은 아직 회수하지 못하고 있다. 마을기업의 손익계산서와 현금흐름을 각각 정리해 보라.

1.21 마을기업은 새로운 상품 A와 B를 평가하고자 한다. 두 상품을 개발하는 데 각각 100만원씩이 소요되고 상품개발의 효과는 4년 동안 지속된다. 각 상품에 대한 현금흐름을 살펴보면 다음과 같다. 이 두 가지 제안 중에서 어느 것이 우수한가?

연도	신상품 A	신상품 B
1	0	40만원
2	0	40만원
3	0	40만원
4	200만원	40만원
합계	200만원	160만원

제 2 장

금융시장과 금융시스템

재무관리는 시장경제와 금융시스템이라는 구조 내에서 움직이기 때문에, 시장경제와 금융시스템에 대한 기본적인 이해가 필요하다. 시장경제는 시장참여자들의 자유로운 경쟁에 의해서 자원배분의 효율성을 달성하고자 하는 제도이다. 그러므로 자유로운 경쟁을 위한 조건들을 조성하는 것이 중요하며, 그에 따라 국민경제의 경쟁력이 결정될 수 있다.

현대의 국민경제에서는 금융경제의 비중이 어느 때보다 높다. 그러므로 금융경제의 구조에 대해서도 이해해야 한다. 본 장에서는 금융경제에 대한 자세한 설명보다는 전체적인 이해를 중심으로 설명하였다. 금융경제에서는 금융정책의 방향과 영향, 그리고 핵심적인 변수인 금리에 대한 이해도 필수적이다.

본 장의 말미에는 보론을 설정하고 있다. 보론을 설정하는 이유는 재무적 사고방식을 개괄적으로 설명하고자 하는 것이다. 현실에서 복잡한 재무현상들을 만나면 문제의 실마리를 풀기 어려운 경우가 있을 수 있다. 재무적 사고방식을 반추해 보면 좋은 힌트를 얻을 수 있지 않을까 하는 바람에서 보론을 제시한다.

2.1 시장경제와 자본

시장경제

국민경제의 가장 중요한 목표는 '자원배분의 효율성'(efficient allocation of resources)이라고 할 수 있다. 자원배분의 필요성은 자원의 제약이라는 전제로부터 출발한다. 자원의 최적배분이라는 경제목표의 달성을 위해서는 수요와 공급에 의해서 재화와 서비스가 적절히 조절되어야 한다. 무엇이 적절한 것인가를 결정하는 것은 시장의 참여자들이다.

시장경제는 시장기능에 의해서 자원배분이 이루어지는 경제를 의미한다. 시장에서는 수요와 공급에 의해 가격이 결정된다. 가격은 생산량, 생산방식, 유통구조 및 소비와 저축을 조절하여 자원배분을 수행한다. 예를 들어 시장에서 콩의 가격이 상승하면, 콩 생산자는 더 많은 토지, 노동, 그리고 자본을 콩의 생산에 투입할 것이다. 상대적으로 가격이 하락한 팥의 경우에는 더 적은 자원이 팥의 생산에 투입될 것이다. 즉 시장에서 결정된 콩과 팥의 가격들이 생산량을 결정하게 되고, 그에 따라 토지, 노동, 자본 등의 자원들도 배분되는 것이다. 이것이 바로 가격의 자원배분 기능이다.

재무관리는 시장경제를 기본으로 논의된다. 재무관리에서는 가치평가 혹은 가격결정이 핵심적인 개념인데, 시장참여자들의 의사결정기준도 가격이기 때문이다. 재무관리가 가치평가 혹은 가격결정에 의해서 의사결정을 하는 것과 마찬가지 맥락이다. 시장경제도 완벽한 것은 아니지만, 현대의 자유주의 시장경제는 가격결정과 자원배분의 효율성에 대한 시장의 역할을 바탕으로 발전되어 왔다.

실물경제와 금융경제

국민경제는 실물경제와 금융경제로 구분해 생각해 볼 수 있다. 실물경제(real economy)는 재화와 서비스(goods and services)의 생산과 소비, 그리고 유통 등과 같은 부분을 포함한다. 실물경제에는 재화와 서비스를 생산하는 기업과 그것을 소비하는 가계, 그리고 국민경제를 조율하는 정부 등의 경제주체들이 참여한다. 실물경제는 산업경제라고도 일컬어지는데, 실물 산업과 관련된 지표들을 보면 실물경제의 흐름을 읽을 수 있다. 국민소득을 포함하여 각종 경기지표, 생산, 투자, 고용, 임금, 소비, 국제수지, 물가 등이 실물경제를 나타내는 지표들이다. 실물경제에서는 돈의 역할이 실물, 즉 재화와 서비스의 교환을 매개하는 기능을 수행한다.

금융경제에서 자금의 흐름을 연결하는 것이 금융시스템이다. 금융경제에서의 돈의 흐름은 실물과 연결된 것이 아니라 증권 혹은 금융자산과 연결된 형태를 띤다. 여기서는 돈의 기능이 교환의 매개로서 그치는 것이 아니라, 돈의 흐름 자체가 의미가 있게 된다. 금융경제를 나타내는 경제지표들은 자금의 움직임과 연관된 지표들이다. 금리를 나타내는 여러 지표들은 물론이고, 통화량, 예금 및 대출, 환율, 주가 등이 금융경제를 나타내는 대표적인 지표들이다.

기업은 가계로부터 자금을 투자받아서 재화와 서비스를 생산한다. 자금을 투자받는 과정은 금융경제의 부분이고, 투자된 자금을 실물부문에서 운용하는 부분은 실물경제 부문이다. 자금을 투자받는 과정에서 증권 즉 금융자산을 발행하고, 조달된 자금을 가지고 실물자산에 투자하여 생산 활동을 하는 것이다. 전자는 기업의 재무활동에 해당되고, 후자는 기업의 투자활동에 해당된다.

전통적인 의미의 국민경제는 실물경제를 중심으로 이루어졌다. 즉 재화와 서비스의 생산과 소비를 중심으로 경제가 움직였고, 금융부문은 실물부문의 흐름을 원활히 하는 역할이었다. 전통경제에서 '화폐는 그림자'라는 개념이 있었는데, 그것은 돈의 역할을 교환의 매개로 인식한다는 의미이다.

하지만, 현대의 국민경제는 실물부문만으로 설명하기에는 금융경제의 역할과 기능이 매우 크다. 심지어 근래에는 금융부문의 활성화를 통해서 실물부문의 활성화를 유도하려는 것이 대부분 국가들의 정책방향이기도 하다. 기업의 경우에도 재화와 서비스의 효율적인 생산도 물론 중요하지만, 그 외의 자금의 조달 및 운용, 특히 기업의 인수와 합병과 같은 금융부문이 좀더 중요하게 되었다.

시장경제와 정부규제

시장경제는 경제주체들의 자유로운 경쟁을 중심으로 운영된다. 아담 스미스(A. Smith)를 비롯한 근대 경제학의 창시자들은 경제주체들의 자유로운 경쟁이 국민경제를 풍요롭게 한다고 주장한다. 각각의 경제주체들이 스스로의 이익을 추구하다 보면, '보이지 않는 손'에 의해서 국민경제는 전반적으로 나아질 것이라는 주장이다.

근대경제는 시장에서 자유로운 경쟁을 자유방임에 가까운 정도로 보장하였고, 그에 따라 산업사회가 눈부신 발전을 하였던 것이다. 하지만, 자유방임을 목표로 시장에 무조건 맡기는 것이 궁극적인 해결책은 아니었다. 근대경제의 발전은 1930년대의 대공황을 계기로 새로운 변환점을 맞게 된다. 즉 시장이 모든 것을 완벽하게 해결하는 것은 아니라는 반증이 바로 대공황 사태인 것이다.

세계적인 대공황을 계기로 정부의 개입이 정당화된다. 미국의 경우 뉴딜정책이 도입되고 정부의 적극적인 역할이 필요하다는 것이 증명된 것이다. 정부는 민간경제를 활성화시키는 데 역할을 하게 되는데, 그것은 다른 측면에서는 정부의 개입이고 규제의 도입인 것이다. 그 후에는 정부는 소득의 재분배나 복지국가의 건설을 목적으로 다양한 형태의 경제정책을 시행하고 있다.

2차 세계대전 이후에 세계경제는 나름대로의 번영을 이룩하여 왔다. 경제가 민간을 중심으로 원활하게 운영되는 과정에서는 정부의 개입 필요성도 줄어들게 마련이다. 왜냐하면 시장이 활성화되어서 자체적으로 기능한다면 규제완화가 자원의 효율적 배분에 유리하기 때문이다. 전체적으로 보면 지난 반세기 동안 정부의 경제정책은 규제완화의 방향으로 진행되었다고 볼 수 있다.

하지만, 현재의 세계경제는 과거와 같이 성장과 발전을 지속적으로 담보하는 것은 아닌 듯하다. 한국은 1997년도에 외환위기를 경험한 적이 있으며, 세계경제는 2008년의 미국발 금융위기를 계기로 불안정한 양상을 보이고 있다. 만약 국민경제가 계속적으로 불안정한 모습을 보인다면, 정부의 규제에 대한 태도도 바뀔 가능성이 있다.

기업과 자본

현대는 자본주의 시대이다. 자본주의는 자본의 사유화를 인정하는 체제인데, 자본(capital)은 **투자의 재원**을 의미한다. 기업은 자본의 투자로부터 시작되는데, 자본가의 사유자본으로부터 사기업은 탄생한다. 결국 자본주의의 꽃은 사기업이라고 할 수 있다. 물론 공기업이 존재하기는 하지만 현대 기업의 특징은 사적 자본의 투자자인 주주 자본가를 인정한다는 점이다.

현대 기업은 시장 중심의 대량생산을 효율적으로 수행하기 위해서 대규모의 자본을 투자하는 경우가 많다. 효율적인 생산을 위해서는 규모의 경제가 필요한 부분이 많기 때문이다. 규모의 경제를 얻기 위해서는 어느 정도 이상의 적정 규모가 되어야 시장에서의 경쟁력을 확보할 수 있기 때문에, 특별한 주문생산의 경우를 제외하면 적정 규모를 위한 대규모의 자본을 필요로 한다.

물론 기업이 무조건 대기업이 되어야 하는 것은 아니다. 규모의 경제가 크게 영향을 미치지 않는 주문생산이나 소프트웨어 산업의 경우에는 상대적으로 적은 규모의 자본으로도 기업이 경쟁력을 확보하는 경우도 있다. 근래에 성공적인 SNS나 게임과 같은 기업들이 소규모 자본으로 시작해서도 경쟁력을 확보하는 것이 대표적인 예일 것이다.

현대에는 기업이 대규모의 자본을 필요로 하는 부분이 있기 때문에 자본시장이 발달하게 되었다. 자본시장은 자본이 거래되는 시장으로서, 기업은 증권을 발행하여 자본을 조달하고 개인들은 증권투자를 통하여 자기자본을 증식할 수 있는 거래를 수행한다. 현대 기업은 대규모의 자본을 필요로 하는 경우가 많고, 개인이 그러한 대규모의 자본을 제공할 수 있는 경우는 드물기 때문에, 자본시장이 발달하게 되는 것이다.

자본시장에는 증권들의 원활한 거래를 위해서 다양한 금융제도와 금융기관들이 존재하게 된다. 시장은 활발한 거래를 성사시켜야 존재의 의의가 있다. 시장은 거래를 위한 공간인데, 거래가 이루어지지 않는다면 의미가 없기 때문이다. 대규모 자본을 충족시키기 위해서 시장에서는 적은 액면가의 증권들로 자본 거래를 한다. 1,000억원이 필요하다고 해서 1,000억원짜리 증권 1개를 발행하는 것이 아니라, 10만원짜리 증권 100만개를 발행하는 것도 거래 활성화의 한 가지 방법인 것이다.

개념확인

1. 시장경제란 무언인가?
2. 실물경제와 금융경제를 설명하시오.
3. 시장경제에서는 자율화가 최선인지 토론해 보시오.
4. 자본은 무엇인가?

2.2 금융시스템과 기업

기업의 재무적 결정은 금융환경 및 금융시장과 연계되어 있다. 금융시장이 원활히 작동하면 기업 활동도 활발히 전개될 수 있으나 금융시장이 경색되면 기업의 제반 활동도 제약을 받게 되고, 전체적인 국민경제도 어려움을 겪게 된다. 그러므로 현명한 재무적 결정을 위해서는 금융시스템을 이해하는 것이 필수적이다.

금융시스템의 개요

금융시스템(financial system)은 금융시장, 금융기관 및 금융제도 전반을 포함하는 총체적인 금융체제를 말한다. 금융시스템은 경제체제 내에서 혈액의 순환시스템과 종종 비유되기도 한다. 혈액의 순환은 생명의 존재와 직결되는 것이다. 마찬가지로 금융시스템은 경제의 흐름에 매우 중요한 영향을 미친다.

금융시스템은 자본잉여자에게는 자본의 축적을 가능하게 하고, 축적된 자본을 투자로 연결하는 수단을 제공한다. 한편, 자본부족자에게는 자본흐름을 통하여 투자를 위한 수단을 제공한다. 전체적으로 금융시스템은 경제활동의 모든 분야에 있어서 필수적으로 동반되는 자금의 유통을 담당하는 것이다.

금융은 경제주체들 사이의 자금유통을 담당하는 거래이다. 즉 자금의 지출이 수입보다 큰 **적자부문**(deficit spending unit)과 지출이 수입보다 적은 **흑자부문**(surplus spending unit) 사이의 연결을 담당한다고 할 수 있다. [그림 2-1]은 금융의 흐름을 나타내고 있다. 적자부문은 경제 내에서 자금의 사용을 중심으로 하는 기업부문을 지칭하며, 흑자부문은 자금을 저축과 투자에 배분하는 가계부문을 나타낸다.

주요 흑자부문인 가계부문의 잉여자금은 대개 규모가 작고 단기적인 성격을 가진 자금이다. 상대적으로 적자부문인 기업은 규모가 크고 장기적인 자금을 필요로 한다. 이처럼 금융시스템은 자금 수요자와 공급자 사이에 나타나는 양적·질적 모순

그림 2-1 금융시장의 자금흐름

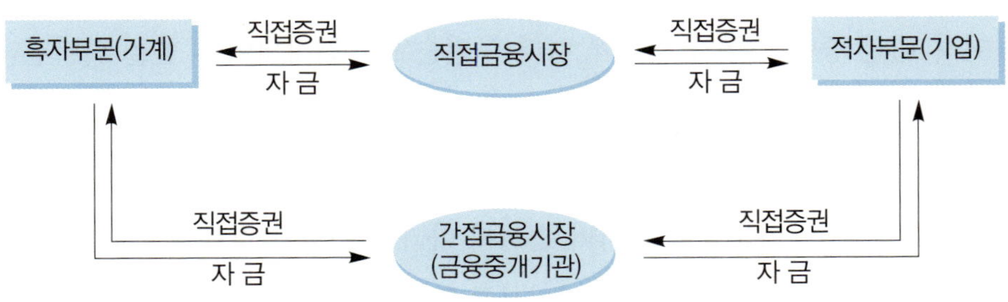

을 금융시장, 금융기관, 금융제도를 통하여 해결할 수 있게 한다.

금융시스템의 효율성

금융시스템의 역할은 한정된 금융자원을 효율적으로 배분하고자 하는 것이다. 즉 지출액보다 소득이 많은 경제주체로부터 잉여자본을 모아서, 좋은 투자기회를 갖고 있으면서도 자금이 모자라는 부족부문에 자금을 제공하는 일이다. 그런데 금융자원은 한정되어 있기 때문에 효율적인 자원의 배분이 필요한 것이다.

금융시스템의 효율성은 **배분의 효율성**(allocational efficiency)과 **운영의 효율성**(operational efficiency)으로 나누어 볼 수 있다. 배분의 효율성이 의미하는 바는 금융시스템이 흑자부문에서 적절한 자금을 조달하고, 적자부문에서 적절한 투자를 하도록 효율적으로 금융을 배분하는 것이다. 배분의 효율성을 달성하기 위해서는 다음의 두 가지 요소가 중요하다.

첫째, 효율적인 금융시스템은 저축을 위한 적절한 인센티브를 제공하여야 한다. 적절한 저축은 경제 전반의 원활한 흐름을 위하여 필수적인 요구이다. 적절한 저축을 위해서는 적절한 인센티브가 있어야 하는데, 저축을 위한 인센티브로서는 우선 적절한 이자율의 제공을 들 수 있을 것이다. 물론 적절한 저축을 위해서는 금융기관들이 편리한 위치에 있어야 한다는 등의 조건도 필요하다. 하지만, 저축을 위한 여러 가지 인센티브 중에서도 적절한 이자율은 가장 중요한 변수라고 할 수 있다.

둘째, 효율적인 금융시스템은 축적된 저축을 최선의 투자로 연결시켜야 한다. 이것은 여러 대안 중에서 투자 가치에 따라 우선순위가 결정되어야 함을 의미한다. 즉 저축으로 모아진 자본들이 투자 가치의 순서에 따라 흘러가는 금융시스템을 말한다. 다시 말하면 금융시스템에서 배분의 효율성은 적절한 저축을 위한 제반 여건이 마련되어야 하고, 모아진 자본들이 가치의 순서에 따라 배분되는 것을 말한다.

운영의 효율성은 흑자부문에서 적자부문으로 자금이 흘러가는 과정에서 가능하면 누수가 적어야 한다는 의미이다. 금융거래에 있어서도 거래비용이 소요되는데, 자금이 흑자부문에서 적자부문까지 도달할 때 소요되는 제비용인 거래비용이 적어야 효율적인 운영이 이루어졌다고 할 수 있을 것이다.

금융시스템은 배분의 효율성과 운영의 효율성을 통하여 경제의 흐름을 원활히 하는 역할을 수행한다. 금융시스템이 경제 전반에 미치는 영향은 매우 크다. 금융자원의 효율적인 배분을 통하여 기업부문의 확대 재생산을 지원하며, 저축과 투자에 기여한 가계부문에 적절한 보상을 함으로써 경제 전반에 기여하는 것이다.

만약 금융시스템이 효율적이지 못하면 기업은 필요한 자금을 구하지 못하거나 필요 이상 비싸게 구하게 되고, 가계부문은 잉여자금에 대한 적절한 보상을 받지 못할 뿐만 아니라 경우에 따라서는 신용을 얻기 어려워 소비활동이 위축될 수 있다.

그렇게 되면 기업은 비용이 상승하여 판매활동의 부진과 기업이익의 축소를 가져온다. 또한 생산 활동이 위축되고 실업률이 증가하여 전반적인 경제활동을 위축시킨다. 이와 같이 금융시스템은 경제시스템의 중요한 일부이며 분리하여 생각할 수 없는 것이다.

개념확인

1. 금융시스템은 무엇을 의미하는가?
2. 금융시스템의 효율성은 무엇인가?
3. 금융시스템의 효율성이 방해되는 상황을 토론해 보시오.

2.3 금융시장의 역할

금융시장의 역할

금융시장은 금융자산들이 거래되는 곳이다. 금융자산(Financial Assets)은 그것의 발행인에게 금전적인 요구를 할 수 있는 증서를 나타낸다. 재무관리에서 금융시장은 중요한 역할을 수행하기 때문에 재무관리자는 금융시장을 효과적으로 이용하는 방법을 알아야 한다.

금융자산의 발행자는 투자자에게서 금전을 받으면서 그 대가로 금융자산을 제공하는 계약을 하는 것이다. 금융자산의 종류는 매우 다양하다. 예금증서, 채무증서 등을 포함하며 주식과 채권 같은 증서들도 물론 포함된다. 금융자산은 보유자에게는 자산이 되지만, 상대적으로 발행한 사람에게는 금전적인 요구에 부응해야 하는 책임이 부과된다.

금융시장은 기본적으로 3가지 역할을 수행한다고 볼 수 있다. 첫째로 자금의 조달과 투자를 연결하는 역할이며, 둘째로 자본 형성에 기여하고, 셋째로 시장가격을 결정하는 역할이다.

자금조달과 투자의 연결: 기업이 생산 활동을 수행하기 위해서는 자금이 조달되어야 하는데 금융시장은 기업의 자금조달과 투자자들의 투자를 원활하게 하는 역할을 수행한다. 금융시장이 효과적으로 역할을 수행하면 자금조달에 관련된 비용이 전체적으로 감소하게 된다. 금융시장은 자금조달이 필요한 기업과 자본투자를 하려는 투자자들 쌍방을 만족시키도록 구성된 것이다.

자본 형성: 금융시장은 투자자들에게 투자기회를 제공하여 자본 형성에 기여한다. 투자 자본은 경제의 장기적 건전성에 중요한 요소이다. 투자가 충분하지 않으면 경제성장에 지장을 받으며 실업문제에도 영향을 미친다. 자본시장이 제대로 역할을 한다는 것은 자금의 공급자나 수요자뿐만 아니라 국민경제 전반의 활력에도 중요하다.

시장가격과 수익률 결정: 금융시장은 수요와 공급을 통해서 시장가격과 수익률을 결정한다. 시장가격은 시장 참여자들에 의해서 결정되는데, 시장가격은 경제 주체들의 경제 행위에 영향을 미치는 핵심적인 변수이다. 그러므로 금융시장이 금융상품들의 시장가격과 수익률을 결정한다는 사실은 금융시장의 중요한 역할이다.

시장에는 매우 다양한 금융상품들이 존재하고 각각의 금융상품들은 서로 다른 시장가격과 수익률로 결정된다. 금융상품들의 시장가격과 수익률은 각 금융상품들의 성격을 대변한다고 볼 수 있다. 위험이 높은 금융상품은 높은 수익률로 결정될 것이며, 국채와 같이 위험이 낮은 금융상품들은 낮은 수익률로 결정될 것이다. 이것은 금융시장이 제대로 역할을 한다는 증거이기도 하다.

2.4 금융시장의 구조

금융시장은 크게 전통적 금융시장과 외환시장, 파생금융상품시장으로 나누어 볼 수 있다. 전통적 금융시장은 만기를 중심으로 단기금융시장과 자본시장으로 구분된다. 금융시장은 시장의 성격에 따라 거래소시장과 장외시장으로 나뉘기도 하고, 신규 발행과 기존 증권의 유통으로 구분하여 발행시장과 유통시장으로 구분되기도 한다.

단기금융시장과 자본시장

금융시장의 구조는 거래되는 상품의 성격에 따라 단기금융시장과 자본시장으로 분류해 볼 수 있다. **단기금융시장**(money market)은 1년 미만의 단기금융상품이 거래되는 시장으로 경제주체들 간의 단기적인 자금 과부족을 해소하기 위해서 형성된 시장이다.

단기금융시장에서 거래되는 상품들은 유동성이 높고 상대적으로 부도위험이 낮은 특징을 가지고 있다. 이러한 단기금융상품들은 주로 금융기관, 기업, 정부에 의하여 발행된다. 대표적인 단기금융상품으로는 콜거래를 비롯하여 양도성예금증서(CD),

그림 2-2 금융시장의 구조

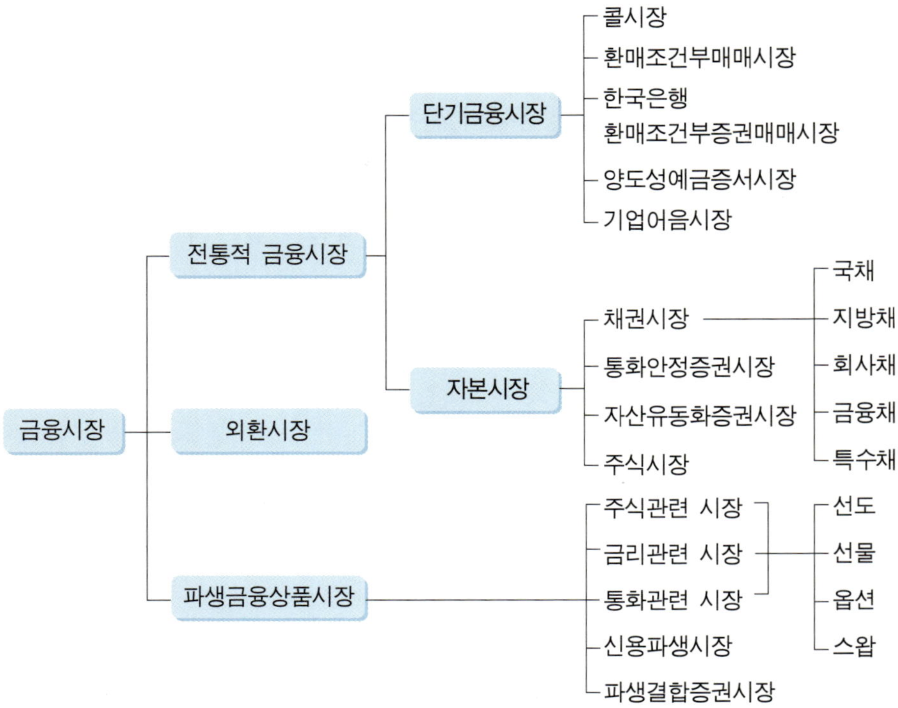

환매조건부채권(RP), 각종 어음 등이 있다. 그 외에 단기형 국공채 등도 포함된다.

자본시장(capital market)은 만기 1년 이상의 장기적인 금융상품이 거래되는 시장을 말한다. 이러한 상품들은 대개 기업이나 정부기관의 장기적인 자금 수요를 충당하기 위하여 생겨난 상품이다. 자본시장에서 거래되는 장기금융상품에는 각종 장기 국공채, 장기금융채, 그리고 통화안정증권과 자산유동화증권 등이 있다. 기업에서 발행하는 것으로는 회사채와 주식 등이 전형적인 예이다.

외환시장

외환시장은 국가들의 통화가 거래되는 시장이다. 외환시장은 은행 사이에 이루어지는 은행 간 시장(inter-bank market)과 은행과 고객 사이에 이루어지는 대고객 시장(customer market)으로 나뉜다. 은행 간 시장은 금융기관들 사이의 거래로서 대규모 거래가 이루어지는 도매시장의 성격을 가진다. 외환시장은 통상 금융기관들 사이에 거래가 이루어지는 은행 간 시장을 의미하는 경우가 많다.

파생금융상품시장

파생금융상품시장은 파생금융상품들이 거래되는 시장이다. 파생금융상품들은 그 바탕이 되는 기초자산들로부터 파생된 상품들이다. 초기의 파생금융상품시장은 외환을 관리하는 것을 중심으로 발달해 왔는데, 그 후 선물, 옵션, 스왑 등 다양한 상품들이 도입되고 거래 규모도 크게 확대되었다.

파생금융상품은 금융거래와 연관된 위험을 관리하는 수단으로 활용도가 높다. 그런데 파생상품거래에 있어서 위험은 사라지는 것이 아니고, 거래자 사이에 단순히 이전되는 것이므로 상당한 위험을 부담하는 거래 상대방을 필요로 한다. 파생금융상품시장에 참여하는 어떤 거래자들은 높은 수익을 기대하면서 높은 위험을 감수하는 경우도 많다.

거래소시장과 장외시장

거래소시장은 거래가 표준화된 거래 규칙에 따라 거래소에서 집중되어 처리되는 시장이다. 거래소에서는 가격이 매수와 매도 주문의 상호작용에 의해서 결정되며, 거래 정보가 투명하다는 특징을 갖는다. 한국에서는 한국거래소가 주식, 채권, 선물 및 옵션 상품을 거래하고 있다.

장외시장은 거래소 밖의 시장이라는 뜻으로, 투자자 상호 간의 직접 접촉을 통하여 증권이 거래되는 직접 매매시장과 증권회사의 창구에서 이루어지는 점두시장 등을 포함한다. 장외시장의 특징은 거래소시장과는 달리 일정한 장소나 시설이 없으며, 거래 대상 주식, 거래 시간, 거래 단위 등에 대한 엄격한 제한이 없어 상대적으로 비정형화되고 비조직적인 시장이다.

발행시장과 유통시장

금융시장은 증권이 발행되어 유통되는 절차에 따라 발행시장과 유통시장으로 나뉜다. 발행시장은 **1차 시장**(primary market)이라고도 하며, 기업이나 정부 등이 발행한 신규 채권이나 주식 등의 증권이 최초로 투자자에게 매매되는 시장을 가리킨다. 기업이나 다른 발행자들이 필요한 자금을 조달하는 시장은 발행시장이며, 자금의 흐름은 증권의 매입자로부터 증권의 발행자에게로, 주요 참여자는 증권인수(underwriting) 업무를 하는 금융기관들이다.

유통시장은 이미 발행된 증권이 투자자들 사이에서 거래되는 시장을 말하며 **2차 시장**(secondary market)이라고도 한다. 발행시장과는 달리 유통시장의 거래는 자금의 흐름이 증권의 매입자로부터 기업에게 조달되는 것이 아니고, 거래자 쌍방 간에 자금의 수수가 이루어지는 것이다. 예를 들어 증권거래소를 통하여 주식을 매수하는 경우에, 매수 자금은 해당 기업에 전달되는 것이 아니고 주식을 매도한 사람에게 전달되는 것이다.

유통시장에서의 거래가 기업의 자금조달에 직접적으로 연결되는 것은 아니라 하더라도, 유통시장의 활성화는 중요하다. 해당 증권이 활발히 유통되지 않는다면 기업은 주식발행을 통하여 자금을 조달하기가 어려워질 것이다. 그러므로 유통시장은 증권의 유통을 통하여 유동성과 환금성을 제공하는 중요한 기능을 수행하는 것이다.

간접증권과 직접증권

금융시장에서 **증권**(securities)은 자금의 수요자와 공급자를 연결하는 매개체로서의 기능을 수행한다. 증권은 자금이 융통되는 형태에 따라 **간접증권**(indirect security)과 **직접증권**(direct security)으로 나뉜다. 간접증권은 금융중개기관이 자신의 계산과 책임 하에 발행하는 청구권이다. 즉 금융기관은 자신의 명의로 증권을 발행하여 잉여자금을 모아서 대출이나 투자 등의 다른 형태로 변형시켜 자금의 최종 수요자에게 공급한다.

간접증권의 대표적인 형태로는 은행의 예금증서, 보험회사의 보험증서, 투자신탁회사의 수익증권 등이 있다. 간접증권은 양도성이 없으므로 거래대상이 아니다. 그러나 금융기관에서 발행되는 관계로 신용 면에서 위험성이 적고 환금성이 뛰어나다.

직접증권은 기업이나 정부 및 특별법인 등이 최종적인 수요자 입장에서 직접 발행한 증권을 가리킨다. 자금의 최종 수요자가 발행한 증권을 자금의 공급자가 매입함으로써 거래가 이루어지며, 매매를 중개하는 금융기관은 발행된 증권의 형태를 바꾸지 않는다. 주식이나 채권 등이 대표적인 직접증권에 해당된다.

직접증권은 발행자의 신용 정도에 따라 위험이 달라지며, 통상 금융기관의 신용으로 발행되는 간접증권에 비하여 위험성이 높다. 또한 시장의 상황에 따라 가격의 등락이 있으므로 신용위험과 시장위험에 동시에 노출되어 있다. 통상 직접증권은 양도성이 부여되어 시장에서 거래가 가능하다.

현대 금융시장의 특징 중의 하나를 금융의 증권화 경향이라고 흔히들 말하는데, 금융의 증권화는 간접증권에 의한 거래보다는 직접증권에 의한 금융거래가 활성화되는 경향과도 일맥상통한다. 직접증권을 통한 거래는 양도성을 갖기 때문에 자금시장의 활성화에 기여하는 측면이 있다.

개념확인

1. 금융시장의 세 가지 역할은 무엇인가?
2. 금융시장의 구조를 장단기로 나누면?
3. 금융시장들의 종류를 구분하면?
4. 발행시장과 유통시장의 차이와 중요성은?

2.5 금융정책

정부가 경제에 간섭하는 경제정책에는 재정정책과 금융정책의 양대 부문이 있다. 재정정책은 기획재정부를 중심으로 조세제도를 담당하는 세입정책과 정부의 재정지출을 담당하는 세출정책으로 구분된다. 금융시장에서의 정부의 역할은 금융정책으로 나타난다.

금융정책은 행정부에서는 금융위원회가 중심이 되지만, 실질적으로는 한국은행이 통화정책 수단들을 가지고 집행한다. 통화정책의 기본 목표는 물가의 안정이다. 물가의 안정은 다른 말로하면 통화가치의 안정을 의미한다. 현재는 대부분 국가들이 관리통화제도를 채택하고 있기 때문에 화폐가치의 안정은 특히 중요한 과제이다.

한국은행은 물가안정이라는 통화정책의 최종 목표를 달성하기 위해서 물가동향, 경기동향 및 국내외 금융시장의 동향 등을 감안해서 한국은행 기준금리를 정책적으로 결정한다. 한국은행은 공개시장조작, 지급준비금, 금융권에 대한 대출 등을 통해서 시중 유동성을 조절하여 기준금리가 콜금리와 거의 같은 수준이 되도록 관리한다.

한국은행의 유동성 조절은 주로 공개시장조작에 의해서 이루어진다. 공개시장조작은 단기금융시장이나 자본시장에서 금융기관을 상대로 증권들을 매매하는 것이다. 공개시장조작은 시장 친화적이고 시기 및 규모를 비교적 신축적으로 조절할 수 있어서 정책효과가 우수한 것으로 평가받고 있다.

금융시장의 효율적인 기능은 통화정책의 효과가 작동하기 위한 전제조건이기

그림 2-3 금융시장과 통화정책의 파급경로

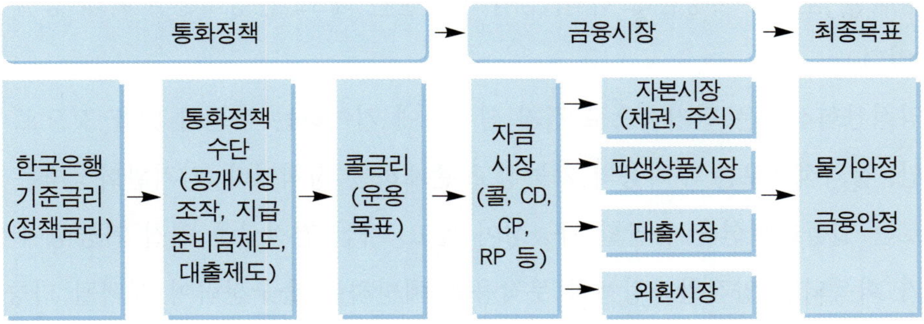

도 하다. 그중에서도 단기금융시장은 중앙은행의 통화정책이 수행되는 시장이며, 정책효과가 파급되는 시발점이기도 하다. 통화정책은 콜시장 등의 단기금융시장에 영향을 미치며, 단기금융시장의 변화가 자본시장에 파급되어 기업 및 가계에 파급되는 것이다.

양적완화정책

2008년 9월 미국의 대형 투자은행인 리먼 브라더스가 파산하는 것을 기점으로 세계적 차원의 금융 불안이 실물부문에 확산되면서 세계경제가 침체기를 맞게 되었다. 이에 대응하기 위해서 각국의 중앙은행들은 정책금리를 대폭 인하하는 조치를 취했다.

하지만, 신용경색 때문에 그 효과가 실물부문에 파급되지 못하고 실물부문의 침체는 계속되는 양상을 보였다. 이러한 현상을 타개하기 위해서 대부분의 선진국 중앙은행들은 비전통적 통화정책 수단인 양적완화정책(quantitative easing policy)을 실시하게 되었다.

양적완화정책은 저금리를 통해서 실물시장을 자극하여 경기를 활성화시키는 데 한계가 있는 경우에 직접적인 유동성을 중앙은행이 공급하는 정책이다. 각국은 양적완화정책을 통하여 시장금리 하락, 금융시장 불안 해소, 은행대출의 확대 등을 기대하고 있다.

양적완화정책은 단기적으로 경기 활성화에 기여하는 부분이 있을 것으로 예상되지만, 장기적으로는 부작용의 가능성도 존재하는 정책이다. 양적완화정책은 장기적으로는 인플레이션을 유발할 가능성이 높고, 자산 건전성을 해칠 가능성이 있다. 경기가 회복되면 양적완화정책의 부작용을 예방하는 출구전략이 채택될 가능성이 있다.

개념확인

1. 금융정책의 기본 목표는 무엇인가?
2. 금융정책 달성을 위해서 사용되는 수단들은?
3. 양적완화정책이란?

2.6 이자율과 수익률

이자율 기본개념

이자율 혹은 수익률은 자금의 사용에 대한 대가로 지불되는 자금의 가격이다. 실물시장에서 물건을 사고팔 때 가격이 존재하듯이, 금융시장에서도 돈을 빌려주고 빌릴 때 가격이 존재한다. 금융시장에서 돈의 거래와 연결된 가격이 곧 이자율이며 수익률이다.

금융시장에서의 자금의 가격, 즉 이자율은 시장에서 자금을 배분하고, 수요와 공급을 조절하는 기능을 수행한다. 이것은 실물시장에서 가격이 자원의 배분을 담당하는 기능과 유사하다. 만약 이자율이 올라가면 자금의 공급은 늘어나겠지만, 자금의 수요는 상대적으로 감소할 것이다. 왜냐하면 높은 대가를 부담하고서도 더 많은 이익을 낼 수 있는 기업이 아니면 자금을 빌리려고 하지 않을 것이기 때문이다.

결국 이자율은 자금이 이익을 낼 수 있는 부문으로 흘러가도록 함으로써, 전체적으로 자금의 효율성을 높이는 기능을 한다. 뿐만 아니라 이자율은 경기조절 기능도 갖고 있다. 이자율의 움직임은 가계의 저축, 기업가의 투자활동, 물가수준, 국가간의 자금흐름, 경기변동 등 국민경제 전반에 광범위한 영향을 미친다.

이자율이라는 용어는 은행을 중심으로 자금을 예치하거나 대출을 받았을 때 일반적으로 사용된다. 또한 자금을 빌리거나 빌려주는 경우에 정해진 이자율을 지급하는 것이 일반적이다. 즉 이자율은 일반적으로 자금 사용에 대한 대가를 고정적인 형태로 지불한다는 성격을 갖는다. 그리고 많은 사람들이 은행과의 거래 등을 통해서 이자율이라는 개념에 익숙하다. 여기서 수익률과 이자율이라는 단어들을 동시에 언급하는 이유이기도 하다.

수익률이라는 용어는 주식의 매입과 같이 자본을 투자했을 경우에 얻게 되는 대가의 의미로 통상 사용된다. 즉 수익률은 투자의 대가로 주어지는 것으로 생각할 수 있다. 그런데 투자의 형태는 다양하며, 고정적인 이자율을 제공하는 것도 투자의 범주에 속한다. 그러므로 고정적으로 지급되는 이자율도 넓게 보면 수익률의 범주에 포함된다고 할 수 있다.

주식에 대한 투자도 있으며, 채권에 대한 투자도 있다. 채권에 대한 투자는 고정적인 대가의 성격을 갖고 있으면서도 채권수익률이라고 불린다. 근래에는 투자형태가 다양화되면서 수익률이라는 용어가 널리 사용되는 경향이 있다. 뿐만 아니라 좀 더 광의의 차원에서 본다면 은행에 예금을 하는 행위도 하나의 투자행위로 볼 수도 있기 때문에 수익률이라는 용어가 이자율이라는 용어보다 광의로 사용될 수 있다.

수익률(rate of return)은 자금의 사용 대가로서 지급되는 것이다. 이자율(interest rate)도 자금의 사용 대가이다. 그러므로 이자율과 수익률은 동일한 개념이다. 일반적으로 이자율이라는 단어가 익숙하기는 하지만 수익률이라는 단어가 좀 더 포괄적이기 때문에, 재무관리에서는 수익률이라는 단어를 주로 사용한다.

수익률은 재무관리에서 가장 중요한 변수 중의 하나이다. 왜냐하면 수익률은 가격이기 때문이다. 앞에서 설명했듯이 가격은 경제주체들의 행위를 좌우하는 핵심적인 변수인데, 수익률이 바로 가격이기 때문이다. 재무관리는 시간의 흐름에 따라 결정되는 가격의 변화율, 즉 수익률을 핵심 변수로 한다는 사실은 잊지 말아야 한다.

금융시장과 금융기관들은 자금의 공급자인 저축자로부터 자금의 수요자인 투자자들에게 자금이 흐르도록 하는 기능을 가지고 있다. 이자율과 수익률은 자금의 공급자와 수요자 사이에서 자금의 흐름을 조절하는 관리기능을 수행한다. 자금의 흐름은 국민경제의 전반적 활동에 영향을 미칠 뿐만 아니라 기업 활동에 매우 중요한 영향을 미친다. 그러므로 수익률은 재무관리자의 의사결정에 영향을 미치는 중요한 변수이다. 여기서 수익률 결정요인들을 살펴보고자 한다.

수익률(rate of return)의 정의:

$$수익률 = \frac{P_1 - P_0}{P_0}$$

P_1: 1시점의 가격

P_0: 0시점의 가격

* P는 가격일 수도 있고 투입 및 산출일 수도 있다.

* 수익률은 가격의 변화율로 해석할 수 있다.

무위험수익률의 결정

무위험수익률은 미래의 위험이라는 요소를 감안하지 않았을 때의 수익률을 의미한다. 무위험수익률은 화폐 단위의 기본적인 이자율이라고 이해하면 좋을 것이다. 여기서 화폐 단위라는 말은 실물 단위가 아니라는 말이며, 명목이자율이라고 말할 수 있다. 화폐 단위의 이자율인 명목이자율(nominal interest rates)은, 실물 기준의 실질이자율과 화폐 가치의 변화를 감안하는 인플레이션으로 나누어 볼 수 있다.

다음의 식이 무위험수익률의 구성 요소들을 보여주고 있다.

$$\text{무위험수익률} = \text{실질이자율} + \text{인플레이션 기대치} \tag{2.1}$$

실질이자율

실질이자율은 화폐라는 개념을 도입하지 않았을 때의 실물 단위 개념의 이자율이다. 예를 들어 쌀 100kg을 1년 동안 빌려주었을 때 5kg의 대가를 받았다면, 실물 단위의 실질이자율은 5%라고 할 수 있다. 실질이자율은 원천적인 이자율의 개념으로서 주어진 시대와 정치 문화 사회적 환경에서는 상당히 안정적인 것으로 여겨진다.

물론 본질적인 이자율의 개념은 동시대의 유사한 정치 경제 체제에서는 안정적인 것으로 평가되지만, 시대의 변화와 정치 경제 종교적인 영향에 따라서는 다르게 평가될 수도 있는 것이다. 예를 들어 현대에도 이슬람 세계에서는 이자율의 존재를 인정하지 않고 있다. 서양에서도 과거에 종교적인 영향력이 강했던 시대에는 이자율의 수수를 부도덕한 것으로 여기는 경향이 있었던 것이 사실이다.

실질이자율을 설명하기 위해서 화폐 가치의 변화를 잠시 무시하기로 하자. 화폐 가치의 변화가 없다면 실물 단위의 실질이자율과 화폐 단위의 명목이자율은 동일할 것이다. 시장에서 실질이자율을 결정하는 것은 자금의 수요와 공급이다. 그러면 자금의 수요와 공급을 결정하는 요인들은 무엇인가.

자금의 수요: 자금은 잠재생산력(productivity of capital)을 갖고 있기 때문에 수요가 발생한다. 자금의 잠재생산력은 이자율을 지급하는 근본적인 요인이다. 자금의 잠재생산력은 기업이 자금을 사용했을 때 수익성을 가져올 가능성을 의미하고,

그러한 수익성에 대한 대가를 치를 근거가 된다. 그러므로 자금이 수익을 제공할 가능성이 적어지면 자금의 수요는 감소할 것이다.

국민경제 내에서 자금에 대한 수요는 주로 기업들에 의해 결정되는데, 기업은 생산 능력의 유지 및 확충 등을 위하여 자금을 필요로 한다. 물론 기업가는 빌린 자금으로 투자를 실행했을 때 그것이 가져다 줄 수익성과 기회비용을 비교하여 수익률이 더 높다고 판단될 경우에만 자금을 수요할 것이다.

자금의 공급: 자금의 공급은 사람들의 시간선호(time preference)에 따라 영향을 받게 된다. 시간선호란 사람들이 현재와 미래의 소비 사이에서 현재의 소비를 얼마나 더 선호하는지의 정도를 나타내는 말이다. 전체 국민경제에서 시간선호도가 높은 사람들이 많다면 현재의 소비를 더 추구하게 되고, 금융시장에 대한 자금 공급은 적게 나타날 것이다.

가계는 소득을 소비와 저축으로 배분하는데, 저축하는 부분이 자금의 공급원이다. 저축은 미래를 준비하기 위한 것인데, 소득의 정도와 미래를 위해서 현재를 희생하려는 정도에 따라서 결정된다. 어쨌든 자금의 공급, 즉 저축은 현재의 소비를 희생하는 것인데, 그에 대한 대가로서 이자율이 요구되는 것이다.

결국 실질이자율은 현재의 소비를 미래의 시점까지 참는 데 대한 시간선호, 그리고 자본의 생산력에 대한 보상으로서 구성되어 있는 원천적인 이자율이라고 할 수 있다. 실질이자율은 화폐의 가치 변화를 감안하지 않은 이자율의 개념으로 그리 높은 수준은 아니다.

인플레이션 기대치

무위험수익률은 실질이자율과 인플레이션 기대치의 합으로 결정된다. 여기서 인플레이션의 의미는 화폐가치의 변화에 대한 보상을 의미한다. 인플레이션이란 통상

물가의 상승을 말하지만, 다른 측면에서 보면 화폐가치가 떨어진 것을 의미하는 것이다. 화폐단위의 이자율, 즉 명목이자율은 화폐가치 하락에 대한 보상, 즉 인플레이션을 포함시키는 것은 당연하다.

여기서 주의할 것은 이자율 결정에 의미가 있는 것은 과거의 인플레이션이 아니고, 미래의 화폐가치 하락을 의미한다는 사실이다. 인플레이션 기대치는 미래의 인플레이션에 대한 기대치를 의미하는 것이지, 이미 지나간 과거의 인플레이션을 의미하는 것은 아니다.

인플레이션 기대치는 많은 요인들에 의해 영향을 받으며 시대에 따라서 변화한다. 인플레이션 기대치에 영향을 미치는 요인들 중에서 가장 비중이 높은 것은 당시의 인플레이션 수준이겠지만, 정부의 다양한 정책들과 세계화된 시장에서의 여러 정치경제적 사건들이 인플레이션 기대치에 영향을 미칠 것이다.

무위험수익률은 국채수익률, CD수익률, 그리고 콜금리 등이 현실적인 차원에서 이용된다. 국채수익률은 3-5년 단위의 무위험수익률의 기준으로 이용되고, CD수익률은 90일 단위, 그리고 콜금리는 1일 단위 수익률들이다. 국가의 재정에 근거를 둔 국채, 금융기관들의 보증이 연결된 증권들이 위험이 없는 수익률의 현실적인 대용값으로 사용될 수 있을 것이다.

기대수익률의 결정

기대수익률은 무위험수익률에 위험을 포함시키는 개념이다. 앞에서 설명한 것처럼 위험이 없는 경우의 무위험수익률은 오히려 일반적이 아니다. 정부나 금융기관들의 보증으로 거래되는 금융거래들이 있기는 하지만, 대부분의 경우에 금융거래는 위험을 내포하고 있다. 위험에 대해서는 앞으로 더 구체적으로 다루겠지만, 여기서는 금융거래의 상당히 많은 부분이 미래의 불확실성에 대한 위험을 내포하고 있음을 인식하기로 하자.

위험을 포함하는 투자에는 위험의 대가를 요구하게 된다. 투자자들은 위험의 정도에 따라, 나름대로의 위험 수준에 상응하는 보상을 기대한다. 어떤 투자 행위가 그에 따르는 위험 정도를 보상하지 않는다면, 투자자들은 해당 투자를 선택하지 않을 것이다. 즉 투자자들은 위험에 대한 적절한 보상을 요구할 것이다. 그것이 위험프리미엄이다.

$$\text{(기대)수익률} = \text{무위험수익률} + \text{위험프리미엄} \tag{2.2}$$

위험프리미엄: 위험프리미엄은 위험에 대한 보상을 의미한다. 현대의 금융현상은 다양한 형태의 위험을 동반하고 있다. 시장에서 많은 금융상품들의 가격이 거의 매일 변화하고 있고, 어떤 증권들은 부도와 같은 지급불능이 되는 경우도 있다. 이러한 가능성들이 위험이다. 위험프리미엄은 위험에 대한 보상이다.

위험프리미엄의 크기는 금융상품의 성격과 발행자의 신용도에 따라서 다르다. 예를 들어 주식과 채권은 성격이 다르기 때문에 위험프리미엄이 달라지고, 같은 성격의 채권이라 하더라도 발행자의 신용도에 따라 위험의 정도가 달라진다. 예를 들어 신용도가 높은 기업이 발행한 채권은 위험도가 낮기 때문에 위험프리미엄도 낮을 것이다. 그 외에도 위험프리미엄은 유동성 위험과 약관상의 특별조항 등에 따라서도 달라질 수 있다.

결국 수익률은 실물 차원의 실질이자율, 인플레이션 기대치, 그리고 위험프리미엄에 의해서 결정되는 것이다. 우리가 일반적으로 이자율이라고 부르는 것은 실질이자율과 인플레이션 기대치를 합하여 결정되는 무위험수익률을 의미하는데, 이것은 국민경제 전반의 이자율 수준을 나타내는 것이다. 구체적이고 개별적인 투자행위에 따른 수익률은 일반적인 이자율 수준뿐만 아니라 금융상품의 성격과 구조도 반영한다.

다음 〈표 2-1〉은 우리나라 금융시장에서 결정되는 대표적인 이자율들의 추이를 보여주고 있다. 현실 시장에서 결정되는 대표적인 시장이자율에는 무담보콜금리, CD

표 2-1 시장이자율 추이

(단위: %)

항목명	무담보콜금리 (1일물)	CD유통수익률 (91일)	국고채수익률 (3년)	회사채(장외 3년, AA-등급)
1995	12.38	14.05	13.39	13.79
1996	12.35	12.63	11.84	11.87
1997	13.20	13.38	12.26	13.39
1998	14.85	15.22	12.94	15.10
1999	4.98	6.81	7.69	8.86
2000	5.13	7.08	8.30	9.35
2001	4.68	5.32	5.68	7.05
2002	4.18	4.81	5.78	6.56
2003	3.98	4.31	4.55	5.43
2004	3.62	3.79	4.11	4.73
2005	3.32	3.65	4.27	4.68
2006	4.18	4.48	4.83	5.17
2007	4.77	5.16	5.23	5.70
2008	4.78	5.49	5.27	7.02
2009	1.98	2.63	4.04	5.81
2010	2.16	2.67	3.72	4.66
2011	3.09	3.44	3.62	4.41
2012	3.08	3.30	3.13	3.77
2013	2.59	2.72	2.79	3.19
2014	2.34	2.49	2.59	2.98
2015	1.65	1.77	1.79	2.08

유통수익률, 그리고 국고채(3년)수익률 등이 있다. 무담보콜금리는 대형 금융기관들 사이에 1일 단위의 자금을 거래하는 초단기금리를 나타낸다. CD유통수익률은 양도성예금증서 수익률로서 91일 단위의 시장이자율을 나타낸다. 국고채수익률은 상대적으로 장기 시장이자율을 나타낸다.

최근에는 금융기관들이 COFIX(Cost of Funds Index)라는 자금비용지수를 사용하는 경우도 있다. COFIX는 금융기관, 특히 시중은행들의 자금조달 평균비용이다. 금융기관들은 전에는 CD를 이용하여 주로 자금을 조달해서 CD유통수익률을 대부분의 변동금리의 기준으로 사용하는 경향이 있었다. 하지만 근래에는 CD유통수익률이 금융기관의 자금조달 비용과 괴리되는 부분이 많아지면서, 금융기관들은 새로운 측면에서 자금조달비용을 산정할 필요가 생겼다. COFIX는 새로 도입된 금융기관의 자금비용지수로서 변동금리의 기준으로 사용되고 있다. COFIX는 금융기관이 조달하는 자금들의 조달비용의 평균이지 시장에서 직접 결정되는 시장이자율은 아니다.

개념확인

1. 수익률이 왜 가격인가?
2. 실질이자율의 개념은 무엇인가?
3. 무위험수익률의 의미는?
4. 수익률 결정에서 위험프리미엄의 의미는?

2.7 요약 및 결론

기업의 재무적 결정은 시장의 전반적인 금융환경과 연결되어 있다. 그러므로 적합한 의사결정을 위해서는 금융시장과 금융시스템에 대한 이해가 필요하다. 기업은 금융시장과의 상호작용을 통하여 재화와 서비스의 생산이라는 본연의 업무를 수행한다. 금융시장이 제대로 기능하지 않으면 실물시장도 제대로 기능하지 못하는 것은 당연하다. 현대 기업은 금융의 중요성을 간과하고서는 존립 자체가 어려운 시대에 살고 있는 것이다.

금융시장은 다른 여타 시장과 마찬가지로 자금의 공급자와 수요자를 연결하여 금융거래가 이루어지는 장소를 말한다. 금융거래를 위해서는 이를 매개하는 수단이 필요한데, 이러한 금융수단을 금융자산 혹은 금융상품이라고 부른다. 금융상품은 현재 또는 미래의 현금흐름을 나타내는 청구권을 나타내는 증권의 형태를 띤다.

금융시장에서의 정부의 역할은 금융정책으로 나타난다. 금융정책은 한국은행의 통화정책 수단들로 구체화된다. 통화정책의 기본 목표는 물가의 안정이다. 물가의 안정은 다른 말로 하면 통화가치의 안정을 의미한다. 대부분 국가들은 관리통화제도를 채택하고 있기 때문에 화폐가치의 안정은 특히 중요하다.

한국은행은 물가안정이라는 금융정책의 최종목표를 달성하기 위해서 물가동향, 경기동향 및 국내외 금융시장의 동향 등을 감안해서 한국은행 기준금리를 정책적으로 결정한다. 한국은행은 공개시장조작, 지급준비금, 금융권에 대한 대출 등을 이용해서 시중 유동성을 조절하여 기준금리가 콜금리와 거의 같은 수준이 되도록 관리한다.

본 장에서는 또한 이자율과 수익률에 대한 개념들에 대하여 설명하였다. 수익률은 이자율의 개념을 포함하는 개념이기 때문에 재무관리에서는 수익률이라는 단어를 통상 사용한다. 이자율은 일반적으로 많이 사용되는 용어이기 때문에 여기서 인용하였으나 앞으로는 수익률이라는 용어를 사용하는 것이 좋겠다.

수익률은 자금의 가격이다. 실물시장에서 가격이 자원배분에 영향을 미치듯이, 수익률은 자원의 기간 배분에 중요한 영향을 미치는 변수이다. 특히 수익률의 결정에 관한 이해는 재무관리자의 입장에서는 매우 중요하다. 위험 요소에 대해서는 앞으로 좀 더 설명이 있을 것이다.

보론 재무관리적 사고 원리

보론에서는 재무관리적 사고 원리들에 대하여 소개하고자 한다. 재무관리적 사고 원리는 재무적 거래와 의사결정을 이해하는 논리적인 바탕을 제공할 것이다. 여기서 소개되는 원칙들 중의 일부는 당연한 것처럼 보일 수도 있고, 또 어떤 것들은 상식과는 배치되는 것처럼 느껴질지도 모른다. 하지만 돈의 과학적 관리는 이러한 원칙들에 기반하고 있는 것이 사실이다.

그러므로 재무관리적 사고 원리를 이해한다는 것은 재무관리 마인드를 갖는다는 말이 될 것이다. 여러분이 재무관리에서 배운 세부적인 사항들을 잊어버린다 하더라도, 재무관리적 사고 원리 즉 재무마인드를 이용한다면 현실적인 재무적 문제를 접근하는 좋은 실마리가 될 것이라고 확신한다.

합리적 행위의 원칙

사람들은 합리적으로 행동한다: 재무관리는 각 경제주체들이 합리적으로 행동(rational behavior)한다고 가정한다. 경제주체들의 의사결정 과정을 논리적 체계로 설명하기 위해서는 행위에 대한 기본 가정이 필요한데, 재무관리는 경제주체의 합리적 행위를 가정하는 것이다.

여기서 의미하는 합리적 행위는 재무적 합리성을 의미하는 것이다. 재무적 합리성은 의사결정에서 재무적인 동기 이외의 것을 배제한다는 의미이기도 하다. 재무적 동기 이외의 것을 배제한다는 것은, 다른 부분들을 무시한다는 말은 아니다. 예를 들어, 자선이나 기부 행위와 같은 이타적인 행위들을 부정하는 것이 아니라, 그러한 개념들은 다루지 않는다는 의미라고 이해하면 될 것이다.

재무적 합리성은 이기적 행위라고도 일컬어진다. 이기적 행위는 자선적 행위나 동기를 부정하거나 부적절한 것이라고 주장하는 것이 아니고, 단지 재무적 입장에서 명백히 손해보는 행위를 선택하지 않는다는 의미이다. 또한 재무적 합리성은 '돈이 모든 것이다'라고 주장하는 것도 아니다. 단지, 다른 조건들이 일정하다면 사람들은 금전적으로 가장 이득이 되는 의사결정을 할 것이라는 말이다.

재무관리에서 다루는 합리적 행위는 포장이나 형태 혹은 브랜드에 영향을 받지 않는다. 합리적 행동은 더 많은 '부'(wealth)를 선호한다. 그리고 합리적 행동은 부의 형태에 영향을 받지 않는다. 예를 들어 어떤 기업의 주식에 투자한 투자자는 투자의 대가로서 주식의 가격이 오르거나, 배당을 받거나 차이가 없다는 것이다. 그러므로 단지 행위로부터 발생하는 실제가치 만이 기준이 된다는 것이다.

합리적 행위의 기본 가정은 재무이론의 발전에 많은 공헌을 했다. 하지만, 경제주체들의 행위가 항상 합리적인 것은 아니다. 사람들은 감성적인 측면이 분명히 있고, 냉철한 판단이 요구되는 재무적 현상에 대해서도 감성적인 영향을 받는 것 또한 사실이다. 근래에 재무관리 분야에서도 '행위론적 접근법'이 일부 도입되고 있는 것은 이러한 현상을 반영한 것이다.

합리적 행위는 개인적 차원에서는 이기적 행위의 원칙이라고 할 수 있는데, 이것과 연관된 재무관리 이론에 대리인 이론(agency theory)이 있다. 대리인 이론은 대리인이 주체를 대리하여 행위하는 경우에 발생할 수 있는 주체-대리인의 관계를 분석한 것이다. 기업과 관련된 여러 가지 계약관계는 주체-대리인의 관계로 볼 수 있다. 대리인의 예는 세일즈맨, 연금관리자, 변호사, 부동산업자 등 여러 곳에서 발견할 수 있다. 현대기업의 대표적인 대리인 관계는 기업의 소유주인 주주(주체)와 전문경영인(대리인)의 관계이다. 대리인 이론의 기반은 경영자인 대리인이 자신의 이기적 행위에 바탕을 둔 의사결정을 한다는 것이다.

대리인 관계에서 심각하게 발생할 수 있는 문제는 도덕적 해이(moral hazard)이다. 도덕적 해이는 대리인이 자신의 이익을 위하여 주체에게 부담이 되는 결정을 표시나지 않게 할 수 있는 상황에서 발생한다. 이러한 대리인 문제는 주체와 대리인 사이의 계약관계를 좀 더 효과적으로 구성하면 해소될 수 있다. 원론적인 차원에서의 바람직한 계약관계는 주체와 대리인 사이의 이해관계를 일치시켜서 도덕적 해이의 문제를 원천적으로 감소시키는 것이다.

현대 경영에서 투명성을 강조하는 것도 대리인 관계와 관련이 있다. 도덕적 해이는 주체와 대리인 사이에 투명한 관계가 형성되지 않을 때 발생할 가능성이 높다. 만약 주체가 대리인의 도덕적 해이를 확인할 수 있는 장치가 존재한다면, 도덕적 해이는 감소할 것이다.

한계적 개념의 원칙

재무적 결정은 한계적 개념에 기초한다: 한계적 개념의 원칙(marginal concept)은 '의사결정은 그것의 결과로 발생하는 미래의 한계적인 변화에 의해서 결정'되어야 한다는 것이다. 여기서는 '한계적'이라는 단어의 의미가 중요한데, 한계적이라는 말은 그것을 선택했을 경우에 발생하는 추가적인 변화를 의미한다.

대안을 채택했기 때문에 발생하는 추가적인 이익이 한계이익이고, 그것에 대비되는 추가적인 비용이 한계비용이다. 의사결정 즉 대안의 선택은 한계이익과 한계비용에 따라서 결정되어야 한다. 다른 원칙들도 마찬가지지만, 한계적 개념의 원칙은 현실 상황에서는 간과되기 쉬운 개념이다.

한계적 개념을 설명하기 위해 광고 효과의 예를 생각해 보자. 어떤 자동차 회사가 광고를 통해서 10만대의 신차를 판매했다고 가정해 보자. 광고 효과는 10만대인가? 한계적 개념은 의문을 제기한다. 만약 자동차 회사가 광고를 하지 않았다 하더라도 3만대의 차를 팔 수 있었다면, 한계적 개념이 말하는 광고 효과는 7만대인 것이다. 즉 광고라는 선택에 의해서 추가적으로 발생한 것을 고려의 대상으로 삼아야 한다는 것이다. 그러므로 의사결정은 광고에 의해서 발생하는 한계적인 비용과 한계적인 효과인 7만대의 판매효과를 검토해야 한다.

한계적 개념의 원칙이 쉽게 받아들여지지 않는 경우가 매몰비용(sunk cost)이다. 매몰비용이란 이미 지출된 비용으로서, 강바닥에 투하된 돌과 같은 비용이다. 매몰비용의 과거의 비용으로서 잊혀져야 하는 것이지만, 사람들은 매몰비용과 관련하여 감정적으로 반응하는 경향이 있다.

예를 들어 어떤 대형프로젝트를 추진하는 과정을 보자. 대형프로젝트는 매력적인 것으로 판단되어 초기에 100억원의 투자를 이미 하였고, 추가적으로 9,000억원의 투자가 필요하다고 한다. 100억원을 투자한 시점에서 다시 검토하니, 해당 프로젝트는 가치가 없는 것으로 판명되었다. 그 당시에 프로젝트는 폐지되어야 했지만, 기존에 투하된 100억원이라는 막대한 자금이 아까워서 계속 진행되었고, 결과적으로 회사에 막대한 손실을 입히고 말았다.

위의 예는 매몰비용과 한계적 개념을 잘못 적용시켰을 경우에 흔히 발생할 수 있는 경우이다. 100억원은 매몰비용으로서, 프로젝트를 계속 수행할 것인지를 판단하는 시점에서는 고려되어서는 안 되는 비용이다. 그 프로젝트의 타당성을 검토할 때, 이미 투하된 자본과 비용에 집착했기 때문에 의사결정이 그릇되게 된 것이다. 결국 의사결정의 변수는 이미 투하된 매몰비용이 아니라, 한계적인 비용과 한계적인 이익인 것이다.

투자에 있어서의 '매입원가'도 매몰비용이다. 사람들은 매입원가 이하로 매도한다면 손해를 본다고 생각한다. 그러나 매입원가는 의사결정에서 배제되어야 한다. 예를 들어 어떤 사람이 10,000원에 주식을 매입하였고, 현재 주가는 8,000원이고, 앞으로 6,000원으로 하락할 것으로 예상된다고 생각해보자. 현명한 투자자는 현재 시점에서 주식을 매도하여야 한다. 왜냐하면 주가는 추가적으로 혹은 한계적으로 더 떨어질 것으로 예상되기 때문이다. 하지만 현재 매도하는 결정은 손해를 감수해야 하기 때문에 쉬운 일이 아니다.

상대적으로 어떤 투자자는 위의 주식을 과거에 5,000원에 매입하였고, 현재 주가는 8,000원이고, 앞으로 6,000원으로 하락할 것으로 예상된다고 생각해보자. 후자의 투자자는 현재 시점에서 쉽게 주식을 처분할 것이다. 왜냐하면 후자는 3,000원의 이익을 실현한다고 생각할 것이기 때문이다.

전자와 후자를 가지고 한계적 개념을 생각해보자. 한계적 개념의 차원에서는 전자와 후자는 동일한 상황에 처해 있다. 현재의 주가는 8,000원이고, 앞으로 6,000원으로 하락할 것으로 예상된다는 점이다. 한계적 차원에서는 주식은 당연히 매도되어야 한다. 하지만, 매입원가라는 매몰비용이 의사결정을 혼란스럽게 하고 있는 것이다. 합리적 행위에 의한 현명한 의사결정은 이러한 감정적 혼란을 배제하기를 원한다.

위험과 수익률의 보상관계

위험과 수익률 사이에는 보상관계가 존재한다: 재무적 성과는 위험과 수익률의 두 가지로 정의될 수 있다. 사람들은 높은 수익률을 선호하며, 동시에 낮은 위험을 선호한다. 다른 말로 표현하면, 사람들은 고급의 물건을 선호하며, 동시에 낮은 가격을 선호한다는 것이다. 하지만, 모든 사람들이 선호하는 높은 수익률과 낮은 위험이 동시에 존재할 수 있는 것인가? 즉 고급의 물건이 낮은 가격에 거래될 수 있을까?

재무관리가 기능하는 곳이 시장이라는 것을 상기하도록 하자. 시장은 경쟁의 장소이다. 모든 사람들은 같은 가격이면 좀 더 고급의 물건을 선택할 것이다. 경쟁의 장소에서 모든 사람들이 선호하는 물건은 가격이 오르는 것이 당연하다. 결국 고급의 물건은 높은 가격에, 저급의 물건은 낮은 가격에 거래되는 것이 시장의 기능이다. 즉 고급의 물건을 원한다면 높은 대가 즉 가격을 지불해야 하는 것이다.

마찬가지로, 높은 수익률을 원한다면 높은 위험이라는 대가를 지불해야 하고, 낮은 위험을 원한다면 수익률의 희생이라는 대가를 지불해야 하는 것이다. 위험과 수익률의 보상관계는 높은 수익률은 높은 위험이라는 것으로 보상받아야 하고, 낮은 위험은 낮은 수익률이라는 대가를 지불해야 된다는 의미이다. 이러한 보상관계를 만드는 것은 시장에서의 경쟁이다.

위험과 수익률의 보상관계는 다른 말로 하면 사람들이 커다란 이익을 얻기를 원한다면 커다란 손실의 가능성도 염두에 두어야 한다는 말이다. 위험이 크다는 것은 잘못된 결과가 나타날 가능성이 크다는 것이다. 사람들은 높은 수익률의 가능성이 없다면 잘못될 가능성이 큰 위험을 선택하지 않을 것이다. 즉 높은 수익률의 가능성은 높은 위험을 동반하게 된다.

마찬가지로 낮은 위험은 낮은 수익률을 동반한다. 시장은 사람들이 선택 가능한 다양한 형태의 위험과 수익률을 제공한다. 시장은 이러한 선택의 기회를 제공하여 시장참여자들로 하여금 위험과 수익률에 대한 각자의 선호에 따라 선택하도록 기회를 제공하는 것이다.

본서에서는 여러 가지 재무적 결정에 대하여 설명한다. 그런데 거의 모든 재무적 결정은 위험과 수익률의 보상관계에 기초를 두고 있다. 우리는 위험을 구체적으로 인식하고 측정하는 문제를 다룰 것이며, 그것이 미래의 기대수익률과 어떤 구체적인 관계를 갖는 것인지 살펴볼 것이다.

분산의 원칙

분산하는 것은 이익이다: 분산은 부분적으로 나누어 투자한다는 말이다. 분산의 원칙은 위험회피의 원칙을 기본으로 하고 있다. 위험은 투자자들이 회피하고자 하는 속성인데, 분산은 위험을 줄일 수 있기 때문에 이익이라는 의미이다. 즉 투자의 경우에 하나의 자산에만 집중하지 말고, 여러 자산에 나누어서 분산투자하는 것이 이익이라는 말이다.

투자의 격언 중에 '계란은 한 바구니에 담지 말라'라는 말이 있는데, 이것은 분산의 원칙을 의미하는 것이다. 계란을 모두 한 바구니에 담았을 경우에는 만약 떨어뜨리면 모든 계란을 잃게 되지만, 여러 곳으로 분산해 놓은 경우에는 일부가 잘못되어도 손실은 그것으로 한정되기 때문이다. 이러한 원칙은 현대적 재무관리가 이룩한 주요한 업적의 하나인 포트폴리오의 개념과 일맥상통하는 중요한 개념이다.

분산의 원칙은 그 자체가 자명한 것이기 때문에 많은 설명을 필요로 하지 않는다. 신중한 투자자는 자기가 가진 모든 재산을 한곳에 모두 투자하지는 않을 것이다. 만약 자기의 재산을 모두 한 곳에 투자한다면 실패하는 경우에 모든 재산을 잃을 것이기 때문이다. 예를 들어 부동산과 금융자산 등에 대한 분산도 필요하고, 금융자산 중에서도 은행, 증권, 보험 등의 금융자산으로 분산하는 것도 필요하고, 그렇게 하는 것이 이익인 것이다.

우리나라 이야기 중에 우산장수 아들과 짚신장수 아들을 둔 어머니의 이야기가 있다. 여러분도 알듯이 이 어머니는 늘 걱정이라는 것이다. 왜냐하면 비가 오는 날이면 짚신장수 아들이 걱정이 되고, 맑은 날이면 우산장수 아들이 걱정이 되어 항상 걱정 속에서 산다는 이야기이다.

그러나 현대의 재무적 관점에서 보면 서로 다른 업종을 가진 두 아들을 둔 어머니는 분산의 원칙을 잘 실천한 경우라고 볼 수 있을 것이다. 왜냐하면 비가 오는 날이면 우산장수 아들이 돈을 벌 것이고, 맑은 날이면 짚신장수 아들이 돈을 벌 것이기 때문이다. 결과적으로 비가 오거나 아니면 맑은 날이거나 안정적인 소득이 발생하는 것이다. 즉 우산장수 아들과 짚신장수 아들을 둔 어머니는 분산투자를 통하여 안정적인 소득을 실현하고 있는 것이다.

자본시장 효율성의 원칙

자본시장은 효율적이다: 자본시장은 투자의 재원인 자본이 거래되는 시장이다. 자본시장에서 거래되는 상품은 주식이나 채권뿐만 아니라 다양한 금융자산과 증권들이 포함된다. 자본시장은 '자본주의의 꽃'이라는 말이 있는데, 그것은 자본시장을 통해서 자본이 형성되고 거래되기 때문에 사유자본으로 구성되는 기업이 존재하기 때문이다.

자본시장이 효율적이라면 자본시장에서 가격이 적절히 결정된다는 말이다. 가격이 적절히 결정된다는 말은 자본시장에서 정상적으로 거래되는 금융자산의 가격이 가격에 영향을 미칠 수 있는 정보를 적절히 반영하며, 새로운 가격관련 정보가 시장에 등장하면 그것이 완전히 그리고 신속하게 가격에 반영된다는 말이다.

그러면 가격에 영향을 미칠 수 있는 정보란 어떤 것들인가? 자본시장에서 기업이 발행한 증권들의 가격에 영향을 미칠 수 있는 정보는 기업의 수익성과 위험에 영향을 미칠 수 있는 정보들이다. 신시장의 개척, 신제품의 개발, 신기술의 도입, 신계약의 체결 등과 같은 정보들은 기업의 수익성에 영향을 미칠 수 있는 정보들이다.

물론 경기와 환율, 그리고 조세 혜택과 같은 정보들도 기업의 수익성과 위험에 영향을 미칠 수 있다. 뿐만 아니라 경쟁회사의 등장, 경쟁제품의 개발, 현장에서의 사고, 제품의 유해성에 대한 새로운 연구결과들도 가격에 영향을 미치는 정보들이다. 이러한 정보들이 모두 기업의 수익성과 위험에 영향을 미치고, 그것들이 자본시장에서 반영될 것이다.

이러한 정보들은 기업이 발행한 주식과 채권 가격에 영향을 미칠 가능성이 높다. 기업의 신용등급이 하락하면, 기업의 위험이 증가한 것으로 인식되어서 기업이 발행한 주식이나 채권의 가격이 하락하게 될 것이다. 자본시장의 효율성은 이러한 정보들이 얼마나 빠르고 정확하게 가격에 반영되느냐의 문제이다.

본질적인 차원에서는 시장의 효율성은 정도의 문제이다. 어떤 기계도 완벽하게 효율적일 수 없는 것과 마찬가지로, 자본시장도 완벽하게 효율적일 수는 없는 것이다. 그러면 자본시장은 얼마나 효율적인가. 자본시장이 효율적이라는 명제는 자본시장이 적어도 상당히 효율적이라는 것을 의미한다.

예를 들어, 자본시장은 다른 실물시장에 비해서 매우 조직적이고 거래비용이 낮다. 거래비용도 상대적으로 적기 때문에, 자본시장의 운영도 상당히 효율적이라고 할 수 있다. 간단히 쌀 100kg를 서울에서 부산으로 이동시키는 비용과 시간을 자금 100만원을 이동시키는 시간과 비용을 비교하여 생각하면, 금융거래를 매개하는 자본시장이 상당히 효율적임을 알 수 있다.

자본시장 경쟁성의 원칙

자본시장은 경쟁시장이다: 자본시장은 많은 사람들이 참여하는 경쟁시장이다. 시장이 경쟁적이라는 말은 많은 공급자와 많은 수요자가 공존하고 있다는 말이다. 많은 공급자와 수요자가 존재하는 시장에서는 가격은 공급자들과 수요자들의 경쟁에 의해서 결정된다. 이러한 시장에서는 어떤 특정의 공급자나 수요자도 가격을 결정할 능력이 없고, 가격은 단지 시장의 총의에 의해서 결정된다. 즉 모든 시장참여자들은 가격을 주어진 것으로 받아들이게 된다.

만약 금융자산의 가격에 영향을 미칠 수 있는 정보가 출현한다면, 많은 공급자와 수요자들이 경쟁적으로 주의를 기울일 것이다. 시장참여자들은 자기의 이익을 극대화하는 방향으로 움직이고, 금융자산의 거래를 성사시킬 것이다. 거래의 제약이 없는 경쟁적인 시장에서는 동일한 자산은 동일한 가격으로 거래된다. 이러한 현상을 일물일가의 법칙(law of one price)이라고 한다.

경쟁시장에서 동일한 자산이 동일한 가격으로 거래되지 않는다면 차익거래가 발생하게 될 것이다. 차익거래(arbitrage)라고 하는 것은 추가적인 투자나 추가적인 위험 부담이 없이 수익을 내는 거래를 말한다. 만약에 동일한 자산이 다른 가격으로 거래된다면, 낮은 가격으로 매수하고 높은 가격으로 매도하는 차익거래를 수행하여 그 차액을 이익으로 취할 수 있을 것이다. 이러한 현상은 가격 차이가 존재하는 한 발생할 것이기 때문에, 결국 동일한 자산의 가격은 동일한 수준에서 결정될 것이다.

차익거래는 일물일가의 법칙을 지탱하는 반증의 존재이다. 즉 일물일가의 법칙이 통용되지 않는다면, 차익거래가 발생할 것이다. 그런데 차익거래는 존재할 수 없는 거래이다. 왜냐하면 차익거래는 추가적인 투자나 위험의 부담이 없이 이익을 발생시키는 거래인데, 공짜 점심은 없다는 재무관리의 원칙은 차익거래의 존재를 부정하는 것이다. 결국 일물일가의 법칙은 성립하게 되는데, 그것은 자본시장이 경쟁적이기 때문이다.

차익거래는 재무관리에서 반증의 기법으로 많이 사용되고 있다. 재무관리에서 기본적인 명제는 동일한 수익성과 동일한 위험을 보유한 금융자산은 동일한 가격으로 결정되어야 한다는 것이다. 만약 그렇지 않다면 차익거래가 등장할 것인데, 차익거래는 존재할 수 없는 거래이기 때문에, 동일한 수익성과 위험을 보유한 금융자산은 동일한 가격에 결정된다는 증명이다.

현실적으로, 일물일가의 법칙은 거래비용이나 거래제약이 있을 경우에는 정확히 성립되는 것은 아니다. 자본시장이 효율적이고 경쟁적이라 하더라도, 현실에서는 약간의 거래비용이나 거래제약이 존재하는 사실도 인정해야 한다. 하지만 자본시장은 상대적인 관점에서 매우 효율적이고 경쟁적이기 때문에 차익거래가 적절한 가격 형성에 커다란 지주가 되는 것이다.

정보인식의 원칙

행위는 정보를 전달한다: 현대는 엄청난 양의 정보가 공개되고 있지만, 실제로 객관적이고 검증된 정보만 존재하는 것은 아니다. 뿐만 아니라 판매자는 소비자보다, 그리고 기업의 내부 경영자는 외부 투자자보다 기업에 관한 정보를 많이 갖고 있는 경우가 많다. 즉 현실적으로 정보의 비대칭성(information asymmetry)이 존재하는 것이다. 이런 경우에 어떻게 정보를 인식해야 하는가?

정보인식의 원칙은 행위로부터 정보를 파악해야 된다고 주장한다. 우리는 사람들이 이기적 행위의 원칙에 따라서 행동하는 것을 알기 때문에, 행위로부터 정보를 인식할 수 있는 것이다. 예를 들어 어떤 회사의 경영진이 기업 설명회에서 자기네 회사의 수익이 상당히 향상될 것이라고 주장하고, 다음날 자신이 소유하고 있는 주식을 대량으로 판다면 우리는 그 경영자의 주장을 의심해볼 필요가 있다.

그 경영자는 기업의 수익이 상승할 것이라고, 즉 주식의 가격이 상승할 것이라고 주장했지만, 그의 행위는 반대로 정보를 전달하고 있는 것이다. 그가 자신의 주식을 매각한 것은 주식의 가격이 하락할 것으로 믿기 때문일 것이다. 그의 주장은 그의 행동과 반대 방향의 정보를 전달하고 있다. 이 경우 정보인식의 원칙은 말보다 행동으로부터 정보를 인식해야 한다고 말한다.

재무관리는 실제 거래 가격을 중시한다. 시장에는 소위 '호가'라는 것이 있는데, 그것은 사람들이 부르는 가격을 의미하는 것이다. 예를 들어 팔려고 하는 경우에 받고자 하는 매도 호가가 있으며, 사고자 하는 경우에 받고자 하는 매수 호가도 있을 수 있다. 그런데 호가는 그야말로 부르는 가격으로서 실제 거래되는 거래 가격과는 차이가 나는 경우가 많다. 시장에서 결정되는 진정한 가격은 거래된 가격이다. 거래된 가격이 수요자와 공급자의 행위의 결과이기 때문이다.

정보인식의 원칙은 재무관리에서 많이 응용되고 있다. 예를 들어 배당금 결정과 같은 종류의 재무결정은 의미 있는 정보를 포함하는 것으로 분석될 수 있다. 왜냐하면 그러한 결정들은 기업의 장래성에 대한 경영자들의 정보를 반영하고 있기 때문이다. 기업이 배당을 증가시킨다는 행위는 앞으로 기업의 성과가 좋아져서 증가된 배당을 계속 지불할 수 있다는 신호로 시장에서는 받아들여질 수 있는 것이다.

정보의 비대칭 상황에서 정보인식이 잘못 전달되는 경우에 역선택(adverse selection)의 문제가 발생할 수 있다. 예를 들어 어떤 물건의 수요곡선이 일시적으로 우상향의 곡선(비싼 가격에 잘 팔리는)을 그리는 경우가 있을 수 있다. 만약 소비자들이 가격이 싼 것은 품질이 나쁘다고 인식하면, 같은 물건이라도 오히려 가격이 비쌀 때 많이 팔리는 현상이 나타날 수도 있는 것이다. 이러한 현상은 가격이 올바른 정보를 전달하지 못하는 경우에 나타난다.

정보의 비대칭성은 앞에서 말한 도덕적 해이(moral hazard)의 문제와도 연결된다. 도덕적 해이는 대리인이 주체의 이익에 우선해서 자신의 이익을 추구하는 경우에 발생한다. 그런데 이러한 행위는 대리인과 주체가 갖고 있는 정보에 차이가 있을 경우에 가능한 것이다. 만약 주주가 내부경영자와 같은 정도의 정보를 보유한다면 대리인 경영자는 자신의 이익을 위해서 주체인 주주에게 손해가 되는 행위를 하지는 못할 것이다. 왜냐하면 그러한 사실이 알려진다면 그는 해고를 당할지도 모르기 때문이다.

요즘 투명성이 강조되는 것도 정보의 비대칭성이 갖고 있는 문제를 해결하려는 하나의 노력이다. 정보의 비대칭성이 갖는 문제는 앞에서 설명한 바와 마찬가지로 도덕적 해이와 역선택에 의한 자원배분의 왜곡 가능성이다. 정보가 투명해지면 대리인이 자신만의 이익을 위해서 주체에게 부담이 되는 일을 하지 못할 것이기 때문에 투명성이 강조되는 것이다.

상호주의 원칙

거래는 쌍방 모두에게 이익이다: 상호주의 원칙은 모든 재무적 거래가 당사자 모두에게 이익이라는 뜻이다. 재무적 거래에 임하는 당사자는 해당 거래가 이익이 될 것이라고 생각하기 때문에 거래하는 것이다. 그런데 그것은 거래 상대방도 마찬가지이다. 거래 상대방 역시 해당 거래가 자신에게 이익이 될 것이라고 믿기 때문에 거래에 참여하는 것이다.

모든 거래는 매매쌍방이 존재한다. 매수하는 측과 매도하는 측이 함께 존재하는 것이다. 매수하는 입장에서는 가격이 상승할 것으로 예상하기 때문에 매수하는 것이고, 매도하는 입장에서는 가격이 하락할 것으로 예상하기 때문에 매도하는 것이다. 즉 사전적인 차원에서는 거래는 매매쌍방에게 모두 이익이 될 것으로 예상되기 때문에 이루어지는 것이다. 물론 사후적으로 보면 가격이 상승하면 매수자는 이익을 보고, 매도자는 손해를 보는 일이 발생한다. 하지만, 그것은 매매쌍방의 예측력의 차이일 뿐이지, 어떤 당사자도 손해를 보기 위해서 거래에 입하는 것은 아니다.

그러므로 모든 재무적 거래에서는 상대방의 입장을 이해하고 장기적 관점에서 서로 상생이 되는 상황을 만들도록 노력해야 한다. 거래는 본질적으로 거래에 참여하는 모든 사람들의 후생을 증진시킨다는 기본적인 경제적 개념을 기억해야 한다. 국제적인 무역거래의 경우도 마찬가지인데, 자유무역협정을 추진하는 이유도 그것이 거래를 활성화시켜서 세계적인 후생을 증진시킬 것으로 믿기 때문이다.

상호주의 원칙은 자명한 것이지만, 현실에서는 종종 망각되는 경우도 있다. 예를 들어 주식시장에서는 '이익 실현'을 위한 매물이 출현되고 있어서 가격이 하락하고 있다고 보도하는 경우가 있다. 여기서 이익 실현의 의미는 낮은 가격에 매수했던 사람들이 이익을 어느 정도 수준에서 멈추고 매도한다는 표현일 것이다. 그러나 그것은 올바른 표현이 아니다. 매도하는 사람들은 이익을 멈추기 위해서가 아니라, 앞으로 발생할 것으로 예상되는 가격의 하락으로부터 손실을 회피하기 위해서 매도할 뿐이다.

뿐만 아니라 매수자가, 이기적 행위의 원칙을 고려하면, 가격이 하락하는 것을 알면서도 매수한다는 것은 있을 수 없는 일이다. 가격이 하락했다는 것은 단지 매수자의 예측이 잘못되었다는 것을 의미할 뿐이다. 실제로 거래의 발생은 거래 쌍방의 서로 다른 예측 때문에 가능한 것이다. 모든 거래는 수요자와 공급자가 일치되는 가격에서 형성되는 것이다.

단기적으로는 재무적 거래가 제로섬 게임(zero-sum game)의 성격을 갖는 경우가 많다. 즉 한쪽이 이득을 얻으면 상대방은 손실을 입게 된다. 주식시장의 매도와 매수에 관련된 상황도 마찬가지다. 가격이 상승하는 것은 매수자에게 이익인 동시에 매도자에게는 손실인 것이고, 가격이 하락하는 것은 매도자에게 이익인 동시에 매수자에게는 손실인 것이다. 특히 파생금융상품의 성격은 제로섬 게임의 성격을 갖는다.

하지만 거래의 본질적인 성격은 상호주의에 기반하고 있다. 즉 상생상태가 되어야 거래가 성립되는 것이다. 모든 사람들이 이기적 동기에서 거래에 임하기 때문에 상생이 되어야 거래가 될 수 있는 것이다. 그러므로 재무적 거래는 단기적인 제로섬 게임의 성격보다는 장기적으로 모두에게 이익이 되는 관점을 유지해야 한다. 뿐만 아니라 상대방의 손실을 전제로 하는 거래는 존재할 수 없다는 사실을 상기해야 한다.

우리 속담에 '싸움은 말리고 거래는 붙이라'는 말이 있는데, 싸움은 당사자 모두에게 손해가 되는 것이기 때문에 말려야 하고, 거래는 당사자 모두에게 이익이 되기 때문에 성사시켜야 하는 것이다. 거래에서 매도자는 매도하는 것이 이익이기 때문에 매도하는 것이다. 상대편인 매수자의 입장에서도 매수하는 것이 이익이라고 생각하기 때문에 매수하는 것이다. 그러므로 거래는 거래 당사자 모두에게 이익이라고 생각되기 때문에 성립하게 되는 것이다.

옵션의 원칙

옵션은 가치가 있다: 옵션(option)은 선택할 수 있는 권리를 의미한다. 옵션의 소유자 혹은 구입자는 옵션의 판매자 혹은 발행자(writer)에게 옵션계약에 명시된 거래를 요구할 권리는 있으나 의무는 없다. 재무관리에 있어서의 옵션은 통상 어떤 자산을 사거나 팔 수 있는 권리를 말한다. 어떤 것을 살 수 있는 권리를 **콜옵션**(call option)이라 하고, 어떤 것을 팔 수 있는 권리를 **풋옵션**(put option)이라고 한다.

아파트의 경우에 선택사양이라는 것은 콜옵션을 의미하는 것이다. 선택사양은 아파트의 구입자가 선택 여부를 결정할 수 있고, 선택하지 않는다고 하더라도 아무 문제가 없는 것이다. 많은 금융거래가 옵션에 의해서 설명될 수 있다.

예를 들어 보험을 풋옵션으로 설명할 수가 있다. 화재보험의 경우에 집에 불이 나서 전부 없어졌다면 보상을 받게 되는데, 실질적인 측면을 살펴보면 화재보험은 보험금에 해당되는 가격으로 집을 팔 수 있다는 풋옵션에 해당하는 것이다. 보험금을 타서 집을 새로 지을 수도 있으나 그것은 선택의 문제이지 의무적인 사항은 아니다.

옵션의 논리를 생각해 보면 옵션은 양(+)의 값을 갖는 것을 이해할 수 있다. 왜냐하면 옵션의 소유자는 아무런 행위도 않을 권리도 항상 갖고 있기 때문이다. 만약 옵션계약이 시행될 가능성이 전혀 없는 경우에는 옵션의 가치는 제로(0)에 가까울 것이다. 예를 들어 1만원에 거래되는 주식을 앞으로 1년 동안 1,000만원에 구입할 수 있는 콜옵션은 별로 가치가 없을 것이다. 1,000만원에 구입할 수 있는 옵션이 현실화되는 것은 그것이 실제로 1,000만원이 넘을 경우에 한하기 때문이다.

해당 주식의 가격이 999만원을 한다고 하더라도 콜옵션은 행사되지 않을 것이다. 왜냐하면 999만원에 살 수 있는 주식을 1,000만원에 사기 위하여 옵션의 권리를 행사하지는 않을 것이기 때문이다. 그렇다고 하더라도 옵션의 가치가 매우 작을지언정 음(−)의 값을 갖지는 않는다.

재무관리에서 옵션은 보통 주식시장의 콜옵션이나 풋옵션과 같은 구체적인 금융계약을 연상시킨다. 그러나 옵션은 일반적으로 인식되는 수준 이상으로 광범위하게 포함되어 있는데, 위의 화재보험의 예도 그중의 하나다. 구체적으로 옵션이라고 명명되어 있지 않지만 옵션의 성격을 가진 거래들을 숨겨진 옵션이라고 부르기도 한다.

숨겨진 옵션(hidden option)의 예를 하나 들어보자. 파산이라는 행위는 채무한계(limited liability) 때문에 발생하는 것이다. 채무한계는 금전적 부채가 어떤 형태이든 제한되는 것을 의미한다. 예를 들어 주식회사의 주주들은 기업이 파산하고 채무가 아무리 많아도 자신이 투자한 금액 이상으로는 채무를 부담하지 않는다. 그러므로 어떤 의미에서는 주주들은 부채에 해당하는 만큼에 기업을 매각할 수 있는 풋옵션을 갖고 있다고 볼 수 있다. 주주들이 채무한계를 갖는다는 사실도 주주에게는 가치있는 일이다.

이처럼 숨겨진 옵션들을 생각하면 자산의 가치를 정확히 측정하는 것이 점점 더 복잡해진다. 옵션을 이용하여 자산의 가치를 측정하는 방법도 등장하고 있는데, 주식의 가치를 옵션을 이용하여 계산하는 방법도 있다. 옵션에 관해서는 금융파생상품 부분에서 좀 더 설명할 텐데, 여기서는 자산과 옵션이 결합된 것은 자산만 있는 경우보다는 더 가치가 있다는 사실을 이해하는 것이 중요하다. 실제로 많은 자산들은 숨겨진 옵션을 포함하는 경우가 많다.

가치창조의 원칙

초과적인 수익은 새로운 아이디어로부터 가능하다: 재무관리는 돈에 관한 과학적인 의사결정 과정을 추구한다. 사람들은 모두 부자가 되려고 하고, 돈을 벌기 위하여 노력한다. 이제 돈을 버는 원칙에 대하여 말할 단계가 되었다. 만약 당신이 남과 다른 초과적인 이익을 얻고자 한다면, 가치 있는 새로운 상품이나 서비스를 개발하여야 한다. 기존의 경쟁시장에서는 초과이익은 불가능하고 새로운 아이디어만이 초과적인 이익을 제공할 수 있다는 말이다.

대부분의 가치 있는 새로운 아이디어는 실물시장에서 일어난다. 금융자산들은 대부분 동일하거나 유사한 경우가 많으나, 실물자산들은 독특한 성격을 갖는 경우가 상대적으로 많다. 예를 들어 마이크로소프트사의 빌 게이츠 회장은 새로운 개인컴퓨터를 만들어 엄청난 부를 얻게 된 것이다. 개인컴퓨터의 도움이 없다면 얼마나 불편함이 클 것인가를 생각하면 그 가치는 자명한 것이다.

그러므로 정부는 발명과 발견을 장려하기 위해서 여러 가지 정책을 사용한다. 특허를 생각해 보면 알 수 있는데, 에디슨 같은 발명가는 전기와 활동사진기 같은 것들을 발명하여 부자가 되었다. 만약 특허제도라는 것이 없다면 그가 큰 부자가 되지는 못했을 수도 있다. 특허제도는 독특한 발명에 대하여 독점적인 권리를 인정하고 그래서 사람들은 발명에 힘쓰게 되고 실물자산의 가치는 증가하게 되는 것이다. 특허가 아니라 하더라도 어떤 회사들은 고유한 상표를 만들어서 성공하기도 한다.

아마 어떤 학생들은 가치창조의 원칙이 자본시장 효율성의 원칙과 상충되는 것이 아니냐고 생각할지 모른다. 가치창조의 원칙은 초과적인 이익이 가능하다고 말하고 있고, 자본시장 효율성의 원칙은 초과적인 이익은 장기적으로는 불가능한 것이라고 설명하고 있다. 그러나 두 개의 원칙은 서로 상반된 것이 아니다. 둘 다 자본시장 효율성의 원칙에 동의하는 것이고 단지 초과적인 이익을 얻기 위해서는 새로운 시장, 새로운 상품 혹은 서비스가 요구된다고 설명하는 것이다.

두 원칙의 기본적인 차이점은 가치창조의 원칙은 기회를 스스로 만들어내는 사람에 대한 이익을 말하는 것인 반면, 자본시장 효율성의 원칙은 모든 사람들에게 이미 알려진 기회를 이용하는 경우이다. 실물시장의 경우에도 새로운 발명품이 초과이익을 발생시키는 이유는 그것이 일반적으로 활용할 수 있는 범용 기술이 아니기 때문에 가능한 것이지, 그것이 범용적인 것이 되면 초과이익은 사라지게 되는 것이다.

모방의 원칙

확실한 해답을 모르는 경우에는 다른 사람이 하는 것을 모방하라: 모방의 원칙은 어떤 의미에서는 정보인식의 원칙의 응용이라고 말할 수 있다. 정보인식의 원칙은 행위가 정보를 전달한다고 말한다. 모방의 원칙은 행위로부터 전달되는 정보를 이용하는 문제를 다루고 있다.

모방의 원칙을 하나의 예를 가지고 설명해 보자. 어떤 사람이 상당히 조심스런 만찬에 초대되었다. 초대한 사람은 매우 중요한 거래처이고 초대된 장소도 특별한 식당이어서 그 사람은 전에 이렇게 공식적이고 특별한 장소에는 온 적이 없는 그런 곳이었다. 초대된 식당에는 상당히 많은 그릇과 포크, 나이프 등이 자리마다 준비되어 있었는데 초대된 사람은 이러한 집기들을 사용해 본 적이 없었다. 그러면 어떻게 처신해야 할 것인가? 만약 실수를 하게 된다면 중요한 거래처를 잃을지도 모르는 상황이다.

이 경우에 적절한 방법은 한 가지이다. 즉 초대한 사람이 하는 대로 따라 하는 것이다. 그러나 이것이 가능하지 않다면 어떻게 해야 하나? 예를 들어 초대한 사람을 따라 하고 싶어도 잘 보이지 않는 자리에 배치되었다면 어떻게 해야 하나? 그런 경우에는 옆에 앉은 사람을 따라서 하는 것이 하나의 방법이 될 것이다. 확실히 믿을 만한 사람이 없는 경우에는 대부분의 사람들은 대중을 따라서 행동하게 되는 것이다.

이제 주제를 만찬장에서 재무관리로 옮겨 보자. 당신이 재무관리자이고 당신이 내려야 할 중요한 결정이 있는데 그에 대하여 분명한 해결책을 모른다고 생각해 보자. 예를 들어 최고경영진이 회사의 자본조달 현황을 평가하고 적절한 대응방안을 제시할 것을 주문한다고 가정해 보자. 자본조달은 자본구조(capital structure)에 관한 상황인데, 나중에 좀 더 설명하겠지만 재무관리는 기업의 최적자본구조에 대하여 절대적인 해답을 제시하지는 않는다.

이 경우에 재무관리자는 어떻게 하여야 하나? 이러한 문제에 접근하는 하나의 방법은 당신 회사와 유사한 기업이 어떻게 하고 있나 살펴서 참고로 삼는 것이다. 당신이 가장 좋다고 생각하는 회사의 것이거나, 대부분의 회사들이 하는 방식을 모방할 수도 있다. 특히 같은 산업에 속한 다른 회사를 살펴보는 것은 상당한 도움이 될 것이다. 이것이 바로 모방의 원칙이다.

실제에 있어서는 모방의 원칙은 통상 두 가지 경우에 적용된다. 하나의 경우는 재무이론이 절대적 결론을 제시하지 못하는 경우이고, 다른 하나는 이론적으로는 명백한 결론이 나오지만 실증적인 적용을 위하여 필요한 정보를 구하고 분석하는 것이 너무 오래 걸리거나 비용이 많이 드는 경우이다.

기업이나 부동산을 매매하는 경우에 이론적으로는 가치에 대한 정확한 평가가 가능하지만, 실제의 거래에 있어서는 상대적인 거래들을 참조하여 결정하는 것이 일반적이다. 예를 들어 건물을 매매하는 가격으로서 옆에 있는 건물의 매매가격을 참고로 이용하는 것이다. 이처럼 모방의 원칙을 이용하면 적은 비용으로 뜻있는 답을 얻을 수 있는 것이다.

모방의 원칙은 적용하는 것이 까다롭다. 우선 어떤 문제에 대하여 정확한 해답과 실천을 위한 최선의 선택이 존재하는지를 결정하여야 한다. 만약 최선의 선택이 존재하지 않는다고 판단되면 다른 기업들의 결정 중에서 가장 잘 된 것을 찾아보아야 한다. 또한 그것을 자신의 기업에 맞게 조정해야 할 것이다.

그러므로 모방의 원칙은 '차선의 선택'이다. 즉 최선에 대한 확실한 해답이 없는 경우에 선택하는 행위이다. 그러므로 모방의 원칙은 잘 적용될 경우에는 해답에 근접할 것이지만, 최악의 경우에는 '장님이 장님을 따라가는' 경우도 발생할 수 있다.

위에 언급된 경우들은, 확실한 해답을 모르는 경우, 혹은 확실한 답을 얻는 것이 너무 비생산적인 경우에 모방의 원칙이 적절히 이용된 것이라고 말할 수 있다. 그러나 우리는 적절하지 않은 모방의 원칙을 목격하기도 한다. 그것은 무조건 모방(blind imitation)의 경우이다. 무조건 모방은 개인적인 부담이나 위험을 회피하고자 할 때 사용되기는 하지만 주의하여야 한다.

우리는 많은 경우에 선진국의 사례들을 언급하면서 명시적이든 묵시적이든 선진국의 경우를 따라가야 한다고 말하는 경향이 있다. 이것이 바로 모방의 원칙을 적용한 경우이다. 이처럼 모방의 원칙은 현실에서 다양한 형태로 응용된다. 그러나 우리는 모방의 원칙이 차선의 선택이라는 사실과, 잘못되면 무조건 모방의 오류에 빠질 수 있다는 사실도 동시에 인식해야 한다.

우리는 선진국의 예를 가지고 설명하기 이전에 최선의 선택이 가능한 것인지를 탐구해야 한다. 최선을 위한 해답이 불명확하거나 비생산적인 경우에 차선의 대책으로 선진국의 예를 참고로 할 수 있을 것이다. 하지만 선진국들의 예를 무조건적으로 모방하는 것은 안전한 의사결정 방법이 아니다. 선진국들이 최선의 선택을 했다고 쉽사리 가정할 수는 없기 때문이다.

다른 원칙들과 마찬가지로 모방의 원칙도 부수적인 문제에 대하여 언급할 필요가 있다. 경쟁적인 상황에서 모방의 원칙은 많은 경우에 무임승차(free rider)의 문제를 야기한다. 무임승차의 경우는 선두주자가 최선의 선택을 위하여 많은 시간과 노력을 들인 것을 후발주자는 그것을 따라함으로써, 선두주자가 후발주자에게 보조금을 주는 것과 같은 상황이 발생하는 것이다.

예를 들어 맥도널드와 같은 경우를 살펴보자. 맥도널드는 최선의 입지조건을 선정하기 위하여 많은 노력과 시간을 들인다. 그런데 패스트후드점을 새로이 개점하려는 사람이 그러한 시간과 비용을 투자하는 대신에 맥도널드 옆에 점포를 차리게 되면 무임승차의 이득을 얻게 될 것이다. 특허제도는 이러한 무임승차의 문제를 해결하기 위한 노력이며, 그렇지 않으면 무임승차의 문제 때문에, 새로운 아이디어로부터의 혁신은 가치를 잃게 될 것이다.

화폐의 시간가치의 원칙

화폐는 시간가치가 있다: 화폐는 하나의 자산이고 그것은 빌려줄 수 있는 것이다. 돈을 빌린 사람은 그 대가를 지불하게 되는데 그것이 바로 이자이다. 즉 돈을 사용하는 데는 기간에 따라서 비용이 발생하는데 이것이 화폐의 시간가치이다. 다시 말하면 화폐의 시간가치는 돈을 사용하는 데 지불하는 비용을 의미한다.

사람들은 금융기관에 예금을 하면 이자를 받게 된다. 만약 돈을 금융기관에 예치하지 않고 장롱 속에 저장한다면 이자를 받지 못할 것이고 그 사람은 이자에 대한 기회비용을 지불하고 있는 것이 된다. 그러므로 이자를 화폐의 기회비용이라고 생각하는 것은 타당성이 있는 말이다. 화폐의 기회비용은 그것을 이용하는 시간에 영향을 받는다.

현재 100만원을 가지고 이자율 10%로 예금을 한다면 1년 뒤에는 110만원이 될 터인데, 여기서 100만원을 현재가치(present value)라고 하고 110만원을 100만원의 1년 후의 미래가치(future value)라고 한다. 여기서 현재가치와 미래가치를 결정하는 것은 현재가치와 미래가치가 위치한 시간상의 간격과 화폐의 기회비용을 결정하는 이자율이다.

화폐의 시간가치를 고려한다면, 재무관리에서 대부분의 의사결정이 화폐의 시간가치에 대한 개념을 포함하고 있다는 사실을 이해하게 될 것이다. 왜냐하면 대부분의 재무적 의사결정은 현재와 미래 사이에 발생하는 현금흐름을 분석하게 되는데, 화폐에 대한 시간가치의 개념은 그러한 현금흐름을 분석하는 기초적인 도구이기 때문이다.

화폐의 시간가치의 개념은 수학적 도구를 통하여 측정이 가능하게 되는데, 이러한 개념을 확실히 이해하는 것은 재무관리적 사고를 논리적으로 명확하게 하는 데 필수적이다. 수학적 도구를 사용하지 않는다면 어떤 현상을 정리하고 분석하는 것이 애매모호한 상태로 남을지도 모르기 때문이다.

이제까지 재무관리적 사고 원리들에 대하여 살펴보았다. 재무관리적 사고 원리는 여러 가지 의사결정 과정에서 등장할 것이고, 실질적인 문제들에 접근하는 기초를 제공할 것이다. 여기서 이러한 사고 원리들에 대하여 소개한 이유는 전반적인 재무관리에 대한 관점과 시각을 제공하기 위한 것이다. 실증적인 사회과학은 현실을 설명하는 능력이 있어야 하는데, 이러한 원리들을 살펴보면서 현상들에 대하여 설명력이 있는지를 생각해 보는 것은 재미있는 일이리라 여겨진다.

재무관리적 사고 원리들은 물이 위에서 아래로 흐르는 것을 설명하는 원리와도 같은 것이다. 그러나 원리라고 해서 언제나 어디서나 항상 그대로 된다는 의미는 아니다. 분수대의 물이 아래에서 위로 올라가는 것처럼 실질적인 적용에 있어서는 원칙의 응용이 필요한 경우가 많이 있다. 특히 사회과학의 분야에서는 정확한 실험이 가능하지 않기 때문에 원리를 응용할 필요가 크다고 할 수 있다.

연습문제

2.1 국민경제에서 자원배분의 효율성이 필요한 이유는 무엇인지 토론해보자.

2.2 시장경제는 가장 적합한 제도인지 토론해보자.

2.3 아담 스미스가 말한 보이지 않는 손의 역할은 무엇인지 설명하라.

2.4 시장경제에서 정부의 개입은 필요한 것인지 토론해보자.

2.5 실물경제와 금융경제를 설명하라.

2.6 자본의 의미를 현대 기업과 연결하여 설명하라.

2.7 금융시스템의 의의를 설명하라.

2.8 금융시스템의 효율성을 설명하라.

2.9 금융시장의 경제적 역할을 설명하라.

2.10 직접증권과 간접증권을 설명하고, 금융의 증권화 경향에 대해 설명하라.

2.11 직접증권은 시장에서의 가격변동에 따른 위험과 발행자의 지급불능에 따른 위험을 동시에 갖고 있다. 설명하라.

2.12 단기금융상품과 자본시장에서 거래되는 금융상품을 각각 3가지씩 예를 들어 보라.

2.13 금융시장의 주요 기능은 발행시장을 통하여 가계부문의 자금을 기업부문으로 전환하여 산업자금화 하는데 있다. 즉 발행시장이 산업자금을 조달하기 때문에 중요하다는 것인데, 여기서 유통시장의 역할은 무엇인지 설명하라.

2.14 이자율은 무엇인가? 금융시장에서 이자율의 결정을 중요시하는 이유는 무엇인지 설명하라.

2.15 실질이자율과 명목이자율의 차이는 무엇인지, 그리고 그것이 시중이자율과 어떤 관계를 갖는지 설명하라.

2.16 CD유통수익률은 한동안 변동금리의 기준으로 사용되었다. 근래에 금융기관에서 자금조달비용을 감안한 기준지수를 발표하고 있는데 무엇인가?

2.17 현실적인 수익률의 결정에서 위험프리미엄은 중요한 의미를 갖는다. 위험프리미엄의 의미는 무엇인지 설명하라.

2.18 미래회사는 해외 영업의 확장을 고려하고 있다. 일본과 유럽을 확장의 대상으로 생각하고 있는데 유럽은 상대적으로 안정적이고 일본의 경우에는 위험도가 높은 것으로 여겨진다. 미래회사의 재무관리자는 두 지역의 예상되는 매출에 대하여 세 가지 시나리오를 가지고 정리하였다. 어느 지역이 우수한가? 토론해보자.

	비관적	평균적	낙관적
유 럽	75,000원	100,000원	125,000원
일 본	5,000원	150,000원	200,000원

2.19 1년 만기 재정증권의 수익률이 8%이고 실질이자율이 3%라면, 앞으로 인플레이션은 얼마가 될 것으로 예상되는가?

2.20 1년 만기 재정증권의 유통수익률은 5%이고 회사채 유통수익률은 6.5%라고 한다. 실질이자율이 3%라면 인플레이션의 기댓값과 회사채에 대한 위험프리미엄은 각각 얼마인가?

2.21 합리적 행위의 원칙은 개인의 이기적 행위를 인정하는 것이다. 그런데 이기적 행위는 대리인 문제의 시발점이 된다. 이기적 행위의 원칙과 대리인 문제를 연결하여 설명하라.

2.22 합리적 행위의 원칙은 금전적 측면에서의 이성적인 행동을 가정한다. 사람들의 이기적 행위는 항상 현실적인 결론을 도출하는지 설명하라.

2.23 도덕적 해이(moral hazard)에 대해서 설명하라.

2.24 투전(gambling)은 위험회피의 원칙에 어긋나는 행위인가 설명하라.

2.25 분산의 원칙을 설명하라.

2.26 상호주의 원칙을 설명하라.

2.27 제로섬게임을 설명하라.

2.28 한계이익의 원칙에서 '한계적'이라는 의미를 설명하라.

2.29 매몰비용은 의사결정에서 고려되어서는 안 된다. 설명하라.

2.30 정보인식의 원칙에서 행위가 정보를 전달할 수 있는 이유를 설명하라.

2.31 정보의 비대칭성을 설명하라.

2.32 역선택의 문제와 투명성을 설명하라.

2.33 차익거래를 설명하라.

2.34 일물일가의 법칙을 설명하라.

2.35 위험과 수익률 사이에는 보상관계가 존재하는가? 설명하라.

제2편

재무관리의 기초원리

제3장 화폐의 시간가치
제4장 위험과 기대수익률
제5장 가치평가

제 3 장

화폐의 시간가치

재무관리의 거의 모든 개념과 계산은 화폐의 시간가치에 대한 완벽한 이해를 기본으로 한다. 본서는 재무관리의 원론적 이해에 초점을 두기 때문에 학생들은 다른 어떤 부분보다도 화폐의 시간가치에 대한 철저한 이해가 필요하다. 대부분의 재무적 결정은 현재의 결정과 미래의 결과라는 구조를 갖는데, 결국 현재와 미래의 현금흐름을 분석하고 평가하는 과정을 요구하는 것이다. 그러므로 화폐의 시간가치에 대한 분석은 의사결정을 위한 기본적인 선결 조건이다.

본 장에서는 재무관리에서 통상적으로 발생하는 현금흐름에 대한 화폐의 시간가치를 이해하는 것을 목표로 한다. 화폐의 시간가치에 대한 분석은 미래가치와 현재가치를 기본으로 하며, 시간가치 개념을 응용한 연금, 영구연금, 부채의 상환절차 등을 살펴볼 것이다. 현실 사회의 현금흐름은 교재에서 설명하는 내용보다 다양한 형태로 나타나겠지만, 본질적으로는 본 장에서 설명하는 범주에 포함되는 것임에는 분명하다.

화폐의 시간가치를 이해하기 위해서는 어느 정도의 계산은 필수적이다. 그러한 과정을 통해서 화폐의 시간가치 개념이 좀 더 확실히 이해될 것이며, 실질적인 응용이 가능해질 것이다. 화폐의 시간가치에 대한 개념과 계산은 일상적인 생활에 응용이 가능한 수준으로 습득되어야 한다. 예를 들어 당신이 은행에서 대출을 받았을 경우에 갚아야 하는 이자, 원금 혹은 상환기간 등에 대하여 실제로 계산을 통해서 적용할 수 있어야 한다.

본 장에서 설명하는 화폐의 시간가치를 이해하기 위해서 요구되는 수학적인 능력은 매우 기초적인 것으로 중학교에서 배우는 수학의 수준을 넘지 않을 것이다. 문제는 수학적인 계산이 아니고 개념의 정확한 이해이다. 본 장에서는 또한 여러 가지 이자율을 비교하는 문제와 일반적으로 간과되기 쉬운 실효이자율에 대하여도 설명할 것이다.

본 장에서는 상대적으로 많은 예제와 문제들을 통하여 학생들의 이해를 돕고자 한다. 문제를 계산하는 과정에서는 답이 약간씩 다르게 나타날지도 모르는데, 그것은 단지 반올림을 어떻게 하느냐의 문제이지 본질적인 문제는 아니므로 걱정할 필요는 없다.

3.1 화폐의 시간가치 개념

재무관리는 모든 현상을 현금흐름의 관점에서 파악한다는 점은 앞에서 설명한 바와 같다. 구체적으로 현금흐름의 무엇을 파악하고 평가한다는 말인가. 현금흐름을 파악한 후에 어떻게 의사결정을 내리는 것일까. 이러한 사항들을 이해하기 위해서 화폐의 시간가치 개념이 필요하다.

현금흐름은 세 가지 요소를 가지고 있다. 즉 현금흐름의 크기, 시기, 그리고 위험이라는 요소들이다. 구체적인 재무관리는 현금흐름의 이러한 세 가지 요소들을 파악하고, 평가하여, 의사결정에 이르는 과정이라고 해도 과언은 아닐 것이다. 현금흐름의 시기를 평가하는 과정이 화폐의 시간가치이다.

그런데 현금흐름의 크기에 대해서는 특별한 설명을 하지 않을 것이다. 왜냐하면 현금흐름의 크기 자체는, 다른 조건이 같다면, 특별한 설명을 필요로 하지 않을 정도로 명확하다. 여기서 다른 조건이 같다는 말은 시기와 위험을 지칭하는 것이다. 즉 동일한 시점에 동일한 위험을 전제로 한다면 현금흐름의 크기는 명확한 것이다. 예를 들어 시기와 위험이 동일한 현재 시점을 기준으로 2,000원이 1,000원보다 가치 있다는 것은 길가의 어린이도 분명히 알고 있다.

다음으로 살펴볼 요소가 바로 현금흐름의 시기에 관한 것이다. 현금흐름이 동일한 시점에 발생한다면 현금흐름의 시기, 즉 화폐의 시간가치를 평가할 필요는 없을 것이다. 하지만 실질적인 재무적 거래에서 동일한 시점에 나타나는 현금흐름은 예외적인 정도일 뿐이다. 현실적으로 동일한 시점에서 100원을 105원과 거래하는 일은 발생하지 않을 것이기 때문이다.

전형적인 재무적 거래는 시간의 차이를 두고 나타난다. 저축을 하는 경우에는 일정한 시간이 경과한 후에 찾게 되고, 투자를 한 경우에도 일정한 시간이 경과한 시점에서 결과가 나타난다. 대부분의 재무적 의사결정은 미래의 예상되는 현금흐름을 대상으로 현재 시점에서 채택과 기각을 요구하는 의사결정이라는 형태를 띠는 것이 일반적이다.

화폐의 시간가치 개념은 현금흐름의 가치는 발생한 시점에 따라 차이가 있다는 것이다. 즉 오늘의 1원과 내일의 1원은 발생한 시점이 다르기 때문에 가치가 다르다는 것이다. 이것이 화폐의 시간가치에 대한 기본적인 생각이다. 그러므로 동일한 1원이라 하더라도 어느 시점에 발생한 것인지를 구별하고 평가해 주어야 할 필요가 있는 것이다.

실질적인 양(+)의 이자율의 개념 아래에서는 오늘의 1원은 내일의 1원보다 가치가 높다. 왜냐하면 사람들은 기본적인 시간선호라는 개념을 갖고 있기 때문이다. 그러므로 실질이자율은 양(+)의 값을 갖는다. 다시 말하면 실질이자율이 양(+)의 값으로 존재하기 때문에 현재의 1원이 미래의 1원보다 가치가 있게 되는 것이다.

현재의 1원이 미래의 1원보다 가치 있다는 사실은 복잡한 설명을 필요로 하지 않는다. 마찬가지로 현재의 100만원이 1년 후의 100만원보다 가치가 높다는 것은 쉽게 받아들여질 것이다. 그런데 현실적인 재무적 거래에서는 동일한 100만원이 다른 시점에 발생하는 사건은 일반적이 아니다. 예를 들어 현재 100만원을 예금하고, 1년 후에 100만원을 찾는 거래는 일반적이 아니다.

전형적인 재무적 거래는 '현재 100만원을 예금하고 1년 후에 105만원을 찾을 것인가?' '현재 100만원을 투자하면 1년 후에 109만원이 예상되는데, 그런 거래를 선택할 것인가?' 등과 같이 서로 다른 시점에 발생하는 다른 금액에 대한 평가와 의사결정을 요구한다. 즉 대부분의 재무적 결정은 다른 시점에서 발생하는 다른 금액에 대한 평가와 의사결정이 필요한 것이다.

화폐의 시간가치는 다른 시점에 발생하는 다른 금액의 평가와 의사결정을 다루는 기본적인 도구이다. 다른 시점의 다른 금액을 동일 시점의 관점으로 평가하면 의사결정이 가능하게 된다. 예를 들어 현재의 100만원이 1년 후에 106만원으로 평가된다면, 앞 문단에서 예금하는 문제는 기각이라는 의사결정을 내릴 수 있다. 즉 현재의 100만원을 예금해서 105만원을 찾는 재무적 거래는 선택되지 않을 것이다. 여기서 현재 100만원의 1년 후의 평가금액인 106만원이 **미래가치**(Future Value)로 불린다.

투자의 예를 살펴보자. 즉 1년 후에 109만원을 받을 것으로 예상되는 투자 대상이 있는데, 그것을 위해서 100만원을 투자할 것인가 하는 문제이다. 여기서도 109만원과 100만원이 서로 다른 시점에 있기 때문에 동일한 시점에서 평가할 필요가 있다. 만약 1년 후에 발생하는 109만원의 투자가 현재 시점에서 101만원의 가치가 있다고 평가된다면, 이러한 거래는 채택이라는 의사결정을 내릴 수 있다. 왜냐하면 현재 100만원을 투자해서 현재 101만원을 얻는 거래는 부를 증진시킬 것이기 때문이다. 여기서 1년 후 109만원의 현재 시점에서의 평가액인 101만원을 **현재가치**(Present Value)라고 부른다.

화폐의 시간가치는 서로 다른 시점에서 발생하는 현금흐름들을 평가하는 기본적인 도구인데, 현재가치와 미래가치를 가지고 동일한 시점에서 평가하여 의사결정을 가능하게 한다. 앞에서 설명한 대로 대부분의 재무적 거래는 화폐의 시간가치라

그림 3-1 **현금흐름과 의사결정**

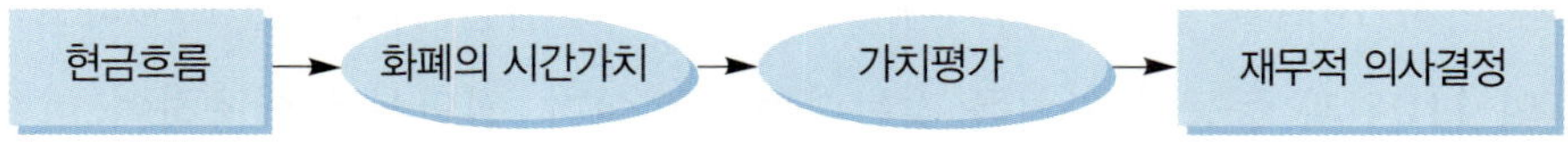

는 문제를 내재하고 있기 때문에 화폐의 시간가치 개념의 분명한 이해는 재무적 거래를 평가하는 필수적인 수단이라고 할 수 있다.

개념확인

1. 화폐의 시간가치의 개념은 무엇인가?
2. 현금흐름을 평가하기 위한 세 가지 요소는 무엇인가?
3. 화폐의 시간가치의 중요성은 무엇인가?

3.2 화폐의 미래가치

미래가치 계산

미래가치(Future Value: *FV*)는 현재의 금액을 특정 기간 동안 복리이자율을 적용할 때 구해지는 원리금의 합계이다. 예를 들어 어떤 사람이 100원을 연리 10%의 저축계좌에 예금하였다고 생각해 보자. 1년 후에 이 금액의 미래가치는 얼마가 될 것인가? 즉 1년 후에는 전체 원금과 이자의 합이 얼마가 될 것인가를 묻고 있다. 미래가치(*FV*)는 다음과 같다.

$$\begin{aligned} FV_1 &= 100 + 100 \times 0.10 \\ &= 110\text{원} \end{aligned}$$

위에서 계산된 FV_1은 100원의 1년 후의 미래가치이다. 미래가치는 원래의 원금 100원과 이자 10원을 합한 금액이다. 즉 현재의 100원은 이자율을 10%라고 할 때 1년 후의 110원과 동등한 가치를 갖는다는 의미이다. 일반식을 이용하여 현재가치(PV)를 이자율 i로 1년 후의 미래가치를 계산하면 다음과 같다.

$$\begin{aligned} FV_1 &= PV + PV \times i \\ &= PV(1+i) \qquad (3.1) \end{aligned}$$

그러면 100원의 2년 후의 미래가치는 얼마가 되는가? 1년 후의 미래가치 110원이 추가적으로 1년 동안 예금되었다고 생각하고 이자와 원금을 계산하면 될 것이다.

$$\begin{aligned} FV_2 &= 110 + 110 \times 0.10 \\ &= 110 + 11 \\ &= 121\text{원} \end{aligned}$$

즉 1년 후의 110원이 10%의 이자율로 1년 동안 증식되므로 121원이 된다. 그러므로 현재 100원은 이자율이 10%일 때, 2년 후의 121원과 동등한 가치를 갖는 것이다. 위의 두 식을 정리하면 다음과 같다.

$$\begin{aligned} FV_2 &= FV_1(1+i) \\ &= PV(1+i)(1+i) \\ &= PV(1+i)^2 \end{aligned}$$

$$\begin{aligned} &= 100(1+0.10)^2 \\ &= 121\text{원} \end{aligned}$$

이제 미래가치(FV)에 관한 일반식을 구하면 다음과 같다. 식에서 i는 이자율, n은 기간을 표시한다.

$$FV_n = PV \times (1+i)^n \quad (3.2)$$

다음의 예제를 통하여 미래가치 계산의 유용성을 생각해 보자.

예제

김철수는 연리 5%를 제공하는 저축계좌에 200만원을 예금하였는데 5년 후에 얼마만큼의 금액이 될 것인지 궁금하다. 이러한 현금흐름을 시간선 위에서 표시해 보면 다음과 같다.

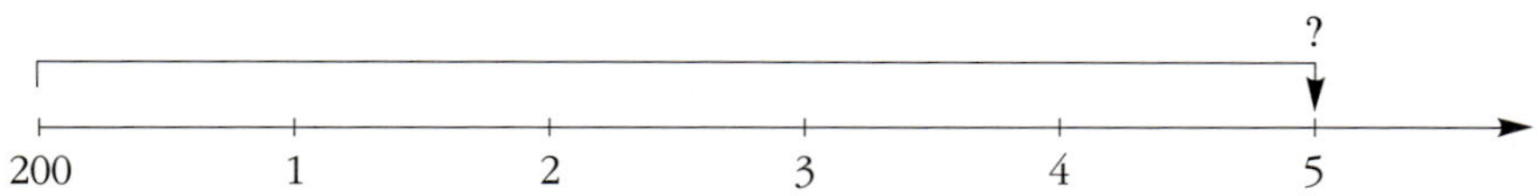

$$\begin{aligned} FV_5 &= 200 \times (1+0.05)^5 \\ &= 200 \times 1.276 = 255\text{만원} \end{aligned}$$

김철수는 5년 후에 255만원을 갖게 될 것이다. 이것은 현재 200만원의 가치는 5년 후의 미래가치 255만원과 동일한 가치를 갖는 것을 의미한다. 화폐의 시간가치 계산에 있어서는 위의 그림과 같은 **시간선**(time line)을 이용해서 분석하는 것이 도움이 될 것이다.

복리와 단리

앞에서 미래가치의 계산에 **복리**(compounding interest rate)를 사용하였다. 만약 **단리**(simple interest rate)를 사용한다면 어떻게 될지, 그리고 그 차이가 무엇인지 살펴보기로 하자.

100원에 대한 1년 후의 금액을 이자율 10%로 단리로 계산하면 1년 후의 금액은 FV_1(단리)$=100+100\times(0.10)=110$원이 된다. 이 경우에는 단리로 계산된 금액과 복리로 계산된 금액의 차이는 없다. 그러나 2년 후의 금액을 살펴보면 FV_2(단리)$=100+100\times0.10\times2=120$원으로서 단리로 계산된 120원은 복리로 계산한 121원과는 차이가 있다.

단리와 복리의 계산이 차이가 나는 이유는 무엇인가? FV_2의 계산과 FV_2(단리)의 계산을 살펴보면 그 차이를 알 수 있다. FV_2의 계산에 있어서는 우선 원금이 FV_1을 기준으로 10%의 이자를 계산한 것이고, FV_2(단리)의 경우에는 원금을 100원으로 계산한 것이다.

이러한 차이는 기간이 경과할수록 커지는데 [그림 3-2]가 이것을 보여주고 있다. 그 이유는 복리계산은 이자를 기초 원금에 삽입시켰기 때문이고, FV_2(단리)의 경우에는 원금은 원래의 100원으로 변하지 않았기 때문이다. 결국 이자에 대한 이자를 계산하느냐 않느냐의 차이인데, 현실적으로 이자로 받은 금액 10원도 다시 계속해서 예금하면 이자를 벌 수 있는 것이므로 우리는 특별한 경우가 아니면 복리식의 계산법을 사용한다. 물론 특정 계약에 의하여 단리로 언급된 경우는 다르다.

그림 3-2 미래가치(단리와 복리), $i=10\%$

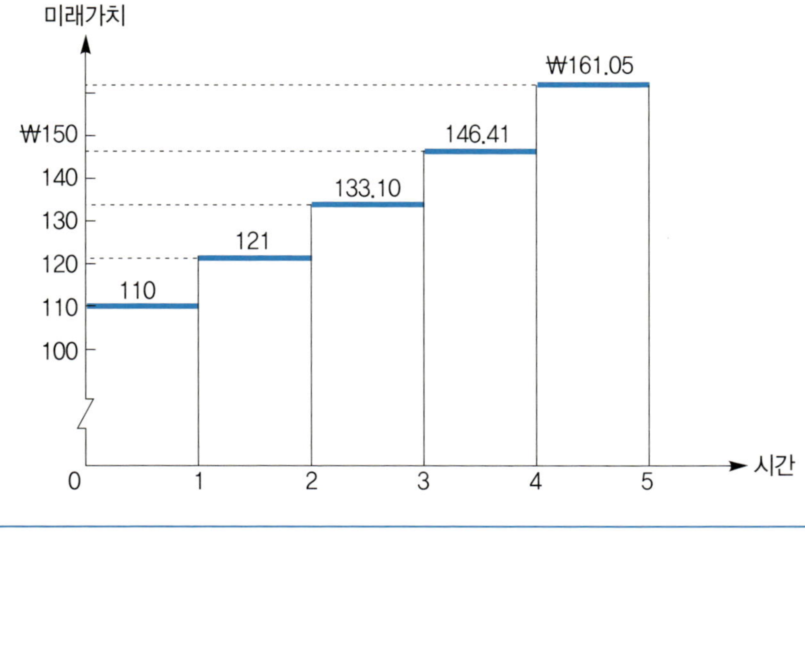

미래가치의 성질

[그림 3-3]은 이자율과 기간의 변화에 따른 미래가치의 성질을 보여주며 현재 시점의 1원을 기준으로 하고 있다. [그림 3-3]에서 우리는 몇 가지 점을 발견할 수 있는데 요약하면 다음과 같다.

① 이자율이 양(+)의 값을 갖는 한 미래가치는 항상 현재가치보다 크다.

② 이자율이 높을수록 미래가치는 증가한다.

③ 투자 기간이 길면 길수록 미래가치는 기하급수적으로 증가한다.

복리 빈도의 변화

앞에서 우리는 암묵적으로 1년 단위의 복리계산을 한다고 가정하였다. 그러나 이자율은 월간 복리 혹은 3개월 단위의 복리 등, 1년에 몇 번의 복리 기간을 갖는 경

그림 3-3 이자율, 기간에 따른 미래가치의 성질

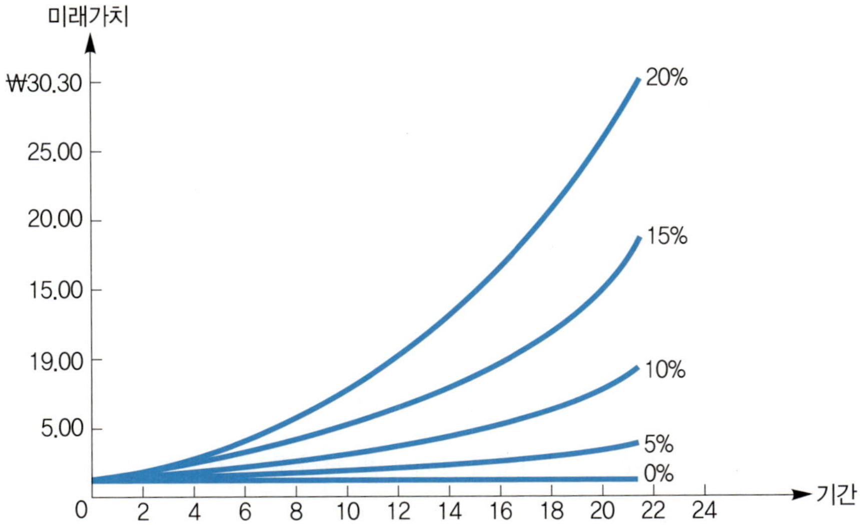

우도 많다. 저축기관들은 이자의 계산을 월간으로 하는 경우가 많고, 심지어는 일일 복리로 계산하는 경우도 있다. 여기서는 6개월 단위, 3개월 단위의 복리계산을 알아보고 복리 빈도에 따른 일반적인 경우를 살펴본다.

반기별 복리: 반기별 복리는 반기, 즉 1년의 1/2인 6개월 단위로 이자를 계산하는 방식이다. 즉 반기별 복리는 1년에 이자를 두 번 계산하는 경우이다. 이자율은 통상 연간 단위로 표시되는데 반기별 복리로 계산하면 연간이자율의 1/2이 두 번 계산되는 것으로 생각하면 된다.

예제

김철수는 100만원을 A은행에 연리 8%의 정기예금에 저축하였는데, A은행은 6개월 단위로 정기예금 이자를 계산한다고 한다. 김철수가 2년 동안 정기예금을 하면 결국 반년 동안의 이자 4%로 4기간 동안 예금한 것과 같은 결과가 된다. 김철수는 1년 후에 108.16만원을 갖게 되고 2년 후에는 116.99만원을 갖게 된다. 이러한 결과는 다음의 표에 나타나고 있는데 1년 후에 108만원을 갖게 되는 연간 복리의 경우와는 차이가 있다.

반기별 복리 미래가치

기 간	기초 원금	미래가치
6 월	₩100.00	₩104.00
1 년	104.00	108.16
18월	108.16	112.49
2 년	112.49	116.99

분기별 복리: 분기별 복리는 분기 즉 1년의 1/4인 3개월 단위로 이자를 계산하는 방식이다. 분기별 복리는 이자를 1년에 4번 계산하는 경우를 말한다. 즉 연간이자율의 1/4이 네 번 계산되는 경우라고 생각할 수 있다.

복리계산의 일반식: 위의 예에서 연간 2회 복리로 계산하는 경우 미래가치는 연리의 1/2을 2회 제곱하여 구하였다. 즉 연리 8%이고 2년의 경우는 4%에 대하여 4회 제곱하여 구해진다.

$$FV_2 = 100\text{만원} \times \left(1 + \frac{0.08}{2}\right)^{2\times 2}$$
$$= 116.99\text{만원}$$

예제

김철수는 여러 금융기관을 조사해 본 결과 B은행은 연리 8% 이자를 분기별로 계산하는 것을 발견하였다. 그가 2년 동안 B은행에 예금한다는 것은 1기간 동안 2%의 이자율을 지급하는 예금을 8기간 동안 저축하는 것을 의미한다. 다음의 표에서 보듯이 이 경우 1년간의 이자와 원금의 합계인 미래가치는 108.24만원이고 2년 후에는 117.16만원으로 나타난다.

분기별 복리 미래가치

기 간	기초 원금	미래가치
3 월	₩100.00	₩102.00
6 월	102.00	104.04
9 월	104.04	106.12
1 년	106.12	108.24
15월	108.24	110.40
18월	110.40	112.61
21월	112.61	114.86
2 년	114.86	117.16

위의 계산방식은 1기간의 이자율 4%를 4기간 동안의 복리로 계산한 결과이다. 이것을 n을 연수, m을 연간 복리횟수, i를 연리라고 하여 일반식으로 정리하면 다음

과 같이 표현된다.

$$FV_n = PV \times \left(1 + \frac{i}{m}\right)^{n \times m} \qquad (3.3)$$

만약 연간 이자를 한 번 계산한다고 하면 $m=1$로서 통상적인 미래가치의 계산과 같게 된다.

예제

위의 김철수의 경우에 A은행과 B은행의 이자계산을 일반식의 관점에서 살펴보면 다음과 같다.

1. 반기별 복리의 경우

$$FV_2 = 100 \times \left(1 + \frac{0.08}{2}\right)^{2 \times 2}$$
$$= 100 \times (1 + 0.04)^4$$
$$= 116.99\text{만원}$$

2. 분기별 복리의 경우

$$FV_2 = 100 \times \left(1 + \frac{0.08}{4}\right)^{2 \times 4}$$
$$= 100 \times (1 + 0.02)^8$$
$$= 117.16\text{만원}$$

연속 복리: 복리계산의 기간이 짧아지면 극단적인 경우에는 연속적으로 복리계산을 하는 경우를 상정해 볼 수 있다. 연속 복리는 연간이자율을 가능한 짧은 기간으로 나누어서 무한대의 기간만큼 복리로 계산하는 것을 의미한다. 이 경우 미래가치의 계산은 다음과 같다.

$$FV_n = PV \times \left(1 + \frac{i}{\infty}\right)^{n \times \infty} = PV \times e^{i \times n} \qquad (3.4)$$

위에서 e는 지수함수로서 m이 무한대라고 가정할 때 $e = \left(1 + \frac{1}{m}\right)^m$으로 정의되는데 실제 값은 2.7183에 해당된다. 여기서 2.7183의 경제적 의미는 연리 100%를 연속 복리로 계산하면 1원의 1년 후의 원리금은 2.7183원이 됨을 의미한다.

예제

김철수의 경우를 생각해 보자. C은행은 예금에 대하여 연속 복리를 지급한다고 하는데 김철수가 2년 동안 연리 8%로 C은행에 예금한다면 2년 후의 원리금은 얼마나 될지 알아보자.

$$FV_2(\text{연속 복리}) = 100 \times e^{0.08 \times 2} = 100 \times 2.7183^{0.16} = 117.35\text{만원}$$

이러한 계산은 실질적으로는 계산기의 도움 없이는 계산이 어렵다. 하지만 대부분의 계산기는 지수함수 e에 대한 계산 기능을 보유하고 있으므로 별문제가 없을 것이다.

복리 기간과 실효이자율: 이자율을 실질적으로 평가한다는 것은 중요하다. 왜냐하면 실효이자율이 표면상의 계약된 이자율과 다른 경우가 종종 나타나기 때문이다. 복리 기간의 차이에 따라서 실질적인 이자율과 표면상의 이자율이 달라질 수 있다. 다음의 예제를 통하여 복리 기간이 실효이자율에 어떻게 영향을 미치는지 살펴보도록 하자.

예제

김철수의 경우를 살펴보도록 하자. 표면이자율은 모두 8%였으나 실효이자율은 복리기간에 따라서 달라짐을 알 수 있다. 표면이자율이 8%인 경우에 실효이자율의 차이를 살펴보면 다음과 같다.

1. 연간 복리의 경우

실효이자율(연간) $=(1+0.08)^{1}-1=8\%$

2. 반기(6개월) 복리의 경우

실효이자율(반기) $=(1+0.04)^{2}-1=8.16\%$

3. 분기(3개월) 복리의 경우

실효이자율(분기) $=(1+0.02)^{4}-1=8.24\%$

4. 연속 복리의 경우

실효이자율(연속) $=e^{0.08}-1=8.33\%$

위의 예에서 살펴볼 수 있는 것은 표면상의 연간 금리 8%는 네 가지 경우에 모두 같지만 실질적인 이자율은 연간 복리의 경우 8%, 반기 복리의 경우 8.16%, 분기 복리의 경우 8.24%, 그리고 연속 복리의 경우는 8.33%로 각각 다르게 나타남을 알 수 있다. 즉 표면상의 연리 8%의 이자율은 그 계산 방식의 차이에 따라서 8%에서 8.33%의 실효이자율을 보인다.

그러므로 ① 표면이자율과 실효이자율이 같은 경우는 연간 복리의 경우에만 해당된다. ② 실효이자율은 복리 빈도가 증가할수록 증가한다. ③ 실효이자율은 복리 빈도가 무한대로 증가하는 연속 복리의 경우에도 무한대로 증가하는 것은 아니다. 연속 복리의 경우는 복리 빈도가 증가함에 따라서 실효이자율이 증가할 수 있는 최고치이다. 실효이자율에 대하여는 뒤에 좀 더 자세히 설명될 것이다.

연금의 미래가치

연금(annuity)은 일정 기간에 발생하는 동일한 금액의 현금흐름을 의미한다. 그런 의미에서 우리가 통상 사용하는 연금(pension)의 의미와는 다를 수 있다. 일정 기간 동안 동일한 금액의 현금흐름이라면 그것이 현금의 유입(cash inflow)이든 유출(cash outflow)이든 모두 연금의 범주에 포함된다.

연금은 현금흐름이 모든 기간의 끝에 나타나는 **보통연금**(ordinary annuity)과 모든 기간의 시작 시점에 나타나는 **기초연금**(annuity due)으로 구별될 수 있는데, 통상 특별한 언급이 없는 경우에는 연금은 보통연금을 의미한다고 생각하면 된다. 보통연금과 기초연금은 개념상의 차이가 있는 것은 아니고, 단지 현금흐름의 발생시점에 차이가 있을 뿐이다.

연금의 미래가치 계산: 연금의 미래가치 계산이 일반적인 미래가치의 계산과 다른 점은 없고, 단지 일정 기간 동안 동일한 금액이 발생하는 현금흐름이라는 점만을 고려하면 된다. 즉 연금의 미래가치는 각각의 미래가치를 구하고, 그것을 합하기만 하면 되는 것이다. 다음의 예를 통하여 살펴보자.

예제

홍길동은 투자의 결과로 연간 7%의 수익률을 올리고 있는데, 그 결과 5년 동안 매년 100만원씩의 현금흐름이 발생한다고 한다. 홍길동은 투자의 결과를 5년 후에 현금으로 인출할 예정인데, 예상되는 금액이 얼마가 될지 알아보려고 한다.

이러한 현금흐름은 보통연금에 해당된다. 왜냐하면 5년이라는 정해진 기간 동안 100만원이라는 같은 금액의 현금흐름이기 때문이다. 그러므로 본 예제는 연금의 미래가치 계산에 관한 것이다. 이러한 현금흐름을 시간선 위에 표시하면 다음과 같다.

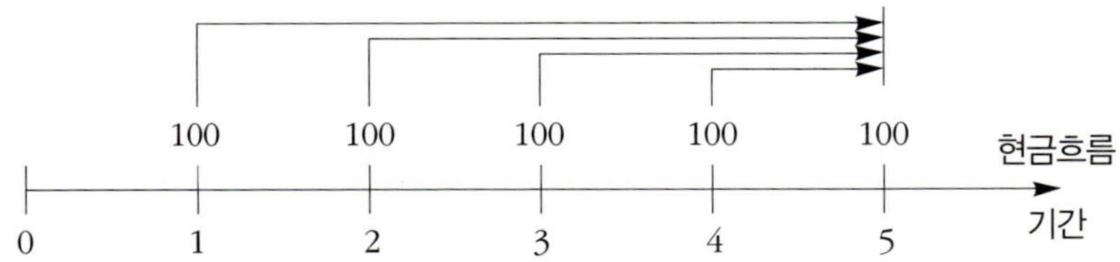

문제는 5년 후의 시점에서 각각의 현금흐름의 미래가치를 구하여 합하면 되는 것이다. 5년째의 현금흐름은 5년 말에 오기 때문에 그때 당시의 금액 100만원과 동일하다. 4년째의 현금흐름 100만원은 1년 동안 7%의 수익률을 벌기 때문에 5년 후에는 $100 \times (1+0.07) = 107$만원의 가치가 있다. 마찬가지로 3년째의 현금흐름은 2년 동안, 2년째의 현금흐름은 3년 동안, 그리고 1년째의 현금흐름은 4년 동안의 수익률이 발생한다. 이것을 계산하면 다음과 같다.

$$FV_{연금} = 100 \times (1 + 1.07 + 1.07^2 + 1.07^3 + 1.07^4)$$
$$= 575.1\text{만원}$$

즉 연금의 미래가치는 각 현금흐름의 미래가치의 합으로 계산된다.

기초연금의 미래가치: 기초연금과 보통연금의 차이는 현금흐름이 각 기간의 초기에 오는 것이 다를 뿐 기본적인 연금의 성질인 일정 기간의 동일한 현금흐름이라는 측면에서는 같다.

예제

위에서 홍길동은 매년 초에 100만원씩을 5년 동안 연리 7%의 적금에 불입한다고 상정하자. 즉 이번에는 보통연금이 아니라 기초연금이라고 가정하여 보자. 홍길동의 기초연금의 현금흐름을 시간선 위에 표시하면 다음과 같다.

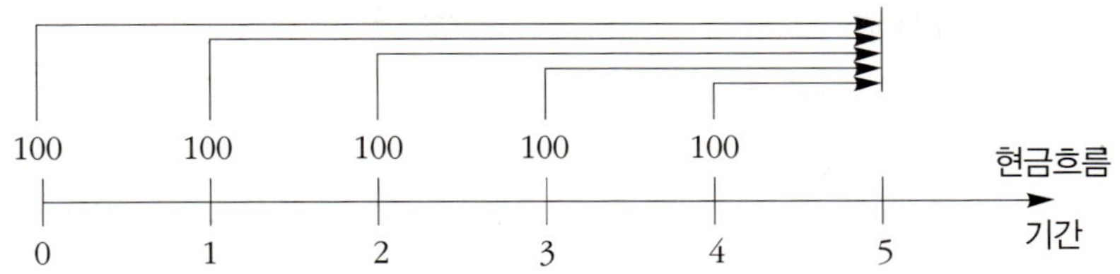

위의 그림이 보통연금과 다른 것은 마지막에 불입하는 적금액 100만원이 1년 동안 이자수입이 있다는 것이고, 결국 각각의 현금흐름은 보통연금에 비하여 1기간 동안 더 이자를 벌게 되는 것이다.

$$
\begin{aligned}
FV_{\text{기초연금}} &= 100 \times (1.07 + 1.07^2 + 1.07^3 + 1.07^4 + 1.07^5) \\
&= 100 \times 1.07 \times 5.75 \\
&= 615.4
\end{aligned}
$$

말하자면 기초연금의 미래가치는 연금의 미래가치에 1기간 동안의 이자를 추가로 감안하면 된다. 통상 투자결과로 나타나는 현금흐름은 기간의 끝에 오는 경우가 많기 때문에 현금흐름이 기말에 나타나는 경우를 보통연금이라고 부른다. 또한 일반적으로 현금흐름을 언급할 때는 기말에 오는 현금흐름을 말하게 된다. 이것은 특별한 법칙이라든지 논리가 있는 것은 아니고 하나의 작은 약속이라고 생각하면 될 것이다.

개념확인

1. 화폐의 미래가치는 무엇인가?
2. 복리와 단리의 차이는 무엇인가?
3. 연금의 미래가치는 어떻게 구하는가?

3.3 화폐의 현재가치

현재가치 계산

현재가치(Present Value: *PV*)의 개념은 재무관리의 여러 측면에서 매우 유용하게 사용되는 개념이다. 현재가치는 미래금액을 현재의 가치로 환산한 금액이다. 현재가치도 미래가치와 마찬가지로 오늘의 1원은 미래시점의 1원보다 가치가 있다는 개념에서 출발한다. 물론 현재가치도 이자율과 기간에 따라서 좌우된다.

현재가치를 계산하는 과정은 통상 **현금흐름의 할인**으로 불리기도 한다. 실제로는 현재가치를 계산하는 과정은 미래가치를 계산하는 과정의 역순이라고 볼 수 있다. 즉 '10%의 수익을 얻을 수 있는 사람이 1년 후에 100원을 만들려고 한다면 지금 얼마를 투자하여야 할 것인가?'에 대한 대답이 바로 현재가치를 계산하게 하는 것이다. 여기서 가정한 수익률 10%는 현재가치를 계산하는 과정에서는 **할인율**(discount rate)이라는 명칭으로 주로 사용된다. 현금흐름의 할인 과정을 다음의 예제로 살펴보자.

예제

어떤 사람이 1년 후에 100만원을 만들려고 예금했는데 이자율은 10%라고 한다. 이 사람은 지금 얼마를 예금하여야 1년 후에 100만원을 받을 수 있겠는가? 이 문제는 1년 후의 현금흐름 100만원이 현재 얼마의 가치를 갖느냐는 질문과 동일하다. 현재가치 *PV*를 미지수로 놓고 미래가치 계산하는 방식을 이용하면, *PV*를 예금하여 10%의 이자를 얻었는데 미래가치는 100만원이 되었다고 생각할 수 있다. 즉, $PV \times (1+0.1) = 100$만원이므로 현재가치의 계산은 다음과 같다.

$$PV = \frac{100\text{만원}}{1+0.1} = 90.9\text{만원}$$

이 경우 90.9만원은 1년 후의 현금흐름 100만원의 현재가치이다. 즉 기회비용이 10%인 사람에게 있어서는 현재의 90.9만원은 1년 후의 100만원과 같은 가치를 갖는 것이다.

위의 예에서도 보았듯이, 현재가치의 계산은 미래가치 계산의 역으로 생각할 수 있다. 즉 미래가치의 계산을 상기하여 식 (3.2)를 현재가치의 식으로 변형하면 다음과 같다.

$$PV = \frac{FV_n}{(1+i)^n} \tag{3.5}$$

그러므로 현재가치는 미래가치를 할인하여 얻어지는데 미래가치를 현재가치로 환산하는 과정을 할인한다고 말한다.

현재가치의 성질에 대하여 몇 가지 언급하고자 한다. (1) 현재가치는 미래가치보다 항상 작다. 단지 할인율이 0%인 경우에는 현재가치와 미래가치는 같다. (2) 같은 미래의 금액을 현재가치로 환산할 경우에 할인율이 높을수록 현재가치는 작아진다.

그림 3-4 기간 및 할인율에 따른 현재가치

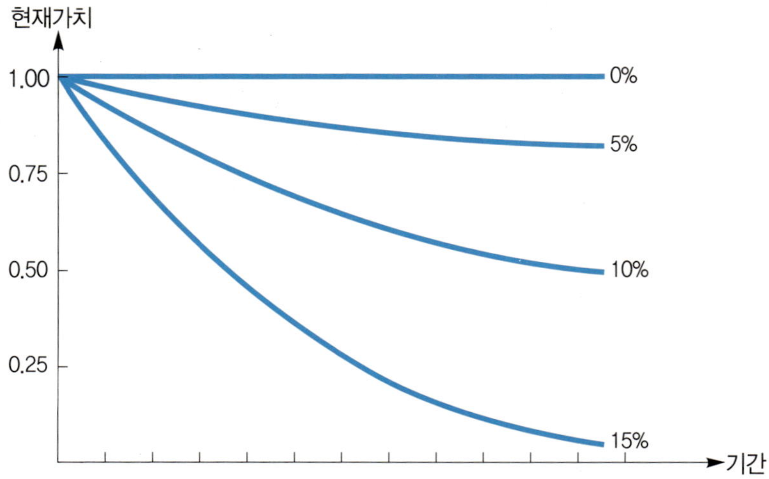

즉 투자에 대한 잠재수익률이 높을수록 미래금액의 현재가치는 떨어진다. (3) 주어진 할인율에 대하여 시간이 길수록 미래금액의 현재가치는 작아진다. [그림 3-4]는 기간과 이자율에 따른 현재가치의 변화를 보여준다.

앞에서도 설명하였듯이 현재가치로 할인한다는 것은 미래가치를 계산하는 과정의 역이라는 것이다. 현재가치를 계산할 때 사용되는 요소인 $1/(1+i)^n$은 미래가치를 계산할 때 사용하는 $(1+i)^n$의 역수라는 것을 생각하면 쉽게 이해할 수 있을 것이다.

연금의 현재가치

연금의 현재가치를 구하는 방식은 각각의 현금흐름의 현재가치를 구하여 합하면 된다. 나중에 설명하겠지만 연금은 단지 일정한 현금흐름이라는 특성이 있기 때문에 계산이 단순해질 수 있는 특징이 있을 뿐이다.

예제

김복순 할머니는 앞으로 5년 동안 매년 700만원의 생활비가 필요할 것으로 예상되는데, 지금 얼마를 예금하면 앞으로 5년 동안 생활비를 충당할 수 있는지 궁금하다. 저축에 대한 세후의 이자율은 연 8%라고 한다.

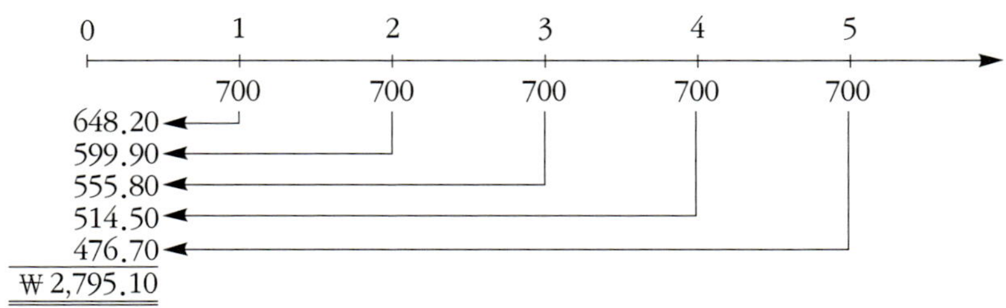

연금의 현재가치는 결국 각각의 현금흐름의 현재가치의 합계이므로 김복순 할머니는 2,795만원을 예금하면 매년 700만원씩의 연금을 받을 수 있다.

$$PV_{연금} = 700 \times \frac{1}{1.08} + 700 \times \frac{1}{1.08^2} + \cdots\cdots + 700 \times \frac{1}{1.08^5}$$
$$= 700 \times \left(\frac{1}{1.08} + \frac{1}{1.08^2} + \cdots\cdots + \frac{1}{1.08^5}\right) = 2{,}795\text{만원}$$

혼합 현금흐름의 현재가치

재무관리에서는 미래의 다양한 시점에 나타나는 여러 가지 현금흐름에 대한 현재가치를 알아야 할 필요가 종종 나타난다. 하나는 혼합형태의 현금흐름(mixed stream of cash flow)이고 다른 하나는 연금형태의 현금흐름이다. 혼합형 현금흐름은 특별한 패턴이 없는 경우의 현금흐름을 의미하고, 연금형 현금흐름은 앞에서 언급된 바와 마찬가지로 정해진 기간 동안 동일 금액의 현금흐름이 계속되는 경우를 의미한다.

일정한 기간 동안에 다양한 형태의 현금흐름이 가능한데, 여러 종류의 현금흐름의 현재가치에 대하여 생각해 보자. 혼합 현금흐름의 현재가치를 구하는 것은 복잡한 것처럼 보일지 모르지만, 실제에 있어서는 매우 간단하고 각각의 현금흐름의 현재가치를 구하여 합한 것에 지나지 않는다. 다음의 예를 통하여 살펴보자.

예제

중소기업 A에 투자제의가 들어왔다. 그 제의에 의하면 A기업이 투자하는 경우에 다음과 같은 현금흐름을 향후 5년 동안 얻을 수 있다는 것이다. A기업의 자본비용이 연 9%라고 한다면, A기업은 얼마까지 투자하는 것이 적절한가?

연 도	현금흐름
1	₩400
2	800
3	500
4	400
5	300

위의 현금흐름을 시간선 위에 나타내면 그림과 같다. A기업은 전체 현금흐름의 현재가치의 합인 1,904.75원 이상을 지불해서는 안 된다. 1,904.75원을 지불하여 위와 같은 현금흐름을 제공받으면 9%의 수익률을 얻는 것이다. 1,904.75원 이상을 지불하면 9% 이하의 수익률을, 1,904.75원 이하를 지불하면 9% 이상의 수익률을 얻는 것이다.

혼합 현금흐름의 현재가치
(이자율=9%)

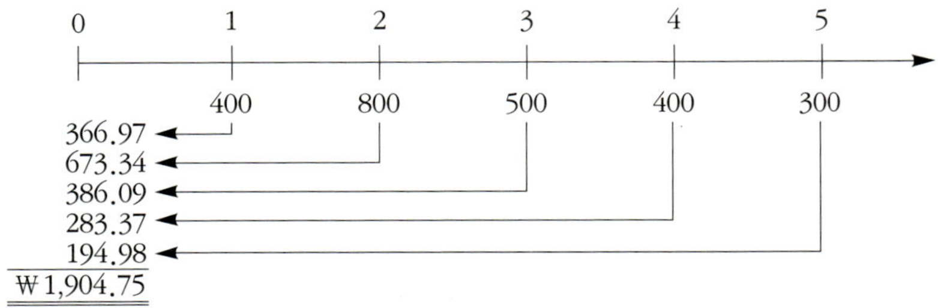

개념확인

1. 화폐의 시간가치란 무엇인가?
2. 현금흐름을 할인한다는 것은 무엇을 의미하는가?
3. 연금의 현재가치는 어떻게 구하는가?

3.4 화폐의 시간가치 응용

화폐의 시간가치는 기업의 경우뿐만 아니라 개인의 재무거래에 있어서도 유용하게 이용된다. 여기서는 정해진 금액을 마련하기 위한 정기적금식의 지급금액의 계산, 부채의 상환계획, 이자율 혹은 성장률의 결정, 영구연금의 현재가치의 계산을 알아본다.

지급금액의 계산

미래 일정 시점에 정해진 금액을 만들고자 하는 사람은 그것을 위하여 매년 얼마씩을 저축하여야 할 것인가를 궁금해 할 것이다. 예를 들어서 5년 후에 집을 사려고 계획하는 사람은 5년 후에 필요할 것으로 여겨지는 10,000만원을 어떻게 마련해야 되는지를 알고 싶다. 즉 저축에 대한 이자율이 연간 12%라면 매년 얼마씩 저축하면 5년 후에 10,000만원을 만들 수 있는가? 이 문제는 미래가치 특히 연금의 미래가치와 관련이 있다. 즉 이 문제를 연금의 미래가치 계산이라고 생각하면 '매년 얼마씩 저축하면 10,000만원의 가치를 5년 후 가질 수 있는가?'로 정리된다. 여기서 얼마인지 모르는 저축금액을 x라 하기로 하자.

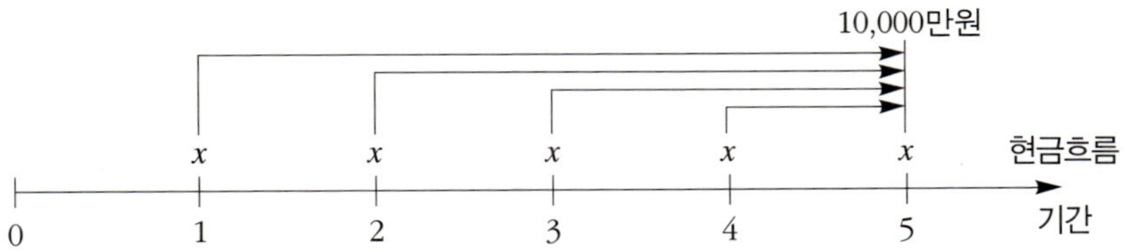

$$\begin{aligned}10{,}000\text{만원} &= x + x\times(1.12) + x\times(1.12)^2 + x\times(1.12)^3 + x\times(1.12)^4 \\ &= x\times(1+1.12+1.12^2+1.12^3+1.12^4) \\ &= x\times 6.352 \\ x &= \frac{10{,}000}{6.352} = 1{,}574.31\text{만원}\end{aligned}$$

즉, 매년 1,574.31만원씩을 5년간 저축하면 5년 후에는 10,000만원을 만들 수 있다.

어떤 학생들은 위의 예에서 저축을 왜 각 연도의 초에 하지 않고, 각 연도의 말에 하는 것으로 계산하였는지 궁금해 할지도 모른다. 그것은 단지 우리가 앞에서 약속한 것처럼, 현금흐름이 특별한 언급이 없는 경우 기간의 말에 오는 것으로 가정하였기 때문이다. 만약 저축을 매 기간의 초에 한다면 시간선 위의 현금흐름은 다음과 같을 것이다.

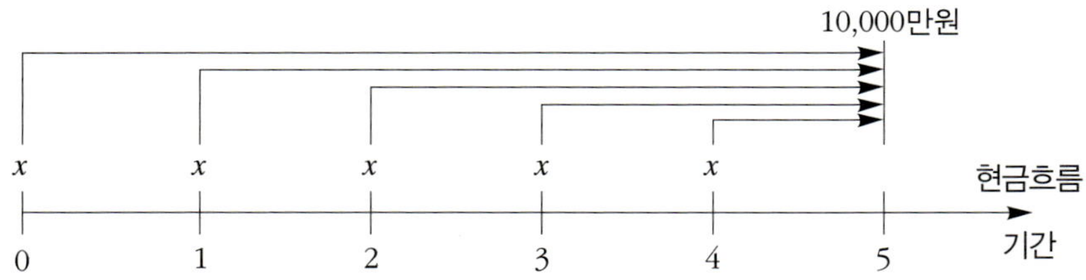

$$10{,}000\text{만원} = x \times (1.12) + x \times (1.12)^2 + x \times (1.12)^3 + x \times (1.12)^4 + x \times (1.12)^5$$
$$= x \times 7.115$$
$$x = \frac{10{,}000}{7.115} = 1{,}405.48\text{만원}$$

앞의 연금의 미래가치 계산에서도 언급하였지만 적금의 불입을 연초에 시작하는 경우에는 1,405.48만원이 필요하고 연말에 하는 경우에는 1,574.31만원이 필요한데 그 차이는 각각의 현금흐름이 이자를 발생시키는 기간이 1기간 차이가 있기 때문이다.

부채의 정액상환

부채의 정액상환(loan amortization)은 부채의 원금과 이자를 매 기간마다 일정 금액을 지불하여 일정 기간 후에는 원금과 이자를 함께 상환하는 방식이다. 장기주택융자나 원리금 분할상환의 경우가 이에 해당된다. 화폐의 시간가치와 연관지어 생각하면 현재가치인 부채금액에 상응하는 현금흐름을 결정하는 문제이며, 연금의 현재가치 계산과 유사하다. 우선 부채에 대한 정액상환을 다음의 예를 통하여 살펴보기로 하자.

예제

김갑수는 은행에서 6,000만원을 연리 10%로 빌리고 원리금의 상환은 4년 동안 매년 말에 일정 금액을 지불하여 갚기로 정하였다. 매년 말에 얼마씩 갚아야 하는가?

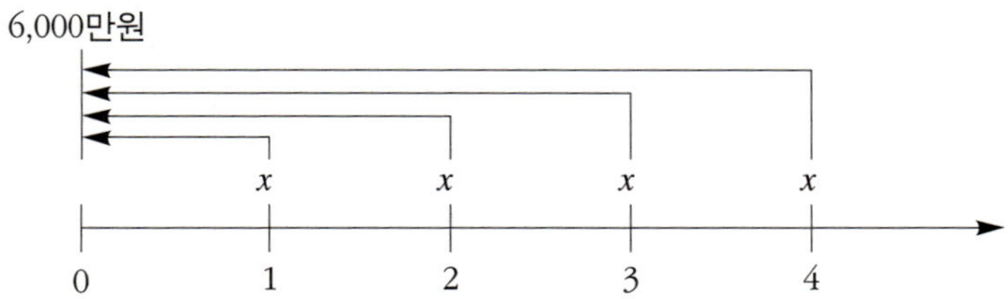

이것을 시간선에 그려보면 위와 같은데, 시간선에서 보인 것처럼 일정금액(x)의 현재가치의 합이 6,000만원이 되면 된다.

$$
\begin{aligned}
6{,}000\text{만원} &= \frac{x}{(1.1)} + \frac{x}{(1.1)^2} + \frac{x}{(1.1)^3} + \frac{x}{(1.1)^4} \\
&= x\left(\frac{1}{(1.1)} + \frac{1}{(1.1)^2} + \frac{1}{(1.1)^3} + \frac{1}{(1.1)^4}\right) \\
&= x \times 3.170 \\
x &= 1{,}892.74\text{만원}
\end{aligned}
$$

즉 매년 말에 1,892.74만원을 갚으면 원리금을 모두 상환하게 된다. 다시 말하면 1,892.74만원을 4년간 예금한 금액의 현재가치는 6,000만원에 해당하는 것이다.

위의 예제에서 계산된 1,892.74만원에는 원금과 이자가 모두 포함된 것인데 각각의 1,892.74만원에는 각각 원금과 이자의 배분이 다르다는 것을 주목하여야 한다. 원금과 이자의 배분을 나타내는 것을 **정액상환절차**(Loan Amortization Schedule)라고 한다. 다음의 표는 정액상환절차를 보여준다.

부채의 상환절차

연 도	부채 상환 (1)	기초 원금 (2)	지불(상환)		기말원금 [(2)−(4)] (5)
			이자 [.10×(2)] (3)	원금 [(1)−(3)] (4)	
1	₩1,892.74	₩6,000.00	₩600.00	₩1,292.74	₩4,707.26
2	1,892.74	4,707.26	470.73	1,422.01	3,285.25
3	1,892.74	3,285.25	328.53	1,564.21	1,721.04
4	1,892.74	1,721.04	172.10	1,720.64	—

부채상환의 1차 연도에는 상환금액 1,892.74만원 중에서 이자의 비중은 600만원이고 원금의 지불금액은 1,292.74만원으로서 1년 후에 남는 원금은 4,707.26만원이 된다. 2차 연도에는 1차 연도에 원금의 일부를 갚았기 때문에 이자지불액은 470.73만원으로 줄어들고 원금상환의 비중은 1,422.01만원으로 증가하게 되는 것이다.

기간이 늘어날수록 이자지급의 비중은 감소하고 원금을 지불하는 비중이 점차 증가하게 된다. 이러한 현상은 장기부채의 경우에 뚜렷이 나타난다. 장기부채의 경우에는 초기 얼마 동안은 원금은 거의 줄어들지 않고 대부분 이자지급에 소요된다. 만약 여러분들의 가정에 장기주택대출을 받고 일정액을 상환하는 통장이 있다면 확인해 보기 바란다.

수익률과 증가율

여러 가지의 현금흐름뿐만 아니라 연간수익률이나 연간증가율에 대한 계산이 필요한 경우가 있다. 수익률 혹은 증가율의 계산은 현금흐름의 평가뿐만 아니라 물가상승률, 경제성장률 등과 같은 여러 가지의 경제지표에서도 흔히 등장하는 개념이다.

연간수익률 혹은 연간증가율을 계산하는 경우에는 우선 전체를 하나의 기간으로 간주하고 총수익률이나 총증가율을 구하여야 한다. 즉 기본적인 계산은 다음과 같다.

$$수익률(혹은 증가율) = \frac{마감시점의 산출}{시작시점의 투입} - 1 \tag{3.6}$$

예를 들어서 100원을 투자하여 5년 후에 500원이 되었다면 5년 동안의 수익률은 다음과 같다.

$$수익률_{5년} = \frac{500}{100} - 1 = 400\%$$

만약 물가수준이 100원에서 5년 후에 150원이 되었다면 5년 동안의 인플레이션은 다음과 같이 계산된다.

$$인플레이션_{5년} = \frac{150}{100} - 1 = 50\%$$

위에서 계산된 수익률 혹은 증가율은 통상 우리가 사용하는 연간수익률 혹은 연간인플레이션 개념은 아니고 일정 기간, 여기서는 5년 동안의 총수익률 혹은 물가상승률을 말한다.

이제는 연간수익률 혹은 연간물가상승률에 대하여 살펴보기로 하자. 간단히 설명하면 연간수익률은 총수익률을 연간으로 환산하는 과정이다. 예를 들어 '연간 R%의 수익률로 5년간 투자한다면 5년 동안의 수익률은 얼마가 될 것인가?' 이것을 식으로 표현하면 $(1+R)^5 = 1 + 수익률_{5년}$이 될 것이다. 만약 $수익률_{5년}$을 알고 R에 대하여 문제를 해결하고자 한다면 $(1+R) = (1+수익률_{5년})^{1/5}$이 될 것이다. 위의 예에서 5년간의 수익률이 400%라고 한다면 연간수익률은 $(1+R) = (1+4.00)^{1/5}$로서 연간수익률 R은 38%가 된다. R을 연간수익률 혹은 증가율이라고 하고 n을 전체 기간이라고 하면 연간수익률을 계산하는 방식은 다음과 같다.

$$(1+R) = (1+n기간수익률)^{1/n} \tag{3.7}$$

$$1+\text{연간이자율}=(1+4.00)^{1/5}=1.38$$
$$\text{연간이자율}=38\%$$

이와 같은 방식으로 위의 예에서 표시된 5년 동안의 물가상승률을 연간물가상승률로 환산하면, $1+\text{연간물가상승률}=(1+0.5)^{1/5}=1.085$, 즉 연간물가상승률은 8.5%이다.

이자율과 증가율의 계산에 관하여 한마디 첨가하고자 하는 것은 앞의 경우에서 살펴본 바와 같이 5년 동안의 이자율 400%가 연간이자율 80%(400%/5년)와 동일하지 않으며, 화폐의 시간가치를 5년 동안의 총물가상승률 50%가 연간물가상승률 10%(50%/5년)와 동일하지 않다는 사실이다.

이제까지 공부해서 알겠지만 이러한 결과는 우리의 이자율 혹은 증가율의 개념이 복리적 사고에 기초하기 때문이다. 만약 우리가 단리적 사고를 한다면 연간이자율 80% 혹은 연간물가상승률 10%가 맞다. 하지만 우리가 앞에서 살펴본 바와 같이 단리적 사고는 현실적이 아니며, 그러한 사고방식으로 의사결정을 하는 것은 잘못된 것이다.

영구연금

영구연금(perpetuities)은 기간별 동일금액의 현금흐름이라는 측면에서는 연금과 동일하다. 단지 현금흐름이 무한대로 계속된다는 점이 일반연금의 경우와 다른 점이다. 매년 1,000원씩 지불하는 영구연금을 시간선에 나타내면 다음과 같다.

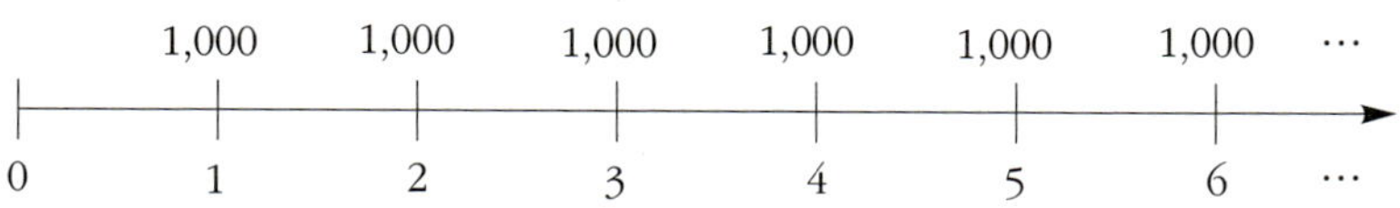

영구연금의 경우에 미래가치는 어떻게 될까? 영구연금의 미래가치는 항상 무한

대이다. 위의 경우 이자율이 10%라고 가정하면 미래가치는 다음과 같다. 뿐만 아니라 영구연금의 미래가치는 개념상으로도 별 의미가 없기 때문에 우리는 영구연금의 미래가치에는 관심을 두지 않는다.

$$FV_{\text{영구연금}} = 1{,}000 \times (1+0.1)^1 + 1{,}000 \times (1+0.1)^2 + \cdots\cdots + 1{,}000 \times (1+0.1)^\infty$$
$$= \infty$$

하지만 영구연금의 현재가치는 일정가격으로 수렴하고 또한 경제적 의미를 갖는다. 예를 들어서 어떤 사람이 장학재단을 설립하여 매년 일정 금액을 장학금으로 제공하고자 한다면 얼마를 장학재단의 기금으로 출연하여야 하는가? 에 대한 질문이 실례가 될 수 있다. 영구연금의 현재가치를 계산하는 방식도 연금의 현재가치를 계산하는 방식과 동일하며 단지 현금흐름이 영구적이라는 차이가 있을 뿐이다.

$$PV_{\text{영구연금}} = \frac{CF}{(1+i)} + \frac{CF}{(1+i)^2} + \frac{CF}{(1+i)^3} + \cdots\cdots + \frac{CF}{(1+i)^\infty}$$

위의 식을 간단히 정리하면 다음과 같다. 위의 식을 어떻게 간단히 정리하느냐의 문제에 관심이 있는 학생은 무한등비수열의 합을 구하는 방식을 참고하기 바란다.

$$PV_{\text{영구연금}} = \frac{CF}{i} \tag{3.8}$$

예제

이자율을 10%라고 가정하고 어떤 사람이 장학금을 매년 1,000원씩 제공할 수 있는 장학재단을 설립하고자 하는데 얼마를 출연하면 이러한 장학재단을 설립할 수 있는지 알고자 한다. 즉 이 문제는 매년 1,000원씩 발생하는 현금흐름의 현재가치는 얼마인가에 대한 질문과 동일하게 생각할 수 있다.

$$PV_{\text{영구연금}} = \frac{1{,}000}{0.1} = 10{,}000\text{원}$$

위의 영구연금 10,000원의 경제적 의미를 생각하면, 10,000원을 예금하면 이자율이 10%라고 가정할 경우 매년 1,000원씩을 영구히 찾아 쓸 수 있게 되는 것이다.

조견표와 식의 이용

조견표: 재무관리 교과서들은 통상 화폐의 시간가치의 요소에 대한 조견표를 수록하고 있고 본서도 부록에 수록하고 있다. 그러나 본서는 이제까지 화폐의 시간가치에 대한 조견표에 대한 언급을 의식적으로 피하여 왔다. 그 이유는 조견표를 사용하는 것이 화폐의 시간가치에 대한 기본적인 개념의 이해보다는 숫자의 계산에 집착하는 것이 되지 않을까 하는 우려에서였다. 조견표의 사용은 종종 계산의 편의성을 증가시키는 것은 사실이지만 그것에 의존한다는 것은 무의미하며 특히 재무관리 원론을 제대로 이해하기 위해서는 가능한 적게 사용하는 것이 바람직하다고 생각한다.

조견표의 구성은 미래가치요소, 현재가치요소, 연금의 미래가치요소, 그리고 연금의 현재가치요소 들로 되어 있다. 모든 조견표의 구성은 1원을 단위로 구성되어 있는 현재가치 및 미래가치의 계산이라고 생각하면 편리하다.

예를 들어 미래가치요소의 경우는 1원을 3년간 연리 10%로 예금하였을 경우 원리금의 합계는 얼마나 되는가를 나타내고 있는데 표에서 찾으면 $n=3$, $i=0.1$의 칸을 찾으면 알 수 있다. 그런데 표에서 찾은 1.3310은 어떻게 계산된 것일까? 그것은 앞에서 말한 대로 단위 금액 1원에 대한 미래금액, 즉 $FV_3=1\times(1+0.1)^3=1.3310$을 계산한 결과이다. 즉 미래가치요소는 단위 금액인 1원을 기준으로 미래가치를 이미 계산해서 표로 정리해 놓은 것에 불과하다. 만약 1원이 아니고 100원의 경우에는 100×1.3310(표에서)$=133.10$으로 계산할 수 있다. 그렇기 때문에 계산이 편리해지는 장점이 있다.

마찬가지로 현재가치요소의 경우에는 일정 기간 뒤에 도래하는 현금흐름의 현재가치를 이미 계산하여, 그것을 도표로 작성한 것이다. 예를 들어 3년 뒤에 도래하는 1원의 현재가치를 할인율이 10%라고 할 때 계산하면 $PV=1\times\frac{1}{(1+0.1)^3}=0.7513$이 되는데, 표에서는 $n=3$, $i=10\%$의 칸을 찾으면 동일한 숫자를 찾을 수 있다.

연금의 미래가치요소에 대하여 살펴보기로 하자. 연금의 경우도 매 기간마다 단위 금액(1원)의 현금흐름에 대한 계산을 하고 있다. 예를 들어 연리 10%의 경우 매년 1원씩 정기적금을 기말에 든다고 하면 3년 후에 얼마가 될지를 생각해 보자. 실제로 연금의 미래가치는 다음과 같이 계산된다. 즉,

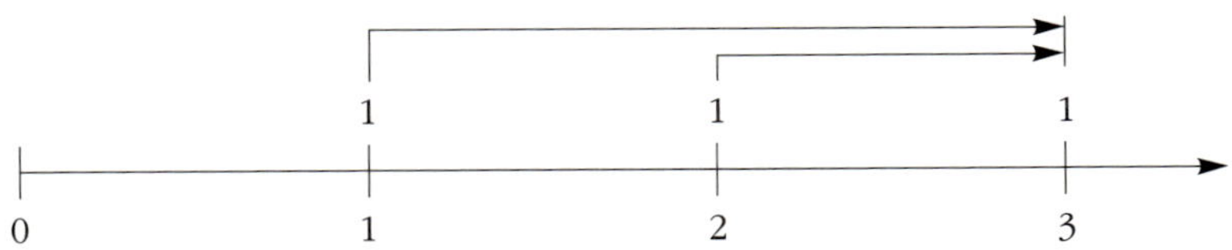

$$FV_{연금}=1+1\times(1.1)+1\times(1.1)^2$$
$$=3.31$$

표에서는 $n=3$, $i=10\%$를 찾으면 3.3100을 볼 수 있는데 그것은 위와 같은 방식으로 계산된 것이다. 연금의 현재가치요소는 위와 같은 방법으로 현금흐름의 현재가치를 계산하여 표로 작성한 것이다. 앞의 예에서와 같이 연리 10%, 3년 만기의 적금에 가입하여 현재가치를 계산하면 다음과 같다.

$$PV_{연금}=\frac{1}{(1.1)}+\frac{1}{(1.1)^2}+\frac{1}{(1.1)^3}$$
$$=2.4869$$

연금의 현재가치요소를 표에서 $n=3$, $i=10\%$를 찾아보면 2.4869를 발견하게 되는데, 이것도 역시 우리가 일반적으로 계산하는 방식을 그대로 이용하여 단지 계산

의 편리를 위해 정리한 것이다.

시간가치에 관한 조견표들은 앞에서도 언급한 것과 마찬가지로 통상적인 화폐의 시간가치를 계산하는 방식을 이용하여 계산한 것이다. 그 외에 특별한 의미를 부여할 필요는 없고 단지 계산의 편의를 위하여 제공된 것이라는 것을 강조하고자 한다.

계산의 편리성을 위하여 이용하는 경우에도, 무작정 표를 이용하는 것은 위험하고 표가 어떻게 작성되었는지를 충분히 이해한 후에야 이용할 수 있는 것이다. 예를 들어서 현금흐름이 매 기간의 초기에 오는 경우에 조견표를 그대로 이용하면 틀린 답을 얻게 된다. 왜냐하면 조견표는 현금흐름이 매기의 말에 나타나는 것을 전제로 작성되었기 때문이다.

연금공식: 일정 금액이 일정 기간에 나타나는 연금의 경우에 현재가치와 미래가치의 계산에 공식이 사용되는 경우가 있다. 여기서는 그러한 공식들이 어떻게 구성된 것인지 살펴보기로 하자. 예를 들어 매 기간 일정 금액 A가 n기간 동안 계속되는 연금의 미래가치 계산은 다음과 같이 표현될 수 있는데 이러한 등비수열의 합은 식 (3.9)와 같다.

$$FV_{연금}=A+A(1+i)+A(1+i)^2+\cdots\cdots\cdots+A(1+i)^{n-1}$$

$$\begin{aligned} FV_{연금}&=A[1+(1+i)+(1+i)^2+\cdots\cdots\cdots+(1+i)^{n-1}] \\ &=A\left[\frac{(1+i)^n-1}{(1+i)-1}\right] \\ &=A\times\frac{(1+i)^n-1}{i} \end{aligned} \tag{3.9}$$

위의 공식은 다름이 아니라 단지 등비수열의 합을 계산하는 방식을 이용하여 간단히 정리한 것에 지나지 않는다. 참고로 등비수열의 합을 S_n이라고 하면, S_n은 다음과 같이 간단한 형태로 정리될 수 있다.

$$① S_n=\{1+(1+i)+(1+i)^2+\cdots\cdots+(1+i)^{n-1}\}$$
$$② (1+i)S_n=\{(1+i)+(1+i)^2+(1+i)^3+\cdots\cdots+(1+i)^n\}$$

②−①

$$(1+i)S_n-S_n=(1+i)^n-1$$
$$i\times S_n=(1+i)^n-1$$
$$S_n=\left[\frac{(1+i)^n-1}{i}\right]$$

연금의 현재가치 계산은 다음과 같은 식으로 나타난다.

$$PV_{연금}=\frac{A}{(1+i)}+\frac{A}{(1+i)^2}+\cdots\cdots+\frac{A}{(1+i)^n}$$
$$=A\left[\frac{(1+i)^n-1}{i(1+i)^n}\right] \quad (3.10)$$

식 (3.10)도 위와 마찬가지로 등비수열의 합을 계산하는 방식으로 정리한 것에 지나지 않는다. 이러한 식들도 계산의 편의를 위하여 이용하는 것은 좋으나, 표의 경우와 마찬가지로 먼저 식이 어떻게 만들어졌는지를 충분히 이해하는 것이 중요하다.

개념확인

1. 부채의 정액상환에서 원금과 이자지급액의 기간에 따른 관계는?
2. 조견표와 공식의 필요성은 무엇인가?

3.5 표면이자율과 실효이자율

금융거래에 있어서 이자율은 중요한 개념이기 때문에 여기서 이자율에 대하여 좀더 살펴보기로 하자. 금융거래나 금융계약은 이자율을 기준으로 하는 경우가 많은데, 실질적으로 지불되는 이자율이 거래상의 계약과 다른 경우가 있을 수 있다. 이에 대하여 살펴보기로 하자.

우선 표면이자율과 실효이자율의 개념을 명확히 할 필요가 있다. 표면이자율은 말 그대로 금융거래에 있어서 계약상 명시되는 이자율로서 경우에 따라서는 실효이자율과 다를 수도 있다. 실효이자율은 실제이자율을 의미하고 구체적으로 지불된 이자율을 의미한다.

금융거래는 일반적인 물건의 거래보다 복잡한 양상을 띠게 되는데 그 원인은 화폐의 시간가치를 계산하는 문제를 포함하기 때문이다. 또한 금융거래는 일반 소비자와 금융기관과의 전문성의 차이로 상호 간에 오해의 소지가 있는 경우도 간혹 발생한다. 그렇기 때문에 미국과 같은 금융선진국에서는 동일한 기준하에서 계산된 연간 단위의 실효이자율인 ***APR***(Annual Percentage Rate)을 모든 금융거래에 명시하도록 하여 금융거래의 투명성과 공정성을 제공하고 있다.

표면이자율과 실효이자율이 같은 경우

실효이자율과 표면이자율은 여러 가지 방법에 의하여 달라질 수 있는데 우선은 실효이자율이 표면이자율과 같아지는 경우를 살펴보고 다음으로 차이가 나는 경우를 몇 가지 살펴보고자 한다.

예를 들어서 어떤 사람이 연리 12%로 10,000원을 빌리고 1년 후에 원금과 이자를 합한 11,200원을 갚을 경우를 생각해 보자. 이 경우 표면이자율은 물론 12%이고 실효이자율도 12%이다. 왜냐하면 실제로 지불한 이자율이 12%이기 때문이다.

복리 기간의 영향

위와 같이 표면이자율이 12%라 하더라도 실질적인 실효이자율은 이자계산의 기간(복리 기간)에 따라 달라질 수 있다. 위의 경우는 1년 후에 이자를 일시불로 지불한 경우인데 만약 이자를 분기마다(3개월) 낸다면 어찌될 것인가? 연리가 12%이기 때문에 매 분기에 내는 이자는 12%/4=3%로서 300원을 내게 된다. 이 경우에는 복리의 영향 때문에 실효이자율이 달라진다.

$$\text{실효이자율} = \left(1+\frac{i}{m}\right)^m - 1 \tag{3.11}$$

$$= \left(1+\frac{12\%}{4}\right)^4 - 1$$

$$= 12.55\%$$

위의 식에서 i는 표면이자율, m은 복리횟수를 의미하는데 복리횟수가 4인 경우에 12%의 표면이자율은 실질적으로 12.55%의 실효이자율을 지불하는 것이다. 예를 들어서 매월 이자를 지급한다고 하면 실효이자율은 얼마가 될지 계산하여 보자.

$$\text{실효이자율} = \left(1+\frac{12\%}{12}\right)^{12} - 1$$

$$= 12.68\%$$

즉, 같은 표면이자율 12%라고 하더라도 복리계산의 기간에 따라서 실효이자율은 달라지고 실효이자율은 복리횟수가 증가할수록 높아지는 것이다.

할인이자의 경우

금융기관에서 어음 등을 할인하는 경우 금융기관은 액면금액에서 이자율을 할인한 부분만큼을 공제하고 지불한다. 이런 경우가 할인이자의 경우인데, 1년 만기의 액면가 10,000원의 어음을 12%로 할인한 경우에 10,000원에서 12%를 공제한 8,800원을 받게 된다.

$$\begin{aligned} \text{실효이자율} &= \frac{\text{이자액}}{\text{실제 받은 금액}} \\ &= \frac{\text{이자액}}{\text{액면가} - \text{이자액}} \\ &= \frac{1,200}{10,000 - 1,200} \\ &= 13.64\% \end{aligned} \tag{3.12}$$

이것은 선이자를 지불한 경우와 같은데 실제로 받은 금액 8,800원에 대하여 1,200원의 이자를 지급하였기 때문에 명목상 12%라 하더라도 실질적인 이자율은 13.64%에 해당하는 것이다.

만약에 어음의 만기가 1년이 아니고 3개월이었다면 실질이자율은 달라지게 된다. 3개월간의 실효이자율을 우선 계산하면 3.09%가 된다.

$$\begin{aligned} \text{실효이자율}_{\text{분기}} &= \frac{300}{10,000 - 300} \\ &= 3.09\% \end{aligned}$$

이것을 연간이자율로 환산하면 12.96%가 되는데, 할인이자의 경우에는 기간이 짧을수록 낮은 실효이자율로 계산되는 것이다.

$$\begin{aligned} \text{실효이자율}_{\text{연간}} &= (1 + 0.0309)^4 - 1 \\ &= 12.96\% \end{aligned}$$

할부이자의 경우

할부금융을 이용하는 경우를 생각해 보자. 이러한 경우는 주로 가전제품의 구매와 같은 할부판매의 경우에 많이 사용된다. 또한 영세상인들이 주로 이용하는 일수의 경우에도 사용되는 계산법이다. 할부이자는 표면이자율에 의한 이자액을 먼저 계산하고, 이자액을 원금과 합한 후에 일정 기간으로 나누어서 계산하는 방식이다. 예를 들어서 10,000원짜리 물건을 사고 연리 12%의 월간 할부로 지불하기로 한 경우에 이자액은 1,200원이 되는데 원금 10,000원과 이자액 1,200원을 12개월로 나누어서 월간 불입액은 11,200원/12=933.33원이 된다. 매월 933.33원을 지급하면 12개월 후에 원리금을 모두 상환하는 것인데, 이 경우에 실효이자율은 상당히 높게 된다. 왜냐하면 실제에 있어서 10,000원을 빌리기는 하였으나 기간이 경과함에 따라서 원금의 비중이 점점 감소하기 때문이다. 그렇기 때문에 1년 동안을 기준으로 생각할 때 평균적으로 빌린 금액은 10,000원이 아니고 10,000/2=5,000원이 되는 것이다. 이 경우 실효이자율은 다음과 같이 계산된다.

$$\text{실효이자율} = \frac{\text{이자액}}{\text{받을금액}/2} \tag{3.13}$$

$$= \frac{1,200}{10,000/2}$$

$$= 24\%$$

위의 경우는 정확한 계산은 아니고 근사치의 계산이다. 어쨌든 여기서 주목할 점은 이자액의 계산이 현재의 잔존하는 원금에 대하여 계산된 것이 아니고 원래의 원금에 대하여 계산되었기 때문에 실질적인 실효이자율은 거의 두 배에 달하는 것이다.

기여예금의 경우

기여예금(compensating balance)은 시중에서 소위 꺾기라고 불리는데, 기여예금도 실효이자율을 높이는 경향이 있다. 예를 들어 설명하도록 하자. 어떤 사람이 10,000

원을 금융기관에서 빌리려고 하는데, 금융기관이 요구하는 조건은 연 12%의 이자율과 대여금의 20%에 달하는 기여예금이다. 즉 2,000원의 예금을 요구하는 경우이다. 만약 예금에 대한 이자를 무시한다고 가정하면 실효이자율은 다음과 같다.

$$\text{실효이자율}_{\text{기여예금}} = \frac{\text{이자액}}{\text{원금}-\text{기여예금}} \quad (3.14)$$

$$= \frac{1,200}{10,000-2,000}$$

$$=15\%$$

만약 금융기관이 기여예금에 대한 이자를 지급한다면 실효이자율은 낮아지게 된다. 기여예금에 대한 이자율이 8%라면 이자로 받는 금액은 2,000×8%=160원이 된다. 그러므로 실질적으로 지급한 이자액은 (1,200−160)원이 되고 사용한 금액은 (10,000−2,000)원이 된다. 즉, 실효이자율은 13%가 된다.

$$\text{실효이자율} = \frac{1,200-160}{10,000-2,000}$$

$$=13\%$$

위에서 표면이자율과 실효이자율이 차이가 나는 몇 가지 경우를 살펴보았는데 이자율의 계산은 기업뿐만 아니라 일반 소비자를 포함한 모든 경제주체의 재무적 의사결정과 직결된 문제인 만큼 충분한 이해를 필요로 한다.

예를 들어서 어떤 금융기관이 자신들의 금융상품을 광고하는 경우를 살펴보자. 어떤 금융기관은 3년 동안 45%의 높은 수익률을 제공하는 금융상품을 광고하고 있었다. 광고에서는 '우리는 3년 동안 45%의 수익률을 제공하는, 즉 연리 15%의 수익률을 제공하는 금융상품을 판매한다'는 표현을 하고 있었는데, 이것은 소비자를 유혹하는 그릇된 광고임을 알 수 있다. 즉 해당 금융기관이 말짱한 거짓말을 하는 것이 아니라면 3년 동안 45%의 수익률은 인정하더라도, 3년 동안 45%의 수익률이 연간

수익률 15%와 동일한 것은 아니기 때문이다. 왜냐하면 복리의 개념을 생각해야 하기 때문이다. 즉 연간 15%의 수익률은 3년간 수익률 52%와 동일한 것이다. 이러한 복리적 사고는 재무관리의 기본이다.

개념확인

1. 표면이자율은 무엇인가?
2. 실효이자율은 무엇인가?
3. 실효이자율을 결정하는 요인은 무엇인가?

3.6 금융기관의 이자율 계산

모든 금융거래에는 이자율이 수반되기 마련이다. 개인들은 금융기관을 믿고 무조건 신뢰하는 경향이 있는데, 금융기관이 제시하는 이자율이 실효이자율과 항상 같은 것은 아니다. 예를 들어 은행에서 12%로 대출을 받고 대출에 대한 이자를 매월 지급한다면 대출받은 사람이 지불하는 실질이자율, 즉 실효이자율은 12%가 아니라는 것이다.

이러한 혼동은 금융기관들이 사용하는 이자율 계산 방식에 의해서 발생한다. 금융기관이 사용하는 이자율 방식은 연간 단위의 이자율을 기간에 따라 단순히 나눈 것이다. 예를 들어 연리 12%로 대출을 받고 월간이자를 지급한다는 것은 월 이자율이 12%÷12=1%에 해당하는 것이다. 그 경우에 연간실효이자율은 다음과 같다.

$$
\begin{aligned}
\text{유효이자율} &= (1+0.01)^{12} - 1 \\
&= 12.68\%
\end{aligned}
$$

예제

금융기관으로부터 18%의 이자율로 대출을 받았는데 이자지급은 매월 하도록 계약했다. 대출에 대하여 지불하는 실효이자율은 얼마인가?

위에서 본 것처럼 연리 18%는 월간이자를 지급하는 경우에 월리 18%÷12=1.5%가 된다. 월간이자 1.5%를 연간으로 환산하면 실효이자율은 19.56%가 된다.

$$\text{실효이자율} = (1+0.18/12)^{12} - 1 = 19.56\%$$

[72법칙] 어림짐작의 방법

예를 들어 100원의 투자를 하는 경우에 8년 후에 투자원리금이 2배가 되는 경우를 생각해 보자. 연간수익률을 구하기 위해서 시간가치 방정식을 이용하면 다음과 같이 계산될 것이다.

$$PV = FV_t / (1+r)^t$$
$$100 = 200/(1+r)^8$$
$$\therefore\ (1+r)^8 = 2$$

위의 식에서 r을 구하는 것은 전자계산기를 이용하면 쉽게 구할 수 있지만 간단한 어림짐작의 방법이 있는데, 소위 72법칙이라는 것이다. 72법칙은 단순히 기간과 이자율을 곱하여 72가 되면 복리계산에 의하면 두 배가 된다는 것이다. 그러므로 여기서는 r=9%가 되는 것이다. 72법칙은 대강의 계산 방식이지만 수익률이 5%에서 20%의 사이에 있는 경우에는 근사치에 상당히 접근한 답을 제공할 것이다.

개념확인

1. 금융기관의 이자율 계산방식은 실효이자율인가?
2. 소위 72의 법칙이 적용되는 이유는?

3.7 요약 및 결론

화폐의 시간가치는 현금흐름을 분석하는 기본적인 도구이다. 화폐의 시간가치에서는 기본적인 계산이 필수적이다. 그러므로 개념에 대한 이해뿐만 아니라 실제적인 계산이 가능한 수준으로 이해하여야 한다.

화폐의 미래가치는 미래 일정 시점에서 화폐가치를 평가하는 것으로 복리계산을 이용한다. 복리계산은 이자에 대한 이자를 계산하는 방식으로서, 기간이 경과함에 따라 미래가치는 누적적으로 증가하는 성질을 갖는다. 현재가치는 미래의 현금흐름을 현재 시점을 기준으로 환산하는 것이다. 그러므로 현재가치 계산은 미래가치 계산과 역관계를 갖는다.

연금은 동일한 현금흐름이 일정 기간 동안 발생하는 경우를 의미하는데, 연금의 형태를 띠는 금융거래가 많기 때문에 별도로 다룬 것이다. 그러나 어떤 현금흐름의 형태이든지 기본적으로는 미래가치와 현재가치의 범위 내에서 해결될 수 있는 것이다.

본 장에서는 또한 화폐의 시간가치 개념을 이용한 몇 가지 실례들을 소개하고 있다. 원금, 이자율, 기간 등이 정해진 경우에 매 기간에 지불해야 하는 금액에 관한 문제와 부채의 정액상환에 대한 설명이 포함된다. 화폐의 시간가치 계산에 있어서 본서는 가급적이면 공식이나, 조견표를 사용하는 것을 권장하지 않는다. 물론 계산의 편의를 위하여 식과 조견표를 사용할 수는 있으나, 그 경우에도 식과 조견표의 구성에 대하여 충분한 이해를 한 후에 사용하여야 한다.

마지막으로 본 장에서는 표면이자율과 실효이자율을 비교하고, 실질적인 이자율인 실효이자율에 대한 인식을 환기시키고자 하였다. 시중에서는 통상 표면이자율을 기준으로 여러 거래가 이루어지지만, 많은 경우에 표면이자율과 실효이자율은 차이가 있다. 실효이자율은 실질적인 현금흐름과 그에 따른 이자를 이자율의 개념으로 보는 것이므로, 우리는 항상 실효이자율의 개념을 가지고 화폐와 관련된 거래들을 살펴보아야 한다.

확인학습

3.1 미래가치의 계산

오늘 1,000만원을 이자율 8%를 지급하는 상품에 예금하였다고 가정해 보자. 4년 후에는 얼마가 될 것인가? 만약 이자율이 분기별(3개월 단위)로 계산된다고 할 때 4년 후의 원리금은 얼마가 되는가? 만약 4년 6개월이라면 어떻게 될 것인가?

3.2 현재가치의 계산

현재 15살인 학생을 위하여 부모가 교육보험을 들었는데 보험료는 이미 납부가 완료되었고 21살이 되면 보험금 100만원을 탈 수 있다. 해당 할인율이 11%라고 할 때 이 보험금은 현재 얼마의 가치가 있는 것인가?

3.3 현재가치의 계산

어떤 운동선수가 10억원을 받는 조건으로 3년간의 계약에 서명하였다. 계약조건을 살펴보면 1억원을 즉시 현금으로 받고 1년 후에 2억원, 2년 후에 3억원, 그리고 3년 후에 4억원을 받는 조건이다. 할인율을 10%라고 가정할 때 이 계약은 얼마만큼의 가치가 있는 것인가?

3.4 복수 현금흐름의 미래가치

당신은 예금구좌에 100만원을 오늘 예금하였다. 앞으로 2년 후에 200만원, 5년 후에 800만원을 추가적으로 예금하고자 계획하고 있다. 또한 당신은 자금의 필요로 3년 후에 300만원, 7년 후에 500만원을 인출할 예정이다. 이자율이 9%라고 할 때 8년 후에 남아 있는 잔고는 얼마이겠는가?

3.5 연금의 현재가치

어떤 투자기회가 앞으로 10년 동안 매년 1,200만원씩 소득이 있을 것으로 예상된다. 요구수익률이 15%라고 할 때 이 투자에 대하여 얼마를 지불할 용의가 있겠는가?

3.6 표면이자율과 실효이자율

은행의 학자금 융자에 대한 이자율은 9%라고 한다. 매월 이자를 지불한다고 할 때 학자금 융자에 대한 실효이자율은 얼마인가?

3.7 환율과 투자수익

1,000만원을 연 4%를 지급하는 원화 채권과 3%의 이자를 지급하는 엔화표시 채권 중에서 1년 동안 투자할 것을 고려중이다. 현재 환율이 ￥ : ₩=1 : 7이고, 1년 후의 환율이 ￥ : ₩=1 : 8이 될 것으로 예상된다. 어떤 투자를 선택할 것인가?

해답

3.1 1,000만원을 연리 8%로 계산하면 미래가치는 $1{,}000\times(1+0.08)^4=1{,}360.50$만원이 된다. 이자율이 분기별로 계산된다고 하면 분기별 이자율은 2%가 되고 4년 동안 16분기가 되므로 미래가치는 $1{,}000\times(1+0.02)^{16}=1{,}372.80$만원이 된다.

이처럼 복리 기간의 계산단위에 따라 같은 4년이라 하더라도 약간 다른 결과가 나올 수 있다. 즉, 연리 8%를 분기별 복리로 계산하는 경우에는 유효이자율은 실효이자율$=\left(1+\frac{0.08}{4}\right)^4-1=8.24\%$가 된다. 마찬가지로 4년 6개월의 경우에는 분기별 복리로 계산하는 경우 $1{,}000\times(1+0.02)^{18}=1{,}428.25$가 된다.

3.2 6년 후에 발생하는 100만원에 대한 현재가치 계산의 문제이다. 즉,

$$PV=100\times\frac{1}{1.11^6}=53.460\text{만원}$$

3.3 운동선수는 10억원의 계약에 서명하였다고 생각할지 모르나 그 계약의 가치는 10억원이 아니다. 왜냐하면 금액의 지불이 3년에 걸쳐서 발생하기 때문이다. 즉시 지급받는 금액 1억원은 물론 1억원의 가치가 있다. 해당 계약의 전체 가치는 8.30억원이다.

$$1+\frac{2}{1.10}+\frac{3}{1.10^2}+\frac{4}{1.10^3}=8.30\text{억원}$$

3.4 각 현금흐름의 미래가치를 계산하고 합하면 될 것이다.

$$100 \times 1.09^8 = 199.26\text{만원}$$
$$200 \times 1.09^6 = 335.42\text{만원}$$
$$-300 \times 1.09^5 = -461.59\text{만원}$$
$$800 \times 1.09^3 = 1{,}036.02\text{만원}$$
$$-500 \times 1.09^1 = -545.00\text{만원}$$

전체 미래가치 564.11만원

3.5 매년 1,200만원씩 10년 동안 발생하는 현금흐름의 현재가치를 구하면 될 것이다.

$$PV_{\text{연금}} = \frac{1{,}200}{1.15} + \frac{1{,}200}{1.15^2} + \cdots\cdots + \frac{1{,}200}{1.15^{10}}$$

3.6 연리 9%를 월 단위로 계산하므로 월간이자율은 0.09/12=0.75%가 된다. 그러므로 이자율은 실효이자율$=(1+0.0075)^{12}-1=9.38\%$

3.7 원화채권 투자수익: 연 4% ⇒ 1,000만원×1.04=1,040만원

엔화채권의 경우:

1,000만원/7=142.86만엔

1년 후: 142.86만엔×1.03=147.14만엔

원화 147.14만엔×8=1,177만원

연습문제

3.1 연리 10%로 1,000만원을 예금하였다고 가정하자. 5년 후에 예금을 찾으면 원리금의 합계는 얼마가 되는가? 연리가 5%로 바뀌면 미래가치는 얼마가 되는가?

3.2 당신은 연간 14%를 제공하는 투자기회를 발견하였다. 당신이 325원을 투자한다면 2년 후에 얼마를 갖게 되는가? 단리로 계산하면 얼마가 될 것인가? 복리로 계산하면?

3.3 주어진 이자율(r)과 기간(t)을 이용하여 1원을 기준으로 미래가치를 계산하라.

경우	이자율(r)	기 간(t)
A	12	2
B	6	3
C	9	2
D	3	4

3.4 어떤 금액을 예금하였다고 가정할 때 다음의 이자율이라면 2배, 그리고 4배에 도달하는 데 몇 년이나 걸릴까? 근사치로 답하라.

경우	이자율(r)
A	7
B	40
C	20
D	10

3.5 당신은 12%의 수익을 제공하는 투자기회를 발견하였다. 당신이 4,000원을 투자한다면 3년 후에는 얼마가 될 것인가? 7년 후에는? 복리계산과 기간과의 관계를 설명하라.

3.6 다음 각각의 경우에 대하여 답하라.

경우	초기예금	연간이자율(%)	복리 빈도	기 간(연)
A	2,500	6	2	5
B	50,000	12	6	3
C	1,000	5	1	10
D	20,000	16	4	6

① 각 연도 후의 미래가치를 계산하라.

② 각각의 실효이자율을 계산하라.

③ 표면이자율과 실효이자율을 비교하라. 복리 빈도가 어떤 영향을 미치는가?

3.7 당신이 현재 20세이고 45년간 연리 8%를 지급하는 은행상품에 100만원을 저축한다고 하자. 당신이 65세가 되는 해에 얼마를 받을 수 있을까? 만약 이자율이 9%라면 얼

마가 될 것인가?

3.8 1,000만원을 2년간 투자하려고 한다. 2년 만기 양도성예금증서(CD)는 연리 7%를 지급하고, 1년 만기 CD는 연리 6%의 이자를 지급한다고 한다. 어떻게 결정할 것인가?

3.9 연이자율이 6%이고 복리계산은 월마다 이루어진다고 가정하자. 연초에 100만원을 예금하면 1년 후의 미래가치는 얼마가 되는가?

3.10 1626년에 Peter Minuit는 뉴욕의 맨해턴 섬을 24달러에 매입하였다. 만약 인디언들이 그 돈을 연리 10%로 증식하였다면 현재 얼마가 되었을까?

3.11 어떤 기업이 현재 주당 5,000원의 현금배당을 실시하고 있다. 현금배당을 매년 4%씩 증가시킨다고 예상하면 8년 후에는 얼마가 될 것인가?

3.12 유명한 야구선수 강속구가 매년 2억씩 5년간 받기로 하는 10억짜리 계약에 서명하였다. 강속구보다 덜 유명한 야구선수인 김타자는 계약시에 4억을 받고 매년 1억씩 받는 9억짜리 계약에 서명하였다. 실제에 있어서 어느 것이 더 나은 계약조건인가? 이자율은 10%이다.

3.13 내년에 교재를 구입하기 위하여 40만원이 필요하다고 가정하자. 이자율이 7%라면 현재 얼마를 예금하여야 1년 후 40만원을 받을 수 있겠는가?

3.14 당신은 새 차를 구입하려고 한다. 현재 500만원을 갖고 있는데 새 차의 가격은 685만원이다. 이자율이 9%라고 한다면 2년 후 현재의 금액으로 새 차를 구입할 수 있겠는가? 새 차의 가격은 일정하다고 가정하자.

3.15 어떤 기발한 광고에 다음과 같은 사항이 게시되었다. '당신은 우리 제품을 사용해 보기만 한다면 10만원을 지불합니다'라는 것이다. 자세히 살펴보니 25년 후에 10만원을 지불하는 증서를 제공한다는 것이다. 이자율을 10%로 가정할 때 증서의 실제 가치는 얼마가 되는가?

3.16 부자할아버지가 생일선물로 5년 후에 1억이 되는 채권을 선물하였다. 채권은 할인채(중간에 이자를 지급하지 않는)인데, 할인율은 8%라고 한다. 부자할아버지는 이 채권을 구입하기 위해서 얼마를 지불하였을까?

3.17 두 개의 투자안을 생각해보자. 투자안 A는 액면가 100만원이고 만기 3년인 할인채를 75만원에 살 수 있는 투자대안이다. 투자안 B는 연리 8%의 3년짜리 저축예금에 가입하는 대안이다. 둘을 평가하고 답하라.

3.18 1억원을 투입하여 부동산을 구입하면 5년 후에는 2억원의 가치가 있다고 한다. 은행에 저축하는 경우 12%의 이자수입이 가능하다면 부동산에 투자하는 것이 더 가치가 있을까?

3.19 회사는 335만원을 투자하여 자산을 구입하려고 한다. 자산의 3년 후 가격은 400만원이 될 것인데, 335만원을 다른 곳에 투자한다고 할 때 10%의 수익이 가능하다면 투자에 대하여 어떤 결정이 올바른가? 단, 투자의 위험을 무시하기로 하자.

3.20 차를 구입하기 위해서 500만원을 빌릴 필요가 있다. 은행에서는 연리 12%로 차입할 수 있다고 한다. 친구에게 4년 후 900만원을 상환하는 조건으로 빌릴 수도 있다고 한다면 어느 것을 선택해야 할 것인가?

3.21 당신은 1년간의 투자에 대하여 고려중이다. 현재 투자를 1,250만원 한다면, 1년 후에 1,350만원을 얻을 것이다. 투자의 수익률은 얼마인가?

3.22 당신에게 100만원을 투자하면 10년 뒤에 200만원을 제공하는 투자기회가 있다. 연간 투자수익률은 얼마가 되는가? 근사치로 계산하라.

3.23 연 10%의 이자율로 매년 100만원씩 2년 동안 예금하면 2년 후 받게 되는 금액은 얼마인가? 예금은 기초에 이루어진다.

3.24 자금이 1년 후에는 200만원이 필요하고, 2년 후에는 300만원이 필요할 것으로 예상된다. 연리 10%를 가정할 때 지금 얼마를 예금하여야 하는가?

3.25 8년 후에 자녀를 대학에 보낼 예정인데, 대학에 보내는 비용은 800만원이 소요된다. 현재 350만원을 보유하고 있는데, 350만원을 투자하여 20%의 수익을 올릴 수 있다면 학비를 조달할 수 있을까? 투자수익률이 얼마가 되면 학비를 조달하는 것이 가능할까?

3.26 매년 장학금 80만원을 영구히 지급하기 위하여 기금을 설립하려고 하는데 이자율이 11%라면 얼마의 기금이 있으면 기금을 세울 수 있을까?

3.27 당신은 50년 후에 10억원을 가지고 은퇴하려고 계획하고 있다. 현재 1,000만원을 가지고 있는데, 연간 어느 정도의 수익률을 올려야 10억원에 도달할 수 있겠는가?

3.28 앞으로 1년 후에는 100만원을, 그리고 2년 후에는 200만원을 받을 수 있는 투자안이 있다. 이 투자안을 선택하려면 250만원이 필요하다. 은행에서 지급하는 이자율이 연 10%라면 투자안을 선택해야 할 것인가?

3.29 당신은 중견기업인 G회사를 매입하기 위하여 저축을 하고 있다. G회사의 가격은 10억원에 해당하는데 당신이 현재 가지고 있는 돈이 2.3억원이고 연간 5%의 수익률이라면 얼마나 오래 기다려야 하는가? 연간수익률이 16%라면 얼마나 걸리겠는가?

3.30 3년간 매년 200만원씩 연초에 저축을 한다고 가정하자. 이자율이 연간 10%라면, 3년 후에 받게 되는 금액은 얼마가 되는가?

3.31 현재 700만원을 가지고 있고, 앞으로 3년간 매년 400만원씩을 저축한다면 3년 후에 얼마가 될 것인가? 이자율은 8%라고 하자.

3.32 어떤 투자기회가 1년 후에 200만원, 2년 후에 400만원, 3년 후에 600만원, 그리고 4년 후에는 800만원을 제공한다. 비슷한 투자기회가 12%의 수익률을 제공한다면, 이 투자기회에 얼마까지 투자하여야 하는가?

3.33 보험료를 1억원 지급하면 매년 1,000만원씩을 지급하는 연금상품이 있다. 은행의 이자율이 8%라고 하고, 앞으로 예상되는 생존기간이 15년으로 예측된다면 연금에 가입하는 것이 좋을까?

3.34 주택을 구입하기 위해 1억원을 대출할 생각이다. A은행은 30년간 매월 상환하는 조건의 담보대출이고, 이자율은 연 12%이다. 매월 얼마씩 상환해야 하는가?

3.35 앞으로 48개월 동안 매달 632,000원을 지불하기로 하고 은행에서 월 1%의 이자로 돈을 빌리고자 한다. 얼마를 빌릴 수 있겠는가?

3.36 다음의 차입금에 대하여 연말에 1회씩 같은 금액을 지급하여 원리금을 상환하려고 한다. 매년 상환해야 되는 금액을 구하라.

차입금	원금(만원)	이자율(%)	만기(년)
A	12,000	8	3
B	60,000	12	10
C	75,000	10	30
D	4,000	15	5

3.37 주택을 구입하기 위해 1억원을 대출할 생각이다. B은행은 15년짜리 담보대출을 제시했는데, 매월 110만원씩 상환하는 조건이다. 이자율은 얼마를 내는 것인가?

3.38 주택구입을 위해 1억원을 대출받았는데, 이자율은 연 9%이고 3년간 분할상환하기로 하였다. 연간 상환액은 얼마인가? 상환계획서를 작성하라.

3.39 김철수는 3년 동안 이자와 원금을 균등분할 상환하기로 하고 15,000만원을 연리 14%로 빌렸다. 차입금에 대한 상환은 매년 말에 하는 것으로 가정하자.

① 연간 지불금액을 계산하라.

② 각 연도의 지급액에 대한 원금과 이자부분을 구분하여 정액상환절차를 작성하라.

③ 연도가 지남에 따라 이자액이 감소하는 이유를 설명하라.

3.40 어떤 은행이 연간 12%의 이자율을 분기별(3개월마다) 복리로 계산한다고 한다. 현재 100원을 예금하면 1년 후에 얼마가 될 것인가? 실효이자율은 얼마인가?

3.41 1년 만기의 액면가 10,000원의 어음을 10%로 할인한 경우에 실효이자율은 얼마인가?

3.42 은행의 규제 중에서 이자율 지급에 대한 상한선이 있었다. 법률적으로 연 8%의 이자율을 초과할 수 없다면 은행이 지불할 수 있는 실질적인 최고 금리는 얼마인가?

3.43 자금을 빌려주는 입장에서 실제적으로 18%의 수익률을 얻고자 한다. 월간 얼마씩의 이자를 받아야 실질적으로 연 18%의 수익률을 올릴 수 있겠는가?

3.44 금융기관에서 연 18%의 이자율로 대출을 받았는데, 이자지급은 월별로 하여야 한다. 연간실질이자율은 얼마인가?

3.45 어떤 사람이 부동산에 투자하여 20년 동안에 10배가 되는 수익을 올렸다. 같은 기간 동안에 연간 인플레이션이 5%였다면, 이 사람이 얻은 연간 실질수익률은 얼마가 되는가?

3.46 어떤 기업이 최고경영자의 은퇴를 위한 자금을 계산하고자 한다. 경영자는 12년 후에 은퇴할 것이고 은퇴 후 20년 동안 매년 4,200만원을 받을 것이다. 즉 12년 동안 자금을 모아서 20년 동안의 자금을 마련하고자 하는 것이다. 처음의 12년 동안에는 9%의 이자율을 받는 대신에 12년 후에는 연리 12%를 받는 금융상품으로 자금을 이전할 계획이다. 매년 얼마씩을 저축하여야 은퇴 후의 자금을 만들 수 있겠는가? 현금흐름은 매년 말에 온다고 가정하자.

3.47 어떤 사람이 1,000원을 금융기관에서 빌리려고 하는데, 금융기관이 요구하는 조건은 연 8%의 이자율과 대여금의 20%에 달하는 기여예금이다. 예금에 대한 이자율은 5%라고 한다. 대출에 대한 실효이자율을 구하라.

3.48 노후 대비를 위해 저축을 준비하고 있다. 20세에 10만원을 저축하고 45년 동안 중도에 인출하지 않는다면 연 6%의 이자율을 지급한다고 한다. 그런데 인플레이션은 연 4%라고 한다. 10만원의 현재의 물가수준을 기준으로 한 미래가치는 얼마인가?

제 4 장

위험과 기대수익률

위험이란 무엇이며 어떻게 측정할 수 있을 것인가? 투자대안 A가 투자대안 B보다 위험이 높다는 말은 어떤 의미인가? 본 장에서는 위험에 대한 개념과 구체적인 측정에 대하여 살펴보고, 위험 부담에 대한 보상인 위험프리미엄(risk premium)이 어떻게 결정되는지 살펴보고자 한다.

자본시장에서의 교훈은 위험이 클수록 위험프리미엄도 커진다는 사실이다. 위험 부담이 클수록 높은 수익을 요구하거나 기대할 수 있다는 원칙은 상식적인 수준에서 보아도 타당할 것이다. 이러한 위험과 수익률의 관계는 사전적인 관점에서 의미가 있다. 다른 교과서들과 달리 본 장의 제목을 '위험과 수익률'로 하지 않고 '위험과 기대수익률'로 정한 이유도 여기에 있다.

또한 본 장에서는 대표적인 가격결정모형인 자본자산 가격결정모형을 살펴보고 자본시장과 증권시장에서 가격결정이 갖는 의미를 생각해 볼 것이다. 마르코비츠의 분산에 대한 정리와 더불어 자본자산 가격결정모형은 현대 재무관리의 중요한 업적으로 꼽히는 성과이다. 여기서는 기본적인 개념뿐만 아니라 경제적 의미와 경영 측면의 활용성에 대해서도 살펴볼 것이다.

4.1 위험의 개념

위험은 기업 경영에서 중요한 의미를 갖는다. 기업의 목적이 기업가치 증대이고, 기업가치를 구성하는 두 바퀴는 위험과 수익률이라고 설명한 바 있다. 그러므로 위험은 기업 경영에서 중요한 개념일 수밖에 없다. 여기서는 위험의 개념을 살펴보고, 그것이 기업 경영과 어떻게 연결되는지를 살펴보고자 한다.

경영에 있어서의 의사결정은 미래의 위험과 수익률에 영향을 미친다. 기업의 의사결정은 현재 시점의 선택을 통해서 미래에 나타나는 위험과 수익률에 영향을 미칠 것이다. 그러므로 현재의 선택은 미래에 예상되는 사건들에 의해 영향을 받게 되는데, 어쩌면 기업 경영은 위험과 수익률의 선택에 대한 과학이며 예술이라고 할 수 있을지도 모른다.

그런데 미래에 발생할 사건이라는 것은 현재 시점에서는 불확실하다. 그러므로 미래에 예상되는 사건을 분석하고 평가하는 데 빠질 수 없는 부분이 바로 '미래의 불확실성'이다. 위험을 분석한다는 것은 미래의 불확실성을 분석한다는 의미이다. 미래의 불확실성이 위험의 존재이며 본질이다.

재무관리는 '과거'를 다루지 않는다. 과거를 다루지 않는 이유는 과거가 의사결정의 영역이 아니기 때문이다. 과거라는 영역은 우리가 어떠한 의사결정을 선택한다 하더라도 변하지 않는다. 역사적 과거에 대한 가정이 아무런 의미가 없는 것은 이 때문이다. 예를 들어 노량해전에서 '이순신 장군이 전사하지 않았다면' 이라는 가정은 전혀 의미가 없다. 과거의 사건은 확정된 것이고 의사결정 영역이 아니기 때문이다.

위험의 정의

위험은 미래의 불확실성 때문에 발생하는 **변동성**(variability)으로 정의된다. 모든 의사결정은 미래의 결과에 영향을 미치는데, 미래는 불확실하다. 이러한 미래의 불확실성이 위험의 근원이고, 위험은 변동성이라는 형태로 나타난다. 만약 미래의 불확실성이 없다면 위험은 존재하지 않을 것이고 의사결정은 매우 단순해지겠지만, 미래는 불확실하고 변동성이 존재한다.

재무관리에서 위험은 영어로 risk로 표기되는데, 일반적으로 사용되는 **위험**(danger)이라는 용어와는 차이가 있다. 예를 들어 '나는 어제 매우 위험한 절벽을 건넜다.'라고 말할 때의 위험은 재무관리에서 의미하는 위험과는 다르다. 재무관리의 정의에 따르면 어제 건넜던 절벽은 전혀 위험한 것이 아니다. 왜냐하면 그것은 과거의 사건으로서 확정된 것이고, 불확실성이 존재하지 않기 때문이다.

우리가 위험을 주목하는 이유는 위험이 손실을 가져올 가능성이 있기 때문이다. 손실의 가능성은 변동성으로 표현될 수 있다. 변동성이 크면, 손실의 가능성도 크고, 위험도 클 것이다. 변동성이 적으면, 손실의 가능성도 적고, 위험도 작을 것이다. 변동성이 없고 완전히 예측이 가능한 경우는 위험이 없다고 말할 수 있다.

예를 들어 정부가 발행한 국채가 1년 후에 1만원을 지불한다고 할 때, 이 거래에는 위험이 존재하지 않는다. 왜냐하면 국채에는 불확실성이나 변동성이 존재하지 않기 때문이다. 국채는 정부의 채무를 나타내는데, 정부가 파산하지 않는다면 1년 후 1만원의 현금흐름은 확정적이고, 변동성이 없기 때문에 위험이 없는 것이다.

위험을 변동성으로 정의한다는 것은 중요한 의미를 갖는다. 위험의 개념이 불확실성 혹은 손실의 가능성으로 정리되고 만다면 그 개념이 광범위하고 추상적이어서 추가적이고 과학적인 분석에 한계가 있게 된다. 하지만 위험을 변동성이라고 정의하게 되면 개념은 좀 더 명확해지고 구체적이어서 측정이 가능해지고 과학적 분석의 토대를 이룬다.

재무적 개념의 발전은 위험의 개념을 측정이 가능한 변동성으로 정의하면서부터 시작되었다고 해도 과언이 아닐 것이다. 그러한 위험의 정의가 측정을 가능하게 하고, 변동성의 측정을 통해서 다양한 분석과 평가가 가능해지는 것이다.

위험과 기대수익률의 보상관계

재무원칙 중의 하나에 **위험과 기대수익률의 보상관계**(trade-off between risk and expected return)가 있다. 위험은 기대수익률로 보상된다는 것인데, 다시 말하면 위험의 대가는 기대수익률이라는 것이다. 재무관리의 격언 중에 '공짜 점심은 없다'는 말이 있는데, 이것이 바로 위험과 기대수익률의 보상관계를 표현한 말이다.

사람들은 위험은 낮은 것을 선호하지만, 동시에 수익률은 높은 것을 선호한다. 하지만 다수의 사람들이 스스로의 이익을 위해서 경쟁하는 공개된 시장에서는, 위험은 낮으면서 동시에 높은 수익률은 기대할 수 없다. 만약 공개된 시장에서 그러한 상품이 발견된다면, 사람들은 그 상품을 다투어서 매입하려 할 것이고, 자연히 상품의 가격은 올라가고 수익률은 떨어지게 될 것이다.

결과적으로 사람들은 높은 수익률을 기대할 수 없다면 위험을 부담하려 하지 않을 것이다. 또한 안전한 투자, 즉 위험이 낮은 투자는 수익률이 약간 낮다고 하더라도 감수할 용의가 있을 것이다. 그러므로 시장의 참여자 각자가 스스로의 이익을 위해서 행위하는 경쟁시장에서는 위험과 기대수익률의 보상관계가 자연스럽게 형성되는 것이다.

위험과 기대수익률의 개념은 기본적으로 **사전적**(ex-ante)인 개념이다. 미래의 불확실성 때문에 위험이라는 개념이 등장하는 것이고, 또한 기대수익률의 개념도 마찬가지이다. 위험과 기대수익률은 의사결정의 기준을 제공하는 개념으로서, 사후적으로 발생한 수익률의 개념과는 차이가 있다.

위험과 기대수익률의 보상관계를 잘못 이해하는 경우에는 다음과 같은 혼선이 생길 수 있다. 예를 들어 어떤 학생이 '나는 큰 위험의 투자대안을 선택하면 높은 수익률을 기대할 수 있다는 말을 듣고 큰 위험의 투자대안을 선택했다. 그러나 결과적인 수익률은 형편없는 것이었다. 큰 위험을 선택하면서 높은 수익률을 기대했는데, 위험과 수익률의 보상관계는 잘못된 것이 아닌가?'

위의 주장은 위험과 기대수익률의 관계를 잘못 이해한 것이다. 위험과 보상관계에 있는 것은 기대수익률이지 결과적인 수익률이 아니다. 기대수익률은 사전적으로 예상되는 평균수익률의 의미이다. 즉 높은 위험을 택하면 평균적으로 높은 수익률을 예상할 수 있다는 의미이지, 결과적으로 반드시 높은 수익률이 실현된다는 말은 아니다.

여기서 강조하고자 하는 것은 위험에 대한 보상은 '기대수익률이지 결과적인 수익률이 아니라'는 말이다. 위의 경우에 큰 위험이 사전적인 의미의 기대수익률을 높이지만, 결과적인 높은 수익률을 보장하는 것은 아니다. 위험이 크다는 것은 미래의 불확실성에 따른 변동성이 크다는 것이며, 결과적으로는 높은 수익의 가능성과 높은 손실의 가능성을 동시에 의미하는 것이다.

위험에 대한 태도

본 장에서는 위험에 대한 여러 가지 논의가 이루어지는데, 여기서 경제 주체들의 위험에 대한 태도를 정리해 보고자 한다. 경제 주체들의 위험에 대한 태도는 **위험회피형**(risk averse), **위험중립형**(risk neutral), **위험선호형**(risk taking)으로 분류될 수 있다. 우선 이 세 형태의 위험에 대한 태도를 살펴보도록 하자.

위험에 대한 태도를 설명하기 위해서 동전던지기 게임을 생각해보자. 게임에 참가하는 비용은 1,000원이다. 동전을 던져서 앞면이 나오면 2,000원을 받게 되고, 동전의 뒷면이 나오면 0원을 받는 것이 게임의 내용이다. 우선 게임의 성격을 살펴보고, 이 게임에 대한 경제 주체들의 태도를 분류해보자.

위와 같은 게임의 성격을 **공정게임**(fair game)이라고 한다. 공정게임은 게임을 위해서 투자한 금액과 게임의 기댓값이 같기 때문에 붙여진 이름이다. 게임의 기댓값은 동전의 앞면과 뒷면이 나올 확률이 각각 1/2이므로 $1/2 \times 2{,}000 + 1/2 \times 0 = 1{,}000$이다. 즉 게임을 위해서 투자한 금액도 1,000원이고, 게임의 기댓값도 1,000원이다.

그런데 게임을 위해서 투자한 1,000원과 게임의 결과 예측되는 기댓값 1,000원의 성격은 약간 다르다. 게임을 위해서 지불한 1,000원은 확률분포를 갖지 않는 확실한 1,000원인데 반해서, 게임의 결과로 발생하는 1,000원은 불확실성을 동반한, 즉 확률적 기댓값으로서의 1,000원인 것이다. 1,000원을 지불하고 위험을 동반한 1,000원의 기댓값을 갖는다는 것은 위험에 대한 보상인 위험프리미엄이 없다는 의미이기도 하다.

이러한 동전던지기 게임에 참여하지 않으려는 사람들은 위험회피형 태도를 갖은 사람들이다. 위험회피형 태도는 동일한 기대수익이 있을 경우에 위험이 적은 쪽을 선택하는 경향을 나타낸다. 즉 위험회피형은 위험에 대한 보상이 없는 동전던지기 공정게임에 참여하지 않을 것이다.

위험중립형은 위와 같은 동전던지기 게임에 대하여 무관한 태도를 보이는 경우이다. 위험중립형은 위험에 대해서는 상관없이 기댓값에 의해서 결정한다. 동전던지기 공정게임의 경우에 투자금액과 결과의 기댓값이 같기 때문에 특별한 선호가 없다는 태도이다. 즉 위험중립형은 위의 게임에 대해서 해도 그만 안 해도 그만이라는 태도를 보이는 경우다.

위험추구형은 위의 게임을 선택하려 할 것이다. 위험추구형은 위험을 즐긴다고 볼 수도 있는데, 위험을 통해서 2,000원이라는 초과이익의 가능성을 보고 참여하는 것이다. 물론 위험추구형도 위험을 통해서 초과이익의 가능성이 존재하지 않는다면, 위험을 선택하지 않을 것이다. 만약 위험을 통해서도 초과이익의 가능성조차 없는 경우에 선택하려 한다면, 그것은 비합리적인 태도라고 할 수 있다.

[그림 4-1]은 위험을 동반한 기대수익과 효용(utility)에 대한 세 가지 형태의 위험에 대한 태도를 나타내고 있다. 위험중립형은 기대수익이 증가할수록 효용은 증가한다. 기대수익의 증가는 위험의 증가를 동반하는 것이지만 위험중립형은 기대수익만을 가지고 의사결정을 하므로, 기대수익의 증가는 효용의 증가와 일치한다.

위험회피형의 경우도 기대수익이 증가하면 효용이 증가하기는 하지만 위험에

그림 4-1 위험에 대한 태도

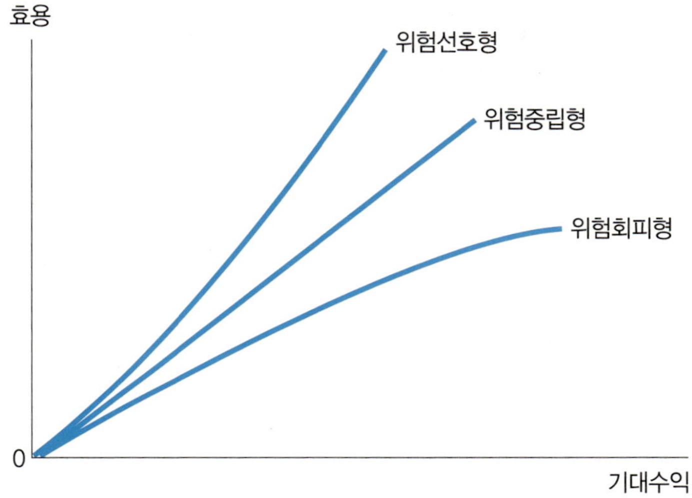

대한 부담 때문에 효용의 증가가 위험중립형과는 달리 체감하는 모양을 보인다. 위험추구형은 기대수익의 증가에 따라 위험이 증가하고 효용도 역시 체증하는 모양을 나타낸다.

재무관리에 있어서는 경제 주체가 위험회피적이라고 가정하는 경우가 대부분이다. 위의 동전던지기 게임을 생각해 보면 위험회피적인 가정이 상당히 타당한 것이라고 인정할 것이다. 즉 대부분의 경제 주체들은 기댓값이 같은 경우에 위험이 적은 것을 선택한다는 의미이다. 게임의 참가비 1,000원과 게임의 기대수익 1,000원은 동일한 금액이지만, 참가비는 위험이 없는 데 비해서 게임의 기대수익은 위험, 즉 변동성을 동반하는 것이기 때문이다.

어떤 학생은 자기는 게임에 참여할 것이기 때문에 위험회피형이 아니라고 주장할지도 모른다. 그러나 실제로 살펴보면 그 게임에 참여하는 사람은 위험에 대한 보상을 포기하면서 대신에 게임에 참여하는 즐거움을 선택한 것이기 때문에, 위험에 대한 보상을 기대수익으로 받지는 못하지만 즐거움이라는 무형의 수익으로 지급받는 것이다. 우리가 고스톱을 즐기는 것도 마찬가지로 설명할 수 있을 것이다.

하지만 사람들이 재무적으로 진지한 결정을 하는 경우에 단순한 즐거움을 위해서 위험에 대한 금전적인 보상을 포기하지는 않을 것이다. 예를 들어, 위의 게임에서 참가금액이 1,000원이 아니고 1,000만원이라면 참가하려는 사람은 더욱 적을 것이다. 전체적으로 위험회피형에 대한 가정은 대체로 타당하다고 할 수 있다.

개념확인

1. 위험은 어떻게 정의되는가?
2. 위험은 구체적으로 측정 가능한 것인가?
3. 위험과 기대수익률의 보상관계란 무엇인가?
4. 위험에 대한 태도를 어떻게 설명할 것인가?

4.2 위험과 기대수익률의 측정

위험과 기대수익률에 대한 분석은 그것들의 측정으로부터 시작된다. 이러한 변수들의 측정은 추가적인 분석과 가공을 가능하게 하고, 구체적인 대안을 마련하는 바탕을 제공한다. 위험과 기대수익률의 측정이 중요한 이유이다.

위험과 기대수익률의 측정은 우선 개별 자산으로부터 시작하도록 하자. 위험과 기대수익률의 개념은 포트폴리오 개념과 시장의 균형이라는 조건들을 도입하면 구체적인 의미가 약간 변화하는 측면이 있지만, 위험과 기대수익률의 본질적인 개념이 변하는 것은 아니다.

불확실성과 확률적 접근

확률은 미래의 불확실성에 대한 과학적인 접근법이다. 미래의 불확실성은 의사결정이 직면하는 가장 중요하고 난해한 과제이다. 사람들은 미래의 불확실성에 대해서 다양한 접근법을 시도해 왔다. 미래의 불확실성 때문에 점쟁이를 찾아가기도 했으며, 경우에 따라서는 종교적인 기도 등을 통해서 해답을 얻으려 시도하기도 한다. 하지만 미래의 불확실성에 대한 과학적인 접근법은 확률을 이용하는 것이다.

미래에 대한 과학적인 예측도 확률을 이용한다. 과학적인 예측의 발전은 확률의 구체화를 가져오게 한다. 예를 들어, 과거의 일기예보가 '중부지방의 내일 날씨는 가끔 흐리고 한때 비'라면, 요즈음의 일기예보는 좀 더 분석적이고 과학적이어서 '중부지방의 비올 확률은 20%'라고 말한다. 즉 미래 예측에 대한 애매한 표현이 확률적 개념을 도입하면서 좀 더 과학적으로 발전한 결과이다.

확률은 어떤 결과가 일어날 가능성에 대한 과학적인 측정 도구이다. 어떤 결과가 발생할 확률이 80%라면 그 결과는 10번의 사건 중에서 8번의 발생 가능성이 있다고 말할 수 있다. 만약 확률이 100%라면 그 사건은 분명히 발생한다는 것을 말하고, 확률이 0%라면 그 사건이 발생할 가능성이 전혀 없다는 것이다. 확률은 0과 1 사이에서 분포하는데, 확률분포를 이용해서 미래의 사건들을 그 가능성에 따라 평가하고 분석하게 된다.

확률은 위험과 기대수익률을 측정하는 데도 사용될 수 있다. 위험과 기대수익률은 본질적으로 미래의 불확실성 때문에 발생하는 것인데, 그것을 분석하기 위해서 확률을 이용하는 것이다. 위험은 미래의 불확실성 때문에 나타나는 변동성, 즉 퍼짐의 정도로 분석되고, 기대수익률은 확률적으로 예상되는 평균이라는 의미를 갖는다.

확률분포

확률분포는 각각의 일어날 수 있는 사건들을 확률로 나타낸 분포이다. 예로 들어 간단한 확률분포의 형태인 막대그래프를 생각해보자. [그림 4-2]의 그래프는 甲회사의 자산들인 A와 B의 막대그래프를 보여주고 있다. 막대그래프는 수평축에 나

그림 4-2 자산 A와 B의 막대그래프

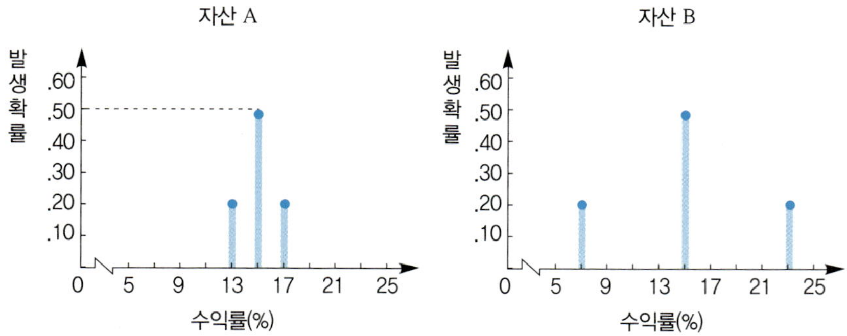

타날 가능성이 있는 사건들을 표시하고, 수직축에는 그것들의 확률을 각각 막대그래프의 모양으로 나타내고 있다.

그래프를 간단히 살펴보면 위험의 개념을 좀 더 분명히 이해할 수 있을 것이다. 자산 A와 자산 B는 모두 15%의 수익률을 제공할 가능성이 가장 높지만, 자산 B의 사건들이 자산 A보다 넓게 퍼져 있다는 것을 알 수 있다. 일어날 가능성이 있는 사건들이 넓게 퍼져 있는 경우, 즉 변동성이 큰 경우에 위험이 크다고 말한다.

막대그래프는 일어날 가능성이 있는 사건들이 제한되어 표현된다. 예를 들어 자산 A의 경우 13%, 15%, 17%와 같이 사건이 일어날 확률에 대하여 표현하였다. 그러나 실제로 일어날 수 있는 사건의 경우는 연속적인 경우가 많다. 자산 A의 수익률은 13.01%가 될 수도 있는 것이고, 어쩌면 17.5%의 경우가 나타날 수도 있다. 연속확률분포는 이처럼 다양한 경우의 수들을 나타내는 데 유용하다.

연속확률분포 중에서 가장 많이 사용되는 분포는 정규분포이다. 정규분포는 여러 가지 편리한 점이 있기 때문에 자주 이용된다. 이론적으로도 표본의 수가 많아지면 정규분포에 의한 분석이 정당화될 수 있는 근거가 존재한다. **정규분포**(normal distribution)는 종의 모양을 한 좌우대칭 형태를 띠고 있다. 좌우대칭의 의미는 분포의 중심을 기준으로 양쪽의 면적이 같다는 뜻이고, 분포 중심으로부터 좌측이 나타날

그림 4-3 자산 A와 B의 연속확률분포

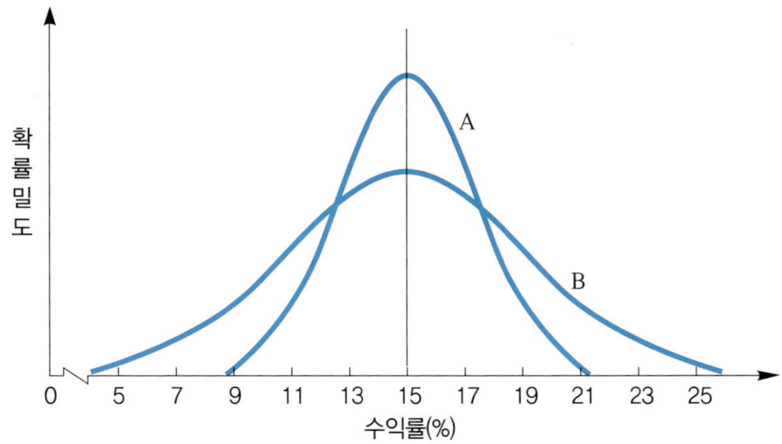

확률이 우측이 나타날 확률과 같다는 뜻이다.

정규확률분포의 장점 중의 하나는 분포의 성격이 평균과 분산에 의하여 결정된다는 것이다. 확률분포는 미래의 경우 수를 확률적 분포로 나타낸 것인데, 분포의 성격이 평균과 분산에 의해서 결정된다면 매우 편리한 분석 도구로 이용할 수 있게 될 것이다. 즉 기대수익률은 분포의 평균으로 나타낼 수 있게 되며, 위험은 분산 혹은 표준편차로 표현될 수 있기 때문이다.

기대수익률의 측정

기대수익률(expected return)은 미래에 예측되는 수익률을 확률로 가중한 평균이다. 다시 말하면 기대수익률은 미래에 실현될 가능성이 있는 여러 수익률을 확률적으로 계산한 평균값으로서, 미래에 얻기를 희망하여 기대하는 수익률이 아니다. 기대수익률이 높다고 하는 것은 확률적으로 높은 수익률이 실현될 가능성이 많다는 사전적(ex-ante)인 의미를 갖는다.

다음의 예를 가지고 기대수익률을 계산해보자.

경제상황	확 률	수익률
호 황	0.3	20%
보 통	0.5	15%
불 황	0.2	10%

$$
\begin{aligned}
\text{기대수익률 } E(R_k) &= 0.3\times 0.2 + 0.5\times 0.15 + 0.2\times 0.1 \\
&= 0.155 = 15.5\% \\
&= \sum_{i=1}^{n} Pr_i R_i \qquad (4.1)
\end{aligned}
$$

Pr_i : i의 확률
R_i : i의 수익률

정리하면, 기대수익률은 미래에 예상되는 수익률을 확률적으로 가중한 평균값이다. 기대수익률은 확률적으로 정규분포의 중심이 되며, 평균적으로 예상되는 수익률이다. 기대수익률이 평균적으로 예상되는 수익률이기는 하지만, 실현되는 수익률과는 다를 수 있는데, 현실적으로 실현되는 수익률은 변동성에 의해 영향을 받게 된다.

위험의 측정

위험은 미래의 불확실성으로부터 발생하고 구체적으로는 수익률의 변동성(variability or fluctuation)으로 정의된다고 설명하였다. 변동성은 퍼짐의 정도를 나타내는데 정규확률분포에서는 분산 혹은 표준편차로 측정된다. 분산 혹은 표준편차는 퍼짐의 정도를 나타내는 대표적인 측정치이고, 통상 중심으로부터의 떨어진 거리를 가지고 변동성을 측정한다. 분산을 구하는 식은 다음과 같다.

$$
Var(R_k) = \sum_{i=1}^{n} (R_i - \bar{R})^2 Pr_i \qquad (4.2)
$$

식 (4.2)를 보면 분산은 예상되는 수익률 R_i로부터 평균인 기대수익률 $\bar{R}$의 차이를 측정하여 확률로 가중한 평균의 의미를 갖는다. 단지 $(R_i - \bar{R})$ 차이를 계산하지 않고 차이의 제곱인 $(R_i - \bar{R})^2$을 계산하여 확률적 평균을 구하는 의미는, 단순한 차이 $(R_i - \bar{R})$의 합계는 음수와 양수가 교차되어 제로(0)로 계산되는 문제가 있기 때문이다.

$$\sigma_k = \sqrt{Var(R_k)} \tag{4.3}$$

표준편차는 단순히 분산의 제곱근으로 계산된다. 표준편차와 분산은 절대적 크기에 있어서는 물론 차이가 있으나 본질적으로 같은 성격을 가진 통계량들이다. 즉 A의 분산이 B의 분산보다 큰 경우에는 A의 표준편차는 B의 표준편차보다 항상 크기 때문에 분석의 지표로 사용하는 데 어느 것을 사용하여도 문제는 없다.

예제

앞의 그래프에 나타난 甲회사의 자산 A와 자산 B의 경우에 대하여 기대수익률과 분산을 구하여 보기로 하자. 앞의 그래프를 표로 표시하면 다음과 같다.

자산 A와 B의 수익률의 기대치

가능한 경우	확 률 (1)	수익률(%) (2)	가중치(%) [(1) x (2)](3)
		자 산 A	
비관적	.25	13	3.25
평균적	.50	15	7.50
낙관적	.25	17	4.25
종 합	1.00	기대수익률	15.00
		자 산 B	
비관적	.25	7	1.75
평균적	.50	15	7.50
낙관적	.25	23	5.75
종 합	1.00	기대수익률	15.00

$$Var_A = \sum_{i=1}^{n} (R_i - \bar{R})^2 Pr_i$$
$$= (0.13-0.15)^2 \times 0.25 + (0.15-0.15)^2 \times 0.50 + (0.17-0.15)^2 \times 0.25$$
$$= 0.0002$$
$$\sigma_A = 0.0141$$
$$Var_B = (0.07-0.15)^2 \times 0.25 + (0.15-0.15)^2 \times 0.50 + (0.23-0.15)^2 \times 0.25$$
$$= 0.0032$$
$$\sigma_B = 0.0566$$

위험과 기대수익률에 의한 선택

자산 혹은 증권의 성격은 위험과 기대수익률에 의해서 표현될 수 있으며, 그들의 상호비교도 위험과 기대수익률에 의하여 가능하다. 사람들은 위험회피적이기 때문에, 두 개의 자산이 기대수익률이 같다면 위험이 적은 자산을 선호할 것이며, 마찬가지로 위험 수준이 같다면 상대적으로 높은 기대수익률을 제공하는 자산을 선택할 것이다.

이러한 위험회피적인 태도를 기반으로 서로 다른 확률분포를 가진 개별 자산의 비교가 가능해진다. 예를 들어서 어떤 사람이 성격이 다른 4개의 증권을 비교하는 과정을 생각해 보자. 다음의 표는 각각의 증권들에 대한 위험과 기대수익률을 나타내고 있다.

기대수익률과 위험

증 권	기대수익률(%)	표준편차(%)
W	12	15
X	12	12
Y	15	12
Z	18	18

우선 W와 X의 비교에서는 선택은 간단해진다. W와 X는 기대수익률이 같은데, X의 위험이 적다. 그러므로 사람들은 X를 선호할 것이고 X의 우선순위가 W보다 위에 있다. X와 Y의 비교에서는 Y가 우위에 있다. 왜냐하면 같은 위험 수준에 대하여, Y의 기대수익률이 높기 때문이다. 그러면 Y와 Z의 비교는 어떠한가? Y는 Z에 비하여 기대수익률이 낮지만 위험 수준인 표준편차도 낮아서 직접적인 선호를 결정하기는 어렵다.

위험과 시간

위험의 정도는 현재를 중심으로 살펴볼 수도 있지만, 시간과 연관지어 살펴볼 수도 있다. 시간이 지날수록 위험은 증가하는데 그것은 시간이 멀어짐에 따라서 불확실성이 증가하기 때문이다. 예를 들면 '1년 뒤에 비가 올 것인가'를 예측하고 확률적으로 판단하는 것이 '내일 비가 올 것인가'를 예측하고 판단하는 것보다 상대적으

그림 4-4 시간경과와 위험

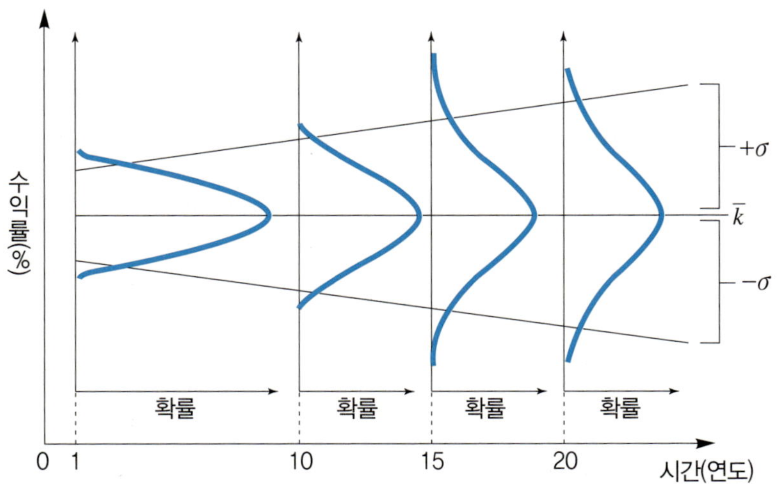

로 불확실성이 크다는 의미이다. 그러므로 투자기간이 길수록 미래에 대한 예측의 오류가 발생할 가능성이 높기 때문에 예상값의 변동폭은 크고 위험은 증가하는 것이 일반적이다.

장기적인 예측이 오류를 범할 가능성이 높다는 것은 상식적인 차원에서 이해될 수 있다. 왜냐하면 시간이 지남에 따라 예측하기 어려운 요인들(전쟁이나 정치적 사건 등)이 발생할 가능성이 증가하지만, 이러한 요인들은 예측하기가 어려울 뿐만 아니라 영향도 크게 미치기 때문이다.

개념확인

1. 미래의 불확실성을 분석하는 과학적인 개념은 무엇인가?
2. 정규분포를 사용하는 장점은 무엇인가?
3. 위험과 기대수익률의 기본적인 측정은 어떻게 하는가?
4. 위험과 시간과의 관계는?

4.3 포트폴리오 구성의 이익

포트폴리오(Portfolio)는 자산들의 결합을 의미한다. 현대 재무관리는 자산들의 개념이 포트폴리오 차원에서 다뤄진다. 현실적으로 다양한 포트폴리오들이 시장에 존재할 뿐만 아니라, 개별 자산조차도 포트폴리오의 관점에서 보아야 한다는 의미이다. 본 절에서는 포트폴리오 구성의 이익, 즉 분산(diversification)의 이익을 중심으로 살펴보기로 한다.

개별 자산의 투자에 관한 위험과 기대수익률은 다른 자산들과 독립해서 생각할 수 없다. 왜냐하면 시장에는 다양한 자산들이 존재하고, 각각의 자산들은 서로 어느 정도의 연관성을 갖기 때문이다. 예를 들어 자동차라는 개별 자산도 그 자체로서 존재하는 것은 아니며 2만개 이상의 개별적인 부품들로 구성된 것이다. 그런 차원에서 자동차에 포함된 각 부품들은 자동차라는 포트폴리오에 포함된 개별 자산들이라고 할 수 있고, 개별 부품들도 자동차라는 포트폴리오의 관점에서 유용성이 평가되어야 할 것이다.

하나의 기업도 다양한 개별 자산들이 결합된 포트폴리오라고 볼 수 있다. 그러므로 기업의 자산들에 대한 선택도 개별 자산 자체의 성격에 의해서만 판단할 것이 아니라, 기업의 차원, 즉 포트폴리오의 관점에서 살펴보아야 한다. 예를 들어 새로운 기계의 선택에 대한 결정도 기계 자체의 성능뿐만 아니라 그것이 기존의 다른 설비들과 결합되었을 때 전체적인 성과에 어떤 영향을 미치는가 하는 관점에서 다루어져야 한다는 의미이다.

분산의 직관적 이해

포트폴리오를 구성하는 것은 이익이다. 이것은 앞에서 살펴본 '분산하는 것은 이익이다.'라는 말과 같은 뜻이다. 포트폴리오 구성의 이익은 위험을 줄이는 효과 때문에 발생한다. 아래의 [그림 4-5]를 보면 포트폴리오 구성이 어떻게 위험을 줄이는지

그림 4-5 **분산의 직관적 이해**

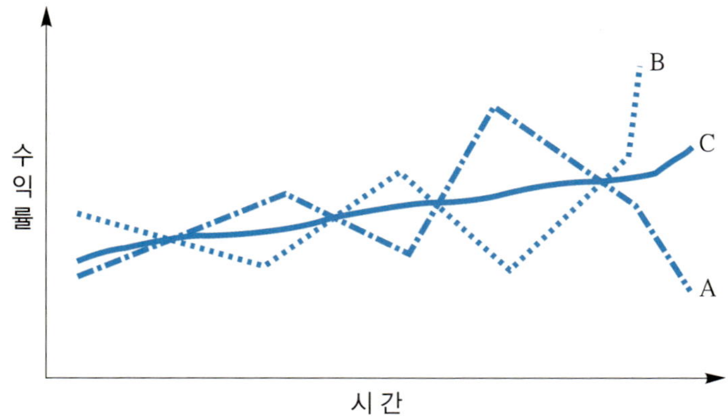

를 직관적으로 살펴볼 수 있다. 기존의 증권 A와 B는 각각의 변동성, 즉 위험을 갖고 있는데, A와 B를 결합한 C는 각각의 A와 B보다는 변동성이 줄어든 것을 확인할 수 있다.

직관적으로 살펴보면, A와 B로 구성된 포트폴리오 C는 A와 B가 서로 상쇄되는 부분이 있기 때문에 각각의 흐름보다 상대적으로 평탄한 움직임을 보이는 것이다. 만약 A와 B의 움직임이 완전히 동일하다면, 포트폴리오 구성의 이익은 존재하지 않을 것이다.

A와 B의 움직임이 완전히 동일하다는 것은 A와 B가 완전 양(+)의 상관관계를 갖는다는 말인데, 그 경우를 제외하면 포트폴리오 구성은 이익이라고 정리될 수 있다. 이처럼 포트폴리오 구성의 이익, 즉 분산효과는 그에 포함된 증권들의 상관관계와 연계되어 있다.

상관관계와 포트폴리오

자산들의 상관관계는 각 자산들의 수익률로 계산된다. 재무관리에서 자산들의 성격은 수익률로 나타나는데, 위험과 기대수익률도 수익률에 관한 지표들이다. 수익률은 가격의 변화율이기 때문에 가격의 다른 표현이라고 볼 수도 있다.

A와 B의 상관관계는 통계적으로 상관계수 ρ_{AB}로 표현되는데, ρ_{AB}는 공분산 σ_{AB}를 각각의 표준편차 σ_A와 σ_B로 나누어서 표준화시킨 값이다.

$$\rho_{AB}=\sigma_{AB}/\sigma_A\sigma_B$$

상관계수는 $-1 \leq \rho_{AB} \leq 1$ 사이의 값을 갖는다. 상관계수가 +1인 경우에 두 개의 자산은 완전 양(+)의 상관관계(perfect positively correlated)라고 하는데, 두 자산의 수익률은 완전히 같은 방향으로, 같은 정도로 움직이는 경우이다.

반면에 상관계수가 −1인 경우에 두 자산은 완전 음(−)의 상관관계(perfect negatively correlated)라고 하는데, 이 경우에는 두 자산의 수익률은 완전히 다른 방향으로, 같은 정도로 움직인다. 상관계수가 $\rho_{AB}=0$이라는 것은 A와 B가 서로 독립적이라는 의미이다.

현실에서 자산들이 완전한 양(+), 즉 $\rho_{AB}=1$인 경우는 드물다. 대부분의 투자자산들은 양의 상관관계를 갖는 경우가 많은데, 예를 들어 경제가 호전되면 각 자산들은 전반적으로 수익률이 호전되는 경향을 나타내는 경우이다. 물론 음의 상관관계를 갖는 경우도 있을 수 있는데, 경제가 침체될수록 수익률이 높아지는 자산들도 있을 수 있다. 경제가 침체되는 경우에 소비가 증가하는 열등재들도 존재하기 때문이다.

어쨌든, 포트폴리오 구성의 이익이 자산들의 상관관계와 관계가 있다는 점은 분명하다. 왜냐하면, 앞에서 직관적으로 살펴보았듯이, 포트폴리오 구성의 이익은 자산들의 움직임이 서로 상쇄되는 영향으로 발생하기 때문이다.

그림 4-6 경제상황에 따른 각각의 반응

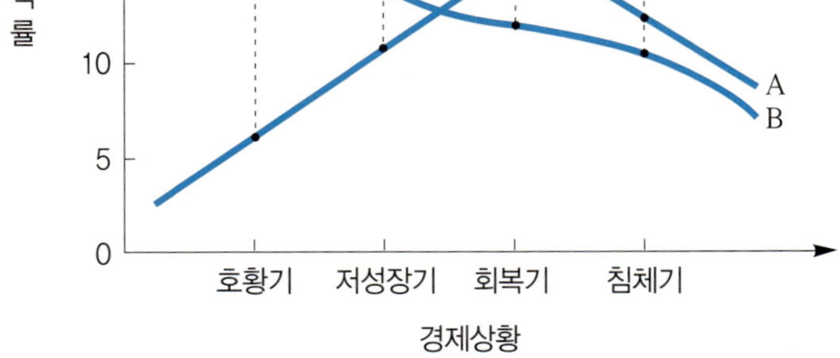

상관관계의 설명에 있어서 부연하고 싶은 것은 상관관계는 서로가 같이 움직이는 정도 및 방향을 의미하는 것이지, 상호 간의 인과관계를 의미하는 것은 아니라는 것이다. 위의 예를 살펴보면 A와 C는 서로 반대방향으로 일대일로 움직인다는 것을 보았다. 그러나 A가 C에게 그러한 영향을 준 것이라든지 아니면 C가 A에 영향을 주었다는 식의 인과관계를 설명하고 있지는 않다. 인과관계와 상관관계를 혼동하면 잘못된 해석을 낳을 수 있기 때문에 주의하여야 한다.

4.4 포트폴리오의 위험과 기대수익률

이제는 포트폴리오의 분산효과에 대하여 좀 더 구체적으로 설명하고자 한다. 우선 두 개의 자산들로 구성된 포트폴리오를 가지고 설명하는데, N개의 자산으로 구성된 포트폴리오에도 확장될 수 있다. 여기서는 N개의 자산으로 확장되는 설명은 생략하기로 한다.

포트폴리오의 기대수익률과 분산

포트폴리오의 위험과 기대수익률은 포트폴리오에 포함된 각 자산들의 성격과 비중, 그리고 상관관계에 따라 영향을 받는다. 전체 투자된 금액 중에서 A에 투자된 비중을 X_A라 하고, B에 투자된 비중을 X_B라 하자. 그러면 A와 B에 각각 X_A, X_B만큼의 비중으로 투자한 포트폴리오의 기대수익률은 다음과 같이 계산된다.

$$E(R_p) = X_A E(R_A) + X_B E(R_B) \tag{4.4}$$

여기서 $E(R_A)$는 A의 기대수익률을 의미하고, $E(R_B)$는 B의 기대수익률을 의미한다.

포트폴리오의 기대수익률 $E(R_p)$는 쉽게 계산될 수 있다. 예를 들어 포트폴리오의 15%가 A에 투자되었고 나머지 85%는 B에 투자되었다고 생각해 보자. 금액으로 말하면 전체 100만원 중에서 15만원을 A에 투자하고 85만원을 B에 투자하였다는 말이다. 다음의 표는 A, B 자산들의 분석 자료를 기대수익률과 분산 및 상호 간의 상관계수로 나타내고 있다.

자산들의 분석자료

	A	B
기대수익률	0.175	0.14
분　　산	0.002625	0.002460
상 관 계 수	0.94	

그러면 포트폴리오의 기대수익률은 다음과 같이 계산된다.

$$E(R_p) = 0.15 \times 0.175 + 0.85 \times 0.14 = 14.53\%$$

다음 단계는 포트폴리오의 위험 수준을 측정하는 것이다. 포트폴리오의 분산은 다음과 같이 계산된다.

$$\begin{aligned} \sigma_p^2 &= X_A^2\sigma_A^2 + X_B^2\sigma_B^2 + 2X_AX_B\sigma_{AB} \\ &= X_A^2\sigma_A^2 + X_B^2\sigma_B^2 + 2X_AX_B\rho_{AB}\sigma_A\sigma_B \end{aligned} \tag{4.5}$$

위에서 σ_A^2과 σ_B^2은 자산 A와 B의 분산을 표시하고, σ_{AB}는 A와 B의 공분산을, σ_A와 σ_B는 A와 B의 표준편차를, 그리고 ρ_{AB}는 A와 B의 상관계수를 나타낸다. 그러면 포트폴리오의 분산은 다음과 같다.

$$\begin{aligned} \sigma_p^2 &= (0.15)^2 \times (0.002625) + (0.85)^2 \times (0.002460) \\ &\quad + 2 \times (0.15)(0.85)(0.94)(\sqrt{0.002625})(\sqrt{0.002460}) \\ &= 0.002446 \end{aligned}$$

포트폴리오와 상관관계

앞에서 살펴보았듯이 포트폴리오의 분산 σ_p^2은 자산들 사이의 상관관계에 따라서 변할 수 있다. 포트폴리오의 분산은 상관계수 $\rho_{AB}=-1$인 경우, 즉 완전 음(-)의 상관관계일 때에 제일 작고, 상관계수 $\rho_{AB}=+1$인 경우에 최고치에 달한다. 한 가지 분명한 것은 분산의 효과는 완전 양(+)의 상관관계인 $\rho_{AB}=+1$이 되지 않으면 가능하다는 점이다.

여기서 설명하려는 것은 상관관계에 따라 포트폴리오의 위험과 기대수익률이 영향을 받는다는 사실이다. 즉 상관관계가 클수록 위험을 감소시킬 수 있는 가능성이 작아진다. 또한 포트폴리오 위험은 포트폴리오에 포함된 자산 중에서 가장 높은 위험을 가진 자산보다 위험이 커지지는 않는다는 사실이다. 다음의 예를 통하여 살펴보도록 하자.

예제

[그림 4-7]은 자산 R과 S로 구성되는 포트폴리오의 기대수익률과 위험을 표시한 것이다. 점 R은 R에 100%, 점 S는 S에 100% 투자한 경우이고, R과 S를 연결하는 선분은 R과 S의 결합비중에 따른 포트폴리오의 위험과 수익률을 표시한 점들의 연결이다. 예를 들어 R과 S의 중간점은 R에 50%, S에 50%를 투자한 포트폴리오의 경우이다.

그림에서 R과 S를 연결하는 직선은 완전 양(+), $\rho_{RS}=+1$의 상관관계를 나타내는데 그 경우에는 분산의 이익은 없다. 예를 들어 점 T는 R과 S를 각각 50% 포함한 포트폴리오를 나타낸다. 이 경우 포트폴리오 T는 분산의 이익은 없다. 왜냐하면 T의 경우는 기대수익률이 증가하기는 했지만, 그에 해당하는 만큼의 위험도 증가했기 때문에 분산의 이익이 없다고 하는 것이다.

포트폴리오에 포함된 자산들이 완전 양(+)의 상관관계인 $\rho_{RS}=+1$을 갖는 예외적인 경우를 제외하면, 통상 자산 R과 S를 결합한 포트폴리오들의 궤적은 곡선의 형태를 띤다. 예를 들어 점 U들도 R과 S를 각각 50%씩 포함한 포트폴리오이다. 점 U들과 점 T가

그림 4-7 상관관계와 포트폴리오 위험

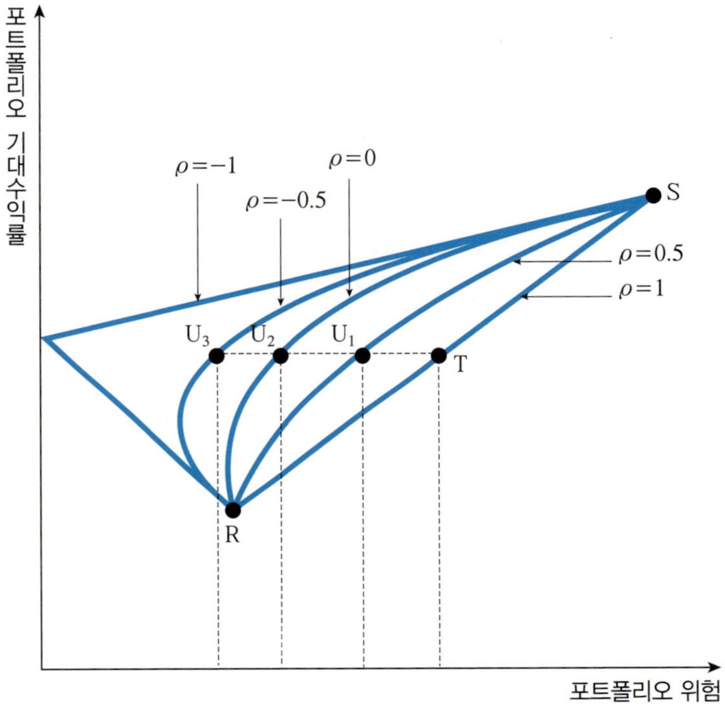

다른 점은 점 U들은 R과 S가 완전 양(+)의 상관관계를 갖지 않는다는 것이다.

여기서 살펴볼 것은 점 U들이 점 T보다 위험이 적다는 사실이다. 점 U들은 점 T와 기대수익률은 같지만 위험은 더 적다. 바로 이점이 포트폴리오 구성의 이익을 의미하는 것이다. 완전 양(+)의 상관관계를 갖지 않는 자산들의 결합, 즉 포트폴리오 구성을 통해서 기대수익률을 희생하지 않으면서도 위험의 감소가 가능한 것이다.

점 T가 점 R보다 기대수익률이 높은 것은 위험의 보상이라는 대가를 지불한 것이므로 이익이라고 말할 수는 없다. 즉 점 T는 기대수익률이 점 R보다 높지만, 그것은 위험의 증가에 대한 대가일 뿐이라는 것이다. 하지만 점 U들은 점 T와 동일한 기대수익률을 제공하면서도 위험이 줄어들었기 때문에 포트폴리오 구성의 이익이 존재하는 것이다.

전체적으로 상관계수가 작을수록 포트폴리오 구성의 이익은 증가하는 경향을 보인다. U_3는 상관관계가 가장 작은 경우이고, U_2는 U_1보다 상관관계가 작은 경우를 보여준다. 그림에서 보듯이 U_3가 U_2보다, U_2가 U_1보다 위험이 감소하는 폭이 큰 것을 알 수 있다.

포트폴리오 구성을 통한 위험의 감소는 각 자산들의 구성 비율에 따라서도 달라질 것이다. 자산들의 어떤 조합이 최소의 위험을 제공하는 것인지에 대한 구체적인 계산은 원론 수준에서는 취급하지 않을 것이나, 포트폴리오의 구성은 위험을 감소시키는 중요한 역할을 수행한다는 점은 확실히 할 필요가 있다.

[그림 4-7]은 자산 R과 S로 구성되는 포트폴리오가 어떤 성격을 갖는지를 나타내고 있다. 그림에 나타난 것처럼 각각의 곡선은 포트폴리오에 포함된 R과 S의 상관관계에 따라서 달라질 것이다. 그러므로 R과 S로 연결된 포트폴리오 선은 기회집합(opportunity set)이라고 할 수 있다.

개념확인

1. 포트폴리오의 기대수익률은 어떻게 계산되나?
2. 포트폴리오의 분산은 어떻게 계산되나?
3. 포트폴리오 위험과 자산들의 상관관계는?

4.5 효율적 곡선과 자본시장선

효율적 곡선

위에서 설명한 증권들의 결합인 기회집합은 2개의 증권으로부터, N개의 증권들로 구성되는 포트폴리오로 확장될 수 있다. 다양한 형태의 N개의 증권들을 상정한다면, 가능한 포트폴리오들의 기회집합은 다음 그림과 같은 면적을 형성할 것이다. [그림 4-8]에서 빗금친 부분은 N개의 증권들로 구성이 가능한 기회집합을 나타낸다.

그림에서 빗금친 모든 부분들은 포트폴리오 구성이 가능하지만, 그중에서도 *MV*

그림 4-8 효율적 곡선

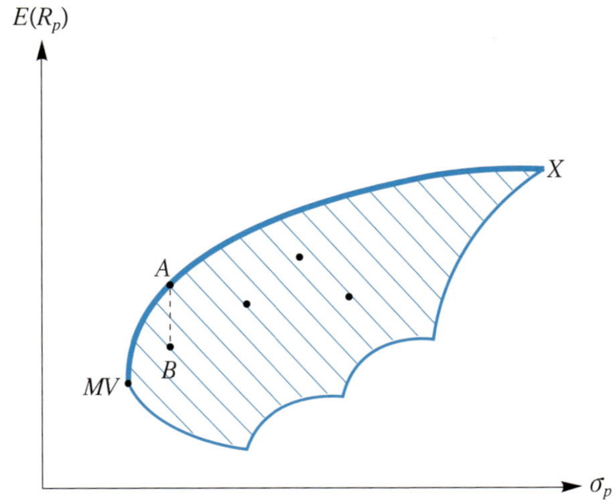

와 *X*로 연결된 선은 **효율적 곡선**(efficient frontier)이라고 불린다. 여기서 효율적이라는 의미는 가능한 영역 중에서 최선의 가능성을 제공한다는 뜻이다. 즉 주어진 위험수준에서 최선의 기대수익률을 제공하는 기회집합을 나타낸다.

그림에서 A와 B는 모두 가능한 영역에 포함된다. 그런데 A는 B보다 효율적이다. 왜냐하면 A는 B와 같은 위험을 갖지만, 더 높은 기대수익률을 제공하기 때문에 효율적이라고 할 수 있다. 즉 효율적 곡선은 주어진 위험수준에서 최고의 기대수익률을 제공하는 결합들의 연결선인 것이다.

여기서 *MV*를 최소분산포트폴리오(minimum variance portfolio)라고 부르는데, *MV*는 위험을 포함한 증권들로 구성이 가능한 최소위험을 제공하는 포트폴리오라는 의미이다. 결국 효율적 곡선은 위험을 포함한 증권들로 구성된 최선의 선택 가능 영역을 의미하는 것이고, 무위험증권을 포함한다면 우리의 선택 영역은 더욱 확장되게 된다.

자본시장선

자본시장선(capital market line)은 효율적 곡선에서 무위험증권을 추가해서 개념을 자본시장으로 확장한 결과이다. 효율적 곡선은 위험증권(risky securities)들로 구성된 최적의 선택 가능 영역을 나타냈다. 자본시장에는 무위험증권이 존재하고, 그것이 우리의 선택영역에 포함되어야 한다.

무위험증권은 위험이 없기 때문에 변동성이 없고, 그것의 표준편차는 제로(0)이다. 무위험증권(risk free security)은 국채로 대표된다. 그런데 무위험증권과 위험증권 혹은 위험을 포함한 포트폴리오와의 결합은 직선으로 연결되는 새로운 영역을 가능하게 한다. 다음의 예를 통하여 위험증권과 무위험증권의 결합을 생각해보자.

갑은 M회사의 주식에 투자하는 것을 고려중이다. 또한 은행으로부터 무위험이자율로 예금을 하거나 대출을 받을 수도 있다. 주식과 무위험자산의 성격은 다음과 같다.

	M주식	무위험증권
기대수익률	14%	5%
표준편차	0.60	0

갑이 투자하려는 총금액은 1,000원이다. 그중에서 400원을 M주식에 투자하고 600원을 무위험증권에 투자하려고 한다. 전체 투자에 대한 기대수익률은 투자금액의 가중평균으로 다음과 같이 계산된다.

$$\text{기대수익률} = 0.086 = 0.40 \times 0.14 + 0.60 \times 0.05$$

그러면 분산 혹은 표준편차는 어떻게 계산되는가? 무위험증권의 분산이나 표준편차는 0(제로)이고, 무위험증권과 다른 증권과의 공분산 혹은 상관계수도 0(제로)이다. 그러므로 M주식 40%와 무위험증권 60%로 구성된 포트폴리오의 분산과 표준편차는 다음과 같다.

그림 4-9 자본시장선

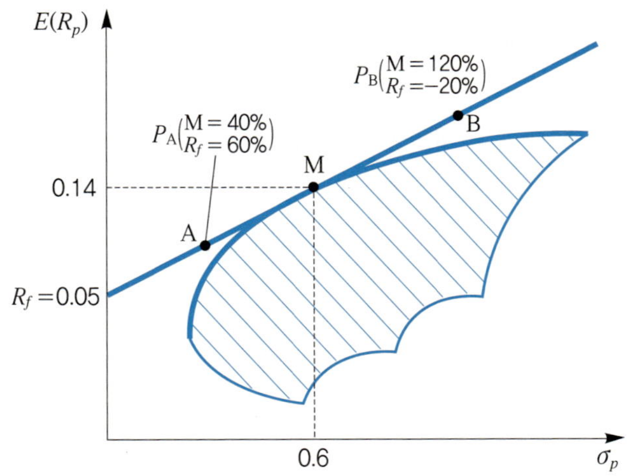

$$Var_p = (0.40)^2 \times (0.60)^2 = 0.0576$$
$$\text{표준편차} = 0.24$$

[그림 4-9] 선상의 점 A가 M주식 40%와 R_f 60%로 구성된 포트폴리오를 나타낸다.

예를 하나 더 들어보기로 하자. 갑은 추가적으로 200원을 대출 받아서 M주식에 투자하려고 한다. 이 경우에 갑의 기대수익률과 표준편차를 생각해보자. 갑은 자기가 가진 투자금액의 120%를 M에, 그리고 −20%를 무위험증권에 투자한 것이므로, 갑의 투자로부터의 기대수익률은 다음과 같이 계산된다.

$$\text{기대수익률} = 15.8\% = (1.2 \times 0.14) + (-0.20 \times 0.05)$$

계산된 기대수익률이 M주식의 기대수익률보다 큰 것을 발견할 수 있다. 이러한 현상은 5%에 차입한 것을 가지고 14%의 기대수익률에 투자하기 때문에 나타난 현상이다. 또한 표준편차는 다음과 같이 계산된다. 이렇게 구성된 포트폴리오는 [그림

4-9]에서 점 B로 나타나 있다.

표준편차$=0.72=1.20\times0.6$

물론 표준편차도 M주식의 표준편차보다 크다. 투자를 하는 경우에 위험증권을 증가시키면 투자의 변동성이 증가하는 것은 당연한 일이다. 그러므로 위험증권과 무위험증권으로 구성된 포트폴리오의 궤적은 [그림 4-9]와 같이 나타난다. 즉 위험증권과 무위험증권으로 구성된 포트폴리오의 궤적은 직선을 그리게 되는 것이다.

그런데 앞에서 살펴보았듯이 위험증권들로 구성된 최선의 선택영역은 효율적 곡선이고, 효율적 곡선과 무위험증권의 연결이 효율적인 선택 가능 영역이 될 것이다. 그중에서도 가장 효율적인 선택 가능 영역은 무위험증권과 효율적 곡선의 접점을 연결하는 결합인 것인데, 이 결합이 자본시장선이다.

자본시장선은 자본시장에서의 최적 선택 가능 영역을 위험과 기대수익률의 관계로 나타낸 것이다. 그림에서 자본시장선은 무위험증권인 R_f와 효율적 곡선의 접점인 M을 연결한 선으로 결정된다. 위험증권들의 효율적 곡선과 무위험증권이 접하는 점 M은 위험이 존재하는 시장에서의 증권들의 궁극적인 위험증권들의 결합이다. 그러므로 점 M은 **시장포트폴리오**(market portfolio)라고 불린다.

그러므로 투자자의 선택은 자본시장선 위에서 이루어진다. 구체적인 선택은 투자자의 위험에 대한 태도에 따라서 결정될 것이다. 즉 위험을 회피하는 정도가 높은 사람은 R_f 쪽에 가까운 점, 예를 들면 A에서 선택할 것이지만 위험을 회피하는 정도가 적은 사람은 R_f에서 멀리 떨어진 점, 예를 들면 B을 선택할 것이다.

자본시장선과 분리의 원칙

자본시장선을 나타내고 있는 [그림 4-10]을 살펴보기로 하자. 투자자들은 자신들의 효용을 가능한 범위에서 극대화하려 한다. 투자자들의 효용곡선(무차별곡선)은

그림 4-10 자본시장선과 분리의 원칙

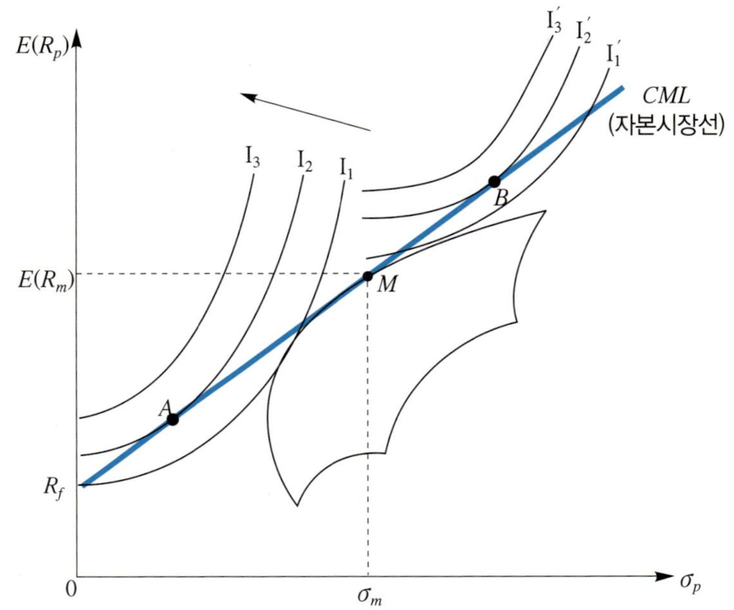

각자의 취향에 따라 다를 수 있다. 그림에서와 같이 어떤 투자자들은 I계열의 효용곡선을 가지며, 다른 어떤 투자자는 I′계열의 효용곡선을 가질 수 있다. 하지만 모든 투자자가 자신의 효용을 극대화하려고 한다는 측면에서는 마찬가지다.

그림에서와 같이 I계열의 효용을 가진 투자자는 I_2와 자본시장선이 접하는 A점을 선택할 것이고, I′계열의 효용을 가진 투자자는 I_2'과 자본시장선이 접하는 B점을 선택하게 될 것이다. 여기서 우리가 주목할 사실은 서로 다른 효용곡선을 가진 투자자들은 A와 B라는 다른 선택을 하지만, A와 B는 모두 자본시장선 위에 존재한다는 사실이다.

자본시장선이 나타내고 있는 또 하나의 요점은 자유로운 자본시장에서는 위험증권들의 최종적인 결합이 항상 점 M이라는 시장포트폴리오로 귀결된다는 사실이다. 투자자들은 결국 R_f와 M으로 구성된 자본시장선 위에서 선택하게 되는데, 시장포트폴리오 M은 개별 증권들의 성격을 갖는 것이 아니고 시장의 성격을 갖는다는 사실이다.

그러므로 자본시장선은 결국 **분리의 원칙**(separation principle)을 성립시키게 된다. 투자자들은 자신들의 위험에 대한 태도와 상관없이 R_f와 M으로 구성된 자본시장선 위에서 선택하는 것이다. 즉 투자자들의 선택은 자신들의 위험에 대한 태도에 따라 서로 다른 비중의 R_f와 M을 선택하겠지만, 결국은 R_f와 M으로 구성된 포트폴리오를 선택하게 되기 때문에 자신들의 선호와 분리되게 된다.

또한 자본시장선은 각 증권들의 개별적인 성격과 분리되어 구성된다. 자본시장선은 R_f와 M으로 구성되는 포트폴리오의 궤적을 의미하는데, R_f와 M은 개별적인 증권들의 성격을 반영하는 것이 아니고, 자본시장에서의 거래를 수행하는 R_f와 분산의 이익을 극대화시킨 최종적인 포트폴리오인 시장포트폴리오에 의해서 결정되는 것이다. 결국 투자자의 선택은 각 증권들의 성격과 상관없이, 그리고 투자자의 위험에 대한 태도와 상관없이 자본시장선 위에서 결정되는 것이다.

개념확인

1. 효율적 곡선은 무엇인가?
2. 자본시장선은 무엇인가?
3. 효율적 곡선과 자본시장선의 차이는 무엇인가?
4. 자본시장선 분리의 원칙의 의미는 무엇인가?

4.6 포트폴리오 위험의 성격

분산의 한계

포트폴리오의 구성은 **분산효과**(diversification effect)에 의한 위험의 감소를 목적으로 한다. 분산효과는 포트폴리오에 포함되는 증권의 숫자가 증가할수록 증가한다. 그러므로 2개의 증권으로 구성된 포트폴리오보다는 3개의 증권으로 구성된 증권의 포트폴리오가 분산효과가 크다. 즉 포트폴리오에 포함되는 증권의 숫자가 증가할수록 위험은 감소하는 것이다.

그런데 포트폴리오에 포함된 증권의 숫자가 무한대가 된다면, 분산의 효과에 의해서 위험은 제로(0)가 되는가? 물론 현실적으로 포트폴리오에 포함될 수 있는 증권의 숫자는 무한대가 될 수 없을 것이다. 현실적인 시장에서는 시장포트폴리오를 구성하는 증권들이 최대한의 숫자가 될 것이다.

포트폴리오에 포함된 증권의 숫자가 증가할수록, 분산효과에 의해서 위험이 감소하는 것은 사실이지만, 증권의 숫자가 무한대로 증가한다고 해서 위험이 완전히 제거되는 것은 아니고 어느 정도의 위험은 남게 된다. 다시 말하면 분산효과에 의하여 위험을 완전히 제거하는 데는 한계가 있다는 뜻이다.

[그림 4-11]은 포트폴리오에 포함된 증권의 숫자와 포트폴리오 전체 위험과의

그림 4-11 증권의 수와 포트폴리오 위험

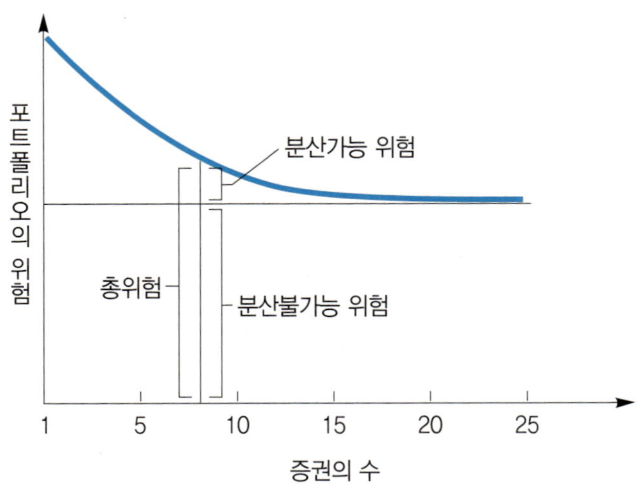

관계를 나타낸 것이다. 그림이 보여주는 의미는 두 가지로 정리해 볼 수 있다. 첫째, 포트폴리오에 포함되는 증권의 숫자가 증가함에 따라서 전체 위험이 감소한다는 사실이다. 둘째, 포트폴리오에 포함되는 증권의 숫자가 증가한다고 해서 위험이 제로(0)로 수렴하는 것은 아니라는 사실이다.

결과적으로 전체 위험은 포트폴리오 구성에 의해서 줄어들 수 있는 위험과 줄어들지 않는 위험으로 구분될 수 있다. 즉 전체 위험은 포트폴리오 구성을 통해서 제거할 수 있는 분산가능 위험과 포트폴리오 구성을 통해서 제거할 수 없는 분산불가능 위험으로 나뉠 수 있을 것이다.

포트폴리오에 포함되는 증권들의 숫자가 증가하면 분산가능 위험은 제로(0)가 되고, 포트폴리오에는 분산불가능 위험만 남게 될 것이다. 개념적으로는 분산가능 위험이 제로(0)가 되어 사라지기 위해서는 포트폴리오에 시장의 모든 증권들을 포함시키면 될 것이다.

분산가능 위험을 완전히 제거하기 위해서는 시장포트폴리오를 구성하는 모든 증권들을 포함해야 할 것이다. 하지만 좀 더 현실적인 차원에서는 약 30개 정도의 증권을 적절히 결합한다면 시장포트폴리오와 유사한 형태, 즉 분산가능 위험을 제거한 포트폴리오를 구성할 수 있다고 알려져 있다. 그렇게 되면 시장포트폴리오를 복제하는 포트폴리오의 관리가 수월해진다는 장점이 있다.

분산가능 위험과 분산불가능 위험

앞에서 살펴보았듯이 잘 분산된 포트폴리오를 구성하면 전체 위험은 분산효과에 의하여 제거되는 부분과 제거되지 않는 부분으로 나눠진다. 즉 전체 위험은 **분산불가능 위험**(undiversifiable risk)과 **분산가능 위험**(diversifiable risk)으로 나눠진다.

분산불가능 위험은 시장에 존재하는 모든 증권들을 포함시켜도 사라지지 않는 위험이다. 이론적으로 말하면 시장에 존재하는 모든 증권을 포함하는 시장포트폴리오(market portfolio)를 구성해도 시장 전체의 변동성은 사라지지 않는다. 그러므로 분산효과를 통해서 제거되지 않는 분산불가능 위험은 시장위험이라고도 불린다.

시장위험(market risk)은 시장의 변동성을 의미한다. 포트폴리오에 포함된 증권의 수가 많아지면, 포트폴리오의 움직임은 시장 전체의 움직임과 유사해질 것이다. 증권시장은 시장경제를 반영하는 것이고, 분산된 포트폴리오의 변동성이 시장 전체의 변동성과 유사해지는 것은 당연할 것이다.

시장위험은 전체 위험 중에서 경제의 구조에 의해서 결정되는 부분이다. 모든 기업들은 정도의 차이는 있으나 전반적인 경제 상황에 영향을 받는다. 경제가 전반적으로 호황일 경우에는 대부분의 기업들의 상태도 좋으나 경제가 전반적으로 침체된 경우에는 경영이 좋은 기업들조차도 최상의 성과를 얻지는 못한다. 시장위험은 경제의 전반적인 상태뿐만 아니라 조세제도의 변화, 국제적인 원유가의 등락, 전쟁의 위협 등과 같은 요인들에 영향을 받는다.

이러한 요인들은 시장위험과 체계적으로 연결되어 있기 때문에 이것을 **체계적 위험**(systematic risk)이라고 부르기도 한다. 시장위험은 개별 기업이 관리할 수 있는 것들이 아니고, 개별 기업 입장에서는 외부적으로 영향을 받는 요인들이다. 물론 기업에 따라서 영향을 받는 정도는 달라질 것인데, 경제 상황의 변화에 민감한 기업들은 높은 시장위험을 갖게 되고, 경제 상황에 덜 민감한 기업들은 낮은 시장위험을 갖게 될 것이다.

$$
\begin{aligned}
\text{전체 위험} &= \text{분산불가능 위험} + \text{분산가능 위험} \\
&= \text{시장 위험} + \text{고유위험} \qquad (4.6) \\
&= \text{체계적 위험} + \text{비체계적 위험}
\end{aligned}
$$

이제 포트폴리오 구성에 의해서 제거되는 위험의 성격을 살펴보기로 하자. 포트폴리오를 구성하여 제거되지 않는 위험을 분산불가능 위험이라고 한다면, 포트폴리오를 구성하여 제거되는 위험은 분산가능 위험이라고 말한다. 포트폴리오 구성을 통해서 제거가 가능하다는 의미이다.

분산가능 위험은 **고유위험**(unique risk)의 성격을 가지고 있다. 고유위험은 시장위험과는 달리 해당 기업에 특정된 위험이다. 기술의 노후화에 따른 위험, 경쟁의 심화에 따른 위험, 특허권과 관계된 위험, 노조문제에 따른 위험, 경영스타일에 따른 위험, 지역적 특성에 따른 위험 등은 고유위험의 예이다. 이러한 위험들은 포트폴리오 구성을 통해서 제거될 수 있는 위험이다.

예를 들어 제주도에 위치한 기업은 제주도라는 지역적 특성, 즉 고유위험을 갖는다. 하지만 포트폴리오에 여러 지역의 기업들을 포함시키면, 예를 들어 제주도, 경상도, 전라도, 충청도, 강원도, 수도권 등을 포트폴리오에 포함시키면, 개별 기업은 지역적 특성을 갖지만 포트폴리오에 의해 지역적 특성은 제거되는 것이다.

분산가능 위험은 **비체계적 위험**(unsystematic risk)이라고 불리기도 한다. 고유위험들은 개별 기업에 특정된 위험이기 때문에 시장과 체계적으로 연결되어 있지 않다. 이러한 비체계적 위험은 포트폴리오의 분산효과를 통해서 제거할 수 있는 위험이다.

해당위험과 기회비용

재무관리에서 기대수익률과 위험은 보상관계를 갖는다. 여기서 우리가 **해당위험**(relevant risk)이라고 부르는 위험은 기대수익률에 의해서 보상을 받을 수 있는 위험을 의미한다. 이제 해당위험은 개별 자산의 분산이나 표준편차로 계산되는 위험이 아니고, 포트폴리오 구성에 의하여 제거되지 않는 위험을 의미한다는 점을 이해할 수 있을 것이다.

투자자들은 증권들을 조합하여 분산투자를 하는 경우에 전체적인 위험 수준을 낮출 수 있다. 즉 포트폴리오 위험은 각 자산들의 위험의 합계보다는 적은데 그것은 고유위험을 줄일 수 있기 때문이다. 그러므로 투자자들은 분산에 의해서 제거될 수 있는 위험인 고유위험에 대해서는 대가를 지불하지 않을 것이고, 고유위험은 해당위험에 포함되지 않는 것이다.

이 문제를 다른 측면에서 살펴보도록 하자. 투자자가 보유하는 자산들은 결국 포트폴리오로 구성된다. 포트폴리오의 입장에서 살펴보면 각 자산의 위험이 포트폴리오 위험에 영향을 미치는 정도는 스스로 위험보다 적다. 왜냐하면 포트폴리오 위험에 기여하는 개별 자산의 위험은, 개별 자산 전체의 위험에서 고유위험을 제외한 부분이기 때문이다.

이러한 사실은 재무관리에서 중요한 의미를 갖는데, 위험과 기대수익률의 보상관계를 결정하는 것은 해당 위험이기 때문이다. 결국 투자자들은 분산하여도 사라지지 않는 위험인 시장위험에 대해서만 보상을 기대할 수 있을 것이다. 여기서 보상이라 함은 기대수익률을 의미한다.

예제

어떤 투자자가 자체로서 5단위의 위험을 갖고 있는 A주식을 구입하려 한다고 가정하자. 논의의 편의를 위해서, 이 예제에서는 위험의 단위에 대한 정의는 언급을 유보하기로 한다.

이 사람이 자신이 보유하고 있는 기존의 포트폴리오(현재 10단위의 위험을 보유함)에 A주식을 편입시킬 경우 새로운 포트폴리오의 위험은 13단위가 된다고 상정해보자. 우리가 관심을 갖는 사실은 새로운 포트폴리오의 위험이 기존의 포트폴리오 위험에 새로운 주식의 위험을 합한, 즉 10+5=15만큼을 갖는 것이 아니고, 분산의 효과 때문에 13단위만큼의 위험을 갖는다는 사실이다.

투자자의 입장에서는 5단위의 위험을 갖는 A주식을 편입시키면서 3단위의 위험이 있는 주식을 편입하는 것과 같은 효과를 갖는 것이다. 즉 2단위의 위험은 포트폴리오에 편입되면서 분산효과에 의하여 제거된 것을 알 수 있다. 투자자들은 자신이 부담하는 위험에 대하여만 보상받기 때문에 이 투자자의 경우도 3단위의 위험에 대하여만 보상을 기대할 수 있는 것이다. 즉 A주식의 해당 위험은 3단위 위험이다.

개념확인

1. 분산가능 위험의 성격은 무엇인가?
2. 분산불가능 위험의 성격은 무엇인가?
3. 해당 위험의 의미는 무엇인가?

4.7 자본자산 가격결정모형(*CAPM*)

시장의 가치평가모형 중에서도 가장 널리 알려진 모형은 **자본자산 가격결정모형**(Capital Asset Pricing Model : *CAPM*)이다. 자본자산 가격결정모형은 앞에서 설명한 포트폴리오 이론에 시장의 균형, 즉 수요와 공급의 일치라는 조건을 추가하는 경우에 나타나는 논리적 결과이다.

*CAPM*모형은 시장의 균형상태에서 위험과 요구수익률의 관계를 설명하는 중요한 모형으로 수많은 실증분석의 기초를 제공하였다. 특히 *CAPM*은 직관적인 설명력이 높기 때문에 많은 응용 연구의 대상이 되었다.

*CAPM*의 기본적인 원리는 **위험과 기대수익률의 보상관계**로부터 출발한다. 위험회피적인 투자자들은 그들이 부담하는 위험에 대하여 적절히 보상받지 못한다면 위험이 있는 자산들을 보유하지 않을 것이다. 위험이 높은 자산은 그에 상응하는 기대수익률로 보상되어야 한다. 만약 위험에 대한 보상이 없다면 투자자들은 위험이 없는 자산에만 투자하려 할 것이다.

*CAPM*의 구조에서는 모든 투자자들은 완전히 분산된 포트폴리오를 소유하는 것을 전제로 한다. 완전히 분산된 포트폴리오는 경제 전체에 포함되는 모든 자산을 시장가치의 비중에 따라 포함시킨 시장포트폴리오(market portfolio)를 의미한다. 현실적으로는 시장의 위험과 기대수익률을 나타내는 대용값으로 종합주가지수가 이용되고 있다.

*CAPM*에 따르면 자산(i)의 기대수익률은 자산의 위험과 다음과 같은 관계를 갖는다.

$$E(R_i)=R_f+\beta_i\,[E(R_m)-R_f] \tag{4.7}$$

위의 식에서 $E(R_i)$: 자산 i의 기대수익률 혹은 요구수익률
R_f : 무위험수익률
β_i : 자산 i의 베타계수
$E(R_m)$: 시장포트폴리오의 기대수익률

위의 식에서 $[E(R_m)-R_f]$는 시장위험 1단위에 대한 위험보상의 성격으로서 시장위험에 대한 프리미엄이다. 그리고 기대수익률은 균형조건에서는 요구수익률과 같아질 것이다. 우리는 여기서 기대수익률과 요구수익률을 혼용하고 있는데 그 문제는 다음에 언급하고자 한다.

*CAPM*에서 설명하는 해당 위험은 베타위험(β risk)이다. *CAPM*은 요구수익률 혹은 기대수익률이 베타위험과 보상관계를 갖는다고 설명한다. 다시 말하면 시장의 균형을 전제로 할 때 요구수익률 혹은 기대수익률은 β위험의 함수라는 것이다. 그러므로 베타를 이해하는 것은 자본자산 가격결정모형의 핵심이 된다.

베타의 의미

베타는 시장수익률의 변화에 따른 특정 증권의 **시장민감도**(market sensitivity)를 측정하는 통계적인 개념이다. 즉 시장의 변동성에 해당 증권이 얼마나 민감하게 변동하느냐를 나타내는 측정값이다. 그러므로 특정 증권의 위험인 베타(β)는 전체 시장의 변동성과 연계된 해당 증권의 체계적 위험지수라고 할 수 있다.

베타를 통계적으로 살펴보는 것은 베타의 개념을 이해하는 데 도움이 될 수 있다. 베타 계수는 실질적으로 다음과 같이 계산된다.

$$\beta_i = \frac{\sigma_{im}}{\sigma_m^2} = \frac{\rho_{im}\sigma_i\sigma_m}{\sigma_m^2}$$

위의 식에서 σ_{im}은 자산 i와 시장 m의 공분산을 의미하며, ρ_{im}은 i와 m의 상관계수를 의미한다. 또한 σ_i, σ_m은 자산 i와 시장 m의 표준편차를 의미하며 σ_m^2은 시장의 분산을 의미한다.

베타의 통계적 정의를 통하여 베타의 결정에 대한 몇 가지 요인들을 살펴볼 수 있다. 첫째, 베타는 양(+)의 값과 음(−)의 값을 가질 수 있다. 왜냐하면 상관계수 ρ_{im}은 −1에서 +1 사이의 값을 갖기 때문이다. 시장과의 상관계수가 0인 증권의 경우에는, 즉 시장의 움직임과 독립적인 경우, $\beta_i=0$이 되고 베타위험은 없다. 예를 들면, 국채와 같은 무위험증권이 $\beta_i=0$인 경우이다.

시장과의 상관계수가 양(+)인 경우에는 베타도 양(+)의 값을 가지며, 상관계수가 음(−)인 경우에는 베타도 음(−)의 값을 갖는다. 현실적으로는 대부분의 증권과 포트폴리오들은 양(+)의 베타 값을 갖는다. 왜냐하면 대부분의 증권들은 시장의 변화와 같은 방향으로 움직이는 경향이 있기 때문이다.

베타의 의미를 도식으로 표현하면 [그림 4-12]와 같다. 베타는 시장의 변화와 연계된 특정증권의 변동성을 측정한다. 어떤 주식이 $\beta=1.0$을 갖고 있다면 시장 전체의 위험과 같은 정도의 위험을 갖고 있음을 의미한다. 베타가 1.0보다 큰 경우는

그림 4-12 시장의 변화와 베타

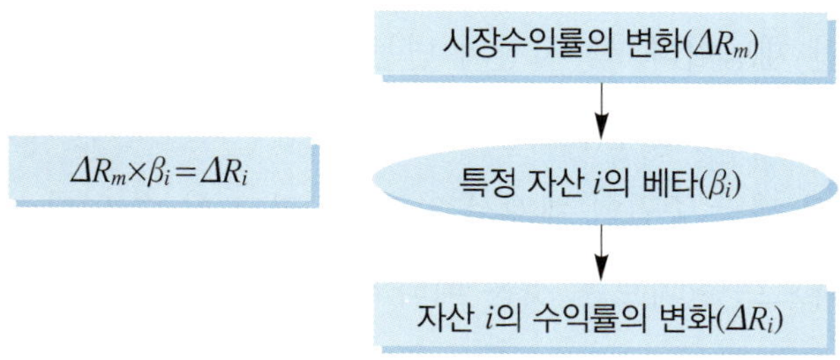

시장보다 큰 위험을 의미하며 시장 전체의 움직임보다 수익률의 변동성이 클 것이다. 베타가 1.0보다 작은 경우에는 시장의 움직임보다 작은 변동성을 갖는 것을 의미한다.

A회사의 베타가 1.5인 경우를 생각해 보자. A회사의 경우는 시장수익률이 2% 올라갈 경우에 평균적으로 2%×1.5=3%로 수익률이 증가할 것으로 예상된다. 반면에 시장수익률이 10% 하락한다면 A회사의 수익률은 10%×1.5=15%만큼 하락할 것으로 예상된다. 즉 베타는 시장수익률에 대한 민감도를 결정하는 변수이다.

포트폴리오의 베타

개별 자산이 베타를 갖는 것과 마찬가지로 자산들의 결합인 포트폴리오도 역시 베타를 갖는다. 포트폴리오의 β계수는 포트폴리오에 포함된 자산들의 비중과 각 자산들의 베타에 따라서 달라진다. 포트폴리오의 베타를 구하는 식은 다음과 같다.

$$\beta_p = \sum X_i \beta_i \tag{4.8}$$

위의 식에서 β_i는 i자산의 베타를 의미하고 X_i는 포트폴리오에 포함된 i자산의 비중을 의미한다. 결국 포트폴리오의 베타는 포트폴리오에 포함된 자산들의 베타의 가중평균이라고 할 수 있다. 그리고 시장에 존재하는 모든 증권들을 포함시킨 시장 포트폴리오의 베타는 1이다.

예제 포트폴리오 베타의 계산

포트폴리오 P는 세 개의 자산으로 구성되어 있다. 포트폴리오에 포함된 각 자산의 비중은 같으며 각 자산의 베타는 0.6, 1.2, 1.8이다. 포트폴리오 P의 베타를 구하면 다음과 같다.

$$\beta_p = \sum X_i \beta_i = \frac{1}{3} \times 0.6 + \frac{1}{3} \times 1.2 + \frac{1}{3} \times 1.8$$
$$= 1.2$$

그러므로 포트폴리오 P는 시장의 움직임에 대하여 120% 민감하다. 즉 시장의 기대수익률이 1% 바뀔 때 포트폴리오 P의 수익률은 같은 방향으로 1.2%만큼 바뀐다.

개념확인

1. *CAPM*에서 정의하는 해당 위험은 무엇인가?
2. *CAPM*에서 기대수익률의 결정은 어떻게 이루어지나?
3. β의 의미는 무엇인가?
4. 포트폴리오 β는 어떻게 구하는가?

4.8 증권시장선

*CAPM*모형을 그래프로 나타낸 것이 **증권시장선**(security market lin: SML)이다. 증권시장선은 직선으로 표시되는데, X축은 β위험을 나타내고 Y축은 요구수익률로 표시된다. 즉 분산불가능 위험에 대한 요구수익률의 궤적인 것이다. 그러므로 증권시장선을 보면 위험과 수익률의 보상관계를 뚜렷이 발견할 수 있다. β위험이 증가할수록 요구수익률도 그에 따라 증가하는 것이다. [그림 4-13]은 $R_f = 7\%$, $E(R_m) = 11\%$인 증권시장선을 나타낸다. 이 경우에 시장위험프리미엄은 11−7=4%이고, 베타가 1.5인 자산 A의 위험프리미엄은 6%이다.

예제 주식의 기대수익률의 계산

국채의 수익률인 무위험수익률이 7%라고 가정하자. 시장수익률이 11%가 될 것으로 기대된다면, $\beta = 1.5$인 주식 j의 기대수익률은

그림 4-13 증권시장선(SML)

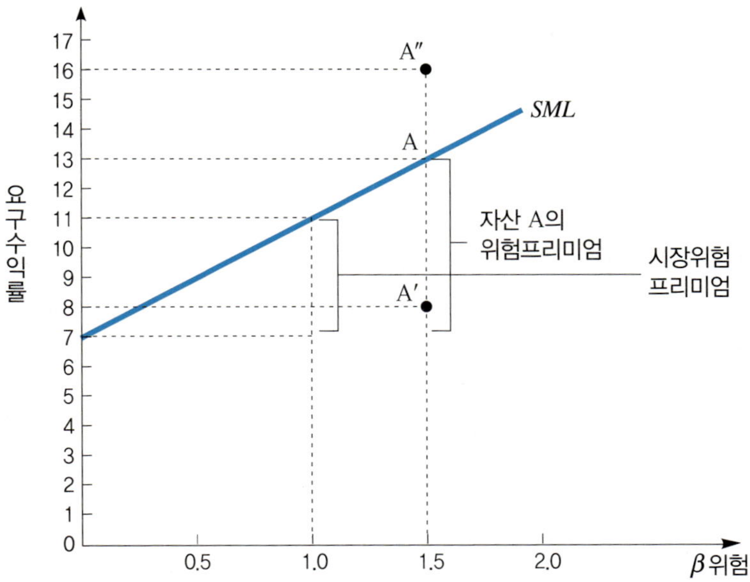

$$E(R_A)=0.07+1.5[0.11-0.07]=0.13(\text{즉 } 13\%)$$

여기서 시장위험 1단위에 대한 보상인 시장의 위험프리미엄은 4%이다. 그러므로 시장위험의 1.5배에 해당되는 위험을 선택하는 경우의 위험프리미엄은 $1.5\times4\%=6\%$이다. 무위험수익률이 7%이고, 위험프리미엄이 6%인 경우에 투자자는 13%의 수익률을 기대하는 것이 당연하다.

위의 예는 다른 대안에 대한 투자수익률(여기서는 시장수익률)이 높아질수록 기대수익률이 높아진다는 기본적인 원리를 보여주고 있다. 시장위험에 대한 프리미엄이 증가할수록 특정자산의 수익률은 β에 비례하여 증가하는 것이다. 그러므로 *CAPM*은 다음과 같은 형태로 표현될 수도 있다.

기대수익률 = 무위험수익률 + 위험프리미엄
= 무위험수익률 + (위험수준 × 단위당 위험프리미엄) (4.9)
= 무위험수익률 + (위험수준 × 시장위험프리미엄)

과대평가, 과소평가, 적정평가

장기적으로 균형상태에서는 모든 자산은 증권시장선 상에 위치하게 된다. 모든 자산이 증권시장선에 위치하는 이유에 대해서 생각해 보자. 앞에서 예시한 자산 A를 예를 들어 과대평가, 과소평가, 그리고 적정평가에 대한 설명을 해 보기로 하자. 증권시장선 위에 위치하지 않는다고 가정해 보자.

자산 A가 *CAPM*이 제시하는 수준의 균형가격과 같은 수준에 있다면 해당 자산은 적정평가된 것이라고 말할 수 있다. 여기서 '적정'하다는 말은 현재가치가 위험과 기대수익률의 관계를 적절히 반영한다는 것을 의미한다. 다시 말하면, 적정평가의 경우는 요구수익률과 기대수익률이 동일하다는 의미이다.

하지만 자산 A가 증권시장선 위에 위치하지 않고 현실의 기대수익률이 8%인 A′에 위치해 있다고 상정해 보자. A′의 위치는 증권시장선 아래에 위치한다는 것인데, 이 경우는 A가 과대평가되었다고 말한다. A의 β위험이 1.5인 경우에 시장은 13%의 수익률을 요구하는데, 현실의 A는 8%의 기대수익률만을 제공하고 있어서 시장의 요구에 부응하지 못하고 있다. 자산 A가 A′ 위치에 존재한다는 것은 베타위험이 요구하는 만큼의 수익률을 제공하지 못하는 것이기 때문에 투자자들은 자산 A를 과대평가되었다고 판단하고 매도할 것이다.

결국 과대평가된 자산 A의 가격은 하락하게 되고, 자산 A의 가격 하락은 잠재적인 기대수익 $E(R_A)$를 상승시키게 된다. 이러한 조정과정은 자산 A가 증권시장선 상에 위치할 때까지 계속될 것이다.

자산 A가 A″ 위치에 존재하는 때는 과소평가된 경우이다. A″ 위치에서는 시장의 요구수익률이 13%보다도 높은 16%의 기대수익률을 제공하는 경우인데, 투자자들은 시장의 요구보다 높은 수익률이 기대되는 A″ 자산을 저평가되었다고 판단하고 매입하려고 할 것이다.

시장가격이 적정평가보다 높은 경우에 '**과대평가**(overvalued)'되었다고 하고, 반대로 낮은 경우에 '**과소평가**(undervalued)'되었다고 말한다. 증권시장선 아래쪽에 위치하는 경우에는 위의 설명에서와 같은 논리로 과대평가되었다고 하고, 증권시장선 위쪽에 위치하는 경우에는 과소평가되었다고 한다. 과대평가의 경우는 해당 자산의 기대수익률이 시장이 요구하는 요구수익률보다 낮은 경우를 말하며, 과소평가의 경우는 해당 자산의 기대수익률이 요구수익률보다 높은 경우를 말한다.

개념확인

1. 증권시장선은 무엇인가?
2. 장기적으로 모든 자산이 증권시장선 상에 위치하는 이유는?
3. 과대평가와 과소평가의 의미는?

4.9 *CAPM*의 현실적 의미

*CAPM*과 재무관리

*CAPM*모형의 현실적인 적용을 위해서는, 즉 β를 계산하는 경우에, 과거의 자료들이 사용된다. 과거의 수익률 자료들을 사용하여 계산되는 베타위험은 미래의 변동성을 반영하지 못할 가능성이 있다. 그러므로 *CAPM*모형에 의하여 실제로 계산된 베타를 이용하는 경우에는 미래의 상황도 추가적으로 감안하여 판단하는 것이 바람직하다.

*CAPM*모형은 암묵적으로 완전경쟁시장을 가정하고 있다. 예를 들어 시장에는

많은 증권의 공급자와 수요자가 존재하며, 각각의 투자자들은 같은 정보를 공유하며, 투자에 대한 제약이 없으며, 거래비용이나 세금이 없으며, 투자자들이 증권에 대한 견해가 유사하며, 또한 투자자들은 위험회피적인 태도를 가지고 있다는 것들을 가정하고 있다.

이러한 완전경쟁시장의 가정들이 비현실적인 부분이 있기는 하지만, *CAPM*은 현실적으로 위험과 수익률의 보상관계를 상당히 잘 설명하는 것으로 인식되고 있다. 물론 *CAPM*이 모든 자산의 위험과 수익률에 대한 관계를 완전히 설명하는 것은 아니지만, 적어도 위험과 수익률의 보상관계에 관한 유용한 개념을 제공하는 것은 사실이다. 재무관리에서 위험과 수익률에 대한 구체적인 이해는 중요한 의미를 갖는다.

기대수익률과 요구수익률의 개념

기대수익률과 요구수익률의 개념은 간혹 혼용되는 경우가 있기 때문에, 학생들이 혼동할 가능성이 있으리라고 본다. 앞에서 기대수익률의 개념을 처음 사용한 것은 미래의 예상수익률로서 기대수익률을 계산하는 경우였다. 이 경우의 기대수익률은 특별한 경제적 의미보다는 확률적인 개념을 도입한 평균수익률의 개념이라고 생각할 수 있다.

*CAPM*에 의하여 계산되는 증권의 기대수익률은 완전히 다른 개념이다. 이 경우의 기대수익률은 증권의 위험을 감안했을 때 효율적 시장에서 요구되는 평균수익률이다. 다시 말하면 시장에서의 가치평가가 적절히 이루어졌을 때 투자자의 입장에서 얻을 것으로 예상되는 수익률을 말한다. 물론 기대수익률이 보장된다는 의미는 아니고 단지 자산의 가치평가에 대한 균형이론의 결과로서 요구되고 기대되는 수익률을 의미하는 것이다.

요구수익률(required rate of return)은 투자에 대한 기회비용을 의미하며 자산가격의 결정을 위하여 할인율로 사용되는 수익률을 의미한다. 그런데 *CAPM*에서 결정되는 기대수익률은 현금흐름에 대한 할인율로 사용되는 것이며, 그렇기 때문에 *CAPM*에서 결정된 기대수익률이 요구수익률과 같아지는 것이다. 즉 *CAPM*에서 계산되는 기대수익률 $E(R_i)$은 해당 자산의 투자에 대한 요구수익률인 것이다.

이 문제를 다른 관점에서 살펴보도록 하자. *CAPM*이 설명하는 바는 β_i의 위험을 가진 자산은 균형상태에서 $E(R_i)$의 수익률을 기대할 수 있다고 말한다. 그러면 동일한 위험을 가진 자산을 평가하는 데 사용해야 할 요구수익률은 무엇인가? 요구수익률이 자본의 기회비용을 의미하는 것이라면 *CAPM*에 의하여 제공되는 균형시점에서의 기대수익률과 같아야 할 것이다.

개념확인

1. *CAPM* 적용에 대한 현실적인 문제는 무엇인가?
2. 기대수익률과 요구수익률의 차이는 무엇인가?
3. *CAPM*을 왜 가격결정모형이라고 부르는가?

4.10 요약 및 결론

본 장에서는 위험의 개념을 설명하고 재무관리의 기본적인 원리 중의 하나인 위험과 기대수익률의 관계를 살펴보았다. 위험은 미래의 불확실성 때문에 발생하는 변동성을 의미하는 것이다. 위험의 선택은 기대수익률이라는 보상으로 정당화될 수 있는 것이고, 이러한 위험과 기대수익률의 보상관계는 계속적으로 *CAPM*까지도 연결되는 개념이다.

미래의 불확실성 때문에 발생하는 위험에 대한 재무관리적 접근은 확률의 개념을 이용하는 것이다. 확률의 개념은 정규분포라는 확률분포를 이용하면서 구체화되고 계량화되게 된다. 정규분포를 사용하면 미래의 불확실성에 대한 분석이 평균과 분산이라는 두 가지의 통계량으로 요약될 수 있다.

본 장에서는 또한 포트폴리오 구성 동기와 이익에 대하여 설명하였다. 포트폴리오의 구성은 분산의 이익에 의해서 설명된다. 분산의 이익을 극대화시키면 시장포트폴리오라는 개념이 등장하고 시장포트폴리오와 연결된 각 증권들의 체계적 위험이 파악된다.

결국 시장의 균형이라는 조건을 감안하면 포트폴리오 이론은 *CAPM*으로 발전하게 된다. *CAPM*은 기본적으로 시장에서 특정 증권에 대한 요구수익률 혹은 기대수익률은 β위험의 함수로 결정된다고 설명한다. *CAPM*이론이 완벽한 이론은 아닐지 모르지만, 재무관리의 이론적 발전과 여러 가지 실증적 검증에 공헌한 바는 지대하다 할 것이다.

확인학습

4.1 당신은 다음과 같은 자산들에 대하여 포트폴리오를 구성하는 조언을 요청받았다.

연도	수익률(%)		
	A	B	C
2015	12	16	12
2016	14	14	14
2017	16	12	16

각 자산들의 확률에 대한 언급은 없었다. 당신은 A와 B, A와 C로 구성되는 두 가지 포트폴리오를 구성할 예정이다. 포트폴리오에는 자산들의 비중이 50 : 50으로 구성될 것이다.

a. 각 자산들의 기대수익률은 얼마인가?

b. 각 자산들의 수익률의 표준편차는 얼마인가?

c. 각 포트폴리오의 기대수익률은 얼마인가?

d. 포트폴리오에 포함된 자산들의 상관관계는 어떠한가?

e. 각 포트폴리오의 표준편차는 어떤가?

f. 당신은 어떤 포트폴리오를 추천할 것인가? 이유는?

4.2 현재 베타가 1.5인 투자대안을 고려하고 있는 중이다. 무위험수익률 R_f는 7%이고, 시장의 기대수익률은 10%이다. 투자대안의 실질적인 수익률의 기댓값은 11%라고 한다.

a. 만약 시장포트폴리오의 수익률이 20%로 상승한다면 투자대안의 요구수익률은 어떻게 될 것인가?

b. *CAMP*을 이용하여 투자대안의 요구수익률을 구하라.

c. 당신은 투자대안을 추천할 것인가? 이유는?

해답

4.1 a. $E(R_A)=(12+14+16)/3=14\%$

$E(R_B)=(16+14+12)/3=14\%$

$E(R_C)=(12+14+16)/3=14\%$

b. 표준편차

$$\sigma_A=\sqrt{\frac{(0.12-0.14)^2+(0.14-0.14)^2+(0.16-0.14)^2}{3}}=1.63\%$$

$$\sigma_B=\frac{\sqrt{(0.16-0.14)^2+(0.14-0.14)^2+(0.12-0.14)^2}}{3}=1.63\%$$

$$\sigma_C=\frac{\sqrt{(0.12-0.14)^2+(0.14-0.14)^2+(0.16-0.14)^2}}{3}=1.63\%$$

c. 연간기대수익률

연도	*AB*	*AC*
2015	(0.5×0.12)+(0.5×0.16)=14%	(0.5×0.12)+(0.5×0.12)=12%
2016	(0.5×0.14)+(0.5×0.14)=14%	(0.5×0.14)+(0.5×0.14)=14%
2017	(0.5×0.16)+(0.5×0.12)=14%	(0.5×0.16)+(0.5×0.16)=16%

3년 동안의 기대수익률

$E(R_{AB})=(14+14+14)/3=14\%$

$E(R_{AC})=(12+14+16)/3=14\%$

d. AB는 완전 음(−)의 상관관계

AC는 완전 양(+)의 상관관계

e. 포트폴리오의 표준편차

$$\sigma_{AB} = \frac{\sqrt{(0.14-0.14)^2+(0.14-0.14)^2+(0.14-0.14)^2}}{3} = 0\%$$

$$\sigma_{AC} = \frac{\sqrt{(0.12-0.14)^2+(0.14-0.14)^2+(0.16-0.14)^2}}{3} = 1.63\%$$

f. 포트폴리오 AB가 선호된다. AB는 AC와 기대수익률은 같으나 위험은 적다.

4.2 a. 시장수익률이 10% 오르면 투자대안의 요구수익률은 15%(10%×1.5)만큼 오를 것이다.

b. $E(R_i)=R_f+\beta_i\times[E(R_m)-R_f]=7\%+1.5\times[(10\%-7\%)]=11.5\%$

c. 추천하지 않는다. 왜냐하면 기대수익률 11%는 요구수익률인 11.5%보다 작기 때문이다.

연습문제

4.1 재무적 의사결정에 있어서 위험(risk)이란 무엇인가? 위험을 정의하고 그것이 측정 가능한 것인지 설명하라.

4.2 위험프리미엄의 의미는 무엇인가 설명하라.

4.3 어떤 사람이 투자금액으로 1,000만원을 보유하고 있다. 경제 전체의 주식과 채권의 공급비율이 60:40이라고 하자.

a. 위험회피가 평균적인 투자자는 어떻게 투자할 것인가?

b. 위험회피 정도가 높은 투자자는 어떻게 투자할 것인가?

4.4 투자자들의 위험에 대한 태도는 세 가지가 있다. 세 가지 위험에 대한 태도를 비교 설명하고 재무관리자의 일반적인 위험에 대한 태도는 어떤 것인지 설명하라.

4.5 수익률의 분산의 의미는 무엇인가? 위험수준과 분산과는 어떤 의미를 갖는가?

4.6 자산을 평가하는 데 왜 포트폴리오의 관점에서 살펴보아야 하는가? 자산들의 상관 관계가 중요한 이유는 무엇인가?

4.7 포트폴리오 구성의 이익을 설명하라. 또한 포트폴리오 구성에 의해 어떻게 이익이 발생하는지 설명하라.

4.8 분산불가능위험의 성격을 예를 들어 설명하라.

4.9 분산가능위험의 성격을 예를 들어 설명하라.

4.10 전체 위험, 분산가능 위험 그리고 분산불가능 위험의 관계는 무엇인가? 분산불가능위험이 해당 위험이라고 주장할 수 있는 근거는?

4.11 *CAPM*은 무엇을 설명하는가? *CAPM*에 포함된 각 변수들에 대하여 설명하라.

4.12 베타위험에 대해서 설명하라.

4.13 시장포트폴리오의 의미를 설명하라.

4.14 다음의 정보를 가지고 증권 L과 U의 기대수익률과 위험프리미엄을 계산하라. 무위험 수익률은 8%이다.

		수익률	
경제 상황	확률	L	U
불황	0.5	−20%	30%
호황	0.5	70%	10%

4.15 문제 4.14의 경우에 수익률의 분산과 표준편차는 어떻게 되는가?

4.16 다음은 3개의 주식에 대한 예상수익률이다.

		수익률		
경제 상황	확률	A	B	C
호황	0.4	10%	15%	20%
불황	0.6	8	4	0

a. A, B, C의 기대수익률은 얼마인가?

b. A, B, C를 동일한 비중으로 갖는 포트폴리오의 기대수익률은?

c. A에 50%, B에 25%, C에 25%를 보유하는 포트폴리오의 기대수익률은?

d. c에서 구성된 포트폴리오의 분산은?

4.17 다음의 두 가지 증권에 대하여 생각해 보자. 어느 것이 전체위험이 높은가? 어느 것이 구조적 위험이 높고, 어느 것이 비구조적 위험이 높은가? 위험프리미엄은 어느 것이 높은가?

	표준편차	베 타
증권 A	0.40	0.50
증권 B	0.20	1.50

4.18 다음과 같은 투자대안이 있다.

증 권	투자금액	기대수익률	베 타
A	1,000원	8%	0.80
B	2,000	12	0.95
C	3,000	15	1.10
D	4,000	18	1.40

위와 같은 포트폴리오의 기대수익률과 베타를 구하라.

4.19 고평가되었다는 것은 기대수익률이 위험에 비하여 낮다는 것을 의미한다. 다음과 같은 경우를 생각해 보자.

증 권	베 타	기대수익률
A	1.3	14%
B	0.8	10

무위험수익률이 현재 6.0%이고, 시장의 기대수익률이 12%라고 한다면 A, B 증권 중에서 어느 것이 고평가되어 있는가?

4.20 무위험수익률이 4%, 시장위험 프리미엄이 8.6%이고, 어떤 주식이 1.3베타를 갖고 있다고 한다. 이 주식에 대한 기대수익률은 얼마인가? 베타가 배로 증가하면 기대수익률은 어떻게 될 것인가?

제 5 장

가치평가

가치의 개념은 재무관리에 있어서 가장 중요한 개념 중의 하나이다. 기업의 목적은 기업가치를 극대화시키는 것이라고 이미 설명하였거니와, 기업가치는 투자자들이 보유하는 증권들의 가치와 연결된다. 재무적 차원에서 가치의 평가는 현금흐름과 직결된다. 현금흐름이 가치를 결정하는 본질적인 요소이기 때문에 재무관리는 현금흐름을 중시하는 것이다.

본 장에서는 현금흐름이 가치를 결정한다는 기본적인 개념을 구체적인 가치평가의 측면에서 살펴본다. 제3장에서는 화폐의 시간가치에 대하여 설명하였고, 제4장에서는 위험과 기대수익률의 관계에 대하여 설명하였다. 여기서는 이러한 개념들을 기본으로 해서 종합적인 가치평가의 과정을 설명하려고 한다.

본 장에서는 가치의 개념, 기본가치모형, 가치평가의 과정, 그리고 시장가치와 시장의 효율성에 대하여 설명한다. 재무적 차원의 가치평가는 추상적인 차원에 그치는 것이 아니고 구체적인 것이다. 가치의 개념은 기업재무나 투자결정에만 사용되는 것이 아니고, 모든 경제주체들의 재무적 결정에 적용될 수 있는 것이다. 가치의 평가가 재무관리의 가장 중요한 과제라고 말한다고 해도 결코 과장이 아닐 것이다.

5.1 가치의 개념

가치평가 혹은 가격결정은 재무관리에서 중요한 개념이다. 왜냐하면 가치는 경제주체들의 경제행위를 결정하는 기준이 되기 때문이다. 경제주체들의 소비, 저축, 그리고 투자의 모든 행위들이 가치에 따라서 결정된다. 예를 들어 사람들은 1,000원의 가치가 있는 상품을 800원에 살 수 있다면 소비를 할 것이지만, 1,200원에 사야 한다면 소비하지 않을 것이다.

경제적 차원에서 '가치 혹은 가격이 어떻게 결정되는가?' 하는 문제는 지속적으로 중요한 관심사였다. 왜냐하면 경제를 이해하기 위해서는 경제행위를 결정하는 핵심적인 요소인 가격을 이해하는 것이 필요했기 때문이다. 고대 그리스 학자들이 우주의 움직임을 이해하기 위해서 우주의 근원이 무엇인가를 탐구했던 고민과 마찬가지의 차원일 수도 있다.

고전파 경제학자들은 노동이 가치를 결정하는 근본적인 요인으로 인식하고, 노동가치설을 주장하기도 했다. 생산의 근원을 노동으로 본 것이다. 예를 들어 노루 한 마리가 토끼 두 마리의 가치가 있는 것은, 노루 한 마리를 잡는 노동이 토끼 두 마리를 잡는 노동과 같기 때문이라는 설명이다.

노동가치설은 노동이야말로 가치의 근원이라고 설명한다. 그런 측면에서 본다면 기계장치와 같은 자본재도 노동의 결과라고 볼 수 있고, 결국 가치는 노동의 결과라고 설명할 수도 있을 것이다. 하지만 현대에는 자본을 노동과 분리된 생산요소로 생각하는 경향이 있어서, 노동과 자본의 결합이 생산을 만들어낸다고 여겨진다. 특히 현대에는 상대적으로 많은 자본이 투여되는 생산 과정이 많아서, 자본의 중요성이 강조되는 것이 현실이다.

노동이 생산의 중요 요소임에는 분명하지만, 그것이 가격결정에 궁극적인 요소가 아닌 이유는 자본의 경우가 아니더라도 설명할 수 있다. 이른바 효용가치설이라는 것이 있다. 어떤 상품은 노동의 투하량이 적은 데도 불구하고 높은 가격으로 거래되는 것들이 있다. 예를 들면 귀금속 등과 같은 상품들이다. 이러한 상품들의 가격은 노동가치로 설명되기에는 충분하지 않는데, 효용가치로 설명이 가능할 것이다.

효용가치에 의한 가격결정의 설명도 충분하지 않은 측면이 있다. 효용이 높은데도 가격은 높지 않은 상품들이 존재하기 때문이다. 예를 들어 공기와 같은 물건이다. 공기의 효용성은 더 이상 설명할 필요가 없겠는데, 공기의 가격은 그것의 효용가치를 설명하지 못한다. 효용가치설도 가격결정에 대한 완전한 설명이 될 수 없는 까닭이다.

노동가치설이나 효용가치설과 같은 가격결정에 대한 이론들은 근원적인 차원에서 가격의 결정을 설명하려는 의미있는 시도이다. 하지만 그것들이 가격결정에 대한 완벽한 설명을 제공하지 못하는 것도 사실이다. 현대 경영학에서는 가격결정에 대한 철학적인 탐구보다는, 가격이 시장의 수요와 공급에 의해서 결정된다는 실용적인 입장을 견지하고 있다.

경영학적인 차원에서도 가격의 결정에 관한 개념은 나뉘어진다. 하나는 합리적인 차원의 가격결정에 관한 개념이고, 다른 하나는 심리적 차원의 가격결정에 관한 개념으로 생각해 볼 수 있다. 합리적인 차원의 가격결정은 본질가치 혹은 **내재가치**(intrinsic value)에 관한 개념인데, 재무관리는 이러한 가치개념을 채용하고 있다.

심리적 차원에서는 가치는 가치를 평가하는 사람들의 심리에 의해 결정된다는 개념이다. 사람들의 심리는 변하게 마련이고 가치의 개념도 변할 수 있는 것이다. 조선시대의 춘향이라는 미인은 현대의 미인과는 다른 모습일 것처럼 말이다. 심리적 차원에서의 가치는 브랜드 가치를 인정하는 것이다. 본질적으로 브랜드 가치란 사람들이 심리적인 차원에서 평가한 것이다. 즉 명품이란 '사람들이 명품이라고 생각하기 때문에 명품'인 것이다.

가치의 평가 혹은 가격의 결정에 대해서 추상적이고 원론적인 논의를 정리해 보

자. 어떤 자산의 가치는 편익의 제공과 비용의 지불이라는 특성에 의해서 결정된다고 볼 수 있다. 그러므로 가치평가는 자산의 소유로부터 기대되는 편익의 가치를 평가하는 것이라고 볼 수 있다. 재무적 차원에서 기대되는 편익은 현금흐름인데, 그러므로 현금흐름의 가치를 평가하는 것이 가치를 평가하는 과정이 되는 것이다.

어떤 자산이 가치를 갖기 위해서는 편익을 제공하는 것만으로는 부족하고, 그것을 얻기 위하여 비용이라는 대가를 지불하는 것이어야 한다. 그러므로 비용을 지불하지 않는 것은, 적어도 재무적인 차원에서는 가치가 없다. 예를 들어 비용을 지불하지 않는 공기에 대해서 재무관리는 가치를 인정하지 않는 것이다. 경제적 의미에서의 비용의 개념은 그것을 다른 용도에 사용하지 못함으로써 잃게 되는 편익을 의미한다. 이것을 **기회비용**(opportunity cost)이라고 하는데, 기회비용이 재무적 의사결정에 해당되는 진정한 비용이다.

가치와 기회비용

다음의 예를 통하여 자산의 가치와 기회비용이 어떤 관계가 있는지 살펴보기로 하자. 갑은 어떤 은행의 양도성예금증서(CD)에 투자할 것을 고려중이다. CD는 연말에 100만원을 지불할 것을 약속하고 있는데, 은행이 보증한 것으로 부도 위험은 없다고 할 수 있다. 여기서 해당 CD의 가격결정에 대해서 생각해보자.

CD의 가치는 연말에 얻게 될 100만원이라는 편익과 투자에 따르는 기회비용에 의해서 결정될 것이다. 갑은 주변에 있는 은행들을 조사해 본 결과 위험이 없는 경우에 투자하면 연 10%의 수익률을 얻을 수 있음을 알았다. 그러므로 갑은 자기의 돈을 CD에 투자하는 경우에 기회비용은 10%가 된다는 사실을 알게 된 것이다.

우선 CD의 가치를 알지 못하므로 X원이라고 가정하자. 만약 갑이 X원을 10%에 투자한다면 1년 후에는 X원+0.10X원이 될 것이다. 또한 X원을 CD의 가치로 투자하면 1년 후에 100만원을 지불할 것이다. 갑이 손해를 보지 않기 위해서는 1년 후의 시점에서 투자의 결과인 1.10X원과 100만원은 같아져야 될 것이다. 그러므로 CD는 갑의 입장에서는 90.91만원의 가치가 있다.

1.10X = 100만원

X = 100만원/1.10 = 90.91만원

만약 90.91만원의 가치보다 많은 돈을 지불하면 어찌되는가. 예를 들어 95만원을 지불했다고 생각해보자. 만약 95만원을 연리 10%로 예금했다면 1년 후에는 95×(1+0.10) = 104.5만원을 받을 수 있었다. 그러므로 95만원을 지불하는 것은 손해를 보는 것이다. 마찬가지로 만약 그 증서를 90.91만원 이하로 살 수 있다면 그것은 초과이득이 될 것이다.

가치와 기회비용은 역의 관계에 있다. 기회비용이 증가하면 가치는 하락하고, 기회비용이 감소하면 가치는 상승한다. 위의 예에서 갑의 기회비용이 10%가 아니고 12%로 증가한다면 그 CD의 가치는 89.29(100/1.12)만원이 될 것이다. 만약 기회비용이 6%로 감소하면 CD의 가치는 94.34(100/1.06)만원으로 상승할 것이다. 그러므로 기회비용은 가치결정에 매우 중요한 역할을 하는 변수인데, 재무적 관점에서의 비용은 항상 기회비용이라는 점을 기억하도록 하자.

개념확인

1. 재무적 관점에서 편익은 무엇을 의미하는가?
2. 기회비용의 개념을 예를 들어 설명할 수 있는가?
3. 가치와 기회비용과의 관계를 설명하면?

5.2 가치평가의 근본개념

기업의 목적은 기업가치를 극대화시키는 것이라는 설명은 제1장에서 이미 제시되었다. 그리고 제3장과 제4장에서는 가치평가를 위한 전단계로서 화폐의 시간가치, 위험과 기대수익률에 대하여 살펴보았다. 재무관리에서는 그러한 개념들을 이용하여 자산들의 가치를 평가하게 된다.

재무관리의 관점에서 보면 자산들은 미래 현금흐름이 있기 때문에 가치가 있는 것이다. 여기서 언급하는 자산들의 가치는 주식과 채권뿐만 아니라 부동산, 공장, 기계, 광산, 농장 등과 같은 광범위한 자산을 포함하는 개념이다.

가치평가의 근본개념(fundamental valuation model)은 이제까지 부분적으로 설명하여 왔던 현금흐름, 화폐의 시간가치의 계산, 그리고 기회비용의 개념을 종합하는 과정이다. 기치평가의 근본개념은 이름이 의미하는 바와 같이 가치평가에 있어서 근본적인 개념을 제공한다. 재무관리에 있어서 모든 가치평가는 근본모형의 범주에 포함되는데 주식과 채권의 가치를 결정하는 데는 물론이거니와 다른 모든 자산의 가치평가에 기본적인 틀을 제공한다.

가치평가의 근본모형은 가치는 '**미래 현금흐름의 현재가치의 합**'으로 가치를 정의한다. 여기서 미래라고 하는 의미는 어떤 투자의 결과가 영향을 미치는 기간 동안을 의미한다. 경우에 따라서 때로는 1년이 될 수도 있고 혹은 영속적인 현금흐름이 될 수도 있다. 화폐의 시간가치에서 이용한 현재가치를 계산하는 방식을 이용하면 현재시점에서의 가치 V_0는 다음과 같다.

$$V_0 = \frac{CF_1}{(1+k)} + \frac{CF_2}{(1+k)^2} + \cdots\cdots + \frac{CF_t}{(1+k)^n} \tag{5.1}$$

위에서 V_0 : 현재 시점의 자산가치

CF_t : t시점에 기대되는 현금흐름

k : 기회비용으로서의 할인율

n : 해당 기간

가치평가의 요소들

가치평가에 필요한 핵심 요소들은 현금흐름의 크기, 현금흐름의 시기, 그리고 현금흐름의 위험이다. 앞 장에서의 용어를 사용하면 현금흐름의 규모와 시기는 기업의 기대수익과 연관된 것이고, 현금흐름의 위험은 할인율과 직결되는 개념이다. 다음에 각각의 요소에 대하여 간략히 살펴보기로 하자.

현금흐름(크기): 특정 자산의 가치는 그것을 소유하는 동안에 얻을 것으로 기대되는 현금흐름에 따라 달라진다. 어떤 자산이 가치를 갖기 위해서 연간 현금흐름이라는 형태를 가질 필요가 있는 것은 아니다. 현금흐름은 지속적이 아닌 경우도 있을 수 있으며 일회적인 경우도 가능한 것이다. 구체적인 현금흐름은 경우에 따라 다양한 형태를 띨 수 있는 것이다.

예제

G기업의 재무분석가인 김재무 씨는 기업이 보유한 세 가지 종류의 자산가치를 평가하고자 한다. 즉 M기업의 주식, 탄광의 소유지분, 그리고 유명한 화가의 작품에 대한 가치를 알고자 한다. 김재무 씨는 각각에 대하여 현금흐름을 다음과 같이 추정하였다.

M기업의 주식: 매년 30만원의 배당을 영속적으로 지불할 것으로 기대됨.

탄광소유지분: 첫해에는 200만원, 그 후 2년 동안은 연간 400만원, 4년 후에 소유지분을 매각할 때 1,000만원을 받을 것으로 기대됨.

화가의 작품: 5년 후에 850만원을 받을 것으로 기대됨.

본 예제에서와 같이 자산들의 가치를 평가하는 첫 번째 작업은 각 자산들이 제공하는 현금흐름을 추정하는 것이다.

현금흐름(시기): 가치평가를 위해서는 현금흐름의 크기뿐만 아니라 현금흐름의 시기도 지정되어야 한다. 통상 현금흐름을 말하는 경우에는 현금흐름의 시기도 동시에 언급되는 것이 일반적이다. 위의 예제에서도 현금흐름의 크기는 현금흐름의 시기와 함께 제시된 것을 알 수 있다. 현금흐름의 크기와 시기는 자산의 보유로부터 기대되는 수익률을 확정하게 된다.

현금흐름(위험): 현금흐름과 연관된 위험은 자산의 가치에 상당한 영향을 미칠 것이다. 일반적으로 주어진 현금흐름에 대하여 위험수준이 높으면 가치는 적어진다. 화폐의 시간가치의 개념을 이용하면 높은 위험수준은 할인율을 높여서 현재가치를 하락시키는 것이다.

위험과 기대수익률의 관계에서 살펴보았듯이 위험이 높으면 요구수익률이 높아지고, 할인율이 커지기 때문에 현재가치는 작아지는 것이다. 이것은 가치평가의 과정에서도 마찬가지이다.

적절한 할인율을 적용하기 위해서는 위험에 대한 평가가 선행되어야 한다. 그런데 실제의 가치평가에 있어서 어느 수준의 위험으로 평가하느냐의 문제는 주관적인 판단도 포함될 수 있는 여지가 있다.

예제

G기업의 경우에 화가의 작품을 5년 후에 850만원을 받을 것으로 기대된다고 했는데 두 가지 가능성을 고려해 보자.

경우 1(확실성): 대형 미술박물관이 이 작품에 대하여 5년 후에 850만원을 지불하기로 계약하였다면 이것은 거의 확실한 경우로서 해당 현금흐름인 850만원은 위험이 없는 수익률로 할인될 수 있다.

경우 2(고위험): 지난 10년 동안을 돌이켜 보면 화가의 작품들은 큰 폭으로 변동하여 왔다. 그러한 것들을 감안하면 해당 작품의 가격은 5년 후에는 적게는 300만원, 많게는 1,400만원을 받을 것이라는 예상인데 불확실성이 높기 때문에 높은 할인율을 적용하는 것이 타당하다고 판단된다.

자산의 가치는 위의 세 가지 정보에 의해서 결정되는 것이다. 이 근본모형의 개념은 단순한 증권의 평가뿐만 아니라 복잡한 형태의 금융상품의 가치평가에도 적용된다. 위에서 언급한 세 가지 요인들의 형태와 계산의 복잡성에 따라서 가치평가의 복잡한 정도가 달라지기는 하지만, 가치가 미래 현금흐름의 현재가치의 합으로 결정된다는 사실에는 변함이 없는 것이다.

예제

어떤 자산으로부터의 현금유입이 매년 500만원으로서 10년 동안 계속된다고 가정하자. 이때 투자자의 기회비용인 요구수익률이 12%라면 이 자산의 가치는 다음과 같이 계산될 수 있다.

$$V_0 = \frac{500}{1.12} + \frac{500}{(1.12)^2} + \cdots\cdots + \frac{500}{(1.12)^{10}}$$
$$= 2{,}825\text{만원}$$

이 경우 자산의 가치는 단순히 연금의 현재가치를 계산하는 방식과 같은 것이다. 투자자의 입장에서는 이 자산에 대하여 2,825만원을 지불할 용의가 있는 것이다. 만약 어떤 사람이 이것을 2,500만원에 팔고자 한다면 그것은 본래의 가치보다 싼 것이고, 투자자가 이것에 투자한다면 12%보다 높은 수익률을 얻을 수 있을 것이다.

개념확인

1. 가치의 근본모형은 무엇인가?
2. 가치를 결정하는 요소들은 무엇인가?

5.3 가치평가의 과정

자산의 가치를 알아내는 과정을 **가치평가의 과정**(valuation process)이라고 한다. 이 과정은 앞에서 가치평가의 근본모형을 설명할 때의 과정과 같은 것이다. 근본모형의 3가지 요소 중에서 현금흐름의 크기와 시기는 경영의 전반적인 과정, 즉 생산, 마케팅, 인사조직, 회계적 처리 등을 통하여 재무관리자에게 통상적으로 모아진다.

결국 재무관리자의 입장에서는 미래 현금흐름을 현재가치로 환산하기 위한 적절한 할인율을 찾는 것이 가치평가의 중심이 된다. 즉 적절한 할인율을 찾는 과정이 가치평가의 과정인데, 여기서는 개인적인 차원, 기업의 차원, 그리고 시장의 차원에서 가치평가가 이루어지는 과정을 살펴보고자 한다.

개인적 가치평가 과정

개인적인 가치평가는 의사결정을 내리는 개인의 주관적인 현금흐름과 할인율에 대한 평가에 의하여 결정된다. 그러므로 가치평가에 투입되는 요소들이 개인적인 것이다. 그 결과를 개인적 가치평가라고 하고 그 과정을 개인적 가치평가 과정이라고 말한다. 개인적 가치평가에서는 각 개인에 따라서 기대현금흐름과 할인율에 대한 추정이 다를 수 있기 때문에 동일한 자산에 대하여 서로 다른 가치로 평가될 수 있다.

개인적 가치평가는 개인적인 판단의 문제이기 때문에, 누가 맞고 틀리다는 것은 의미가 없다. 사람에 따라서 "제 눈의 안경"처럼 동일한 물건이라도 더욱 값지게 보이는 경우도 있고, 값없이 보이는 경우도 있는데 옳고 그름을 논할 수 없기 때문이다. 그러나 개인적 가치평가는 다양한 주주들이 존재하는 기업의 의사결정에 사용되는 것은 적절하지 않다.

기업차원의 가치평가

기업의 재무관리자가 신규 점포를 설치하는 문제를 검토한다고 생각해 보자. 신규 점포의 설치에 있어서 가치평가는 중요한 요소이다. 신규 점포에 대해서 가치를 평가해야 하는 이유는 그것이 과연 기업가치를 증가시키는 것인지, 아니면 기업가치를 감소시키는 것인지 판단해야 하기 때문이다.

새로운 지점을 평가하기 위한 첫 번째 단계로서 재무관리자는 마케팅 및 회계담당자로부터 기대현금흐름의 예측을 위한 자료를 수집할 것이다. 경영자와 주주들이 이렇게 계산된 현금흐름에 동의한다고 가정하면, 다음 단계는 현금흐름을 현재가치로 환산하기 위한 할인율을 찾아내는 일이다.

할인율을 찾아내는 과정에서 어떤 사람의 할인율을 사용하여야 적절할 것인가? 개인적 가치평가에서 보았듯이 할인율은 사람에 따라서 각기 달라질 수 있다. 기업의 주인은 주주들인데, 주주들은 다수이기 때문에 각자의 할인율이 다를 수 있다.

이러한 문제를 재무관리 연구자들은 시장에서의 자산가치에 대한 이론으로 발전시켰는데 그 중에 하나가 자본자산가격 결정이론인 *CAPM*으로서 발전하게 된 것이다. 이처럼 시장에서 결정되는 할인율은 주어진 위험에 대한 시장참여자들의 의견이 반영된 것이다.

시장가치평가 과정

시장가치평가이론(market valuation theory)은 가치평가 과정에 사용되는 할인율에 대한 시장에서의 결정을 설명하고 있다. 시장가치평가 과정은 시장에서 결정된 할인율을 사용하는 것을 의미한다. 시장에서 결정되는 할인율은 무위험이자율(risk-free interest rate)과 위험에 대한 시장에서의 평가를 반영하는 것이다.

그리고 예상되는 미래 현금흐름은 시장에서 결정된 할인율로 평가되어 가치로 환산될 것이다. 그러므로 현금흐름의 예측이 동일하다면 개인적인 가치평가와 시장가치평가의 차이는 이러한 할인율의 차이만 반영하게 되는 것이다. 개인적인 가치평가와 시장에서의 가치평가를 결정하는 할인율은 다음과 같은 측면에서 차이가 있을 수 있다.

개인적인 평가는 투자자 개인의 위험에 대한 태도에 따라 다를 수 있다. 그러나 시장의 평가에서는 모든 투자자들이 위험을 측정하고 위험의 대가를 계산한 결과로 참여하기 때문에, 결국은 전체 투자자들의 위험에 대한 입장을 평균적으로 대변하는 것이다. 그러므로 최종적인 의사결정의 기준은 시장가치가 되는 것이다.

_CAPM_을 이용한 자산가격결정: _CAPM_은 위험과 기대수익률과의 관계를 설명하고 있기 때문에 가격결정에 이용됨을 설명하였다. 논의를 간단히 하기 위하여

그림 5-1 _CAPM_을 이용한 시장가치평가

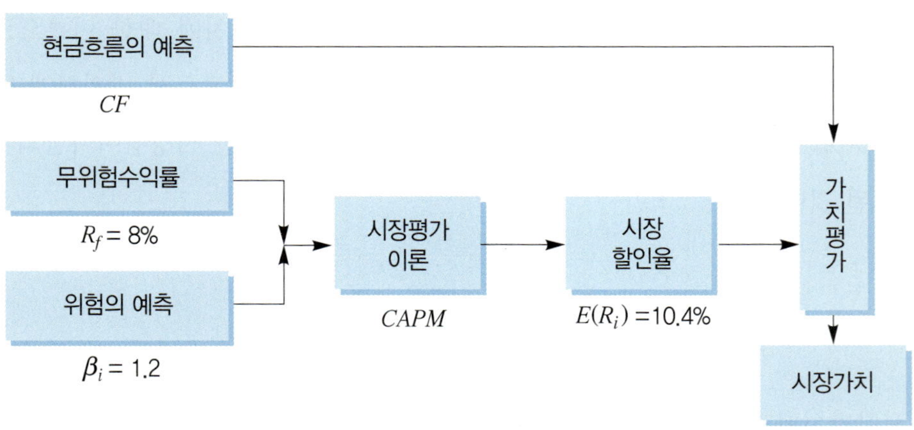

1기간 동안의 자산의 가격결정을 생각해 보기로 하자. 즉 현재 시점에서 주식을 구입하고 1기간 후에 파는 경우를 생각할 수 있는데 현재의 가격을 P_0, 그리고 1기간 후에 팔 것으로 기대되는 가격을 $E(P_1)$라고 가정하자.

그동안에 기타의 현금흐름이 없다면 해당 자산의 가치는 다음과 같이 계산된다.

$$P_0 = \frac{\text{기대현금흐름}}{1+\text{요구수익률}}$$
$$= \frac{\text{기대현금흐름}}{1+E(R_i)}$$
$$= \frac{E(P_1)}{1+[R_f+\beta_i(E(R_m)-R_f)]}$$

위의 식에서 β_i, $E(R_m)$, 그리고 R_f는 각각 주식의 β 계수, 시장포트폴리오의 기대수익률, 그리고 무위험수익률을 나타낸다. 여기서 위험에 관한 것은 β_i에서 고려된 것이다.

개념확인

1. 개인적인 가치평가와 시장가치평가의 차이점은?
2. 시장가치평가의 장점은 무엇인가?
3. 가치평가에 있어서 기회비용은 무엇인가?
4. *CAPM*을 이용한 가치평가 과정은?

5.4 채권의 가치평가

채권은 기업이 대규모 자금이 필요한 경우에 다양한 투자자들로부터 자금을 모집하는 장기부채의 전형적인 형태이다. 채권은 **고정소득증권**(fixed income security)의 성격을 갖는데, 그것은 이자와 원금으로 구성되는 현금흐름이 고정되어 있다는 특성 때문이다. 현금흐름이 고정되어 있다는 것은 현금흐름의 크기와 시기가 채권의 성격에 의하여 결정된다는 의미이다.

채권에는 통상 액면가, 만기일, 표면이자율 등의 요소들이 정해져 있다. 이러한 요소들이 채권이 제공하는 현금흐름을 결정하게 되는데, 고정소득증권이라는 말은 현금흐름을 결정하는 요소들이 이미 고정되어 있다는 말이다. 다음의 예는 간단하게 채권의 성격을 나타낸다.

예제

A회사는 2011년 1월 1일 액면가 100만원, 표면이자율 10%, 그리고 만기가 3년인 회사채를 발행하였다. 이 채권을 매입한 투자자는 연간 10만원의 표면이자, 그리고 3년 후에는 액면가인 100만원을 지급받게 될 것이다.

채권의 가치평가

가치평가의 근본모형에서 설명한 바와 같이 '미래 현금흐름의 현재가치의 합'으로서 가치평가의 개념은 채권의 경우에도 동일하게 적용된다. 채권의 경우에 미래의 현금흐름은 채권의 만기까지 약정된 이자와 원금을 의미한다. 채권의 이자와 원금은 채권발행의 조건으로 약정된 것이다.

그러므로 채권의 가치는 만기까지의 현금흐름인 이자와 원금의 현재가치의 합으로 평가된다. 현금흐름의 현재가치를 결정하는 데 필요한 요구수익률인 할인율은 무위험이자율과 채권의 위험정도에 의해서 결정된다. 결국 채권의 가치는 다음과 같이 표현될 수 있다.

$$\text{채권의 가치} = \text{이자의 현재가치} + \text{원금의 현재가치} \tag{5.2}$$

채권의 가치는 채권의 성격을 규정짓는 액면가, 표면이자, 만기 및 할인율에 의하여 결정된다. 즉 채권의 가치 B_0는 공식적으로는 다음과 같은 식으로 표현될 수 있다.

$$B_0 = I \times \left[\sum_{i=1}^{n} \frac{1}{(1+k_d)^t}\right] + M \times \left[\frac{1}{(1+k_d)^n}\right] \tag{5.3}$$

위의 식에서 I는 표면이자에 의한 이자지급액, M은 만기시 지급되는 원금을 나타내며 k_d는 채권의 요구수익률을 나타낸다.

예제

앞의 A회사의 예에서 채권의 가격을 결정하는 데 빠진 사항은 채권의 요구수익률이다. 요구수익률을 10%로 가정하고 A회사 채권의 가격을 계산해 보자.

$$\begin{aligned} B_0 &= \text{이자의 현재가치} + \text{원금의 현재가치} \\ &= \frac{₩100{,}000}{(1+0.1)} + \frac{₩100{,}000}{(1+0.1)^2} + \frac{₩100{,}000}{(1+0.1)^3} + \frac{₩1{,}000{,}000}{(1+0.1)^3} \\ &= ₩1{,}000{,}000 \end{aligned}$$

A회사 채권의 가치는 100만원이다. 이 경우는 채권의 가격이 액면가와 같은 결과를 나타내는데, 채권의 시중가격이 액면가와 동일하게 되는 것은 시중의 수익률이 표면이자율과 같은 경우에 한하고 일반적으로는 채권의 가격이 액면가와 동일한 것은 아니다. 다음의 그림은 채권가격의 결정이 현금흐름의 현재가치의 합이라는 것을 보여준다.

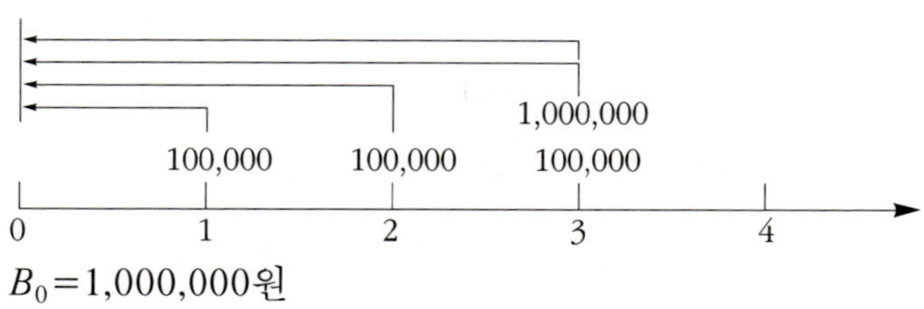

채권가격은 만기에 이르기까지 일정하지 않고 변화하는 것이 일반적이다. 채권

가격은 경제적인 상황의 변화에 의해서도 변하지만 단순히 시간의 경과에 따라서도 변하게 된다. 경제상황의 변화는 채권의 요구수익률에 영향을 미치게 되며, 채권의 가치를 변화시키는 것이다. 요구수익률의 변화가 채권가격에 미치는 영향에 대하여 살펴보도록 하자.

요구수익률과 채권가격

요구수익률은 채권의 현금흐름을 할인하는 할인율이며 투자의 실제 수익률이다. 요구수익률은 채권이 제공하는 표면이자율과는 전혀 다른 개념이고, 현실적으로 요구수익률과 표면이자율이 일치하는 경우는 거의 없다. 요구수익률이 표면이자율과 다른 경우에는 채권의 가격은 액면가와 다르게 된다.

채권의 할인율인 요구수익률이 표면이자율보다 높은 경우에는 채권의 가격은 액면가보다 낮게 결정되고, 이 경우 채권은 **할인**(discount)**거래**된다고 한다. 반면에 요구수익률이 표면이자율보다 낮은 경우에는 **할증**(premium)**거래**된다고 한다. 여기서 할인 혹은 할증의 의미는 채권의 투자성과와는 아무런 상관이 없고, 단지 액면가 이하로 혹은 액면가 이상으로 거래된다는 사실 만을 의미하는 것이다.

[그림 5-2]는 채권가격과 요구수익률, 그리고 표면이자율과의 관계를 보여주고 있다. 표면이자율이 7%인 경우에 요구수익률이 7% 이상이면 채권은 액면가 이하로 거래되고, 요구수익률이 7% 이하이면 채권은 액면가 이상으로 거래될 것이다.

채권의 할인거래와 할증거래에 대하여 직관적으로 살펴보기로 하자. 표면이자율은 발행자가 지급하는 이자율이라고 이해할 수 있는 반면에, 할인율은 해당 채권에 대한 시장에서의 요구수익률이라고 이해할 수 있다. 즉 발행자가 시장에서 요구하는 수익률보다 낮은 표면이자율을 지급하는 경우에는, 시장참여자들은 채권의 가격을 액면가 이하로 평가하여 요구수익률 수준에 맞도록 조정하는 것이다. 결국 투자자들은 표면이자율 수준에 관계없이 요구수익률을 획득하게 된다.

그림 5-2 채권가격과 요구수익률

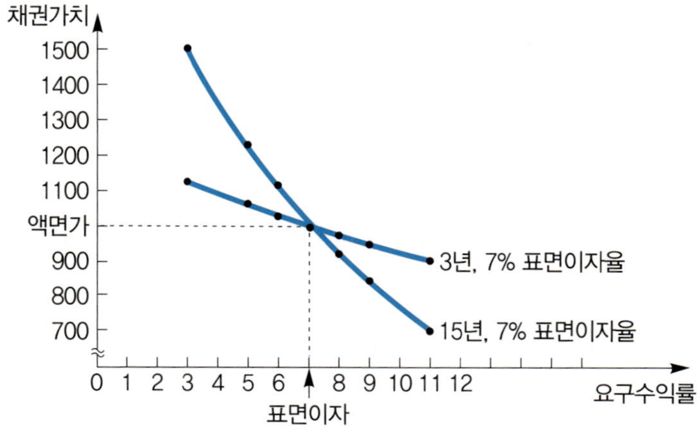

예제

위의 A기업의 예에서 요구수익률이 10%가 아니고 15%라면 해당 채권의 가격은 다음과 같이 계산된다.

$$B_0 = \frac{₩100,000}{(1.15)} + \frac{₩100,000}{(1.15)^2} + \frac{₩100,000}{(1.15)^3} + \frac{₩1,000,000}{(1.15)^3}$$
$$= ₩885,839$$

즉 채권의 표면이자율이 10%로서 할인율 15%보다 낮은 경우에는 액면가보다 낮은 금액으로 할인거래 된다.

채권의 가격은 요구수익률과 역의 관계에 있다. 채권의 요구수익률은 고정된 것이 아니고 시장상황에 따라 항상 변화할 수 있다. 요구수익률 변화는 두 가지 경우에 나타나는데, ① 경제 전반의 상황이 변하여 이자율 수준이 변화하는 경우와 ② 해당 기업의 위험수준의 변화 때문에 나타날 수 있다. 전반적인 시장이자율의 상승과 해당 기업의 위험수준의 증가는, 해당 채권에 대한 요구수익률을 상승시켜서 채권의 가격을 하락시키는 요인으로 작용할 것이다.

채권가격과 만기

채권의 가격은 요구수익률이 일정하다 하더라도 시간의 경과에 따라서 변화한다. 채권의 만기와 요구수익률, 그리고 채권의 가격은 두 가지 중요한 관계를 갖고 있다. 그러한 관계를 요구수익률이 일정한 경우와 요구수익률이 변하는 경우로 나누어 살펴보자.

요구수익률이 일정한 경우: 채권의 요구수익률이 만기까지 일정하다고 가정해 보자. 채권의 요구수익률이 일정하다고 하더라도 채권의 가격은 만기에 가까워질수록 액면가에 접근하게 된다. 채권의 요구수익률이 표면이자율과 같은 경우에는 채권의 가격은 만기까지 계속해서 액면가를 유지한다.

예제

M기업의 채권은 액면가 100만원, 만기 10년, 그리고 표면이자율은 10%이다. 채권의 요구수익률이 8%인 경우에 채권가격은 113.4만원으로 계산된다. 해당 채권의 액면가와 표면이자율, 그리고 요구수익률이 변하지 않고 2년이 경과하였다고 가정해 보자. 즉 해당 채권은 액면가 100만원, 만기 8년, 그리고 표면이자율은 10%인 것이다. 채권가격에 대한 요구수익률이 8%로 일정하다고 하더라도, 채권가격은 111.47만원으로 변화하였다. 발행 후 7년이 경과한 후에는, 즉 만기가 3년인 경우에 채권가격은 105.17만원으로 변하게 된다. 만기가 되면 채권가격은 액면가와 일치하는데, 그 이유는 만기시점에서 맞는 현금흐름은 그 당시의 액면가이기 때문이다. 이러한 관계를 나타낸 것이 [그림 5-3]이다.

그림 5-3 채권가격의 만기에 따른 변화

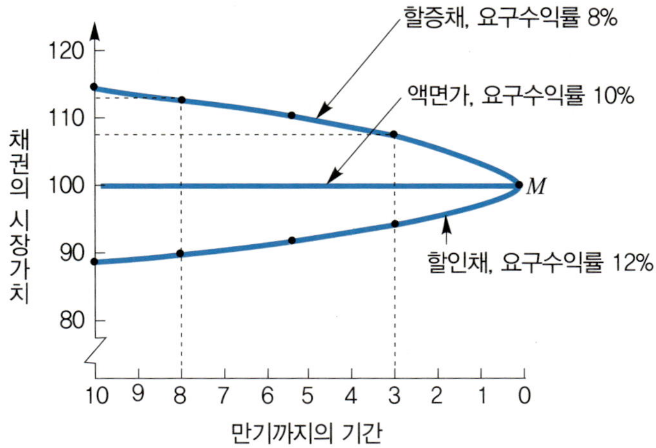

요구수익률이 변하는 경우: 채권의 만기가 길수록 요구수익률의 변화에 대한 채권가격의 변화 정도는 민감하다. 예를 들어 요구수익률이 상승하면 채권의 가격은 하락하게 되는데, 주어진 요구수익률의 상승에 대하여 만기가 긴 채권의 가격 변화가 크게 나타난다. 이러한 결과는 계산에 의하면 쉽게 파악되는데, 직관적인 설명을 하자면 만기가 짧아질수록 '이자율 위험'이 적어지기 때문이다.

채권의 요구수익률이 표면이자율과 같은 경우에는 채권의 가격은 항상 액면가와 일치한다. 그러나 요구수익률이 표면이자율과 다른 경우에는 채권의 가격은 액면가와 달라지는데 채권의 가격은 만기에 따라서도 차이가 나게 된다.

예제

A기업의 예에서 만기가 3년이 아니고 2년인 경우를 살펴보도록 하자. 요구수익률이 15%이고 만기가 2년인 채권의 가격은 다음과 같다.

$$B_0 = \frac{₩100,000}{(1.15)} + \frac{₩100,000}{(1.15)^2} + \frac{₩1,000,000}{(1.15)^2}$$
$$= ₩918,715$$

위의 A기업의 예에서도 살펴보았듯이 두 개의 채권은 표면이자율 10%, 액면가 100만원, 수익률 15%로 같은 성격을 갖고 있다. 단지 하나는 3년 만기의 채권이고 다른 하나는 2년 만기의 채권으로 채권의 만기가 다르다는 차이가 있을 뿐이다. 두 개의 채권이 모두 할인거래된다는 측면에서는 차이가 없지만, 할인되는 정도에는 차이가 있다. 위의 예에서 만기가 3년인 채권은 액면가와 약 11만 4천원 정도의 차이가 있는데, 2년 만기의 채권은 약 9만 1천원 정도의 차이만 있게 된다.

[그림 5-3]은 채권의 가격과 만기와의 관계를 나타낸 것이다. 채권의 가격은 할증거래이든 할인거래이든 만기에 가까워질수록 액면가에 접근하는 양상을 나타낸다. 만기가 되면 채권의 가격은 채권의 액면가에 일치하게 된다. 이러한 현상은 주어진 수익률의 변화에 대하여 만기가 긴 것이 채권가격의 변화가 크게 나타나고 만기가 짧은 채권은 적게 나타나는 것과 마찬가지이다.

만기수익률

투자자들이 채권의 평가와 매매에 있어서 통상 기준으로 사용하는 것이 **만기수익률**(yield to maturity: *YTM*)이다. 채권가격을 결정할 때 이용한 요구수익률은 만기수익률인데, 만기수익률은 투자자들이 채권을 구입하여 만기까지 보유하는 경우에 얻게 되는 수익률이다.

채권투자에 있어서 투자자들이 얻는 수익률은 표면이자와는 전혀 상관이 없고, 요구수익률인 만기수익률이 바로 투자수익률인 것이다. 만기수익률은 채권의 가격과 역의 관계에 있다. 만기수익률이 올라가면 채권의 가격은 하락하고, 만기수익률이 떨어지면 채권의 가격은 상승하게 된다. 실제 채권시장에서는 채권의 가격을 기준으로 거래되기도 하지만, 만기수익률을 기준으로 거래되기도 한다.

만기수익률 계산: 채권의 액면가, 만기, 표면이자율이 정해진 상태에서 현

재의 채권가격을 알면 만기수익률을 계산할 수 있다. 즉 채권가격을 결정하는 식에서 B_0, I, M, 그리고 기간 t가 주어진 상태에서 k_d를 계산하면 된다. 계산기를 이용하는 경우에는 다음의 예제에서 보여주는 바와 같이 시행착오의 방식을 사용할 수 있을 것이다.

예제

M기업의 채권은 표면이자율 10%, 액면가 100만원, 만기 10년으로 현재 108만원에 거래되고 있다. M기업의 만기수익률을 계산해 보자.

$$B_0 = \frac{I_1}{(1+k_d)} + \cdots\cdots + \frac{I_N}{(1+k_d)^n} + \frac{M}{(1+k_d)^n}$$

$$108 = \frac{10}{(1+k_d)} + \cdots\cdots + \frac{10}{(1+k_d)^{10}} + \frac{100}{(1+k_d)^n}$$

채권가격을 계산하는 식을 보면 만기수익률은 k_d로서 다른 정보들이 주어졌을 경우에 계산이 가능하다. 시행착오의 방법을 이용하기 위하여 어떤 만기수익률을 대입하는 것이 좋을까?

우선 채권의 가격이 액면가보다 높다는 사실은 채권의 요구수익률이 표면이자율보다 낮다는 것을 말해준다. 그러므로 9%를 잠정적으로 사용하면 채권가격은 106.36만원이 된다.

실제의 채권가격은 108만원으로서 106.38만원보다 높기 때문에 만기수익률은 9%보다 낮을 것이다. 그러면 8%를 사용하면 어떨까? 8%의 만기수익률을 가정하고 채권가격을 계산하면 113.4만원이 된다. 그러므로 우리는 만기수익률이 8%에서 9% 사이에 존재한다는 사실을 알게 되었다. 8%와 9% 사이에서 비례배분의 법칙을 사용하면 만기수익률 8.77%를 얻게 된다.

반기별 이자지급과 채권가격: 채권이 반기별(6개월 단위로)로 이자지급을 하는 경우에 가격을 계산하는 것은, 화폐의 시간가치에서 이자율을 반기별로 계산하는 경우와 유사한 과정이다. 반기별 이자지급하는 채권가격을 평가하는 과정은 ① 연간 이자율 대신에 반기별 이자율, 즉 연간 이자율의 1/2로 계산하고 ② 대신에 기간은 2배로 증가한다. 이러한 과정은 표면이자율과 만기수익률의 경우에 모두 적용된다.

예제

M기업은 만기 3년, 표면이자율 10%, 액면가 100만원의 채권을 발행하였다. M기업은 이자를 반기별로 지급하는데 해당 채권에 대한 시장의 요구수익률은 12%이다. 채권의 가격은 어떻게 평가되는가?

$$B_0 = \frac{5}{1.06} + \frac{5}{1.06^2} + \cdots\cdots + \frac{5}{1.06^6} + \frac{100}{1.06^6} = 95.08\text{만원}$$

개념확인

1. 채권의 가치평가는 어떻게 이루어지는가?
2. 채권의 만기수익률과 채권과는 어떤 관계가 있는가?

5.5 주식의 가치평가

주식의 가치평가는 기업가치를 평가하는 작업과 직결된다. 주식의 가치평가는 주식거래를 위한 기초를 제공할 뿐만 아니라 기업가치 평가의 핵심이다. 그러므로 주식을 보유한 주주뿐만 아니라 잠재적인 투자자들과 증권분석가들도 주식의 가치평가에 상당한 관심을 기울이는 것이다.

투자자들은 저평가되어 있다고 판단되는 주식은 매수하려고 하며 고평가된 주식을 매도하려고 한다. 가격이 저평가되었다는 것은 매입하면 이득을 얻을 수 있다는 것을 의미한다. 고평가되었다는 것은 가격이 가치보다 높아서 장기적으로는 가격이 하락할 가능성이 높기 때문에 매도하는 것이 유리할 것이다.

주식평가는 그리 간단한 일이 아니다. 주식평가가 쉽고 단순한 일이라면 많은 사람들이 그것에 따르는 평가문제로 고민하지는 않을 것이다. 주식평가의 경우도 다른 가치평가와 마찬가지로 현금흐름의 크기, 시기, 그리고 위험도를 평가의 요소로 사용한다. 그런데 주식평가의 경우에는 평가에 사용되는 현금흐름의 크기, 시기 및 위험도를 정하는 것이 쉽지 않다.

주식은 채권처럼 정해진 배당을 지급하는 것이 아니며, 만기가 되면 원금을 지불하는 것도 아니다. 주식은 아예 만기의 개념이 없다. 또한 주식의 위험을 평가하는 일도 쉬운 일이 아니다. 결국 주식의 평가는 현금흐름의 크기, 시기 및 위험도 등의 각 요소들이 불안정하기 때문에 어려워지는 것이다. 결국 주식평가의 어려움은 주식평가에 사용되는 평가요소들이 안정적이지 않기 때문이다.

현실적인 여러 가지 접근법

현실적 의미에서 가치평가의 방법은 여러 가지가 존재할 수 있지만, 일반적으로 인정되는 방법은 한 가지밖에 없다. 일반적으로 인정되는 방법에 대하여는 기본 방정식을 중심으로 설명할 것이지만, 여기서는 현실적인 가치평가의 몇 가지 방법에 대하여 소개하고자 한다. 여기서 소개되는 가치평가의 현실적인 접근법들은 장부가치 평가법, 매도가격 평가법, 그리고 주가수익률 평가법 등이다.

장부가치 평가법: 장부가치는 기업의 모든 자산을 회계적 가치로 처분한 후, 부채를 제하고 남는 부분을 주식 소유자에게 반환한다고 할 때 받게 되는 주당 금액이다. 즉 재무상태표 상의 자기자본을 주식수로 나눈 값이다. 장부가치 평가법은 단순한 방법으로서 역사적 원가로 기록된 재무상태표에 의존한다는 비판을 받는다. 또한 장부가치 평가법은 기업의 수익에 대한 잠재력을 무시할 뿐만 아니라 시장에서

결정되는 기업가치를 설명할 수 없기 때문에 실질적인 신뢰도는 낮다.

예제

L기업은 현재 6억원의 총자산을 갖고 있고, 부채는 4.5억원이 된다. 현재 발행주식이 10,000주라면 장부가치는 다음과 같이 계산된다.

$$\frac{₩600,000,000 - ₩450,000,000}{10,000주} = ₩15,000$$

주당 장부가치는 자산들이 장부가격으로 처분된다는 것을 가정하고 있으므로 실제의 주당 가치로는 연결되지 않는다. 실제의 주당 가치는 15,000원 이상일 수도 있고 그 이하일 수도 있는 것이다.

매도가격 평가법: 주당 매도가격은 모든 자산이 실제로 매각되어 모든 부채를 청산한 후에 남은 금액을 현재의 주식수로 나누어서 얻어지는 가격이다. 이 방법은 장부가격에 의한 방법보다는 현실적이지만, 기업의 잠재적 수익력을 고려하지 못하는 문제점을 역시 갖고 있다.

매도가격 평가법이 기업의 잠재적인 수익력을 고려하지 못한다는 문제점이 있다고 했는데, 그것의 의미는 무엇인가. 매도가격 평가법은 기업의 자산들의 실제 가치에 의해서 기업의 가치를 평가한다는 의미를 갖는다. 그런데 기업의 가치는 자산들의 가치에 의해서 결정되는 것이 아니라, 자산들을 이용해서 발생하는 미래 현금흐름에 의해서 결정된다는 개념을 상기할 필요가 있다.

물론 자산매각에 대한 비용을 무시한다면 매도가격에 의한 평가는 기업의 최소가치를 나타낼 것으로 생각된다. 즉 기업이 자산들을 이용해서 추가적인 가치를 창출하지 못한다 하더라도 최소한 매도가격만큼은 실현될 수 있기 때문이다.

예제

위에서 언급한 L기업은 여러 가지 조사를 통하여 기업의 전체 자산이 5.25억원에 매각될 수 있음을 알았다. 매도가격 평가법에 의하면 주당 가치는 다음과 같다.

$$\frac{₩525,000,000 - ₩450,000,000}{10,000\text{주}} = ₩7,500$$

주가수익률 평가법: 주가수익률(price earning ratio: *PER*)은 주식가격을 주당순이익으로 나눈 비율이다. 그러므로 *PER*은 주당순이익 1원에 대한 시장에서의 평가를 반영한다. 예를 들어 주가수익률 15는 주당순이익 1원에 대하여 시장에서 15원만큼 평가된다는 의미이다. 주식가격을 주당순이익의 15배로 평가한다는 것은 주식의 잠재적 수익력에 대한 시장의 평가를 의미한다.

특정 기업의 *PER*과 해당 산업의 평균 *PER*을 비교하면 투자자들의 특정 기업에 대한 평가를 알 수 있다. 또한 상대적으로 기업의 가치를 평가하기 위해서는 산업 전체의 *PER*에 특정 기업의 주당순이익을 곱하면 기업의 주식가치를 얻을 수 있다.

*PER*을 이용한 가치평가방법은 특히 주식시장에서 공개적으로 거래되지 않는 기업의 가치를 평가하는 데 유용하다. 시장에서 거래되는 주식의 경우에는 시장에서 결정된 가격이 있기 때문에 *PER*을 이용하기보다는 시장가격을 이용하는 것이 유리하다. *PER*을 이용하는 방법은 미래의 기대이익을 감안하기 때문에 장부가치 평가법이나 매도가격 평가법보다 우수한 방법이라고 할 수 있다.

예제

L기업은 내년에 2,600원의 주당순이익을 실현할 것으로 예상된다. 그러한 예상은 L기업의 수익력에 대한 평가와 경제 전반 그리고 산업동향의 분석에 의해서 얻어진 것이다. L기업이 속한 산업의 평균 *PER*은 7이라고 한다. 주당순이익과 산업의 평균 *PER*을 곱한, $2,600 \times 7 = 18,200$원이 주가수익률법에 의한 평가방법이다. 물론 이러한 계산법은 투자자들이 주가수익률을 7로 유지한다는 것을 가정하고 있다.

기본 방정식

본질적 의미에서 주식가치는 미래 현금흐름의 현재가치의 합으로 결정된다. 즉, 주식의 보유로부터 생기는 현금흐름은 보유기간 동안의 배당 현금흐름과 주식을 매도하는 경우에 받게 되는 현금흐름의 현재가치인 것이다. 우선 간단한 예를 통하여 주식평가의 경우를 살펴보자.

예제

B주식은 앞으로 1년 동안 주당 1,000원의 배당이 예상되고 있으며 1년 후에 B주식의 가격은 10,000원으로 예상된다. B주식에 대한 위험을 감안할 때 요구수익률이 20%라고 하면 B주식의 가격은 얼마인가?

$$S_0 = \frac{₩1,000 + ₩10,000}{(1+0.2)} = ₩9,167$$

위의 예는 상당히 간단한 경우이고 실제로는 1년 후의 주식가격을 예측한다는 것은 현재의 주식가격을 예측하는 것보다도 어려운 일이다. 뿐만 아니라 1년 후의 주식가격은 어떻게 예측된 것인가? 1년 후의 주식가격도 현재 주식가격을 예측하는 것과 같은 방식으로 계산된 것이다. 즉 1년 이후에 미래에 발생하는 현금흐름의 현재가치의 합으로 계산된 것이다. 1년 후에 예측되는 현금흐름은 다음 기간 동안의 배당과 주식가격일 것이다. 이러한 방식으로 논의를 연장하면 주식의 소유로부터 발생하는 현금흐름은 결국 계속적인 배당금으로 생각할 수 있게 된다.

그러므로 장기적 관점에서 살펴보면 주식가치는 주식으로부터 발생하는 궁극적인 현금흐름인 미래의 배당을 현재가치로 환산한 것이다. 주식을 매도하는 경우에 당시의 주식가격에 상응하는 현금을 받는 것은 사실이지만, 당시의 주식가격은 결국 주식보유에 따른 미래 현금흐름인 배당에 대한 권리인 것이다. 그러므로 가치평가의 관점에서 보면 배당만이 평가의 대상이 되는 것이다.

이것을 방정식의 형태로 표현하면 다음과 같다.

$$S_0 = \frac{D_1}{(1+k_s)} + \frac{D_2}{(1+k_s)^2} + \cdots\cdots + \frac{D_\infty}{(1+k_s)^\infty} \tag{5.4}$$

위에서 S_0 : 주식의 가치
D_t : t시점의 주당 배당금
k_s : 주식의 요구수익률

위의 방정식은 주식평가에 대한 일반적인 개념을 식으로 표현한 것이고 몇 가지 가정을 통하여 구체적인 가치평가에 도달하게 될 것이다.

제로성장모형

배당을 중심으로 가치를 평가하는 경우에 제로성장을 가정하는 것은 가장 단순한 접근법이다. 제로성장모형은 배당이 변하지 않는다는 것을 가정하는 것으로, 즉 $D_1 = D_2 = \cdots = D_\infty$를 말한다. 이 경우 주식의 가치는 배당으로 구성되는 영구연금의 현재가치와 같다.

$$\begin{aligned} S_0 &= \frac{D_1}{(1+k_s)} + \frac{D_1}{(1+k_s)^2} + \cdots\cdots + \frac{D_1}{(1+k_s)^\infty} \\ &= \frac{D_1}{k_s} \end{aligned} \tag{5.5}$$

예제

C기업의 배당은 매년 800원으로 계속될 것으로 기대된다. 만약 C기업 주식의 요구수익률이 15%라면 C기업 주식의 가격은 S_0=₩800/0.15=5,333원이 될 것이다.

제로성장모형은 **고정배당모형**이라고도 하는데 제로성장모형은 일정한 배당을 지불하는 기업의 주식평가에 유용하게 사용될 수 있다. 근래에 발행되는 우선주(preferred stock)는 고정적인 배당을 지불하는 좋은 예인데, 이 경우에 제로성장모형은 유용한 대안이 될 수 있다.

일정성장모형

배당을 통한 주식평가에서 많이 사용되는 모형이 **일정성장모형**(constant growth model)이다. 일정성장모형은 배당이 일정한 g의 비율로 성장하는 경우를 가정한다. 이 모형은 통상 고든(Gordon)모형이라고도 불리는데 식으로 표현하면 다음과 같다.

$$S_0 = \frac{D_1}{(1+k_s)} + \frac{D_1(1+g)}{(1+k_s)^2} + \cdots\cdots + \frac{D_1(1+g)^{\infty}}{(1+k_s)^{\infty}}$$

$$= \frac{D_1}{k_s - g} \tag{5.6}$$

예제

D기업은 올해 말에 배당금을 주당 800원 지불할 것으로 예상되고 배당은 매년 5%씩 증가할 것으로 예상된다. D기업의 요구수익률이 15%일 때 D기업 주식의 가격은 S_0=₩800/(0.15−0.05)=8,000원으로 평가된다.

일정성장모형은 기업의 성장성에 바탕을 둔 주식가치 평가모형이다. 그런데 일정성장모형은 기업이 일정한 비율 g로 계속해서 성장한다는 가정에 근거하고 있다. 그렇기 때문에 주식가치의 평가가 g라는 성장률에 큰 영향을 받게 되는데, g를 얼마로 설정하느냐에 따라 평가가 크게 달라지는 경향이 있기 때문에 주의해야 한다.

변동성장모형

앞에서 설명한 제로성장모형이나 일정성장모형들은 성장률이 변동하는 것을 생각하지 않는다. 그러나 미래의 기대성장률은 높아지든 낮아지든 변할 수 있기 때문에 배당성장률이 변하는 것을 고려한 변동성장모형(variable growth model)을 생각하는 것이 의미 있을 것이다. 변동성장모형의 경우에도 변하지 않는 원칙은 가치가 미래 현금흐름의 현재가치에 의해서 결정된다는 개념이다.

개념확인

1. 주식가치 평가법 중에서 기본방정식 이외의 방법들에 대한 장단점을 살펴보면?
2. 기본방정식이 일반적으로 인정될 수 있는가?
3. 일정성장모형이 사용될 수 있는 조건들은 무엇인가?

5.6 의사결정과 주식가치

가치평가 방정식은 특정 시장의 주식가격 평가에 있어서 주식의 소유로 발생하는 현금흐름과 위험수준을 이용한다. 그러므로 재무관리자는 이러한 요인들을 변화시켜서 주식가치를 변화시키고, 결국 기업의 가치를 변화시킬 수 있는 것이다. [그림 5-4]는 재무적 결정과 수익률, 위험, 그리고 주식가치의 관계를 나타내고 있다.

그림 5-4 의사결정과 주식가치

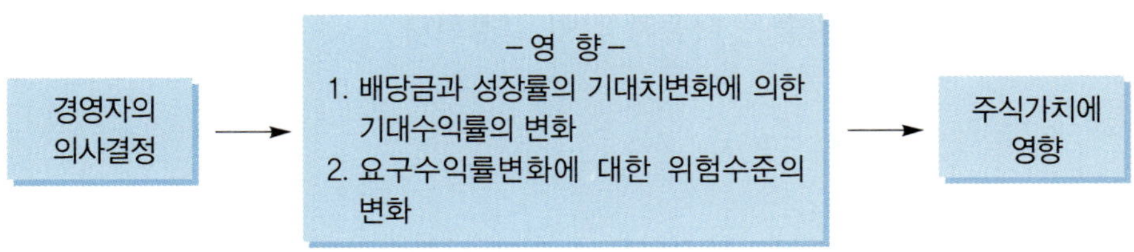

기대수익률의 변화

주어진 상황에서 배당에 대한 기대치를 증가시키는 경영자의 활동은 기업가치를 증가시키게 된다. 일정성장모형에서 보듯이 주식가치 S_0는 D_1이나 g의 상승에 의하여 증가할 것이다. 즉 위험수준은 변화시키지 않으면서 기대수익률의 수준을 높이는 의사결정은 주식가치를 증가시킬 것이기 때문이다.

예제

L기업의 주식가치는 주당 18,750원에 평가되었다. 그런데 주식평가 이후에 L기업은 산업에 변혁을 가져올 정도의 기술혁신을 발표하였다. 투자자들은 그들의 요구수익률을 15%에서 조정하지 않을 것으로 예상되지만 미래 배당소득은 증가할 것으로 예상하고 있다. 구체적으로 말하면 다음 해의 배당인 D_1은 1,500원으로 변하지 않을테지만 성장률은 7%에서 9%로 증가할 것으로 예상된다. 그러면 주식가치는 어떻게 변할 것인가? 주식가치는 ₩1,500/(0.15−0.09)=25,000원으로 바뀔 것이다. 그러므로 주식가치의 상승은 성장률의 상승에 따른 미래 배당금의 기대치가 상승하였기 때문에 발생한 것이다.

위험수준의 변화

주식의 현금흐름을 할인하는 k_s는 요구수익률로 정의되지만, 요구수익률은 분산불가능한 시장위험과 직접적으로 연결된다.

자본자산 가격결정모형(*CAPM*)에 따르면 시장위험은 β에 의하여 측정되는데, *CAPM*에 의하면 요구수익률은 다음과 같이 결정된다.

$$k_S = r_f + \beta_s \times [k_m - R_f] \tag{5.7}$$

즉 위의 식에 따르면 무위험수익률인 R_f와 시장수익률인 k_m을 주어진 것이라고 가정할 때, 요구수익률 k_s는 β에 의해서 결정된다. 만약 경영자가 위험을 증가시키는 행위를 하면 요구수익률은 상승하게 될 것이다. 다른 것들을 일정하다고 가정할 때, 요구수익률 k_s의 증가는 주식가격 S_0를 하락시킬 것이다. 예제를 통하여 살펴보자.

예제

L기업의 요구수익률 15%는 무위험수익률 9%, 시장수익률 13%, 그리고 β 위험 1.5에 의해서 결정된 것이었다. 즉 *CAPM*에 의하면 요구수익률은 다음과 같다.

$$k_s = 0.09 + 1.5 \times [0.13 - 0.09] = 15\%$$

이제 L기업의 경영자가 배당금에 대한 기대치를 변화시키지 않으면서 β를 1.75로 늘리는 의사결정을 했다고 가정해 보자. 무위험수익률과 시장수익률이 9%와 13%로 일정하다고 가정하면, 요구수익률은 $k_s = 0.09 + 1.75 \times [0.13 - 0.09] = 16\%$로 상승한다. 이제 $D_1 = 1{,}500$원, $k_s = 0.16$, $g = 0.07$을 가치방정식에 대입하면 $S_0 = \frac{₩1{,}500}{0.16 - 0.07} = 16{,}670$원으로 평가된다. 예상한 것과 마찬가지로 경영자의 의사결정은 투자자들의 요구수익률을 상승시켜서 주식가치가 하락하게 되는데, 이러한 결정은 기업의 소유주들에게 유리한 결정은 아닌 것이다.

개념확인

1. 주식가치 평가의 기본방정식은 무엇인가?
2. 경영자가 기업가치에 영향을 미치는 방법은 무엇인가?

5.7 시장가격과 시장효율성

자본시장 효율성과 경쟁시장

자본시장에서의 가격행태에 대해서는 많은 연구가 있었다. 특히 주목받은 문제는 새로운 정보가 시장에 나타났을 때 가격이 얼마나 빠르고 정확하게 새로운 정보를 반영하느냐는 것이었다. 시장이 새로운 정보를 가격에 '빠르고 정확하게' 반영하는 경우에 시장이 효율적이라고 말한다. 좀 더 정확히 말하면 **효율적 자본시장**(efficient capital market)은 현재의 가격이 유용한 정보(available information)를 충분히 반영하는 시장으로 정의된다.

자본시장이 효율적이냐 비효율적이냐의 문제는 궁극적으로는 시장의 반응이 어떤 것이냐에 의해서 실증적으로 검증되어야 할 이슈이다. 효율적 시장가설(efficient market hypothesis)은 제대로 조직되고 기능하는 자본시장은 대체적으로 효율적이라고 주장하는 것이고, 실제로 많은 연구자들이 효율적 시장가설을 지지하는 연구결과들을 발표하였다.

시장이 효율적이라는 사실은 시장참여자들에게 중요한 의미를 갖는데, 효율적 시장에서는 모든 투자가 초과적인 수익을 제공하지 않는다는 점이다. 결과적으로 효율적 시장에서는 투자자들은 투자한 가치만큼 보상을 받으며, 기업의 입장에서는 증권의 가치만큼 자본을 조달하는 것이다.

효율적 시장을 만드는 것은 투자자들 사이의 경쟁이다. 시장에는 많은 사람들이 참여하고, 적정가격을 벗어난 증권을 찾으려는 전문가들도 많이 있다. 그들은 기업의 과거 수익성과 안정성을 분석할 뿐만 아니라 주가의 움직임, 그리고 현재의 영업과 채권 채무관계를 분석하고 있다. 투자자들은 수익을 올리기 위해서는 기업에 관해서 많은 것을 알고자 한다. 당신이 다른 사람들보다 기업에 대하여 많은 것을 알고 있다면, 기업의 상황이 좋아질 것으로 예측되는 경우에는 증권을 매입하고, 상황이 악화될 경우에는 매각하는 방식으로 이익을 얻을 수 있을 것이다.

이처럼 많은 투자자들은 정보를 수집하고 분석하기 때문에 시장에서는 적정가격을 벗어난 증권은 점점 줄어들게 된다. 다시 말하면 투자자들 사이의 경쟁이 시장을 점점 효율적으로 만드는 것이다. 시장에서의 균형은 증권가격이 전체적으로 적정가격으로 거래되는 경우에 실현된다. 물론 전문가들이 간헐적으로 발생하는 시장의 불균형을 이용하여 추가적인 이익을 실현하는 경우도 있을 수 있을 것이다.

가격이 정보를 효율적으로 반영하는 경우에는 시장에서 지속적으로 **초과수익**을 올리는 것이 불가능하다. 효율적 시장에서 초과수익이 불가능하다는 의미는, 좀 더 정확히 말하면 효율적 시장이 적용된 결과를 표현하는 것이다. 즉 효율적 시장의 본래적 정의는 가격이 이용 가능한 정보를 반영하는 것이고, 결과적으로 가격이 이용 가능한 정보를 반영한다면 지속적인 초과수익은 불가능할 것이다.

자본시장 효율성에 대한 실증적인 검증은 초과수익의 존재여부로 판단된다. 자본시장에서 체계적인 초과수익이 불가능한 것으로 검증되면, 자본시장의 효율성을 지지하는 결론으로 해석되는 것이다. 자본시장의 효율성에 대하여는 많은 연구가 있었기 때문에 그에 대한 여러 측면의 논의가 가능하지만 여기서는 주요한 요점만을 간략히 설명하기로 한다.

효율적 시장에서의 가격행태

효율적 시장에서의 가격행태를 예를 들어 설명해 보기로 하자. 명화카메라 회사는 다년간의 연구개발을 통하여 자동조절이 기존보다 2배나 빠른 카메라를 개발하였다. 명화기업이 분석한 바에 의하면 새로운 카메라를 출시하면 기업의 수익성이 상당히 좋아질 것으로 예상된다고 한다. 그런데 이러한 정보는 기업 내부에서만 알고 있고 외부적으로 노출된 것은 아니다.

효율적 시장에서는 기업의 주가는 현재의 영업활동과 수익성을 반영할 것이다. 뿐만 아니라 현재의 주가는 현재 시점에서의 기업에 대한 잠재적 성장성과 수익성에 대한 시장참여자들의 의견을 반영할 것이다. 새로운 자동조절장치에 대한 정보는 시장에 알려져 있지 않으므로 가격에 반영되지 않았을 것이다.

명화기업의 새로운 발명이 공표되는 시점에서 시장은 새로운 정보를 평가하여 기업의 주가에 반영할 것이다. 예를 들어 발명에 대한 정보가 언론매체를 통하여 수요일 오전에 공표되었다고 가정해 보자. 효율적 시장에서는 기업의 주가는 새로운 정보를 반영하여 신속하게 조정될 것이다. 수요일 오후에 명화기업의 주식을 매수해서 목요일에 매도한다면 투자자들은 초과적 이득을 얻지는 못할 것이다. 왜냐하면 수요일 오후에는 이미 새로운 정보에 대한 가치가 주가에 반영되어 있기 때문이다.

[그림 5-5]는 명화기업에 대한 주가반응의 3가지 경우를 예시하고 있다. 발표일을 0이라고 한다면 기업의 주식은 발표일 이전에는 14,000원으로 거래되고 있었다. 새로운 발명의 가치를 주당 4,000원이라고 평가한다면, 발명에 대한 가치가 충분히 반영된다면 기업의 주가는 18,000원이 될 것이다.

그림 5-5 정보에 따른 시장의 반응

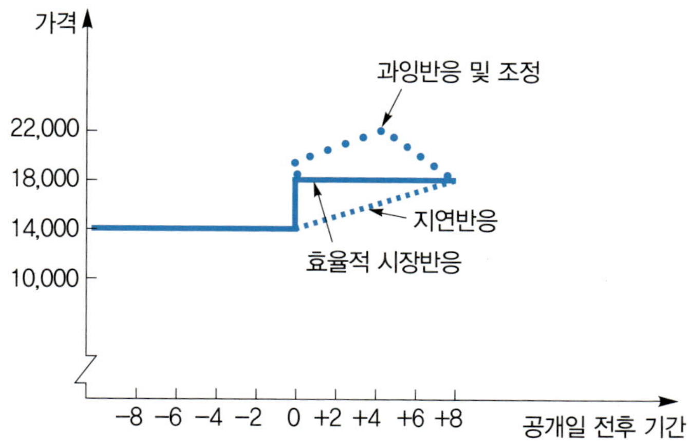

그림에서 직선으로 표시된 것은 효율적 시장에서의 주가의 움직임을 나타내고 있다. 이 경우에는 주가는 새로운 정보를 즉각적으로 완전히 반영하고 추가적인 변화는 없다. 점선으로 표시된 부분은 정보에의 반영이 지연된 형태이다. 이 경우에는 시장이 새로운 정보를 충분히 흡수하는 데 약 8일 정도가 소요된 것을 보여준다. 마지막으로 동그라미로 연결된 선은 일시적인 **과잉반응**(over-reaction) 후에 점진적으로 균형으로 회귀하는 양상을 나타낸 것이다.

지연반응(delayed reaction)이나 과잉반응의 형태는 비효율적인 시장에서 나타날 수 있는 경우들이다. 만약 시장이 즉각적으로 반응하지 않고 지연반응한다면 새로운 정보가 공표되었을 때 빨리 매수해서 며칠 후에 매도하는 것도 좋은 투자전략이 될 것이다.

효율적 시장의 형태 구분

효율적 시장에 관해서는 3가지 형태로 구분하는 것이 일반적이다. 효율적인 정도에 따라서 약형 효율성(weak form efficiency), 준강형 효율성(semistrong form efficiency), 그리고 강형 효율성(strong form efficiency)의 형태로 구분된다. 효율성 형태의 구분은 가격에 반영되는 정보의 종류에 의해서 나누어진다.

약형 효율성: 약형 효율성은 시장에서의 가격이 기업에 관한 과거의 정보를 이미 반영하고 있는 경우를 말한다. 기업에 관한 과거의 정보는 주식가격의 흐름과 거래량을 포함한 제반 정보를 의미하는 것이다. 그러므로 약형 효율적인 시장에서는 기업에 관한 과거의 정보(주식가격의 행태와 재무정보를 포함한)를 이용하여 지속적으로 초과적인 수익을 얻는 것은 불가능해진다. 왜냐하면 현재의 가격은 이미 과거를 반영하고 있기 때문이다. 그러므로 자본시장이 약형 효율적이라면 **기술적 분석**(technical analysis)은 존재의의를 상실하게 되는 것이다. 왜냐하면 기술적 분석은 과

거의 주가행태를 분석하여 미래의 흐름을 예측함으로써 통상적인 수준 이상의 이익을 얻고자 하는 것인데, 주식가격이 과거의 정보를 이미 반영한 것이라면 과거의 주가행태로부터 추가적인 정보를 얻는 것은 불가능하기 때문이다. 많은 연구결과들은 자본시장이 적어도 약형 효율적이라는 결론을 보고하고 있다.

준강형 효율성: 준강형 효율성의 개념은 정보의 형태를 과거의 정보뿐만 아니라 모든 공공이 이용 가능한 정보(publically available information)를 포함한다. 그러므로 준강형 효율적 시장에서는 가격은 과거의 주가행태, 재무정보뿐만 아니라 여러 가지 공시자료를 반영하는 것이다. 준강형 효율적인 시장에서는 이미 공개된 정보를 가지고 초과수익을 올리는 것이 불가능함을 의미한다. 즉 어떤 기업이 새로운 제품을 개발하였다고 발표하면 그 정보의 효과는 가격에 즉시 반영되어 그 정보를 바탕으로 하는 초과적인 수익의 기회는 존재하지 않는 것이다.

여러 연구들은 시장이 준강형 효율적이라는 결과를 보고하고 있다. '주식은 소문에 사고 공표되었을 때 팔아라'라는 증권시장의 격언을 상기시키는 결론이다. 즉 정보가 소문으로 존재하는 경우에는 가격에 반영되지 않아서 초과이익이 가능할 수 있지만 공표되어 확인된 이후에는 이미 초과이익 가능성이 존재하지 않는다는 말이다.

강형 효율성: 자본시장에서의 가격이 공개된 정보뿐만 아니라 공개되지 않은 사적인 정보까지도 반영한다면 자본시장은 강형 효율적 시장이라고 말할 수 있다. 사적인 정보라고 하면 기업의 내부 정보를 포함할 뿐만 아니라 전문가의 분석 정보도 포함하는 것이다. 전문가의 분석 정보는 전문성에 의하여 가치를 가지는 것인데, 그것이 시장에서 공개되지 않는 한 사적인 정보의 성격을 갖는 것이다.

자본시장이 강형 효율성을 갖는다는 증거들은 충분히 존재하지 않는다. 오히려 강형 효율성에 반대되는 증거들이 간헐적으로 등장하고 있다. 즉 기업의 경영에 관련된 사람들이 내부 정보를 이용하여 주식거래를 하고 막대한 이익을 얻었다고 하는 보도는 강형 효율성을 부정하는 사례라고 볼 수 있다. 물론 **내부자 정보**(insider information)를 이용하여 초과이익을 얻는 행위는 불법이다. 내부자 정보를 이용하는 것은 정보의 우위를 갖고 있는 내부자의 불공정 거래라고 볼 수 있는 것이다.

앞에서도 말했지만 시장의 효율성은 궁극적으로는 실증 검증을 필요로 한다. 대체적인 결론을 말하면 다음과 같다. 첫째, 가격은 새로운 정보에 빠르게 반응하므로 전체적으로 효율적 시장가설을 부정하기는 어렵다. 둘째, 단기적인 가격의 변화를 공공정보에 의해서 예측한다는 것은 매우 어렵다는 사실이다. 셋째, 가격이 적정평가되지 않은 경우가 있더라도 그것을 발견하는 확실한 방법은 없다는 사실이다. 요약하면 공공의 정보에 의해서 초과수익을 올리기는 어렵다는 것이고 준강형 효율적 시장을 지지하는 결론을 얻게 된다.

개념확인

1. 자본시장 효율성의 의미는 무엇인가?
2. 자본시장 효율성에 관한 세 가지 정의는 무엇인가?

5.8 요약 및 결론

본 장에서는 가치평가의 과정과 방법에 대하여 설명하였다. 가치평가에 있어서 주요 요소들은 현금흐름의 규모, 현금흐름의 시기, 그리고 현금흐름의 위험을 반영한 할인율 등이다. 특정 자산의 가치는 자산에 의해서 미래에 공급되는 현금흐름들의 현재가치의 합이다.

그러한 관점에서 볼 때 채권의 가치는 채권에 의한 이자지급의 현재가치와 액면가인 원금의 현재가치의 합으로 정리된다. 채권가치를 결정하는데 필요한 할인율은 채권이 지급하는 표면이자율이 아니고 시장에서 결정되는 요구수익률이다. 시장의 요구수익률이 표면이자율보다 높은 경우에는 채권은 액면가보다 낮은 금액으로 할인거래되고, 요구수익률이 표면이자율보다 낮은 경우에는 할증거래된다.

채권의 가격은 요구수익률이 변하지 않는다 하더라도 만기까지의 시간의 경과에 따라 변화할 수 있다. 요구수익률이 고정되어 있는 경우에 시간의 경과에 따라 채권가격은 액면가에 접근하게 된다. 또한 만기까지의 기간이 짧으면 짧을수록 주어진 요구수익률의 변화에 따른 채권가격의 변화 폭은 상대적으로 적어진다.

주식가치의 추정을 위해서는 장부가치, 매도가치, 그리고 *PER*와 같은 방식들이 현실적으로 이용되기도 한다. 그러나 합리적인 방식은 주식가치는 주식의 보유에 따른 미래 현금흐름인 배당금의 현재가치로 계산하는 방식이다.

배당금을 중심으로 하는 주식평가 방식에는 제로성장모형, 일정성장모형, 그리고 변동성장모형 등이 있다. 가장 광범위하게 사용되는 방식은 일정성장모형이다. 대부분의 재무적 결정은 기업의 위험수준과 기대수익률에 영향을 미친다. 그러므로 재무적 결정 과정에서는 위험수준과 기대수익률이 기업가치에 미치는 영향을 평가하여야 한다.

효율적 시장에 대하여 살펴보았다. 효율적 시장에서는 가격은 새로운 정보에 빠르고 정확하게 적응한다. 결과적으로 효율적 시장에서 자산의 가격은 적정하게 평가되는 것이다. 시장이 얼마나 효율적이냐는 논란의 여지가 있지만, 궁극적으로는 실증적인 검증을 요구하는 사항이다. 그러나 금융시장이 실물시장보다 더 효율적이라는 사실과, 가격이 전반적으로 공공정보를 반영하고 있다고 말할 수 있을 것이다.

확인학습

5.1 인천기업은 액면가 100만원, 표면이자율 8%의 채권을 가지고 있다. 채권의 만기는 12년이 남았다고 한다.

a. 이자지급을 연간으로 한다고 가정하고, 채권의 요구수익률이 (1) 7%, (2) 8% 그리고 (3) 10%일 때 각각 채권의 가격을 계산하라.

b. a에 계산된 채권가격을 할인거래, 할증거래 그리고 액면가 거래로 구분하라.

c. 요구수익률 10%를 사용하여 이자지급이 반기별로 이루어지는 경우 채권가격을 계산하라.

5.2 부산기업의 채권이 현재 115만원에 거래되고 있다. 부산기업의 채권은 표면이자율 11%, 액면가 100만원인데 이자지급은 연간 단위로 만기는 18년이라고 한다.

a. 만기수익률을 구하라.

b. 만기수익률과 표면이자율을 이용하여 액면가와 채권가격의 차이를 설명하라.

5.3 광주기업은 주식에 대하여 연간 1,800원의 배당금을 지급한다. 광주기업의 주식에 대한 요구수익률이 12%라고 할 때 다음 각 경우에 주식가치를 추정하라.

a. 배당금은 계속적으로 제로(0)성장률을 나타낼 것이다.

b. 배당금은 연간 5%로 지속적으로 성장할 것이다.

c. 배당금은 향후 3년 동안 5%로 성장하다가 그 후 연간 4%로 지속적으로 성장할 것이다.

해답

5.1 a. $B_0 = I \times \sum_{t=1}^{n} \frac{1}{(1+k_d)^t} + M \times \frac{1}{(1+k_d)^n}$

$I = 0.08 \times 100 = 8$만원

$M = 100$만원

$n = 12$년

(1) $k_d=7\%$

$B_0=8\times7.943+100\times0.444=107.94$만원

(2) $k_d=8\%$

$B_0=8\times7.536+100\times0.397=100$만원

(3) $k_d=10\%$

$B_0=8\times6.814+100\times0.319=86.41$만원

b. (1) $k_d=7\%$일 때는 107.94만원으로 할증거래

(2) $k_d=8\%$일 때는 100만원으로 액면거래

(3) $k_d=10\%$일 때는 86.41만원으로 할인거래

c. 이 경우에는 $I=4$만원

$M=100$만원

$n=24$

채권의 가격은 86.20만원이 된다.

5.2 a. $B_0=115$만원

$I=0.11\times100=11$만원

$M=100$만원

B_0는 할증거래되므로 만기수익률은 11%보다 낮다.

$k_d=10\%$일 때 $B_0=108.21$만원

$k_d=9\%$일 때 $B_0=117.52$만원

만기수익률은 9%에 가깝다.

b. 만기수익률이 표면이자율보다 낮기 때문에 할증거래된다.

5.3 $D_0=1{,}800$원

$k=12\%$

a. 제로성장모형 $S_0=\dfrac{D_1}{k_s}=\dfrac{1{,}800}{0.12}=15{,}000$원

b. 일정성장모형 $S_0=\dfrac{D_1}{k_s-g}=\dfrac{1{,}890}{0.12-0.05}=27{,}000$원

c. 변동성장모형

$D_1=D_0\times(1+g)=1{,}800\times(1.05)=1{,}890$원

$$D_2 = D_0 \times (1+g)^2 = 1,800 \times (1.05)^2 = 1,980\text{원}$$
$$D_3 = D_0 \times (1+g)^3 = 1,800 \times (1.05)^3 = 2,080\text{원}$$
$$D_4 = D_3 \times (1+g^*) = 2,080 \times (1.04) = 2,160\text{원}$$
$$S_3 = \frac{D_4}{k_s - g^*} = \frac{2,160}{0.12 - 0.04} = 27,000\text{원}$$
$$S_0 = \frac{D_1}{1+0.12} + \frac{D_2}{(1+0.12)^2} + \frac{D_3}{(1+0.12)^3} + \frac{S_3}{(1+0.12)^3}$$
$$= 23,970\text{원}$$

연습문제

5.1 가치평가 과정에서의 세 가지 주요 요소들을 설명하라. 가치평가 과정이 연간 현금흐름이 발생하는 경우에만 적용되는 것인가? 설명하라.

5.2 채권의 가격이 액면가와 다르게 거래되는 이유를 요구수익률과 표면이자율의 관계로 설명하라.

5.3 주식의 평가에 사용되는 일반적인 방법을 설명하고 그중에서 어느 것이 가장 설득력이 있는지 설명하라.

5.4 자본시장의 효율성을 검증하는 구체적인 방법은 어떤 것이 있는지 예를 들어 설명하라.

5.5 당신이 자동차를 구입하는 문제를 고려중이라고 생각해 보자. 차를 구입하는 경우에 연간 120만원의 현금유입이 예상되고, 5년 후에 자동차를 판다면 500만원을 받을 수 있을 것으로 예상된다. 자동차를 구입하는 자금은 당신이 현재 6%의 이자율을 벌고 있는 예금계좌에서 인출하여 사용할 예정이다.

a. 자동차의 가치를 평가하기 위한 요소들을 명시하라.

b. 당신이 자동차에 대하여 지불해야 하는 최대금액은 얼마인가? 설명하라.

5.6 김철수는 앞으로 4년간 매년 300만원, 5년째는 1,500만원을 제공할 것으로 예상되는 자산의 가치를 추정하고자 한다. 김철수는 저위험이 자산에 대해서는 10%, 평균적인 위험자산에 대해서는 15%, 그리고 고위험자산에 대해서는 22%의 수익률을 벌어야 할 것으로 생각하고 있다.

a. 앞에서 제시된 자산이 저위험자산이라면 김철수가 지불해야 하는 최대금액은 얼마인가?

b. 김철수는 위의 자산에 대한 위험을 평가할 수가 없다고 한다. 그러나 김철수는 적어도 손해는 보지 말아야 한다고 믿고 있는데, 이 경우에 얼마 이상을 지불해서는 안되는가?

c. 다른 조건이 같다고 전제하면 위험의 증가가 자산가치에 미치는 영향은 무엇인가?

5.7 경기기업은 액면가 100만원, 표면이자율 12%의 채권을 가지고 있다. 경기기업의 채권은 이자지급을 연간 단위로 하고 있으며, 만기까지는 16년이 남아 있다.

a. 비슷한 위험수준의 채권이 10%의 유통수익률로 거래되고 있다면, 경기기업의 채권의 가격은 얼마인가?

b. 유사한 채권들이 경기기업의 표면이자율보다 낮은 수익률에 거래되는 이유 두 가지를 들어 보아라.

c. 만약 요구수익률이 10%가 아니고 12%라면 경기기업의 채권가격은 얼마가 될 것인가? c의 결과를 a와 비교하여 설명하여 보자.

5.8 충남기업은 액면가 100만원, 만기 12년의 채권을 가지고 있다. 채권의 표면이자율은 11%이고, 이자는 연간 단위로 지급된다.

a. 요구수익률이 11%, 15%, 8%일 경우에 채권의 가격을 각각 구하라.

b. a의 결과로부터 요구수익률과 표면이자율이 채권가격의 할인, 할증, 액면가 거래에 미치는 영향을 설명하라.

5.9 대전기업은 공구제조업에서 안정적인 영업을 하고 있는 회사이다. 지난해에 대전기업은 주당 2,400원의 배당을 지급하였다. 기업이 안정적인 상황에 있기 때문에 배당금은 앞으로 변하지 않을 것으로 예상된다.

a. 요구수익률이 12%라면 대전기업 주식의 가치는 얼마인가?

b. 기업의 위험이 갑자기 증가하여 요구수익률이 20%가 된다면 주식의 가치는 어떻

게 변하겠는가?

c. a와 b의 결과로부터 위험이 주식가치에 미치는 영향을 설명하라.

5.10 울산기업이 최근에 지불한 배당금은 1주당 1,800원이고, 울산기업의 요구수익률은 15%이다. 다음의 각 경우에 대하여 울산기업의 주식가치를 구하라.

a. 배당금이 향후 3년 동안 연간 8%로 성장하고, 그 후에는 연간 5%로 지속적으로 성장하는 경우

b. 배당금이 향후 3년 동안 연간 8%로 성장하고, 그 후에는 성장률이 제로(0)인 경우

c. 배당금이 향후 3년 동안 연간 8%로 성장하고, 그 후에는 10%씩 지속적으로 성장하는 경우

5.11 대구기업의 최신 배당금은 3,000원이었고, 배당금은 연간 5%씩 성장한다고 기대된다. 대구기업의 요구수익률은 15%인데, 경영층은 기업활동에 대하여 변화를 모색하고 있다. 다음 각 활동에 대하여 주가에 미치는 영향을 설명하고 어느 것이 최선의 선택이 될 것인지 설명하라.

a. 특별한 변화를 시도하지 않는다.

b. 새로운 설비에 투자하여 배당금성장률을 6%로 올리고 요구수익률을 14%로 낮춘다.

c. 수익성이 낮은 생산라인을 처분하여 배당성장률을 7%로 증가시키고 요구수익률도 17%로 올린다.

d. 다른 기업과 합병을 통하여 배당성장률을 4%로 낮추고 요구수익률을 16%로 올린다.

e. 다른 기업의 자회사를 인수하여 배당성장률을 8%로 증가시키고 요구수익률도 17%로 올린다.

5.12 명성회사는 베타가 1.2인 기업이다. 현재 시장에서의 무위험수익률은 10%이고 시장포트폴리오의 요구수익률은 14%이다. 명성회사는 내년에 2,600원의 배당금을 지불할 예정이고 배당성장률은 2002년에서 2008년 사이의 추세를 유지하려고 한다. 지난 7년 동안의 배당실적은 다음과 같다.

연도	배당금
P_{2002}	1,730원
P_{2003}	1,800
P_{2004}	1,820
P_{2005}	1,950
P_{2006}	2,100
P_{2007}	2,280
P_{2008}	2,450

a. *CAPM*을 이용하여 명성기업의 요구수익률을 계산하라.

b. 고정성장모형을 이용하여 명성기업의 주식가치를 추정하라.

c. 베타가 감소한다면 명성기업의 주식가치에 어떤 영향을 미칠지 설명하라.

제3편

장기투자결정

제6장 자본예산

제7장 자본비용

제 6 장

자본예산

제1장에서 기업재무관리의 3가지 주요 영역에 대하여 설명하였는데, 그중에서 제일 먼저 언급된 것이 '투자는 어떻게 할 것인가'에 관한 문제였다. 투자에 관한 의사결정이 자본예산의 과정이다. 자본예산은 투자재원인 자본의 사용, 즉 투자결정에 관한 사항이다. 본 장에서는 이 문제에 대하여 설명하고자 한다.

기업은 투자를 통해서 생산하는 경제주체인데, 투자에 대하여 평가하고 의사결정을 내리는 것이 우선적인 업무이다. 투자에 관한 의사결정들은 실질적으로 기업의 성패를 결정하기 때문에 중요하게 다루어져야 한다. 왜냐하면 투자결정은 기업의 성격뿐만 아니라 수익에 직접적인 영향을 미치는 결정이기 때문이다.

자본예산을 위한 투자대안의 제안은 기업 내부에서 뿐만 아니라 여러 차원에서 발생할 수 있다. 투자대안에 대한 제안은 종업원이 제안한 비용절감 방안, 소비자들이 요구하는 신상품에 대한 마케팅 정보, 경쟁력 강화를 위한 국외 공장의 설치 필요성 등과 같이 여러 차원에서 발생할 수 있다. 이처럼 대안들에 대한 평가를 수행하는 자본예산은 투자자본의 배분에 대한 결정이기도 하다.

6.1 자본예산의 개요

자본예산의 의의

자본예산(capital budgeting)은 투자의 재원인 자본의 사용에 대한 **투자결정**이다. 자본의 사용은 투자에 대한 분석과 평가를 통해서 결정하게 되는데 투자에 대한 분석과 평가는 결국 투자대안에 대한 경제성 분석이라고 할 수 있다. 본 장에서는 투자결정에 대한 기본적인 개념과 과정들을 설명할 것이다.

기업은 투자를 통해서 재화와 용역을 생산하는 경제주체이다. 적절한 생산을 위해서는 적절한 투자의 결정이 중요하다. 그러므로 투자결정을 분석하는 자본예산은 기업이 우선적으로 결정해야 하는 핵심적인 사항이다. 기업재무에서 가장 중요한 결정사항이다.

투자자본의 배분과 예산의 과정을 의미하는 자본예산은 특정 비유동자산을 구입하는 문제로 끝나는 것이 아니다. 기업에서는 새로운 상품의 개발 혹은 새로운 시장의 개척 등의 포괄적인 문제에 직면하는 경우가 많이 있다. 물론 이러한 결정들도 자본예산에 포함된다.

자본예산과 연결된 결정들은 기업의 경영에 전반적인 영향을 미치게 된다. 왜냐하면 자본예산을 통해서 새로운 상품과 시장에 접근한다는 것은 장기적이고 지속적으로 기업의 성과에 영향을 미칠 뿐만 아니라, 한번 내려진 결정은 번복이 쉽지 않은 특성도 있기 때문이다.

기업이 결정하는 업종의 선택도 자본예산에 포함된다. 업종의 선택은 생산품의 종류와 시장의 성격을 규정하게 되는데, 선택의 결과는 기업이 보유한 한정된 자원을 특정 자산에 투자하는 결정을 유발하게 된다. 이처럼 모든 전략적 선택의 문제가 자본예산의 범주에 속하는 것이다. 실제로 자본예산은 '**전략적 자산 배분**(strategic asset allocation)'이라는 이름으로 불리는 것이 적절할지도 모른다.

그러므로 자본예산은 기업의 재무적 결정에 있어서 가장 중요한 부문으로 취급되어야 할 것이다. 물론 자금조달과 관리도 중요한 부문이지만, 기업의 성격을 규정하는 것은 투자행위는 장기적으로 기업의 상태와 성과를 결정하기 때문이다.

기업은 여러 가지 다양한 투자대안들 중에서 선택을 하게 될 것이다. 그중에서 어떤 투자대안은 투자할 가치가 있을 것이고, 어떤 투자대안은 투자할 가치가 없는 것이 있을 것이다. 성공적인 자본예산의 요체는 어떤 대안이 가치 있고, 어떤 것이 그렇지 못한가를 구별하는 일이다.

투자대안의 분류

투자대안은 일상적으로 반복되는 성격이 아니고 그 자체가 독특하다. 그러므로 투자대안의 성격을 분류하는 것은 큰 의미는 없다. 하지만 앞으로의 설명을 위해서 투자대안들을 분류해 보기로 하자. 투자대안들은 여러 가지 형태로 분류할 수 있지만 대부분은 확장투자와 대체투자의 두 가지 범주에 속한다.

확장투자: 확장투자(expansion project)는 통상 수입의 증가를 목적으로 하는 것이다. 확장투자는 기존의 운영을 확장하거나 새로운 품목의 생산에 참여하는 것을 포함한다. 기존의 운영을 확장하는 것은 생산설비를 추가하는 경우이며, 새로운 품목을 개발하는 것은 수입을 확장하고자 기업에 새로운 형태의 생산활동을 요구한다. 확장투자의 경우는 새로운 투자이기 때문에 대체투자보다 상대적으로 분석하기에 쉬운 측면이 있다. 왜냐하면 추가적(incremental)이라는 의미를 크게 주의하지 않아도 되기 때문이다.

대체투자: 대체투자(replacement projects)는 비용절감이나 시설대체를 위한

투자로서 추가적인 확장을 의미하는 것은 아니다. 대부분의 대체투자의 목적은 장비가 노후화함에 따라 새로운 장비로 대체하는 것이다. 어떤 대체투자는 기존의 장비를 새로운 신형장비로 대체하여 운영비를 줄이려는 경우가 있다. 예를 들어 현재 사용 중인 컴퓨터를 새로운 신형컴퓨터로 대체하는 경우를 생각할 수 있다.

어떤 투자대안들은 수입을 증가시키면서 동시에 비용을 절감하는 경우도 있다. 생산능력과 효율이 떨어지는 구형기계를 신형기계로 대체하는 경우에는 생산비의 절감과 동시에 생산량도 증가하는 효과를 볼 수 있을 것이다. 어쨌든 대체투자는 기존의 장비를 새로운 장비로 대체하여 경영의 효율성을 증가시키는 것을 목적으로 한다.

대체투자안의 경우에는 현금흐름을 계산할 때 주의할 필요가 있다. 왜냐하면 투자안에서 고려되는 현금흐름은 추가적인 현금흐름인데, 대체투자안의 경우에는 추가적인 현금흐름이 새로운 투자안과 대체되는 투자안의 차이로 나타나기 때문이다.

한편 투자안은 상호관계를 고려하여 다음과 같은 세 가지 유형으로 구분될 수 있다. 즉 독립적 투자안(independent projects), 상호배타적인 투자안(mutually exclusive projects), 종속적 투자안(contingent projects)으로 분류될 수 있는데 각각의 성격에 따라 선택에 영향을 미칠 수 있다.

독립적 투자안은 어떤 투자안의 현금흐름이 다른 투자안의 채택 또는 기각 결정에 의해 영향을 받지 않는 경우를 말한다. 이 경우 경영자는 여러 투자안들의 선택을 독립적으로 결정할 수 있다. 예를 들어 포장설비와 물자운반시스템은 무관한 것이므로, 각자의 자체의 경제성에 의해서 독립적으로 결정하면 되는 것이다. 독립적 투자안의 경우는 선택과 기각을 독립적으로 결정하게 된다.

상호배타적인 투자안은 동일한 작업을 수행하는 대체투자안 중에서 어느 투자안이 선택되면 다른 것이 자동적으로 기각되는 경우이다. 예를 들어, 어떤 공장에서 물자운반시스템을 설치하려고 할 때, 이 작업은 자동운송벨트장치나 지게차 중 어느 하나에 의해 수행될 수 있다. 한 방법이 선택되면 다른 방법은 배제되는 경우이다.

종속적 투자안은 함께 수행되지 않으면 모두 쓸모가 없게 될 투자안들이다. 예를 들어, 터널을 건설할 때 환기장치가 필요하다면, 터널과 환기장치는 종속적인 투자안으로 간주되어야 할 것이다. 왜냐하면 터널을 건설하지 않는다면 환기장치의 건설은 그 자체의 경제성과 상관없이 기각되기 때문이다.

자본예산과 제약요인

자금의 제약과 자본배급: 자금의 제약이 기업의 투자결정에 영향을 미치는 경우가 있다. 기업이 투자에 소요되는 자금을 무한대로 조달할 수 있다면 의사결정은 상당히 단순해질 것이다. 즉 독립적인 투자에 대하여 요구수익률 이상의 수익을 얻는 경우에 모두 채택하는 결정을 내리면 될 것이다. 그러나 통상적으로 기업들은 가능한 자금 중에서 자본배급(capital rationing)을 해야 하는 경우가 많다.

즉 기업들은 자본적 지출을 위해서 설정된 자금의 한도가 있으며, 여러 가지 투자대안들은 한정된 자금 안에서 취사선택되어야 한다. 그러므로 기업은 주어진 자금으로 기업가치를 극대화시킬 수 있는 방식으로 투자자본을 배분할 필요가 있다. 자본배급과 관련된 문제는 뒤에 좀 더 다루기로 하고 우선은 자금의 제약이 없는 경우를 대상으로 살펴보기로 하자.

채택-기각과 우선순위 결정: 자본예산결정은 두 가지 결정으로 요약된다. 기업이 설정한 최소한의 요구조건을 충족시키는 투자대안을 채택하고, 그렇지 못한 투자대안은 기각하는 결정방식이다. 채택-기각 결정은 독립적인 투자대안을 위한 결정이다. 평가 기준에 따라 채택과 기각을 결정하면 된다.

다른 하나는 우선순위 결정인데, 채택된 투자안들 중에서 우선순위를 결정하는 것이다. 우선순위 결정은 상호배타적인 투자안들 중에서 채택 영역에 속하는 투자대안들 만을 대상으로 한다. 기각 영역에 속하는 투자대안에 대해서는 우선순위를 정할 필요가 없다. 왜냐하면 어차피 기각될 것이기 때문이다. 즉 채택가능한 대안들을 먼저 선정하고, 그 후에 우선순위에 따라 결정하는 방식이다.

자본예산의 결정과 가치평가: 장기투자결정, 즉 자본예산은 가치평가의 문제이다. 모든 가치평가의 문제는 현금흐름과 요구수익률에 대한 추정을 필요로 하고 적절한 의사결정 기준을 수립하여야 한다. 자본예산을 위해서는 다음과 같은 3단계가 필요하다.

1) 투자대안에 대한 현금흐름의 추정(규모와 시기)
2) 투자대안에 대한 요구수익률 적용(자본비용)
3) 투자대안의 평가를 위한 의사결정기준의 적용

자본예산의 문제도 가치평가와 매우 흡사하다. 실질적으로 위의 2단계는 가치평가 과정인 것이다. 주주들의 부를 극대화하는 결정을 내리기 위해서는 기업은 위의 3단계를 거쳐야 하는데, 실질적으로 자본예산은 투자대안의 가치를 평가하는 과정이라고 말할 수도 있을 것이다.

개념확인

1. 대체투자와 확장투자란 무엇인가?
2. 독립적인 투자와 상호배타적인 투자의 성격은?
3. 자본예산의 과정은?

6.2 현금흐름의 추정

자본예산 과정에서 우선 결정해야 하는 부분은 현금흐름의 추정(cash flow estimation)에 관한 것이다. 현금흐름의 추정은 투자대안에 대한 예상 수입과 비용의 정확한 예측치를 구하는 문제이기 때문에, 현실적으로 간단하지 않고, 또한 오류의 가능성도 큰 부분이라고 할 수 있다.

해당현금흐름

투자대안의 해당현금흐름(relevant cash flow)이란 무엇인가? 해당현금흐름이란 투자결정에서 고려되어야 하는 현금흐름을 의미한다. 해당현금흐름은 투자대안의 선택에 의해서 발생하는 현금흐름의 변화 혹은 추가적인 현금흐름이다. 해당현금흐름이란 투자대안의 선택의 직접적인 결과로 발생하는 세금을 포함한 모든 현금흐름의 변화를 의미한다. 결국 **세후 추가현금흐름**(incremental cash flow after tax)이 해당현금흐름이 된다.

해당현금흐름의 정의는 투자대안의 선택과 상관없는 현금흐름은 포함되지 않는다는 것을 의미하기도 한다. 실제에 있어서 투자대안과 관련된 현금흐름과 관련없는 현금흐름을 분리한다는 것은 상당히 복잡할 가능성이 있다. 그러므로 현실적으로는 기업의 모든 현금흐름을 고려할 필요는 없고, 단지 투자대안과 연결된 추가적인 현금흐름만을 고려하면 될 것이다. 즉 투자대안 자체를 하나의 기업이라고 생각하고 그에 따른 현금유출과 현금유입을 고려하면 될 것이다.

현금흐름에서 고려할 사항들

투자대안의 평가와 관련된 현금흐름은 세후 추가적인 현금흐름이라고 정리하였다. 개념적으로 보면 추가적인 현금흐름은 상당히 간단한 것처럼 보일지 모르나, 실제적인 계산 과정에서 혼동할 가능성은 많이 있다. 여기서는 세후 추가현금흐름의 개념을 좀 더 명확히 하기 위하여 몇 가지 사항들을 살펴보고자 한다.

매몰비용: 매몰비용은 고려대상이 되어서는 안 된다. 매몰비용(sunk cost)은 개념상 이미 발생한 비용이다. 그러므로 매몰비용은 투자대안의 채택-기각에 의해서 변화되지 않는 비용이다. 매몰비용이 해당현금흐름에 포함되지 말아야 하는 것은 명백하다. 그럼에도 불구하고 실제적인 적용에 있어서 **매몰비용의 오류**(sunk cost fallacy)에 빠지기가 쉽다.

예를 들어 G라는 우유회사가 초콜릿 우유의 타당성을 검토하기 위하여 컨설팅 용역을 주었다고 생각해 보자. 그러면 컨설팅 비용도 현금유출로 포함되어야 하는가? 컨설팅 비용은 초콜릿 우유의 도입에 대한 현금유출로 포함되어서는 안 된다. 왜냐하면 컨설팅 비용은 초콜릿 우유의 채택-기각에 의해서 추가적으로 발생하는 현금흐름이 아니고 매물비용이기 때문이다.

기회비용: 투자안의 선택에 있어서 고려해야 하는 비용은 기회비용이다. 많은 사람들은 비용이라고 하면 실제적으로 지불되는 비용만을 생각하는 경향이 있는데 기회비용(opportunity cost)은 약간 다른 개념이다. 기회비용은 특정의 투자대안을 선택하는 경우에 포기해야 되는 최선의 대안이다. 다음의 예를 가지고 설명하도록 하자.

예를 들어 오래전에 1,000만원에 구입했던 낡은 창고를 개조하여 모텔로 사용하려는 투자안을 생각해 보기로 하자. 이 경우에 낡은 창고를 구입하기 위한 실질적인 지출은 발생하지 않을 것이다. 그러면 모텔계획을 평가하는 과정에서 창고를 '공짜'인 것으로 받아들여야 하는가?

대답은 '아니오'이다. 창고는 새 투자계획을 위하여 가치를 제공하고 있고, 모텔계획이 없다 하더라도 다른 용도로 사용될 수도 있는 것이다. 그러므로 창고의 사용은 다른 기회에 사용할 수 있는 대안을 배제하는 것이기 때문에 기회비용으로 계산하여야 한다.

그러면 창고를 사용하는 경우에 기회비용은 얼마로 인식할 것인가? 창고를 구입할 때 1,000만원을 지불하였으니 1,000만원을 비용으로 인식하여야 하는가? 그러한 사고방식은 문제가 있다. 앞에서 매몰비용에 대하여 설명한 이유가 바로 그것이다. 즉 1,000만원은 매몰비용이기 때문에 고려의 대상이 될 수 없는 것이다. 고려해야 하는 비용은 창고를 다른 용도(예를 들어, 매각할 경우)로 사용할 경우에 얻을 수 있는 가치가 포기된 것이므로, 그것이 기회비용이 되어야 한다.

부수적 효과: 부수적인 효과로 발생하는 현금흐름도 그것이 투자대안의 채택에 의해서 발생한 것이라면 포함되어야 한다. 추가적인 현금흐름은 채택에 따라 발생하는 기업의 모든 현금흐름의 변화를 포함한다는 것을 상기해 보자.

어떤 투자기회이든 여러 가지의 부수적 효과가 생기는 것이 일반적이다. 예를 들어 어떤 자동차회사가 신모델을 개발하면 기존의 승용차 매출이 감소되는 부수적 효과가 있을 수 있다. 이 경우에 신모델 승용차에 대한 자본예산에는 기존 승용차 매출이 감소되는 부분도 포함되어야 한다.

순운전자본: 새로운 운전자본의 변화도 현금흐름에 포함되어야 한다. 새로운 투자대안을 채택하면 장기적 자산뿐만 아니라 추가적인 운전자본도 소요되는 것이 일반적이다. 예를 들어 새로운 투자를 수행하기 위해서는 일상적인 비용의 지불을 위한 현금의 보유도 필요할 것이고, 재고자산과 외상매출금도 추가적으로 발생할 수 있다. 필요한 운전자본의 일부는 외상매입과 같은 유동부채로 보충될 수도 있지만, 그 외의 부분은 순운전자본의 추가적인 설정이 필요할 것이다. 자본예산에 있어서 순운전자본은 간과되기가 쉽기 때문에 주의하여야 한다. 투자가 완료되는 시점에서는 순운전자본은 다시 회수되어야 한다,

자금 조달 비용: 자금 조달 비용은 자본의 기회비용과 다르다. 투자대안의 평가에서는 이자 지급과 같은 자금 조달 비용은 직접적인 평가의 대상이 아니며, 투자에 의해서 발생되는 현금흐름만이 관심의 대상이다. 왜냐하면 이자 지급은 투자에

대한 운영결과를 채권자에게 배분하는 과정인 것이고, 투자 자체에 의해 발생하는 현금흐름은 아니기 때문이다.

투자대안의 평가는 투자에 소요되는 비용과 그것의 결과로 발생하는 현금흐름을 분석하는 것이다. 투자재원으로 자기자본과 부채 중에서 어떤 것을 어느 정도 활용하느냐의 문제는 투자 결과로 나타나는 현금흐름의 배분과 관련된 것이다. 투자대안의 선택과 투자재원의 조달은 별개로서 독립적으로 결정되어야 한다. 투자대안의 선택은 투자의 가치에 의해서 결정될 것이지, 자본이 어떻게 조달되었느냐는 것은 부차적인 문제이다.

여기에서 강조하고자 하는 것은 자금조달계획이 중요하지 않다고 말하는 것은 아니고, 단지 자금조달방식과 투자대안의 평가는 분리해서 생각해야 한다는 점이다. 즉 투자결정과 투자재원의 조달을 위한 재무적 결정은 독립적으로 생각해야 한다는 의미이다. 이 부분은 뒤에 자본비용 부분에서 추가적으로 설명될 것이다.

기 타: 몇 가지 추가적으로 고려해야 할 사항들이 있다. 첫째, 현금흐름은 회계적 관점에서 이익이 발생한 시점이 아니고, 실제적으로 현금흐름이 발생한 시점을 대상으로 한다. 둘째, 세후의 현금흐름만이 고려의 대상이라는 것이다. 세금도 분명한 현금유출이기 때문에 세후의 현금흐름이 해당현금흐름이다. 또한 세후의 추가적 현금흐름이라는 개념이, 회계적 개념인 당기순이익과는 다른 개념이라는 것도 분명히 하여야 한다.

개념확인

1. 매몰비용이란 무엇인가?
2. 기회비용이란 무엇인가?
3. 이자지급이 투자대안의 평가에서 고려되지 않아야 하는 이유는 무엇인가?

6.3 초기현금흐름

현금흐름의 구성

자본예산 대부분의 경우에 현금흐름은 표준화된 것은 아니다. 왜냐하면 자본예산 자체가 개별적이고 독특한 성격을 갖고 있기 때문이다. 하지만 통상적인 현금흐름은 다음과 같은 3가지 요소를 포함한다. 즉, ① **초기투자**(initial investment), ② **영업현금흐름**(operating cash flow), 그리고 ③ **말기현금흐름**(terminal cash flow) 등이 포함된다.

모든 투자계획은 투자의 종류와 상관없이 초기투자와 영업현금흐름을 포함하는데 말기현금흐름은 경우에 따라 포함되지 않는 경우도 있다. 다음 그림은 어떤 투자기회의 현금흐름을 보여주고 있다.

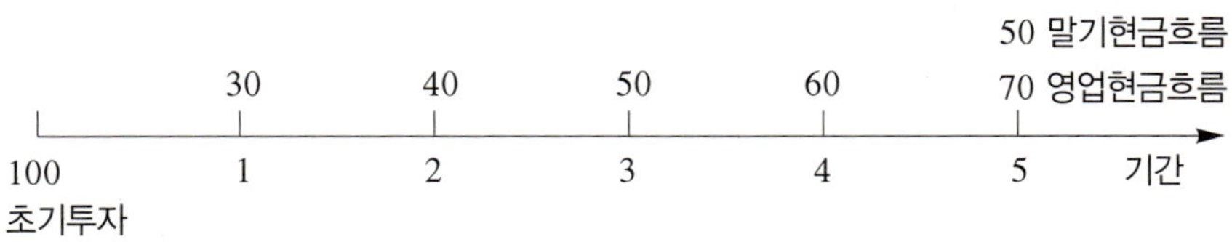

위의 그림에서 초기투자는 100이고 세후 추가적인 현금유입인 영업현금흐름은 30으로 출발하여 시간이 지남에 따라 매년 10씩 증가하여 5년 후에는 70에 이른다. 말기현금흐름은 투자계획의 말기에 통상 투자계획의 청산과 관련하여 나타나는 현금흐름이다. 말기현금흐름은 영업현금흐름과는 구별되어 표시되는 것이 일반적이다.

이처럼 모든 투자대안들은 현금흐름이라는 형태로 파악되는 것이다. 그러므로 투자대안에 대한 의사결정은 현금흐름을 파악하는 것이 우선 중요하고, 현금흐름을 파악한 후에는 그것에 대한 적절한 할인율과 평가기법을 동원하여 의사결정을 내리게 된다. 물론 의사결정의 기준인 '기업가치를 증가시키는 것이냐'에 따라서 채택과 기각에 대한 선택을 할 것이다.

다음의 예제를 가지고 현금흐름에 대한 설명을 하고자 한다.

예제 자본예산 현금흐름

미래기업은 기존의 구설비를 새롭게 개발된 형태인 신설비로 대체하려는 투자를 계획하고 있다. 신설비의 구입가격은 380만원이고 기계를 설치하는 데 추가적으로 20만원의 비용이 들어야 실질적인 작동이 가능하다. 신설비의 회계상 상각기간은 5년이며 정액상각 방식에 따라 상각될 것이며 잔존가치는 없다.

기존의 구설비는 3년 전에 300만원에 구입하였는데, 역시 회계상 잔존가치는 없이 5년의 내용연수에 대하여 정액상각되고 있다. 미래기업은 구설비를 팔 경우에 200만원에 구입하겠다는 구매자를 알고 있다. 또한 신설비를 이용하여 운영을 하는 경우에는 영업의 규모가 증가하기 때문에 유동자산은 40만원, 그리고 유동부채는 24만원 증가할 것으로 예측된다.

구설비를 이용하여 생산하는 경우에는 매출액이 200만원이었고, 감가상각비를 제외한 비용은 매출액의 60%를 차지하고 있었다. 신설비를 이용하여 생산하는 경우에는 생산량의 증가에 따라 매출액이 10% 상승할 것으로 예상되고, 감가상각비를 제외한 비용은 매출액의 50%로 감소할 것으로 예상된다.

신설비를 5년 동안 사용한 후에 시중에서 처분하는 경우에는 50만원은 받을 것으로 예상된다. 만약 구설비를 계속해서 앞으로 5년 동안 사용한다면 시중에서 판매할 수는 없고, 오히려 폐기하는 데 3만원의 비용을 지불해야 할 것으로 예상된다.

미래기업에 대한 세율이 20%라고 할 때 구설비를 신설비와 대체하는 투자계획에 대한 현금흐름을 알아보고자 한다.

초기현금흐름

초기현금흐름은 자본적 지출의 초기에 발생하는 초기투자를 의미한다. 초기현금흐름은 투자의 시초에 발생하는 모든 현금의 유출(outflow)에서 유입(inflow)을 차감한 것으로 계산된다. 통상적인 투자대안의 경우에 현금의 유출인 초기현금흐름은 투자의 초기에 발생되는 것으로 볼 수 있다.

초기현금흐름에서 고려되는 기본적인 변수들은 새로운 자산의 매입에 따른 비용, 설치비용, 기존 자산의 매각에 따른 현금유입, 자산의 매각과 관련된 세금, 그리고 순운전자본의 변화들을 포함한다. 편의상 현금의 유입을 양(+)으로 표시하고 현금의 유출을 음(−)으로 표시한다면, 초기투자의 계산은 다음과 같다.

초기투자의 계산

(−)	새로운 자산의 매입비용
(−)	설치비용
(−)	순운전자본 증가
(+)	기존 자산 매각대금
(±)	기존 자산 매각에 따른 세금
(−)	초기투자

새로운 자산의 매입비용은 통상 비유동자산의 구입과 연계된 구입비용을 의미하며, 설치비용은 기계와 같은 비유동자산을 구입하는 경우에 들어가는 추가적인 비용을 의미한다. 대체투자의 경우에는 기존 자산의 매각에 따른 현금유입이 있을 수 있는데 이것은 초기투자액의 감소를 의미할 것이다.

세금의 계산

신자산이 구자산을 대체하는 경우에는 초기투자의 계산에 있어서 세금계산이 필요하다. 통상 구형자산의 판매가 발생하는 경우에는 어떤 형태든 세금문제가 개입되기 마련인데, 세금은 대체되는 자산의 판매가격, 초기구입비용, 그리고 장부가치에 의해서 결정된다. 우선 ① 장부가격의 결정과 ② 세금의 결정에 대하여 살펴보기로 하자.

미래기업의 초기현금흐름의 계산을 위하여 우선 필요한 부분은 구설비의 매각에 따른 세금의 계산일 것이다. 현재 구설비의 장부가격은 120만원이다. 장부가격은 매입가격 300만원에서 감가상각누적액 180만원을 뺀 금액이다. 실제 매각가능 금액인 200만원과 장부가격 120만원의 차이 80만원이 세금을 지불할 대상이 된다. 즉 판매이익 80만원의 20%인 24만원은 세금으로 지불하여야 할 것이다. 이를 정리하면

구설비의 장부가격 ＝매입가격－감가상각누적액
＝300－180
＝120만원
구설비 판매에 따른 세금 ＝(판매가－장부가)×세율
＝(200－120)×0.2
＝16만원

순운전자본의 계산

순운전자본은 유동자산에서 유동부채를 차감한 부분이다. 대부분의 자본적 지출은 순운전자본의 변화를 동반하는 것이 일반적이다. 어떤 기업이 확장을 위하여 새로운 기계를 도입하면 현금, 외상매출금, 재고품 등이 증가하게 된다. 즉 영업규모가 증가하면 유동자산이 증가할 뿐만 아니라 유동부채도 증가하게 되는데 이러한 현상이 운전자본의 변화를 동반하는 것이다. 운전자본의 증가는 추가적인 초기현금흐름의 유출이 된다.

실제의 투자계획은 위에서 언급된 항목들을 포함하지 않는 경우도 있을 수 있으며, 경우에 따라서는 위에서 나열된 항목 이상을 포함할 수도 있는 것이다. 뿐만 아

니라 초기현금흐름에는 다양한 종류의 세금을 포함한 모든 현금흐름이 고려되어야 한다.

미래기업의 초기현금흐름에서 다음으로 고려하여야 할 사항은 순운전자본의 변화이다. 영업규모의 변화에 따라 유동자산이 40만원 증가하고, 유동부채가 24만원 증가한다. 그러므로 순운전자본(유동자산−유동부채)의 증가는 (40−24)=16만원이 되고 이것은 현금유출에 해당된다.

그러므로 미래기업의 대체투자에 대한 초기투자액, 즉 초기현금흐름은 다음과 같이 정리될 수 있다.

신설비 구입비	(−)	₩380만원
설치비용	(−)	20만원
순운전자본의 증가	(−)	16만원
구설비 매각대금 유입	(+)	200만원
구설비 매각시 세금납부	(−)	16만원
초기현금흐름	(−)	₩232만원

개념확인

1. 초기현금에서 세금의 계산은 어떻게 하는가?
2. 순운전자본의 증가는 왜 발생하는가?

6.4 영업현금흐름 유입

자본적 지출인 투자로부터 기대되는 대부분의 편익은 영업현금흐름의 유입이다. 영업현금흐름의 유입도 역시 세후 추가적인 현금흐름을 대상으로 한다. 손익계산서의 형식을 빌리면 영업현금흐름의 유입은 다음과 같이 계산될 수 있다.

(+)	영업수입
(−)	영업비용 (감가상각비 제외)
	영업이익 (감가상각비 계산 전)
(−)	감가상각비
	세전이익
(−)	세 금
(+)	세후이익
(+)	감가상각비 환입
(+)	영업현금흐름 유입

위에서 본 것처럼 영업현금흐름의 계산에서 주목하여야 할 것은 감가상각비에 대한 고려이다. 감가상각비는 손익계산서에서는 비용으로 처리되지만 실제로는 현금흐름을 동반하지 않는 비용항목이다. 우리는 현금흐름을 찾는 것이 목적이기 때문에 현금흐름을 수반하지 않는 감가상각비는 고려의 대상이 되어서는 안 된다.

그러나 세금을 계산할 때는 감가상각비를 뺀 세전이익이 과세의 대상이 되는 것이다. 세금을 고려한 후에 감가상각비는 다시 환입된다. 이것은 현금흐름에 감가상각비를 더해 준다기보다는, 현금흐름의 계산에서 고려되지 않아야 할 감가상각비가 다시 원래의 위치로 환원되는 성격을 갖는 것이다.

예제 영업현금흐름의 계산

앞에서 제시된 미래기업의 예를 통하여 영업현금흐름을 살펴보도록 하자. 우선 신설비와 구설비를 사용했을 경우의 세후 현금흐름을 각각 구한 후, 신설비와 구설비의 차이에 따른 추가적인 현금흐름을 구하면 세후 추가적인 현금흐름인 영업현금흐름을 추출해 낼 수 있을 것이다.

신설비 사용시 세후 현금흐름: 우선 영업수입과 영업비용을 계산해야 한다.

신설비를 사용하는 경우에는 기존의 매출액 200만원에서 10% 증가하고, 매출원가를 포함한 영업비용은 매출액의 50%가 되므로 영업이익은 110만원에 해당된다. 물론 영업이익 110만원은 감가상각비를 감안하지 않은 것이다.

다음은 감가상각비를 계산해서, 영업이익에서 차감하여 세금계산을 위한 세전이익을 계산하는 순서이다. 감가상각비는 신설비의 구입가격과 설치비용을 합한 400만원을 5년 동안 정액상각하기 때문에, 연간 감가상각비는 400÷5=80만원에 해당된다. 그러므로 감가상각비를 뺀 세전이익은 110−80=30만원이 될 것이다.

세금은 세전이익에 대하여 20%를 계산하는데, 30×0.2=6만원이 되고 이것은 현금유출로 계산된다. 전체적인 세후이익은 세전이익에서 세금을 제외한 금액으로, 30−6=24만원이 되고 최종적으로 감가상각비를 환입하면 영업현금흐름 유입은 104만원에 해당된다.

	항목	금액	비고
	영업수입	220만원	(매출액 10% 증가)
(−)	영업비용	110만원	(감가상각비 제외)
	영업이익	110만원	(감가상각비와 세금계산 전)
(−)	감가상각비	80만원	
	세전이익	30만원	
(−)	세　　금	6만원	(세율 20%)
	세후이익	24만원	
(+)	감가상각비 환입	80만원	
(+)	영업현금흐름 유입	104만원	

신설비 사용시 현금흐름 유입은 5년간 같은 금액이 지속될 것이다. 다음은 구형기계 사용시 현금흐름 유입을 생각해 보기로 하자.

구설비 사용시 세후 현금흐름: 구설비 사용시의 영업현금흐름은 2단계로 생각하여야 한다. 왜냐하면 앞으로 2년 동안은 구형기계의 내용연수가 남아 있어서 감가상각비를 계상하게 되지만, 나머지 3년에 대하여는 감가상각이 완료되어서 회계상의 감가상각비가 없어지기 때문이다.

구설비 사용시 세후 현금흐름(1년~2년)

	영업수입	200만원	
(−)	영업비용	120만원	(감가상각비 제외)
	영업이익	80만원	(감가상각비와 세금계산 전)
(−)	감가상각비	60만원	
	세전이익	20만원	
(−)	세 금	4만원	(세율 20%)
	세후이익	16만원	
(+)	감가상각비 환입	60만원	
(+)	영업현금흐름 유입	76만원	

구설비 사용시 세후 현금흐름(3년~5년)

	영업수입	200만원	
(−)	영업비용	120만원	(감가상각비 제외)
	영업이익	80만원	(감가상각비와 세금계산 전)
(−)	감가상각비	0	
	세전이익	80만원	
(−)	세 금	16만원	(세율 20%)
	세후이익	64만원	
(+)	감가상각비 환입	0	
(+)	영업현금흐름 유입	64만원	

영업현금흐름은 앞에서 설명한 바와 마찬가지로 세후의 추가적인 현금흐름을 의미하기 때문에 신설비 투자에 따른 영업현금흐름은 다음과 같이 정리된다.

대체투자안의 영업현금흐름

현금흐름 \ 연도	1	2	3	4	5
신설비 영업현금흐름	₩104만	₩104만	₩104만	₩104만	₩104만
구설비 영업현금흐름	76만	76만	64만	64만	64만
추가적인 영업현금흐름	₩ 28만	₩ 28만	₩ 40만	₩ 40만	₩ 40만

개념확인

1. 영업현금흐름에서 감가상각비를 특별히 취급하는 이유는?
2. 대체투자안에서 추가적인 영업현금흐름을 계산하는 방식은?

6.5 말기현금흐름

말기현금흐름은 투자 계획이 종료되어 청산이 이루어지는 시점에서 발생하는 현금흐름을 의미한다. 말기현금흐름은 투자의 종료시에 계산되며 영업현금흐름과는 구별된다. 말기현금흐름도 투자 판단에 직접적인 영향을 미칠 수 있으므로 분명히 고려되어야 한다.

말기현금흐름을 계산하는 기본적인 과정은 다음과 같다.

(+)	자산의 매각대금
(+)	순운전자본 환입
(±)	자산매각에 따른 세금
(+)	자산 말기현금흐름

대체투자의 경우 자산의 매각대금은 새로운 자산의 처분에 따른 순현금유입과 기존 자산을 매각했을 경우의 매각대금의 차이가 추가적인 현금흐름이다. 세금도 역시 추가적인 현금흐름으로 계산되어야 한다. 순운전자본의 환입은 초기에 추가적으

로 투입된 순운전자본이 투자의 종료시점에 자동적으로 환수되는 것을 의미한다.

말기현금흐름＝신자산 말기현금흐름－구자산 말기현금흐름

예제 말기현금흐름의 계산

위의 예에서 제시된 미래기업의 말기현금흐름을 계산하면서 말기현금흐름에 대한 개념을 분명히 하도록 하자.

미래기업의 경우 신설비의 매각대금은 50만원이다. 신설비는 내용연수 5년을 사용하였기 때문에 장부가격은 제로(0)이다. 그러므로 장부상 50만원의 이익에 대한 세금 10만원을 지불하는 것이다. 또한 순운전자본의 환입은 투자계획의 초기에 투입되었던 순운전자본이 투자의 종료와 함께 회수될 것이다. 그러므로 신설비 투자시의 기말현금흐름은 매각대금 50만원에서, 매각에 따른 세금액 15만원을 제하고 순운전자본 환입액 15만원을 더하면 된다.

구설비의 경우는 매각대금보다 오히려 처분비용으로 3만원이 들어가고, 세금의 경우도 구설비를 사용하면 장부상 3만원의 손실이 있으므로 6천원의 세금절약효과가 있다.

미래기업의 말기현금흐름

(+)	신설비의 매각대금	50만원
(+)	순운전자본의 환입	16만원
(−)	신설비 매각에 대한 세금	10만원
(+)	신설비의 말기현금흐름	56만원
(+)	구설비의 매각대금	−3만원
(+)	구설비 매각에 따른 세금절감	0.6만원
(+)	구설비 말기현금흐름	−2.4만원

말기현금흐름＝56−(−2.4)＝58.4만원

결과적으로 신설비를 5년 동안 사용하고 투자를 종료하는 경우에는 56만원의 현금유입이 가능한데, 구설비를 사용했을 경우에 발생하는 2.4만원의 비용을 절감하는 것을 감안하면 세후 추가적인 말기현금흐름은 58.4만원에 해당된다.

해당현금흐름 요약

위에서 설명한 3가지의 현금흐름들, 즉 초기현금흐름, 영업현금흐름, 그리고 말기현금흐름은 투자계획의 해당현금흐름을 구성한다. 재무관리자의 입장에서 모든 투자계획은 결과적으로 현금흐름이라는 형태로 분해되어서 나타나는 것이다. 현금흐름은 세후 추가적인 현금흐름이어야 하는데, 기업이 특정 투자계획을 수행하는 경우에 추가적인 현금흐름의 유입과 유출이 어떻게 발생하는가를 보여준다.

미래기업의 구설비를 대체하여 신설비를 구입하는 데 따른 투자계획의 현금흐름을 정리하면 다음과 같이 나타난다.

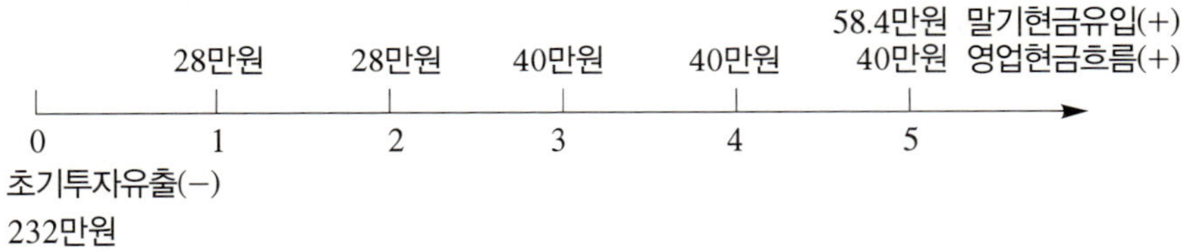

개념확인

1. 말기현금흐름은 무엇으로 구성되는가?
2. 대체투자의 말기현금흐름은 어떻게 처리할 것인가?

6.6 자본예산의 평가기법

자본예산의 평가기법들은 투자대안을 평가하는 방법들을 말한다. 투자대안들은 그것들의 성격과 의사결정자의 판단에 따라 채택과 기각의 영역으로 구분될 것인데, 평가기법들은 그러한 판단의 기초를 제공한다는 의미를 갖는다.

원칙적인 차원에서 살펴보면 투자대안에 대한 평가는 앞에서 설명한대로 현금흐름의 규모와 시기를 찾아내고, 적절한 자본비용으로 할인하여 투자가치를 평가하고, 투자가치 평가에 따라서 채택과 기각에 대한 결정을 해야 할 것이다.

그러므로 원칙적이고 바람직한 자본예산 평가기법은 화폐의 시간가치, 위험과 기대수익률 등의 개념을 모두 포함한, 즉 가치평가의 원칙들을 내포하는 평가기법이 될 것이다. 가치평가 원칙에 충실한 자본예산 평가는 기업 전체의 입장에서는 기업가치 중심의 기업목적과도 일관된 결과를 보여줄 것이다. 다시 말하면 제대로 된 가치평가기법에 따라 선택된 투자대안은 기업가치를 증대시키게 된다는 의미이다.

이론적으로 가장 바람직한 투자평가기법이 존재하기는 하지만, 현실적으로는 다양한 평가기법이 공존하는 것도 사실이다. 가장 바람직한 투자평가기법이라고 하더라도, 그것이 완벽한 것일 수는 없다. 왜냐하면 우리가 직면하는 본질적인 문제, 즉 미래의 불확실성은 평가기법 자체에 의해서 해결되는 것은 아니기 때문이다.

본 장에서는 현실적이고 이론적인 네 가지 평가기법들, 즉 평균이익률법, 자본회수기간법, 순현가법, 그리고 내부수익률법 등을 소개하고자 한다. 각각의 평가기법들은 나름의 장단점을 가지고 있는데, 평균이익률법과 자본회수기간법은 상대적으로 단순한 평가기법들로서 직관적 설명력이 있는 반면에 투자결정을 위한 충분한 평가에는 부족한 측면들이 있다. 순현가법과 내부수익률법은 모두 세련된 투자평가기법들로서 상대적인 장단점을 비교할 가치가 있다.

평균이익률법

평균이익률법은 회계적 이익률법(accounting rate of return)이라고도 하며, 연평균투자액에 대한 연평균순이익의 비율로 계산된다.

$$\text{평균이익률} = \frac{\text{연평균순이익}}{\text{연평균투자액}} = \frac{\text{연평균순이익}}{\text{총투자액}/2} \tag{6.1}$$

연평균투자액은 연간 단위로 계산할 때 연초 투자액과 연말투자액의 평균이다.

예를 들어 1,000만원의 투자액이 2년 동안에 소멸된다면, 1년차 초기투입액은 1,000만원이고 1년차 말에는 500만원이 될 것이므로 1년차 평균투자액은 750만원이 될 것이다. 2년차에는 초기투입액이 500만원, 그리고 2년 말에는 0원이 될 것이므로 2년차 평균투입액은 250만원 된다. 결국 연평균투자액은 (750+250)/2로 계산된다. 그러므로 연평균투자액은 총투자액이 투자기간 동안에 소멸된다고 가정할 때 총투자액/2가 된다.

연평균순이익은 단순히 각 회계연도의 순이익의 평균을 의미한다. 평균이익률법은 기업들이 통상적으로 이용하는 회계적 자료를 이용하여 평가하기 때문에 투자의 수익성을 전체적으로 파악하는 데 수월한 측면이 있다.

예제 평균이익률 계산

세 투자대안 A, B, C는 1,000만원의 초기투자를 필요로 한다. 각각의 투자에 대한 평균이익률을 구해보자.

투자안의 연간순이익

연도	A	B	C
1	₩ 0	₩50	₩ 0
2	100	50	0
3	50	50	0
4	50	50	0
5	50	50	250

회계적 차원에서 투자액은 자본적 지출을 의미하므로, 만약 2,000만원을 투자하여 연말 장부가액이, 감가상각 때문에, 1,000만원으로 줄었다면 연말투자액은 1,000만원이 되는 것이다.

평균이익률을 구하기 위해서는 연평균순이익과 연평균투자액이 필요하다. A, B, C의 연평균순이익은 50만원이 되고, 연평균투자액은 초기투자액 1,000만원을 2로 나눈 500만원이 된다. 그러므로

$$평균이익률=\frac{연평균순이익}{연평균투자액}$$
$$=\frac{50}{500}=10\%$$

의사결정기준: 투자결정을 위하여 평균이익률법을 이용하는 경우에 투자결정은 평균이익률이 기업에서 정한 이익률보다 높으면 투자대안을 채택(accept)하며 그렇지 않은 경우에는 기각(reject)하는 결정을 내린다. 기업에서 정한 이익률은 통상 기업의 기존 회계이익률이나 동종 산업의 평균이익률을 기준으로 채택하는 경우가 많다.

평균이익률법의 장단점: 평균이익률법의 장점은 우선 간단하고 이해하기 쉽다는 점이다. 간단하고 이해하기 쉽다는 것은 그것이 어떤 현상을 설명하거나 평가하는 데 충분하다면 장점으로 언급될 수 있는 성질이다. 문제는 복잡하고 이해하기 어려운 현상이나 기법을 너무 단순화하는 경우에 생기는 것이지, 쉽다는 사실 자체가 문제가 되는 것은 아니다. 간단하고 이해하기 쉽다는 것 자체는 장점이지 단점은 아니다.

평균이익률법의 또 하나의 장점은 획득 가능하고 이용 가능한 회계적 자료를 이용한다는 것이다. 물론 회계자료를 이용하는 것이 문제가 되기도 하지만 회계자료는 일정한 회계원칙에 의하여 작성되고 정기적으로 발표되며 나름대로의 객관성을 띠고 있다는 장점도 있는 것이다.

평균이익률법의 단점은 우선 현금흐름을 분석의 대상으로 하지 않고 회계적 이익을 분석의 대상으로 한다는 점이다. 모든 재무적 의사결정에서 현금흐름을 분석의 대상으로 하지 않는다는 것은 상당한 문제점이라고 지적되어야 한다.

또한 평균이익률법은 화폐의 시간가치에 대한 개념을 이용하지 않고 있다는 문제점이 있다. 각 연도의 이익을 단순히 평균한다는 것은 시간가치의 개념을 무시한 것이다. 예를 들어 A, B, C의 경우는 순이익이 발생하는 시점이 서로 다른 데도 불구하고 연평균순이익은 같은 것으로 취급되는 것이다. 화폐의 시간가치를 인정하지 않으면 A, B, C는 같은 평균이익률을 가진 것으로 평가되지만, 실질적으로 A, B, C는 상당히 다른 투자결과를 보이고 있다.

평균이익률법의 또 하나의 문제점은 평가기준에 관한 것이다. 평균이익률법에 의한 결정기준은 대부분의 경우에 기존사업의 수익성을 기준으로 하는데, 이러한 평가기준은 상대적인 기준이기 때문에 문제의 소지가 있다. 즉 상당히 높은 수익률을 제공하는 투자대안이라 하더라도 기존의 수익률이 매우 높은 상태이면 기각될 위험이 있고, 매우 낮은 수익률을 제공하는 투자대안이라 하더라도 기존의 수익률이 그보다 낮은 수준에 있다면 채택될 수 있는 오류의 가능성이 있는 것이다.

위에서 지적한 바와 같이 평균이익률법이 장점이 없는 것은 아니지만 무시할 수 없는 단점들이 있기 때문에 투자대안에 대한 결정적인 평가자료로 사용되는 데는 문제가 있다고 여겨진다. 결국 평균이익률법은 투자결정을 위한 기초적인 자료를 평가하는 참고적인 평가방법이라고 이해하는 것이 적절할 것이다.

자본회수기간법

자본적 지출이라는 것은 앞에서 설명한 바와 같이 기업의 입장에서 상당한 규모의 투자를 의미하는 것이고, 그 영향이 지속되기 때문에 자금이 상당 기간 묶이게 된다. 그러므로 경영자의 입장에서 "투자한 자본이 얼마만에 회수되는가?"에 대한 질문은 의미가 있는 것이다. **자본회수기간법**(payback period method)은 이에 대한 대답을 제공하는 투자평가방법이다.

자본회수기간은 초기투자액이 현금흐름의 유입에 의하여 회수되는 데 소요되는 기간을 의미한다. 영업현금흐름이 연금과 같이 일정한 금액일 경우에는 자본회수기간은 초기투자액을 연간 영업현금흐름으로 나누면 계산되고, 현금흐름이 혼합형인 경우에는 현금흐름의 유입의 누적액이 초기투자액과 같아지는 기간으로 계산된다.

자본회수기간 = 현금유입누적액이 초기투자와 같아지는 기간 (6.2)

예제 자본회수기간의 계산

선명인쇄소는 새로운 프린터를 구입하는 것을 고려중이다. 세후 현금흐름의 예측치는 다음과 같다. (단위: 원)

연 도	0	1	2	3	4
현금흐름	-10,000	4,000	4,000	3,000	3,000

선명인쇄소의 자본회수기간은 초기투자액 −10,000원을 회수하는 데 소요되는 기간이므로,

$$\text{자본회수기간} = 2\frac{2}{3}\text{년}$$

다음 그림에서 보듯이 2년 후에 8,000원이 회수되고, 3년째의 연간 현금흐름은 3,000원이므로 3년째의 2/3년 동안이 소요된다.

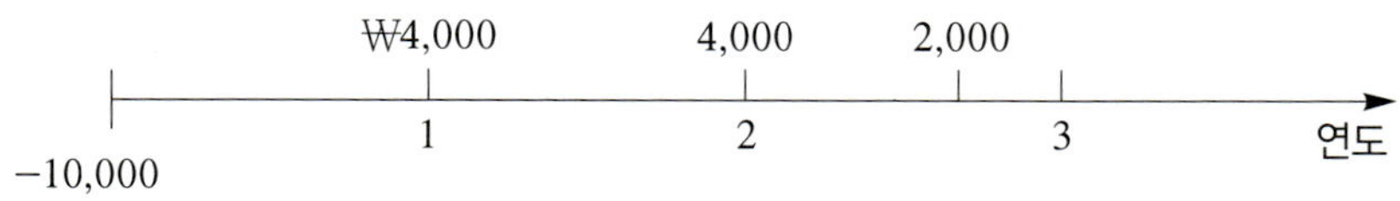

의사결정기준: 자본회수기간법을 이용할 경우에 투자에 대한 의사결정기준은 "자본회수기간이 수용 가능한 자본회수의 최대기간보다 적을 경우에 투자대안을 채택하고 그렇지 않을 경우에는 기각한다."

위의 선명인쇄소의 예에서 만약 허용 가능한 자본회수기간이 5년이라면 선명인쇄소의 투자계획은 채택되는 것이다. 물론 여러 가지 투자대안 중에서 선별하는 경

우에는 자본회수기간이 짧은 것을 선호하는 결정을 내리게 된다.

자본회수기간법의 장단점: 자본회수기간법은 회계적 이익을 이용하는 것이 아니라, 현금흐름을 분석의 대상으로 이용한다는 측면에서는 장점이라고 볼 수 있다. 또한 현금흐름의 시기에 대하여 고려하는 측면이 있기 때문에 화폐의 시간가치에 대한 고려가 전혀 없는 것은 아니다. 또한 자본회수기간이 짧은 투자대안은 자본회수기간이 긴 투자대안보다 위험도가 낮다고 볼 수 있기 때문에 위험에 대하여도 어느 정도 고려한다는 측면이 있다. 뿐만 아니라 자본회수기간법은 기업의 유동성을 강조한다는 측면에서도 장점이 될 수 있는 것이기 때문에 간단하면서도 유용한 의사결정 도구로 사용되기도 한다.

그러나 앞에서 설명한 평균이익률법과 마찬가지로 자본회수기간법도 무시 못할 단점들을 가지고 있다. 자본회수기간법의 단점은 화폐의 시간가치에 대한 개념을 명시적으로 고려하지 못한다는 점이다. 물론 초기투자를 빠르게 회수하는 투자대안을 선호한다는 측면을 감안한다면 화폐의 시간가치를 완전히 무시한다고는 볼 수 없지만, 화폐의 시간가치를 적절히 고려하지 못하는 것 또한 사실이다. 마찬가지로 위험에 대한 고려도 적절하지 않다. 뿐만 아니라 자본회수기간법은 모든 현금흐름을 고려하지 못한다는 단점도 가지고 있다. 다음의 예가 그것을 보여주고 있다. 결과적으로, 자본회수기간법은 가치평가의 원칙들이 적절히 적용되지 않은 부분이 많아서, 기업가치 증가에 상응하는 결정을 얻는 데 한계가 있다.

예제 자본회수기간법의 문제

두 개의 투자대안인 X, Y에 대하여 살펴보도록 하자. X의 자본회수기간은 2년인 반면에 Y의 자본회수기간은 3년이다. 자본회수기간법에 따르면 투자대안 X는 투자대안 Y에 비하여 선호되는 것으로 판단된다. 하지만 자본회수기간 후에 나타나는 현금흐름을 살펴보면 Y가 전반적으로 우수한 투자대안이라는 사실을 가늠할 수 있다. 이러한 문제점은 자본회수기간법이 현금흐름 전체를, 특히 자본회수기간 이후에 나타나는 현금흐름을 고려하지 않기 때문에 발생하는 것이다.

	X	Y
초기투자	1,000만원	1,000만원
연도 1	500만원	300만원
2	500만원	400만원
3	0만원	300만원
4	0만원	500만원
5	0만원	500만원
자본회수기간	2년	3년

위와 같은 문제점들로 인하여 자본회수기간법은 투자결정에 대한 최종적인 평가기준으로 사용하는 데는 문제가 있으나, 직관적으로 쉽게 이해되고 유동성을 강조하는 측면 때문에 투자결정에 대한 참고적인 평가수단으로 사용된다.

순현가법(*NPV*)

순현가법(Net Present Value: *NPV*)은 순현재가치에 의해서 투자대안을 평가하는 방법이다. 투자대안의 순현재가치는 투자의 결과로 발생하는 현금유입의 현재가치에서 현금유출의 현재가치를 뺀 값이다. 가치평가의 근본개념을 생각하면, 현금유입의 현재가치는 투자의 가치로 평가될 것이고 현금유출의 현재가치는 투자에 투여된 금액인 투자비용을 의미한다.

*NPV*는 현금유입의 현재가치에서 현금유출의 현재가치인 초기투자액을 차감한 금액으로 표시된다. 즉 *CF*를 현금흐름, 그리고 *k*를 할인율이라고 하면,

$$NPV = \text{현금유입의 현재가치} - \text{현금유출의 현재가치}$$
$$= \text{현금유입의 현재가치} - \text{투자비용}$$
$$= \text{투자의 가치} - \text{투자비용}$$
$$= \sum_{t=1}^{n} \frac{CF_t}{(1+k)^t} - \text{초기투자액} \tag{6.3}$$

예를 들어 당신이 낡은 집을 5,000만원에 사서 4,000만원을 들여서 수리를 했다면, 당신이 투자한 금액은 9,000만원이다. 집을 수리한 후에 다시 팔았더니 10,000만원을 받았다면 이 경우 투자의 시장가치는 10,000만원이고 투자비용은 9,000만원으로서, 1,000만원이 순현가이다. 즉 당신은 낡은 집을 수리하는 투자를 통하여 1,000만원의 가치를 증가시킨 것이다. 물론 이 경우에는 모든 과정이 매우 짧은 시간 동안에 일어난 것으로 가정하여 시간가치에 대한 계산은 생략한 것이다.

위의 예에서는 결과적으로 1,000만원의 가치가 창출되었고, 결과적으로 투자는 성공적이었다고 말할 수 있을 것이다. 문제는 이러한 결과를 사전에 판단하여 가치를 창출하는 투자대안들을 찾아내는 과정일 것이다. 실제로 자본예산의 핵심은 양(+)의 순현가를 갖는 투자대안을 찾는 것이다.

현금유입의 현재가치는 투자의 결과로 발생하는 투자가치를 의미하며, 현금유출의 현재가치는 투자비용을 의미한다. 가치평가의 근본개념은 가치가 미래 현금흐름의 현재가치의 합으로 결정된다고 정의하고 있다. 그러므로 순현가법에 의한 자본예산의 평가방법은 가치평가의 기본 개념과 일치하는 방법이다.

결과적으로 순현가는 투자의 결과로 발생하는 기업가치의 증가분이다. 순현가법은 순현가가 큰 투자대안을 선택할 것을 권고하는데, 그것은 기업가치 증가가 큰 투자대안을 선택하라는 권고와 같은 의미인 것이다. 기업의 목적이 기업가치를 증가시키는 것이라는 점을 상기한다면, 순현가법에 의한 투자대안의 평가와 선택은 올바른 결정이 될 것이다.

의사결정기준: 순현가법의 의사결정기준은 $NPV \geq 0$ 경우에는 투자대안을 채택하고, 그렇지 않은 경우에는 기각하는 것이다. 순현가법에 따르면 *NPV*가 양(+)인 투자계획은 그에 해당하는 만큼의 추가적인 가치를 창출하는 것이다. 투자대안의 채택으로 발생하는 추가적인 가치의 창출은 기업가치의 증대를 가져오게 된다.

예제 ***NPV* 계산**

앞에서 예를 든 W기업의 경우에 대하여 생각해 보자. W기업의 *NPV*는 다음과 같다.

$$NPV = -10{,}000 + \frac{4{,}000}{(1+k)} + \frac{4{,}000}{(1+k)^2} + \frac{3{,}000}{(1+k)^3} + \frac{3{,}000}{(1+k)^4}$$

만약 할인율 $k=10\%$라고 가정하면 다음 그림과 같이 표현될 수 있는데 모든 현금흐름이 현재 시점에서 평가되는 것이다. 그림에서 보듯이 $NPV=$₩$1{,}244>0$이므로 투자대안은 채택되어야 한다.

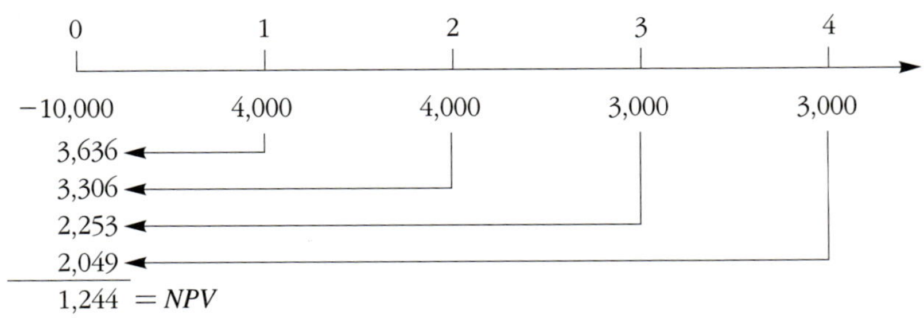

NPV 그래프: 화폐의 시간가치 개념을 생각해 보면 할인율 *k*의 변화에 따라 *NPV*가 변화하는 것은 분명하다. 위의 예에서 *k*가 10% 이상으로 상승하면 *NPV*는 감소할 것이고, *k*가 10% 이하로 하락하면 *NPV*는 증가할 것이다. 아래의 그래프는 할인율의 변화에 따라 *NPV*를 그래프로 나타낸 것이다.

할인율과 *NPV*

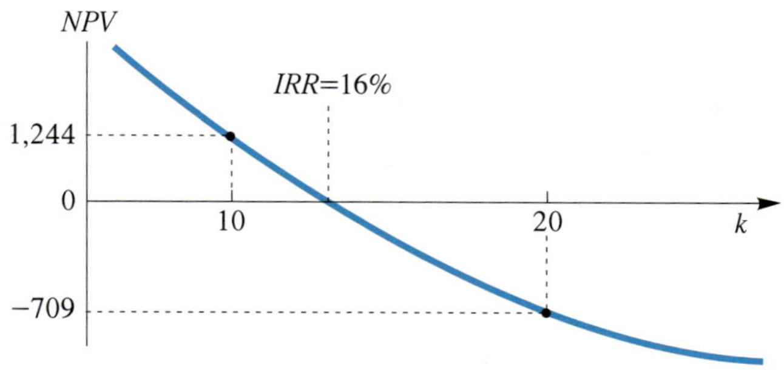

예를 들어 $k=10\%$일 때 $NPV=$₩1,244가 되고, $k=20\%$일 때 $NPV=-$₩709가 된다. *NPV*는 $k=16\%$에서 제로(0)가 되는데 이것이 다음에 설명하는 내부수익률이 된다.

***NPV* 개념의 이해:** *NPV*방법은 제일 우수한 투자평가기법이며 투자결정의 핵심이다. 모든 투자결정은 개념적으로 *NPV*에 기반하기 때문에, *NPV* 개념을 확실히 이해하는 것은 중요하다. 좀 더 광범위하게 말한다면 재무관리적 모든 결정이 *NPV* 개념에 기반하고 있다고 볼 수도 있다.

*NPV*는 기회비용을 감안한 후에 얻게 되는 금액 단위의 순가치를 의미한다. *NPV*가 제로(0)인 투자대안을 채택한다는 말은 투자에 대한 기회비용은 보상이 되지만 추가적인 가치의 증가는 없다는 의미이다. 하지만, *NPV*가 제로(0)인 투자대안을 실행하면 아무런 수익을 얻지 못한다는 말이 아니라, 기회비용에 해당하는 수익만을 얻는다는 말이다. 만약 $NPV=0$의 투자를 채택한다면 기업의 규모는 증가할 수 있지만, 기업가치가 증가하는 것은 아니다.

NPV 개념을 분명히 이해하기 위해서 다음의 예를 가지고 설명해 보기로 하자. 어떤 기업이 1,000억을 투자하여 100만원의 *NPV*를 얻는 투자계획이 있다면 이러한 투자계획을 채택하는 것이 옳은가 아니면 기각하는 것이 옳은가? 그 이유는?

대부분의 학생들은 1,000억원을 투자하여 100만원의 *NPV*를 얻는 투자기회에 대하여 부정적인 입장을 취할 것이다. 왜냐하면 1,000억원의 막대한 자금을 투자한 것에 비하면 100만원은 너무 적은 금액으로 생각될 것이기 때문이다. 그러나 순현가법에 의한 의사결정기준은 *NPV*가 제로(0) 이상인 경우에는 투자하는 것이 옳은 결정이라고 설명하고 있다. 어느 것이 옳은가?

결론은 투자계획을 채택하는 것이 옳은 것이다. 왜냐하면 순현가법에 의하여 계산된 *NPV* 100만원은 우리가 통상 생각하는 100만원의 수익이 아니라 자본비용을 감안한 후의 초과적인 이익 100만원이기 때문이다. 즉 자본비용이 의미하는 기회비용만큼의 수익을 낸 후에 추가적으로 얻게 되는 가치의 증가분이 100만원인 것이다. 그러므로 순현가법이 제시하는 의사결정기준은 어느 경우에나 적절한 것이다.

순현가법은 모든 장기적인 투자결정에 적용될 수 있는 평가방법이다. 물론 순현가법이 투자에 대한 유일한 평가방법은 아니지만 가장 우수한 투자평가 방법이라고 말할 수 있다. 순현가법의 실제적인 적용에 있어서 현금흐름을 할인율을 적용하는 것이 문제이기는 하지만, 그런 종류의 문제는 실무적으로 언제든지 직면하는 문제이다. 다른 투자의 평가방법들도 결국 실무적인 적용의 문제점은 있다는 점을 감안하면, 순현가법은 가장 우수한 투자평가방법이라고 판단된다.

내부수익률법(*IRR*)

내부수익률은 '투자의 수익률은 얼마인가?'에 대한 대답을 제공하기 때문에 직관적인 설명력이 높은 측면이 있다. 내부수익률법은 투자대안들의 평가에 있어서 많이 사용되는 세련된 평가기법 중의 하나이다. 내부수익률(internal rate of return)은 현금유입의 현재가치와 현금유출의 현재가치인 초기투자를 동일하게 만드는 수익률로 정의된다. 다시 말하면 내부수익률은 투자의 *NPV*를 제로(0)로 만드는 수익률이다. 수식으로 보면 다음과 같이 표현될 수 있다.

$$0=\sum_{t=1}^{n}\frac{CF_t}{(1+IRR)^t}-\text{초기투자} \tag{6.4}$$

내부수익률의 개념을 예를 들어 간단히 설명하면 초기 투자액 1,000만원이 소요되는 1년 단위의 투자가 1년 후에 1,200만원의 현금흐름을 가져온다면 이 투자의 내부수익률은 20%이다. 즉

$$0=\frac{1{,}200}{(1+IRR)}-1{,}000$$
$$IRR=20\%$$

위의 예는 매우 단순한 경우이고 실제로 여러 기간이 경과하는 경우의 내부수익률 계산은 간단하지 않은 경우가 많다.

예제 ***IRR***

선명인쇄소의 예를 들어 *IRR*을 계산해 보자.

$$NPV=0=-10{,}000+\frac{4{,}000}{(1+IRR)}+\frac{4{,}000}{(1+IRR)^2}+\frac{3{,}000}{(1+IRR)^3}+\frac{3{,}000}{(1+IRR)^4}$$

시행착오법에 의해서 *IRR*을 구해 보자. 앞의 *NPV* 예에서 보았듯이 할인율 20%의 경우에 *NPV*=−₩706이었다. 화폐의 시간가치개념에 의하면 할인율이 하락할수록 *NPV*는 증가하는 양상을 보일 것이다. 할인율 15%를 적용하면 *NPV*=₩191이 되고, 할인율 16%의 경우에 *NPV*=0이 되므로 *IRR*은 16%에 해당한다. 물론 컴퓨터를 이용하면 좀 더 쉽게 *IRR*을 계산할 수 있을 것이다.

의사결정기준: 내부수익률을 기준으로 투자대안에 대한 채택과 기각을 결정할 때는 '내부수익률이 요구수익률 이상일 경우에 채택하고 그렇지 않은 경우에는 기각'하라는 것이다. 여기서 요구수익률은 자본비용이라고 볼 수 있는데, 투자의 내

부수익률이 자본비용보다 높은 투자대안을 선택하면 기업가치는 증가할 것이다.

내부수익률법도 순현가법과 마찬가지로 예제에서 제시한 선명인쇄소의 투자대안을 채택하는 평가를 내리고 있다. 그러나 내부수익률법과 순현가법이 항상 동일한 결정을 내리는 것은 아니다. 투자안의 채택과 기각에 대한 결정에서는 내부수익률법과 순현가법의 동일한 결론에 이르지만, 우선순위의 결정에 있어도 항상 같은 결론을 내리는 것은 아니다.

개념확인

1. *NPV*의 의미는 무엇인가?
2. *NPV*를 계산하는 방식은?
3. *IRR*을 계산하는 방식은?

6.7 순현가법과 내부수익률법의 비교

순현가법과 내부수익률법은 모두 세련된 투자평가법으로서 현금흐름, 화폐의 시간가치, 가치에 대한 개념들을 기본적으로 포함하고 있다. 그래서 전형적 형태의 독립적인 투자대안들의 선택에 있어서는 채택과 기각에 대한 순현가법과 내부수익률법의 결론은 동일하다. 하지만 비전형적인 투자에 대해서는 위의 두 가지 평가법은 서로 다른 결정을 제시할 수도 있다. 그것은 두 방법이 서로 다른 가정에 근거하고 있기 때문인데, 여기서는 두 가지 방법을 비교하여 설명하고자 한다.

우선순위의 혼선

상호배타적인 투자대안의 경우에는 하나의 선택은 다른 대안의 선택을 배제시키게 된다. 예를 들어 특정 장소에 주유소를 설치할 것인가, 상가건물을 신축할 것인가의 대안들은 하나를 선택하는 경우에는 다른 것은 포기하여야 한다.

물론 두 가지 대안 중에서 A는 채택, 그리고 B는 기각이라면 A를 채택하면 될 것이고, 만약 둘 다 모두 기각 영역에 속한다면 모두 기각하면 될 것이다. 문제는 A와 B가 모두 채택 영역에 해당되는 경우인데, 상호배타적이기 때문에 하나 밖에 선택할 수 없다는 점이다. 그러므로 상호배타적인 투자의 경우에는 어느 것이 우수한 투자대안인가에 대한 우선순위를 결정하는 문제가 대두된다.

우선순위에 대한 선택의 기준은 가장 큰 *NPV*를 제공하는 투자대안의 선택이다. 그러면 가장 높은 *NPV*를 제공하는 투자대안이 가장 높은 *IRR*을 제공하는가? 결론은 항상 그렇지는 않다는 것이다. 그러므로 *IRR*에 의한 결정은 상호배타적인 투자대안의 선택에 있어서 최선이 아닌 결정을 유도할 가능성도 있는 것이다.

예를 들어 설명해 보도록 하자. 상호배타적인 다음의 두 가지 투자대안을 생각해 보자.

연도	투자대안 A	투자대안 B
0	−100	−100
1	50	20
2	40	40
3	40	50
4	30	60
IRR	24%	21%

위의 두 가지 투자대안 A와 B는 상호배타적인 성격을 갖고 있기 때문에 둘 중에서 한 가지만 선택하여야 한다. 직관적으로 단순히 생각하면 A가 B보다 우수한 것처럼 보인다. 왜냐하면 A의 내부수익률이 B의 내부수익률보다 높기 때문이다. 그러나 직관적인 선택이 항상 옳은 것은 아니다.

각각의 할인율에 대하여 투자대안들의 *NPV*를 계산해 보면 다음과 같다.

할인율	순현가 A	순현가 B
0%	60.00	70.00
5	43.13	47.88
10	29.06	29.79
15	17.18	14.82
20	7.06	2.31
25	−1.63	−8.22

[그림 6-1]은 할인율의 변화에 따른 *NPV*를 그림으로 나타낸 것이다. 여기서 살펴보아야 할 것은 IRR_A가 IRR_B보다 높기는 하지만, 순현가 A가 순현가 B보다 항상 큰 것은 아니다. 그러므로 할인율 수준에 따라서는 A가 B보다 항상 선호되는 것은 아니라는 사실을 인식해야 한다.

NPV 기준에 따르면 할인율이 11.1% 수준 이하에서는 투자대안 B가 우수하며 할인율이 11.1% 이상에서는 투자대안 A가 우수한 것으로 판정되는 것이다. 그러므로 투자대안 A가 *IRR*이 높기는 하지만 투자대안에 대한 요구수익률인 할인율이

그림 6-1 상호배타적인 투자대안의 *NPV*

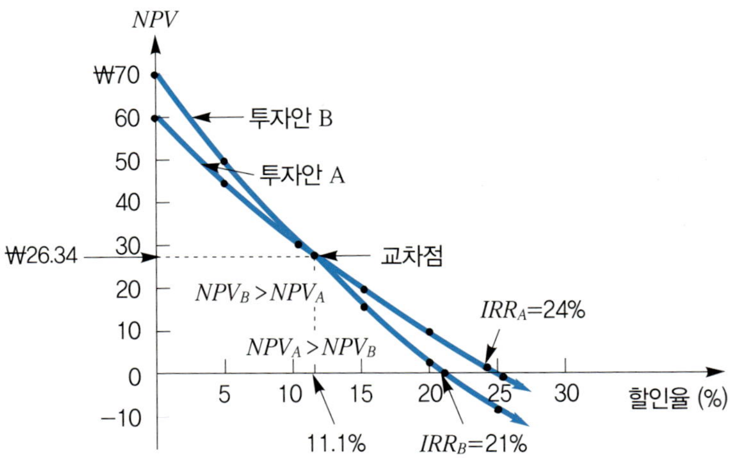

11.1% 이하인 경우에는 투자대안 B를 선택해야 하는 것이다. 할인율이 11.1% 이상인 경우에는 순현가법을 사용하든 내부수익률법을 사용하든 선택에 있어서 혼선이 발생하지 않으며 투자대안 A가 선택될 것이다.

위의 예가 시사하는 바는 상호배타적인 투자대안의 선택에 있어서 *IRR*에 의한 결정은 잘못된 선택을 유도할 수 있다는 사실이다. 상호배타적인 대안의 선택은 *NPV*를 기준으로 하는 것이 오류를 방지할 수 있다. 궁극적인 선택은 가치를 얼마나 증가시키느냐에 의해서 결정되어야 하기 때문에 내부수익률과 상관없이 큰 *NPV*를 선택해야 하는 것이다.

이와 같이 우선 순위의 혼선이 발생하는 이유는 재투자수익률의 가정 때문에 생기는 것이다. 순현가법의 경우는 현금흐름의 재투자수익률을 요구수익률로 보는 것이고, 내부수익률법의 경우에는 내부수익률을 재투자수익률로 인식하는 것이다. 재투자수익률은 시장의 요구수익률로 보는 것이 논리적으로 일관성을 갖기 때문에 순현가법이 올바른 평가기법이라고 할 수 있다.

복수 내부수익률

앞에서 언급한 것처럼 전형적이고 독립적인 투자대안들의 선택에 있어서는, 내부수익률법과 순현가법은 동일한 결론을 도출한다. 그러나 상호배타적인 투자의 경우에는 우선순위에 혼선이 있을 수 있음을 설명하였다. 이제는 비전형적인 현금흐름의 경우에 생길 수 있는 문제에 대하여 설명하고자 한다.

예를 들어 폐광개발과 같은 투자대안을 생각해 보자. 폐광을 개발하기 위하여 초기투자가 600만원이 들어가고 투자 후 1차 연도에 1,550만원의 현금유입이 있으나 폐광의 잔재를 정리하기 위하여 2차 연도에 1,000만원의 지출이 필요한 투자대안을 상정해 보자.

투자대안의 현금흐름

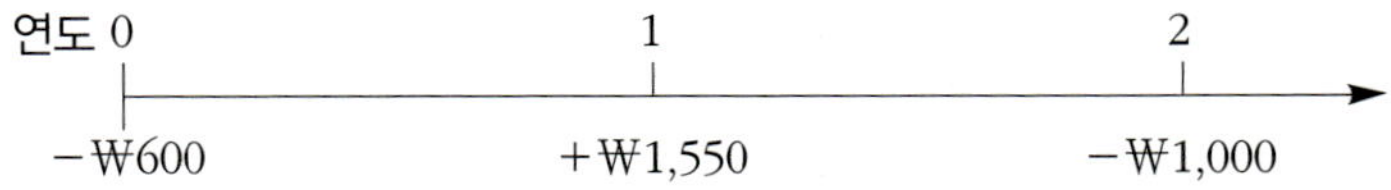

[그림 6-2]는 폐광개발에 대한 *NPV*와 *IRR*을 나타내고 있다. 이 경우 내부수익률을 계산하면 25%와 33.3%의 두 가지가 계산된다. *NPV*는 25%와 33.3% 사이에 있는 경우 정(+)의 값을 갖는다. 그러면 이 투자대안의 내부수익률은 얼마인가? 여기에 정확한 정답은 없다. 어떻게 보면 둘 다 맞는다고 볼 수도 있으며 다른 측면에서 생각하면 둘 다 틀리다고 볼 수도 있는 것이다. 이처럼 내부수익률은 비전형적인 투자대안의 경우에 복수의 해를 제공하기도 하는데 이것이 내부수익률법의 문제 중의 하나이다. 이러한 현상은 현금흐름의 방향이 초기의 투자, 현금유입, 그리고 추가적인 투자와 같이 현금흐름의 유입과 유출이 교차되는 경우에 나타날 수 있다.

그림 6-2 *NPV*와 할인율

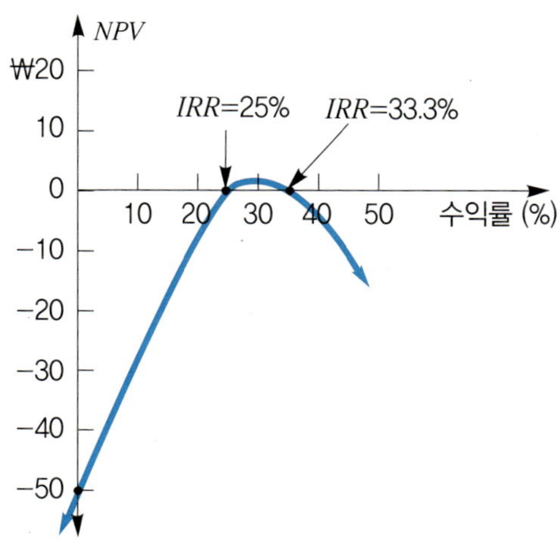

순현가법과 내부수익률법의 평가

순현가법과 내부수익률법 중에서 어느 방법이 우수한 것이냐의 문제는 상호 간에 장단점이 있기 때문에 단적으로 대답할 성질의 것은 아니다. 그러므로 이론적인 측면과 실질적인 측면을 나누어서 살펴보도록 하자.

이론적인 측면: 이론적인 측면에서 평가하자면 순현가법이 자본예산의 평가방법으로서 가장 우수하다고 할 수 있다. 우선 순현가법은 현금흐름의 재투자수익률을 기업의 자본비용인 요구수익률로 상정하고 있다. 그에 비하여 내부수익률법은 재투자수익률을 내부수익률로 가정하고 있는 것이다. 기업의 투자에 있어서의 기회비용은 자본비용인 요구수익률이므로 순현가법이 논리상 타당하다. 또한 내부수익률을 계산하는 경우에 비전형적인 현금흐름의 경우에는 복수의 내부수익률이 계산될 수 있는데 순현가법의 경우에는 이러한 문제가 발생하지 않는다.

실질적인 측면: 순현가법이 이론적으로 우수한 것은 분명한 데도 많은 재무담당자들은 내부수익률법을 선호하는 경향이 있다. 이러한 현상은 금융 및 재무 관련 업무에 종사하는 사람들이 특정 금액으로 표시되는 것보다 이자율, 수익률, 연간수익률 등과 같은 개념을 흔히 사용하기 때문에 수익률로 표시된 *IRR*을 선호하는 경향으로 생각된다.

순현가법은 투자금액에 따른 상대적인 평가가 어려운 것으로 인식되기 때문에 순현가법을 사용하는 것을 주저하는 경향이 있다. 또한 내부수익률법의 문제점들을 피할 수 있는 방법들이 전혀 없는 것은 아니기 때문에 내부수익률법이 세련되지 못한 투자평가방법이라고 단정할 수는 없는 것이다.

개념확인

1. 내부수익률법이 우선 순위의 혼선을 일으키는 이유는 무엇인가?
2. 순현가법과 내부수익률법의 차이는 무엇인가?
3. 가장 우수한 자본예산 평가기법은 무엇인가?

6.8 민감도분석과 시뮬레이션 분석

앞에서 자본예산에 대한 과정들을 살펴보았다. 이제까지 살펴본 자본예산 과정은 불확실성이라는 현상을 실질적으로 도입하지 않았다고 볼 수 있다. 정확히 말한다면 현금흐름을 할인하는 요구수익률이 위험을 반영한 것이기는 하다. 여기서는 좀 더 실질적인 차원에서 위험을 반영하는 방법인 민감도 분석과 시뮬레이션 분석에 대해서 간략히 살펴보기로 하자.

민감도 분석

민감도 분석(sensitivity analysis)은 다른 모든 요소들이 일정하다고 가정하고 특정 요소의 변화가 미치는 민감도를 분석하는 방법이다. 만약 투자대안이 특정 요소의 변화에 민감하다면, 해당 요소에 대한 예측이 잘못되는 경우 상당히 다른 결과가 나타날 가능성이 있기 때문에 민감도 분석이 필요하다.

예를 들어, 판매량의 변화는 투자결과에 민감한 영향을 미칠 수 있다. 판매량이 비관적, 평균적 혹은 낙관적 상황으로 변화함에 따라 민감도 분석에서는 투자대안이 순이익과 현금흐름이 어떤 결과로 나타날 것인지를 분석해 보는 것이다. 판매량을 제외한 다른 요소들은 일정하다고 가정한다.

	비관적	평균적	낙관적
판 매 액	₩440,000	₩480,000	₩520,000
변 동 비	330,000	360,000	390,000
고 정 비	50,000	50,000	50,000
감가상각비	40,000	40,000	40,000
영업이익	20,000	30,000	40,000
세금(34%)	6,800	10,200	13,600
순이익	13,200	19,800	26,400
감가상각(+)	40,000	40,000	40,000
현금흐름	₩ 53,200	₩ 59,800	₩ 66,400

각 경우에 대하여 *NPV*와 *IRR*을 구하면 다음과 같다.

	판매량과 *NPV* · *IRR*			
시나리오	판매량	현금흐름	*NPV*	*IRR*
비관적	5,500	₩53,200	−₩8,226	10.3%
평균적	6,000	59,800	15,567	15.1%
낙관적	6,500	66,400	39,357	19.7%

위의 경우는 판매량이 변화함에 따라 투자대안의 순이익, 현금흐름, *NPV*, 그리고 *IRR*을 계산해 본 것이다. 판매량의 변화는 기업의 본원적 수입인 매출액의 변화를 가져와서, 기업의 성과에 상당한 영향을 미친다.

[그림 6-3]은 판매량의 변화가 *NPV*에 미치는 영향을 그래프로 나타낸 것이다. X축에는 판매량의 변화를, Y축에는 순현가를 표시하면 판매량의 변화가 순현가에 미치는 영향을 쉽게 파악할 수 있다. 직선의 기울기는 판매량 변화에 따른 *NPV*의 민감도를 나타내는데, 기울기가 크다는 것은 판매량 변화에 *NPV*가 민감하게 반응함을 의미한다.

위의 예에서 살펴보았듯이 민감도 분석은 어떤 요소에 특별히 관심을 가지고 주

그림 6-3 판매량 변화에 따른 민감도 분석

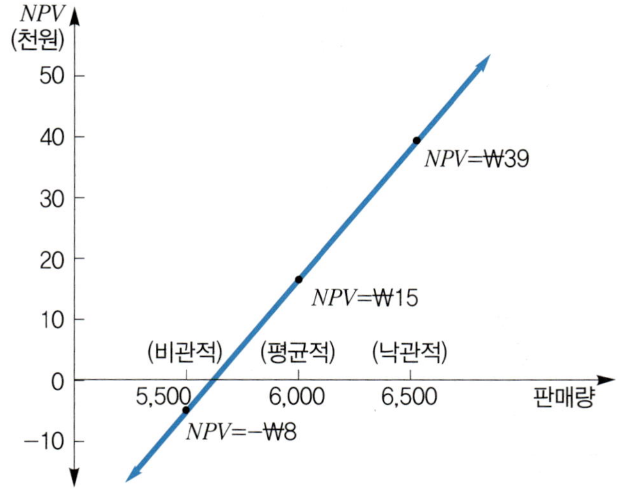

의해야 하는지를 보여준다. 만약 판매량의 불확실성이 높다면, 그것이 *NPV* 계산에 민감하게 영향을 미칠 수 있고 동시에 투자대안의 불확실성도 높아지기 때문에, 좀 더 자세한 조사와 연구가 필요할 것이다.

민감도 분석도 시나리오 분석의 응용이기 때문에 시나리오 분석이 갖고 있는 문제점을 가지고 있다. 즉 시나리오 분석이나 민감도 분석은 예측이 잘못되는 경우에 어떤 일이 벌어질 것인가에 대하여 지적하는 데는 매우 유용한 분석기법이지만, 결정적인 결론이나 문제점의 해결을 위한 방안을 제시하는 것은 아니다.

시나리오 분석

'만약 판매수량이 예상했던 6,000단위에서 5,500단위로 떨어진다면 의사결정에 어떤 영향을 미칠 것인가?'와 같은 종류의 질문이 시나리오 분석에서 제기될 성질의 것이다. 우리는 여러 가지 시나리오를 살펴보고, 대부분의 경우에 양(+)의 *NPV*를 갖는다면 투자대안 선택에 자신감을 가질 수 있을 것이다. 여러 가지 시나리오 중에서 상당한 경우에 손실의 가능성이 파악된다면, 투자대안의 선택에 대하여 재고할 필요가 있을 것이다.

투자대안의 분석을 위한 시나리오는 여러 가지가 있을 수 있다. 시나리오 분석을 위한 출발점은 최악의 경우를 가정해 보는 것이다. 최악의 경우를 가정하면 그에 상응하는 최저 *NPV*를 구할 수 있을 것이고, 이 경우 양(+)의 *NPV*를 갖는다면 투자대안은 상당히 바람직한 것으로 평가될 것이다. 물론 최선의 경우에 대하여도 생각해야 한다.

예를 들어 살펴보기로 하자. 투자대안이 200,000원의 투자비용이 필요하고, 5년 동안 시행되면 잔존가치는 없다고 한다. 감가상각은 정액법으로 5년 동안 발생한다고 하고 세율은 34%라고 가정하자. 다음의 자료를 가지고 분석해 보자.

시나리오	시나리오 현금흐름 요소		
	비관적	평균적	낙관적
판매량	5,500	6,000	6,500
가 격	₩75	₩80	₩85
단위당 변동비	₩62	₩60	₩58
고정비	₩55,000	₩50,000	₩45,000

비관적인 시나리오는 각 요소들에 대하여 비관적으로 예상한 것이다. 현금흐름의 입장에서는 가장 낮은 현금유입을, 그리고 가장 높은 현금유출을 가상한 시나리오이다. 이와는 반대로 낙관적인 시나리오는 각각의 요인들을 낙관적으로 예측하는 결과로서 최선의 경우를 가상한 시나리오이다.

우선 평균적인 경우에 대하여 살펴보기로 하자. 연간 현금흐름은 다음과 같다.

매출액	₩480,000
변동비	360,000
고정비	50,000
감가상각비	40,000
영업이익	30,000
세금(34%)	10,200
순이익	₩ 19,800

즉 연간 현금흐름은 19,800원+40,000원=59,800원이 된다. 자본비용이 12%라고 하면 평균적인 경우의 *NPV*는 15,567원으로서 위의 투자대안은 평균적으로 채택될 만한 것으로 평가된다.

$$NPV_{\text{평균적}}=\frac{59,800}{1.12}+\cdots\cdots+\frac{59,800}{1.12^5}-200,000=15,567\text{원}$$

그러면 비관적인 경우와 낙관적인 경우에 대하여 각각 평가해 보기로 하자. 다음 표는 각 시나리오에 대한 *NPV*와 *IRR*을 계산한 결과이다.

	시나리오별 *NPV*와 *IRR*			
	순이익	현금흐름	*NPV*	*IRR*
평균적	₩19,800	59,800	15,567	15.1%
비관적	−15,510	24,490	−111,719	−14.4%
낙관적	59,730	99,730	159,504	40.9%

비관적인 상황을 가정하더라도 현금흐름은 양(+)의 값 24,490원을 보여주기 때문에 긍정적인 측면이 있다. 그러나 비관적인 경우에는 내부수익률이 −14.4%이고, *NPV*는 −111,719원으로서 기각의 영역에 속하게 된다. 최악의 경우에는 전체 투자액 200,000원의 반을 넘는 손실을 볼 수 있으며 최선의 낙관적인 경우에는 41%의 매력적인 투자가 된다.

시나리오 분석은 무수한 시나리오들을 가정할 수 있다. 그러면 실제적인 결정에 있어서 위의 투자대안의 평가는 어떻게 하는 것이 옳은 것일까? 최악을 가정한 비관적인 경우에는 기각을 권고하고 있으며 평균적, 낙관적인 경우에는 채택을 권고하고 있다.

이러한 경우에는 적어도 평균적 시나리오와 비관적, 낙관적 시나리오 사이에 각각 다소 비관적, 다소 낙관적인 시나리오를 추가해서 다시 분석할 필요가 있을 것이다. 그렇게 되면 5가지의 시나리오를 분석하게 되는데 앞에서 3가지 시나리오만을 가지고 분석한 것보다는 좀 더 의미있는 평가가 가능할 것이다.

위와 같은 방식으로 시나리오 분석을 계속하다 보면 어느 시점에서 시나리오 분석을 멈추어야 하는지에 대한 문제가 제기될 수 있다. 더 많은 시나리오를 분석하기 시작하면 **분석의 마비**(paralysis of analysis)에 빠질 위험이 있는 것이다.

아무리 많은 시나리오를 분석한다 하더라도 어떤 경우에는 채택하고 또 다른 경우에는 기각하는 결과가 있을 수 있다. 그러므로 시나리오 분석은 시나리오에 따라 어떤 결과가 발생할 수 있는지 분석하고, 최악의 경우에 대비하도록 경고하는 의미는 있지만 투자대안의 채택과 기각에 대하여 결정적인 해답을 제공하는 것은 아니다.

시뮬레이션 분석

시나리오 분석과 민감도 분석은 실제의 자본예산에서 많이 사용되는 기법이다. 시나리오 분석에서는 모든 변수들이 변할 수 있다는 것을 전제로 한다. 민감도 분석에서는 다른 것들은 일정한 것으로 가정하고 특정 변수가 변하는 경우에 대하여 분석하는 것이다. 통상 시나리오 분석은 여러 변수가 동시에 변하는 상황을 가정하기 때문에 몇 가지 경우만을 살펴보지만, 민감도 분석은 특정 변수의 다양한 변화들을 분석하게 된다.

시뮬레이션 분석(simulation analysis)은 시나리오 분석과 민감도 분석을 합친 것이라고 볼 수 있다. 즉 여러 변수들이 동시에 변하는 상황을 많은 경우를 통하여 분석하는 것이다.

많은 변수들이 동시에 변하는 다양한 시나리오 분석을 위해서는 컴퓨터의 도움이 없이는 거의 불가능한 일이다. 가장 간단한 종류의 시뮬레이션 분석을 살펴보기로 하자. 예를 들어 판매량이 5,500단위와 6,500단위 사이에서 어떤 것으로 결정된다는 것을 가정한다면, 컴퓨터를 통하여 5,500과 6,500 사이의 숫자를 무작위적으로 추출하고, 같은 방식으로 가격, 변동비 등에 대해서도 선택할 수 있을 것이다.

각각의 변수들에 대한 값을 설정한 후에, 그에 해당하는 *NPV*를 구할 수 있을 것이다. 컴퓨터를 통하여 이러한 방식을 수천 번쯤 시행한다고 하면, 우리는 각각의 경우에 해당하는 수천 개의 *NPV*의 예측치를 얻게 될 것이다. 이렇게 얻어진 *NPV*들의 평균과 분포를 얻게 될 것이다. 즉 시뮬레이션 방식을 통하여 얻어진 *NPV*들의 분포로부터 의사결정에 도움을 얻을 수 있을 것이다.

시뮬레이션 분석은 기본적으로 시나리오 분석을 다양한 경우로 확장한 것으로 볼 수 있기 때문에 시나리오 분석과 유사한 몇 가지의 문제점들을 갖고 있다. 즉 시뮬레이션을 통하여 얻은 결과가 직접적인 의사결정기준을 제공하는 것은 아니다. 뿐만 아니라 단순한 경우의 시뮬레이션이라 하더라도 현금흐름에 영향을 미치는 각 변수들의 상호관계도 고려해야 하기 때문에 상당히 복잡한 양상을 띠는 것이 일반적이다.

이러한 이유로 시뮬레이션 분석은 실제적으로 많이 사용되지는 않는다. 그러나 컴퓨터의 발달이 급속히 이루어지고 있기 때문에 대형프로젝트의 경우에는 시뮬레이션 분석이 사용되는 빈도가 증가하고 있다.

개념확인

1. 시나리오 분석, 민감도 분석, 시뮬레이션 분석은 무엇인가?
2. 시나리오 분석과 같은 다양한 가정을 통한 분석의 문제점은 무엇인가?

6.9 자본예산의 응용

실질적인 자본예산에 있어서는 독특한 상황들이 발생하기 때문에 그에 따른 조정이 필요한 경우가 종종 발생한다. 이러한 조정들은 새로운 조건들을 감안해야 할 필요성 때문에 발생하는데, 여기서는 다음의 두 가지 상황에 대해서 살펴보기로 하자.

1) 투자기간이 다른 상호배타적인 투자대안에 대한 평가
2) 예산 제약에 따른 자본배분의 필요성

투자기간이 다른 투자대안의 비교

기업의 자본예산을 다루다 보면 종종 투자기간이 다른 여러 투자대안 중에서 하나를 선택해야 하는 경우가 생긴다. 투자대안들이 각각 독립적인 경우에는 채택과 기각의 결정만 내리면 되기 때문에, 투자기간이 투자대안의 평가에 결정적인 영향을 미치는 것은 아니다.

그러나 상호배타적인 경우에는 어떤 투자대안의 선택이 다른 투자대안을 배제시키는 것을 의미하기 때문에 투자기간도 고려되어야 한다. 다음의 예를 통하여 투자기간의 문제를 생각해 보자.

예제

乙회사는 X와 Y의 두 가지 투자대안에 대하여 평가하고자 한다. 그런데 X와 Y 투자대안은 상호배타적인 성격을 갖기 때문에, 두 개의 투자대안 모두를 동시에 선택할 수는 없는 경우이다. 각 투자대안에 대한 해당현금흐름은 다음과 같고 각각의 투자대안은 같은 위험수준으로서 할인율은 10%라고 한다.

		X	Y
초기투자		70,000	85,000
현금유입	1	28,000	35,000
	2	33,000	30,000
	3	38,000	25,000
	4		20,000
	5		15,000
	6		10,000

할인율 10%를 적용하여 X와 Y에 대한 *NPV*를 구하면

$NPV_X = 11{,}248$
$NPV_Y = 18{,}985$

투자기간의 차이를 무시하면 투자대안 X와 Y는 모두 채택이 가능한 것들이고, Y는 X에 비하여 상대적으로 선호된다. 왜냐하면 X의 *NPV*가 Y의 *NPV*보다 작기 때문이다. 그러나 X와 Y가 상호배타적인 성격을 갖고 있다면 기간에 대해서도 고려하여야 한다. X는 투자기간이 3년이고 Y는 6년인데, 기간이 어떻게 영향을 미치는지 알아보자.

문제는 X와 Y가 상호배타적인 성격이기 때문에 발생하는 것이다. 이러한 문제를 분석하기 위해서 가장 효율적인 방법인 연간순현가(annualized *NPV*)방법을 설명하고자 한다.

연간순현가 방식: 연간순현가 방식은 상호배타적인 투자대안들에 대하여 연간순현가를 기준으로 선택하는 방식으로서, 투자대안들이 반복적으로 수행될 수 있다는 것을 가정하고 있다. 연간순현가를 구하는 방식은 투자대안의 *NPV*를 투자기간 동안의 현가요소로 나누어서 구한다. 즉 구해진 *NPV*를 연금의 형태로 환산시키는 것이다. 앞의 투자대안 X, Y를 예를 들어 설명하기로 하자.

예제

연간순현가 방식을 이용한 X, Y의 선택 과정은 다음과 같다.

(1) 각 투자대안의 *NPV*를 구한다. 즉

$NPV_X = 11,248$

$NPV_Y = 18,985$

(2) 각 투자대안의 연간순현가를 구한다.

X의 경우는 다음에서 계산된 x가 연간순현가이다. 즉

$$11,248 = \frac{x}{(1+0.1)} + \frac{x}{(1+0.1)^2} + \frac{x}{(1+0.1)^3}$$

Y의 경우는 다음에서 계산된 y가 연간순현가이다.

$$18,985 = \frac{y}{(1+0.1)} + \frac{y}{(1+0.1)^2} + \frac{y}{(1+0.1)^3} + \frac{y}{(1+0.1)^4} + \frac{y}{(1+0.1)^5} + \frac{y}{(1+0.1)^6}$$

(3) X와 Y의 연간순현가는 다음과 같다.

$\text{연간순현가}_X = 4523$

$\text{연간순현가}_Y = 4359$

(4) *NPV*기준으로 하면 Y가 선택되지만 연간순현가 기준으로 평가하면 X를 선택하여야 한다. X를 선택하는 이론적 배경에는 X가 반복적으로 수행될 수 있다는 것을 가정하고 있다.

자본배급

기업들은 통상 여러 수익성이 있는 투자대안들을 자본력의 문제 때문에 모두 선택하지 못하고 일부만을 선택해야 하는 경우가 있다. 이러한 경우에 자본배급이 필요한데, **자본배급**(capital rationing)의 목표는 예산의 범위 내에서 가장 큰 *NPV*를 가진

투자대안들을 선별하는 것이다. 결국 자본배급은 전체적으로 가장 큰 *NPV*를 만드는 대안들을 선택하는 과정이다. 여기서는 자본의 제약하에서 투자대안을 선택하는 자본배급과정을 설명하고자 한다.

내부수익률 접근법: 내부수익률 접근법은 *IRR*의 순위에 따라서 우선순위를 선정하는 방법이다. 내부수익률이 높은 대안부터 시작하여 ① *IRR*이 자본비용 이상이 되는 대안을 먼저 선택하고, 그중에서 ② 예산이 허용하는 투자대안들을 선택한다. 내부수익률에 의한 방법은 상당히 근거있는 방식이지만, 기업에게 금액으로 계산된 가치의 측면에서 최선의 선택을 보장하는 것은 아니다.

예제

남산회사는 자본지출에 대한 예산이 250,000원으로 한정되어 있기 때문에, 다음의 6개의 대안 중에서 선택해야 하는 문제를 가지고 있다. 각 투자대안의 초기투자액과 내부수익률은 다음과 같다. 기업의 자본비용은 10%라고 한다.

그림 6-4 투자기회와 예산제약

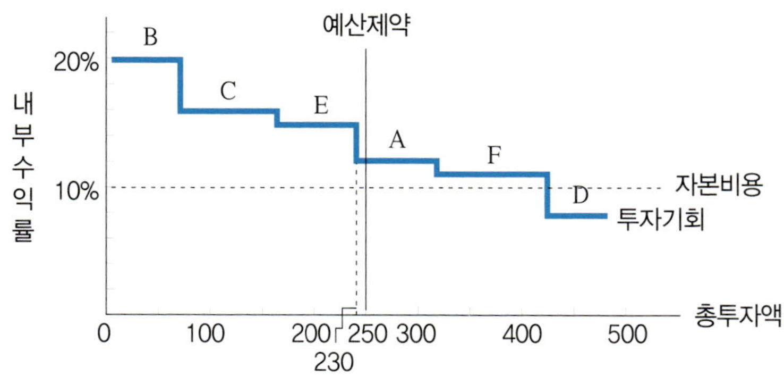

투자대안	초기투자	내부수익률
A	₩80,000	12%
B	70,000	20
C	100,000	16
D	40,000	8
E	60,000	15
F	110,000	11

[그림 6-4]는 남산회사의 투자기회를 내부수익률의 순위로 정리한 것이다. 그림을 참조하면 단지 B, C 그리고 E만이 채택될 수 있다. 세 가지 투자대안 B, C, E의 선택은 전체예산에서 230,000원을 소요하게 된다.

순현가접근법: 순현가접근법은 기업가치를 극대화할 수 있는 순현가 극대화를 위한 방법이다. 순현가접근법에서는 우선 내부수익률에 의하여 투자의 우선순위를 결정한 다음에, 각 투자대안들에 대하여 순현가를 계산하고, 전체적인 순현가를 극대화시키는 투자대안들을 선택하는 방법이다.

순현가접근법에 의하면 위에서 선택한 B, C, E 대신에 B, C, A를 선택하게 된다. B, C, E의 선택은 전체 예산 250,000원 중에서 230,000원만을 사용하는데 나머지 예산 20,000원은 기업가치를 증가시키는 데 이용되지 못하기 때문이다.

투자대안 A가 투자대안 E보다 내부수익률이 낮기는 하지만, 순현가 측면에서 보면 E 대신 A를 선택하는 것이 전체의 순현가를 증가시키고, 기업가치를 증가시키는 것이다. 이러한 현상은 내부수익률에 의해서 결정하는 경우에 사용되지 않은 20,000원이 추가적인 기업가치의 증가에 기여하지 못하기 때문이다. 결국 최종적인 자본배급에 의한 선택은 순현가를 최대로 하는 것이다.

투자안	초기투자	내부수익률	*NPV*
A	₩80,000	12%	₩20,000
B	70,000	20	42,000
C	100,000	16	45,000
D	40,000	8	−4,000
E	60,000	15	19,000
F	110,000	11	16,500

개념확인

1. 투자기간이 다른 투자대안들을 선택하는 방법은 무엇인가?
2. 자본제약하에서 투자대안들을 선택하는 방법은 무엇인가?

6.10 자본예산의 실제

*NPV*에 의한 자본예산의 결정방법은 재무관리가 제시하는 올바른 의사결정이다. 그러면 본서는 왜 기타의 다른 자본예산 평가방법들을 소개하고 설명했던 것일까. 다시 말하면 *NPV*방법이 올바른 방법이라면 그것을 소개하고 설명하면 되는 것이지, 굳이 다른 여러 자본예산의 평가기법들을 소개하느냐에 대한 의문이 있을 수 있다.

이 문제와 관련하여 우리가 기억할 필요가 있는 것이 자본예산의 성격이다. 앞에서 설명하였듯이 자본예산에 대한 결정은 중요하고, 그 효과가 장기적이고 또한 지속적이며, 의사결정이 번복된다면 상당히 많은 비용을 지불해야 하는 결정이다. 이러한 자본예산의 결정에 있어서 *NPV*방법이 비록 올바른 것이라고 하더라도, *NPV*방법도 결국 불확실성을 내포한 미래를 대상으로 하고 있다는 사실을 기억해야 한다. 즉 *NPV*방법이 올바르기는 하지만 그것도 결국 여러 변수들의 '추정'에 의존하고 있는 것이고, 사후적인 현실과는 달라질 가능성이 존재하는 것이다.

그러므로 현실의 실제 *NPV*는 알 수 없기 때문에 재무관리자는 추정된 *NPV*가 얼마나 신뢰도가 있는지에 대한 확인을 하고자 한다. 이러한 이유로 기업들은 투자대안을 평가하는 데 여러 가지 방식을 동시에 이용하는 것이다.

예를 들어 어떤 투자대안의 평가에서 *NPV*가 양(+)의 값을 갖고 자본회수기간이 짧으며 평균이익률이 매우 높다고 하면, 여러 지표들이 투자대안을 긍정적으로 평가하기 때문에 투자대안의 선택에 신뢰도를 높일 수 있을 것이다.

반면에 어떤 투자대안이 양(+)의 *NPV*로 계산되지만 자본회수기간이 길고 평균이익률이 낮다고 가정해 보자. 물론 계산된 *NPV*가 양(+)의 값을 갖기 때문에 해당 투자대안은 가치 있는 대안일 가능성이 많지만 이러한 경우에는 좀 더 조심스럽게 결정할 필요가 있을 것이다.

개념확인

1. *NPV*방식이 투자대안에 대한 최선의 평가방법이지만 다른 여러 가지 방법들이 사용되고 있다. 그 이유는 무엇인가?

6.11 요약 및 결론

본 장에서는 자본예산의 전반에 관하여 설명하였다. 우선 자본예산이라는 단어가 생소할 가능성이 있는데, 자본예산이란 다름 아닌 투자결정에 관한 모든 것을 포함한다. 그런 의미에서 자본예산은 전략적 자산배분이라고 부르는 것이 타당할지도 모른다. 자본예산은 기업의 기본적인 업종의 선택을 포함한 전반적인 투자의 문제를 다루는 것이다.

투자결정은 기업의 성격을 규정하게 되고 기업에 장기적이고 반복적인 영향을 미친다. 그러므로 재무관리에서는 자본예산을 중요하게 다루는 것이다. 심지어 어떤 의미에서는 기업의 모든 활동을 자본예산의 범주에서 다룰 수도 있는 것이다.

자본예산의 과정은 ① 현금흐름의 추정, ② 할인율의 적용, 그리고 ③ 분석 평가의 과정을 거친다. 할인율의 적절한 적용을 위한 논리적 실증적 문제는 자본비용을 다루는 장에서 다룰 것이므로, 본 장에서는 현금흐름의 추정과 평가기법들에 대하여 살펴보았다.

본 장에서는 평균이익률법, 자본회수기간법, 순현가법, 그리고 내부수익률법에 대하여 살펴보았다. 그중에서도 순현가법은 가장 우수한 투자평가기법으로서, 모든 투자결정의 기준을 제공하는 것이다. 내부수익률법도 나름대로 세련된 평가기법이기는 하지만 순현가법보다는 문제점이 많은 평가기법이다.

본 장에서는 마지막으로 현실적인 자본예산에서 발생할 수 있는 몇 가지 경우들을 설명하고 있다. 우선 투자기간이 다른 상호배타적인 대안들에 관한 설명이다. 상호배타적인 대안들은 성격상 하나의 선택은 다른 것들을 배제하기 때문에 독립적인 투자안과는 성격이 다르다. 상호배타적인 투자안들이 투자기간이 다른 경우에는 연간 *NPV*를 이용하는 방법이다. 자본배급의 문제는 자원의 제약하에서 전체적인 *NPV*를 극대화하는 방법을 찾는 것이다.

확인학습

6.1 미래기업은 기존의 기계 A를 새로운 기계 B로 교체할 것을 생각중이다. A기계는 2년 전에 400만원에 구입하였고 내용연수 5년으로 정액상각되고 있다. A기계는 현재 420만원에 팔 수 있다고 한다. B기계는 3년의 내용연수를 갖고 있는데 1,400만원의 비용이 소요된다. B기계를 설치하는 데는 100만원의 비용이 추가로 필요하다. B기계를 구입하면 재고자산에 대한 투자가 250만원 증가하고, 매입채무는 150만원 증가할 것이다. 또한 매출채권이 100만원 증가할 것으로 예상된다. 영업이익(감가상각비와 세금 전)은 A기계를 계속 사용하는 경우에 앞으로 3년간 매년 700만원으로 예상되고, B기계를 사용하는 경우에는 1년째는 1,200만원, 2~3년째는 연간 1,300만원으로 예상된다.

3년 후 A기계의 가치는 제로(0)가 되고, B기계의 가치는 350만원으로 예상된다. 세율을 40%라고 하고 다음을 답하라.

a. A기계를 B기계로 대체하는 투자안의 초기투자액은 얼마인가?

b. 추가적인 영업현금흐름을 계산하라.

c. 말기현금흐름을 계산하라.

d. 위에서 계산된 현금흐름을 시간선 상에 표시하라.

해답

6.1 a. 초기투자액 :

(−)	B기계 구입비	1,400만원
(−)	설 치 비 용	100만원
(+)	A기계 판매대금	420만원
(−)	A기계 판매세금	72만원
(−)	순운전자본 변화	200만원
	초기투자액	1,352만원

A기계 장부가격 $=400-\left(400\times\frac{2}{5}\right)=240$만원

세금 $=(420-240)\times0.4=72$만원

순운전자본 증가액 $=100+250-150=200$만원

b. 영업현금흐름 : B기계 감가상각 $=1{,}500\times\frac{1}{3}=500$만원

A기계 감가상각 $=400\times\frac{1}{5}=80$만원

		A기계			B기계		
		1년	2년	3년	1년	2년	3년
	영 업 이 익	₩700	700	700	₩1,200	1,300	1,300
(−)	감 가 상 각	80	80	80	500	500	500
	세 전 이 익	620	620	620	700	800	800
(−)	세금	248	248	248	280	320	320
	세 후 이 익	372	372	372	420	480	470
(+)	감가상각 환입	80	80	80	500	500	500
	영 업 현 금	452	452	452	920	980	970

	영업현금흐름		
	1년	2년	3년
영업현금흐름	468만원	528만원	528만원

c. 말기현금흐름 :

(+)	B기계 판매대금	350만원
(−)	B기계 판매세금	140만원
(+)	순운전자본 환입	200만원
	B기계 현금	410만원

d.

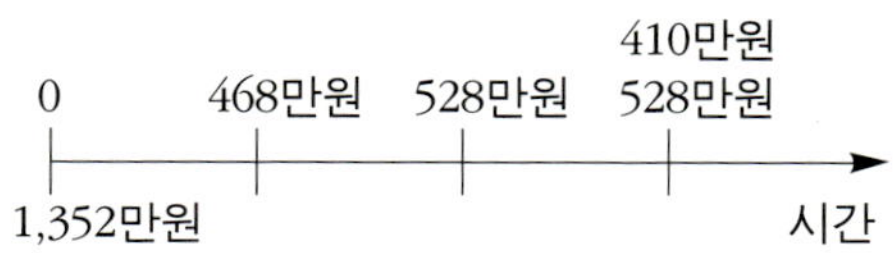

연습문제

6.1 자본예산이란 무엇인가? 자본적 지출이 자본예산 과정과 어떻게 연결되는가? 모든 자본적 지출이 비유동자산에 대한 투자를 포함하는 것인가? 설명하라.

6.2 *NPV*와 *IRR*은 현금흐름의 재투자수익률에 대한 가정이 서로 다르다. 두 방법의 가정이 어떻게 다른 것인지, 그리고 어느 방법이 우수한 것인지 설명하라.

6.3 다음에 열거된 사항들을 보고 자본적 지출인지 경상적 지출인지를 구분하고 설명하라.

a. 현금등록기 리스에 따른 초기 지불금	50만원
b. 발명가로부터 특허권 구입비	200만원
c. 주요 연구개발 프로그램에 대한 지급금	800만원
d. 유동성 증권에 대한 투자액	800만원
e. 사무용 기계 구입비	3만원

f. 새로운 기계부품 구입비 20만원

g. 빌딩 구입비 2,400만원

h. 마케팅 조사보고서 100만원

6.4 E기업은 A, B 투자안에 대한 5년 동안의 현금흐름을 예측하였다.

	투 자 안	
	A	B
초기투자	400만원	120만원
영업현금흐름 1	100만원	60만원
2	120만원	60만원
3	140만원	60만원
4	160만원	60만원
5	100만원	60만원

a. 투자안 A가 B를 대체하는 것이라고 가정하면 해당 현금흐름은 어떻게 되는가? B의 120만원은 B를 처분하는 경우에 얻게 되는 금액이다.

b. A와 같은 확장투자안은 대체투자에 대한 특정한 경우로 볼 수 있다. 그 이유를 설명하라.

6.5 다음의 각 투자안에 대하여 해당 현금흐름을 구하고 시간선 상에 표시하라.

a. 초기투자액 120만원이 필요하고, 그 후 18년 동안 영업현금흐름이 연간 25만원씩 계속되는 투자안. 18년 동안의 유지보수비는 연간 5만원이 소요된다.

b. 새 기계를 설치하는 데 850만원이 필요하다. 구기계를 판매하면 세후 300만원의 수입이 발생한다. 대체투자에 따른 추가적인 영업현금흐름은 6년 동안 연간 200만원이 될 것이다. 6년 후에 새 기계의 세후 판매금액은 200만원인데 구기계는 6년 후에 판매하면 세후 100만원이 될 것이다.

6.6 L기업은 현재의 A분쇄기를 신형 B분쇄기로 교체하는 작업을 고려중이다. A분쇄기는 2년 전에 600만원에 구입하였는데 5년에 걸쳐서 정액법으로 상각되고 있다. A기계를 B기계로 교체하게 되면 A기계는 200만원에 매각하게 될 것이다. B분쇄기는 구입비가 1,050만원과 설치비 50만원이 별도로 필요하다. B기계도 또한 5년에 걸쳐서 정액법으로 상각될 것이다. 신형기계를 도입하면 영업규모가 증가할 것으로 예상되기 때문에

매출채권이 400만원, 재고자산이 300만원 그리고 매입채무가 580만원 증가할 것으로 예상된다. 5년 후에 A기계의 시장가치는 없을 것으로 예상되고, B기계는 290만원에 팔 수 있다고 예상된다. L기업의 세율은 40%라고 한다. 두 기계의 사용에 따른 영업이익(감가상각비와 세금 전)이 다음과 같다고 하자.

연도	영업이익	
	A기계	B기계
1	430만원	₩260만원
2	430만원	240만원
3	430만원	220만원
4	430만원	200만원
5	430만원	180만원

a. 위의 대체투자에 따른 초기투자액을 계산하라.

b. 위의 대체투자에 따른 영업현금흐름을 계산하라.

c. 말기현금흐름을 결정하라.

d. 해당 현금흐름을 시간선 상에 표시하라.

e. 자본회수기간을 구하라.

f. *NPV*를 계산하라(자본비용 15%)

g. *IRR*을 계산하라.

6.7 P기업은 다음의 세 가지 상호배타적인 투자대안들 중에서 하나를 선택하려고 한다. 새 투자안의 해당 현금흐름은 다음과 같다.

현금흐름	A	B	C
초기투자	600만원	1,000만원	1,100만원
연간 현금흐름(1~5년)	200만원	315만원	325만원

a. 각 투자안에 대한 자본회수기간을 구하라.

b. 자본비용을 13%로 가정하고 *NPV*를 구하라.

c. 각 투자안의 *IRR*을 구하라.

d. X축에 투자수익률을 Y축에 *NPV*를 나타내는 그래프를 그려라.

e. 우선순위에 대하여 정리하고 결정을 설명하라.

6.8 상호배타적인 투자안들의 선택에 있어서 기간이 다른 경우에 단순히 *NPV*만을 비교하는 것은 적절하지 않은 이유를 설명하라. 또한 연간 *NPV*를 이용하여 기간이 다른 상호배타적인 투자안을 선택하는 방법을 설명하라.

6.9 P기업은 상호배타적인 X, Y 투자안에 대하여 고려 중이다. 투자안 X는 30,000원, Y는 40,000원의 초기투자가 필요하다. 각 투자안의 내용연수는 5년인데, X는 연간 10,000원의 현금유입을, Y는 연간 15,000원의 현금유입이 발생할 것으로 예상된다. 기업의 자본제약은 없다고 가정하고, 위험의 차이가 없다면 큰 *NPV*를 제공하는 투자안을 선택하고자 한다. 기업의 자본비용은 15%이다.

a. 각 투자안에 대한 *NPV*를 구하라. 투자안들이 선택 가능한지 판단하라.

b. 각 투자안에 대하여 *NPV*를 제로(0)로 만드는 현금흐름을 계산하라.

c. P기업은 현금흐름에 대하여 다음과 같은 다양한 가능성을 생각하고 있다. 각 투자안이 *NPV*를 제로(0)로 만드는 손익분기점 현금흐름을 얻을 확률은 얼마인가?

현금흐름 범위	X	Y
₩ 0~5,000	0%	5%
₩ 5,000~7,500	10	10
₩ 7,500~10,000	60	15
₩10,000~12,500	25	25
₩12,500~15,000	5	20
₩15,000~20,000	0	15
₩20,000~	0	10

d. 어떤 투자대안이 위험이 높은가? 어느 투자안이 높은 *NPV*를 제공할 가능성이 높은가? X, Y 투자안에 대한 위험과 기대수익률의 관계를 논하라.

e. 기업의 목표가 손실 최소화라면 어떤 투자안을 선택해야 하는가? 기업의 목표가 가치 최대화라면 어떤 투자안을 선택해야 하는가?

6.10 V기업은 주어진 총예산 450만원 범위에서 여러 독립적인 투자안 중에서 최선의 선택을 강구하고 있다. V기업의 입장에서는 예산에서 투자를 집행하지 않는 자금은 15% 이하의 수익률을 얻을 것으로 예상하고 있다. 각 투자안에 대한 자료는 다음과 같다.

투자안	초기투자	*IRR*	현금유입현가(15%)
A	₩500만	17%	₩540만
B	80만	18	110만
C	200만	19	230만
D	150만	16	160만
E	80만	22	90만
F	250만	23	300만
G	120만	20	130만

a. *IRR*을 이용하여 최선의 대안들을 선택하라.

b. *NPV*를 이용하여 최선의 대안들을 선택하라.

c. a와 b의 결과를 비교하여 논하라.

d. 어떤 대안들이 선택되어야 하는지 설명하라.

제 7 장

자본비용

자본예산에서는 예상되는 현금흐름을 평가하는 과정이 필요하다. 자본비용은 투자대안에 요구되는 최저수익률이며 기회비용이다. 자본예산에 대한 적절한 결정을 내리기 위해서는 투자대안의 위험도를 파악하고, 자본시장에서의 위험과 기대수익률의 관계에 따라 자본비용을 적용하여야 한다.

자본비용에 많이 이용되는 개념은 가중평균자본비용(Weighted Average Cost of Capital: *WACC*)이다. 가중평균자본비용은 기업 전체의 자본비용이고 기업에 대한 전체적인 요구수익률이다. 세금도 자본비용을 추정하는 데 구체적으로 적용되어야 한다. 왜냐하면 관심의 대상이 되는 현금흐름은 세후의 현금흐름이기 때문이다.

*WACC*는 기업의 투자 의사결정에 중요한 역할을 한다. 하지만 기업이 위험도가 서로 다른 다양한 부문의 사업들을 영위한다면 *WACC*는 충분한 역할을 다하지 못할 수도 있다. 자본비용은 원칙적으로 투자대안의 위험을 반영한 요구수익률이고, 투자대안들의 위험이 달라진다면 그에 따라 조절되어야 할 것이다. 본 장에서는 위험도가 서로 다른 투자부문들의 자본비용에 대해서도 살펴볼 것이다.

7.1 자본비용의 개념

자본비용은 투자대안의 현금흐름을 할인하는데 사용되는 투자대안의 기회비용이다. 투자대안을 평가하는 재무관리자의 입장에서는 자본비용의 결정이 매우 중요하다. 자본비용은 투자가치를 평가하는 과정에서 할인율로 사용되는데, 할인율에 따라서 투자가치가 다르게 평가될 것이고, 투자대안의 선택에 결정적인 영향을 미치게 될 것이다.

자본비용과 요구수익률

자본비용이 10%라는 것은 해당 투자대안의 현금흐름이 10%로 할인된다는 말이다. 즉 투자대안이 10% 이상의 수익률을 제공하는 경우에 양(+)의 *NPV*를 갖는다는 의미이다. 기업은 10%의 수익률을 올려야 투자자금에 대한 비용을 충당하게 되는 것이다. 그러므로 10%의 자본비용은 투자대안의 채택을 위해서 요구되는 최저수익률이다.

자본비용과 요구수익률의 관계를 좀 더 분명히 설명하기 위해서 무위험 투자대안의 평가를 예로 들어보자. 이 경우에 요구수익률을 결정하는 것은 쉬운 일이다. 즉 자본시장을 통해서 무위험수익률을 찾아내고, 무위험수익률로 무위험현금흐름을 할인하면 되는 것이다.

이러한 용어들은 기본적으로 같은 의미를 다른 측면에서 살펴본 것이다. 적정할인율은 현금흐름을 현재가치로 할인하는 수익률이고, 자본비용은 기업이 투자자에게 지불해야 하는 최저수익률이며 요구수익률이다. 그러므로 우리는 **요구수익률**(required rate of return), **적정할인율**(appropriate discount rate) 혹은 **자본비용**(cost of capital)을 상호 구분없이 사용할 수 있다.

자본비용에 있어서 주의해야 되는 개념은 자본비용이 투자대안 자체의 위험 정도에 따라 결정된다는 사실이다. 자본비용은 투자대안의 성격에 의해서 결정되는 것이지, 자금의 원천(source of funds)에 의하여 결정되는 것이 아니다. 투자결정이 자금의 조달과 직접적으로 연결되어서는 안 된다. 실질적인 투자결정에 있어서 자금조달 비용과 연계되어 혼선이 생기는 경우가 종종 있을 수 있다. 다음의 예를 통하여 살펴보도록 하자.

예제

본 예제에서는 자금의 조달과 투자결정을 연결하는 경우에 나타날 수 있는 혼선에 대해서 생각해 보기로 하자. 성장기업이 현재 다음과 같은 투자기회를 갖고 있다고 가정해 보자.

현재 가능한 최선의 투자기회(X)		
소요자본	=	₩ 100,000
내용연수	=	20년
IRR	=	7%
현재 가능한 최소 비용의 자금		
부 채	=	6%

성장기업은 6%에 투자자금을 동원하여 7%의 수익률을 제공하는 투자대안 X를 채택하였다. 그런데 얼마 지나지 않아 새로운 투자기회가 발견되었는데 그 내용은 다음과 같다.

새로운 최선의 투자기회(Y)		
소요자본	=	₩ 100,000
내용연수	=	20년
IRR	=	12%
당시 가능한 최소 비용의 자금		
자기자본	=	14%

이 경우에 성장기업은 투자기회 Y를 기각하게 된다. 왜냐하면 투자자금의 조달비용 14%는 투자기회 Y의 *IRR*보다 높기 때문이다. 만약 성장기업이 투자결정을 자금의 조달과 연결하는 경우에 X를 선택하고 Y는 기각하는 혼란에 빠지게 된다.

위의 예제에서 성장기업의 선택은 기업가치를 증가시킨다는 목표에서 벗어난 것을 알 수 있다. 결과적으로 성장기업은 12%의 수익률을 제공하는 투자기회 Y를 기각하고 7%의 수익률을 제공하는 투자기회 X를 선택한 것이다. 이러한 오류는 투자대안 자체의 요구수익률(자본비용)과 투자수익률을 비교하지 않고, 자금의 출처에 따른 자본조달비용과 투자수익률을 비교했기 때문에 발생한 것이다.

X의 채택은 자금조달을 타인자본인 6%의 부채와 연결하였기 때문에 가능하였다. 그러나 기업은 부채를 무한정 사용할 수는 없을 것이고, Y투자기회가 나타났을 때는 부채를 더 이상 조달할 수 없었기 때문에 높은 비용의 자기자본을 동원할 수밖에 없게 된 것이다.

기업의 자본조달은 부채만으로 구성될 수는 없는 것이고, 자기자본과 부채의 결합에 의해서 이루어지는 것이다. 그러므로 부채를 조달하는 경우에도 궁극적으로 자기자본도 함께 사용한다는 것을 전제로 해야 한다. 즉 기업 전체의 입장에서 자기자본과 부채의 구조를 전제로 하는 요구수익률인 자본비용을 적용해야 했던 것이다.

정리하면, 자본비용은 투자대안의 위험을 반영한 요구수익률로 할인되어야 한다. 왜냐하면 요구수익률은 투자대안의 위험을 반영한 기회비용이기 때문이다. 결국 자본비용은 투자대안의 성격에 의해서 결정되는 기회비용으로 할인되어야 하며, 자본조달의 형태에 따라서 결정될 사항이 아니다.

그리고 자본비용은 특정 기업의 경우에도 일률적으로 정해지는 것이 아닐 수 있다. 물론 어떤 기업이 동종의 사업에만 종사하는 경우에는, 다음에 설명하는 가중평균자본비용이 기업의 입장에서 전체적으로 적용할 수 있는 할인율이 될 것이다. 하지만, 자본비용은 본질적으로는 투자대안의 성격에 따라서 결정되어야 하는 것이 원칙이다.

개념확인

1. 투자에 있어서 자본비용의 주요 결정요인은 무엇인가?
2. 투자의 요구수익률과 자본비용의 관계는 무엇인가?

7.2 가중평균자본비용

가중평균자본비용(*WACC*: weighted average cost of capital)은 기업 전체의 입장에서 소요되는 자본비용을 의미한다. *WACC*는 기업의 평균적인 자본비용으로서 투자대안의 성격이 기존 기업의 성격과 유사한 경우에 사용할 수 있는 요구수익률이며 할인율이다.

앞에서도 살펴보았듯이 기업이 투자결정을 하는 경우에는 자본조달비용과 자본비용을 혼동해서는 안 된다. 기업의 자본비용인 *WACC*는 자기자본과 타인자본을 포함한 각 자본들의 비용을 모두 감안한 것이다. 여기서는 기업의 자본이 자기자본과 타인자본의 두 가지 형태로 조달되었다고 가정하고 *WACC*에 대해서 알아보기로 한다.

*WACC*는 각 자본들의 비용의 가중평균이다. 즉 자기자본의 비용을 자기자본의 비중으로 가중해주고, 타인자본의 비용을 타인자본의 비중에 따라 가중하여 평균을 구한 것이다. 설명의 편의를 위해서 세금을 고려하기 이전의 *WACC*를 먼저 설명하고, 뒤에 세금을 고려한 *WACC*를 살펴본다.

세금고려 이전의 *WACC*

기업의 가치 V는 주식가치의 총합 E와 부채가치의 총합 D의 합으로 표현될 수 있다.

$$V = E + D \tag{7.1}$$

위의 식에서 E는 자기자본인 주식가치의 총합을 나타내는데, 주식가치는 개별 주식의 시장가격에 주식수를 곱하여 얻어진다. 마찬가지로 D는 부채의 총가치를 시장가격으로 환산한 수치이다. 여기서 주의할 사항은 자기자본의 가치와 부채의 가치가 모두 시장가격을 의미한다는 점이다.

위의 식의 양변을 기업가치인 V로 나누면 다음과 같이 표현될 수 있는데 기업의 자본구조에 따른 자기자본과 부채의 비중을 나타낸다. 즉 기업 전체를 포트폴리오로 볼 때 자기자본과 부채의 자본구조비중(capital structure weights)을 나타내는 것이다.

$$100\% = \frac{E}{V} + \frac{D}{V}$$

예를 들어 주식의 시장가치가 100억원이고 부채의 시장가치가 100억원이라면 전체 기업가치는 200억원이고, 전체 기업가치 중에서 자기자본의 비중은 50%이고 부채비중은 50%인 것이다.

*WACC*는 자기자본비용과 타인자본비용을, 그것들이 기업에서 차지하는 비중에 따라 가중평균한 것이다. 다음 식에서 R_E와 R_D는 각각 자기자본비용과 부채비용을 나타낸다.

$$WACC = \frac{E}{V} \times R_E + \frac{D}{V} \times R_D \tag{7.2}$$

세금고려 이후의 *WACC*

지금까지는 *WACC*를 구하는 과정에서 세금이 미치는 영향에 대하여 고려하지 않았다. 그러나 앞에서도 언급하였듯이 재무관리가 관심을 두고 있는 것은 '항상 세후 현금흐름'이라는 사실을 상기하기 바란다. 현금흐름이 세금을 고려한 후의 것이라면 현금흐름을 할인하는 할인율도 당연히 세금을 고려한 후의 할인율이어야 하고, 그러므로 자본비용도 세후의 자본비용으로 계산하는 것이 당연할 것이다.

세금을 고려하는 경우에는 부채비용에 대한 조정이 필요하다. 왜냐하면 부채사용에 대한 지급이자는 세금처리를 위해서는 비용으로 처리되기 때문이다. 하지만 기업이 주주들에 지불하는 배당금은 비용처리가 되지 않기 때문에 기업의 입장에서는 배당금 전체가 현금의 유출이 된다.

예를 들어 살펴보기로 하자. 어떤 기업이 1억원을 빌리고 10%의 이자를 지불한다고 가정해 보자. 그리고 해당 기업의 세율이 20%라면 이 기업이 1억원을 빌리면서 지불하는 세후 이자율은 얼마가 되는가?

우선 기업은 1억원에 대한 10%의 이자 1천만원을 지불하지만, 1천만원은 손익계산서 측면에서는 비용으로 인정되기 때문에 세금공제의 혜택이 있다. 즉 1천만원의 이자비용은 소득을 그만큼 줄이기 때문에, 세금을 1천만원×0.2=200만원 감소시키는 효과가 있다. 그러므로 세후의 관점에서 살펴볼 때 실질적인 비용은 800만원/1억원=8%의 비용을 지불한 것이다.

그러므로 세율을 T_C라고 표현할 때 세후의 부채비용은 $R_D(1-T_C)$가 된다. 결국 세금을 고려한 후의 가중평균자본비용은 다음과 같다.

$$WACC = \frac{E}{V} \times R_E + \frac{D}{V} \times R_D \times (1-T_C) \tag{7.3}$$

식 (7.3)을 앞의 식 (7.2)와 비교하면 부채비용이 $(1-T_C)$의 비율로 감소하였음을 알 수 있다. 세금은 실질적으로 기업활동과 항상 함께 하는 것이기 때문에 통상 가중평균자본비용은 세금을 고려한 후의 것을 사용하여야 할 것이다.

*WACC*의 의미는 분명하다. 즉 *WACC*는 해당 기업이 현재의 기업가치를 유지하기 위하여 벌어야 하는 전체적인 수익률을 의미한다. 예를 들면 *WACC*는 기업이 기존의 업무를 확장투자하는 경우에 요구되는 수익률인 것이다. 즉 확장투자에 대한 결정에 있어서 미래 현금흐름을 할인할 때 이용되는 할인율이 바로 *WACC*이다. 다음에는 *WACC*를 구성하는 각 요소들의 비용에 대해서 살펴보기로 하자.

예제

한강기업은 현재 발행주식수가 140만주이다. 시장에서 주식의 가격은 2만원에 거래되고 있다. 또한 한강기업 부채의 시장가치는 50억인데 만기수익률은 11%이며, 무위험수익률은 8%이고 시장기대수익률은 15%라고 한다. 한강기업 주식의 β가 1.1이고 세율이 20%라고 할 때 한강기업의 *WACC*는 얼마인가?

여기서 우선 알아야 할 것은 자기자본비용과 부채비용이다. *WACC*는 자기자본비용과 부채비용의 가중평균이기 때문에 자기자본비중과 부채비중도 또한 필요하다. 우선 자기자본비용은 $R_E = 0.08 + 1.1 \times (0.15 - 0.08) = 0.157$, 즉 15.7%이다. 부채비용은 $11\% \times (1 - 0.2) = 8.8\%$이다. 자기자본의 시장가치는 140만주×2만원=280억원이다.

그러면 가중평균자본비용은 다음과 같이 계산한다.

$$\begin{aligned} WACC &= \frac{280\text{억}}{330\text{억}} \times 0.157 + \frac{50\text{억}}{330\text{억}} \times 0.088 \\ &= 14.65\% \end{aligned}$$

7.3 자기자본비용

자본비용의 계산에서 어려운 부문은 기업의 **자기자본비용**(cost of equity)을 찾아내는 것이다. 자기자본비용을 알아내는 것이 어려운 이유는 자기자본에 투자한 사람들의 요구수익률을 직접적으로 파악할 수 있는 방법이 없기 때문이다. 그러므로 자기자본비용은 추정에 의존할 수밖에 없게 된다. 여기서는 자기자본비용을 추정하는 두 가지 방법, 즉 배당을 이용한 모형과 증권시장선(*SML*)을 이용한 모형을 설명하고자 한다.

배당성장모형 접근법

배당성장모형(dividend growth model)은 주식의 가치평가에서 이용하였던 모델을 이용하는 방법으로서 자기자본비용을 추정하는 가장 간편한 방법이다. 주식의 가치평가에서 일정한 성장을 전제로 한 모형은 다음과 같이 표현되었다.

$$S_0 = \frac{D_1}{R-g}$$

위의 식에서 S_0는 주식가치, D_1은 다음 기의 배당, R은 주식의 요구수익률, 그리고 g는 배당성장률을 의미한다. 위의 식에서 R은 주식의 요구수익률을 나타내기 때문에 편의상 R_E로 표현하면 다음과 같다.

$$S_0 = \frac{D_1}{R_E-g}$$

여기서는 R_E가 구하고자 하는 변수이므로 R_E에 대하여 정리하면 다음과 같다. R_E는 주식의 요구수익률이기 때문에 자기자본의 비용으로 사용할 수 있는 것이다.

$$R_E = \frac{D_1}{S_0}+g \tag{7.4}$$

예제

자기자본비용 R_E를 구하기 위해서는 D_1, S_0, g와 같은 변수들의 값을 필요로 한다. $D_1 = D_0 \times (1+g)$이므로 D_0, S_0는 시장에서 직접 관찰이 가능한 변수들이고 쉽게 구할 수 있는 반면에 g는 추정에 의하여 구할 수 있는 변수이다.

예를 들어 동해회사가 작년도에 배당을 400원 하였다고 하고, 현재 동해회사의 주식가격을 6,000원이라고 가정하자. 배당이 매년 6%씩 성장한다면 동해회사의 자기자본비용은 얼마가 되는가?

$$\begin{aligned} D_1 &= D_0 \times (1+g) \\ &= 400 \times (1+0.06) \\ &= 424 \end{aligned}$$

그러므로 자기자본비용 R_E는 다음과 같다.

$$\begin{aligned} R_E &= \frac{D_1}{S_0} + g \\ &= \frac{424}{6{,}000} + 0.06 \\ &= 13.07\% \end{aligned}$$

성장률에 대한 구체적인 추정은 ① 과거의 성장률을 믿고 평균적인 성장률을 구하는 방식과 ② 전문가들의 성장률에 대한 추정치를 이용하는 방법에 의하여 구할 수 있다.

배당성장모형 접근법의 장단점: 배당성장모형을 이용한 방법의 장점은 접근법이 단순하다는 것이다. 그러므로 이해하기 쉽고 또한 사용하기도 쉬운 측면이 있다. 물론 실제에 있어서는 문제점도 있으며 단점도 있다. 다음에는 성장모형의 문제점들을 살펴보기로 하자.

첫째, 배당성장모형은 배당을 지급하는 회사의 경우에만 적용될 수 있는 모형이다. 배당을 지불하지 않거나 일정한 성장률을 보여주지 않는 기업의 자본비용을 계산하는 데는 문제가 있다. 위의 예에서와 같이 일정한 성장률을 나타내는 기업은 실질적으로 많지 않다. 위의 성장모형이 적용되기 위해서는 적어도 안정적인 성장의 경우에만 적용될 수 있는 것이다.

둘째, 배당성장모형에서 계산되는 자기자본비용은 성장률의 차이에 따라 민감하게 변화하는 문제점이 있다. 성장률을 1% 높게 추정하게 되면 자기자본비용은 적어도 1% 이상으로 높게 계산되게 된다. 왜냐하면 성장률은 위의 식에서 g에 직접적인 영향을 미칠 뿐만 아니라 D_1도 높게 계산되기 때문이다.

셋째, 배당성장모형 접근법은 투자의 위험정도를 명시적으로 고려하지 못하는 문제점이 있다. 예를 들어 배당의 성장률을 추정하는 경우에 확실성이라든지 혹은 불확실성의 정도를 감안하고 있지 못한 것이다. 물론 주식의 가격결정에 불확실성의 정도가 이미 어느 정도 반영되어 있기는 하지만, 배당성장모형 접근법은 위험의 정도를 명시적으로 반영하지 못하고 있는 것이다.

증권시장선(*SML*) 접근법

자본자산 가격결정모형(*CAPM*)을 설명할 때 증권시장선(*SML*)은 이미 설명하였다. 즉 요구수익률은 $E(R_E) = R_f + \beta_E [E(R_m) - R_f]$와 같이 결정된다. 즉 *SML*의 요구수익률은 다음의 세 가지 변수에 의하여 결정되는 것이다.

1) 무위험수익률 R_f
2) 시장의 기대수익률 $E(R_m)$
3) 자산의 체계적 위험수준 β_E

위에서 β_E는 물론 자기자본의 체계적 위험을 나타낸다. 배당성장모형에서와 마찬가지로 요구수익률의 기댓값이 자본비용이므로, 자기자본비용은 다음과 같이 나타낼 수 있다.

$$R_E = R_f + \beta_E [E(R_m) - R_f] \tag{7.5}$$

예제

*SML*접근법을 이용하기 위해서는 무위험수익률 R_f, 시장의 요구수익률 R_m, 그리고 자기자본의 체계적 위험수준인 β_E를 추정할 필요가 있다. 예를 들어 무위험수익률이 5%, 시장의 요구수익률이 10.0%, 주식에 대한 β_E가 1.20라고 하면 자기자본비용은 다음과 같이 계산된다.

$$\begin{aligned} R_E &= R_f + \beta_E [E(R_m) - R_f] \\ &= 0.05 + 1.2 \times (0.10 - 0.05) \\ &= 11\% \end{aligned}$$

***SML*접근법의 장단점:** *SML*접근법은 두 가지의 중요한 장점들을 가지고 있다. 첫째는 위험에 대해 명시적으로 고려한다는 사실이다. 두 번째 장점은 안정적인 배당을 시행하지 않는 기업의 경우에도 적용할 수 있다는 점이다. 그러므로 *SML*접근법은 다양한 경우에 사용될 수 있는 방법이다.

물론 *SML*접근법도 단점이 있다. *SML*은 시장요구수익률과 베타계수의 추정을 필요로 한다. 그러한 변수들의 추정치가 부정확할수록 자기자본비용도 부정확해지는 문제를 내포하고 있다. 예를 들어 시장의 요구수익률과 베타계수는 과거의 자료로부터 추정되는 것이 일반적인데, 과거 어느 기간의 자료를 이용하느냐에 따라 추정치가 달라질 수도 있는 것이다.

뿐만 아니라 추정치를 사용하는 모형들이 모두 갖고 있는 문제이기는 하지만,

미래의 예측을 위하여 과거 자료를 사용하는 문제점이 있다. 경제적 환경과 조건은 변화할 가능성이 항상 있기 때문에 과거의 자료로부터 미래의 변화를 예측하는 것은 한계가 있는 것이다. 그러므로 배당성장모형 접근법과 *SML*접근법을 사용하여 두 개의 결론이 비슷하다면, 그 결과는 상당한 신뢰도를 부여할 수 있을 것이다.

예제

서해기업의 β계수가 1.2라고 한다. 시장의 요구수익률이 14%, 무위험수익률은 6%라고 한다. 서해기업은 작년에 2,000원의 배당을 지불하였고, 배당은 매년 8%의 지속적인 성장이 예상된다고 한다. 서해기업의 주식은 현재 30,000원에 거래된다고 할 때 서해기업의 자기자본비용은 얼마인가?

우선 *SML*접근법을 사용하여 보자. 서해기업의 보통주에 대한 요구수익률은

$$\begin{aligned} R_E &= R_f + \beta_E [E(R_m) - R_f] \\ &= 0.06 + 1.2 \times (0.14 - 0.06) \\ &= 15.6\% \end{aligned}$$

배당성장모형 접근법을 이용하면

$$\begin{aligned} R_E &= D_1 / P_0 + g \\ &= 2{,}160/30{,}000 + 0.08 \\ &= 15.2\% \end{aligned}$$

서해기업의 자기자본비용은 과연 얼마인가? 위의 계산에서 알 수 있듯이 두 가지 방법이 모두 비슷한 결과를 보고한다. 이러한 경우에는 두 가지 방법의 평균을 구하여 그것을 자기자본비용으로 이용하는 것이 현실적인 방법일 것이다.

개념확인

1. 어떤 기업의 자기자본비용이 16%라는 것의 의미는 무엇인가?
2. 자기자본비용을 추정하는 두 가지 접근법은 무엇인가?

7.4 부채비용

기업들은 일반적으로 자기자본뿐만 아니라 부채도 사용하여 투자활동을 한다. 위에서는 자기자본비용을 측정하는 것을 설명하였는데, 여기서는 부채비용을 측정하는 문제를 살펴보기로 하자. 부채비용을 측정하는 것은 자기자본비용을 측정하는 것보다 여러 가지 면에서 쉬운 일인데, 기본적으로 부채비용은 직접적인 관찰을 통하여 측정할 수 있기 때문이다.

부채비용(cost of debt)은 기업의 채권자들이 부채에 대하여 요구하는 수익률이다. 원칙적으로는 기업의 부채에 대한 β를 구하여 자기자본비용을 구하듯이 *SML*을 이용하여 부채비용을 구할 수 있으나, 그러한 절차가 꼭 필요한 것은 아니다. 부채비용은 직간접적으로 관측이 가능하기 때문이다. 예를 들어 어떤 기업의 채권이 시장에서 거래되고 있는 경우에는 채권의 만기수익률로 기업의 부채에 대한 시장의 요구수익률인 부채비용으로 생각할 수 있다.

또한 기업의 채권에 대한 등급을 가지고 해당 신용등급에 따른 부채비용을 추정할 수 있다. 기업이 AA등급의 채권을 발행한다면 AA등급을 가진 채권의 수익률을 부채비용으로 이용할 수 있을 것이다. 그러므로 어떤 방식을 사용하든 부채의 β계수를 추정할 필요는 없다. 왜냐하면 부채비용은 추정이 아니라 관찰에 의하여 얻을 수 있기 때문이다.

그러나 부채비용을 구하는 데 있어서 주의할 점이 있다. 기업의 채권에 대한 표면이자(coupon rate)는 부채비용과 전혀 관련되지 않는다는 사실이다. 부채비용을 구하기 위해서는 현재 시점에서 시장에서 결정되는 수익률을 살펴보아야 한다.

예제

갑사회사는 8년 전에 표면이자율 7%, 만기 30년의 채권을 발행하였는데 현재는 액면가의 96%인 960만원에 거래되고 있다. 갑사회사의 부채비용은 얼마인가?

채권의 가치를 구하는 방식에 의하여 만기수익률을 계산할 필요가 있다. 채권의 가격이 액면가보다 낮은 가격으로 할인 거래되고 있기 때문에 채권의 수익률은 표면이자율인 7%보다는 높을 것이다. 표면이자의 지급을 연간으로 한다는 것을 가정하고 만기수익률을 구하면 7.37%에 달하는데 이것이 갑사회사의 부채비용에 해당하는 것이다.

개념확인

1. 부채비용은 어떻게 계산되는가?
2. 왜 채권의 표면이자율은 기업의 부채비용과 같다고 할 수 없는가?

7.5 부문별 자본비용

이미 살펴보았듯이 *WACC*는 제기된 투자대안이 기존의 기업활동과 유사한 경우에 할인율로 사용하는 것이 적절하다. 특히 기존 사업의 확장투자에 적용하는 것은 적절하다 할 것이다. 실제적으로 *WACC*는 상당히 광범위한 투자평가의 기준으로 사용될 수 있다.

예를 들면 호프집을 체인형태로 운영하는 회사가 새로운 호프집을 개설하는 경우라든지, 편의점 체인이 편의점을 추가 개설하고자 하는 경우에도 *WACC*는 사용될 수 있다. 물론 엄밀히 말하면 신설되는 점포의 위험수준이 기존의 다른 점포들과 동일하다고 볼 수 없을지는 모른다, 하지만 적어도 같은 정도의 위험계급에 속한다고 간주하는 것이 무리는 아닐 것이다.

*WACC*가 투자평가의 기준으로 상당히 유효하기는 하지만 새로운 투자대안이

기업의 전반적인 경영형태와 분명히 다른 경우도 있을 수 있다. 또한 기업들은 위험 정도가 서로 다른 부문들의 사업을 동시에 수행하는 경우도 있을 수 있다. 예를 들어 호프집 체인과 편의점 체인을 동시에 운영하는 기업의 부문별 자본비용의 문제를 어떻게 해결할 것인지를 생각해 보기로 하자.

위험수준이 다른 부문들

만약 계획한 투자의 성격이 기업 전체의 위험 정도와 상당히 다른 경우에는 *WACC*를 이용한 의사결정은 잘못될 가능성이 있다. [그림 7-1]은 *SML*을 이용하여 이러한 가능성을 설명하고 있다.

그림에서는 무위험수익률이 7%이고 시장수익률이 15%인 *SML*을 나타내고 있다. 설명을 단순하게 하기 위해서 자기자본 100%에 $\beta=1$인 기업을 생각해 보자. 이 회사의 자기자본비용은 15%이고, 부채가 없기 때문에 *WACC*도 15%이다. 이 회사가 모든 투자대안의 평가에 있어서 *WACC*를 사용한다고 가정하여 보자.

그림에서 보여주듯이 모든 형태의 투자에 *WACC*를 이용하는 것은 잘못된 결정

그림 7-1 *WACC*와 증권시장선

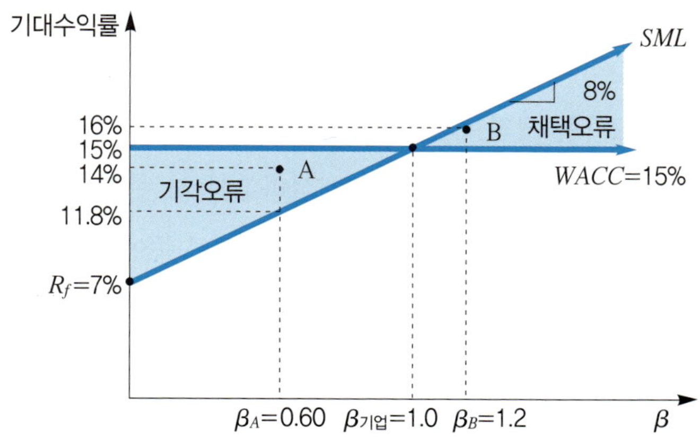

을 도출할 가능성이 있다. 왜냐하면 모든 투자대안이 기존 기업과 같은 위험계급에 속하는 것은 아니기 때문이다. 예를 들어 점 A에 대하여 생각해 보자. 기업 전체로서는 $\beta=1$이지만 투자대안 A는 0.6의 β를 갖고 있다. 기대수익률은 14%이다. 투자대안 A는 바람직한 것인가? 투자대안 A는 채택되어야 한다. 왜냐하면 A의 요구수익률은 11.8%이기 때문이다.

$$
\begin{aligned}
\text{요구수익률}_A &= R_f + \beta_A [E(R_m) - R_f] \\
&= 0.07 + 0.6 \times 0.08 \\
&= 11.8\%
\end{aligned}
$$

그러나 *WACC*를 의사결정의 기준으로 사용한다면 투자대안 A는 기각될 것이다. 왜냐하면 투자대안 A의 기대수익률 14%는 기업의 *WACC* 15%보다 낮기 때문이다. 이처럼 기업 전체의 위험보다 낮은 위험을 가진 투자대안은 그 자체로 바람직한 투자대안인 데도 불구하고 *WACC*보다 낮다는 이유로 기각되는 오류를 범할 가능성이 있는 것이다.

다른 측면을 살펴보도록 하자. B의 경우는 16%의 수익률이 기대되는데 16%는 기업의 *WACC*보다 높기 때문에, *WACC*를 기준으로 한다면 채택될 것이다. 그러나 B는 좋은 투자기회는 아니다. 왜냐하면 B는 그 자체의 β가 1.2이고, 그에 상응하는 요구수익률은 16.6%인데, 실제로 기대되는 수익률은 16%에 불과하기 때문이다.

위에서 지적한 바와 같은 문제점은 위험이 다른 여러 부문을 운영하는 기업의 경우에도 일어날 수 있다. 예를 들어, 공공성을 갖는 전력공급 사업과 시장의 변화에 민감한 전자제품 사업을 동시에 수행하는 어떤 기업을 생각해 보자. 전력공급 사업은 상당히 안정적인 사업으로 위험도가 낮은 반면에, 전자제품 사업은 시장의 변동에 민감하여 상대적으로 높은 위험을 갖는 특성이 있다. 경영진의 의사결정 기준이 기업의 전체 자본비용인 *WACC*라면 어떤 현상이 일어날 것인가?

앞에서 위험과 기대수익률의 관계에서 설명하였지만 위험도가 높은 사업부문은 상대적으로 높은 수익률을 제시할 가능성이 높고, 그러므로 전자부문의 투자대안이 채택될 가능성이 클 것이다. 상대적으로 낮은 수익률을 제공할 가능성이 높은 전력부문의 투자대안은 기각될 가능성이 큰 것이다.

결과적으로 절대적인 수익률이 떨어지는 부문의 투자는 점점 축소되고, 절대적인 수익률이 높은 부문의 투자는 점점 확대되는 경향을 보일 가능성이 높다. 하지만, 절대적인 수익률이 높은 것이 항상 높은 가치를 창출하는 것은 아니며, 절대적인 수익률이 낮은 것이 항상 낮은 가치를 실현하는 것은 아니다. 기대수익률은 그에 상응하는 위험에 대비해서 평가해야 정당한 가치에 대한 평가가 가능한 것이다. 절대적 수익률에 의한 투자대안의 평가는 경영진이 재무적 원리에 대한 기본적인 이해가 부족한 경우에 쉽게 발생할 수 있다.

위험수준의 적용

이제까지 기업이 *WACC*를 적절히 사용하지 못하는 경우에 발생할 수 있는 문제들을 살펴보았다. 그러면 신규 투자의 위험수준이 기업 전체의 위험수준과 다른 경우에 적절한 할인율을 찾는 방법은 무엇인가?

만약 신규 투자의 β를 알 수 있다면, 해당 β를 이용하여 요구수익률을 구하고 그것을 할인율로 이용하면 될 것이다. 그러나 신규 투자라는 것은 말 그대로 새로운 것이기 때문에 투자계획의 β를 직접적으로 관찰할 수는 없다. 그러므로 외부에서 유사한 투자들을 살펴보고 그러한 투자들의 요구수익률을 살펴서 투자대안 결정의 기준으로 삼아야 할 것이다.

만약 전혀 새로운 사업부문에 진출하고자 한다면, 이미 그러한 사업을 영위하고 있는 기업을 찾아서 적절한 자본비용을 계산할 수도 있다. 통상 특정 분야의 사업만을 영위하는 기업을 순수게임기업(pure play business)이라고 하는데, 신규 투자대안과 동일한 사업을 영위하는 순수게임기업을 찾아서 참고로 하는 방법이기 때문에 순수

게임 접근법이라고 부른다.

위의 경우처럼 외부적으로 참고할 만한 자료들이 있다면 다행한 일일 것이다. 현실적으로는 객관적인 자료를 이용하여 자본비용을 결정하는 것이 어려운 경우가 종종 있기 때문에, 어떤 기업들은 *WACC*를 기본으로 주관적인 조정을 거친 후에 의사결정을 하는 경우가 있다. 예를 들어 전체적인 기업의 *WACC*가 14%라고 할 때 투자대안들을 다음과 같이 분류하여 자본비용을 결정할 수도 있다.

투자결정 기준 할인율

구 분	예	조정요인	할 인 율
고 위 험	신 상 품	+ 6 %	20 %
평균위험	비용절감투자 기존 생산 확장투자	+ 0 %	14 %
저 위 험	기존 설비의 교체	− 4 %	10 %
의무투자	오염방지설비 등	해당 없음	해당 없음

위와 같은 주관적 방식을 채택하는 기업은 투자의 구분을 위험수준에 따른 3단계와 의무적인 투자의 4가지로 구분하고, 그에 따른 자본비용을 사전에 설정해서 의사결정의 기준으로 사용하는 것이다. 의무투자의 경우는 자본비용이 실질적으로 의미가 없다. 왜냐하면 의무투자는 법률 등의 규정에 의하여 의무적으로 수행해야 하기 때문이다. 주관적인 자본비용은 경제 상황의 변화에 따라 *WACC*가 변하고, 신규투자 자본비용도 함께 조정된다.

위의 예에서는 투자대안들의 위험수준을 3단계로 구분할 수 있다는 것을 가정하고 있는데, 단일 *WACC*를 이용하는 경우보다 적기는 하지만 오류의 가능성은 여전히 존재한다. [그림 7-2]를 살펴보도록 하자. A의 경우는 *WACC*를 사용하면 채택되지만 고위험으로 구분한 주관적 접근에서는 기각될 것이다. 물론 A의 위험수준을 적절히 반영할 경우 A는 기각되어야 한다. 왜냐하면 A의 기대수익률이 시장의 요구수익률에 못 미치기 때문이다. [그림 7-2]에서 색으로 채워진 부분은 주관적 분류에서

그림 7-2 주관적 접근법과 *SML*

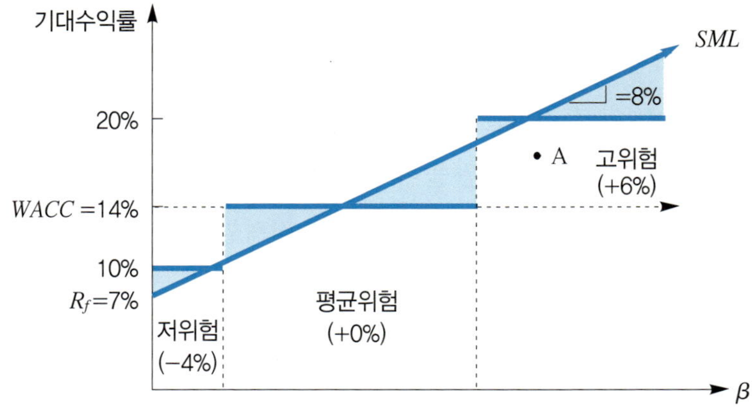

도 여전히 남는 오류의 가능성을 나타낸다.

[그림 7-2]가 설명하고자 하는 또 하나의 관점은, 비록 주관적인 것이라 할지라도 위험에 대하여 조정하는 것이 전혀 조정하지 않는 것보다는 우수하다는 사실이다. 즉 A는 위험에 대하여 조정하지 않고 *WACC*를 그대로 이용하는 경우에 채택되는 오류를 범하는 데 반해서 위험에 대하여 주관적이나마 조정하면 기각하는 올바른 결정을 내리기 때문이다.

원칙적으로는 각각의 투자대안에 대하여 객관적인 위험수준을 바탕으로 객관적인 요구수익률을 결정하는 것이 바람직하다. 왜냐하면 객관적이라는 말은 시장에서 결정되는 요인들을 사용하기 때문이다. 그러나 현실적인 입장에서 필요한 객관적인 정보의 수집이 불가능하거나 혹은 가능하다 하더라도 그러한 정보를 수집하고 분석하는 데 소요되는 비용과 노력이 과다할 경우에는 주관적인 위험의 조정도 가치 있다고 할 수 있다.

개념확인

1. 모든 투자대안을 *WACC*를 기준으로 평가하면 어떤 결과가 일어날 수 있는가?
2. 적절한 할인율을 결정하는 데 사용하는 순수게임 접근법은 무엇인가?

7.6 요약 및 결론

자본비용은 투자에 따르는 요구수익률이며 적정할인율이다. 그러므로 자본비용은 투자와 연관된 기회비용이라고 할 수 있다. 자본비용에 있어서 중요한 개념은 자본비용이 투자 자체의 위험 정도에 따라서 결정된다는 사실이다. 즉 자본비용은 투자의 성격에 의해서 결정되어야 하는 것이지, 투자재원의 조달에 의해서 결정되는 것이 아니다. 자본비용은 투자대안의 위험을 반영한 것이어야 한다. 자본비용에서 가장 흔히 언급되는 것이 가중평균자본비용(*WACC*)이다. *WACC*는 가중평균자본비용으로서 기업 전체의 요구수익률이라고 해석될 수 있다. 또한 *WACC*는 비슷한 위험수준을 가진 현금흐름을 할인하는 데 적합한 할인율로 이해되기도 한다. 본 장에서는 *WACC*를 어떻게 계산해야 되는지, 그리고 그것이 투자분석에서 어떻게 이용될 수 있는지에 대하여 설명하였다.

또한 *WACC*를 적용하기에 적절치 않은 경우들이 있을 수 있다는 사실을 지적하고 *WACC*를 직접적으로 적용할 수 없는 경우의 대안들에 대하여 설명하였다. 예를 들면 순수게임 접근법이라든지, 심지어는 주관적인 판단이라 하더라도 위험을 고려하는 것은 그것을 고려하지 않는 경우보다 우월하다는 사실도 지적하였다. 또한 발행비용이 *NPV* 분석에서 어떻게 적용될 수 있는지에 대하여도 설명하였다.

확인학습

7.1 자기자본 비용의 계산

부산회사의 주식이 β가 0.9라고 가정하자. 시장 전체의 요구수익률은 15%이고 무위험수익률은 8%이다. 부산회사의 직전 연도 배당금은 1,800원이었는데 배당은 매년 7%의 성장률을 지속할 것으로 예측된다. 부산회사의 주식가격이 25,000원이라고 할 때 부산회사의 자기자본비용은 얼마가 되는가?

7.2 *WACC*의 계산

앞에서 예를 든 부산회사의 경우를 연장해 생각해 보자. 부산회사는 부채비율(부채/자기자본)을 0.5로 유지하는 재무정책을 갖고 있는데 부채의 비용이 세전 8%라고 하고 세율이 34%일 때 부산회사의 *WACC*는 얼마인가?

7.3 발행비용

위의 예에서 언급된 부산회사의 새로운 투자를 위하여 40억원의 자금을 필요로 하는데 자금은 외부에서 조달하고자 한다. 부산회사가 새로운 부채를 발행하는 경우에는 3%의 발행비용이 들고 주식을 발행하는 경우에는 12%의 발행비용이 든다. 발행비용을 감안하면 새로운 투자대안에 들어가는 금액은 얼마인가?

해답

7.1 자기자본비용을 계산하는 데는 *SML*접근법과 배당성장모형의 두 가지 접근법이 있다. 우선 *SML*접근법에 의하면

$$\begin{aligned} R_E &= R_f + \beta_E [E(R_m) - R_f] \\ &= 0.08 + 0.9 \times (0.15 - 0.08) \\ &= 14.3\% \end{aligned}$$

배당성장모형을 따르면 우선 다음 기의 배당은 $D_1 = D_0 \times (1+g) = 1{,}800 \times 1.07 =$ 1,926이 된다. 그러므로 요구수익률은

$$R_E = \frac{D_1}{P_0} + g$$

$$R_E = \frac{1{,}926}{25{,}000} + 0.07$$
$$= 14.7\%$$

두 접근법이 상당히 근접한 결과를 보여주기 때문에 평균을 구하는 것이 적당할 것이다. 그러면 부산회사의 자기자본비용은 약 14.5%에 해당한다.

7.2 부산회사가 목표로 하는 부채비율(부채/자기자본)이 0.5이기 때문에 부산회사는 부채 500원에 대하여 자기자본 1,000원을 유지하는 것이고 전체 자본 중에서 1/3을 부채로, 2/3를 자기자본으로 이용한다. 그러므로 부산회사의 *WACC*는

$$WACC = \frac{E}{V} \times R_E + \frac{D}{V} \times R_D \times (1 + T_C)$$
$$= \frac{2}{3} \times 0.145 + \frac{1}{3} \times 0.08 \times (1 - 0.34)$$
$$= 11.43\%$$

7.3 부산회사는 기업을 운영하는 데 자기자본뿐만 아니라 타인자본도 이용하기 때문에 우선 가중평균발행비용을 구하여야 한다. 앞의 문제에서와 마찬가지로 자기자본의 비중은 2/3이고 타인자본의 비중은 1/3이다. 즉 발행비용의 가중평균은

$$f_A = \frac{E}{V} \times f_E + \frac{D}{V} \times f_D$$
$$= \frac{2}{3} \times 0.12 + \frac{1}{3} \times 0.03$$
$$= 9\%$$

부산회사가 40억원이 필요하다면 발행비용을 감안할 때 40억원/(1−0.09)=43억 96백만원을 발행해야 하기 때문에 실제로 새로운 투자에 들어가는 금액은 43억 96백만원이 되는 것이다.

연습문제

7.1 자본비용의 개념은 무엇인가? 자본비용이 장기적인 투자결정에서 하는 역할은 무엇인가? 특정 자본비용을 사용하지 않고 *WACC*를 사용하는 이유는 무엇인가?

7.2 기업의 경영자가 '이번 투자안은 부채를 동원하여 수행할 것이므로 투자안의 수익률은 부채의 조달비용보다는 높아야 할 것이다'라고 말했다. 재무관리자로서 당신은 어떻게 설명할 것인가?

7.3 내부 자금도 추가적인 주식발행과 마찬가지로 주주들의 재산을 투자하는 것이다. 그런데 내부의 잉여금에 의한 투자비용은 신규발행에 의한 비용보다 낮은 것으로 인식되는 경향이 있는데, 그 이유를 어떻게 설명할 것인가?

7.4 마산기업의 지난해 부채비용은 10%였다. 10% 중에서 7%는 무위험수익률 부분에 해당되고, 2%와 1%는 각각 영업위험과 재무위험에 대한 프리미엄으로 생각된다. 마산기업은 현재 장기부채를 조달하려고 한다.

a. 기업의 영업위험과 재무위험이 작년과 동일하고 무위험증권에 대한 시장수익률 이 8%로 변했다면 기업은 장기부채에 대해서 얼마의 비용을 지불해야 할 것인가?

b. 마산기업이 부채를 추가적으로 조달하면 재무위험이 3%로 상승할 가능성이 있는데, 이 경우에 조달비용은 얼마가 되나?

7.5 울산기업은 투자결정에 대하여 분석하고 있는 중이다. 지난달에 두 개의 프로젝트 A와 B에 대하여 분석하였다. *IRR*을 기준으로 분석한 결과가 다음의 표에 나타나 있다.

변 수	A	B
비 용	₩64,000	₩58,000
기 간	15년	15년
IRR	8%	15%
최저비용조달원천	부 채	자기자본
비 용	7%	16%
의사결정	채 택	기 각
이 유	*IRR*(85%)>7%	*IRR*(15%)<16%

a. 울산기업의 의사결정과정을 평가하고, A의 채택과 B의 기각이 기업소유주의 이익을 대변하지 못하는 이유는 무엇인가?

b. 기업의 목표자본구조가 40%의 부채와 60%의 자기자본이라면 W기업의 *WACC*는 얼마인가?

c. 기업의 *WACC*를 기준으로 한다면 의사결정은 어떻게 될 것인가?

d. 위의 결과들로부터 당신은 어떤 결정을 추천할 것인가? 설명하라.

7.6 대전기업의 경영자가 여러 가지 자본의 비용과 기업의 종합적인 자본비용에 대하여 설명할 것을 재무관리자에게 요청하였다. 종합적인 자본비용인 *WACC*는 기업의 자본구조와 연결되는데, 대전기업은 장기부채 40%, 우선주 10%, 그리고 보통주 50%를 유지하려고 한다. 기업의 세율은 40%이다.

부 채 : 기업은 10년 만기의 액면가 100만원, 표면금리 10%짜리를 98만원에 발행할 수 있다. 또한 부채를 발행하는 데 소요되는 발행비용은 3%라고 한다.

우선주 : 우선주는 8%의 고정배당을 지급하는데, 액면가 10,000원짜리가 6,500원에 판매되고 있다. 우선주 발행을 위해서는 주당 200원의 비용이 소요된다.

보통주 : 대전기업의 보통주는 현재 5,000원에 거래되고 있다. 1999년의 배당금은 400원이 될 것으로 예상된다. 배당금은 통상 주당순이익의 60%를 지급하였는데 과거의 배당자료는 다음과 같다.

연도	1994	1995	1996	1998
배당금	₩285	315	330	375

새로운 주식을 발행하게 되면 주식가격은 300원이 하락할 것으로 예상되고, 또한 기업은 주당 200원에 해당하는 주식발행비용을 부담하여야 한다. 배당금지급은 계속해서 주당순이익의 60%를 지급하려고 한다.

a. 조달원천에 따른 각각의 자본비용을 구하라.

b. 보통주에 해당되는 순이익이 7억원이라면, 이익잉여금을 모두 사용하고 부채와 우선주를 비중에 따라 유지한다고 할 때 조달할 수 있는 금액은 얼마인가?

c. b에서 결정된 투자액에 대한 자본비용을 구하라.

d. b보다 큰 금액의 투자에 소요되는 자본비용을 구하라.

7.7 나주기업은 20억원에 달하는 확장투자를 고려중이다. 확장투자는 연간 8억원의 세후 현금흐름을 영속적으로 제공할 것으로 예측되고 있다. 나주기업의 부채비용은 10%이고, 자기자본비용은 20%이다. 기업의 재무관리자인 김철수 씨는 다음의 두 가지 자금동원 방안을 고려중이다.

(1) 20억원을 10%의 발행수익률로 10년 만기 채권을 발행하는 방법, 발행비용은 전체 금액의 1%에 해당된다.

(2) 20억원을 보통주로 발행하는 방법, 발행비용은 전체 금액의 15%에 해당된다.

나주기업의 목표부채비율(부채/자기자본)은 200%이고, 확장투자는 기존의 사업과 같은 수준의 위험을 갖는다. 또한 나주기업의 세율은 40%이다.

김철수 씨는 경영진에게 확장투자를 채택하도록 권고하였다. 왜냐하면 부채조달이 비용이 싸고, 발행비용도 적게 들기 때문이다.

a. 김철수 씨의 결정은 옳은가?

b. 확장투자의 *NPV*는 얼마인가?

제4편

기업재무결정

제8장 자본구조와 배당정책
제9장 자본조달

제 8 장

자본구조와 배당정책

이제까지는 주로 기업의 투자결정에 대하여 설명하였는데, 기업의 자본구조를 포함한 재무결정은 주어진 것으로 간주하여 왔다. 그러나 대부분의 경우에 자본구조(capital structure) 결정은 기업의 선택에 관한 문제이다. 기업은 여러 가지 방법을 동원해서 자본구조를 바꿀 수 있는데, 자본구조를 바꾸는 행위를 자본구조의 구조조정(restructuring)이라고 부른다. 일반적으로 자본의 구조조정은 기업의 전체 자산은 변동시키지 않으면서 부채와 자기자본의 구성을 바꾸는 것을 말한다.

자본의 구조조정은 기업의 전체 자산규모를 변동시킬 필요가 없는 것이기 때문에 기업의 다른 활동들과 연계시키지 않고 수행할 수 있다. 즉 자본구조의 문제는 투자정책과 독립적으로 생각할 수 있다는 것이다. 그러므로 본 장에서는 투자결정은 고려하지 않고 기업의 중요한 재무결정인 자본구조와 배당정책의 문제만을 다루고자 한다.

자본구조와 배당정책이 관심의 대상이 되는 이유는 이러한 재무결정들이 기업가치와 자본비용에 영향을 미칠 가능성이 있기 때문이다. 재무결정에 영향을 미치는 여러 가지 요인들에 대하여 살펴보는 것은 어려운 문제는 아니다. 하지만 재무결정에 영향을 미치는 요인들은 구체적으로 측정하는 데는 어려움이 따른다.

8.1 재무레버리지 효과

기업의 재무결정은 어떻게 해야 하는가? 재무관리의 다른 모든 결정들과 마찬가지로 재무결정의 문제는 기업가치의 극대화를 기본 원칙으로 전제한다. 기업가치의 극대화는 실질적으로 시장에서 결정되기 때문에, 시장에서 결정되는 시장가치를 기준으로 재무결정의 문제를 접근해야 한다.

재무레버리지(financial leverage)는 기업이 부채에 의존하는 정도를 의미한다. 기업이 자본구조에서 부채에 의존하는 정도가 클수록 재무레버리지는 높은 것이다. 여기서는 우선 재무레버리지가 주주들에게 어떤 영향을 미치는지를 설명하고자 한다.

재무레버리지의 영향

재무레버리지가 주주들에게 어떻게 영향을 미치는지를 살펴보도록 하자. 우선 세금을 제외하고 편의상 **주당순이익**(Earnings Per Share 재무: *EPS*)과 **자기자본이익률**(Return On Equity: *ROE*)을 가지고 설명하기로 하자.

백두기업은 현재 자본구조에서 부채를 사용하지 않고 있다. 백두기업의 재무담당자는 부채를 동원하여 그 자금을 가지고 자기자본을 감소시키는 형태의 구조조정을 계획하고 있다. 다음의 표는 현행 자본구조와 계획 자본구조를 나타내고 있다.

표에서 보듯이 기업의 전체 자산은 8,000원이고 400주의 발행주식이 있으며 주식은 20원에 거래되고 있다. 계획에 의하면 백두기업은 4,000원의 부채를 동원하여 200주의 주식을 매입하고 발행주식수를 200주로 감축하려고 한다. 부채에 대하여는 10%의 이자를 지급하기로 하였다.

구조조정이 이루어지면 백두기업은 부채와 자기자본이 50 : 50으로 되어 부채

지본구조 조정계획

	현 행	계 획
총 자 산	₩8,000	₩8,000
부 채	0	4,000
자기자본	8,000	4,000
부채비율	0%	100%
주식가격	20	20
발행주식수	400주	200주
이 자 율	10%	10%

비율(부채/자기자본)은 100%가 될 것이다. 주식가격은 20원으로 변하지 않는다고 가정하자.

재무레버리지와 수익률

다음의 표들은 자본구조 조정 전후의 레버리지와 수익률에 대한 가능성들을 보여준다. 여기서는 재무레버리지의 효과만을 설명하기 위해서 기업의 일상적인 영업활동은 동일한 것으로 전제한다. 그러므로 표에서는 영업이익은 구조조정 전후에 일정한 것으로 나타나고 있다.

표에서 보여주고 있는 사실은 동일한 영업활동하에서도 자본구조의 변화에 따라서 자기자본이익률과 주당순이익은 변할 수 있다는 것이다. 자기자본이익률과 주당순이익이 변하는 방향이나 정도는 기업의 영업활동이 호황이냐 아니면 불황이냐에 따라 달라질 것이지만, 재무레버리지가 증가함에 따라서 호황일 경우에는 자기자본이익률과 주당순이익이 증가하고, 불황일 경우에는 자기자본이익률과 주당순이익이 감소하게 된다.

재무레버리지와 수익률

	구조조정전		
	불 황	보 통	호 황
영업이익	₩500	₩1,000	₩1,500
지급이자	0	0	0
순이익	500	1,000	1,500
자기자본이익률	6.25%	12.50%	18.75%
주당순이익	₩1.25	₩2.50	₩3.75

	구조조정후		
	불 황	보 통	호 황
영업이익	₩500	₩1,000	₩1,500
지급이자	400	400	400
순이익	100	600	1,100
자기자본이익률	2.50%	15.00%	27.5%
주당순이익	₩0.5	₩3.0	₩5.5

호황기의 예를 살펴보면 영업이익은 1,500원이 된다. 부채가 없는 경우에 순이익도 역시 1,500원이 된다. 이 경우에는 400주의 주식이 존재하므로 주당순이익은 1,500원/400주=3.75원이 된다. 자기자본이익률은 순이익을 총자기자본으로 나눈 것이므로 1,500원/8,000원=18.75%가 된다.

그러나 4,000원의 부채가 있는 경우에는 상황이 달라진다. 이자율이 10%이기 때문에 이자지급액은 400원에 달한다. 영업이익에서 지급이자 400원을 제하면 순이익은 1,100원이 남는다. 주당순이익(순이익/주식수)은 주식수가 400에서 200주로 줄었기 때문에 1,100원/200주=5.5원이 된다. 자기자본이익률(순이익/자기자본)은 자기자본이 4,000원으로 감소하였기 때문에 1,100원/4,000원=27.5%가 된다. 이러한 결과는 자기자본 100%의 경우보다는 상당히 높은 수준이다.

주당순이익과 영업이익

재무레버리지의 영향은 주당순이익과 자기자본이익률에 미치는 효과를 살펴보면 분명해진다. 특히 부채를 사용하는 재무구조에서는 주당순이익과 자기자본이익률의 변동성이 크게 증가한다. 재무레버리지가 주주들의 손익을 확대시키는 역할을 하기 때문에 재무레버리지효과를 **손익확대효과**라고도 부른다.

[그림 8-1]은 재무레버리지효과를 설명하고 있다. 그림의 Y축은 주당순이익을, 그리고 X축은 영업이익을 나타낸다. 자기자본만을 사용하는 경우에는 원점에서 출발하여 영업이익이 400원 증가하면 발행주식수가 400주이므로 주당순이익은 1원씩 증가한다.

다른 하나의 선은 자본구조 조정 후의 상황을 나타낸다. 부채를 사용하는 경우에는, 영업이익이 제로(0)인 경우에 주당순이익은 음(−)의 값을 갖는다. 왜냐하면 부채에 대한 지급이자는 영업이익이 전혀 없다고 하더라도 지급되어야 하기 때문이다. 영업이익이 전혀 없는 경우라도 400원의 지급이자가 지급되고 남아있는 주식수는

그림 8-1 재무레버리지 효과의 주당순이익과 영업이익

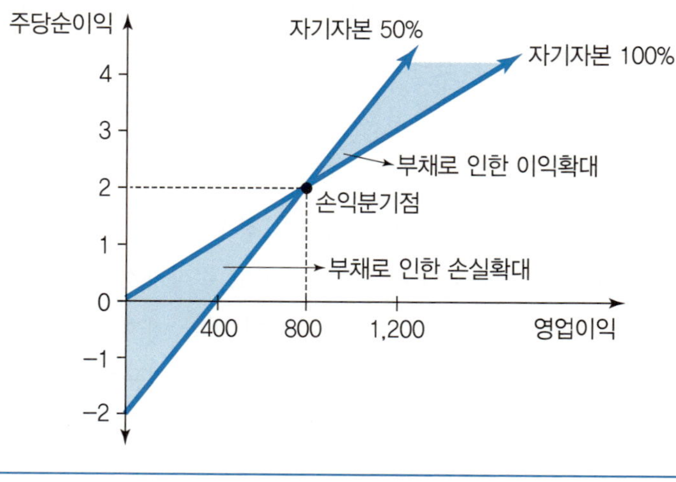

200주이므로 주당순이익은 -2원이 된다. 마찬가지로 영업이익이 400원이 되면 이자를 제외하고 남는 것이 없기 때문에 주당순이익은 제로(0)이 된다.

[그림 8-1]에서 살펴볼 첫 번째 관점은 부채를 사용하는 경우 직선의 기울기가 크다는 것이다. 즉 자기자본만을 사용하는 경우에는 영업이익이 400원 증가함에 따라서 주당순이익은 1원씩 증가하지만 총자산의 50%를 부채로 사용하는 경우에는 영업이익 400원의 증가는 주당순이익 2원의 증가를 가져오는 것이다. 재무레버리지를 이용하는 경우에 영업이익의 변화에 따른 주당순이익의 변화는 2배로 민감하게 변화한다.

또한 [그림 8-1]에서 살펴볼 두 번째 관점은 두 개의 직선이 교차한다는 점이다. 두 선이 교차하는 점에서는 두 종류의 자본구조가 모두 같은 주당순이익을 나타낸다. 이 점이 그림에서 손익분기점으로 표시되고 있는데 영업이익이 그 수준보다 크면 부채를 사용하는 것이 유리하며 영업이익이 그 수준보다 적으면 부채를 사용하지 않는 자본구조가 유리하다.

손익분기점을 다른 측면에서 살펴볼 수도 있다. 영업이익이 800원이 되는 경우에 손익분기점이 형성되는데 기업이 부채를 사용하지 않는다는 것을 전제로 영업이익 800원은 자기자본이익률이 10%가 되는 점이다. 즉 기업이 이자율과 동일한 정도의 수익률을 올리는 경우에는 자기자본 100%를 사용하는 경우나 부채를 사용하는 경우가 같은 결과를 가져오는 것이다.

예제 손익분기점 영업이익

청주기업은 자본구조를 변경하였다. 이제까지 청주기업은 부채를 사용하지 않는 자본구조를 갖고 있었다. 현행 발행주식수는 20만주이고 주식가격은 20,000원이다. 자본구조를 변경하면 부채는 10억원에 달할 것이고, 부채에 대한 이자율은 9%가 될 것으로 예상된다. 구조조정은 주당순이익을 증가시킬 것이라는 기대 때문에 실행될 예정인데 영업이익이 최소 얼마가 되어야 주당순이익을 증가시킬 수 있는가? 세금은 고려하지 않는다.

이 문제는 손익분기점이 되는 영업이익에 대하여 질문하고 있는 것이다. 손익분기점 이상의 영업이익 수준에서는 재무레버리지의 증가는 주당순이익을 증가시킬 것이기 때문이다. 100%의 자기자본을 갖는 구조에서는 주당순이익=(영업이익/발행주식수)로 계산된다. 새로운 자본구조에서는 연간 지급이자가 10억원×9%=90백만원에 달한다.

뿐만 아니라 부채발행에 의한 10억원의 자금으로 10억원/20,000원=50,000주의 주식을 소각시키면 150,000주의 주식이 남는다. 그러므로 부채발행의 경우에 주당순이익=(영업이익-90백만원)/150,000주가 된다. 손익분기점이 되기 위해서는 주당순이익이 같아야 하므로

$$\frac{\text{영업이익}}{200{,}000\text{주}} = \frac{\text{영업이익} - 90{,}000{,}000}{150{,}000\text{주}}$$

$$\text{영업이익} = 360{,}000{,}000\text{원}$$

영업이익이 360,000,000원인 경우에 주당순이익은 1,800원이 된다는 점을 확인해 보기 바란다. 청주기업이 자본구조를 구조조정한다는 말은 주당순이익이 1,800원보다 클 것으로 믿는다는 의미이다.

개념확인

1. 재무레버리지가 주주들에게 미치는 영향은 무엇인가?
2. 호황의 경우에는 어떤 재무레버리지가 바람직한가?

8.2 자본구조 무관련성

위의 재무레버리지에 대한 설명을 듣고 어떤 학생이 다음과 같은 결론을 내렸다고 생각해 보자.

1) 기업의 재무레버리지 효과는 회사의 영업이익에 따라서 다르게 나타난다. 영업이익이 상대적으로 높은 경우에 재무레버리지는 유익한 것이다.
2) 자본구조가 부채를 많이 사용하는 경우에는 영업이익의 변화에 따라 주당순이익과 자기자본이익률의 변동성이 커지기 때문에 주주들의 입장에서는 위험이 증가하는 것이다.
3) 재무레버리지는 주주들의 기대수익률과 위험도에 영향을 미치기 때문에 기업의 자본구조는 기업가치에 중대한 영향을 미친다.

위의 세 가지 결론 중에서 앞의 두 결론은 분명히 맞는 것이다. 그러면 마지막 결론도 역시 필연적으로 발생하는 것인가? 놀랍게도 세 번째 결론은 필연적인 것은 아니다.

앞으로 논의가 계속되겠지만 기업의 주주들은 자신이 스스로 자가부채를 통하여 재무레버리지 수준을 조정할 수 있기 때문에, 기업의 재무레버리지 수준에 제약받지 않는다. 즉 **자가레버리지**(homemade leverage)를 통하여 스스로의 레버리지를 조정할 수 있기 때문에 기업의 재무레버리지 수준은 중요하지 않을 수 있다는 의미이다.

자가레버리지는 주주 개인이 부채를 사용해서, 기업이 부채를 사용하는 것과 같은 효과를 나타내는 것을 말한다. 그러므로 어떤 특정 기업, 예를 들어 위에서 설명한 백두기업의 경우 부채를 사용하는 방식으로 자본구조 조정을 하지 않더라도, 주주 개인이 자가레버리지에 의해 같은 효과를 실현할 수 있기 때문에 기업의 자본구조 조정은 큰 의미가 없게 된다. 이것을 **자본구조의 무관련성**(capital structure irrelevance)이라고 한다.

M&M 가설 I : 자본구조의 무관련성

*M&M*가설은 Modiglioni와 Miller 교수가 발표한 논문에서 유래된 것이다.

*M&M*가설I은 당시에 상당히 획기적인 결론이었고, 재무관리의 개념을 새롭게 정립하는 계기가 되었다. 그래서 *M&M*의 논문은 현대 재무관리와 근대 재무관리를 구분하는 획기적인 논문으로 평가되기도 한다.

기업가치의 평가에 대해서 잠시 되돌아 보기로 하자. 가치평가의 근본모형에 따르면 가치는 '미래 현금흐름의 현재가치의 합'으로 결정된다. 그러므로 기업의 가치도 기업이 벌어들이는 미래 현금흐름의 현재가치의 합으로 결정될 것이다. 그런데 기업의 미래 현금흐름을 결정하는 것은 기업의 투자활동의 결과이다. 즉 기업의 가치는 투자활동에 따라 기업이 발생시키는 현금흐름에 의해서 결정된다는 의미이다.

*M&M*가설I을 설명하기 위해서 재무상태표의 왼쪽이 동일한 두 기업을 생각해보자. 즉 기업의 자산과 운영이 완전히 일치하고 단지 재무상태표의 오른쪽, 즉 자금의 조달방식만이 다른 두 기업을 상정해보는 것이다. 다시 말하면 기업의 투자활동이 동일한 기업들을 생각해보는 것이다.

이 경우에 기업의 전체 가치가 자금의 조달방식, 즉 자본구조에 의해서 변경되는 것은 아니다. [그림 8-2]에서 보는 바와 같이 자본구조는 기업가치를 각각의 지분에 따라 배분하는 역할을 수행한다. 즉 자기자본 대 타인자본 비율이 40:60인 A의 경우와 자기자본 대 타인자본의 비율이 60:40인 B의 경우는 배분의 비율이 그에 따

그림 8-2　자본구조의 파이모형

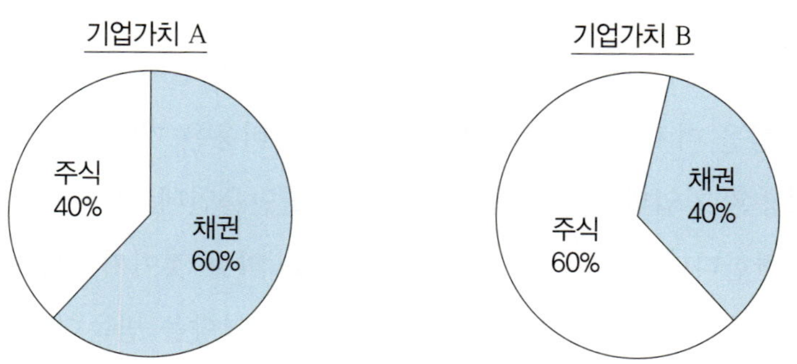

라 달라질 것이다. 하지만 그러한 자본구조의 차이가 파이의 크기를 결정하는 것은 아니다.

$$V_U = V_L \tag{8.1}$$

식에서 V_U는 부채가 없는 기업의 가치를, 그리고 V_L은 부채가 있는 기업의 가치를 의미한다. U기업과 L기업은 동일한 투자결정을 하는 기업이다. 즉 U기업과 L기업은 자본구조와 운영이 동일하고, 두 기업의 차이는 단지 부채가 없는 기업(unlevered)과 부채가 있는 기업(levered)이라는 점이다.

개념확인

1. 자가레버리지란 무엇인가?
2. 왜 기업의 자본구조는 무관련성을 갖는가?

8.3 자본구조와 자본비용

앞 절에서 살펴보았듯이 기업이 어느 정도의 부채를 사용하고 있느냐의 문제는 주주 개인들이 스스로 차입하든지 대출할 수 있기 때문에 특별한 고려의 대상이 되지 않는다. 결과적으로 앞에서 예로 든 기업이 어떤 자본구조를 갖느냐에 상관없이 기업가치는 동일할 것이다.

여기서는 기업이 자본구조를 바꾸는 것(부채비중을 늘이거나 줄이는 것)이 자본비용에 어떤 영향을 미치는지 살펴보기로 하자. 자본비용은 기업가치와 직결된다. 왜냐하면 자본비용은 기업의 현금흐름을 할인하는 할인율인데, 자본구조에 따라 기업의 자본비용이 변한다면 그것이 기업가치에 영향을 미칠 것이기 때문이다. 특히 기업 전체의 가중평균자본비용인 $WACC$가 자본구조에 영향을 받는다면, 자본구조는 기업가치에 영향을 미치게 된다.

*WACC*는 기업의 전반적인 현금흐름을 할인하는 할인율이다. 가치는 할인율과는 반대방향으로 움직이기 때문에 *WACC*를 최소화하는 것은, 기업의 미래 현금흐름의 현재가치를 최대화하는 것이며, 결과적으로 기업가치를 최대화하게 된다.

그러므로 최선의 자본구조는 *WACC*를 최소화할 수 있는 자본구조일 것이다. 만약 자본구조의 변화가 *WACC*를 감소시킬 수 있다면 그러한 변화는 바람직한 것이다. 결국 **최적자본구조**(optimal capital structure)는 자본비용인 *WACC*를 최소화시키는 것인 동시에 기업가치를 극대화시키는 자본구조를 의미한다. 최적자본구조는 경우에 따라서는 목표자본구조(target capital structure)로 불리기도 한다.

*M&M*가설 II : 자기자본비용과 재무레버리지

기업의 자본구조를 변경하는 자체가 기업가치를 변경시키지는 않으나, 부채나 자기자본에 중요한 영향을 미치는 것은 사실이다. 자본구조가 기업에 어떤 영향을 미치는지 자기자본비용과 부채비용을 중심으로 살펴보기로 하자.

*M&M*가설 II를 설명하기 위하여 잠시 세금에 대한 사항은 무시하기로 하자. 세금을 고려하지 않는 경우 기업의 가중평균자본비용 *WACC*는 다음과 같다.

$$WACC = \frac{E}{V} \times R_E + \frac{D}{V} \times R_D \tag{8.2}$$

*WACC*는 기업 전체 자산에 대한 요구수익률이라고 볼 수도 있는데 *WACC*를 기업 전체의 요구수익률인 R_A로 표현하면 다음과 같이 나타낼 수 있다.

$$R_A = WACC = \frac{E}{V} \times R_E + \frac{D}{V} \times R_D$$

위의 식을 자기자본비용인 R_E에 대하여 정리하면 다음과 같이 되는데, 이 식이 바로 유명한 *M&M*가설II이다.

그림 8-3 자기자본비용과 *WACC*: *M&M*가설II

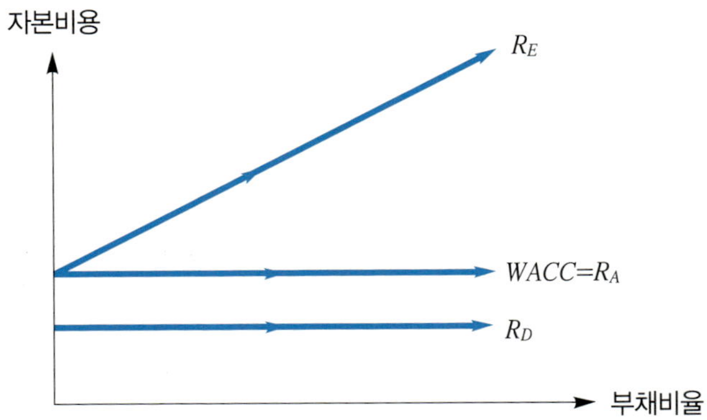

$$R_E = R_A + (R_A - R_D) \times \left(\frac{D}{E}\right) \tag{8.3}$$

*M&M*가설II에 의하면 자기자본비용은 세 가지 요소에 의하여 결정된다. 즉 ① 기업 전체 자산의 요구수익률인 R_A, ② 부채비용인 R_D, 그리고 ③ 기업의 부채비율인 $\frac{D}{E}$에 의하여 결정되는 것이다.

[그림 8-3]은 자기자본비용이 부채비율에 따라 변화하는 상황을 나타낸 것이다. 그림에서 보듯이 자기자본비용은 부채비율이 증가함에 따라 (R_A-R_D)의 비율로 증가하고 있다. Y축의 접점은 부채비율이 제로(0)인 경우를 나타내는데, 이 경우에는 자기자본비용은 기업 전체의 자본비용 R_A와 일치하게 된다. 부채의 증가에 따라 자기자본비용이 증가하는 것은 부채가 증가함에 따라 자기자본의 위험이 증가하고, 그에 따라 자기자본의 요구수익률인 R_E도 증가하기 때문이다.

또한 살펴보아야 할 것은 *WACC*가 부채비율의 변화에 영향을 받지 않는다는 점이다. 이것은 *M&M*가설I을 설명하기도 한다. 즉 *M&M*가설I은 다른 말로 표현하면 기업의 전체 자본비용인 *WACC*는 자본구조에 의해서 영향받지 않는다는 점이다. 그림에서 보듯이 부채비용이 낮아서 생기는 이득은 자기자본비용의 상승에 의해서 정확히 상쇄된다. 그리하여 기업의 전체 자본비용인 *WACC*는 변하지 않고, 기업가치도 변하지 않게 된다.

예제 자기자본비용

서해기업의 가중평균자본비용 *WACC*는 세금을 고려하지 않는 경우 12%이다. 서해기업은 8%에 부채를 사용할 수 있는데 서해기업의 목표자본구조가 자기자본 80%와 타인자본 20%일 경우에 자기자본비용은 얼마인가? 만약 회사가 50 : 50의 자본구조를 목표로 한다면 자기자본비용은 얼마가 되는가? 또한 *WACC*가 변하지 않는다는 것을 보여라.

*M&M*가설 II에 의하면 자기자본비용 R_E는 다음과 같다.

$$R_E = R_A + (R_A - R_D) \times \left(\frac{D}{E}\right)$$

그런데 부채비율 $\frac{D}{E} = \frac{0.2}{0.8} = \frac{1}{4}$이므로 자기자본비용은 다음과 같이 계산된다.

$$\begin{aligned} R_E &= 0.12 + (0.12 - 0.08) \times \left(\frac{1}{4}\right) \\ &= 13\% \end{aligned}$$

두 번째 경우는 자기자본 대 부채의 비중이 50:50이고 부채비율은 100%이다. 그러므로 자기자본비용은 $R_E = 0.12 + (0.12 - 0.08) \times 1 = 16\%$가 된다.

부채비율이 25%이고 자기자본비용이 13%인 경우에 *WACC*는 12%이다.

$$\begin{aligned} WACC &= \frac{E}{V} \times R_E + \frac{E}{V} \times R_D \\ &= 0.8 \times 0.13 + 0.2 \times 0.08 \\ &= 12\% \end{aligned}$$

두 번째는 부채비율이 100%이고 자기자본비용이 16%인 경우인데 가중평균자본비용 *WACC*는 역시 12%이다.

$$\begin{aligned} WACC &= 0.5 \times 0.16 + 0.5 \times 0.08 \\ &= 12\% \end{aligned}$$

즉, 자본구조가 바뀌어도 기업 전체의 자본비용인 *WACC*는 변하지 않는다.

개념확인

1. 최적자본구조는 무엇을 의미하는가?
2. *M&M* 가설 I은 무엇인가?
3. *WACC*와 기업가치의 관계는 무엇인가?
4. 부채의 증가와 자기자본비용의 관계는 무엇인가?

8.4 세금을 고려한 *M&M*가설 I과 II

이제까지의 *M&M*가설들은 부채의 성격 중에서 다음의 두 가지 성격을 감안하지 못한 것이었다. 즉 ① 부채 사용에 따른 지급이자는 비용으로 처리되고, 세금의 관점에서 보면 소득공제 혜택을 받는 성격을 갖고 있다. ② 부채 사용의 경우에 지급해야 하는 이자와 원금을 제때에 지급하지 못하면 기업은 파산에 직면한다는 사실이다. 이제 이러한 요인들을 고려하면서 *M&M*가설에 대하여 설명해 보기로 하자.

앞에서 언급한 부채의 두 가지 성격 중에서 첫 번째 것은 부채 사용에 따른 혜택인 반면에, 두 번째 것은 부채 사용에 따른 부담으로 작용한다. 부채의 이러한 성격들을 고려하면 자본구조에 관하여 다른 결론에 도달할지도 모른다. 그러므로 본 절에서는 세금을 고려하고 다음 절에서는 파산비용을 감안할 것이다.

우선 기업체에 대한 세금을 고려하는 경우에 *M&M*가설들이 어떻게 되는지 설명하고자 한다. 설명을 위하여 자산의 운영과 구조가 동일한 두 개의 기업 U와 L을 상정해 보자. U기업과 L기업의 차이점은 U(unlevered)기업은 부채가 없고 L(levered)기업은 부채가 있는 차이가 있을 뿐이다.

또한 두 기업은 모두 매년 1,000원의 영업이익이 계속될 것으로 기대된다고 가정하자. L기업은 원금 1,000원의 만기가 영속적인 영구채권을 연간 8%의 이자로 발행했다고 가정하자. 그러므로 L기업은 1,000원×0.08=80원을 매년 이자로 지급할 것이다. 또한 세금은 20%라고 가정하자. U기업과 L기업의 손익은 다음과 같다.

	U와 L의 손익	
	U기업	L기업
영업이익	₩1,000	₩1,000
− 지급이자	0	80
세전이익	1,000	920
− 세금(20%)	200	184
세후 순이익	800	736

이자지급에 따른 세금절감효과: 두 기업 U와 L의 전체 현금흐름은 영업이익에서 세금을 제외한 부분이다.

	현금흐름	
	U기업	L기업
영업이익	₩1,000	₩1,000
− 세 금	200	184
전체 현금흐름	800	816

기업 U와 L은 동일한 자산을 가지고 영업활동을 한다. 하지만 두 기업은 자본구조의 차이 때문에 결과적인 현금흐름이 달라지게 된다. 그 이유는 지급이자에 대한 세금공제 혜택 때문에 L기업의 최종적인 현금흐름이 더 커지는 것이다.

어떻게 해서 이러한 현상이 나타났는가를 살펴보기 위하여 자기자본의 소유주인 주주들과 채권자인 채권 소유자들에게 해당되는 현금흐름을 구분하여 보자.

	현금흐름지분	
	U기업	L기업
주 주	₩800	₩736
채권소유자	0	80
전체 현금흐름	800	816

결국 L기업의 전체 현금흐름이 U보다 16원이 크게 된다. 이러한 현상은 L이 U에 비하여 세금을 16원만큼 적게 내기 때문에 발생하는 것이다. 즉 지급이자가 세금

을 계산하는 과정에서 공제되기 때문에 지급이자에 세율을 곱한 만큼의 세금절감효과가 생긴다. L기업의 경우는 80원×0.2=16원의 세금이 줄어들게 되는데, 이것은 이자지급을 비용처리 하면서 발생하는 **세금절감효과**(interest tax shield)라고 한다.

세금과 *M&M*가설 I

앞에서 채권을 영구적인 것으로 가정하였기 때문에 16원에 달하는 L기업의 추가적인 현금흐름도 영속적인 것으로 볼 수 있을 것이다. 기업 L은 U에 비해서 매년 16원씩 영속적으로 높은 현금흐름을 가져오므로 L기업가치는 U기업가치보다 높을 것이며, L기업과 U기업의 가치의 차이는 세금의 혜택에 의한 현금흐름의 현재가치 만큼이 될 것이다.

세금혜택에 의한 현금흐름의 현재가치를 구하기 위해서는 할인율이 필요한데, 지급이자에 의한 현금흐름은 부채와 같은 위험을 갖는 것이고 부채비용인 8%가 적절한 할인율이 된다. 그러면 세금혜택의 가치는 200원이다.

$$PV_{\text{세금혜택}}=\frac{16}{0.08}=200\text{원}$$

위의 예에서 살펴보았듯이 세금혜택의 가치를 일반식으로 나타내면 다음과 같다. 식에서 T_C는 세율, R_D는 이자율, 그리고 D는 부채가치를 표시한다.

$$\text{세금혜택의 가치}=\frac{(T_C\times R_D\times D)}{R_D}=T_C\times D \tag{8.4}$$

그러므로 L기업의 가치는 U기업의 가치에 비하여 세금혜택의 현재가치만큼 크다. 결국 세금을 감안하면 *M&M*가설I은 다음과 같이 표현된다.

$$V_L=V_U+T_C\times D \tag{8.5}$$

[그림 8-4]는 부채차입의 효과를 보여주고 있다. Y축은 기업가치를 나타내고, X축은 부채의 크기를 나타낸다. 부채를 사용하지 않는 기업의 가치를 V_U로 표시하였는데 V_L과 V_U의 차이는 $T_C \times D$만큼이고 기울기는 T_C이다.

U기업의 자본비용이 10%라고 가정하자. U기업은 부채가 없기 때문에 10%는 무차입자본비용(unlevered cost of capital)이라고 부른다. 편의상 무차입자본비용을 R_A로 나타내기로 하자. 그러면 U기업의 현금흐름은 800원으로 영속적이다. 부채가 없기 때문에 U기업의 가치는 다음과 같다.

$$\begin{aligned} V_U &= \frac{\text{영업이익} \times (1-T_C)}{R_A} \\ &= \frac{800}{0.1} = 8{,}000\text{원} \end{aligned}$$

상대적으로 부채를 이용하는 기업 L의 가치는 다음과 같다.

$$\begin{aligned} V_L &= V_U + T_C \times D \\ &= 8{,}000 + 0.2 \times 1{,}000 = 8{,}200\text{원} \end{aligned}$$

그림 8-4 세금 고려한 *M&M* 가설 I

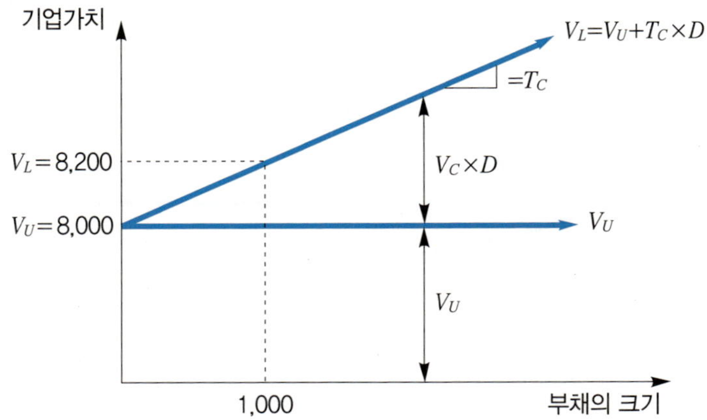

[그림 8-4]에서 보았듯이 L기업의 가치는 부채 1원에 대하여 0.2원씩 증가한다. 다시 말하면 부채의 단위당 *NPV*는 0.2원인 것이다. 세금을 감안하면 부채의 증가는 기업가치의 증가를 가져오는 것이고, 부채 사용에 대한 이익을 극대화하는 길은 부채를 극대화시키는 것이다.

세금을 감안하여 자본구조의 최적화를 생각하면 자본구조의 무관련성은 사라지고, 자본구조가 기업의 가치에 영향을 미친다는 결론을 얻는다. 그러나 이 결론은 논리적으로 상충되는 성격을 갖는다. 기업가치를 극대화시키기 위해서는 부채를 극대화시켜야 되고, 부채의 극대화는 총투자액의 100%를 부채로 사용하는 것인데, 이러한 기업은 존재하지 않는다. 만약 100% 부채기업이 있다면 채권자들은 채권자들이 아니고 기업의 주인인 주주들인 것이다.

세금, *WACC*, 가설Ⅱ

[그림 8-5]는 이제까지 설명한 자기자본비용과 부채비용이 *WACC*와 어떻게 연결되는지를 요약하여 보여주고 있다. 기업이 부채를 사용하지 않는 경우의 자본비용

그림 8-5 자기자본비용과 *WACC*: *M&M* 가설 Ⅰ과 Ⅱ(세후)

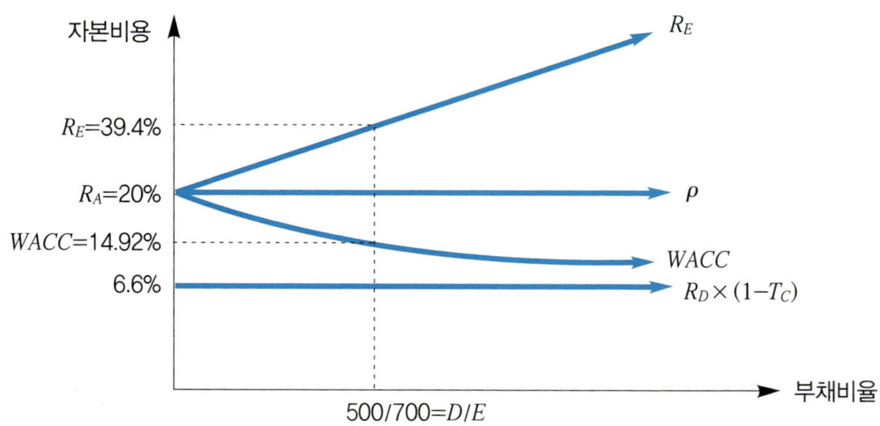

은 비교를 위하여 표시된 것이다. 부채비중이 증가하면 부채에 의한 이자감면효과가 증가하기 때문에 *WACC*는 감소하게 되고 기업의 가치는 상승하는 결과를 가져온다.

예제 자기자본비용과 기업가치

F회사의 경영자료는 다음과 같다.

$$\begin{aligned} \text{영업이익} &= 151.52\text{원} \\ T_C &= 0.34 \\ D &= 500\text{원} \\ R_A &= 0.20 \end{aligned}$$

타인자본비용이 10%일 때 F회사의 자기자본 가치는 얼마인가? F회사의 자기자본 비용은 얼마인가? F회사의 *WACC*는? 이 문제는 생각처럼 어려운 문제는 아니다. 모든 현금흐름을 영구현금의 형태로 생각할 때 부채가 없다고 가정하면 기업가치는 500원이 된다.

$$\begin{aligned} V_U &= \frac{\text{영업이익} \times (1 - T_C)}{R_A} \\ &= \frac{100}{0.2} = 500\text{원} \end{aligned}$$

세금을 감안한 *M&M*가설I에 의하면 부채를 사용한 기업의 가치는 세금혜택 때문에 670원이 된다.

$$\begin{aligned} V_L &= V_U + T_C \times D \\ &= 500 + 0.34 \times 500 \\ &= 670\text{원} \end{aligned}$$

위의 계산에 의하여 전체 기업가치는 670원이고 부채의 가치는 500원이므로 자기자본의 가치는 170원에 해당한다.

$$\begin{aligned} E &= V_L - D \\ &= 670 - 500 \\ &= 170\text{원} \end{aligned}$$

그러므로 세금을 감안한 *M&M*가설II에 의하면 자기자본비용은 다음과 같이 계산된다.

$$R_E = 0.20 + (0.20 - 0.10) \times \left(\frac{500}{170}\right) \times (1 - 0.34)$$
$$= 39.4\%$$

마지막으로 가중평균자본비용인 *WACC*는 다음과 같다.

$$WACC = \frac{E}{V} \times R_E + \frac{D}{V} \times R_D \times (1 - T_C)$$
$$= \left(\frac{170}{670}\right) \times 0.394 + \left(\frac{500}{670}\right) \times 0.1 \times (1 - 0.34)$$
$$= 14.92\%$$

위에서 계산하였듯이 F회사의 경우 부채를 사용할 때 $WACC(=14.92\%)$는 부채를 사용하지 않는 경우의 자본비용($\rho = 20\%$)보다 낮기 때문에 부채를 이용하는 것이 훨씬 유리하다.

개념확인

1. 세금을 고려하는 경우 부채 사용이 기업가치에 어떤 영향을 미치는가?
2. 세금효과만 고려한다면 최적자본구조는 어떻게 결정하여야 하는가?

8.5 파산비용

부채 이용에 따른 세금절감효과를 극대화시키지 못하는 이유 중의 하나는 **파산비용**(bankruptcy cost)이다. 부채비율이 증가함에 따라 기업이 채권자들에 대한 이자 및 원금을 상환하지 못하여 파산할 확률이 증가하게 된다. 개념적으로만 생각하면 자산가치가 부채가치와 같아지는 시점, 즉 자기자본 가치가 제로(0)가 되는 시점에서 파산이 발생하고, 소유권은 채권자에게 이전되기 때문에 채권자의 입장에서는 손실이 발생하는 것은 아니다.

그러나 현실적으로는 파산에 따른 여러 가지 비용이 발생하게 되며, 파산에 따른 비용의 발생이 세금절감에 따른 혜택을 상쇄하기 때문에 부채비중을 무작정 늘리지 못하는 것이다.

직접파산비용

기업의 자산가치가 부채와 동일하게 되면 자기자본의 가치는 제로(0)가 되고, 기업은 경제적 의미에서 파산을 맞게 된다. 그러나 현실적인 파산은 경제적인 측면뿐만 아니라 법률적으로 결정되는 것이며, 이러한 과정에서 법률적이고 행정적인 비용이 발생하게 된다. 이러한 법률적, 행정적 과정에서 발생하는 비용이 파산에 따른 직접비용인 것이다.

부채를 사용하는 경우에 발생할 수 있는 직접파산비용은 부채의 증가를 억제시키는 역할을 한다. 직접파산비용은 기업가치의 일정 부분을 소모하기 때문에 파산에 따른 일종의 비용을 지급하는 것과 마찬가지이다. 그러므로 기업의 입장에서는 부채사용에 따른 상반관계가 발생하게 된다. 즉 부채의 증가는 세금절감효과가 있으나, 부채가 증가할수록 파산의 가능성이 커져서 파산비용이 증가하는 것이다.

간접파산비용

기업의 입장에서 파산을 하는 것은 커다란 손실이므로 기업들은 파산을 피하기 위하여 여러 가지 노력을 할 것이다. 또한 기업이 부채에 대한 원금과 이자를 상환하는 데 문제가 발생하면 재무적 곤란(financial distress)에 처하게 된다. 재무적 곤란상태에 빠진 기업들 중에는 결국 파산에 이르는 경우도 있지만 일부 기업들은 여러 가지 방법을 동원하여 생존을 유지하게 될 수도 있다.

재무적 곤란에 처했을 때 파산을 피하기 위해서는 여러 가지 비용이 들어가는데 이것이 **간접파산비용**(indirect bankruptcy costs)이다. **재무곤란비용**(financial distress costs)은 재무곤란기업이 파산과 관련하여 경험하는 직접 혹은 간접의 모든 비용을 포함한다.

재무곤란의 경우에 기업은 여러 가지 심각한 문제들을 경험하게 된다. 기업이 법률적으로 파산하기 전에 경영권은 주주들에게 있기 때문에, 주주들은 파산을 피하기 위한 노력을 기울일 것이다. 반면에 채권자들은 우선적인 관심이 자산가치의 보존에 있기 때문에, 기업이 파산에 직면하게 되면 더이상의 자산가치 손실을 방지하기 위하여 주주들을 배제시키려 노력할 것이다.

이러한 주주와 채권자들의 다툼과정에서 장기적이고 소모적인 법률적 과정이 개입될 가능성이 있다. 법률적 과정이 진행되는 동안에 경영자들은 기업의 운영보다는 파산을 회피하는 데 신경을 쓰게 되고, 기업의 가치는 점점 줄어들 가능성이 크다. 기업의 정상적인 운영이 저해되고, 매출은 감소할 것이며, 능력 있는 직원들이 떠나고, 현금유동성을 확실하게 하기 위해서 투자가치가 있는 계획들도 취소될 가능성이 있다.

위에 언급한 것들이 모두 파산의 간접비용에 해당된다. 기업이 결과적으로 파산하지 않더라도 부채 사용 때문에 가치감소를 경험할 것이다. 부채가 증가할수록 이런 비용이 발생할 가능성이 커지기 때문에 기업이 선택하는 부채의 규모는 제약되게 된다.

개념확인

1. 직접파산비용은 무엇인가?
2. 간접파산비용은 무엇인가?

8.6 최적자본구조

앞 절에서는 **최적자본구조**(optimal capital structure)에 대한 기본적인 요인들에 대하여 설명하였다. 기업은 부채를 이용하는 경우에 지급이자에 대한 세금절감효과를 얻는다. 부채 규모가 작은 경우에는 파산과 재무곤란의 가능성보다는 부채 사용에 의한 이익인 세금절감효과가 우세하고, 부채비율이 점차 높아지면 재무곤란의 가능성이 증가하여 부채 사용의 부작용이 이익을 초과하게 될 것이다. 그러므로 최적자본구조의 문제는 부채 사용에 대한 이익과 비용의 상호관계로서 결정될 것이다.

자본구조의 정태적 이론

위에서 설명한 자본구조이론이 **자본구조의 정태적 이론**(static theory of capital structure)이다. 자본구조의 정태적 이론은 최적자본구조가 부채에 의한 한계이익인

그림 8-6 최적자본구조와 기업가치

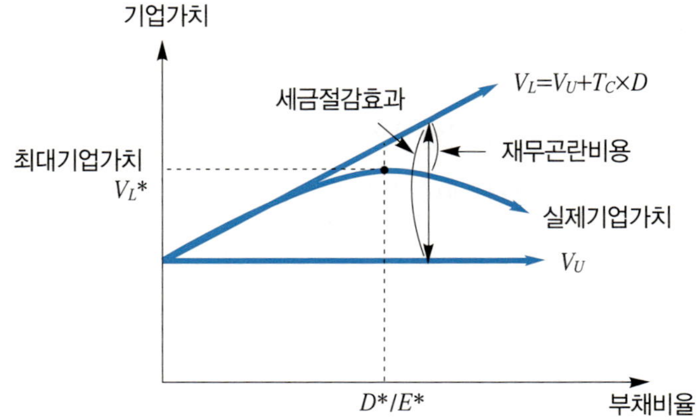

세금혜택이, 한계비용인 파산비용과 같아지는 점에서 결정된다는 이론이다. 여기서 정태적이라고 부르는 이유는 기업의 자산규모와 구조가 일정한 상태에서 부채비율의 변화만을 고려하기 때문이다.

[그림 8-6]은 기업가치와 부채비율의 관계를 표현한 것이다. [그림 8-6]은 세 가지 요소들을 보여주고 있다. 첫째는 세금을 고려하지 않은 *M&M*가설I을 보여주고 있다. *M&M*가설I에 의하면 기업가치는 자본구조에 영향받지 않는데 선 V_U가 그것을 보여주고 있다.

둘째 요소는 세금을 감안한 *M&M*가설I이다. 세금을 고려하면 부채를 사용한 기업 V_L의 가치는 부채의 증가에 따라 상승하게 된다. 이러한 두 가지 경우는 [그림 8-4]에서 본 바와 마찬가지이다.

다음으로 살펴볼 것이 자본구조의 정태적 이론에 관한 것이다. 기업의 가치는 부채의 증가에 따라 어느 정도까지는 상승하지만 어느 정도 이상으로 높아지면 하락하게 된다. 즉 (D^*/E^*) 점까지는 부채에 의한 세금절감효과가 우세하지만 (D^*/E^*) 점을 지나면 재무곤란에 의한 비용이 우세하기 때문에 기업의 가치는 하락하게 된다.

그러므로 정태적 이론이 제시하는 실제 기업가치와 세금을 고려한 *M&M*의 기업가치 V_L의 차이는 재무곤란의 가능성 때문에 상실하게 되는 기업가치의 부분이다.

최적자본구조와 자본비용

앞에서 이미 살펴보았듯이 기업가치를 극대화시키는 자본구조는 자본비용을 최소화시키는 자본구조와 동일한 개념이다. [그림 8-7]은 자본비용과 부채비율의 관계를 표시하고 있다.

[그림 8-7]은 [그림 8-5]와 유사한데 *WACC*선의 모양이 다르다. *WACC*선은 초기에는 하락하는데 이것은 정태적 이론에 의하면 *WACC*는 초기에 부채의 세금혜택 때문에 하락하다가, 어느 정도 이상이 되면 재무곤란비용 때문에 상승하기 시작한다.

그림 8-7 최적자본구조와 자본비용

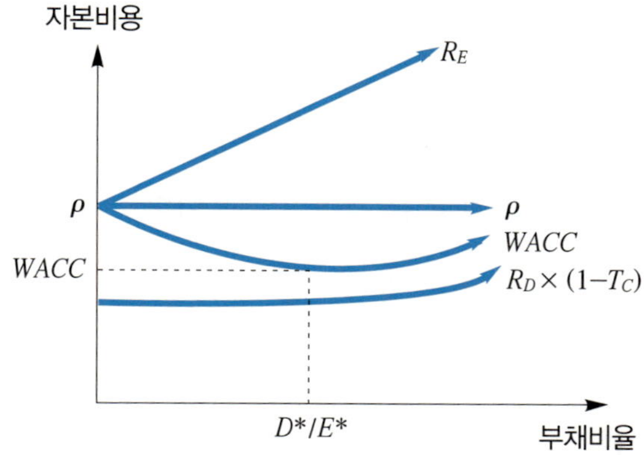

부채비율이 어느 정도 이상이 되면 부채비용도 증가하기 시작하고 재무곤란비용이 증가하여 *WACC*를 상승시키는 역할을 한다. 그 점이 바로 점 (D^*/E^*)이다.

자본구조: 실제 경영에의 응용

이제까지 자본구조의 결정에 대하여 설명하였으나 최적자본구조가 구체적으로 어떻게 결정되는지를 설명하지는 못하였다. 물론 자본구조 결정에 있어서 중요한 두 가지 요인, 즉 세금과 재무적 곤란에 대하여 설명하였고 그것들의 영향을 고려해야 하는 것은 분명하다. 최적자본구조를 구체적으로 설명하지 못하는 이유는 세금혜택과 재무곤란비용을 정확히 측정하기가 어렵기 때문이다.

세 금: 기업에 대한 세금혜택은 상대적으로 계산이 가능한 부분이다. 하지만 세금혜택도 세금을 지급하는 기업들에게만 중요한 요인이다. 만약 어떤 기업이 상당 기간 누적적으로 손실을 기록하고 있다면 그 기업은 세금혜택을 누릴 기회가 없을 것이다. 뿐만 아니라 감가상각 등과 같이 상당한 정도의 세금절감혜택을 이미

받고 있는 기업의 경우에도 부채에 의한 세금혜택은 큰 의미가 없을 수 있다.

또한 기업들은 사업의 종류에 따라 세율이 달라지는 경우도 있는데, 세금혜택은 기업에 적용되는 세율에 따라서도 달라질 수 있다. 높은 세율을 적용받는 기업의 경우는 부채를 상대적으로 많이 사용하는 것이 유리할 것이다. 기업에 대한 세율이 높은 경우에는 그에 따른 세금효과도 클 것이기 때문이다.

재무곤란의 경우: 어떤 기업이 재무곤란에 처할 가능성이 높으면 그러한 기업은 상대적으로 부채를 적게 사용하는 것이 유리할 것이다. 예를 들어 어떤 기업의 영업이익의 변동성이 상대적으로 큰 경우에 해당 기업은 부채를 적게 사용하는 게 좋다. 영업이익의 변동성이 큰 경우에는 재무곤란에 처할 가능성이 높기 때문이다.

또한 같은 정도의 재무곤란이라 하더라도 어떤 기업은 영향을 크게 받고 어떤 기업은 상대적으로 영향을 적게 받는 기업이 있을 수 있다. 재무곤란은 기업의 자산구조에 의해서도 영향을 받는다. 현금화되기 쉽고 유동성이 높은 자산을 많이 보유하는 기업은 재무곤란에 의해서 심각한 타격을 받지 않을 가능성이 높다. 그러므로 유동성 자산을 적게 보유한 기업은 부채를 적게 사용하는 경향을 보일 것이다.

개념확인

1. 정태적 자본구조이론을 설명하는 상충관계에 관하여 설명하라.
2. 자본구조 결정에 있어서 중요한 요인들은 무엇인가?

8.7 배당정책

투자자들에게 있어서 현금배당의 기댓값은 가치평가의 중요한 변수이다. 가치평가에서 설명했듯이 배당은 주식의 소유로부터 발생하는 궁극적인 현금흐름이다. 배당은 주주들에게 현금흐름을 제공할 뿐만 아니라 기업의 경영상태와 미래에 대한 정보도 제공한다. 또한 기업의 이익으로부터 배당으로 지급되지 않은 잉여금은 내부적 자금조달의 원천이기 때문에, 배당의 정도에 따라 외부자금조달의 필요성도 발생한다.

배당금 잔여이론

배당금에 관한 여러 이론 가운데 하나가 배당금은 유용한 투자기회를 수행하고 남은 잔여분이라는 이론이다. **배당금 잔여이론**(residual theory of dividends)에 의하면 기업의 배당에 관한 결정은 다음과 같은 과정을 거친다.

1) 기업은 우선 최적자본지출에 대하여 결정한다. 최적자본지출 즉 투자의 규모는 투자수익률과 한계자본비용이 만나는 점에서 결정될 것이다.
2) 투자액 중에서 목표자본구조에 따라 자기자본으로 조달해야 하는 금액을 산출한다.
3) 자기자본 투자는 잉여금에서 우선 지출한다. 잉여금이 투자에 필요한 자기자본보다 적을 경우에는, 주식발행을 통하여 자금을 조달한다.
4) 배당금은 잉여금에서 남은 잔여분으로 지급한다.

배당금 잔여이론에 따르면 투자에 필요한 자기자본 규모가 이익잉여금보다 큰 경우에 배당금은 지급되지 않는다. 즉 배당금 잔여이론은 이익잉여금의 여분이 있는 경우에 배당금이 지급될 것이라는 견해이다. 예를 들어 살펴보기로 하자.

예제

甲기업은 금번 회계연도에 1.8억원의 당기순이익이 발생하여 잉여금으로 축적할 것인지 배당금으로 지급할 것인지에 대하여 고려 중이다. 甲기업의 목표자본구조는 부채와 자기자본의 비중이 3 : 7이다.

[그림 8-8]은 투자기회 스케줄과 가중한계자본비용을 표시하고 있다. 각각의 투자스

그림 8-8 한계자본비용과 투자스케줄

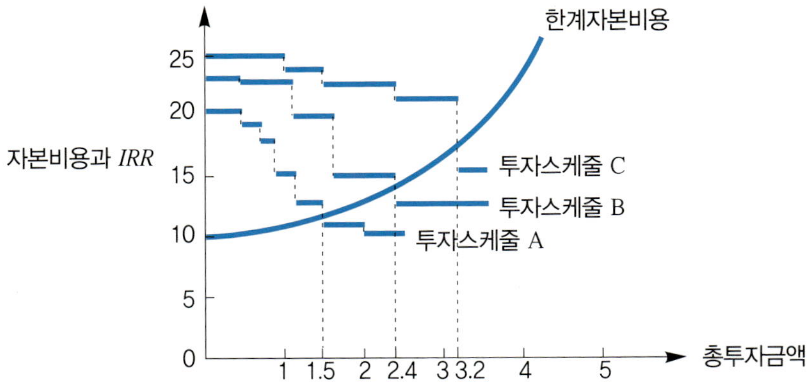

케줄에 대하여 가중한계자본비용과 만나는 점에서 전체적인 투자규모를 결정하게 된다. 투자계획에 대해서는 A의 투자규모가 1.5억원, 투자기회 B는 2.4억원, 그리고 투자기회 C는 3.2억원이다. 실제로는 하나의 투자스케줄만 있겠지만 잔여이론을 적용해 보기 위해서 여러 경우들을 생각해 보는 것이다.

스케줄 A의 경우에 기업은 1.8억원 중에서 1.05억원을 투자하고 0.75억원을 배당금으로 지급할 것이다. 즉 전체 이익의 41.7%를 배당금으로 지급하는 것이다. 투자스케줄 B의 경우에는 0.12억원이 배당금으로 지급되어 순이익의 6.7%가 지급될 것이다. 스케줄 C의 경우에는 배당금을 지급하지 않을 것이다. 스케줄 C의 경우에는 자기자본의 필요 금액이 이익잉여금보다 크기 때문에 추가적인 주식발행을 통하여 자금을 조달하게 될 것이다. 그러므로 투자계획에 따라서 나머지 부분이 배당금으로 설정된다는 설명이다.

甲기업의 투자기회와 배당금

	투자기회 스케줄		
	A	B	C
(1) 투자규모	1.5억	2.4억	3.2억
(2) 잉여금 규모(순익)	1.8억	1.8억	1.8억
(3) 자기자본 소요[(1)×0.7]	1.05억	1.68억	2.24억
(4) 배당금[(2)−(3)]	0.75억	0.12억	0억
(5) 배당성향[(4)÷2]	41.7%	6.7%	0%

배당정책의 무관련성

배당금 잔여이론은 기업의 가치가 배당정책과 관련이 없다는 **배당정책의 무관련성**(irrelevance of dividends policy)으로 연결된다. 배당정책의 무관련성은 *M&M*에 의해서 주장되었다. *M&M*에 따르면 기업의 가치는 투자결정에 의한 현금흐름에 의해서 결정되는 것이지, 어느 정도를 재투자하고 어느 정도를 배당금으로 지급하느냐의 정책적 구분에 의해서 결정되는 것은 아니라는 설명이다.

그러면 왜 기업들은 서로 다른 배당정책을 취하는 것일까? 기업들이 서로 다른 배당성향을 보이는 것을 설명하기 위해서 *M&M*은 **고객효과**(clientele effect)를 제시하였다. 즉 투자자들은 자신들의 배당선호에 맞는 기업들에 투자할 것이라는 설명이다.

현금배당을 선호하는 투자자들은 배당성향이 높은 기업에 투자할 것이고, 재투자 성향이 높은 투자자들은 배당성향이 낮은 기업에 투자할 것이다. 기업의 배당정책이 바뀐다면 바뀐 배당정책을 선호하는 투자자들을 흡수하는 것이지 기업가치에는 영향을 미치지 않는다는 설명이다.

그러나 현실적으로 배당을 증가시키는 경우에는 기업의 주식가치가 상승하는 것이 일반적인 현상이다. 이를 어떻게 설명할 것인가? 배당의 무관련성을 주장하는 *M&M*은 이것을 **배당의 정보효과**(informational effect of dividends)로 설명한다. 즉 배당의 증가는 미래의 수익력에 대한 긍정적인 정보를 전달하기 때문에 주식가격이 상승한다는 설명이다.

8.8 배당정책의 실제

배당정책의 관련성

배당정책의 관련성은 배당정책의 무관련성과는 달리 배당정책이 기업가치에 영향을 준다는 주장이다. 배당정책 관련성의 요점은 기업이 현금배당을 많이 하는 경우에는 투자자의 입장에서 현금을 받기 때문에 불확실성이 줄어들고, 불확실성의 감소는 현금흐름의 할인율을 축소시켜서 기업가치를 상승시킨다는 이론이다.

그러므로 배당정책의 관련성 주장은 투자자들이 현금배당을 선호하기 때문에 기업의 배당정책은 기업가치에 영향을 미친다는 것이다. 이러한 논리는 '**손안의 새**'(bird in hand)라는 주장으로 통상 불리는데. 투자자들은 불확실한 미래소득보다는 실현된 현금배당을 선호한다는 것이다. 즉 숲속의 많은 새보다는 손안에 있는 한 마리 새를 선호한다는 것이다.

실제에 있어서 재무담당자와 투자자들의 행동은 배당정책이 주식가격에 영향을 미치는 것처럼 보인다. 어떤 기업이 배당을 증가시킨다고 발표하면 해당 기업의 주식가격은 상승하는 현상을 보여준다. 그러므로 현실적으로 배당정책에 영향을 미치는 요인들에 대하여 살펴보도록 하자.

배당정책 결정에 고려할 요인들

배당정책에 대한 기본적인 유형들을 설명하기 전에 배당정책을 수립하는 데 고려해야 할 요인들을 살펴보기로 하자. 배당정책의 결정에 있어서는 법률적 제약, 계약에 의한 제약, 내부적 제약, 기업성장 전망, 주주들의 입장, 그리고 시장여건들을 고려해서 결정되는 경향이다.

법률적 및 계약에 의한 제약: 법률적 및 계약에 의한 제약으로는 채권자를 보호하기 위한 배당금의 제약을 생각할 수 있다. 통상 배당금의 지급은 당기이익의 범위 내에서 하도록 한정된다.

내부적 제약: 기업이 현금배당을 할 수 있는 능력은 여분의 유동성이 있을 경우에 가능하다. 기업이 차입에 의해서 배당금을 지급하는 경우도 있지만, 그것은 예외적인 상황이다. 왜냐하면 배당금이 과도하게 지급되면 채권자들이 불안해 할 가능성이 있기 때문이다. 기업은 순이익이 높은 경우에도 유동성의 부족 때문에 배당을 지급하지 못할 가능성이 있다.

기업성장 전망: 기업의 자금조달의 필요성은 앞으로 얼마나 확장을 할 것인가와 직접적으로 연결된다. 기업이 성장하는 단계에서는 자본적 지출을 위해서 모든 자금들이 필요할 것이다. 또한 성장하는 기업은 기존의 자산을 유지하고 개선하기 위해서도 자금이 필요하다. 성장하는 기업은 항상 자금이 필요하다.

기업은 외부적 자금동원 능력뿐만 아니라 그에 따르는 비용과 시간을 함께 고려해야만 한다. 일반적으로 규모가 크고 성숙한 기업은 새로운 자본을 구할 수 있지만 고성장의 기업은 필요한 재원을 충분히 확보하지 못하는 경우가 많다. 그러므로 성장기업의 경우에는 내부자금에 의존하는 비중이 높으며 상대적으로 배당을 적게 지급하는 경향을 보인다.

주주들에 대한 고려: 배당정책을 수립하는 데 고려해야 할 요점은 기업 소유주들의 부를 극대화시킨다는 점이다. 주주 각 개인의 부를 극대화시키는 정책을 수립하는 것은 불가능할지라도, 기업은 적어도 주주들 대다수의 부를 증대시키는 정책을 수립하여야 한다.

한 가지 고려해야 할 사항은 **세금에 대한 주주들의 입장**이다. 기업의 주주들이 부유한 사람들이 많아서 높은 세율을 지급하는 경우가 많다면 해당 기업은 배당금을 적게 지급하여 주주들의 세금부담을 경감시키는 것이 유리할 것이다. 즉 세율이 높은 주주들이 많으면 세금부담 때문에 현금배당에 대한 선호가 떨어질 것이다.

주주들의 입장에서 또 하나 고려해야 할 사항은 **주주들의 투자기회**이다. 기업은 주주들이 동일한 위험수준에서 스스로 얻을 수 있는 수익률보다 낮은 수익률을 제공하는 투자를 위해서 잉여금을 남겨 두어서는 안될 것이다. 주주들이 자체적으로 더 나은 투자기회를 얻을 수 있다면, 기업은 배당을 증가시켜서 주주들로 하여금 부를 증가시킬 수 있는 기회를 제공해야 한다.

주주들의 입장에서 마지막으로 고려할 사항은 **소유지분의 잠재적인 희석**이다. 기업이 높은 배당을 지급한다면 상대적으로 새로운 주식발행에 의한 자금조달의 필요성은 증가하게 된다. 추가적인 주식발행은 기존 주주들의 소유지분을 상대적으로 감소시키게 된다. 그러므로 높은 배당성향은 상대적으로 소유지분의 희석 가능성을 증가시킬 것이다.

시장에 대한 고려: 주주들의 부는 시장에서 주식가격으로 결정된다. 그러므로 배당정책에 대한 시장에서의 반응을 고려하는 것이 필요하다. 통상 주주들은 배당에 대해서는 상당히 안정적일 것으로 기대한다. 배당을 안정적이고 일정하게 지급하는 정책을 취하면 기업의 현금흐름은 상대적으로 낮은 요구수익률로 할인될 것이다. 할인율이 낮아지면 주식가치는 상승할 것이고 결과적으로 주주들의 부는 증가할 것이다.

마지막으로 시장에 대하여 생각해 볼 것은 배당이 정보전달의 기능을 수행한다는 사실이다. 투자자들은 배당금을 지급하는 행위를 기업의 성공적인 미래에 대한 신호로서 받아들이는 경향이 있다. 안정적이고 지속적인 배당지급은 기업이 건전한 상태이며 우려할 필요가 없는 것으로 인정될 가능성이 높다.

어떤 기업이 수익이 낮아서 배당을 지급하지 못한다면 시장의 참여자들은 부정적인 징후로 받아들일 가능성이 높다. 배당을 지급하지 않으면 기업의 미래에 대한 불확실성이 조성될 것이고 결과적으로 기업가치를 감소시키게 될 가능성이 높다.

배당정책의 유형

기업의 배당정책은 배당에 대한 기본적인 행동양식을 의미한다. 배당정책을 수립하는 경우에는 두 가지 목표를 기억해야 한다. 배당정책의 두 가지 목표는 소유주들의 부를 극대화시키는 것과 충분한 유동성의 공급이라는 두 가지 측면이다. 이 두 가지 목표는 서로 연결되어 있다.

여기서는 가장 통상적인 세 가지의 배당정책을 설명하는데 특정 기업의 실제적인 배당정책은 각 배당정책들의 부분적인 혼합일 가능성이 높다.

고정배당성향 정책: 고정배당성향 정책은 일정한 배당성향을 유지하는 것이다. 배당성향(dividend payout ratio)은 주당순이익에 대한 현금배당의 비중으로 계산된다. 즉 단위당 순익에 대한 현금배당 지급비율을 의미한다. 즉 고정배당성향 정책은 이익의 일정 비율을 배당금으로 지급하는 정책이다. 이 정책의 문제점은 기업의 순이익이 감소하면 배당이 적어진다는 점이다.

배당은 종종 기업의 미래 상태에 대한 지표로서 인식되기 때문에, 배당의 감소는 기업의 주식가치에 부정적인 영향을 미칠 가능성이 있다. 기업의 이익은 변동할 가능성이 크기 때문에 이익의 일정 부분을 배당하는 것은 배당의 변동성을 수반하게 된다. 그러므로 일부 기업들이 고정배당성향 정책을 채용하고는 있으나 추천할 만한 것은 아니다.

고정배당금 정책: 고정배당금 정책은 배당금액을 일정하게 유지하는 정책이다. 고정배당금 정책은 주주들에게 일정액의 배당금을 지급하여 기업의 건전성과

신뢰도를 상승시키고 불확실성을 감소시킨다. 이러한 배당정책을 사용하는 기업들이 배당을 증가시키는 경우에는 증액된 배당금을 유지할 수 있는 수익력이 뒷받침되는 것으로 인식되어 주식가격이 상승하는 것이 일반적이다. 또한 특별히 부정적인 사항이 없는 경우에는 배당을 감소시키는 정책을 사용하지 않는다.

고정배당금 정책을 사용하는 기업들은 목표한 배당성향에 근접한 배당금을 책정하는 경향이 있다. 이러한 정책 하에서는 이익이 어느 정도 변화하더라도 배당금을 일정하게 유지하여 전체적으로는 목표로 설정한 배당성향을 유지하는 것이다.

고정배당금과 추가배당 정책: 일부 기업들은 고정배당금 수준을 낮게 정하고 순이익이 높아지면 추가적인 배당을 지급하는 정책을 채택하기도 한다. 추가적인 배당은 고정적인 것이 아니고 상황에 따라 변할 수 있는 것으로 순이익이 순환적 변동성을 갖는 기업들이 사용하는 경향이 있다.

고정배당금을 지급하는 경우에는 기업은 투자자에게 안정적인 소득원을 제공하여 신뢰도를 제고할 수 있다. 추가적인 배당은 추가적인 이익에 대한 배분의 성격을 갖는다. 이러한 정책을 사용하는 기업은 장기적이고 안정적으로 이익이 증가하는 경우에 고정배당금을 증가시킨다. 또한 추가적인 배당금은 통상적인 것이 되어서는 의미가 없기 때문에 특별한 경우에만 지급하여야 한다. 고정배당금을 설정하는 경우에는 목표배당성향을 참고하는 것이 바람직하다.

8.9 배당의 특수형태

현금배당 이외에도 여러 형태의 배당이 가능하다. 여기서는 배당의 다른 형태인 주식배당과 주식분할에 대하여 논의하기로 한다.

주식배당

주식배당은 기존의 주주들에게 주식형태의 배당을 지급하는 것이다. 기업들은 현금배당을 보완하는 형태로 주식을 배당하는 경우가 있다. 주식배당은 통상 **무상주 배당**이라고 불리기도 한다. 주식배당은 그 자체가 실질적인 가치를 갖는 것은 아니고, 주주들의 입장에서는 단순히 주식수가 증가하는 것이다.

회계적 측면: 회계적 관점에서 주식배당의 지급은 자금의 사용이기보다는 자본계정 사이의 이동에 불과하다. 예를 들어 G기업이 10%의 주식배당을 지급하면 잉여금에서 액면가의 10%에 해당하는 금액이 보통주 계정으로 전환하게 된다. 즉 회계적 측면에서는 주식배당은 자기자본에 포함된 계정들 사이의 이동일 뿐이지, 전체 자기자본 금액이 변하는 것은 아니다.

주주의 입장: 주주는 주식배당에 의해서 실질적인 가치를 받는 것은 아니다. 주식배당 후에 전체 기업에 대한 지분은 변함이 없기 때문에 주식수가 증가한 것에 비례해서 주식가격은 하락할 것이다.

기업의 입장: 기업의 입장에서 주식배당은 실질적인 현금배당을 하지 않으면서도 배당절차에 따른 비용만 발생시키는 행위이다. 그러나 통상 주식배당의 이점이 주식배당에 따른 비용보다 큰 경우가 많다. 기업은 현금을 지급하지 않으면서 주주들에게 배당을 지급한다는 명분을 제공하는 것이다.

기업이 빠른 속도로 성장하는 경우에 내부자금을 투자재원으로 활용할 필요가 있기 때문에 통상 주식배당이 이용되는 경우가 많다. 투자자들이 주식배당에 의해서 조성된 내부자금의 사용처가 수익성이 있는 투자를 목적으로 한 것으로 판단한다면 주식가격은 하락하지 않겠으나, 내부자금의 사용처가 자금부족을 메우기 위한 것이라면 주식가치는 하락할 것이다.

주식분할

주식분할(stock splits)은 주식배당은 아니지만 실질적인 효과는 주식배당과 유사하다. 주식분할은 각 주주들이 소유한 주식수를 증가시켜서 주식가격을 낮추기 위해서 사용된다. 기업이 주식가격을 낮추면 시장에서의 활동성이 증가할 것이라고 여겨지는 경우에 주식분할을 이용한다.

주식가격이 높은 기업이 새로운 주식을 발행하기 전에 주식분할을 실시하면 주식의 시장성을 증가시키고 활동성을 자극할 수 있을 것이다. 주식분할은 기업의 자본구조에 영향을 미치지 않는다. 단지 주식수를 증가시키고 비례적으로 액면가를 낮추면 된다. 예를 들어 2 : 1의 주식분할은 구주 1에 대하여 신주 2로 교환하는 것이다.

주식분할은 어떤 형태로든 가능하다. 경우에 따라서는 역주식분할도 가능하다. 예를 들어 2 : 3 주식분할은 기존의 주식 3주에 대하여 신주식 2의 비율로 주식발행을 감소시키는 것을 의미하고 역주식분할(reverse stock split)은 주식가격이 아주 낮은 가격에 거래되어 싸구려라는 인상을 준다고 생각될 때 사용될 수 있다.

주식배당이나 주식분할 후에 시장에서는 주식가격이 상승하는 경우가 종종 발생한다. 이것은 주식배당이나 주식분할이 기업의 건전성과 성장성을 반영한다는 정보전달효과에 기인하는 것이다. 뿐만 아니라 주식배당과 주식분할 후에는 현금배당이 증가하는 경향을 보이기 때문에 주식가격을 상승시키는 요인으로 작용하는 것으로 생각할 수 있다.

8.10 요약 및 결론

최적자본구조라 불리는 자기자본과 부채의 이상적인 조합은 기업가치를 극대화시키고 전반적인 자본비용을 최소화시키는 자본구조이다. 세금, 재무곤란비용 등과 같은 것을 무시하고 시장의 불완전성을 무시하면 이상적인 자본구조라는 것은 존재하지 않는다. 즉 자본구조의 무관련성을 말하는 것이다.

세금효과를 감안하면 자본구조는 기업가치에 중요한 영향을 미친다. 이러한 결론은 지급이자가 세금공제효과가 있기 때문에, 세금절감에 의한 혜택으로 발생하는 것이다. 그러나 세금을 고려한 후에도 자본구조에 대한 만족한 결론을 얻지는 못한다. 왜냐하면 세금을 고려하면 부채를 100% 사용하는 것이 최선인데, 그러한 기업은 실제로 존재하지 않기 때문이다.

다음으로는 파산비용을 포함한 재무적 곤란을 도입하였다. 이러한 비용들이 부채사용의 매력을 감소시킨다. 재무적 곤란의 개념을 이용하면 최적자본구조는 부채에 의한 세금혜택의 한계이익이 부채에 의한 재무적 곤란의 한계비용과 같아지는 점에서 발생한다. 이것이 정태적 자본구조이론의 요체이다.

실제에 있어서 자본구조는 국민경제가 처한 상황에 따라서 다른 경향이 있다. 뿐만 아니라 자본구조는 산업의 성격에 따라서도 다른 경향을 보인다. 어쨌든 부채증가에 따른 레버리지의 증가는 기업 소유주의 입장에서 위험을 증폭시키는 것은 사실이다.

배당정책도 기업의 중요한 재무정책의 하나이다. *M&M* 이론에 의하면 배당정책도 기업의 가치를 결정하는 데는 영향을 미치지 않는다는 배당정책의 무관련성을 주장한다. 결과적으로 이러한 이론들은 투자결정과 재무결정의 독립성으로 이어지는데 현대의 재무관리이론은 이 부분에 대하여 구체적인 결론을 제시하지는 못하고 있다. 그러나 재무정책에 영향을 미치는 여러 가지 요인들에 대하여는 많은 연구가 진행되고 있다.

확인학습

8.1 영업이익과 주당순이익

김포회사는 현재 있는 부채 5,000원을 25,000원으로 증가시키는 자본구조 조정을 단행하려고 한다. 부채비용은 12%인데 앞으로 변화되지 않을 것으로 예상된다. 김포회사는 1,000주의 발행주식이 있고 주당 가격은 40원이다. 구조조정을 통하여 자기자본이익률을 상승시키고자 한다면 김포회사의 영업이익은 최소한 얼마가 되어야 하는가? 세금은 무시하고 계산하라.

8.2 *M&M*가설II(세전)

부산기업의 *WACC*는 20%이다. 부채비용이 12%이고 부채비율이 200%일 때 자기자본비용은 얼마인가? 부산기업의 자기자본 β가 1.5이면 전체 자산의 β는 얼마인가? 세금을 무시하고 계산하라.

해답

8.1 문제는 손익분기점이 되는 영업이익에 대하여 질문하고 있다. 손익분기점 이상의 영업이익에서는 재무레버리지의 증가는 주당순이익을 증가시킬 것이다. 부채비중을 증가시키기 전에는 김포회사는 5,000원×0.12=600원의 이자를 지급하고 있다. 주식수는 1,000주이므로 주당순이익은 (영업이익−600)/1,000가 된다.

부채비중을 증가시킨 후에는 지급이자가 25,000원×0.12=3,000원으로 증가한다. 또한 부채가 20,000원 증가하면서 해당 금액만큼의 자기자본을 퇴출시키므로 20,000/40=500주의 주식이 부채로 전환하게 되고 전체 주식수는 500주로 감소하게 되는 것이다. 그러므로 부채비율이 높아진 다음의 주당순이익은(영업이익−3,000)/500으로 표시될 수 있다.

이제 각각의 경우에 대하여 주당순이익을 계산하였으므로 그것들을 일치시키는 영업이익을 구할 수 있다.

$$(\text{영업이익}-600)/1,000=(\text{영업이익}-3,000)/500$$

영업이익=5,400원

영업이익이 5,400원인 경우에는 주당순이익이 각각의 경우에 모두 4.8원에 달하는 것이다.

8.2 *M&M*가설II에 따르면(세금 전) 자기자본비용은 다음과 같이 계산된다.

$$\begin{aligned} R_E &= R_A + (R_A - R_D) \times \left(\frac{D}{E}\right) \\ &= 0.2 + (0.2 - 0.12) \times 2 \\ &= 36\% \end{aligned}$$

또한 자기자본 베타는 자산의 베타에 자기자본승수를 곱하면 되므로

$$\beta_E = \beta_A \times \left(1 + \frac{D}{E}\right)$$

이 경우에는 $\frac{D}{E}$가 2이고 β_E는 1.5이므로

$$\begin{aligned} 1.5 &= \beta_A \times (1 + 2) \\ \beta_A &= 0.5 \end{aligned}$$

연습문제

8.1 재무레버리지의 의미는 무엇인가? 재무레버리지가 기업의 포괄손익계산서에 미치는 영향을 설명하라.

8.2 최적자본구조의 의미는 무엇인가? 주당순이익의 극대화가 최적자본구조를 제공하는가? 주당순이익의 극대화가 최적자본구조를 제공하는 것이 아니라면 그 이유는 무엇인가? 설명하라.

8.3 최적자본구조와 최적배당정책은 기업가치에 영향을 미치지 않는다는 이론에 대하여 설명하라.

8.4 강원기업은 1,000만원의 추가적인 자금조달을 고려중이다. 강원기업은 현재 수익률 12%짜리 5,000만원의 채권이 있고, 보통주는 10,000주를 보유하고 있다. 강원기업의 자금조달은 12%의 채권을 발행하거나, 1,000주의 주식발행을 통하여 가능한데, 기업의 세율은 40%라고 한다.

a. 영업이익과 주당순이익의 관계를 두 가지 예를 들어 설명하라.

b. 영업이익과 주당순이익의 관계를 그래프로 나타내어라.

c. b의 그래프로부터 영업이익이 어느 정도 되어야 채권발행이 유리한지 설명하라.

8.5 마포기업은 총자산이 1억원인데 모두 자기자본으로 조달되고 있다. 마포기업은 자본구조를 변경하는 문제를 고려중이다. 부채비율이 각각 10%, 30%, 60%, 90%인 경우에 자기자본금액과 부채금액을 계산하라. 또한 부채비율에 한계가 있는 것인지도 밝혀라.

8.6 나라기업은 여러 가지 부채비율에 대하여 주당순이익(*EPS*)에 대한 기댓값과 표준편차를 계산하였다.

부채비율	*EPS*	*EPS*표준편차
0%	₩2,300	₩1,150
20	3,000	1,800
40	3,500	2,800
60	3,950	3,950
80	9,950	5,530

a. 부채비율과 *EPS*의 관계를 보고 최적자본구조를 추정하라.

b. 분산계수와 부채비율의 관계를 그래프로 그려라.

8.7 동래기업은 매년 4,000원에 달하는 영업이익을 영속적으로 얻을 것으로 예상된다. 동래기업은 10%에 부채를 동원할 수 있다. 동래기업이 현재 부채를 사용하지 않고 있고 자기자본비용이 14%라고 가정하자. 세율이 30%라고 할 때 기업의 가치는 얼마인가? 만약 동래기업이 6,000원을 차입하여 자기자본을 줄였다면 기업가치는 어떻게 되는가?

8.8 금성기업은 50만주의 보통주를 보유하고 있는데 현재 주당 6,000원에 거래되고 있다. 금성기업의 배당가능이익은 2억원이고, 주당 200원의 현금배당을 고려하고 있다.

a. 기업의 주당순이익(*EPS*)과 주가수익률(*PER*)을 계산하라.

b. 금성기업이 시장에서 주식을 6,200원에 매입할 수 있다면, 현금배당에 해당하는 금액으로 어느 정도의 주식을 매입할 수 있겠는가?

c. b와 같이 주식을 매입하면 주당순이익은 얼마가 되는가?

d. 주식이 현재의 주가수익률(*PER*)에 의해서 계속 거래된다면 주식매입 후의 주가는 얼마가 될 것인가?

e. 주식매입을 전후한 주당순이익을 비교 설명하라.

8.9 마을기업의 경영자인 당신은 주요 주주 중의 한 사람으로부터 배당정책을 문의하는 편지를 받았다. 당신은 배당과 관련한 모든 정보를 수집하지는 않았으나 다음과 같은 사실은 확인하고 있다.

(1) 기업은 배당금 잔여이론에 따른 배당정책을 수행한다.

(2) 다음 해의 자본예산은 현재 검토되고 있는데 2억, 3억 혹은 4억의 세 가지 중에서 하나가 될 것이다.

(3) 잠재적으로 당기순이익은 2억원으로 예상하고 있다.

(4) 목표자본구조인 부채비율은 40%이다.

현재 보유하고 있는 정보는 위와 같은데, 그것을 가지고 당신은 회신을 하여야 한다.

a. 배당금 잔여이론을 설명하라.

b. 배당금액과 배당성향을 자본예산에 따라 계산하라.

c. b의 결과를 비교 설명하라.

제9장

자본조달

자본은 기업의 기초적인 투자재원이다. 본 장에서는 자본조달을 연결하는 자본시장과 투자은행의 역할을 살펴보기로 한다. 자본시장은 주로 주식과 채권을 중심으로 투자재원의 조달을 담당하며, 투자은행은 자금조달을 주선하는 기능을 수행한다. 자본시장은 발행과 유통의 역할을 하는데, 본 장에서는 두 가지 측면을 함께 살펴보고자 한다.

자본시장에서 거래되는 중요한 증권들은 주식과 채권을 포함한다. 주식과 채권은 개념적으로 간단한 측면도 있지만, 해당 분야에서 주로 사용되는 용어들에 전문적인 것들이 많아서 일반인들이 이해하지 못하는 것들도 많아 본 장에서 이러한 용어들에 대하여도 설명하고자 한다. 전체적으로 본 장은 자본시장의 이해를 목적으로 한다.

9.1 자본시장의 개요

자본시장의 의의

현대 자본주의에서 자본형성에 가장 중요한 역할을 하는 것이 자본시장이다. 좁은 의미에서의 자본시장은 증권시장을 말한다고 할 수 있다. 증권시장은 유가증권의 발행과 유통을 담당하는 시장이다. 유가증권을 발행하는 시장을 발행시장이라 하고, 발행된 증권이 거래되는 시장을 유통시장이라고 한다. 증권시장은 적절한 가격으로 신속하게 유가증권의 거래가 이루어지도록 하기 위해서 다음과 같은 몇 가지 조건을 갖추어야 한다.

첫째, 증권시장은 유가증권의 수요와 공급을 포함한 시장정보를 신속하고 정확하게 투자자에게 제공하여 적절한 가격이 형성되도록 하여야 한다. 그러므로 증권시장은 유가증권에 대한 과거의 수요와 공급, 가격동향, 거래량, 그리고 시장의 동태에 관한 정보도 제공하여야 한다. 뿐만 아니라 유가증권에 관한 수요, 공급의 예측과 가격 예측에 대한 미래 정보도 제공하여야 한다.

둘째, 증권시장에서 거래되는 유가증권은 유동성이 있어야 한다. 유동성이란 다음의 두 가지 의미를 모두 포함하는 것으로서 하나는 거래가 신속하게 성립되는 정도를 나타내는 시장성이고, 또 하나는 예측된 가격이 미래에 실제로 실현될 수 있는 정도를 나타내는 가격예측성이다. 증권시장은 시장성과 가격예측성을 통하여 증권의 유동성을 제공하는 여러 가지 제도적 장치를 갖추고 있어야 한다.

셋째, 증권시장에서 유가증권을 거래할 때는 거래비용이 최소화되어야 한다. 거래비용에는 거래수수료, 각종 세금, 정보획득비용 등이 포함된다. 거래비용을 적게 들이면서 거래를 성립시키는 증권시장은 내적 효율성(internal efficiency)이 있다고 한다.

넷째, 증권시장에서 결정되는 유가증권의 가격은 가격형성에 영향을 주는 정보를 반영해야 한다. 정보 발생 후 즉각적으로 그 정보의 효과가 증권의 가격에 반영되어야 이상적인 증권시장이라고 할 수 있을 것이다. 이와 같이 정보가 신속하고 정확하게 반영하는 증권시장은 외적 효율성(external efficiency)이 있다고 한다.

발행시장

발행시장은 장기적인 자본을 조달하기 위하여 새로운 증권을 발행하는 시장이다. 발행시장에서는 기업, 공공단체 또는 국가기관이 발행주체가 되어 사채, 주식, 국공채 등을 투자자에게 매각하여 자금을 조달한다. 발행시장은 단순히 신규로 발행되는 증권뿐만 아니라, 기존에 이미 발행된 증권을 일반인에게 매각하여 자금을 조달하는 것도 포함한다. 신규로 발행되는 유가증권의 취득을 권유하는 행위를 유가증권의 모집이라 하고, 이미 발행된 증권을 대중에게 판매하는 행위를 유가증권의 매출이라 한다.

증권을 발행하는 방법에는 여러 가지가 있다. 발행주체가 중개자를 거치지 않고 직접 일반투자자에게 증권을 모집하거나 매출하는 방법을 직접발행이라고 한다. 반면에 증권발행에 중개자를 개입시켜 증권발행에 관한 전문가의 도움을 얻음과 동시에 유가증권의 매출을 용이하게 하는 간접발행이 있다. 이 중개자를 발행기관이라 한다.

발행기관은 증권의 발행자와 투자자 사이에 사무적인 일을 맡고, 발행자를 대신하여 증권발행에 따르는 여러 가지 위험에 대하여 책임을 진다. 발행기관의 제일 큰 기능은 증권을 매출하거나 모집할 때 인수기능(under-writing)을 담당하는 것이다. 인수기능이란 유가증권을 발행자로부터 매입하는 기능이다.

발행기관이 유가증권을 인수할 때는 발행증권을 먼저 모두 매입하고, 그 매입한 증권을 발행기관의 책임하에서 일반투자자에게 매출하는 총액인수 방법과, 발행기관이 일반투자자에게 유가증권을 매출·중개하고 팔리지 않은 유가증권만을 매입하는 순액인수 방법이 있다. 우리나라에서는 거의 모든 경우가 총액인수 방법을 택하고 있다.

유통시장

기존의 발행된 증권이 투자자들 사이에서 거래되는 곳이 유통시장이다. 발행시장이 자본의 증권화를 담당하는 1차적 시장이라면, 유통시장은 증권의 자본화를 담당하는 2차적 시장이다. 이러한 유통시장이 갖는 의미는 다음과 같다.

첫째, 유통시장은 발행시장에서 발행된 증권의 시장성과 유동성을 높인다. 발행시장에서 매입한 주식이나 채권은 유통시장을 통하여 언제나 적정가격으로 매각할 수 있어야 발행시장도 제 역할을 할 수 있는 것이다. 그러므로 유통시장의 활성화는 발행시장이 제 기능을 하기 위해서 필수적인 요건이 된다.

둘째, 유통시장으로 인한 유가증권의 시장성과 유동성의 제고는 유가증권의 담보력을 높여준다. 언제나 적정가격에 유가증권을 처분할 수 있기 때문에 유가증권이 담보로서의 역할을 수행할 수 있는 것이다.

셋째, 유통시장은 수요와 공급의 기능을 통하여 증권의 가격이 적절히 형성되는 데 기여한다. 유통시장에서는 많은 수요자와 공급자가 자유경쟁을 하며, 동시에 많은 정보가 분석되어 증권의 가격에 반영된다. 그러므로 유통시장에서 결정된 가격은 많은 사람이 합의한 시장가격인 것이다.

넷째, 증권시장은 앞으로 발행할 새로운 증권의 가격을 결정하는 데 유용한 정보를 제공한다. 예를 들어 유사한 기업의 증권가격을 분석함으로써 앞으로 발행할 증권의 종류와 조달방법에 대한 시장에서의 평가를 예측할 수 있을 것이다.

유통시장은 증권거래소를 통하여 대량·집단의 거래방식으로 매매가 이루어지는 거래소시장과 증권업자 및 투자자 간에 개별적·산발적으로 거래되는 장외시장이 있다. 장외시장은 점두시장(over-the-counter market)이라고도 한다.

개념확인

1. 증권시장이 갖추어야 할 조건은 무엇인가?
2. 유통시장의 역할은 무엇인가?

9.2 투자은행의 기능

투자은행의 전통적 기능은 발행기업으로부터 증권을 매입하여 이를 투자자들에게 판매하는 발행기관의 역할이다. 이러한 서비스에 대한 대가로 투자은행은 자신이 지급하는 인수가격과 투자자들에게 재매각되는 공모가격 사이의 차액, 즉 스프레드를 이익으로 얻는 것이다.

투자은행은 증권을 투자자들에게 매각하는 업무를 효율적으로 행하는 데 필요한 기법, 교섭력 및 판매조직을 가지고 있다. 투자은행은 기업으로부터 증권을 매입하고 투자자들에게 매각하는 업무에 계속적으로 종사하고 있으므로 개별 기업보다는 증권발행에 대한 서비스를 효율적으로 수행할 수 있다.

투자은행이 수행하는 서비스는 조언, 행정, 인수 및 판매의 네 가지 기능으로 나눌 수 있다. 증권의 발행방법과 발행기업의 요구에 따라 투자은행은 이 네 가지 기능의 전부 또는 일부를 담당한다.

조 언: 투자은행은 증권발행과 관련된 광범위한 문제에 대하여 기업에게 조언을 제공한다. 시장에서 자본을 조달하려는 기업으로서는 이러한 조언은 매우 큰 가치를 지닐 수 있다. 조언내용에는 증권의 발행시점, 가격결정, 증권의 특성 등에 관한 문제들이 포함된다.

기업과 투자은행이 협의발행을 할 경우 기업은 투자은행과 계속적 관계를 유지하면서 정기적으로 그의 조언을 받는다. 그러나 증권발행이 경쟁입찰에 의해 이루어진다면 발행기업은 투자은행의 조언을 받지 않는 것이 일반적이다.

행정업무: 증권의 발행 결정이 이루어지면 투자은행은 발행기업이 유가증권신고서, 사업설명서 및 그 밖의 발행서류를 작성하는 업무를 도와준다. 유가증권신고

서(registration statement)는 기업에 대한 모든 재무 및 영업관련 정보를 포함하는 서류로서, 발행회사는 이를 증권관리위원회에 제출하여 그 승인을 받아야 한다. 사업설명서(prospectus)는 투자자들에게 배포하기 위한 것으로서 발행기업의 재무상태, 영업활동, 경영진 및 경력, 자금의 사용목적, 발행되는 증권의 특성 등에 대한 상세한 정보를 포함한다.

인수기능: 인수(underwriting)란 투자은행이 발행기업으로부터 일정한 가격으로 새로 발행된 증권을 매입하는 것을 말한다. 증권이 판매되는 동안에 불리한 가격변동이 생기면, 투자은행은 인수가격으로 증권을 매각할 수 없게 될지도 모르는 위험을 부담한다.

일반적으로 주간사로 선정된 투자은행은 발행규모가 아주 작은 경우를 제외하고는 증권의 인수와 판매를 단독적으로 담당하지 않는다. 위험을 분산시키고 판매를 원활히 하기 위하여 주간사회사는 다른 투자은행을 발행에 참여시켜 인수단(syndicate)을 구성한다. 주간사회사가 가장 큰 인수비율을 차지하며, 다른 투자은행들의 인수비율은 주로 그들의 증권매각 능력에 의해 결정된다.

판매기능: 판매기능은 투자은행이 투자자들에게 증권을 매각하는 기능이다. 인수단에 참여한 투자은행은 주로 증권의 판매능력에 따라 그들의 참여비율이 결정된다. 판매기능에 대하여 투자은행은 인수수수료 이외에 판매수수료를 대가로 받는다. 증권을 판매하기 위한 목적으로 판매단이 구성된다. 인수단에 참가한 회사는 자신이 직접 판매에 나서거나 자격을 갖춘 외부 증권딜러를 통하여 판매하기도 한다. 후자의 경우 인수업자는 도매업자의 역할을 하며, 판매단인 딜러들은 소매업자의 역할을 한다.

판매단이 구성된 후에 실제 유가증권의 모집 또는 매출이 실시된다. 여기서 유가증권의 모집이란 불특정 다수인에게 균일한 조건으로 신규로 발행되는 유가증권의 청약을 권유하는 것이며, 유가증권의 매출이란 불특정 다수인에게 균일한 조건으로 이미 발행된 유가증권의 청약을 매수하도록 권유하는 것이다.

판매단 약정에 의하면 어떤 판매단의 일원도 그 증권을 공모가격 이하로 매각하는 것이 허용되지 않는다. 그 증권의 가격이 공정하게 책정되어 있다면 그 증권은 하루 또는 이틀 때로는 수 시간 내에도 팔릴 것이다. 우리나라는 미국과 마찬가지로 이러한 매각방식을 적용하고 있지만 기업공개를 위한 주식발행의 경우 청약자를 제한하고 공모금액을 초과하는 청약액에 대하여는 비례배분의 원칙을 적용하고 있다.

개념확인

1. 투자은행의 기능은 무엇인가?
2. 투자은행이 인수시 부담하는 위험은 무엇인가?

9.3 증권의 발행방법

기업이 증권을 발행하는 방법에는 공모(public offering)와 사모(private placement)가 있다. 대부분의 증권은 공모에 의해 매각되고 증권시장에서 거래된다. 공모는 기업공개와 유상증자에 따른 주식발행시 및 대부분의 채권발행시 이용된다. 사모란 기업이 투자자들에게 직접 증권을 매각하는 방식인데 주로 특정 기관투자자들에게 매각하는 방식이다.

공 모

공모는 증권발행에 필요한 모든 사무절차를 누가 담당하느냐에 따라 직접발행과 간접발행으로 구분된다. 직접발행은 발행회사가 직접 증권발행 사무를 담당하는 동시에 증권발행에 따른 위험을 스스로 부담하는 경우이다. 이는 다시 발행자가 모집방식에 따른 발행사무를 직접 처리하는 자기모집과 일정한 기간 내에 자신의 창구를 통하여 발행증권을 매출하는 매출발행으로 나누어진다. 매출발행의 예로서는 한국은행의 통화안정증권, 한국산업은행의 산업금융채권 등을 들 수 있다.

간접발행은 투자은행이 발행회사로부터 위임을 받아 자신의 계산으로 발행사무를 담당하며 발행증권의 전부 또는 일부를 인수하여 발행위험을 부담하는 것을 말한다. 위탁모집의 경우에는 투자은행이 발행증권을 인수하지 않고 단지 최선의 노력으로 증권을 매각하기로 약정한다. 통상 중소기업의 증권발행에 대하여는 투자은행들이 인수를 꺼리므로 위탁모집계약을 통하여 증권을 매각하는 경우가 있다.

잔액인수의 경우 투자은행은 발행회사를 대신해서 모집 또는 매출을 행하고 매각한 후의 잔여분을 인수하기로 약정하는 것이다. 반면에 총액인수의 경우 투자은행은 처음부터 공모증권의 총액을 자기의 명의로 매입한 후 자신의 책임하에 모집 또는 매출을 행한다.

공모는 인수업자의 선정방식에 따라 협의발행과 경쟁입찰로 구분된다. 협의발행은 새로운 증권을 발행하려는 회사가 특정의 투자은행과 계속적인 유대관계를 맺으면서 조언을 받고, 또한 증권발행에 따른 인수주선수수료도 협의를 통해 결정하는 방식이다.

마지막으로 공모는 일반공모와 신주인수권 발행으로 구분된다. 일반공모는 불특정 투자자들에게 증권을 매각하는 방식이고 신주인수권 발행은 그 기업의 기존 주주들에게 직접 매각하는 방식이다. 우리나라에서는 기업공개시의 주식매각과 사채의 공모시에는 일반공모 방식을 사용하며, 상장기업의 유상증자는 거의 전적으로 신주인수권 발행에 의존하고 있다.

사 모

사모(private placement)란 기업이 모든 발행증권을 어떤 한 기관투자자나 소수의 기관투자자들에게 매각하는 방법이다. 이 경우 기업은 인수기능을 필요로 하지 않고 발행조건에 대해 투자자와 직접 교섭한다. 대부분의 사모는 부채발행과 관련하여 발생한다.

사모채는 일종의 장기대출로서 만기에 따라 은행 및 보험회사가 취급하는 중장기 대출과 보험회사 및 연금기금이 취급하는 사모채로 구별되는 정도이다. 우리나라에서도 산업은행, 보험회사, 시중은행 등의 금융기관이 사모채를 매입함으로써 공모채에 대한 사모채의 비중이 늘어나는 추세에 있다.

사모채의 단점은 투자자가 그 증권을 손쉽게 되팔 수 없다는 점이다. 보험회사와 같이 장기간 회사채에 거액의 자금을 투자하고 있는 기관들에게는 유동성보다는 대출의 성격을 가진 사모채를 매입하는 경우가 있다.

사모채의 장점은 그 발행비용이 공모채에 비하여 저렴하다는 점이다. 특히 발행규모가 작은 회사들에게는 사모채의 발행비용이 공모시의 인수비용보다 훨씬 낮을 가능성이 높다. 사모채의 다른 장점은 부채계약이 특수한 문제나 상황에 처한 기업들의 금융상 요구를 충족시킬 수 있고, 대출자의 이익을 보장하기 위한 규정을 신축적으로 둘 수 있다는 점이다.

개념확인

1. 총액인수와 잔액인수의 차이는 무엇인가?
2. 사모발행의 장단점은?

9.4 주식에 의한 자본조달

주식의 일반적 성격

주식은 통상 보통주(common stock)를 의미하며, 출자자본의 기본단위로서 주식회사가 자기자본을 조달하기 위해 발행한다. 주식을 발행하는 경우는 주식회사 설립 시 자본을 조달하기 위해 발행하거나 설립 후 필요한 자본을 추가로 조달하기 위한 경우로 나누어진다.

주식의 발행을 통해 조달된 자본은 기업의 자본금이 되고 회사가 존속되는 한 영구히 기업에 귀속되어 기업활동에 사용된다. 주식의 소유자인 주주의 책임은 유한책임으로, 출자한 자본액의 한도 내에서 회사에 대해 경제적 책임을 진다.

한편 주식은 출자자의 권리를 객관화시킨 단위로 출자자의 고유한 권리를 내포하고 있으므로 주식소유자인 주주에게 여러 가지 권리가 부여된다. 주주가 가지는 기본적 권리로서는 이익배당청구권, 의결권, 잔여재산분배청구권 등이 있다.

이익배당청구권: 기업은 기업활동의 성과로부터 발생하는 순이익의 일부를 주주들에게 배분하게 되는데 이를 배당이라 하고, 주주는 배당을 받을 수 있는 권리, 즉 이익배당청구권을 가진다. 배당은 기업의 이익수준에 따라 변하며 현금으로 지급하는 경우가 대부분이나 주식배당을 하는 경우도 있다.

의결권: 주식에 내포된 두 번째 권리는 의결권이다. 주식회사에서 주식 한 단위는 통상 의결권 한 단위이며 주주에게는 소유주식수에 비례하여 의결권이 부여된다. 각 의결권의 구체적인 행사는 주주총회에서 나타난다. 그러나 현대 주식회사에서는 소유와 경영의 분리 현상이 촉진되어 일반 소액주주는 의결권을 행사하는 경우

는 드물다.

잔여재산 분배청구권: 출자자는 기업의 자기자본 소유자로서 출자비율에 따라 소유자 지분을 가진다. 일반적으로 자기자본은 기업이 존속하는 한 영구히 기업에 귀속되어 이익창출을 위해 운용되므로 이 경우 자기자본에 대한 소유권은 관념적인 의미에서의 소유권에 지나지 않는다고 볼 수 있다.

하지만 주식회사가 해산하는 경우에는 모든 채무를 변제하고 남는 잔여재산에 대해서 출자비율에 따라 분배받는 잔여지분에 대한 권리가 생긴다. 따라서 소유권은 구체적으로는 잔여재산의 분배를 받을 수 있는 권리, 즉 잔여재산 분배청구권(residual claim)을 의미한다고 할 수 있다. 그러나 실제 회사가 해산하는 경우는 대부분 경영부실에 의한 도산의 경우이므로 일반적으로 잔여재산의 분배를 기대하기는 어렵다.

이처럼 이익배당청구권, 의결권, 잔여재산 분배청구권이 주식에 내포된 출자자의 고유한 권리로 이러한 권리는 주식을 소유함으로써 생긴다. 그러나 잔여재산 분배청구권은 실질적으로 기업의 해산시에 행사되는 반면, 이익배당청구권과 의결권은 기업이 존속하는 동안에만 행사된다는 점에서 잔여재산 분배청구권과 다른 두 가지 권리는 성격이 다르다.

주식발행의 장단점

기업이 보통주 발행을 통하여 자본을 조달하는 경우의 장단점은 다음과 같다. 우선 보통주의 장점에 대하여 살펴보자. 첫째, 보통주의 경우 배당지급에 대한 법적 의무가 없으므로 고정비용이 수반되지 않는다. 둘째, 보통주에는 지급만기일이 없으므로 상환할 필요가 없다. 셋째, 보통주가 채권자에게는 기업의 손실에 대한 안전판 역할을 하므로 보통주 발행은 기업의 신용을 증가시킨다. 넷째, 보통주는 일반적으로 채권보다 높은 수익률이 기대되고 인플레이션에 대한 헷지수단을 제공하기 때문에 용이하게 매각할 수 있다.

한편 보통주의 단점으로는 다음과 같다. 첫째, 보통주 발행은 의결권 또는 경영의결권이 새로운 주주에게까지 확대되므로 경영의결권을 상실할 위험이 있다. 둘째, 채권의 경우에는 낮은 고정비용으로 자금을 이용할 수 있으나 보통주는 새로운 주주에게 이익배당청구권을 준다. 셋째, 보통주의 발행비용이 우선주나 사채의 발행비용보다 높다. 넷째, 보통주에 대한 배당은 법인세법상 비용으로 공제되지 않으므로 세금절감효과가 없다.

주식의 종류

증권시장이 발달되지 못한 사회에서의 증권은 매우 단순한 형태로 발행되는 데 불과하지만, 증권시장이 발달할수록 다양한 계층의 투자자의 욕구를 충족시킬 수 있는 여러 가지 형태의 증권이 발행된다. 그 결과 권리의 내용이 다른 여러 형태의 주식이 발행된다.

경제적 권리에 의한 분류: 주식은 경제적 권리에 따라 보통주와 우선주로 구별된다.

(가) 보통주: 보통주는 이익에 따라 배당이 탄력적으로 이루어지는 주식으로 이익배당참가와 잔여재산분배에 있어 소극적 지위에 있다. 대신에 보통주는 주주총회에서 의결권을 갖는다. 일반적으로 주식이라고 하는 경우에는 보통주를 의미하며 회사가 발행하는 주식의 대부분은 보통주이다.

따라서 보통주란 명칭은 다른 종류의 주식과 구별할 필요가 있을 경우에만 주로 사용된다. 보통주 소유자인 보통주주는 기업의 법적 주인으로 배당청구권과 함께 그 기업의 소유권과 의결권을 가진다.

(나) 우선주: 우선주는 여러 종류의 주식을 발행하는 경우 이익 또는 잔여재산의 분배에 관하여 보통주에 대해 우선적 지위가 인정되는 주식이다. 즉 우선주는 배당청구권과 잔여재산 분배청구권이 보통주에 우선하는 주식으로 상대적으로 안전성을 요구하는 투자자의 욕구를 충족시키기 위해 발행된다. 하지만 우선주는 기업의 진정한 소유권에 대한 참여라고 볼 수 없으므로 증권시장에서 낮은 가격으로 거래되는 것이 현실이다.

의결권 유무에 의한 분류: 의결권이란 주주총회에 상정된 여러 의결사항에 대한 결정권을 의미하며 주주들은 의결권행사를 통하여 기업경영에 참여하게 된다. 주식에는 의결권이 부여되는 것이 일반적이나 의결권이 없는 주식도 있다.

(가) 의결권주: 의결권주는 의결권이 있는 주식이다. 의결권은 보통주 1주에 하나가 부여되는 것이 원칙이다.

(나) 무의결권주: 무의결권주는 의결권이 부여되어 있지 않은 주식이다. 무의결권주는 일반적으로 발기인 또는 의결권주를 소유한 대주주 집단이 자기들의 경영의결권을 유지할 목적으로 이용된다. 우리나라의 경우 대부분의 우선주는 무의결권주이다.

개념확인

1. 주주의 권리에는 무엇이 있는가?
2. 주식발행의 장단점은 무엇인가?

9.5 채권의 성격 및 채권시장

채권의 의의와 장점

채권(bond)이란 기업이나 정부가 거액의 자금을 비교적 장기간 사용하기 위하여 투자자들로부터 집단적·공개적으로 자금을 빌리고 그 증거로서 발행하는 유가증권이다. 채권발행에 의해 조달된 자본은 기업측에서는 부채로 처리된다.

기업의 과도한 채권 발행은 원리금의 상환불능 위험에 빠질 염려가 있기 때문에, 상법에서는 채권자들을 보호하기 위하여 일정한 범위 이내로 채권 발행을 규제하고 있다. 또한 채권에는 채권의 액면가(face value), 표면이자율(coupon rate), 만기(maturity)를 반드시 표시하도록 되어 있다.

채권의 이점을 투자자의 관점에서 살펴보면 다음과 같다. 첫째, 채권은 자유로이 매매 거래될 수 있으므로 투자자들은 일시적인 여유자금이라 하더라도 마음 놓고 채권에 투자할 수 있다. 둘째, 채권은 기업의 확정채무이므로 기업의 영업실적에 관계없이 투자자들은 일정한 확정이자소득을 얻을 수 있다. 셋째, 채권은 기업이 해산한다 하더라도 주식에 우선하여 원금에 대한 보상을 받을 수 있도록 법적인 보장이 되어 있기 때문에 주식에 비하여 훨씬 안전한 투자대상이다.

그리고 채권을 발행하는 기업이 얻는 이점에는 다음과 같은 것들이 있다. 첫째, 채권의 자본비용은 주식의 자본비용보다 훨씬 저렴하다는 점이다. 채권은 주식에 비하여 위험이 적기 때문에 주식에 있어서의 기대수익률보다 낮은 이자율로 발행될 수 있다. 또한 채권의 이자비용은 감세효과를 가지고 있기 때문에 채권의 자본비용은 저렴하다.

둘째, 채권발행은 기존 주주의 기업에 대한 의결권에 아무런 변동을 가져오지 않는다는 점이다. 주식을 발행하면 기존 주주의 지분율에 따라 비례적으로 신주인수권이 부여되지만, 실권주가 발생하면 기존 주주의 지분율이 변동되고 따라서 기업경영에 대한 의결권도 변동될 가능성이 있다. 그러나 채권발행의 경우에는 채권소유자들은 어디까지나 채권자일 뿐이며 기업의 지배에는 영향을 미치지 못하므로 경영의 결권이 희석(dilute)되지 않는다.

채권시장

채권시장이 건전하고 효율적으로 운영되면 자금을 조달하는 기업이나 정부는 다양한 자금조달원을 가질 수 있고, 투자자는 투자위험을 분산시킬 수 있는 수단을 가질 수 있다. 정부는 국공채시장을 통하여 재정수요를 충당하고, 통화를 조절하며, 특정 사업의 수행에 필요한 재원을 조달할 수 있다. 기업은 새로운 투자, 자본구조의 적절화, 그리고 특별한 목적으로 자기자본 이외의 타인자본이 필요한데, 채권시장은 이러한 자본조달을 용이하게 한다.

채권의 발행방법 및 절차

사채의 발행방법은 중개기관의 개입여부에 따라 직접발행과 간접발행으로 나눌 수 있고, 또한 인수대상에 따라 사모집과 공개모집으로 나눌 수 있다.

사모집(사모: private placement or direct placement)은 발행사채를 특정 기관투자자나 소수의 자본력이 있는 투자자에게 인수시키는 방법으로 인수가격 및 조건 등은 인수예정자와 사전에 충분한 협의를 거쳐 결정되며, 비상장기업이 사채를 발행할 때 주로 이 방법을 사용한다.

공개모집(공모: public issue)은 일반투자자들을 대상으로 사채를 발행하는 전형적인 방법이며, 공모에서는 해당 사채를 상장시킬 것을 전제로 하므로 상장요건에 부합되도록 사채가 발행되어야 한다.

발행회사는 발행중개기관의 역할을 할 간사회사를 선정하여 계약을 체결하여야 하며, 이에 앞서 간사회사는 발행회사의 재무분석을 통하여 사채의 매출 가능성 및 신용도 등을 분석하고 별 문제점이 없을 경우 발행비용 및 수수료를 결정하여 계약을 체결하고, 발행액의 규모에 따라 인수단(syndicate)을 구성한다.

간사회사는 일반투자자에게 사채청약을 권유하기 위한 발행회사의 사업설명서(prospectus)와 청약서류를 작성 배포하고 일정한 청약기간을 정하여 청약을 받는다. 청약기간 완료 후 발행예정액이 전액 투자자들에 의해 소화되지 않을 경우에는 인수단이 미인수잔액을 인수해야 한다.

개념확인

1. 채권의 장단점은 무엇인가?
2. 채권시장의 효율성을 위한 조건은 무엇인가?

9.6 채권의 종류

채권은 그 내용이나 형식이 다양하여 간단히 분류하기는 어렵지만 일반적으로 발행주체, 보증의 유무, 이자지급방법, 상환기간, 이자결정방법 등에 따라 다음과 같이 분류할 수 있다.

발행주체에 의한 분류

국 채: 국채란 국가가 공공목적을 달성하기 위하여 국채법에 따라 발행하는 채권이다. 국채는 기획재정부장관이 각 부처의 발행수요를 취합하여 예산안과 함께 국회의 동의를 얻어 발행한다.

우리나라에서의 국채의 효시는 1949년에 발행된 건국채권으로 정부수립 후 계속된 재정적자를 보전하기 위하여 발행하였다. 현재 우리나라에서 발행되고 있는 주요 국채는 국채관리기금채권, 재정증권, 외국환평형기금채권, 국민주택채권, 양곡기금증권 등이 있다.

지 방 채: 지방채는 지방자치단체가 지방재정법의 규정에 따라 특수한 사업에 필요한 자금을 조달하기 위해 발행하는 채권이다. 지방채는 국채보다 발행액수가 적고 신용도도 국채에 비해 비교적 떨어져 유동성이 낮은 편이다. 현재 각 지방자치단체가 특정 사업의 재원을 조달하기 위해 발행하고 있는 상수도공채, 도로공채, 지역개발채권과 서울특별시에서 발행하는 도시철도채권, 부산시의 부산교통채권 등이 있다.

특 수 채: 특수채는 한국토지개발공사, 한국전력(주), 한국기술개발주식회사, 한국도로공사 등 특별법에 의하여 설립된 법인이 발행하는 사채의 형태이나 명시적으로나 묵시적으로 정부가 보증하는 채권이므로 회사채와는 그 성격이 다르다.

금 융 채: 금융채는 특수 금융기관이 장기대출자금의 조달을 위하여 발행하는 채권이다. 통화조절을 위해 한국은행에서 발행하는 통화안정증권, 산업자금조달을 위해 발행되는 산업금융채권, 중소기업을 지원하기 위한 중소기업금융채권, 그리고 국민주택 건설재원을 조달하기 위한 주택금융채권이 있다.

담보 및 보증의 유무에 따른 분류

채권은 담보 및 보증의 유무에 따라 무담보채권(unsecured bond)과 담보부채권(secured bond)으로 분류된다. 무담보채권은 채권발행에 있어 아무런 담보를 필요로 하지 않고 기업의 신용만으로 발행되는 채권을 말하고, 담보부채권은 원리금의 확실한 지급을 위하여 담보를 필요로 하는 채권을 말한다. 담보로 제공되는 자산에는 주로 기업이 소유하고 있는 기계, 설비, 토지, 건물 등의 실물자산과, 타기업의 주식 및 사채 등의 유가증권이 있으나, 특수한 경우에는 공장 내의 모든 제조설비가 포함되는 수도 있다.

우리나라에서는 담보부채권이 발행되는 경우에는 신탁기관(주로 신탁은행)이 사채권자들의 권익을 보호하기 위하여 담보물을 관리하고 원리금 지급이 의문시된다고 판단될 때에는 채권 발행회사를 상대로 담보권을 행사하기도 한다.

또한 채권은 원리금 지급을 제3의 기관에서 보증하느냐의 여부에 따라 보증채권(guaranteed bond)과 무보증채권(unguaranteed bond)으로 구분된다. 구미제국에서는 무보증채권이 일반적이나 우리나라에서는 아직도 기업의 신용도가 낮아 보증채권이 많다. 보증기관은 주로 은행이 되며, 은행이 보증을 해 줄 경우에는 대체로 담보를 요구하게 된다.

이자지급 방법에 따른 분류

사채는 이자지급 방법에 따라 쿠폰부채권(coupon bond)과 등록채권(registered bond)으로 구분된다. 쿠폰부채권은 우리나라에서 요즈음 발행되는 가장 일반적인 형태로 일정 기간마다 지급되는 소정의 이자지급액을 명기한 쿠폰이 사채권에 첨부되어 있어 사채권자는 이자지급 시기가 도래하면 이자지급 기관에 해당 쿠폰을 제출하고 이자를 수령하는 형태이다.

등록채권은 사채의 소유자가 일정 기관에 등록하도록 되어 있으며, 등록기관은 사채권자의 등록부를 작성하고 그 명단에 의거하여 이자지급 시기에 사채권자에게 이자지급 통지서를 발송한다. 이 통지서에 의거하여 사채권자들은 미리 지정된 기관에서 이자를 수령한다. 따라서 등록채권을 매입하였을 경우에는 반드시 소유자 명의 변경 절차를 밟아야 한다.

상환시기 및 상환방법에 따른 분류

일반적으로 사채는 만기에 상환되나, 수시상환사채(callable bond)는 만기 이전이라도 발행기업이 원하는 시기에 상환할 수 있다. 기업이 수시상환사채를 발행하는 이유는 자금 사정이 호전되면 수시상환을 통하여 사채에 대한 이자비용을 절약할 수 있기 때문이다.

만약 시중금리가 하락하여 기존 사채(outstanding bond)의 이자율이 상대적으로 높게 될 경우 기업은 현재의 낮은 이자율로 신규 사채를 발행하여 기존의 사채를 차환함으로써 이자비용을 절약할 수 있을 것이다. 따라서 수시상환은 발행기업에게는 유리하나 사채권자들에게는 불리하기 때문에 발행기업은 기존 사채를 액면가 이상으로 상환해 주는 것이 통례이다.

또한 만기에 거액의 상환자금을 일시에 지출함으로써 발생하는 자금부족 상태를 방지하며, 사채원금 상환의 확실성을 높이기 위하여 상환에 필요한 금액을 매 결산기마다 일정액씩 적립할 것을 규정한 감채기금부 사채(sinking fund bond)가 있다. 감채기금은 일반적으로 신탁기관에 적립된다. 그리고 일단 발행된 사채에 대하여 일정 기간마다 일정액씩 계속하여 상환할 수 있도록 되어 있는 연속상환사채(serial bond)도 있다. 연속상환사채도 만기일에 일시 거액의 상환부담을 줄이기 위한 것이며, 상환방법은 발행시에 만기를 서로 다르게 연속적으로 정하는 경우도 있고, 일단 발행된 사채에 대하여 일정 기간마다 추첨에 의하여 그 일부를 상환하는 경우도 있다.

이자결정에 따른 분류

사채권자에게 지급되는 이자가 어떤 기준에 의해 결정되느냐에 따라 사채는 확정이자부 사채와 금리연동부 사채로 구분된다. 확정이자부 사채는 사채발행시에 이자율이 확정되어 있는 사채로서 그 이자율은 시중금리 변동과 무관하나, 금리연동부

사채는 시중금리(일반적으로 금융기관의 공금리) 수준에 따라 그 이자율이 자동적으로 변동되는 사채이다. 근래 우리나라에서 발행되는 사채는 일정 기간까지는 확정이자부이고, 그 후 일정 기간은 금리연동부인 경우가 많다.

기타의 형태

사채 발행시에 결정된 조건에 의하여 일정 기간 경과 후 사채권자의 희망에 따라 발행회사의 보통주로 전환될 수 있는 사채를 전환사채(convertible bond)라고 한다. 사채권자들은 보통주의 주가가 높을 경우에는 전환사채를 보통주로 전환함으로써 자본이득(capital gain)을 얻을 수 있으며, 그렇지 못할 경우에는 전환하지 아니하고 계속 사채권자로 남을 수 있다.

전환사채는 투자자들에게 사채의 안전성과 더불어 보통주의 주가상승에 따른 자본이득까지도 얻을 수 있게 하므로 매력적인 투자대상이 될 수 있다. 반면에 기업은 전환사채를 이용하여 낮은 이자율로 사채를 발행할 수 있다. 영업실적이 좋지 않아 보통주 발행에 의한 자본조달이 어려운 상태이지만, 기업 전망이 밝아 주가상승이 기대되는 기업에게는 전환사채가 적절한 자본조달 수단이 될 수 있다.

기업이 신주를 발행할 때 이를 인수할 수 있는 권한이 부여된 사채를 신주인수권부사채(bond with warrants)라고 한다. 이는 전환사채와 같이 기업의 보통주에 연결된 자본조달 수단이며 사채권자의 자유재량으로 그 인수여부가 결정되는 옵션(option)의 성격을 가지고 있다. 전환사채는 전환에 의하여 사채가 소멸되어 보통주로 전환되나, 신주인수권부사채는 사채의 형태가 그대로 존속되면서 별도의 신주를 유상으로 인수할 수 있다는 점에서 서로 다르다.

신주인수권부사채의 발행동기는 전환사채의 경우와 비슷하다. 그러나 기업은 전환사채의 전환을 통하여 추가적인 자본을 조달하지 못하지만, 신주인수권부사채의 신주인수로부터는 추가적인 자본을 조달할 수 있다.

개념확인

1. 채권에는 어떤 종류의 것들이 있는가?
2. 전환사채와 수시상환사채의 특징은 무엇인가?

9.7 채권의 등급평가

채권의 신용평가 및 신용등급

채권의 신용평가는 채권시장의 발달과 깊은 관계가 있다. 채권발행자는 원활하고 저렴한 자금조달을 위하여 평가기관으로부터 채권의 평가를 받는다. 기업이 발행하는 유가증권에 투자하는 투자자들은 투자정보의 수집과 분석을 통해 합리적인 판단을 하려고 노력한다. 그러나 개별투자자들로서는 기업에 대한 정보를 충분히 갖는다는 것은 상당한 비용을 동반한다.

신용평가는 유가증권에 관한 종합적인 신용정보를 제공함으로써 자본시장에서 상환불능위험에 대한 적정한 프리미엄이 자율적으로 결정되도록 시장기능을 보조하는 역할을 한다. 이와 같은 신용평가의 경제적 기능을 정리하면 다음과 같다.

신용평가의 경제적 기능:

투자자 보호: 신용평가는 유가증권의 투자자들에게 객관적이고 공정한 투자정보를 제공함으로써 합리적인 투자결정을 할 수 있도록 하고, 이를 통해 투자자 보호와 자본시장 발전의 기반조성에 기여한다.

기업의 자금조달 원활화: 신용평가는 기업에게 스스로의 신용도에 적합한 자금조달 기회를 제공하며, 금리 등 유가증권의 발행조건이 적정하게 시장에서 형성되도록 투자정보지표를 제공한다. 따라서 우량기업은 보다 저렴한 자금조달 비용으로 원활하게 자금조달을 할 수 있게 된다.

금융중개기관의 유가증권인수 및 매출 촉진: 신용평가는 유가증권 중개기관에 대해서도 유가증권 등급정보를 포함한 기업신용도에 관한 객관적인 정보를 제공함으로써 유가증권의 인수, 할인 등에 수반되는 위험을 줄이고 따라서 금융중개기관의 유가증권의 매출을 촉진하게 한다.

금융기관의 여신운용 참고 지표 제공: 전문평가기관인 신용평가회사는 은행 등 금융기관의 우량업체 발굴, 대출심사 및 대출조건결정 등에 참고로 활용할 수 있는 객관적 정보를 제공하게 된다.

신용평가제도가 잘 발달된 선진국의 경험을 역사적으로 살펴보면 신용평가회사는 기업공시제도의 한계와 제약성을 극복하기 위해 생겨났다. 특히 일찍부터 채권시장을 필두로 주식시장 등 자본시장이 발달한 미국에서는 기업신용정보에 대한 투자자들의 요구가 증대했기 때문에 신용평가제도가 잘 정착되고 활성화되었다.

신용등급: 사채의 종류는 이미 살펴본 바와 같이, 매우 다양하게 개발되어 있다. 일반투자자들이 이와 같이 다양한 사채의 신용을 일일이 평가할 수는 없을 것이다. 따라서 사채의 신용을 객관적으로 평가해 주는 제도가 필요하게 되는데, 이를 사채의 등급평정제도(bond rating system)라고 한다.

다음의 표는 한국신용평가(주)의 신용등급을 보여주고 있다. 세계적인 신용평가기관인 Standard & Poor's도 같은 신용등급을 사용하고 있으며, Moody's의 경우에도 같은 10가지 등급에 대하여 다른 표기방법을 사용하고 있다. 예를 들면 Moody's의 경우에는 AAA를 Aaa, BBB를 Baa, 그리고 CCC는 Caa형태로 표기하는 것이 다를 뿐, 전체적으로 10개의 등급으로 구분하는 것은 마찬가지이다.

AAA등급의 채권은 가장 높은 등급으로서 부도위험이 가장 낮은 것을 위미한다. AAA등급은 흔하지 않고 신용이 매우 높은 경우에도 AA등급이 주어지는 경우가 많다. 가장 낮은 등급인 D등급은 부도상태의 등급을 의미한다. 장기투자에 적합하다고

구 분	등급의 의미
투자등급	AAA : 원리금 지급능력이 최상급 AA : 원리금 지급능력이 매우 우수하지만 AAA의 채권보다는 다소 열위임 A : 원리금 지급능력은 우수하지만 상위등급보다 경제여건 및 환경악화에 따른 영향을 받기 쉬운 면이 있음. BBB : 원리금 지급능력은 양호하지만, 환경변화에 따른 영향을 받을 수 있음
투기등급	BB : 원리금 지급능력이 당장은 문제가 되지 않으나, 장래 안정에 대해서는 단언할 수 없는 투기적 요소를 내포하고 있음 B : 원리금 지급능력이 결핍되어 투기적이며 불황시에 이자지급이 확실하지 않음 CCC : 원리금 지급에 관하여 현재에도 불안요소가 있으며 채무불이행의 위험이 커서 매우 투기적임 CC : 상위등급에 비하여 더욱 불안요소가 큼 C : 채무불이행의 위험성이 높고 전혀 원리금 상환능력이 없음 D : 채무불이행 상태에 있으며 원리금의 일방 또는 쌍방이 연체, 부도 상태에 있음

인정되는 투자등급는 BBB 이상의 등급을 의미한다.

상대적으로 BB 혹은 Ba 이하 등급은 투기등급으로 이해할 수 있다. 투기등급은 투기적 요소가 강하고 지급불능 위험이 큰 사채로 평가되고 있다. 이들 기관의 평점은 투자자들에게 매우 신빙성이 있는 것으로 받아들여지고 있으므로, 발행회사들도 채권의 등급평정에 상당한 관심을 기울이게 된다. 대부분의 기관투자자들은 투자등급 안에서 투자하는 경향이 있다.

이들 기관이 고려하는 평가요소는 해당 기업의 재무상태, 수익전망, 사채의 발행요건 등인데 그중 특히 중요시되는 요소들은 다음과 같다.

1) 부채 대 총자산비율
2) 이자보상비율(times interest earned ratio)
3) 고정비보상비율(times fixed charges covered ratio)
4) 유동비율(current ratio)

5) 담보의 유무 및 담보의 가치

6) 발행된 사채의 상환우선순위(우선순위의 타 부채가 있는지의 여부)

7) 보증유무와 보증이 있을 경우 보증회사의 신용 정도

8) 감채기금의 적립 여부

9) 사채의 만기(다른 조건이 동일한 경우 만기가 빠를수록 위험이 적음)

10) 매출액 및 이익의 안정성

이상의 요소 이외에도 기업의 환경 요인, 노동조합과의 관계, 자원의 이용 가능성 등 비계량적인 질적 요소들도 고려 대상이 되며, 이러한 요소들에 대한 현황은 수시로 변동하기 때문에 사채는 매년 재평가되어 발표되고 있다.

상위등급의 사채는 위험이 작으므로 비교적 낮은 이자율로 발행이 가능한 반면, 하위등급의 사채는 위험이 크므로 비교적 높은 수익률이 보장되어야 한다. 이때 위험이 큰 만큼 더 요구되는 수익률을 위험프리미엄(risk premium)이라 한다.

전반적으로 AAA사채의 수익률은 무위험이자율로 간주되는 장기 정부채권 수익률에 비하여 높고, 또한 BBB사채의 수익률은 AAA사채의 수익률보다 높게 나타나며, 위험프리미엄도 저등급사채일수록 높게 형성되고 있다. 위험프리미엄은 같은 등급의 사채라 하더라도 경제 여건에 따라 다르게 나타나는데, 일반적으로 경기가 불안정할 때의 위험프리미엄은 경기가 안정되었을 때의 그것보다 크게 나타난다.

채권의 신용등급에 있어서 주목할 사실은 채권등급은 상환가능성만을 평가한다는 점이다. 예를 들어 이자율의 변동성에 따른 이자율 위험과 같은 요인들은 채권등급에서 고려되지 않는다. 그러므로 신용등급이 높은 채권의 경우에도 가격이 변동성은 높을 수가 있는 것이다. 왜냐하면 채권가격의 변동성은 이자율의 변동성을 반영하는 것이지 채권의 직접적인 신용등급을 반영하는 것은 아니기 때문이다.

개념확인

1. 신용평가의 경제적 기능은 무엇인가?
2. 신용등급에서 투자등급은 무엇을 의미하는가?

9.8 요약 및 결론

현대 자본주의 사회에서 자본 형성에 가장 중요한 역할을 하는 것이 증권시장(Securities Market)이다. 그러므로 좁은 의미에서의 자본시장은 증권시장을 말한다. 증권시장은 유가증권을 발행하고 거래하는 시장이다. 유가증권을 발행하는 시장을 발행시장이라 하고, 발행된 증권이 거래되는 시장을 유통시장이라고 한다. 본 장에서는 주식과 채권을 중심으로 자본시장에 대하여 살펴보았다.

투자은행은 증권을 투자자들에게 매각하는 업무를 효율적으로 행하는 데 필요한 기법, 교섭력 및 판매조직을 지니고 있다. 이 경우 투자은행이 수행하는 서비스는 조언, 행정, 인수 및 판매의 네 가지 기능으로 나눌 수 있다.

기업이 증권을 발행하는 방법에는 공모(public offering)와 사모(private placement)가 있다. 대부분의 증권은 공모에 의해 매각되고 증권시장에서 거래된다. 사모란 기업이 일반투자자들에게 증권을 매각하는 방식이다. 공모는 기업공개와 유상증자에 따른 주식발행시 및 대부분의 채권발행시 이용된다.

주식의 발행을 통해 조달된 자본은 그 기업의 자본금이 되고 회사가 존속되는 한 영구히 기업에 귀속되어 기업활동에 운용된다. 주식의 소유자인 주주의 책임은 유한책임으로 자본의 출자 의무를 지며 출자한 자본액의 한도 내에서 회사에 대해 경제적 책임을 진다.

채권(bond)이란 기업이나 정부가 거액의 자금을 비교적 장기간 사용하기 위하여 일반투자자들로부터 집단적·공개적으로 자금을 차용하고 그 증거로서 발행하는 유가증권이다. 효율적인 채권시장의 존재는 경제 전반에 걸친 균형적 발전을 위해 필수적이다.

채권의 신용평가는 채권시장의 발달과 깊은 관계가 있다. 개별투자자들로서는 기업에 대한 정보를 충분히 갖는다는 것은 거의 불가능할 정도로 정보비용이 많이 든다. 기업에 존재하는 정보량과 투자자들이 개별적으로 수집할 수 있는 정보량에는 상당한 차이가 있기 때문이다. 그래서 평가기관의 존재 의의가 생긴다.

신용평가는 본질적으로 유가증권에 관한 종합적인 신용정보를 제공함으로써 금융시장에서 상환불능위험에 대한 적정한 프리미엄이 자율적으로 결정되도록 시장기능을 충실히 하는 데 기여하는 역할을 한다. 채권의 신용등급에 있어서 주목할 사실은 채권등급은 상환가능성만을 평가하는 상대적인 등급인 것이지 채권의 투자가치를 의미하는 것은 아니라는 사실이다.

연습문제

9.1 유통시장은 자본시장의 기본적 목표인 산업자금의 조달과는 직접적인 관련이 없다. 그럼에도 불구하고 유통시장의 활성화는 중요하게 취급되고 있는데, 그 이유는 무엇인가? 설명하라.

9.2 우리나라에는 투자은행(investment banks)이라는 금융기관이 존재하지 않는다. 투자은행의 기능은 무엇이며, 우리나라에서는 어떤 금융기관들이 이러한 기능을 수행하는지 설명하라.

9.3 어떤 기업이 인수와 합병에 관련하여 사모전환사채를 발행하여 적대적 M&A에 대항하려고 한다. 사모전환사채의 어떤 성격이 이것을 가능하게 하는가? 설명하라.

9.4 자기자본과 부채의 차이점은 무엇인가? 소유권, 자산과 소득에 대한 지분, 만기, 그리고 세금과 관련한 자기자본과 부채의 차이점을 설명하라.

9.5 보통주 소유주를 기업의 실제 소유주라고 할 수 있는 이유는 무엇인가? 장기부채의 소유주와 보통주 소유주가 부담하는 위험에 관한 차이에 대하여 설명하라.

9.6 자기자본을 통한 자금조달의 주요 장단점에 대하여 설명하라.

9.7 기업의 채권을 통한 자금조달 방법의 이점은 무엇인가? 또한 채권을 통한 자금조달 방법의 단점은 무엇인가? 설명하라.

9.8 통상 채권에 관한 약정들은 기업의 활동을 제약하는 조항이 포함되는 경우가 많다. 이러한 조항에는 어떤 것들이 포함되며, 그러한 조항들을 포함시키는 이유는 무엇인가?

9.9 우리나라의 경우에 기업의 자금조달 수단으로서 전환사채는 많이 이용되고 있으나 수시상환사채는 별로 이용되지 않고 있다. 전환사채와 수시상환사채의 어떠한 성격 때문에 우리나라에서 이러한 현상이 발생하는가? 또한 우리나라의 금융환경이 어떤 상태가 되면 수시상환사채의 발행이 활성화될 것으로 생각되는가? 설명하라.

9.10 우리나라에 근래에 도입된 채권의 종류에 *MBS*(mortaged backed securities)라는 증권이 등장하였다. 이것의 성격을 채권의 종류에 비추어 설명해 보아라.

제5편

운전자본관리

제10장 단기 재무관리와 계획
제11장 현금 및 유동성 관리

제 10 장

단기 재무관리와 계획

이제까지는 장기적 투자결정인 자본예산과 장기적 재무전략과 관련된 자본구조 및 자본조달을 포함한 문제들에 대하여 설명하였다. 본 장에서는 단기적 재무관리에 대하여 설명하고자 한다. 단기적 재무결정은 주로 유동자산 및 부채에 영향을 미치는 의사결정을 대상으로 한다.

단기적 재무결정을 논의할 때는 흔히 순운전자본(net working capital)의 개념이 등장하는데 순운전자본은 유동자산에서 유동부채를 차감한 것을 말한다. 그러므로 단기적 재무결정은 순운전자본관리라고 일컬어지기도 한다.

단기적 재무관리에 대하여 통일된 정의는 없으나 장기와 단기를 구분하는 가장 큰 차이점은 현금흐름에 대한 시간상의 차이이다. 전통적으로 단기 재무관리는 1년 이내에 발생하는 현금흐름을 대상으로 한다. 예를 들어 단기적 재무결정은 원자재 구매, 현금지급, 상품 및 제품의 판매와 같은 사항들을 취급한다.

본 장에서는 단기적 재무결정에 관한 기본적인 요인들을 소개하고자 한다. 첫째, 기업의 단기적 영업활동을 설명할 것이고, 둘째, 단기 재무정책의 선택 대안들을 설명하며, 마지막으로 단기적 재무계획의 요소들과 단기 금융수단들을 살펴보고자 한다.

10.1 유동성 수준

현금과 순운전자본

유동성이라 함은 현금으로 전환시키는 데 드는 노력과 시간에 의해서 결정되는 것인데, 유동성이 높은 자산은 짧은 시간에 쉽게 현금화할 수 있는 자산을 의미한다. 일반적으로 유동자산에는 현금 및 예금, 유가증권, 매출채권, 재고자산 등이 포함된다. 현금 및 예금은 성격상 동일한 것으로 통상 현금에 포함시킨다. 순운전자본은 유동자산에서 유동부채를 차감한 것을 말한다. 유동자산(current assets)은 현금 및 1년 이내에 현금화할 수 있는 자산을 의미한다. 재무상태표에서 유동자산은 여러 가지 자산 중에서 맨 위에 위치하며, 유동성의 순서에 따라 표기된다.

순운전자본과 현금수준의 결정: 현금수준의 변화는 재무상태표의 여러 요소들의 변화에 의하여 나타난다. 재무상태표의 변화는 영업활동과 재무활동을 반영하는 것으로 현금수준의 변화를 파악하는 데 도움이 될 것이다. 우선 재무상태표의 양변의 관계는 다음과 같이 표현될 수 있다.

$$\text{유동자산} + \text{비유동자산} = \text{유동부채} + \text{장기부채} + \text{자기자본}$$

$$\begin{aligned}\text{순운전자본} &= \text{유동자산} - \text{유동부채} \\ &= \text{장기부채} + \text{자기자본} - \text{비유동자산} \qquad (10.1)\end{aligned}$$

유동자산은 현금과 유동자산(현금 제외)으로 나눌 수 있고, 위 식을 운전자본과 현금의 관점에서 정리하면 다음과 같이 표현될 수 있다.

유동자산 − 유동부채 = 장기부채 + 자기자본 − 비유동자산
현금 + 유동자산(현금 제외) − 유동부채
= 장기부채 + 자기자본 − 비유동자산
현금 = 장기부채 + 자기자본 − 비유동자산
+ 유동부채 − 유동자산(현금 제외) (10.2)

위의 식으로부터 순운전자본에 영향을 미치는 요인들을 살펴볼 수 있을 것이다. 다음 사항들은 순운전자본에 영향을 미친다.

순운전자본을 증가시키는 활동

장기부채의 증가(회사채 발행)

자기자본의 증가(유상증자)

유동부채의 증가(단기차입)

비유동자산의 감소(부동산 처분)

순운전자본을 감소시키는 활동

장기부채의 감소(회사채 상환)

자기자본의 감소(발행주식 매입)

유동부채의 감소(단기차입금 상환)

비유동자산 증가(부동산 매입)

위에서는 순운전자본에 영향을 미치는 요인들에 대해서 살펴보았다. 유동성의 개념을 좀 더 직접적인 현금의 개념으로 대체하면 현금수준을 증가시키는 요인에는 순운전자본을 증가시키는 요인에 추가적으로 상품의 현금판매와 같은 유동자산(현금 제외)의 감소가 포함된다. 반면에 현금수준의 감소는 순운전자본의 감소에 추가적으로 유동자산(현금 제외)의 증가가 포함된다.

현금을 증가시키는 활동을 현금의 원천이라고 하고 현금을 감소시키는 활동을

현금의 운용이라고 한다. 현금의 원천(유입)을 살펴보면 부채 및 자본의 증가 혹은 자산의 감소를 의미하는 것이다. 부채의 증가는 부채를 동원하여 현금을 증가시키는 행위이며, 자기자본의 증가도 역시 마찬가지이다. 자산의 감소는 자산의 판매를 의미하며 자산의 판매에 의한 현금의 유입을 의미하는 것이다.

현금의 운용(유출)은 현금 원천의 정반대이다. 부채를 상환하는 경우 현금의 감소와 부채의 감소가 동시에 이루어진다. 현금을 이용하여 자산을 매입하는 경우에도 역시 현금의 감소와 자산의 증가가 동시에 발생한다.

재무상태표

<table><tr><td>현 금</td><td rowspan="2">유 동 부 채</td></tr><tr><td>유동자산(현금 제외)</td></tr><tr><td rowspan="2">비 유 동 자 산</td><td>비 유 동 부 채</td></tr><tr><td>자 기 자 본</td></tr></table>

예제 현금의 원천과 운용

현금의 원천과 운용에 대하여 예를 들어 보자. 매입채무가 100원 증가한 것은 현금의 원천인가 운용인가? 매출채권이 100원 증가한 것은 어떤가?

매입채무는 물건의 공급자에게 지급해야 할 단기채무이다. 즉 매입채무가 100원 증가하였다는 것은 100원을 빌린 것과 같은 효과로서 현금의 원천이 되는 것이다. 매출채권은 고객에게 돈을 빌려준 것과 마찬가지이므로 현금의 운용이다.

개념확인

1. 순운전자본과 현금의 차이는 무엇인가?
2. 현금이 증가하면 순운전자본은 항상 증가하는가?

10.2 영업주기와 현금주기

단기적 차원에서 재무관리의 주요 관심사는 기업의 단기적 운영과 재무활동이다. 전형적인 제조업의 경우에 기업의 단기적 활동은 원재료의 구매에서부터 제품의 판매와 그에 따르는 대금의 회수와 연관된 활동들이다.

영업주기

기업의 단기적 영업활동은 다음의 사항들을 포함하는 주기적 영업활동이다.

1) 기업은 제품생산에 필요한 원재료를 주문하고 인수한다. 기업이 외상으로 원재료를 구입하는 경우에는 매입채무가 발생한다.
2) 매입채무에 대한 현금 지급이 이루어진다. 기업은 현금 잔액을 감소시키거나 차입할 필요가 생긴다.
3) 원재료를 제품으로 전환시키기 위하여 생산기술을 선택하고 노동을 사용한다.
4) 제품이 외상으로 판매되면 매출채권이 발생한다.
5) 매출채권이 회수된다. 이 시점에서 기업은 순환과정에서 사용된 대출금을 상환하고 새로운 주기를 반복하게 된다.

이러한 단기적 기업활동과 관련된 의사결정을 정리하면 다음의 표와 같다.

사 건	의사결정
1. 원재료 구입	1. 주문량은 얼마나?
2. 현금 지급	2. 차입 혹은 기존의 현금잔고에서?
3. 상품 제조	3. 생산방식은 어떻게?
4. 상품 판매	4. 외상거래는 어디까지 허용?
5. 현금 수금	5. 어떻게 수금하는가?

위의 활동들은 현금유입과 현금유출에 대한 일종의 패턴을 발생시킨다. 현금유입과 유출은 시기적으로 일치하지 않으며 불확실성을 동반한다. 현금흐름이 시기적으로 일치하지 않는 이유는 원재료에 대한 현금유출이, 제품의 판매에서 생기는 현금유입과 같은 시점에서 발생하지 않기 때문이다. 또한 현금흐름이 불확실한 이유는 미래의 매출액과 비용을 정확히 예측할 수 없기 때문이다.

예를 들어 어떤 기업이 0일에서 시작하여 1,000원의 원재료를 외상으로 구입한다고 하자. 그 기업은 30일 후에 외상을 갚고, 다시 30일 후에 고객에게 제품을 판매하며, 다시 45일이 지난 후 그 고객으로부터 판매대금을 회수한다고 한다. 이러한 일련의 사건을 순서대로 요약하면 아래와 같다.

일 수	활 동	현금효과
0	원재료의 외상구매	없음
30	매입채무에 대한 현금지급	−1,000원
60	제품의 외상판매	없음
105	매출채권의 회수	+1,400원

영업활동은 원재료의 구매에서 시작하여 최종적으로 제품의 판매에서 생긴 매출채권이 회수된 시점에 이르는 순환과정을 거친다. 이 전체 주기를 영업주기(operating cycle)라고 부른다. 영업주기는 두 부분으로 나누어 볼 수 있다. 첫째는 원재료를 구매한 후 완제품을 생산하여 판매하는 데 소요되는 평균기간이다. 이 기간을 재고자산 전환기간(inventory conversion period)이라고 하는데, 위의 예에서는 60일이다. 둘째는 매출채권을 현금화하는 데 소요되는 평균기간이다. 이 기간을 매출채권 전환기간(receivables conversion period)이라고 하는데, 위의 예에서는 45일이다.

그러므로 영업주기는 재고자산 전환기간과 매출채권 전환기간의 합계로 계산된다.

$$\text{영업주기} = \text{재고자산 전환기간} + \text{매출채권 전환기간} \tag{10.3}$$

105일＝60일＋45일

위의 예에서 살펴볼 수 있는 또 하나의 사실은 일반적으로 영업활동이 현금흐름과 동시에 발생하지 않는다는 것이다. 예를 들어 기업은 원재료를 구매한 후 30일까지 대금을 지급하지 않았다. 이 30일의 기간을 매입채무 거치기간(payables deferral period)이라고 부른다. 또한 기업은 30일에 매입채무를 지급하지만 제105일까지 현금을 회수하지 못하였다. 그러므로 해당 기업은 105−30=75일 동안 필요한 1,000원의 자금을 마련하지 않으면 안 된다.

현금주기

원재료에 대한 현금지급으로부터 판매대금의 회수에 이르기까지의 기간을 현금전환기간(cash conversion cycle) 또는 단순히 현금주기(cash cycle)라고 부른다.

현금주기는 정의상 영업주기에서 매입채무 거치기간을 뺀 값이다.

$$\text{현금주기} = \text{영업주기} - \text{매입채무 거치기간} \quad (10.4)$$
$$75\text{일} = 105\text{일} - 30\text{일}$$

[그림 10-1]은 대표적 제조회사에 대한 영업주기와 현금주기를 그래프로 표시하

그림 10-1 현금흐름 시간선

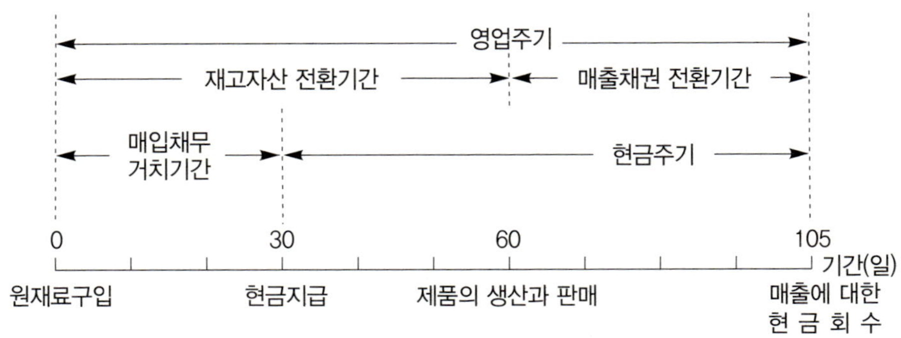

고 있다. 그림에서 보듯이 단기적 재무관리의 필요성은 단기적 현금유입과 현금유출 사이의 시차에서 생긴다.

현금 유출입에 따른 시차는 현금 또는 유가증권 형태의 유동성 준비자산의 보유나 단기차입에 의하여 관리할 수 있다. 현금 유출입의 시차를 관리하는 다른 방법은 재고자산 전환기간, 매출채권 전환기간, 그리고 매입채무 거치기간을 변경시키는 것이다.

예제

다음의 예를 통하여 영업주기 및 현금주기를 어떻게 계산하는가를 알아보자. 한강기업에 대한 재무상태표로부터 다음과 같은 정보를 수집하였다.

항 목	기 초	기 말
재고자산	₩5,000	₩7,000
매출채권	1,600	2,400
매입채무	2,700	4,800

또한 최근의 포괄손익계산서로부터 다음과 같은 숫자를 얻었다.

매 출 액=50,000원
매출원가=30,000원

영업주기와 현금주기를 계산하기 위하여 몇 가지 재무비율을 계산할 필요가 있다. 한강기업이 매입채무를 지급하는 데 얼마나 걸리는가? 판매되기까지 재고자산은 얼마 동안 남아 있는가? 이 회사는 매출채권을 회수하는 데 얼마나 걸리는가?

먼저 3가지 회전율을 다음과 같이 계산할 수 있다.

매입채무 회전율=매출원가/평균매입채무
=30,000/3,750=8회
재고자산 회전율=매출원가/평균재고자산

=30,000/6,000=5회

매출채권 회전율=매출액/평균매출채권

=50,000/2,000=25회

위에서 계산된 회전율을 이용하여 전환기간을 다음과 같이 계산하였다.

매입채무 거치기간=365/ 8=45.6일

재고자산 전환기간=365/ 5=73일

매출채권 전환기간=365/25=14.6일

한강기업은 매출채권을 평균 14.6일 후에 회수한다. 재고자산은 73일 동안 잠겨 있으며, 매입채무는 약 46일 후에 지급된다. 이 회사의 영업주기와 현금주기는 각각 다음과 같이 계산된다.

영업주기=재고자산 전환기간+매출채권 전환기간

=73일+14.6일=87.6일

현금주기=영업주기−매입채무 거치기간

=87.6일−45.6일=42일

위의 예는 현금주기가 영업주기 및 매입채무 거치기간에 달려 있다는 것을 보여준다. 영업주기는 재고자산 및 매출채권 전환기간이 길어짐에 따라 증가한다. 그러므로 현금주기는 재고자산 및 매출채권 전환기간이 길어지면 증가하는 양상을 보인다. 또한 현금주기는 매입채무 거치기간을 연장시킴에 따라 감소한다.

대부분의 기업들은 재고자산과 매출채권을 위한 자금조달을 필요로 한다. 현금주기가 길어질수록 더 많은 자금조달이 필요하다. 또한 특정 기업에 대한 현금주기의 변화는 흔히 조기경보의 척도로서 감시대상이 된다.

현금주기의 연장은 그 기업이 제품을 판매하거나 매출채권을 회수하는 데 곤란을 겪고 있다는 것을 나타내는 것이다. 현금주기 연장에 따른 문제점은 부분적으로는 매입채무 거치기간의 연장에 의해 감추어질 수 있다. 그러므로 기업의 현금흐름을 파악하는 경우에는 두 가지 척도를 모두 살펴볼 필요가 있다.

개념확인

1. 기업의 재고자산회전율이 3이라는 것은 무엇을 의미하는가?
2. 영업주기와 현금주기의 차이점은 무엇인가?

10.3 단기 재무정책

단기 재무정책

기업이 채택하는 운전자본정책은 적어도 다음 두 가지 측면에서 고려되어야 한다.

1) 유동자산에 대한 투자규모: 신축적 운전자본정책은 매출액에 대한 유동자산의 비율을 비교적 높게 유지하는 것이고, 제약적 운전자본정책은 유동자산의 비율을 낮게 유지하는 정책이다.
2) 유동자산에 대한 자금조달방법: 유동자산에 대한 자금조달에 있어서 단기부채(즉, 유동부채)와 장기자본의 비율을 어떻게 정하는가의 문제이다. 신축적 운전자본정책은 장기자본을 많이 사용하는 것이고, 제약적 운전자본정책은 상대적으로 단기부채를 많이 사용하는 것이다.

위의 두 가지 측면을 함께 고려하면 신축적 정책을 채택하는 기업은 운전자본에 대한 투자가 비교적 크고 단기부채를 비교적 적게 사용할 것이다. 따라서 신축적 정책의 순효과는 순운전자본의 수준이 비교적 높다는 것이다. 바꾸어 말하면, 신축적 정책을 가진 기업일수록 전반적 유동성 수준을 높게 유지한다는 것이다.

유동성 투자규모

유동자산에 대한 투자 측면에서 신축적 운전자본정책은 다음과 같은 조치를 포함한다.

1) 현금과 유가증권의 잔액을 높게 유지한다.
2) 재고자산에 많은 투자를 행한다.
3) 신용조건을 완화하여 매출채권 수준을 높인다.

한편 제약적 정책은 위의 경우와 반대되는 조치를 포함한다.

1) 현금잔액을 낮게 유지하고 유가증권에 거의 투자하지 않는다.
2) 재고자산에 대한 투자를 적게 한다.
3) 신용판매를 억제함으로써 매출채권을 최소화한다.

유동자산관리는 투자수준과 더불어 상승하는 비용과 하락하는 비용 간의 상반관계로 볼 수 있다. 유동자산 증가와 더불어 상승하는 비용을 유지비용(carrying costs)이라고 부른다. 유동자산에 대한 투자액이 큰 기업일수록 유지비용은 높아질 것이다. 유동자산에 대한 투자수준의 증가에 따라 감소하는 비용을 고갈비용(shortage costs)이라고 부른다.

일반적으로 유지비용은 유동자산의 보유에 따른 기회비용이다. 유동자산에 대한 수익률은 다른 자산에 비해 매우 낮다. 예를 들어 유동성 자산으로서 보유하고 있는 단기증권에 대한 수익률이 10%이고, 기업이 전반적으로 달성하고자 하는 수익률이 15%라고 가정하면 그 기업은 결국 단기증권을 보유하는 기회비용으로서 5%의 유지비용을 부담하는 것이다.

고갈비용은 유동자산에 대한 투자가 낮을 때 발생한다. 기업의 현금이 고갈되면 유가증권을 매각하거나 혹은 단기차입을 하거나, 두 가지가 모두 불가능하다면 채무

그림 10-2 유동자산 규모의 결정

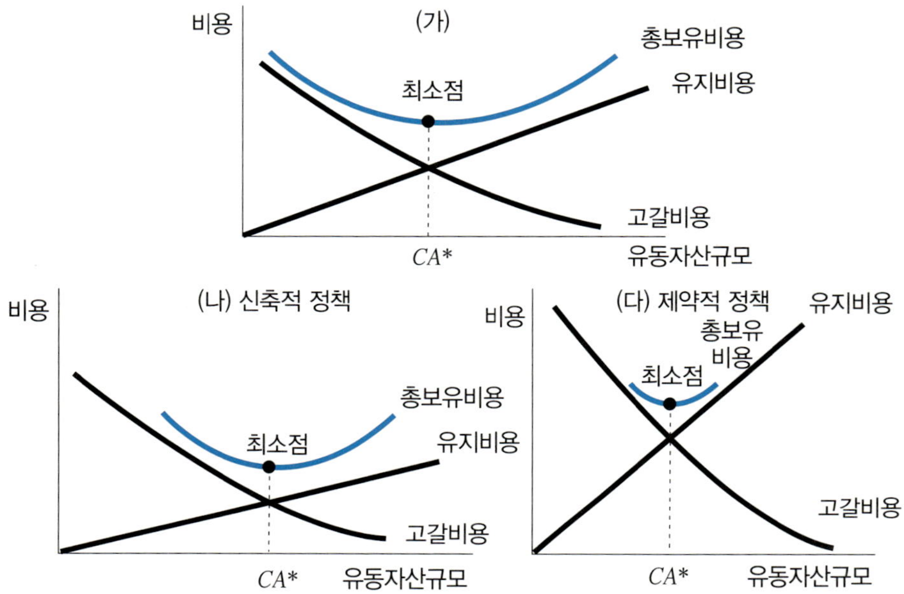

불이행이 될 수 밖에 없을 것이다. 만약 기업이 적절한 재고를 보유하지 못하면 재고가 고갈되어 판매를 못하거나 고객들에게 적절한 신용을 공여할 수 없게 될 수도 있고 판매의 감소와 고객의 상실이라는 비용을 지급하게 될 것이다.

[그림 10-2]의 (가)부분은 유지비용과 고갈비용 간의 기본적 상반관계를 예시한다. Y축에는 비용이, 그리고 X축에는 유동자산 규모가 표시된다. 유지비용은 유동자산이 0일 때 0에서 출발하여 유동자산이 증가함에 따라 지속적으로 증가한다.

고갈비용은 왼쪽 높은 곳에서 출발하여 유동자산이 증가함에 따라 감소한다. 유동자산의 총보유비용은 두 비용의 합이다. 총비용은 CA^*에서 최소점에 도달한다. 총비용이 최소가 되는 CA^*가 유동자산의 최적수준을 나타낸다.

유동자산의 최적보유액은 신축적 정책하에서 가장 높다. 이 정책에서는 유지비용이 고갈비용에 비해 상대적으로 낮다고 인식된다. [그림 10-2]의 (나)는 신축적 정책을 보여 준다. 이와 비교하여 제약적 유동자산정책하에서는 유지비용이 고갈비용보다 높다고 인식되므로 기업은 유동자산 보유규모를 낮추게 된다. [그림 10-2]의 (다)는 제약적 정책을 보여준다.

단기자산에 대한 최적투자 수준을 결정하려면 두 가지 운전자본정책에 따른 비용의 차이를 알아낼 필요가 있다. 우리의 목적은 제약적 정책의 비용과 신축적 정책의 비용 사이에 존재하는 상반관계를 고려하여 양자를 절충한 최선의 정책을 선택하는 것이다.

유동자산의 보유수준은 신축적 운전자본정책의 경우에 높다. 신축적 정책은 현금 및 유가증권, 재고자산 그리고 매출채권에 큰 투자를 요구한다는 점에서 비용이 크다. 그러나 신축적 정책이 채택되면 미래의 현금유입이 증가할 가능성이 있다. 예를 들어 고객들에게 손쉽게 외상을 제공하는 신용정책을 채택하면 매출액이 증가할 가능성이 높을 것이다. 또한 완제품 재고를 충분히 보유하면 고객들에게 신속한 배달서비스를 제공하여 매출액을 증가시킬 수도 있을 것이다. 마찬가지로 원재료 재고를 충분히 보유하면 재고부족으로 인하여 생산이 중단되는 경우도 없을 것이다.

제약적 운전자본정책하에서 미래의 매출액 수준은 신축적 정책하에서보다 감소할 가능성이 있다. 왜냐하면 제약적 정책하에서는 신속한 배달서비스와 유연한 신용조건의 제공이 어려워질 것이고, 이러한 환경을 고객들은 덜 선호할 것이기 때문이다.

기업이 실제로 신축적 정책과 제약적 정책, 때로는 양자의 절충한 중도적 정책 가운데서 어떤 것을 채택하는가는 각 정책하에서 유지비용과 고갈비용 간의 관계에 대한 경영자의 인식에 달려 있다.

일반적으로 신축적 정책하에서는 매출액에 대한 유동자산의 비율이 높기 때문에 보유비용은 높지만 유동자산의 고갈에 따른 비용과 위험을 줄일 수 있다. 반면에 제약적 정책하에서는 보유비용은 낮지만 유동자산의 고갈에 따른 위험을 증가시킨다. 그러므로 재무담당자는 여러 가지 운전자본정책하에서 위험과 수익성 간의 상반관계를 고려하여 주주의 부를 극대화시키는 정책을 선택하여야 할 것이다.

개념확인

1. 순운전자본의 보유가 필요한 현실적 이유는 무엇인가?
2. 적절한 유동자산의 보유를 위하여 고려할 사항들은 무엇인가?

10.4 현금예산

현금예산(cash budget)은 현금의 수입과 지출에 대한 예상치를 분석하고, 현금의 잉여분이나 부족분을 산정하는 것이다. 현금예산은 단기 재무계획의 주요한 도구이다. 재무관리자는 현금예산을 통하여 단기자금의 필요와 조달기회를 확인하게 된다. 현금예산의 기본적인 과정을 다음의 예를 가지고 설명하도록 하자.

매출액과 현금수입

A기업의 예를 가지고 설명하도록 하자. 분기별 현금예산을 중심으로 살펴보면, 기업의 본질적인 현금유입은 매출액으로부터 발생한다. 그러므로 현금예산은 앞으로 1년 동안의 매출액에 대한 분기별 예측으로부터 시작된다.

기업의 평균 매출채권 회수기간은 45일이라고 한다. 매출채권 회수기간이 45일이라는 것은 분기를 90일로 생각한다면 매출액의 1/2은 다음 분기에 회수되는 것을 의미한다. 분기의 매출액 중에서 45일 이전에 발생한 매출은 분기 내에 회수될 것이지만, 45일 이후에 발생한 매출은 다음 분기로 현금회수가 넘어갈 것이다.

예상매출액을 산출한 다음에는 그것을 이용하여 현금회수에 대한 예측치를 계산할 수 있다. 전기에서 이월된 매출채권은 45일 이내에 현금회수될 것이고, 해당 분기에 발생한 매출액 중에서 1/2이 현금으로 회수될 것으로 예측되는 것이다.

	1분기	2분기	3분기	4분기
예상매출액	200	300	250	400

$$현금회수액 = 기초\ 매출채권 + 1/2 \times 당기매출액 \tag{10.5}$$

예를 들어 A기업의 경우 전기에서 넘어온 기초 매출채권이 120원이라고 하면 1분기의 현금회수액은, 현금회수액=120+1/2×200=220원이 된다. 그리고 1분기 말에는 분기 매출액 200원의 1/2에 해당하는 100원의 매출채권 잔액이 남고, 2분기에는 1분기로부터 넘어온 100원과 2분기 매출액 300원의 1/2을 합한 250원의 현금회수가 발생하는 것이다.

〈표 10-1〉은 이러한 과정을 요약한 것이다. 여기서는 매출액과 매출채권에 대해서만 살펴보았으나 현금유입이 매출액에 의해서만 발생하는 것은 아니고 자산의 매각, 투자소득 및 장기적인 재무계획으로부터의 유입도 있을 것이므로 그것들도 추가적으로 고려되어야 할 것이다.

표 10-1　A기업의 현금회수액 사례

	1분기	2분기	3분기	4분기
기초 매출채권	₩120	₩100	₩150	₩125
매 출 액	200	300	250	400
현금회수액	220	250	275	325
기말 매출채권	100	150	125	200

주) 현금회수=기초 매출채권+1/2×매출액
　기말 매출채권=기초 매출채권+매출액−현금회수액
　　　　　　　=1/2×매출액

현금유출

이제 현금의 상환과 대금의 지급에 대하여 생각해 보자. 현금의 지급은 기본적으로 4가지 범주로 나누어 볼 수 있다.

1) 매입채무의 지급
   원재료 등과 같은 재화와 용역의 공급자에 대한 지급, 일반적으로 매입채무의 지급은 구매가 이루어진 후에 행해진다.
2) 임금, 세금 및 기타 비용
   실제적 지급이 발생하는 정규적인 모든 비용을 포함한다. 예를 들어 감가상각비는 정규적인 비용으로 인식되지만 실제적인 현금지급이 발생하지 않으므로 제외된다.
3) 자본적 지출
   장기간 사용하는 자산에 대한 현금지출을 말한다.
4) 장기적 재무비용
   장기부채에 대한 이자 지급과 주주에 대한 배당금 지급 등을 의미한다.

A기업의 경우에는 다음 분기 매출액의 60%를 당분기에 구입한다고 한다. 또한 직전 분기 구입액을 당분기에 지급하기 때문에 매입채무의 거치기간은 90일이다. 예를 들어 1분기 전에 1분기 매출액의 60%인 $200 \times 0.6 = 120$원을 구입하였고, 이에 대한 현금지급은 1분기에 일어났다.

임금, 세금 및 기타 비용은 통상 당기매출액의 20%이고, 이자 및 배당 등의 장기 재무비용에 대한 지급은 매 분기 20원씩 발생한다. 추가적으로 2분기에 시설확장자금으로 100원을 지급할 예정이다. 이러한 현금지급을 정리한 것이 〈표 10-2〉이다.

표 10-2 **A기업의 현금지급 사례**

내역\분기	1	2	3	4
매입채무(매출액의 60%)	₩120	₩180	₩150	₩240
임금, 세금 및 기타 비용	40	60	50	80
자본적 지출	0	100	0	0
장기 재무비용	20	20	20	20
합 계	180	360	220	340

현금잔고

앞에서는 현금의 회수와 지급에 대하여 살펴보았다. 기업의 순현금유입(net cash inflow)은 현금의 회수에서 지급을 공제한 부분을 의미한다. 〈표 10-3〉은 순현금유입을 보여주고 있다.

표에서 쉽게 발견할 수 있는 사항은 1분기와 3분기에는 현금의 여유분이 발생하고 2분기와 4분기에는 현금의 부족분이 발생하고 있다는 사실이다.

A기업은 20원의 현금잔고를 가지고 시작하였고 돌발적인 사건이나 예측치의 오류 가능성 때문에 10원의 최소현금을 유지한다고 가정하자. 그러므로 1분기의 경우에 20원으로 시작하여 분기 동안에 40원의 순현금유입이 있고, 기말에는 60원의 현금잔고가 발생한다. 60원 중에서 10원은 최소현금유지분으로 남겨 놓으면 1분기에

표 10-3 **A기업의 순현금유입 사례**

내역\분기	1	2	3	4
총현금회수	₩220	₩250	₩275	₩325
총현금지급	180	360	220	340
순현금유입	40	−110	55	−15

표 10-4 A기업의 현금잔고 사례

내역\분기	1	2	3	4
기초 현금잔고	₩20	₩60	−₩50	₩5
순현금유입	40	−110	55	−15
기말 현금잔고	60	−50	5	−10
최소 현금유지분	−10	−10	−10	−10
누적 여유분(부족분)	50	−60	−5	−20

는 50원의 현금여유분이 발생하는 것이다.

2분기에는 60원으로 시작하여 순현금유입이 −110원이 되고 기말잔고는 60−110=−50원이 된다. 2분기에도 10원의 최소 현금유지분이 필요하기 때문에 현금부족분은 −60원이 된다. 이러한 계산과 과정이 〈표 10-4〉에 요약되어 있다.

2분기에 현금부족분 60원이 발생하게 되는데 그것은 매출액의 계절적 문제, 현금회수의 지연, 그리고 자본적 지출 때문에 발생하는 것이다.

기업의 현금사정은 3분기에는 −5원의 부족으로 다소 개선되다가 4분기에는 −20원의 부족으로 마감한다. 어떤 형태든 자금조달이 이루어지지 않으면 현금부족분은 다음 연도로 이월될 것이다. 이러한 문제는 다음 절에서 다루기로 하고 A기업의 현금예산은 다음과 같이 정리할 수 있을 것이다.

1) A기업의 경우 2분기에 발생하는 현금부족은 반드시 문제라고 볼 수는 없다. 그것은 단지 현금회수 지연과 자본적 지출에 의한 것이기 때문이다.
2) 이제까지 계산된 것은 예측치에 근거한 것이다. 실제 매출액은 예측치와 다를 가능성도 있는 것이다.

개념확인

1. 순현금잔고에 대하여 민감도 분석(sensitivity analysis)을 어떻게 할 것인가?
2. 민감도 분석에서 기대할 수 있는 것은 무엇인가?

10.5 단기차입의 성격

기업은 유동자산의 규모뿐만 아니라 자금의 조달방법을 결정하여야 한다. 부채의 조달방법은 만기에 따라 단기와 장기로 구분될 수 있다. 단기부채와 장기부채의 비중에 대한 결정은 위험과 수익 간의 상반관계에 따라서 달라질 것이다. 본 절에서는 단기부채와 장기부채의 비용과 위험을 비교하여 살펴본다.

장단기 차입의 장단점

부채의 만기와 이자율 사이의 관계는 이자율의 기간구조(term structure of interest rates)라고 알려져 있다. 이 관계를 그래프로 나타낸 수익률곡선(yield curve)은 흔히 상향하는 기울기를 가진다. 이것은 장기 이자율이 단기 이자율보다 높다는 것을 의미한다. 통상적인 상황에서는 자금조달시의 이자비용은 장기차입의 경우가 단기차입의 경우보다 높다.

하지만 자금수요가 계절적이거나 경기순환적이면 기업은 다음과 같은 이유로 장기차입을 꺼릴 수 있다.

1) 일반적으로 장기부채에 대한 발행비용은 높다.
2) 장기부채는 대출약정에 따라 조기상환에 따른 추가적인 부담이 있을 수 있다.

그러므로 기업은 미래의 자금수요가 감소할 것으로 기대하면 신축성이 큰 단기부채를 선택하려는 경향이 있다.

3) 장기부채 약정은 기업의 행동을 제약하는 조항을 포함하지만 단기부채 약정은 일반적으로 제한이 적다. 이와 같이 장기차입은 단기차입에 비하여 신축성이 적기 때문에 장기부채비용은 단기부채 비용보다 높은 것이 일반적이다.

단기부채는 장기부채에 비하여 비용면의 이점을 제공하지만, 단기부채에 의한 자금조달은 장기부채의 경우에 비하여 기업의 위험을 증가시키는 경향이 있다. 단기부채의 사용에 따라 위험이 증가하는 이유로서는 다음 두 가지를 들 수 있다.

1) 기업이 장기간에 걸쳐 차입하면, 그에 따른 이자비용이 시간에 따라 고정적이고 안정적이다. 그러나 단기부채의 경우 이자율의 변동이 심하기 때문에 이자율 변동에 대한 위험에 노출돼 있다.
2) 기업이 단기부채에 대한 의존도가 높아지면, 그 기업은 부채상환에 대한 압력에 시달릴 가능성이 있다. 기업이 단기적인 자금조달을 통하여 부채를 상환하지 못하면 결국 파산에 이를 수 있는 것이다.

장단기 조달정책

기업의 자금수요는 비유동자산과 유동자산의 합계이고, 유동자산은 다시 영구적 유동자산과 변동적 유동자산으로 구분될 수 있다. 변동적 유동자산(fluctuating current assets)은 계절적 또는 경기순환적 성격에 의해 영향을 받는 부분이다. 기업은 성수기나 호황기에 재고자산이나 매출채권에 대한 투자가 증가되는데, 이러한 것들은 변동적 유동자산의 예이다. 영구적 유동자산(permanent current assets)은 기업이 일상적으로 필요로 하는 유동성을 충족시키기 위하여 보유되는 부분이다.

[그림 10-3]은 기업의 자금수요가 시간에 따라 어떻게 변화하는가를 나타낸다.

그림 10-3 **만기일치정책**

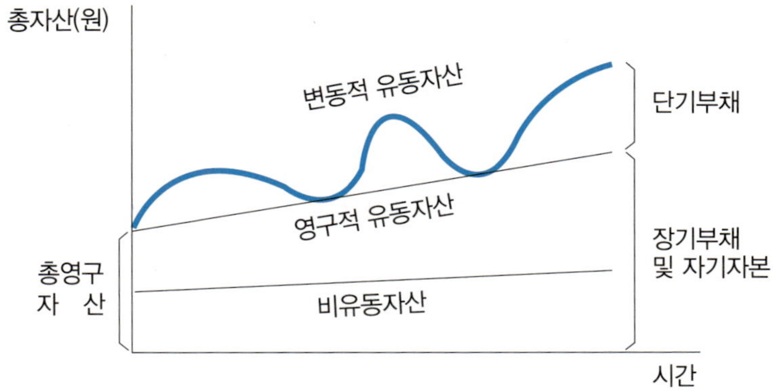

비유동자산과 영구적 유동자산의 직선은 상향하는 기울기를 가진다. 직선의 기울기는 이러한 자산에 대한 투자 및 자금수요가 시간에 따라 증가하는 경향을 의미한다.

기업들이 자신의 자금수요를 충족시키는 첫째 방법은 [그림 10-3]에서 보인 것처럼 자산과 부채의 만기를 일치시키는 정책이다. 이를 만기일치(maturity matching) 또는 헷지접근법(hedging approach)이라고 부른다. 이 방법에 의하면, 비유동자산과 영구적 유동자산은 장기부채 및 자기자본에 의해 조달하고, 변동적 유동자산은 단기부채에 의해 조달한다. 이 전략은 기업이 부채의 만기시 이를 상환할 수 없게 될 위험을 감소시킨다.

두 번째 방법은 [그림 10-4]에 예시된 바와 같이 제약적 운전자본 조달정책이다. 제약적 운전자본 조달정책은 일부만을 장기자본으로 조달하고 많은 부분을 단기부채에 의존하는 정책이다. 기업이 매우 제약적인 정책을 취한다면 비유동자산의 일부까지도 단기부채로 조달할 가능성도 있다.

이러한 기업은 부채의 차입빈도를 증가시키고, 그 과정이 원활하지 않으면 신규자금을 조달할 수 없게 될지도 모른다. 또한 제약적 운전자본정책하에서는 단기 이자비용의 변동 가능성이 크기 때문에 기업의 위험은 더욱 증가할 것이다. 이처럼 높

그림 10-4 제약적 운전자본 조달정책

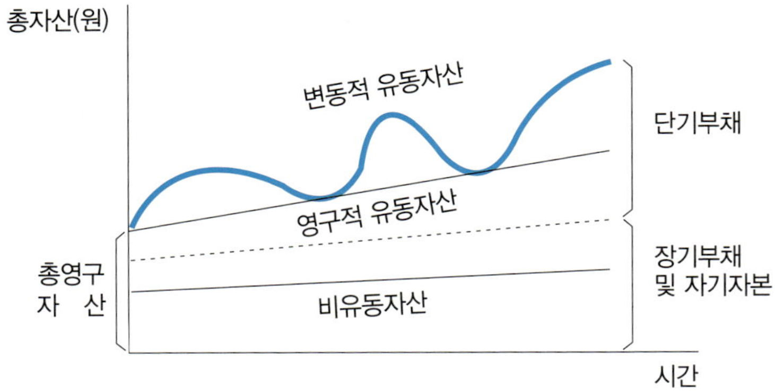

은 위험은 단기부채의 비용이 낮기 때문에 생기는 기대이익에 의해 상쇄될 것이다.

세 번째 방법은 [그림 10-5]에 예시된 바와 같은 신축적 운전자본 조달정책이다. 이 그림에서 영구적 유동자산을 표시하는 직선 위쪽에 그려진 점선은, 장기부채 및 자기자본이 순환적 자금수요를 충족시키는 데 사용되고 있다는 것을 가리킨다. 이 경우 기업은 자금 성수기에 단기부채를 약간 사용하지만, 비수기에는 유가증권의 형태로 유동성을 보유한다.

그림 10-5 신축적 운전자본 조달정책

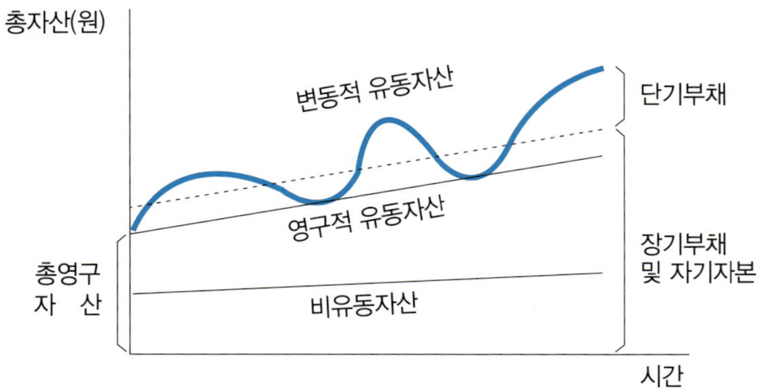

이 정책에서는 단기부채의 비율이 상대적으로 낮기 때문에 기업이 부채를 재차입할 수 없게 될 위험 및 이자율변동과 관련된 위험은 감소된다. 이러한 위험 감소의 이익은 장기부채의 사용에 따른 비용증가에 의해 보상될 것이다.

유동자산에 대한 투자정책의 경우와 마찬가지로 위의 세 가지 자금조달정책 가운데 어떤 정책을 선택할 것인가는, 각 정책 하에서 위험과 수익 간의 상반관계에 대한 재무관리자의 판단에 달려 있다. 위에서 논의한 바와 같이 재무담당자는 단기부채의 적정액을 결정하기 위해서 적어도 다음 세 가지 요인들을 고려하여야 한다.

1) **현금 잔액:** 신축적 자금조달정책은 잉여현금을 보유하고 단기부채를 거의 사용하지 않는 것이다. 이 정책은 기업이 재무적 곤경에 처할 확률을 감소시킨다. 그러나 잉여현금에 대한 투자는 수익률이 낮기 때문에 수익률의 희생이 동반된다.
2) **만기의 헷지:** 대부분의 기업들은 자산과 부채의 만기를 일치시키려고 한다. 그들은 재고자산에 대해서는 단기대출금으로, 그리고 비유동자산에 대해서는 장기자본으로 자금을 조달한다. 기업들은 장기자산에 대해 단기차입으로 조달하는 것을 회피하는 경향이 있다. 만기의 불일치는 빈번한 재차입을 불가피하게 하므로 본질적으로 위험하다. 또한 단기이자율은 장기이자율보다 변동이 심하고 재무적 곤경시 재차입 자체가 어려워질 수 있는 것이다.
3) **상대적 이자율:** 단기이자율은 장기이자율보다 낮은 게 일반적이다. 이것은 평균적으로 보아 단기차입에 비하여 장기차입에 의존할 때 더 많은 비용이 든다는 것을 의미한다.

개념확인

1. 기업들의 자금수요를 충족시키는 세 가지 방법은 무엇인가?
2. 단기부채의 적정액을 결정하는 세 가지 요인은?

10.6 단기자금의 조달

단기금융(short-term credit)은 원래 1년 이내에 상환하기로 예정되어 있는 부채로서 정의된다. 단기자금의 원천은 일상적인 운영에서 발생하는 자금조달과 교섭에 의한 자금조달로 구분되기도 한다. 전자에는 미지급비용, 이연수익 및 거래신용이 포함되고, 그 밖의 모든 단기자금 조달수단은 후자에 속한다.

미지급비용: 미지급비용(accrued expenses)은 기업에 대한 서비스가 제공되었으나, 아직 그 대가가 지급되지 않은 채무를 나타낸다. 미지급비용의 예로서는 아직 지급되지 않은 임금, 세금 및 이자가 있다. 이들은 기업에게는 이자가 없는 자금조달수단이 된다. 미지급비용은 기업의 영업이 확장됨에 따라 자동적으로 증가하는 경향이 있다.

미지급비용과 비슷한 성격을 가진 또 하나의 자연발생적 단기자금 조달원으로서 이연수익(deferred income)이 있다. 이연수익은 기업이 미래의 어떤 시점에서 제공하기로 약정한 재화와 서비스에 대한 대금을 미리 수취한 것이다. 이러한 대금 수취액은 그 기업의 유동성과 자산을 증가시키므로 자금의 원천이 된다. 고객이 미리 지급한 선수금은 이연수익의 대표적 예이다. 고객에 대한 재화나 서비스의 공급이 이루어지기까지 이 금액은 그 기업의 재무상태표 상 이연수익이라는 부채로서 기록된다.

거래신용: 기업은 일반적으로 다른 기업들로부터 외상으로 물건을 구입하는 경우가 있는데, 이를 거래신용(trade credit) 또는 매입채무라고 부른다. 대부분의 거래신용은 공급자의 매출채권 계정을 통하여 제공되고, 대금은 나중에 지급된다. 거래신용은 일상의 상거래에서 발생하고, 기업의 영업규모 확대와 더불어 자연히 증가한다는 점에서 자연발생적 자금조달원이 된다.

은행 단기차입금: 은행은 단기신용을 제공하는 중요한 자금원이다. 거래신용은 자연발생적 단기 자금조달원인 데 비하여, 은행대출금은 교섭에 의한 단기 자금조달원이다. 우리나라의 은행은 기업에게 단기운전자금뿐만 아니라 장기적 설비자금도 공급한다. 운전자금의 공급으로서는 상업어음할인, 무역금융, 당좌대월, 적금관계대출, 일반자금대출 등이 있다. 설비자금의 공급으로서는 중장기분할상환대출(term loan), 수출산업설비금융, 에너지절약시설자금, 외화대출 등이 있다.

우리나라 예금은행의 대출은 대출형식에 따라 어음대출, 증서대출, 당좌대출 및 어음할인의 네 가지로 구분된다. 어음대출은 차입자가 은행을 수취인으로 하는 약속어음(promissory note)을 발행하는 방식으로서 가장 널리 이용되는 대출방식이다.

증서대출은 차입자로부터 어음 대신에 차용증서를 요구하는 방식이다. 가계에 대한 대출 및 1년을 초과하는 대출은 반드시 증서대출로 취급된다. 당좌대출(overdrafts)은 당좌계정거래자가 은행과의 당좌대월 약정에 의거 일정 금액 범위 내에서 당좌예금 잔액을 초과하여 수표를 발행할 수 있는 대출방식이다.

한편, 어음할인은 차입자가 상거래에 수반하여 취득한 어음을 만기일 전에 은행에게 매입을 의뢰할 경우, 은행이 어음만기일까지의 이자를 차감한 후 나머지 금액을 지급하는 방식이다. 우리나라의 예금은행은 상거래에 수반하여 발행, 양도배서 또는 인수한 진성상업어음을 대상으로 상업어음할인을 취급한다. 예금은행은 할인매입한 어음을 담보로 한국은행이 배정한 총액대출 한도의 범위 내에서 한국은행으로부터 재할인을 받을 수 있다.

개념확인

1. 단기자금 조달원천에는 무엇이 있는가?
2. 은행 단기차입금의 종류에는 무엇이 있는가?

10.7 단기자금계획

단기자금계획을 설명하기 위하여 우리기업의 경우를 예를 들어 설명하도록 하자. 우리기업이 단기적 관점에서 자금의 부족분을 차입에 의하여 해결한다고 가정하자. 단기차입에 대한 이자율은 20%인데 분기별로 계산한다고 한다. 그러므로 분기별 이자율은 20%/4=5%에 해당되는 것이다. 또한 여기서는 금년도 초기 시점에서는 단기차입금이 없었던 것으로 가정한다.

〈표 10-5〉에서 보듯이 우리기업은 2분기에 60원의 자금부족분이 발생할 것으로 예측된다. 그러므로 자금부족분을 메우기 위하여 60원을 차입하고, 60×0.05=3원의 이자를 3분기에 지급하여야 한다. 3분기에는 55원의 순현금유입이 발생하지만 이자지급 3원이 발생하기 때문에 52원의 자금여유분이 발생하여 단기차입금 60원 중에서 52원을 상환하면 3분기 말에도 8원의 차입금 잔액이 남게 된다. 4분기에는 차입금 잔액에 대하여 이자 8×0.05=0.4원이 지급되어야 한다. 뿐만 아니라 4분기의 순현금유입이 −15원이므로 15.4원을 추가로 차입하여야 하며, 전체 차입금의 잔액은 15.4+8=23.4원이 된다. 〈표 10-5〉는 이러한 계산들을 정리한 것이다. 4분기 말에 남아 있는 단기차입금의 잔액은 1년 동안의 누적부족분 20원과 이자지급금액 3+0.4=3.4원을 합한 23.4원이 된다.

우리기업의 단기자금계획은 상당히 단순한 사례이다. 예를 들어 여기서는 단기부채에 지급한 이자의 세금절감효과를 무시하였고, 또한 1분기에 발생한 자금여유분에 대한 수입이자에 대하여 고려하지 않았다. 좀 더 정밀한 계획을 위해서는 이러한 사항들도 고려되어야 할 것이다. 그러나 여기서 분명한 것은 일정 기간 동안 어느 정도의 단기차입이 필요하다는 사실을 확인한 것이고 그에 따른 자금조달방안을 마련하여야 한다는 점이다.

표 10-5 우리기업의 단기 재무계획 사례

내역\분기	1	2	3	4
기초 현금잔고	₩20	₩60	₩10	₩10
순현금유입	40	−110	55	−15
단기차입금 발생	–	60	–	15.4
단기차입금 이자	–	–	−3	−0.4
단기차입금 상환	–	–	−52	–
기말 현금잔고	60	10	10	10
최소 현금유지분	−10	−10	−10	−10
누적 여유분(부족분)	50	0	0	0
기초 차입금	0	0	60	8
차입금 변화	0	60	−52	15.4
기말 차입금	0	60	8	23.4

자금계획에서 발견할 수 있는 또 하나의 관점은 단기자금조달을 위해서는 3원 이상의 비용이 발생한다는 사실이다. 또한 고려해야 할 것은 자금조달과 관련된 비용을 감소시킬 수 있는 방안을 준비하는 것이다. 예를 들어 계획된 자본적 지출 100원을 연기하는 것이 가능한 것인가? 혹은 자본적 지출을 일시적으로 할 것이 아니라 분기별로 점차적으로 지출하는 것이 가능할 것인가 등도 검토해야 한다.

만약 우리기업의 매출이 다음 해에도 증가하고 그에 따른 자본적 지출이 계속된다면 자금의 부족분은 더욱 증가할 것이고, 추가적인 자금조달의 필요성은 연속적인 성격을 가질 수가 있다. 이런 경우에는 우리기업은 안정성이 떨어지는 단기차입으로 계속 해결할 것인지 아니면 장기적인 자금조달방안은 없는지도 검토하여야 한다.

위의 예에서도 보았듯이 현금예산은 기업의 현금흐름에 대하여 주의를 환기시키는 효과가 있기 때문에 중요하다.

개념확인

1. 단기 재무계획에서 발견할 수 있는 사항은 무엇인가?
2. 단기 재무계획에서 고려할 사항에는 무엇이 있는가?

10.8 요약 및 결론

본 장에서는 단기 재무관리에 대하여 소개하였다. 기업의 단기적 재무관리는 단기성 자산과 부채의 관리를 포함하는 개념으로 단기자금의 원천과 사용에 대하여 살펴보는 것이다. 여기서는 기업의 단기적 운영활동에 의하여 발생하는 유동자산과 유동부채, 그리고 기업의 현금주기를 살펴보았다.

단기성 현금흐름을 관리하는 것은 자금의 규모뿐만 아니라 그에 따른 비용도 고려하여야 한다. 두 가지 주요 비용들은 보유비용과 고갈비용이다. 보유비용은 현금과 같은 유동성이 높은 자산을 보유하는 경우에 지급하게 되는 기회비용을 의미하며, 고갈비용은 단기자산이 부족하여 지급하게 되는 여러 가지 형태의 부담을 의미한다. 그러므로 단기 재무관리와 계획의 목표는 이러한 두 가지 비용을 감안한 최적의 선택을 찾는 것이다.

이상적인 상황에서는 기업은 현금의 단기적 조달과 원천을 완벽하게 예측할 수 있기 때문에 순운전자본을 최저의 수준에서 유지할 수 있을 것이다. 실제 상황에서는 기업은 현금과 순운전자본의 여유분을 보유할 필요가 있다. 재무관리 책임자는 적정수준의 유동자산 보유를 결정하고자 하는 것이다.

재무관리자는 현금예산을 통하여 단기적인 자금의 필요를 확인할 수 있다. 현금예산은 단기차입의 필요와 여유분을 확인하고 그것을 통하여 다양한 대안들을 찾도록 유도하는 기능을 수행한다.

기업은 유동자산에 대한 규모와 조달방법에 대해서도 결정해야 한다. 재무담당자는 장단기차입의 장단점을 파악하고 자금조달정책을 수립해야 한다. 자금조달 정책은 만기일치 전략을 기본으로 하고, 정책의 방향에 따라 제약적 운전자본정책과 신축적 운전자본정책을 선택할 수 있다. 정책적 선택은 위험과 수익에 대한 의사결정자의 판단에 근거한다.

확인학습

10.1 영업주기와 현금주기

경부회사에 관한 재무정보를 이용하여 영업주기와 현금주기를 계산하라.

(단위: 백만 원)

항 목	기 초	기 말
재고자산	1,543	1,669
매출채권	4,418	3,952
매출채권	2,551	2,673

매출액 ₩11,500　　매출원가 ₩8,200

10.2 현금잔액의 산출

만수기업은 매출채권의 평균 회수기간이 60일이고 최소 5원의 현금잔고를 유지하고자 한다. 아래 주어진 정보와 이러한 사항들을 고려하여 다음의 현금예산을 완성시켜라. 그리고 어떤 결론을 얻게 되는지 언급하라.

만수기업 현금예산 (단위: 백만 원)

내역＼분기	1	2	3	4
기초 매출채권	120			
매 출 액	90	120	150	120
현금회수				

기말 매출채권				
총 현금회수				
총 현금지급				
순현금유입				
기초 현금잔고	5			
순현금유입				
기말 현금잔고				
최소 현금보유분				
누적 여유분(부족분)				

해답

10.1 우선 회전율에 대한 비율을 구하여야 한다. 주의하여야 할 점은 비율을 구하는 과정에서 재무상태표 항목들의 평균값을 사용하고 재고자산 회전율과 매입채무 회전율을 매출원가에 대하여 계산한다는 점이다.

재고자산 회전율=8,200/[(1,543+1,669)/2]=5.11회
매출채권 회전율=11,500/[(4,418+3,952)/2]=2.75회
매입채무 회전율=8,200/[(2,551+2,673)/2]=3.14회

이제 각 기간들에 대하여 계산해 보자.

재고 회전기간=365일/5.11회=71.43일
매출채권 회전기간=365일/2.75회=132.73일
매입채무 회전기간=365일/3.14회=116.24일

그러므로 재고자산, 원재료 등을 획득하여 판매하는 데 걸리는 기간은 71일이고 현금을 회수하는 데는 매출이 발생한 후 133일이 추가적으로 소요된다. 그러므로 영업주기는 71+133=204일이다. 현금주기는 전체 영업주기에서 매입채무 지급을 유보하는 기간인 116일을 차감하여 204−116=88일이 된다.

10.2 만수기업의 회수기간이 60일이라는 것은 해당 분기의 매출액 중에서 30일분에 해당

하는 1/3만이 당분기에 현금으로 회수된다는 것을 의미한다. 그러므로 1분기의 전체 매출액의 1/3과 기초 매출채권 잔고가 현금으로 회수될 것이다. 즉 120+90×1/3=150백만원이 회수된다. 1분기의 매출채권 중에서 90×2/3=60백만원이 기말잔고로 남는다. 나머지 계산은 주어진 양식에 의거하여 계산하면 문제가 없을 것이다.

만수기업 현금예산 (단위: 백만 원)

내역＼분기	1	2	3	4
기초 매출채권	120	60	80	100
매 출 액	90	120	150	120
현금회수	150	100	130	140
기말 매출채권	60	80	100	80
총 현금회수	150	100	130	140
총 현금지급	80	160	180	160
순현금유입	70	−60	−50	−20
기초 현금잔고	5	75	15	−35
순현금유입	70	−60	−50	−20
기말 현금잔고	75	15	−35	−55
최소 현금보유분	−5	−5	−5	−5
누적 여유분(부족분)	70	10	−40	−60

현금예산으로부터 얻어지는 주요 결론을 만수기업의 현금 여유분이 3분기에는 부족분으로 전환한다는 사실이다. 또한 연말까지는 만수기업은 60백만원의 부족분이 발생하므로 자금조달에 대한 계획을 수립하여야 한다.

연습문제

10.1 기업의 현금흐름에 대한 예측 가능성과 순운전자본의 규모와는 어떤 관계가 있는가? 순운전자본과 유동성, 파산 그리고 위험과의 관계는 무엇인가?

10.2 운전자본관리에 관한 신축적인 전략과 제약적인 전략을 설명하라. 그리고 전략의 선택이 기업의 수익성과 위험에 미치는 영향을 비교 설명하라.

10.3 기업의 단기자금조달의 주요 원천은 무엇인가? 단기자금조달방식이 매출액에 어떤 영향을 미치는가?

10.4 기업이 현금할인을 이용하는 비용이 존재하는가? 혹은 현금할인을 포기하는 데는 어떤 비용이 포함되는가? 현금할인과 단기자금조달비용의 관계를 설명하라.

10.5 송도기업은 다음 연도의 자금소요량을 다음과 같이 예측하고 있다.

월	금액	월	금액
1	740만원	7	580만원
2	550	8	540
3	500	9	500
4	530	10	530
5	620	11	600
6	600	12	680

a. 송도기업의 자금소요량을 영구적인 부분과 변동적인 부분으로 구분하라.

b. 신축적인 자금전략과 제약적인 운전자본정책에서 필요한 장기자금조달 규모와 단기자금조달 규모를 설명하라.

c. 장기자금의 비용이 연 16%이고 단기자금의 비용이 연 10%일 때 각 전략의 비용을 계산하라.

d. 신축적인 정책과 제약적인 정책의 수익성과 위험의 상반관계를 논하라.

10.6 아침기업 재무제표로부터 다음과 같은 정보를 수집하였다.

계 정	기 초	기 말	평 균
재고자산	₩2,000	₩3,000	₩2,500
매출채권	1,600	2,000	1,800
매입채무	750	1,000	875

매출액 : ₩11,500　　　　매출원가 : ₩8,200

a. 재고자산회전율, 재고자산전환기간, 매출채권회전율, 매출채권전환기간을 구하라.

b. a의 결과로부터 영업주기를 구하라.

c. 매입채무 회전율과 매입채무 거치기간을 구하라.

d. 현금주기를 구하라.

10.7 파일기업은 90일 만기의 액면가 100만원의 상업어음을 할인하고 978,000원을 받았다.

a. 상업어음을 할인하는 데 얼마의 비용을 지급한 것인가?

b. 어음을 할인하는 수수료로서 9,612원을 지급하였다면 실질적인 비용은 얼마인가?

제 11 장

현금 및 유동성 관리

본 장에서는 기업의 현금관리 방법에 관하여 살펴보고자 한다. 현금관리의 기본적인 목표는 기업의 운영을 효율적이고 효과적으로 유지하면서 현금보유 수준을 최소한으로 유지하는 것이다. 현금관리의 과정을 3단계로 나누어 보면 다음과 같다.

적정한 현금잔고의 결정은 유동성 보유에 대한 이익과 그에 따르는 비용에 대한 상호관계의 평가로부터 시작된다. 현금보유에 따른 유동성의 한계이익과 이자소득의 손실에 따른 한계비용이 같아지는 점에서 적정현금 수준이 결정된다. 만약 현금보유에 의한 유동성 이익이 현금보유에 따른 비용보다 크면 현금보유를 늘리는 것이 유리하고, 반대로 유동성의 이익이 보유비용보다 적으면 현금보유를 줄이는 것이 유리하다.

최적 유동성 수준이 결정되면 기업은 그것을 유지할 수 있도록 현금의 회수와 지급을 효율적으로 수행하는 절차를 마련하여야 한다. 현금의 회수와 지급의 효율성은 간단히 말하면 수금은 신속하게 지급은 늦추어서 하는 방식이지만, 기업의 전반적인 영업활동과도 관련이 있는 것이다.

유동성 관리의 다음 단계는 여유자금과 매출채권의 관리이다. 일반적으로 단기 여유자금은 시장성 있는 유가증권에 투자하게 될 것이다. 또한 신용거래에 따라 매출채권이 발생하게 되는데 신용의 공여와 매출채권 관리에 대해서도 살펴보고자 한다.

11.1 현금과 단기금융상품

오늘날 현대의 재무적 상황은 현금과 단기금융상품과의 차이를 현저히 좁히고 있다. 예를 들어 요구불예금에 이자를 지급하는 형태의 MMDA같은 금융상품들이 등장하고 있어서 단기금융상품이면서도 현금과 유사한 '유사현금'이 증가하고 있다.

케인즈는 그의 유명한 저서, 『고용, 이자 및 화폐에 관한 일반이론』에서, 현금을 보유하는 세 가지 주요한 동기로서 거래적 동기, 예비적 동기 및 투기적 동기를 들고 있다.

투기적 동기와 예비적 동기

투기적 동기(speculative motive)는 바겐세일과 같은 추가적인 투자기회를 이용하기 위하여 현금을 보유하는 것을 말한다. 재무거래에 있어서 투기적 기회는 이자율의 급격한 변화나 환율의 급격한 변동에 의하여 발생하는 경우가 많다.

대부분의 경우에 투기적 동기의 현금보유는 여분의 차입 가능성이나, 시장성 있는 유가증권의 보유와 같은 형태를 띠는 것이 일반적이다. 그러므로 현대 기업에 있어서는 투기적 동기의 유동성을 확보하려는 경향은 있을 수 있으나, 현금 그 자체를 투기적 동기로 보유하는 경우는 드물다.

이러한 현상은 **예비적 동기**(precautionary motive)의 경우에도 유사하다. 예비적 동기는 예기치 않은 사태에 대비하기 위하여 여분의 현금을 보유하는 것을 말한다. 물론 유동성을 보유하는 이유 중의 하나가 예비적 동기일 경우는 있다. 그러나 단기금융상품들이 위험이 적고, 시장성이 풍부한 경우에는 예비적 동기로 현금 자체를 보유할 필요는 없을 것이다. 즉 예비적 동기는 현대 기업의 현금보유를 설명하는 데 있어서는 작은 부분이라고 할 수 있다.

거래적 동기

거래적 동기는 기업이 일상의 영업활동에서 발생하는 지급을 이행하기 위한 현금수요이다. 거래적 동기에 의한 현금수요는 기업의 통상적인 현금의 회수와 지급에 따른 활동에서 발생한다. 기업의 통상적인 현금 지급에는 임금의 지급, 거래대금의 지급, 세금 및 배당금 등이 포함된다. 현금의 회수는 매출활동, 자산매각, 그리고 새로운 자금조달을 통하여 이루어진다. 현금의 유입(회수)과 유출(지급)은 항상 동시에 이루어지는 것은 아니므로 시간상의 차이로 발생하는 공백을 메우는 과정에서 현금보유가 필요한 것이다.

전자통신의 발달에 따라 현찰을 동반하지 않는 자금의 이동이 가능하게 되면서 거래적 동기에 의한 현금수요도 상당히 약화되었다. 그럼에도 불구하고 유동성의 존재는 필요하고 그러므로 유동성의 효율적인 관리가 필요한 것이다.

기타 현금보유동기

기여예금: 기여예금도 현금을 보유하게 하는 한 가지 이유이다. 기여예금은 기업이 은행과의 거래에서 은행이 제공한 서비스의 대가로, 주로 대출의 경우에 예치시키도록 요청받는 예금이다. 은행이 요구하는 최저예금수준은 기업이 보유하는 현금의 최소치가 될 것이다. 즉 기업은 기여예금보다는 항상 많은 현금을 보유하여야 한다.

현금보유 비용

기업이 필요 이상의 현금을 보유하는 경우에는 기회비용(opportunity cost)을 지급하게 된다. 여기서 기회비용은 현금보유에 따라 상실하게 되는 이자소득을 의미한다. 기여예금은 은행과의 거래관계 때문에 발생하므로 예외로 한다면, 기업은 기회비용을 지급하면서 왜 현금을 보유하는 것일까? 기업은 거래에 따른 대금지급을 위하여 현금을 보유해야 하는 것이다. 기업이 너무 적은 현금을 보유한다면, 단기적인 자금필요 때문에 추가적인 노력이 소요될 것이다. 단기적으로 자금을 동원하기 위해서는 유가증권을 처분하든지 단기차입을 주선해야 하는데, 그러한 활동들은 비용을 동반하게 될 것이다.

이제까지 논의하였듯이 현금을 보유하는 것은 유동성 측면에서는 이익이지만, 반면에 기회비용을 지급하는 것이다. 그러므로 현금잔고의 목표수준은 현금보유의 이익과 비용을 동시에 감안해야 한다. 다음 절에서는 적정현금잔고에 대하여 설명하기로 하자.

개념확인

1. 거래적 동기는 무엇이며, 기업의 현금보유에 어떤 영향을 미치는가?
2. 기업이 잉여분의 현금을 보유하는 데는 어떤 비용이 들어가는가?

11.2 적정현금잔고의 결정

여기서는 현금잔고의 결정모형들을 설명하려고 한다. 현금잔고의 결정모형들은 적정 재고자산의 결정모형을 원용한 것들이다. 앞에서 설명했듯이 금융상품이 발달함에 따라 유사현금들이 다양하게 존재하기 때문에 여기서 현금잔고는 유사현금을 포함한 개념으로 이해해야 할 것이다.

*BAT*모형

*BAT*모형은 Baumol-Allais-Tobin의 머리글자를 따서 *BAT*라고 이름 붙인 것인

데, 현금관리 문제를 분석하는 고전적인 방법이다. 이 모형은 재고자산관리에서 사용된 **경제적 주문량**(*EOQ*)의 공식을 현금관리 문제에 적용한 것으로, 적정현금잔고 수준을 결정하는 요인들을 분명히 보여주고 있다. *BAT*모형은 현금관리뿐만 아니라 일반적인 유동자산 관리에 대하여도 시사하는 바가 많다.

*BAT*모형을 예를 들어 설명하도록 하자. G회사는 기초에 120만원의 현금잔고를 가지고 시작하였다. 현금의 순유출이 1주간에 60만원씩이라고 가정하면 G기업의 현금잔고는 2주만에 제로(0)에 도달할 것이다. G기업의 평균현금잔고는 기초(120만원)와 기말잔고(0)를 합하여 반으로 나눈, (120만원+0)/2=60만원이 된다. 2주가 경과한 다음에 G기업은 다시 120만원의 현금잔고를 보충하게 된다.

이러한 현금관리 전략은 매우 단순하다. G기업은 2주만에 한 번씩 120만원의 현금을 보충시키는 것뿐이다. 그림으로 보면 현금수준의 변화는 톱니와 같은 형태를 나타낸다. 이 모형은 순현금유출 규모가 일정하고, 확실하다는 것을 잠정적으로 가정하고 있는데, 이러한 두 개의 가정들이 *BAT*모형을 단순화하고 이해하기 쉽게 만든 요인이다.

만약 기초 현금수준을 240만원으로 하였다면 현금은 4주간 남아 있을 것이다. 대신에 기업의 평균 현금잔고는 60만원에서 120만원으로 증가하게 된다. 만약 기업이 기초 현금을 60만원으로 유지한다면, 현금은 1주만에 바닥날 것이고 전보다 자주 현금을 보충하여야 할 것이다.

현금을 보충하기 위해서는 보유중인 유가증권을 판매해야 하기 때문에 거래비용이 필요하다. 현금보유 수준이 적으면, 현금을 보충하는 데 필요한 거래비용이 증가할 것이다. 반면에 현금보유가 크면 이자소득 상실에 따른 기회비용이 증가할 것이다.

그러므로 최적 현금보유전략을 수립하기 위해서는 다음과 같은 정보들을 분석하여야 한다.

1) F : 현금을 보충하기 위하여 거래에 소요되는 거래비용

2) T : 일정 기간에 필요한 총현금규모

3) R : 현금보유에 따른 이자율 손실의 기회비용

이러한 정보들을 이용하여 기업은 현금보유의 총비용을 결정할 수 있고 최적현금잔고를 결정할 수 있을 것이다.

기회비용: 현금보유의 기회비용을 결정하기 위해서는 이자소득 상실금액을 계산하여야 한다. C를 기초현금이라고 하면, G기업은 평균적으로 $C/2$만큼의 현금을 보유하고 R만큼의 이자율을 벌 수 있었다고 한다. 그러므로 현금보유에 의한 기회비용은 다음 식과 같이 계산한다.

$$\text{기회비용} = \text{평균잔고} \times \text{이자율} \qquad (11.1)$$

이자율을 10%로 가정한다면 각 대안들의 기회비용은 다음과 같다.

기초현금잔고	평균현금잔고	기회비용
C	$C/2$	$(C/2)\times R$
240만원	120만원	12만원
120	60	6
60	30	3

[그림 11-1]에서와 마찬가지로 기초 현금잔고를 120만원이라고 한다면 평균현금잔고는 60만원이 되고 6만원의 이자수입을 포기한 것이다. 주목할 것은 기초현금잔고가 증가할수록 기회비용은 증가한다는 사실이다.

거래비용: 거래비용을 계산하기 위해서는 기업이 현금을 보충하기 위하여 연간 몇 번이나 유가증권을 팔아야 하는지를 알아야 한다. 우선 현금이 지급되어야

그림 11-1 G기업의 현금잔고

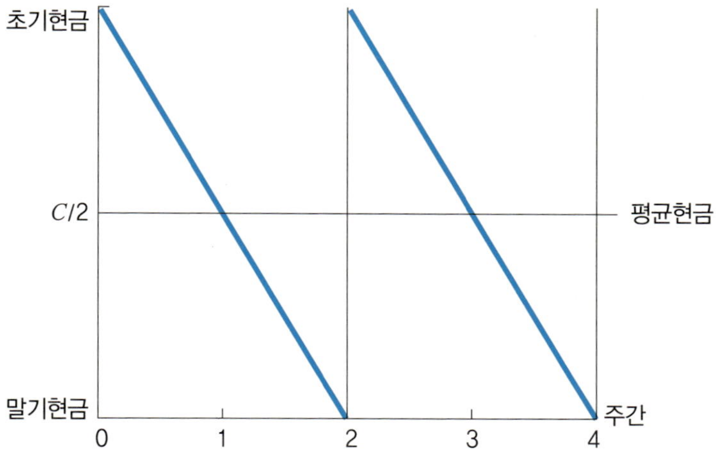

할 금액은 연간 T=60만원×52주=3,120만원이 된다. 만약 기초현금잔고를 C=120만원으로 유지한다면 거래회사의 거래횟수는 T/C=3,120만원/120만원=26회이다. 증권을 처분하는 데 소요되는 고정비용을 F라고 하면 거래비용은 다음과 같이 계산될 것이다.

$$\text{거래비용}=\text{거래횟수}\times\text{거래당 비용} \tag{11.2}$$

만약 1회의 거래비용이 1,000원이라고 한다면 전체 거래비용은 26회×1,000원=2.6만원이 될 것이다. 현금잔고에 따라 거래횟수가 달라지는데 각 상황에 따라 거래비용을 계산하면 다음과 같다.

총지출금액	기초현금잔고	거래비용 (F=1,000원)
T	C	$(T/C)\times F$
3,120만원	240만원	1.3만원
3,120	120	2.6
3,120	60	5.2

총 비 용: 총비용은 기회비용과 거래비용의 합계이다.

$$총비용=기회비용+거래비용$$
$$=(C/2)\times R+(T/C)\times F \quad (11.3)$$

위에서 사용한 예를 이용하면 총비용은 다음과 같다.

기초현금잔고	기회비용	+	거래비용	=	총비용
240만원	12만원		1.3만원		13.3만
120	6		2.6		8.6
60	3		5.2		8.2

총비용은 현금잔고의 수준에 따라 변화하는데 거래기업의 경우에는 기초현금잔고가 60만원인 경우에 총비용이 가장 낮은 것으로 나타난다.

최적현금잔고: 위의 표에서 보듯이 현금잔고가 60만원인 경우에 총비용은 8.2만원으로서 가장 낮은 것으로 나타나지만, 현금잔고 60만원이 최적수준인지는 확인된 것은 아니다. 이제 최적수준의 현금잔고를 찾아보도록 하자.

최적현금잔고 C^*는 기회비용과 거래비용이 일치되는 점에서 발생한다. 그러므로 최적현금잔고 C^*는 다음과 같이 결정된다.

$$기회비용=거래비용$$
$$C^*/2\times R=(T/C^*)\times F \quad (11.4)$$
$$C^*=\sqrt{(2T\times F)/R} \quad (11.5)$$

거래기업의 경우 $T=31.2$백만원, $F=1,000$원, $R=10\%$이므로 최적현금잔고 C^*는 다음과 같다.

$$C^* = \sqrt{(2 \times 31{,}200 \times 1{,}000)/0.10}$$
$$= 789{,}937\text{원}$$

현금잔고가 789,937원인 경우 기회비용은 39,497원, 그리고 거래비용도 역시 39,497원으로 총비용은 78,994원이 된다.

예제 ***BAT*모형**

가치회사는 일일 순현금지출이 100원으로 공휴일과 상관없이 지출된다. 이자율은 5%이고 현금잔고를 보충하기 위하여 필요한 거래비용은 1회에 10원이다. 최적현금잔고는 얼마인가? 현금보유의 총비용은 얼마인가?

1년간 필요한 현금지출액은 365일×100=36,500원이다. *BAT*모형에 의하면 최적현금잔고는,

$$C^* = \sqrt{(2T \times F)/R}$$
$$= \sqrt{(2 \times 36{,}500\text{원} \times 10\text{원})/0.05}$$
$$= 3{,}821\text{원}$$

기초현금잔고가 3,821원이므로 평균현금잔고는 3,821/2=1,911원이고 기회비용은 1,911×0.05=96원이다. 일일현금소요량이 100원이므로 기초잔고 3,821원은 3,821/100=38.21일 동안 사용할 수 있다. 현금을 보충하는 횟수는 365일/38.21일=9.6회로서 매번 거래비용이 10원이 소요되므로 9.6×10=96원의 거래비용이 들어가고 현금보유에 대한 총비용은 192원이 된다.

---

*BAT*모형은 현금잔고의 결정에 대하여 가장 단순하고 분명한 결과를 보여준다. *BAT*모형의 주요한 약점은 현금의 사용이 지속적이고 일정하다고 전제하므로서, 불확실성을 고려하지 않았다는 것이다. 다음에는 이러한 문제점들을 감안한 모형을 살펴보기로 하자.

밀러–오어 모형: 일반론적 접근법

밀러-오어 모형(Miller-Orr Model)은 현금의 유입과 유출이 불규칙한 경우를 상정한다. 여기서 일반적이라는 말은 *BAT*모형과 같이 일정하고 확실한 현금유출입을 가정하지 않는다는 의미이다. 밀러-오어 모형에서는 현금잔고가 지속적으로 감소하는 것이 아니라 불규칙하며, 증가하는 횟수와 감소하는 횟수는 전체적으로 동일하다고 가정한다.

기본개념: [그림 11-2]는 현금관리시스템을 보여주고 있다. 그림에서 U^*는 현금잔고의 상한선을 나타내며, L은 하한선을 표시한다. 적정 현금보유수준은 C^*로 표시되는데 기업의 현금관리는 현금잔고가 U^*와 L 사이에 있는 경우에는 그 상태를 방치하는 것이다.

X점에서와 같이 현금잔고가 U^*점에 이르면 U^*-C^*만큼의 현금을 유가증권으로

그림 11-2 밀러–오어 모형

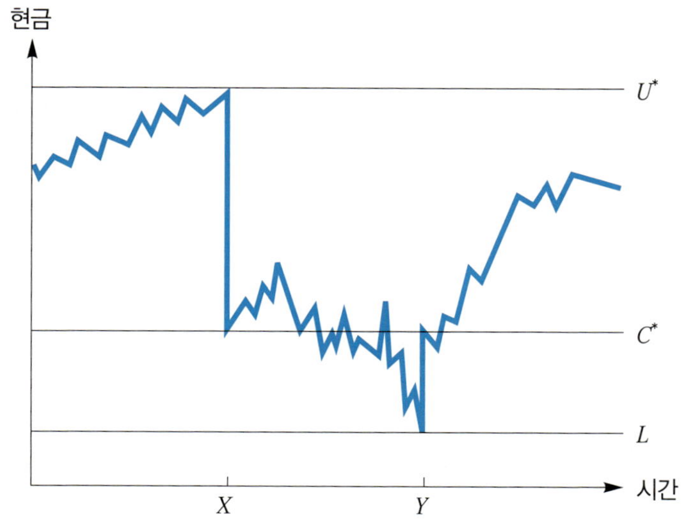

이전한다. 그러면 현금잔고수준은 C^*가 될 것이다. Y점에서와 같이 현금잔고가 L수준으로 떨어지면 기업은 C^*-L만큼의 현금을 보충하여 현금잔고를 C^*수준으로 만드는 것이다.

그러면 상한선과 하한선을 어떻게 결정하여야 할 것인가? 밀러-오어는 그 결정요인으로서 ① 매일매일의 현금흐름의 변동성, ② 유가증권 거래에 따른 고정비용, ③ 이자율을 들고 있다. 현금흐름의 변동성이 크거나 증권매매에 따른 고정비용이 높다면, U^*와 L 사이의 통제선(control limits)의 폭을 넓게 정하여야 한다. 반대로 이자율이 높다면, 그 기업은 통제선의 폭을 좁게 정하여야 한다. 왜냐하면 이자율이 높은 경우에는 현금보유의 비용이 크기 때문이다.

모형의 사용: 재무담당자의 입장에서는 우선 하한선인 L수준을 결정하여야 한다. 현금잔고의 하한선은 현금지급을 위한 안전재고로서 기업이 현금부족에 따른 위험을 어느 정도 감수할 것이냐에 따라 결정될 것이다. 어떤 기업의 경우에는 은행이 요구하는 기여예금이 현금보유의 하한선이 될 수도 있을 것이다.

*BAT*모형과 마찬가지로 최적현금잔고는 거래비용과 기회비용에 의해서 결정된다. 앞의 모형에서와 마찬가지로 거래비용 F는 고정적이라고 가정하자. 즉 전체 거래비용은 거래횟수에 의하여 결정되는 것이다. 또한 현금보유의 기회비용 R을 이자수익의 상실에 따른 비용이라고 가정하자.

이 모형에서 추가적으로 필요한 것은 현금의 변동폭을 나타내는 정보, 즉 현금유출입의 분산 σ^2인 것이다. 여기서 분산은 이자계산 기간과 동일한 기간들의 분산을 의미한다. 밀러-오어 모형은 현금보유의 총비용을 최소화하는 적정현금잔고와 상한선을 다음과 같이 제시하고 있다.

$$C^*=L+(3/4\times F\times \sigma^2/R)^{1/3} \tag{11.6}$$

$$U^*=3\times C^*-2\times L \tag{11.7}$$

또한 밀러-오어 모형에서의 평균현금잔고는

$$평균현금잔고=(4\times C^{*}-L)/3 \quad (11.8)$$

위의 결론을 도출하는 과정은 복잡하므로 본 교재에서는 생략할 것이다. 모형이 상당히 복잡한 것처럼 보일지 모르나 실제로 사용하는 것은 생각보다 어렵지 않다. 예를 들어 1회 거래비용 $F=10$원이라고 하고 월간 이자율이 1%, 그리고 순현금흐름의 월간 표준편차가 200원이라고 가정하자. 그러면 분산은 다음과 같다.

$$\sigma^2=(200)^2=40{,}000원$$

현금보유의 하한선 L을 100원으로 가정하면 적정현금잔고 C^{*}는 다음과 같이 계산된다.

$$\begin{aligned}C^{*}&=L+(3/4\times F\times\sigma^2/R)^{1/3}\\&=100+(3/4\times10\times40{,}000/0.01)^{1/3}\\&=100+311\\&=411원\end{aligned}$$

상한선 U^{*}는 1,033원이다.

$$\begin{aligned}U^{*}&=3\times C^{*}-2\times L\\&=3\times411-2\times100\\&=1{,}033원\end{aligned}$$

마지막으로 평균현금잔고는 다음과 같다.

$$\begin{aligned}평균현금잔고&=(4\times C^{*}-L)/3\\&=(4\times411-100)/3\\&=515원\end{aligned}$$

*BAT*모형과 밀러-오어 모형의 의미

앞에서 소개한 두 모형은 복잡한 정도가 서로 다르기는 하지만 함축적인 의미는 같은 부분도 있다. 두 모형은 모두 다음과 같은 의미를 공유한다.

1) 이자율이 높을수록 적정현금잔고는 작아진다.
2) 거래비용이 커질수록 적정현금잔고는 커진다.

밀러-오어 모형은 현금유출입의 변동성을 도입하여 불확실성을 감안하였다는 이점이 있다. 밀러-오어 모형의 결과는 현금유출입의 불확실성이 클수록 적정현금잔고와 하한선의 차이가 커진다는 것이다. 마찬가지로 불확실성이 클수록 상한선과 평균현금잔고도 커진다. 왜냐하면 현금의 변동성이 클수록 현금잔고가 하한선 이하로 떨어질 가능성이 많기 때문에 이러한 사태를 방지하기 위하여 상대적으로 높은 현금잔고를 유지하기 때문이다.

적정현금수준과 기타 요인들

적정현금수준에 대한 설명을 마치기 전에 추가적으로 고려해야 할 두 가지 요인들에 대하여 언급하고자 한다. 현금관리 문제를 접근하면서 현금을 보충하는 도구로서 재정증권과 같은 유가증권을 가정하였다. 그러나 현금을 보충하는 도구로 유가증권만을 사용하는 것은 아니다. 우선 현금을 보충하는 수단으로 차입금을 이용하는 경우를 생각해보자. 그런 경우에는 다음과 같은 요소들을 감안하여야 한다.

1) 차입금은 유가증권보다 이자율이 높기 때문에 비용이 증가할 가능성이 높다.
2) 기업이 적은 현금잔고를 보유할수록 차입의 필요성은 증가할 것이다. 현금의 변동성이 크고, 유가증권 보유가 적을수록 차입 가능성은 높아질 것이다.

다음에는 대기업과 중소기업의 현금관리에 대한 차이점을 생각해 보자. 대기업의 경우에는 현금보유의 기회비용에 비하면 유가증권의 거래비용이 상당히 작은 편이다. 대기업의 경우에는 현금단위가 크기 때문이다. 그러므로 상대적으로 현금보유 비중을 낮추는 것이 유리하다. 예를 들어 1억원의 현금잔고가 24시간 동안 남아 있는 경우도 종종 발생할 수 있기 때문이다. 그러므로 대기업의 경우에는 큰 금액의 현금을 보유하는 것보다는 짧은 시간이라도 투자하는 것이 유리할 것이다.

개념확인

1. 적정현금잔고는 무엇인가?
2. *BAT*모형에서 고려해야 할 두 가지 요소는 무엇인가?
3. 밀러-오어 모형의 개념을 설명하라.

11.3 현금회수와 지급의 관리

현금관리의 효율성을 증진시키려면 기업은 현금의 회수를 가급적 신속화시키는 동시에 현금의 지급을 지연시켜야 할 것이다. 현금회수 관리는 고객이 수표 등을 통하여 지급한 대금을 기업이 사용할 수 있는 자금으로 효율적으로 전환하고 관리하는 것을 말한다. 상대적으로 지급의 관리는 장부상으로 지급되었으나 현금이 인출되지 않은 기간을 효율적으로 관리하는 것을 말한다.

현금유입의 촉진

기업은 현금의 회수과정을 신속화시키고 가용현금을 극대화하기 위하여 다음과 같은 세 가지 측면을 고려하여야 한다. ① 고객으로부터 기업으로의 지급에 소요되는 시간을 신속히 하는 것이고, ② 기업이 받은 수표가 내부에서 처리되지 않은 채머물러 있는 시간을 단축하는 것이고, ③ 주거래은행에 자금을 신속히 이동시키는 것이다.

기업은 현금회수과정을 촉진시키기 위하여 매출채권을 가급적 빨리 회수하고, 고객의 대금지급시점과 수표가 회수되어 회사의 가용자금이 되는 시점 사이의 시간을 단축하여야 할 것이다.

현금유출의 통제

현금지급의 효율적 통제는 현금유입의 촉진과 더불어 현금의 회전율을 증가시킬 수 있다. 현금유출의 효과적 통제는 지급을 지연시키는 것만이 아니라, 지급기일에 맞추어 대금을 지급하는 것이다. 지급기일 전에 지급하는 것은 기업의 평균현금잔액을 하락시키고, 지급기일이 지난 후의 지급은 현금할인의 상실 또는 과태료의 부담을 가져오거나 기업의 신용도를 훼손시킨다.

상업어음은 상거래에 수반하여 대금을 지급하기 위한 수단으로 발행되며, 어음을 만기일까지 보유하거나 만기일 전에 양도배서 또는 은행에 할인 의뢰함으로써 현금화가 가능하다.

개념확인

1. 현금유입을 촉진시키는 방안에는 무엇이 있는가?
2. 현금유출을 효율적으로 통제하는 방안은?

11.4 잉여자금 관리

기업은 일시적 현금잉여를 가지고 있는 경우 이를 단기증권에 투자할 수 있다. 반면에 일시적 현금부족이 생기는 경우에는 증권을 매각하든가 단기적으로 차입함으로써 현금을 보충할 수 있다. 우리는 앞에서 기업의 계절적 자금수요를 충족시키기 위해서 기업의 유가증권 보유액이 어떻게 변화하는가를 살펴보았다. 여기서는 기업이 유가증권을 보유하는 이유를 설명하고, 보유증권의 선택에 영향을 미치는 여러 요인에 대해 논의하기로 한다.

유가증권 보유의 필요성

기업들은 대부분 큰 현금잔고를 보유하는 대신에 유가증권의 포트폴리오를 보유한다. 기업은 현금유출이 유입을 초과할 때는 현금계정을 증가시키기 위해서 일부의 증권을 매각한다. 이처럼 유가증권은 거래적, 예비적, 투기적 목적을 위한 현금잔고를 대체할 수 있지만, 대부분의 경우 증권은 주로 예비적 목적으로 보유된다.

대부분의 기업들은 일시적 거래를 행하거나 투기적 수요를 충족시키기 위하여 은행대출금에 의존하지만, 은행대출금의 부족에 대비하여 유동성 자산을 보유하는 것이다.

유가증권에 대한 일시적 투자는 일반적으로 다음의 세 가지 상황에서 발생한다. 첫째, 기업이 계절적 또는 경기변동적 운영자금을 조달하여야 하는 경우이다. 계절성을 지닌 기업들은 연중 어떤 기간에는 잉여현금흐름을 가지며, 어떤 기간에는 현금부족을 경험한다. 이러한 기업들은 잉여기간에 유가증권을 매입하였다가 현금부족이 발생하는 기간에 이를 처분할 수 있다.

둘째, 기업이 미리 정해진 자금수요에 대비하여야 하는 경우이다. 가까운 장래에 공장건설계획이 추진되거나 사채의 만기가 도래한다면 기업은 소요자금을 마련하기 위해서 유가증권의 규모를 증가시킬 것이다.

셋째, 기업이 장기증권을 발행하는 경우에 증권의 매각에서 생긴 수입은 일단 유가증권에 투자되고, 나중에 대금을 지급할 필요성이 생기면 현금을 마련하기 위하여 유가증권을 매각하는 것이다.

유가증권의 선택기준

기업들에게 선택 가능한 유가증권은 매우 다양하다. 이러한 증권들은 채무불이행 위험, 이자율 위험, 구매력 위험, 유동성, 과세 여부, 상대적 수익률 등에서 차이를 보이고 있다. 여기서는 상이한 증권의 특성을 고려하여 재무담당자들이 특정 증권을 어떻게 선택하는가를 알아보기로 한다.

채무불이행 위험: 채무불이행 위험(default risk)은 차입자가 약정된 일자에 이자를 지급할 수 없거나 원금을 지급할 수 없게 될 위험을 말한다. 정부에 의해 발행된 국채는 채무불이행 위험이 거의 없기 때문에 가장 안전한 자산으로 간주된다. 증권들은 어느 정도의 채무불이행 위험을 지니고 있으며, 전문적 신용평가기관들은 여러 가지 증권의 신용등급에 대한 정보를 발표하기도 한다. 채무불이행 위험이 높고 등급이 낮은 증권일수록 높은 수익률을 제공할 것이다.

이자율 위험: 우리는 앞에서 채권가격이 이자율의 변화와 역의 관계에 있고, 장기채권의 가격이 단기증권의 가격보다 이자율의 변화에 훨씬 민감하다는 사실을 배운 바 있다. 즉 장기채권은 단기증권보다 높은 이자율 위험(interest rate risk)을 지니고 있다. 채무불이행 위험이 없는 장기국채 역시 이자율의 변화로 인한 위험을 피할 수 없다. 기업은 단기증권을 보유함으로써 이자율의 변화에서 생기는 자본손실을 줄일 수 있다.

구매력 위험: 일반물가 수준의 변화는 유가증권의 구매력에 영향을 미친다. 구매력 위험(purchasing power risk)은 인플레이션이 명목금액의 구매력을 감소시킬 위험이다. 예상 외의 인플레이션이 발생하면 장기고정소득증권의 보유자는 손실을 보고, 차입자는 그만큼 이득을 얻는다. 부동산, 단기증권, 보통주 등은 인플레이션에 대

한 헤지면에서 장기채권보다 유리하다.

유동성 위험: 유동성 위험(liquidity risk)은 증권을 즉각적으로 현금화하지 못할 가능성에 따른 위험이다. 유동성 위험은 어떤 증권에 대한 시장의 규모와 깊이에 달려 있다. 증권의 유통시장이 잘 발달되어 있고 그 거래량이 충분히 크다면 그 증권의 유동성은 높다고 말할 수 있다. 일반적으로 유동성이 높은 증권보다 유동성이 낮은 증권은 높은 수익률을 제공할 것이다.

과세 여부: 모든 투자자들은 세후 수익률에 관심을 가지고 있으므로, 증권투자로부터의 소득에 대한 과세방법과 투자자의 세율이 유가증권의 선택에 큰 영향을 미친다. 특정 증권의 이자소득에 대해서는 세금이 부과되지 않는 면세채권이 있고, 일반적으로 이자소득보다는 자본이득을 제공하는 채권의 경우에 낮은 세율이 적용되기도 한다. 과세 여부는 실질적인 수익률인 세후 수익률에 영향을 미치는 것이다.

상대적 수익률: 위험이 높을수록 요구수익률은 높아진다. 그러므로 유가증권 포트폴리오를 구성하는 데 있어서 재무담당자는 위험-수익 간의 상반관계를 평가하여야 한다. 그러나 유가증권을 보유하는 동기가 불확실한 현금유입과 유출에 대비하기 위한 것이므로, 일반적인 유가증권 투자정책은 수익을 약간 희생하고 비교적 위험이 적은 증권을 선택하는 것이다.

개념확인

1. 기업이 유가증권을 보유하는 이유는 무엇인가?
2. 유가증권의 선택에서 고려해야 하는 요인들은 무엇인가?

11.5 신용거래

재화와 용역의 판매에 따른 현금흐름은 다양한 시점에 발생할 수 있다. 많은 거래들은 물품을 인도한 후에 어느 정도의 기간을 주는 신용거래로 이루어진다. 신용거래는 기업의 입장에서는 재화와 용역의 판매를 위하여 고객에게 일종의 투자라고 볼 수 있다.

기업이 신용을 제공하는 이유는 무엇인가? 신용거래는 상거래의 통상적인 관행 중의 하나이다. 신용의 제공은 매출을 촉진시키기 위한 하나의 방편으로 이용된다. 그러나 신용을 제공한다는 것은 상당한 비용을 동반하게 된다.

신용거래와 관련한 첫째 비용은 고객이 대금을 지급하지 않을 가능성이다. 또한 신용거래는 신용거래로 발생하는 매출채권을 유지하기 위한 비용도 동반한다. 그러므로 신용정책은 신용제공에 따른 매출증가의 이익과 비용 사이의 보상관계에 의해서 결정될 것이다.

일반적으로 기업들은 외상보다는 현금으로 팔기를 원한다. 그러나 대부분의 기업들은 경쟁상의 압력으로 인하여 신용판매를 실시하지 않을 수 없다. 재화의 매출에 따라 재고자산은 감소되고, 매출채권이 창출된다. 고객이 그 대금을 지급하면 매출채권은 감소하고 현금이 증가할 것이다. 매출채권을 관리하는 데는 직접 및 간접 비용이 들지만, 신용의 공여는 일반적으로 매출액을 증가시킨다.

매출채권의 결정요인

여기서는 매출채권의 결정에 대하여 살펴보도록 하자. 일정 시점에서 매출채권의 총잔액은 신용매출액과 평균회수기간의 두 가지 요인에 의해 결정된다. 예를 들어 어떤 사람이 3월 1일에 상점을 개업하고 매일 100만원씩 매출한다고 가정하자. 고객들은 10일 후에 지급하도록 허용된다. 매출채권은 10일 동안 누적되어 10일 후에는 1,000만원으로 상승할 것이다. 3월 11일에 100만원의 매출채권이 추가되지만 3월 1일자 매출액은 회수하였으므로, 매출채권 총액은 1,000만원에 머물러 있을 것이다. 일반적으로 안정적인 영업상태에서 매출채권의 수준은 다음과 같이 결정된다.

매출채권 = 1일 신용매출액 × 회수기간
= 100만원 × 10일 = 1,000만원

따라서 신용매출액이나 회수기간 중 어느 한 요인의 변화는 매출채권의 변화를 야기할 것이다. 매출채권에 대한 투자액 1,000만원은 어떤 방식에 의해서든 조달되지 않으면 안 된다. 위 기업의 주인이 100만원의 자본금을 투입하여 이 자금을 100만원어치의 재고자산을 매입하는 데 사용한다고 가정하자. 이 기업은 둘째 날부터 팔린 재화를 다시 재고자산으로 매입하기 위하여 제11일째 되는 날까지 은행으로부터 차입을 필요로 한다. 이 경우 그 기업의 재무상태표는 다음과 같다.

매출채권	1,000만원	은행차입금	1,000만원
재고자산	100만원	자본금	100만원
총자산	1,100만원	총청구권	1,100만원

위 기업은 11일째부터 매일 매출채권 100만원을 회수하여 이 자금을 그날 매출될 재화를 매입하는 데 사용할 것이다. 매출채권은 더 이상 증가하지 않고 재무상태표는 상황이 변화할 때까지 안정적 상태에 있을 것이다. 이제 매출액이 하루 200만원으로 증가한 경우를 보자. 10일간의 경과기간이 지난 후 그 기업의 재무상태표는 다음과 같이 될 것이다.

매출채권	2,000만원	은행차입금	2,100만원
재고자산	200만원	자 본 금	100만원
총 자 산	2,200만원	총청구권	2,200만원

위의 예에서 매출채권이 매출액 수준과 회수기간에 의존하고 매출채권의 증가를 위해서는 자금조달이 반드시 필요하다는 것을 알 수 있다. 여기서는 은행차입금에 의한 자금조달을 가정하였지만 다른 자금조달방법도 가능하다. 기업은 외상매입금에 의해 공급자로부터 신용구매하거나 사채 또는 보통주를 발행할 수도 있을 것이다.

신용정책

일반적으로 매출액이 높을수록 이익이 크고 기업은 건전하다. 매출액은 다시 여러 가지 요인들에 의존하는데, 일부는 외생적이지만 다른 일부는 기업에 의해 통제 가능하다. 매출액에 영향을 미치는 통제 가능한 주요변수들로서는 판매가격, 제품의 품질, 광고 및 기업의 신용정책이 있다. 신용정책(credit policy)은 신용기간, 신용기준, 회수정책 및 현금할인의 네 가지 변수로 구성되어 있다.

신용기간: 신용기간(credit period)은 회사가 고객에게 신용을 제공하는 기간이다. 일반적으로 재고자산의 정상적 보유기간과 신용기간 사이에는 밀접한 관계가 있다. 자연히 과일과 야채는 신용기간이 매우 짧고, 보석처럼 재고자산회전율이 낮은 재화는 비교적 신용기간이 길 것이다.

신용기간의 연장은 매출액을 증가시키지만 매출채권에 자금을 투하하는 데 따른 비용이 든다. 예를 들어 기업이 신용조건(credit terms)을 완화하면, 그 기업의 매출채권은 두 가지 이유로 증가할 수 있다. 일부는 신용기간의 장기화에 따른 증가이고, 일부는 매출액의 증가에 따른 증가이다. 최적 신용기간은 매출액 증가에 대한 한계이익이 외상매출액 증가에 따른 한계비용과 일치되는 점에서 결정될 것이다.

신용기준: 신용기준(credit standards)은 고객이 신용을 받을 자격이 있는가를 결정하기 위하여 고객의 신용도를 심사하는 기준을 말한다. 기업이 신용상태가 좋은 고객들에게만 신용판매를 허용한다면, 신용의 한계비용은 적어지지만 매출액 감소에 따른 한계이익의 감소도 동반될 것이다.

고객의 신용도와 관련된 비용에는 대손, 조사 및 회수비용의 증가, 그리고 신용도가 낮은 고객의 지급지연으로 인한 매출채권의 투자액 증가가 포함된다. 신용비용과 신용등급은 상관관계가 있기 때문에 신용관리자는 고객등급별 채무불이행의 확률을 평가하여야 한다.

신용관리자는 신용위험을 평가하기 위하여 신용의 5C라고 불리는 성격(character), 능력(capacity), 자본(capital), 담보(collateral), 상황(conditions)을 고려하여야 한다.

1) 성격이란 고객들이 자신의 채무를 이행하고자 노력할 확률을 가리킨다. 채무자가 자신의 부채를 지급하기 위하여 최선의 노력을 할 것인가, 아니면 도주의 가능성이 있는가? 성격은 신용평가에 있어서 중요한 도덕적 요인이며, 신용분석가는 그 기업의 거래은행, 다른 공급자, 고객 및 심지어는 경쟁자로부터 이러한 유형의 정보를 수집하여야 한다.
2) 능력이란 고객의 지급능력에 대한 주관적 평가이다. 지급능력을 측정하려면 그 고객의 과거 실적을 보거나 공장이나 상점의 방문 또는 그 밖의 다양한 자료에 의해 이를 보완하여야 한다.
3) 자본은 재무제표분석에 나타난 기업의 일반적 재무상태에 의해 측정된다. 특히 위험비율에 속하는 부채비율, 유동비율 및 이자부담비율 등이 중요하다.
4) 담보는 고객들이 신용을 얻기 위하여 담보로 제공하는 자산을 가리킨다.

표 11-1 신용위험에 따른 고객의 분류

위험등급	대손율	각 등급별 고객의 비율
1	1~1/2%	60%
2	1/2~2%	20%
3	2~5%	10%
4	5~10%	5%
5	10% 이상	5%

5) 상황은 고객의 채무이행능력에 영향을 미칠 수 있는 일반적 경제 상황과 특정 지역이나 업종의 특수한 사건을 가리킨다.

위의 5가지 요인들에 대한 정보는 기업이 고객들과 거래한 과거의 경험으로부터 나오고, 때로는 정보수집 전문기관의 자료에 의해 보완된다. 고객의 5C에 대한 정보가 일단 수집되면, 신용관리자는 잠재적 고객의 전반적 신용등급에 대한 최종결정을 내리지 않으면 안 된다. 컴퓨터화된 정보시스템이 신용결정을 내리는 데 도움을 줄 수 있지만, 최종적인 결정은 신용관리자의 주관적 판단에 의존하게 된다.

수금정책: 수금정책(collection policy)이란 매출채권을 회수하기 위하여 기업이 밟는 절차를 가리킨다. 예를 들어 기업은 지급기한을 10일 넘긴 채무자에게 편지를 보내고, 30일 이내에 대금이 지급되지 않으면 독촉편지 및 전화를 사용하며, 90일 후에는 외부의 회수기관에 의뢰하는 등의 방법을 사용할 수 있다.

회수과정은 직접비용은 물론 상호관계의 손상이란 양면에서 비용을 수반한다. 그러나 회수기간의 부당한 연장을 방지하고 직접손실을 최소화하는 데는 어느 정도의 단호성이 요구된다. 그러므로 상이한 회수정책의 비용과 이익 사이에 균형이 달성되어야 한다.

현금할인: 신용정책 결정에 있어서 마지막 요인은 조기 지급에 대한 현금할인(cash discounts)의 사용이다. 현금할인을 허용하는 효과는 신용기간과 마찬가지 방법으로 분석될 수 있다. 예를 들어 어떤 기업이 신용조건을 완화하면 그 기업은 할인을 받고자 하는 새로운 고객들을 유치할 수 있을 것이다.

또한 기존 고객의 일부가 할인을 이용하기 위하여 더 빨리 지급함에 따라 평균회수기간도 단축될 것이다. 이러한 이익을 상쇄하는 것이 할인에 따른 비용이다. 물론 최적 할인은 비용과 이익이 정확히 상쇄하는 점에서 설정되어야 한다.

신용정책의 효과분석

기업은 신용기간의 연장, 신용기준의 완화, 회수정책의 유연성, 그리고 현금할인의 제공 등의 조치를 취함으로써 신용정책을 완화할 수 있다. 이러한 신용정책의 완화는 자연히 매출액을 증가시킬 것이다. 그러나 신용정책이 완화되고 매출액이 상승한다면, 그에 따른 비용 역시 상승할 가능성이 높다.

그 이유는 ① 더 많은 재화를 생산하기 위하여 더 많은 노동 및 원자재가 소요될 것이고, ② 매출채권의 잔액이 증가한 결과 그 보유비용의 상승을 초래할 것이며, ③ 대손 및 할인비용 역시 상승할 것이기 때문이다. 그러므로 신용정책의 변경의 결정에는'매출수입이 비용보다 더 크게 상승하여 순이익의 증가를 가져올 것인가?'에 대한 질문을 해봐야 한다.

최적신용정책

위에서는 신용정책의 효과를 측정하는 방법에 대해 논의하였다. 이제는 최적신용정책에 대해서 살펴보기로 하자. 최적신용정책(optimal credit policy)은 매출액 증가로 인한 현금흐름의 증가가 매출채권의 증가에 따른 보유비용의 증가와 같아지는 점에서 결정된다. 기업은 신용을 공여할 때 보유비용(carrying costs)을 부담하며, 신용을 거절할 때 매출액의 상실이라는 기회비용을 부담한다. 따라서 총신용비용은 보유비용과 기회비용의 합계이다.

먼저 신용공여에 따른 보유비용은 다음의 세 가지 형태로 구성되어 있다.

1) 매출채권에 대한 요구수익률
2) 대손으로 인한 손실
3) 신용관리 및 신용회수비용

위의 세 가지 비용은 신용정책이 완화됨에 따라 모두 증가하며, 제약적 신용정책을 채택하면 감소할 것이다. 제약적 신용정책을 채택하면 신용비용은 감소하지만, 상대적으로 신용의 부족에 따른 기회비용은 증가할 것이다. 기회비용은 신용의 거절로 인한 매출액과 잠재이익의 상실을 가리킨다. 이러한 기회비용은 신용정책이 완화됨에 따라 감소한다.

특정 신용정책에 대한 보유비용과 기회비용의 합계를 그래프로 그리면 [그림 11-3]과 같으며, 이 그래프를 신용비용곡선(credit cost curve)이라고 부른다. 이 그림

그림 11-3 신용비용곡선

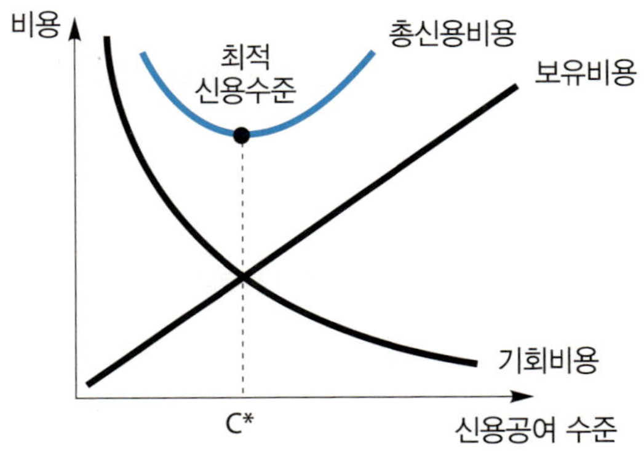

에서 보는 것처럼 총신용비용은 C^*에서 최소화된다. 이 점은 최적신용액 또는 최적 매출채권투자가 된다. 만일 그 기업이 이 최소점보다 더 많은 신용을 공여한다면, 새로운 고객들로부터의 순현금흐름의 증분은 매출채권의 증가에 따른 보유비용을 따르지 못할 것이다. 반대로 매출채권의 수준이 이 최소점 아래 있다면, 그 기업은 값진 이익기회를 놓치게 될 것이다.

일반적으로 신용공여에서 생기는 비용과 편익은 특정 기업과 산업의 특성에 의존하는 경향이다. 예를 들어, 다른 모든 조건이 같다면, 잉여생산능력을 지니고 변동영업비용이 낮으며 단골손님이 많은 기업일수록 그렇지 않은 기업들보다 더 유연하게 신용을 공여할 가능성이 높다.

개념확인

1. 신용정책을 결정하는 4가지 변수는 무엇인가?
2. 최적신용규모를 결정하는 요인은 무엇인가?

11.6 요약 및 결론

본 장은 현금 및 유동성의 관리에 대하여 설명하였다. 전자통신의 발달에 따라 현금을 동반하지 않는 자금의 이동이 가능하게 되면서, 직접적인 현금수요도 상당히 약화되었다. 그럼에도 불구하고 유동성은 필요하고, 유동성의 효율적인 관리가 필요한 것이다. 유동성의 효율적인 관리를 위해서는 우선 바람직한 현금잔고를 결정할 필요가 있다.

현금관리의 목표는 현금 유동성을 최대화하는 동시에, 유휴자금에 대한 이자손실을 최소화하는 것이다. 현금을 보유하는 경우에 발생하는 비용이 보유비용(carrying cost)이다. 현금을 부족하게 보유하게 되는 경우에는 고갈비용(shortage cost)이 발생하는데, 고갈비용은 유가증권의 매입과 매도에 따르는 거래비용이 될 것이다.

그러므로 적정현금잔고는 유동성 확보에 따른 보유비용과 현금부족에 의하여 야기되는 부족비용의 상충관계에 의하여 결정될 것이다. 어느 쪽에 비중을 두느냐의 결정은 기업의 운전자본정책에 의해서 결정될 것이다. 기업이 신축적인 운전자본관리를 한다면, 기업은 현금과 유가증권을 동시에 이용하여 현금보유에 따른 기회비용과 유가증권보유에 따른 거래비용의 조합 중에서 최선의 선택을 추구할 것이다.

*BAT*모형은 현금잔고의 결정에 대하여 가장 단순하고 분명한 결과를 보여준다. *BAT*모형의 주요한 약점은 현금의 사용이 지속적으로 일정하고, 불확실성을 고려하지 않았다는 것이다. 밀러-오어 모형(Miller-Orr Model)은 현금의 유입과 유출이 불규칙한 경우를 상정한다. 두 모형은 복잡한 정도가 서로 다르기는 하지만 함축적인 의미는 같은 부분도 있다. 두 모형 모두 다음과 같은 의미를 공유한다.

1) 이자율이 높을수록 적정현금잔고는 작아진다.
2) 거래비용이 커질수록 적정현금잔고는 커진다.

유가증권은 대체로 영업자산보다 훨씬 낮은 수익률을 제공한다. 기업들은 일시적 여유자금을 시장성 있는 유가증권에 투자하고 있는데, 이에는 국공채, 사채, 주식, 기업어음 등이 포함된다. 기업들이 투자자산이 아닌 유가증권을 보유하는 두 가지 기본적 이유로는 유가증권이 현금잔고를 대체하며, 일시적 투자수단으로서 사용된다는 점이다.

기업들에게 선택 가능한 유가증권은 매우 다양하다. 이러한 증권들은 채무불이행 위험, 이자율 위험, 구매력 위험, 유동성, 과세 여부, 상대적 수익률 등에서 차이를 보이고 있다. 여러 가지 증권들은 나름대로의 특성이 있으므로, 이러한 요인들을 고려하여 선택하여야 한다.

기업이 신용을 제공하는 이유는 무엇인가? 신용정책(credit policy)은 신용기간, 신용기준, 회수정책 및 현금할인의 4가지 변수로 구성되어 있다. 최적신용정책(optimal credit policy)은 매출액 증가로 인한 현금흐름의 증가가 매출채권의 증가에 따른 보유비용의 증가와 같아지는 점에서 결정되어야 할 것이다.

확인학습

11.1 다음의 주어진 자료를 이용하여 *BAT*모형을 이용한 적정현금잔고를 계산하라.

연간이자율	9%
1회 주문비용	₩5
총현금수요	₩2,250

현금보유의 기회비용은 얼마인가? 거래비용과 총비용은 얼마인가? 만약 현금잔고를 ₩15,000 혹은 ₩25,000을 보유한다면 각각의 비용은 어떻게 달라질 것인가?

11.2 신용기업은 신용제공 조건을 완화하는 것이 어떻게 영향을 미칠지에 대하여 고려 중이다. 신용기업은 32원짜리 물건을 연간 72,000개 판매하고 있다. 대손비용은 매출액의 1%이고, 현금회수를 위해서 60,500원을 지출하고 있다. 평균회수기간은 40일이고 매출원가는 29원이다. 매출원가 중에서 변동비는 28원이다. 신용조건을 완화하면 현금회수비용 중에서 40,000원을 절약할 수 있지만 대손은 2%로 증가하고 평균회수기간은 58일로 증가할 것이다. 대신에 매출은 1,000개 증가할 것으로 예측된다. 신용기업의 요구수익률이 24%라면 당신은 신용기업에 어떻게 조언할 것인가? 당신의 결과에 대한 근거를 밝혀라.

해답

11.1 *BAT*모형을 이용하면 적정현금잔고는 다음과 같다.

$$C^* = \sqrt{2F \times T/R}$$

$$=\sqrt{2\times 100\times (240{,}000/0.12)}$$
$$=₩20{,}000$$

평균현금잔고는 $C^*/2=20{,}000/2=$₩10,000이 된다. 현금보유의 기회비용은 10,000×0.12=₩1,200이 되고 연간 주문횟수는 240,000/20,000=12회가 되고 주문비용은 12×100=₩1,200이 된다. 그러므로 총비용은 2,400원이 된다.

만약 현금잔고가 ₩15,000이라면 평균잔고는 ₩7,500이 되고 보유비용, 주문비용 그리고 총비용은 각각 ₩900, ₩1,600 그리고 ₩2,500이 될 것이다. 현금잔고가 ₩25,000이라면 각 비용은 ₩1,500, ₩960 그리고 ₩2,460이 될 것이다.

11.2 신용기업의 신용조건 완화에 대한 효과

매출증가에 따른 추가적인 이익		
1,000개×(₩32−₩28)		₩4,000
매출채권 증가에 따른 추가비용		
변경 후 평균매출채권		
$\dfrac{(₩29\times 72{,}000)+(₩28\times 1{,}000)}{360/28}$	=₩340,741	
기존의 평균매출채권		
$\dfrac{(₩29\times 72{,}000)}{360/40}$	=₩232,000	
매출채권의 증가	₩108,741	
추가매출채권 보유비용 (108,741×0.24)		(₩26,098)
대손 증가에 따른 추가비용		
변경 후 대손액(73,000×₩32×0.02)	=₩46,720	
기준의 대손액(72,000×₩32×0.01)	= 23,040	
대손비용의 증가		(₩23,680)
현금회수 비용의 절약		₩40,000
변경 후 순손실		(₩5,778)

결론: 자금회수 정책의 변경은 순손실 ₩5,778을 가져오므로 신용제공 조건을 완화하는 것은 바람직하지 않다.

연습문제

11.1 현금관리에 있어서 재무담당자의 목표는 무엇인가? 이러한 목표를 충족시키기 위해서 어떤 조건들이 충족되어야 하는가?

11.2 시장성 있는 증권을 보유하는 동기는 무엇인가? 시장성이 있다는 것의 의미와 더불어 설명하라.

11.3 *BAT*모형과 밀러-오어 모형을 비교 설명하라. 두 모형은 서로 다른 가정으로부터 출발하지만 결론은 유사한 측면도 있다. 차이점과 공통점을 설명하라.

11.4 다음 각 요소들이 기업의 적정현금잔고에 미치는 영향을 설명하라.

a. 단기 금융시장에서의 이자율의 상승

b. 거래에 참여하는 중개인의 수수료 인상

c. 은행의 기여예금 요구가 낮아짐

d. 차입금의 비용이 감소

e. 기업의 신용등급이 하락

11.5 어떤 고객이 외상으로 물건을 구입하고자 한다. 회사의 변동비는 10원이고 판매가격은 14원이다. 그 고객은 100개의 상품을 구입하고 60일 후에 지급하고자 한다. 그런데 당신은 돈을 받지 못할 확률이 10%라고 생각하고 있다. 60일 동안의 자본비용이 3%라고 한다면 외상판매를 하는 것이 옳은 것인가?

11.6 부산기업은 밀러-오어 모형을 이용하여 현금관리를 하고 있는데 상한선과 하한선을 각각 ₩100,000과 ₩10,000으로 설정하고 있다. 또한 적정현금잔고는 ₩30,000을 유지하고 있는데, 상한선, 하한선 그리고 적정현금잔고가 나타내는 의미와 이 시스템이 어떻게 운영되는지를 설명하라.

11.7 아침기업은 대손율이 20%에서 40%로 증가할 것으로 예상되는 신용정책의 완화를 고려중이다. 현재 매출규모는 50,000개이고, 매출가격 ₩20, 변동비 ₩9 그리고 단위당 평균비용은 현재 상태에서 ₩11이다. 신용정책의 변경은 매출규모를 60,000개로 증가

시킬 것으로 예측된다.

a. 변경 전과 변경 후의 대손규모를 계산하라.

b. 추가적인 대손에 대한 비용을 계산하라.

c. 매출증가에 따른 이익의 개선을 무시하고, 정책의 변경이 ₩3,500을 절약하고 매출채권에 대한 변화는 없다면 정책변경은 바람직한 것인가? 설명하라.

d. 정책변경에 따른 제 요소들을 감안하면 정책변경은 바람직한 것인가? 설명하라.

e. c.와 d.의 답을 비교하여 논하라.

제6편

재무관리 특수영역

제12장 선물거래
제13장 옵션거래
제14장 국제재무관리

제 12 장

선물거래

근래 금융현상의 특징 중 하나는 금융혁신(financial innovation)을 통한 신금융상품들의 등장이다. 그중에서도 선물거래, 옵션거래, 그리고 스왑거래는 성공적인 금융혁신의 결과로서 급속히 발전하고 있는 금융상품들이다. 선물과 옵션의 등장으로 투자활동은 새로운 영역을 개척하게 되었으며 보다 다양한 선택이 가능하게 되었다.

본 장에서 설명하는 신금융상품들은 일반적인 거래와는 다른 성격을 가지고 있다. 선도거래와 선물거래의 경우에는 물품의 인도가 나중에 이루어지는 경우이며, 옵션거래의 경우에는 계약의 쌍방이 구체적인 매매를 성립시키지 않을 수도 있는 약정을 맺기도 한다. 이러한 형태의 거래들이 선도거래, 선물거래, 그리고 옵션거래에서 행해진다.

선물 및 옵션 등의 신금융상품들의 거래는 근래에 많이 활성화되었고, 그에 대한 연구도 활발하다. 이러한 상품들을 자세히 설명하는 것은 원론에서는 불가능한 일이다. 왜냐하면 각각의 상품들을 제대로 설명하기 위해서는 각각의 교과서들이 필요할 것이기 때문이다. 그러므로 여기에서는 신금융상품들에 대한 기본적인 성격을 중심으로 소개하는 수준에서 설명하고자 한다.

12.1 선물거래와 선도거래

금융시장은 개인이나 기업에 대한 권리관계를 나타내는 금융자산을 거래하는 시장이다. 하지만 신금융상품인 파생금융상품 거래는 금융자산의 거래가 아니고, 금융자산을 기초자산(underlying asset)으로 해서 서로 간의 거래에 대한 계약을 거래하는 것이다. 파생금융상품(derivative financial product)이라는 용어도 기초자산으로부터 파생된 금융상품이라는 의미이다.

파생금융상품의 경우도 거래이기는 마찬가지이기 때문에 매수자와 매도자 사이에 이루어진다. 계약의 매수자는 가능한 싼 가격으로 구입하려고 하고, 계약의 매도자는 가능한 비싼 가격으로 판매하려고 한다. 우선 신금융상품들의 개념을 살펴보도록 하자.

선도거래

선물거래(futures contracts)는 **선도거래**(forward contracts)에서 유래되었기 때문에 기본적인 성격이 선도거래와 유사하다. 따라서 선물거래를 정의하기 위해서는 먼저 선도거래가 무엇인가부터 알아야 할 필요가 있다.

선도거래는 미래 일정 시점에 어떤 상품을 인도할 것을 조건으로 그 상품의 인도수량, 등급, 인도장소 및 인도가격 등에 관하여 구체적으로 매매쌍방이 협약을 맺는 것을 의미한다. 이 계약은 매매 쌍방 간의 협약이기 때문에 미리 약속한 조건들에 대해 반드시 지켜야 할 의무가 있다. 즉 매도자는 약정한 조건에 맞는 상품을 인도하여야 하고, 매수자는 그 약정된 상품을 반드시 인수하여야 한다.

선도계약은 가격변동에 대한 위험을 회피하는 수단으로 사용될 수 있다. 왜냐하

표 12-1 밭떼기 선도계약의 경우

	9월 1일	12월 1일
농 부	1. 3개월 후에 배추인도 약정 2. 포기당 500원으로 인도 약정	1. 배추 인도 2. 포기당 500원 받음
장사꾼	1. 3개월 후에 배추인수 예정 2. 포기당 500원 지급 예정	1. 배추 인수 2. 포기당 500원 지급

면 미래의 가격을 미리 약정된 가격으로 거래하기 때문이다. 즉, 미래가격에 대한 불확실성을 선도거래를 통해서 해소했기 때문에 위험을 회피할 수 있는 것이다.

선도거래의 예로 밭떼기를 들 수 있다. 당신이 배추농사를 짓는 농부라고 생각해보자. 당신은 배추를 심으면서 배추장수와 3개월 후에 배추를 1포기당 500원에 인도하기로 계약을 체결하였다. 결국 농부와 배추장수는 선도계약을 체결한 것이다. 즉 일정한 3개월이라는 기간 후에 특정된 배추를 미리 정해진 가격에 인도하기로 계약관계를 체결한 것이다.

선도계약은 매우 오래된 역사를 가지고 있으며, 실제 생활에 있어서도 상당히 빈번하게 발생하는 거래이다. 어떤 품목을 미리 주문하고 그것이 즉시 인도되지 않았다면, 그것은 실질적으로 선도계약을 체결한 것과 마찬가지이다. 결국 미래 일정 시점에 정해진 가격으로 물건을 인도할 것을 약정한 계약은 모두 선도거래의 범주에 포함된다.

선도계약은 금액이 크지 않은 경우에는 구두약속의 형태를 띨 수도 있고 대부분의 경우에는 서면계약의 형태를 띨 것이다. 그러나 분명한 것은 선도계약은 '거래 쌍방 간의 약속이행'에 대한 믿음에 근거하고 있다는 사실이다. 만일 매매 쌍방 간의 어느 한쪽이라도 그 의무를 이행치 않을 때에는 분쟁이 발생할 가능성이 항상 존재한다. 그러므로 선도계약은 쌍방 간의 신뢰에 대한 믿음이 중요한 전제조건이다.

선도계약은 기본적으로 매매 쌍방 간의 신뢰를 바탕으로 하기 때문에, 시중은행과 같은 대형 금융기관들이 외환거래에 많이 이용한다. 선도계약은 매매 쌍방 간의 의무를 수반한 것이어서 성격상 계약 자체의 신축성(flexibility) 또는 유동성이 부족하다. 이러한 문제점들을 해결하고 발전된 거래형태가 바로 선물거래이다.

선물거래

선물거래도 매매 쌍방이 존재하여야 하며, 가격을 미리 약정하게 된다는 점에서는 선도계약과 마찬가지이다. 그러나 계약조건에 있어서 선도계약은 매매 쌍방 간에 다양하게 결정되지만 선물계약의 경우에는 모든 계약조건이 **표준화**되어 있다는 점에서 양자는 큰 차이를 보인다.

이러한 표준화 때문에 선물계약을 매입한 사람은 계약기간 중이라도 다른 사람에게 매도할 수가 있으며, 매도한 사람도 계약기간 중에 다른 사람으로부터 동일한 계약을 매입하여 스스로의 포지션을 청산할 수 있게 된다.

선물거래는 모든 조건이 표준화된 계약이 조직화된 거래소에서 형성되는 거래이다. 선물거래는 유통시장인 거래소를 통하여 계약의 체결과 해지가 수시로 가능하다. 또한 선물거래는 매일매일의 선물가격에 따라 이익과 손해를 청산하기 때문에 **일일청산절차**(daily settlement procedure)가 이루어지는 선도거래라고 정의할 수도 있다.

선도거래와 선물거래의 차이점을 간단히 살펴보기로 하자. 첫째, 선물계약은 표준화된 계약으로서 허가된 특정 거래소에서만 거래가 이루어지는 반면, 선도계약은 매수자와 매도자 상호 간의 합의에 의해 계약조건을 임의로 정할 수 있으며 거래장소도 제한이 없다. 둘째, 일반적으로 선도계약은 만기일에 가서 인도 및 대금지급이 이루어지나 선물계약은 상품의 실제 인수도가 이루어지는 경우가 극히 드물다. 셋째, 선도계약은 매매당사자 간의 직접거래이므로 계약이행 위험이 계약당사자의 신용에 의존하지만, 선물계약은 계약의 이행이 청산소에 의해 보증되므로 계약이행에 따른 위험이 거의 없다. 넷째, 선물시장은 선도시장보다 시장의 유동성이 높고 공개경쟁에

표 12-2 선도거래와 선물거래의 비교

선도거래(forward)	선물거래(future)
• 장외에서 거래	• 거래소에서 거래
• 만기시 상품 인도	• 실제 인수도 거의 없음
• 계약당사자의 신용에 근거	• 청산소가 계약이행 보증
• 유동성과 공개경쟁 부족	• 경쟁에 의한 가격결정
• 만기일 결제	• 일일청산제도
• 자율적 규제	• 거래소 규제

의해 가격이 결정되므로 가격조작의 가능성이 낮다. 다섯째, 선물계약의 경우에는 일일청산 또는 결제가 이루어지는 데 비해 선도계약은 만기일에만 결제가 이루어진다. 여섯째, 선물계약은 투기(speculation)의 비중이 높으므로 대개의 경우 관계당국이나 거래소의 강력한 규제가 수반되나, 선도계약의 경우에는 주로 시장의 자율적 규제에 맡겨지고 있다.

12.2 선물거래의 시장구조

선물거래를 성립시키기 위한 거래조직은 크게 거래소(exchange)와 청산소(clearing house) 및 중개회사(commission house)로 나뉜다.

거 래 소

선물거래소는 주식의 거래와는 달리 선물계약의 장외거래를 인정하지 않고 있다. 따라서 선물계약은 지정된 거래소(exchange) 내에서만 거래가 가능하다. 거래소에서는 회원권(membership)을 가진 회원들만이 선물거래를 할 수 있다. 거래소는 회원들이 납입하는 회비와 수수료 등에 의해서 운영된다.

청 산 소

유통시장에서 유동성이 확보되기 위해서는 무엇보다 거래의 안전성과 거래대상의 표준화가 전제되어야 한다. 청산소(clearing house)는 거래의 안전성을 확보하기 위한 중요한 조직이다. 청산소는 거래소의 부속기관 또는 독립된 기관으로 존재하면서 거래소에서 행해진 모든 계약의 청산을 책임진다. 청산소는 모든 매수자에게는 매도자의 역할을, 모든 매도자에게는 매수자의 역할을 수행하면서 계약의 이행을 보증한다. 즉 선물거래가 성립되면 매매쌍방 사이에 청산소가 즉시 개입하여 거래를 둘로 분리함으로써, 이 거래는 더 이상 거래당사자 간의 관계로 존재하지 않게 된다.

이러한 청산원리를 볼 때 선물거래에서의 포지션을 결제일 전에 청산하고자 할 경우 당초의 매매상대방과는 관계없이 반대거래에 의해 자신의 포지션을 청산할 수 있게 된다. 청산소의 존재로 선물거래시장은 개인끼리의 시장이 아닌 개인과 청산소의 시장이 되므로 모든 시장참가자들은 선물시장에서의 진퇴가 자유로워지고 계약의 이행이 보증되므로 거래량이 늘어나게 되고 효율성이 증대된다.

중개회사

선물거래의 시장구조에서 빠뜨릴 수 없는 거래조직이 중개회사(commission house)이다. 거래소에서의 거래행위는 회원에게만 한정되므로 일반투자자들이 거래하기 위해서는 반드시 중개회사를 통해야 한다. 중개회사는 자신의 명의로 다른 회원 또는 비회원인 일반투자자를 위하여 거래를 대행해 주고 대가로 수수료를 받게 된다.

중개회사는 고객에게 가장 유리하도록 최선을 다해 주문을 이행하며, 고객을 대신하여 인수도를 행하고 청산을 하는 등 고객의 계좌를 관리하게 된다. 또한 중개회사는 투자자들에게 선물시장에 대한 정보를 제공하며, 등록대리인(registered representative)과 투자자를 접촉시켜 투자자로 하여금 투자계획을 세우는 데 도움을 주게 된다.

증거금과 일일청산제도

선물거래를 하고자 하는 투자자는 거래소가 지정하는 일정액의 **증거금**(margin)을 납부하여야 한다. 증거금은 선물거래의 이행을 보증하기 위해서 납부하는데, 증거금의 수준은 거래대상 상품의 일일가격변동 허용폭의 크기와 비슷한 수준이다(약 5~15%).

선물거래를 처음 매수 혹은 매도하는 경우에 납부하는 증거금을 **개시증거금**(initial margin)이라 하고, 거래가 계속되고 있는 동안에는 **유지증거금**(maintenance margin)을 유지하여야 한다. 유지증거금이 유지되고 있는지는 일일청산을 통하여 확인된다. 만약 일일청산 후의 증거금이 유지증거금 이하로 떨어지면 마진콜이 발생할 것이다.

선물거래는 유동성을 높이기 위해서 **일일청산제도**(daily settlement)를 채택하고 있다. 일일청산제도는 매일매일의 가격변동에 따라 발생하는 손익을 하루 단위로 실현시키는 제도이다. 일일청산제도를 예를 들어 설명하기로 하자. 오늘부터 3일 후에 만기가 도래하는 KOSPI200지수의 선물가격이 100.00이라 하고 향후 5일 동안의 선물가격의 변동은 다음과 같다.

KOSPI200선물가격(지수)

일	선물가격 (지수)
0	100.00
1	101.50
2	104.00
3	94.1

예를 들어 KOSPI200의 거래금액은 (지수×50만원)이고, 개시증거금은 거래금액의 15%, 그리고 유지증거금은 거래금액의 10%라고 하자. 투자자 A가 KOSPI200 1단위를 매수하였다고 가정하고 KOSPI200 선물거래의 일일정산 과정을 살펴보기로 하자.

투자자 A는 KOSPI200 1단위를 매수하기 위해서 증거금으로 750만원(100×50만원×15%)을 납부하였다. 다음날에는 KOSPI200 선물지수가 101.50으로 마감하였기 때문에 75만원의 이익이 발생하여 투자자 A의 계좌에는 75만원이 입금되고 증거금 계좌의 잔고는 825만원이 된다. 두 번째 날에는 추가적으로 2.5포인트가 상승하여 125만원이 추가적으로 이익실현되어 잔고는 950만원이 된다. 제3일에

그림 12-1 증거금과 일일정산

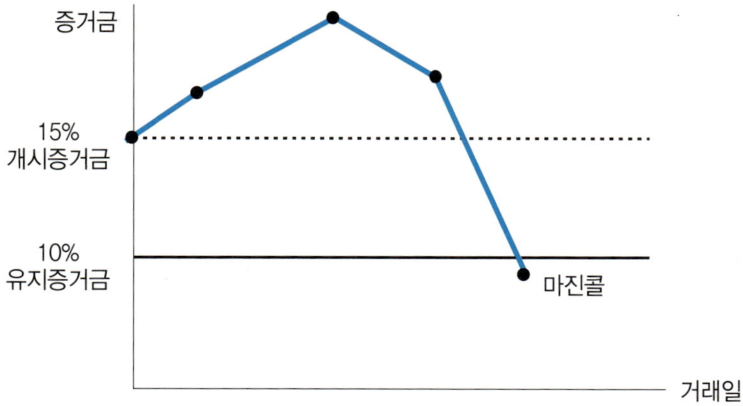

는 KOSPI200 선물지수가 104.00에서 94.1으로 하락하여 증거금 계좌에서 495만원 (9.9×500만원)이 인출되고 잔고는 455만원이 될 것이다.

KOSPI200 일일정산과정

일	손 익	잔 고
0	개시증거금	750만원
1	1.50 50만	825만원
2	2.50 50만	950만원
3	−9.90 50만	455만원

만약 증거금이 거래금액의 10% 이하가 되면 유지증거금이 부족하게 되고, 거래소는 증거금의 추가예치를 요구하며, 투자자는 개시증거금 수준까지 추가로 증거금을 예치하여야 한다. 위의 예에서 제3일의 거래 후에는 증거금 계좌에 거래금액의 10%에 해당하는 유지증거금보다 적은 금액이 남았으므로 증거금을 추가로 예치하여야 한다. 이러한 증거금 추가에 대한 요구를 **마진콜**(margin call)이라고 한다. 만일 거래자가 마진콜에 응하지 않으면, 거래소는 투자자의 포지션을 반대매매를 통하여 선물계약을 청산하게 된다.

현물인도와 현금인도

선물을 거래한 후 만기일까지 반대거래를 통해서 자신의 포지션을 청산하지 않으면 선물거래자는 선물계약에 의한 거래를 이행하여야 한다. 만기일에 거래를 이행하는 방법은 **현물인도**(actual delivery)와 **현금인도**(cash deylivery)의 두 가지 방법이 있다. 현물인도는 만기일에 실제로 기초자산을 인도하고 대금을 결제하여 계약을 이행하는 청산방법이다.

그러나 실제에 있어서 만기일에 현물인도가 일어나는 일은 거의 없다. 더욱이 상품선물이 아니고 금융선물의 경우에 현물인도는 거의 일어나지 않으며, 특히 주가

그림 12-2 **청산소**

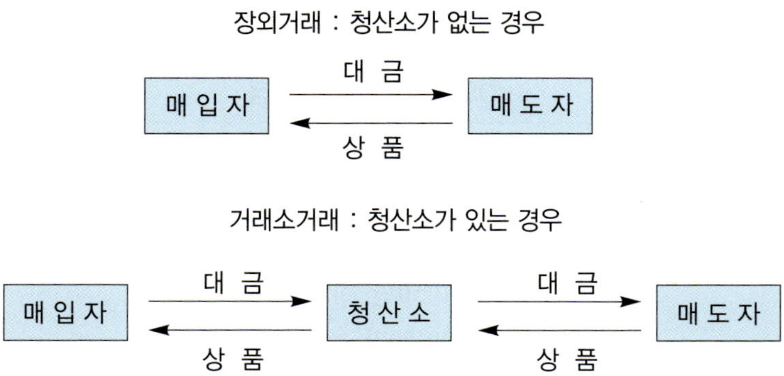

지수선물거래와 같은 금융선물은 현물인도가 실제로 불가능하다. 왜냐하면 주가지수라는 현물이 구체적으로 존재하지 않기 때문이다.

현금인도는 상품의 인도가 없이 현물가격을 기준으로 현금으로 청산하여 계약을 이행하는 방법이다. 대부분의 선물거래 청산은 현금인도에 의해서 이행되는데, 현금인도는 현물인도에 따른 여러 가지 번거로움을 줄일 뿐만 아니라, 주가지수와 같이 기초자산이 존재하지 않는 경우에는 현금인도가 유일한 결제수단이 되기도 한다.

개념확인

1. 선물거래 조직은 어떻게 구성되어 있는가?
2. 거래청산소의 역할은 무엇인가?

12.3 선물거래의 유형

선물시장에서 선물계약을 이용하여 투자자들이 행하는 거래의 종류는 기본적으로 헷지거래(hedging), 투기거래(speculation), 차익거래(arbitrage) 및 스프레드거래

(spread) 등 네 가지가 있다.

헷지거래: 헷지거래는 현재 시점에서 미래의 가격을 고정(lock-in)시킴으로써 일정 기간 동안의 가격변동 위험을 회피하는 경제적 활동으로 정의된다. 이는 현재 또는 앞으로 예상되는 현물시장에서의 포지션으로부터 발생하는 가격변동 위험을 상쇄시키기 위하여, 현물시장과는 반대되는 포지션을 선물시장에서 취함으로서 가능해진다.

헷지거래는 선물시장에서 취하는 포지션이 매입(buying)인가 매도(selling)인가에 따라 롱헷지(long hedge)과 숏헷지(short hedge)로 분류되며 선물계약을 통한 위험노출의 방어(헷지)정도에 따라 완전헷지와 불완전헷지로 구분된다. 또한 거래대상 자산의 선물시장이 존재하지 않을 경우, 그 자산과 밀접한 상관관계를 갖는 다른 대체자산의 선물을 이용하여 헷지하는 것을 교차헷지(cross hedge)라고 한다.

투기거래: 투기거래는 단기간의 가격변동으로부터 이득을 취하기 위해서 어떤 포지션을 매도(매입)하고 나중에 재매입(재매도)하는 거래를 의미한다. 헷지는 항상 현물과 선물의 두 시장에서 연결거래를 수반하는 반면, 선물에 대한 투기는 선물시장에서만 포지션을 취하게 된다. 보통 투기자들은 자신들이 시장보다 더 나은 가격예측을 하여 이득을 취할 수 있다는 기대 속에서 선물거래를 하게 된다.

투기거래는 헷지거래의 위험을 부담한다는 측면에서 가격안정, 유동성 증가 및 정보효율성의 증가 등 여러 가지 기여를 하고 있다. 그러나 투기거래가 현물 및 선물시장에 미치는 영향에 대해서는 부당이득의 취득, 시장 교란 등 부정적인 견해도 있다. 다만 분명한 것은 투기거래가 선물시장에서 필수적이라는 점이다. 이는 투기거래가 없이는 선물계약에 대한 수요가 창출되지 않아 헷지거래가 성립되지 않기 때문이다.

차익거래: 차익거래는 두 개의 상이한 시장(현물시장 및 선물시장)에서 동일

증권에 대해 서로 상반된 포지션을 동시에 취하는 것을 의미한다. 차익거래를 하게 되는 동기는 두 시장의 일시적인 가격 차이를 이용하여 이익을 얻고자 하는 것이다. 따라서 차익거래자는 시장에서 증권을 싼값에 매입하여 다른 시장에서 더 높은 가격으로 다시 판매하게 된다. 이때 투기거래와는 달리 가격변동에 대한 기대는 필요치 않은데, 그것은 두 시장에 동시에 개입하기 때문이다. 현물시장과 선물시장 사이의 차익거래는 두 시장 사이의 가격을 조정하는 효과를 가져오기 때문에 매우 중요한 의미를 갖게 된다.

스프레드거래: 스프레드거래는 서로 연관된 선물계약을 동시에 매입 매도함으로써 이득을 취하는 거래로 일종의 투기적 거래로 볼 수 있다. 스프레드거래자는 두 계약 사이의 가격 차이가 자신에게 유리하게 변할 것이라는 기대에 입각하여 행동한다. 이에 따라 매입된 계약의 가격이 매도된 계약의 가격보다 상대적으로 크게 증가하거나, 또는 상대적으로 작게 감소하면 이득을 취하게 된다.

스프레드거래에 따른 위험은 투기의 경우보다는 작으나 차익거래의 경우보다는 크다. 그리고 스프레드거래에 따른 이익은 거래자가 얼마나 상대적인 가격변화를 잘 예측할 수 있는가에 달려 있다. 스프레드거래는 대상 계약에 따라 다음 세 가지 유형이 존재한다.

① 월간 스프레드(interdelivery spread): 동일한 선물계약에 대해 만기(delivery months)가 다른 두 개의 선물을 매입·매도하여 이득을 취하는 거래이다.

② 상품 간 스프레드(intercommodity spread): 동일한 만기를 갖은 연관된 다른 상품을 매입·매도하여 이득을 취하려는 거래이다. 콩과 콩기름처럼 연관된 상품의 가격 차이를 이용하는 거래이다.

③ 시장 간 스프레드(intermarket spread): 동일한 상품이 서로 다른 시장(거래소)에서 거래될 경우 그 가격 차이를 이용하여 이익을 취하고자 거래하는 경우이다.

이러한 스프레드거래는 차익거래가 현물가격과 선물가격의 관계를 유지시켜 주는 것처럼 선물거래 사이의 가격 차이를 일치시켜 주어 가격 기능을 제고시킨다.

이상에서 우리는 선물시장에서 이루어지는 네 가지 유형의 거래에 대해 살펴보았다. 이 중 스프레드거래, 차익거래, 그리고 투기거래는 초과적인 이익을 목적으로 거래가 이루어지지만, 헷지거래는 이익의 동기보다는 위험회피의 동기에 의해서 거래가 이루어지는 것이다.

12.4 선물거래의 경제적 의의

위험의 관리

선물시장은 가격변동에 따른 위험노출을 회피할 목적으로 시장에 참가하는 헷지거래자(hedger)가 투기거래자(speculator)에게로 위험을 이전시킬 수 있는 수단을 제공한다. 물론 투기거래자는 보다 큰 이익을 얻을 가능성을 기대하면서 위험을 감수하고 시장에 참여한다. 뿐만 아니라 선물가격은 현물가격과 연결되어 있으므로 위험과 수익률을 조절하는 기능을 수행할 수 있다. 그러므로 각자의 위험 선호도에 따른 위험관리(risk management)가 가능하다.

예를 들어 현물을 매입하고 선물을 매도하면 위험을 회피하는 헷지거래가 가능하다. 만약 현물가격이 하락한다면 선물가격도 하락하게 되는데, 현물매입에 따른 손실이 선물매도에 의한 이익으로 상쇄될 것이다. 즉 현물거래에서 노출된 위험을 선물거래를 통해서 관리할 수 있는 것이다.

투자자들은 각자의 위험에 대한 태도를 가지고 그에 따른 투자전략을 수립할 수 있다. 만약 위의 예에서 현물을 매입한 투자자가 선물을 매입한다면 투자자의 위험은 오히려 증폭될 수 있다. 이 경우 현물가격이 하락한다면 선물가격도 하락할 것이기 때문에 손실은 증폭될 것이지만, 반면에 현물가격이 상승한다면 선물가격도 상승할 것이기 때문에 이익이 증폭될 수도 있다. 물론 투자자들은 각자의 태도에 따라 위험을 관리할 수 있다.

파생상품시장은 투자자들 사이에서 위험을 재분배하는 기능을 효율적으로 수행하기 때문에, 각자는 자신들이 원하는 위험수준을 선택할 수 있게 된다. 결과적으로 투자자들이 금융시장에 참여할 수 있는 기회를 증가시키기 때문에, 기업은 자금조달을 원활히 할 수 있고 자본비용도 감소시켜서 국민경제 전체적으로 후생을 증진시키게 될 것이다.

미래가격의 발견

미래의 소비 및 투자계획, 자금조달계획 등을 수립함에 있어서 필요로 하는 자산들의 미래가격을 미리 알 수만 있다면, 계획의 수립이 상당히 용이해질 것이다. 선물가격은 시장참가자들이나 일반인들에게 이러한 목적에 부합되는 미래가격의 추정치를 예측하는 데 도움을 준다.

심지어 선물가격은 미래가격의 예측치라고 볼 수도 있다. 그런데 선물가격은 단순히 어떤 개인의 추정치가 아니라, 특정 상품의 미래가격에 대한 시장참가자들의 견해가 집약된 결과물이다. 그러므로 선물가격은 미래가격에 대해서 매우 의미 있는 정보를 제공하며, 선물시장은 가격발견(price discovery) 기능을 통하여 국민경제에 기여한다.

운영의 이점

선물시장은 금융시장에 있어 몇 가지 운영의 이점(operational advantage)을 제공한다. 선물시장의 첫번째 이점은 **거래비용**이 낮다는 점이다. 즉 선물거래는 거래에 수반되는 수수료 등의 제비용이 현물시장보다 적다. 그러므로 선물시장은 적은 비용으로 현물시장에서의 투자를 보완하거나 대체하는 수단으로 이용될 수 있다.

선물시장의 또 하나의 운영의 이점은 **유동성**이다. 주식이나 채권과 같은 현물시장도 유동성이 높기는 하지만, 대규모의 거래를 시장에 충격을 주지 않으면서 성립시키기는 쉽지 않다. 하지만 선물시장에서는 유동성이 높기 때문에 대규모의 거래가 시장에 충격을 주지 않으면서 이루어질 수 있다.

선물시장이 높은 유동성을 제공하는 이유 중의 하나는 선물거래가 상대적으로 적은 자본으로도 체결될 수 있다는 **레버리지 효과**(leverage effect) 때문이다. 위험과 수익률이 필요에 따라 조절될 수 있으면서도 상대적으로 적은 투자자본이 필요하기 때문에 유동성을 높이는 효과를 제공할 수 있는 것이다.

선물시장의 또 하나의 이점은 **공매도**(short sale)가 쉽다는 점이다. 공매도는 증권을 보유하지 않으면서 매도를 우선하는 거래이다. 공매도는 증권가격의 하락이 예상되는 경우에 증권을 빌려서 매도하고 가격이 하락된 시점에서 매입하여 돌려주는 투자행위이다. 증권시장에서는 공매도에 따르는 제약이 많이 존재한다. 선물시장에서는 공매도가 쉽게 행해질 수 있다. 실제로 많은 투자자들은 기초증권을 공매도하기보다는 선물시장을 통하여 공매도를 실시한다.

시장효율성의 증대

앞에서도 언급되었듯이 차익거래는 현물시장과 선물시장을 연결하는 주요 연결고리이다. 선물시장에서의 높은 유동성과 낮은 거래비용은 차익거래를 활성화하기 때문에, 가격의 조정이 신속하게 이루어져 차익거래의 기회를 빠르게 소멸시켜서 균형가격을 유지하게 하고 시장의 효율성(market efficiency)을 증대시킨다. 시장효율성의 증대는 시장에서 결정되는 가격이 좀 더 적절히 가치를 반영하게 될 것이다. 사회 전체적으로, 시장에서 결정된 가격이 실질적 경제적인 가치를 반영하게 되면 국민경제 전반의 효율적인 자원배분이 이루어지게 된다.

투기 기회의 제공

선물시장은 투기기회(speculative opportunity)를 제공하기도 한다. 실제로 선물시장을 이용하면 높은 레버리지 때문에 적은 금액으로도 투기가 가능할 수 있기 때문에 비판의 대상이 되는 측면도 있다. 하지만 선물거래는 헷지거래자와 투기거래자 사이에 이루어지는 **제로섬**(zero-sum) 게임이므로, 헷지거래를 성사시키기 위해서는 투기거래자가 필요하게 된다.

헷지거래가 위험을 회피할 수 있는 것은 투기거래가 위험을 부담해 주기 때문에 가능하다. 미래의 가격이 불확실하기 때문에 발생하는 위험은 본질적으로는 사라지는 것이 아니고, 헷지거래자에서 투기거래자로 재배분되는 것이다. 그러므로 위험을 부담할 투기거래자는 헷지거래를 위해서도 필요한 것이다.

투기거래는 시장에서 적정가격 형성을 위해서도 필요한 측면이 있다. 투기거래자는 위험을 부담하는 것이기도 하지만, 해당 위험부담에 대한 자신감을 바탕으로 거래한다고 볼 수 있다. 투기거래자는 시장에서 정보를 수집하고 분석해서 가격형성 과정에 반영하게 된다. 투기거래자가 참여하는 효율적이고 경쟁적인 시장은 적정가격 형성에 기여할 것이다.

개념확인

1. 선물거래의 경제적 기능은 무엇인가?
2. 선물거래를 통한 위험관리에 대해 예를 들어 설명하라.

12.5 선물가격의 주요 결정요인

선물시장은 기초자산을 직접적인 거래의 대상으로 하는 것은 아니지만, 현물시장과 밀접한 관계를 갖고 있다. 왜냐하면 선물거래는 현물시장에서 거래되는 상품들을 기초자산으로 하기 때문이다. 그러므로 선물의 가격은 현물시장에서 거래되는 기초자산들과 몇 가지의 중요한 연결고리를 가지고 있다. 여기서는 선물가격의 주요 결정요인들인 연결고리들을 소개하려고 한다.

차익거래와 일물일가의 법칙: 차익거래는 앞에서 일부 설명하였다. 하지만 여기서 설명하는 차익거래는 좀 더 이론적인 차익거래를 의미한다는 점을 주의하기 바란다. 차익거래(arbitrage)는 어느 특정 상품이 서로 다른 가격으로 거래되는 경우에 투자자가 이익을 추구하기 위하여 행하는 거래이다. 차익거래자는 특정 상품이 서로 다른 가격으로 거래된다면, 해당 상품을 낮은 가격에 매입하고 동시에 높은 가격에 매도하여 **차익거래이익**(arbitrage profit)을 추구한다.

그러므로 본질적인 의미의 차익거래에는 위험이 존재하지 않으며 추가적인 투자를 필요로 하는 것도 아니다. 그러므로 차익거래 기회를 찾는 것은 매우 매력적인 투자기회를 의미한다. 실제로 많은 시장참여자들이 차익거래의 기회를 찾기 위해서 많은 시간과 노력을 투입하고 있다. 만약 특정 증권이 서로 다른 가격으로 거래되고 있다면 낮은 가격에 매입하여 높은 가격에 매도하는 차익거래 기회가 존재하게 되고, 이러한 움직임은 낮은 가격에 대한 수요를 증폭시키고 높은 가격의 공급을 증가시켜 결국 일물일가의 법칙으로 정착될 것이다.

이러한 현상은 **경쟁시장**(competitive market)에서 성립되는 것이다. 경쟁시장은 수많은 공급자와 수요자가 다양한 정보를 수집하고 분석하여 이익을 추구하고자 참여하는 시장이다. 시장의 참가자 각자는 자신의 이익을 추구하기 때문에 초과적인 이익을 제공하는 차익거래는 존재할 수 없으며, 특정 상품은 동일한 시점에서 동일한 가격으로 거래되게 된다.

파생금융상품을 공부하게 되면 같은 정도의 위험과 기대수익을 가진 여러 형태의 투자 포트폴리오가 구성될 수 있음을 발견하게 된다. 즉 서로 다른 형태처럼 보이는 포트폴리오들이 실제로는 같은 위험과 수익률을 제공하도록 고안될 수가 있다.

동일한 위험과 수익률을 제공하는 포트폴리오들은 동일한 가격으로 거래되어야 한다. 만약 다른 가격으로 거래된다면 차익거래자가 개입하여 가격을 동일한 수준으로 만들 것이다. 즉 일물일가의 법칙이 적용되는 것이다.

선물거래와 같이 다양한 양상을 나타내는 파생금융상품의 경우에, 차익거래의 존재는 가격의 결정을 위한 중요한 단서를 제공한다. 현물 그리고 선물거래를 포함한 파생상품들로 구성되는 포트폴리오는 동일한 위험과 수익률에 대하여 동일한 가격으로 결정된다는 일물일가의 법칙에 따라 균형가격을 형성하는 것이다.

저장의 가능성: 저장은 현물과 선물시장을 연결하는 중요한 기능을 수행한다. 많은 종류의 자산이 매입한 후에 저장이 가능하다. 주식을 매입해서 보유하는 것도 저장의 일종이라고 볼 수 있다. 곡물과 같은 종류의 상품도 매입해서 저장할 수 있다. 저장은 판매를 연기시켜서 가격이 상승한 후에 판매하고자 하는 것이기 때문에 일종의 투자행위라고 볼 수도 있다. 다른 측면으로 보면 저장은 소비행위를 기간에 따라서 배분하고자 하는 목적으로 이루어지기도 한다.

가격은 항상 변동하기 때문에 저장하는 행위는 가격변동에 따른 위험을 동반하게 된다. 선물거래는 현재 시점에서 미래의 가격을 결정하기 때문에 위험을 감소시키는 수단으로 사용될 수 있다. 그러므로 선물거래는 저장에 따르는 가격변동위험을 제거할 수 있게 하는 것이다. 이 경우에 위험이 제거된 투자에 대한 수익률은 무위험수익률이 될 것이다. 저장에 의해서 상품의 품질이 변하지 않는 경우가 금융선물거래이다. 선물가격의 결정에 있어서 저장의 가능성은 중요한 기능을 한다.

물품의 인도와 청산: 현물시장과 선물시장을 연결하는 또 하나의 중요한 고리는 물품의 인도와 청산이다. 선물거래는 만기에 상품의 인도나 그에 상응하는 현금의 지급을 요구한다. 그러므로 만기시점에서의 선물가격은 현물가격과 같아져야 한다.

실제로는 선물거래에서 만기시점까지 보유하는 경우는 많지 않다. 대부분의 선물거래는 만기 이전에 반대매매에 의해서 거래가 완결되는 형태를 취한다. 그럼에도 불구하고 만기시점에서 발생하는 인도와 청산은 현물과 선물거래의 관계를 결정하는 데 중요한 역할을 한다. 특히 선물거래에 있어서 만기가 주는 의미는 분명한데, 선물가격은 만기시점에서는 현물가격과 같아진다는 사실이다.

개념확인

1. 현물시장과 선물시장을 연결하는 고리는 무엇인가?
2. 일물일가의 법칙이 성립하는 조건은 무엇인가?

12.6 선물가격의 결정

저장불가능 상품

선물거래의 대상인 기초자산의 특성 때문에 저장이 불가능한 경우가 있을 수 있다. 이 경우에는 선물가격과 현물가격의 관계가 보유비용에 의해서 쉽게 연결되지 않을 수 있다. 즉 보유비용을 이용한 차익거래가 쉽게 적용될 수 없는 것이다. 이 경우 선물가격을 설명하는 세 가지 가설이 있다.

기대가설: 기대가설(expectation hypothesis)은 선물가격이 만기일의 현물가격에 대한 기댓값으로 결정된다는 설명이다. 기대가설은 투자자들이 위험중립적이라는 가정하에서 도출된 것이다.

$$F_{0,T} = E(S_T) \tag{12.1}$$

$E(S_T)$: 만기일의 현물가격 기댓값

그림 12-3 선물가격과 기대현물가격의 관계

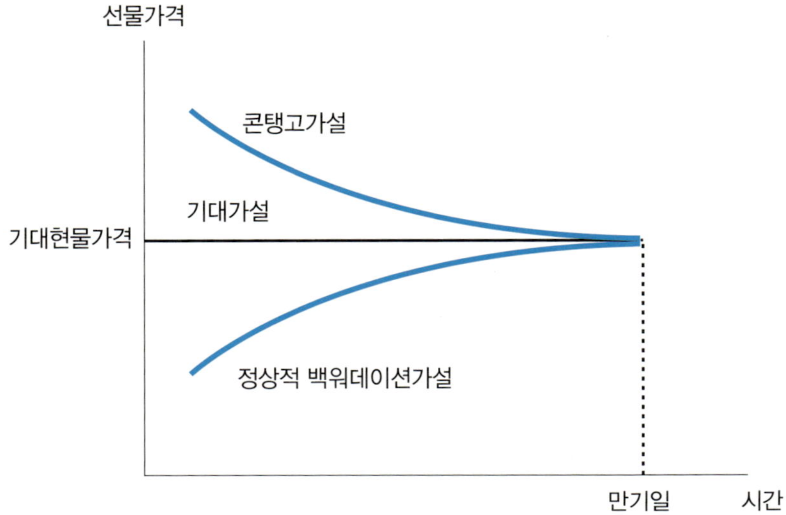

정상적 백워데이션가설: 정상적 백워데이션가설(normal backwardation hypothesis)에 의하면 선물가격은 만기일의 현물가격에 대한 기댓값보다 낮은 수준에서 결정된다는 것이다. 이러한 상황은 위험회피를 목적으로 참여하는 헷저들이 선물시장에서 매도포지션을 취하는 경우에, 투기자들이 선물을 매입하기 위해서는 선물가격이 기대선물가격보다 낮게 형성되어야 한다는 것을 의미한다.

예를 들어, 커피의 생산자들이 헷지를 위해서 선물시장에 참여하는 경우에 생산자들은 미래가격의 변동에 따른 위험을 회피하기 위해서 선물시장에서 매도포지션을 취할 것이다. 생산자인 헷저가 투기자들을 유인하기 위해서는 선물가격을 미래현물가격의 기댓값보다 낮은 가격에서 매도해야 할 것이다. 현물가격의 기댓값과 선물가격의 차이는 투기자들이 위험을 부담한 대가인 위험프리미엄의 성격을 갖는다.

$$F_{0,T} < E(S_T) \tag{12.2}$$

콘탱고가설: 콘탱고가설(contango hypothesis)은 선물가격은 현물가격의 기댓값보다 높게 형성된다는 주장이다. 콘탱고가설은 정상적 백워데이션가설의 반대라고 생각할 수 있다. 위험회피를 목적으로 시장에 참여하는 헷저들이 선물시장에서 순매수의 행태를 보이는 경우에 콘탱고가설이 성립된다.

콘탱고가설에서는 수요자가 헷지를 위해서 시장에 참여하는 경우이다. 이 경우에 헷저의 상대편인 투기자들을 시장에 유인하기 위해서는 선물가격은 미래의 현물가격의 기댓값보다 높게 형성되어야 한다. 선물가격과 현물가격의 기댓값과의 차이는 앞에서와 마찬가지로 투기자들이 위험을 부담한 대가인 위험프리미엄이라고 생각할 수 있다. 선물가격은 만기가 다가옴에 따라 현물가격의 기댓값에 수렴하는 양상을 나타낸다. 그리고 만기에는 선물가격과 현물가격은 일치한다. 이러한 현상은 기대가설, 정상적 백워데이션, 그리고 콘탱고가설을 막론하고 모두 마찬가지이다.

선물가격과 보유비용

금융선물의 경우는 상품선물과는 다르게 저장에 대한 문제는 발생하지 않는다. 금융선물은 저장에 의해 기초자산의 성격이 변하지 않으나, 기초자산을 보유하는 데는 비용이 발생하는데 이것을 **보유비용**(carrying cost)이라고 한다. 선물가격과 현물가격은 보유비용에 의해서 긴밀히 연결되며, 만약 선물가격과 현물가격의 차이가 보유비용과 크게 다르면 차익거래의 가능성이 나타나게 된다. 즉 차익거래의 존재가 선물가격과 현물가격을 연결하는 고리라고 할 수 있다.

설명을 단순화하기 위해서 완전시장(perfect market)을 가정하기로 하자. 완전시장은 구체적으로 다음과 같은 사항들을 포함한다. ① 수수료 등을 포함한 거래비용과 세금이 존재하지 않는다. ② 공매도(short sale)의 제한이 없다. ③ 자금의 차입과 대출은 무위험이자율 수준에서 자유롭다. 이러한 완전시장을 대상으로 보유모형을 설명하기로 하자.

우선 다음과 같은 두 거래를 생각해 보자. 다음의 두 거래는 현재 시점에서 구성한 것으로 기초자산을 주식이라고 상정하자.

거래 I : 만기일이 T인 선물을 $F_{0,T}$로 매입함

거래 II : 현금을 S_0만큼 차입하여 주식을 매입함

위에서 구성된 두 개의 현금흐름을 살펴보면 다음과 같다. 설명을 단순화하기 위해서 주식을 보유하는 동안에 배당은 발생하지 않는다고 잠정적으로 전제하기로 하자.

거래 I · II의 현금흐름

구 분	현재 시점	만기일
거래 I	0	$F_{T,T}-F_{0,T}$
거래 II (합계)	S_0 $-S_0$	$-S_0(1+r_T)$ S_T
	0	$S_T-S_0(1+r_T)$

$F_{0,T}$: 현재 시점의 선물가격

$F_{T,T}$: 만기 T시점에서의 선물가격($=S_T$)

S_0 : 현재 시점의 현물가격

r_T : 만기시점까지의 이자율

거래 I과 거래 II는 현재 시점에서의 현금흐름이 같다. 그러므로 차익거래 기회가 존재하지 않기 위해서는 만기 시점에서의 현금흐름도 같아야 한다. 즉,

$$F_{T,T}-F_{0,T}=S_T-S_0(1+r_T)$$

그런데 만기시점에서는 선물가격과 현물가격은 일치($F_{T,T}=S_T$)하므로 위의 식은 다음과 같이 표현될 수 있다.

$$S_T-F_{0,T}=S_T-S_0(1+r_T)$$

그러므로 현재 시점에서의 선물가격은 다음과 같이 결정된다.

$$F_{0,T} = S_0(1 + r_T) \quad (12.3)$$

식 (12.3)은 선물가격은 현물가격인 S_0와 그것을 보유하는 데 발생하는 기회비용인 이자지급액을 합한 것으로 결정된다는 것을 설명한다. 금융선물의 경우에는 저장은 가능한 것이고, 저장에 따르는 보유비용은 이자비용인 것이다. 만약 현물주식의 보유기간 중에 배당수익이 발생하면 보유비용이 감소한 것으로 생각하면 될 것이다. 그러므로 선물가격은 보유비용에서 그동안 발생한 수익을 차감해 주어야 할 것이다. 즉,

$$F_{0,T} = S_0(1 + r_T) - D_T \quad (12.4)$$

D_T : 보유기간 동안 발생한 수익

이렇게 결정된 가격이 **이론선물가격**이다. 선물가격이 위의 식과 차이가 난다면 차익거래가 발생하게 된다. 물론 실질적인 차익거래 기회는 차익거래를 집행하는 데 따른 수수료를 포함한 실질적인 거래비용을 감안해야 한다. 차익거래에 대한 좀 더 구체적인 설명은 예제를 이용하기로 하자.

예제

선물거래의 대상이 되는 A주식의 현재가격이 15,000원이고 무위험이자율은 연 8%라고 한다. 지금부터 3개월 후에 만기가 되는 A주식의 선물가격이 17,000원이라면 어떤 차익거래 기회가 존재하는가? 앞으로 3개월 동안에 배당금은 발생하지 않는다고 가정하자.

차익거래가 불가능한 상태에서의 이론적 선물가격은 다음과 같이 계산된다.

$$\begin{aligned} F_{0,T} &= S_0(1 + r_T) \\ &= 15{,}000(1 + 0.02) \\ &= 15{,}300 \end{aligned}$$

위의 경우에는 현물을 보유하고 선물을 매도하는 매수차익거래가 가능하다.

즉 거래 I : 현금 15,000원 차입하여 A주식 매수
거래 II : A주식 선물을 17,000원에 매도

매수차익거래의 현금흐름

구 분	현재 시점	만기시점
거래 I	차입: 15,000 A주식 매수: −15,000	차입금 상환: 15,000(1+0.02) A주식 매수: −15,000
거래 II	0	A주식 인도대금: 17,000
합 계	0	1,700

위의 표에서 보듯이 현금 15,000원을 차입하여 현물주식을 매입하고, 동시에 A주식 선물을 17,000원에 매도하면 차익거래 기회가 발생한다. 이러한 차익거래 기회는 추가적인 투자가 필요한 것도 아니고 위험이 동반된 것도 아니다.

만약 이와 같은 차익거래 기회가 존재한다면 A주식에 대한 수요는 증가할 것이고, 선물시장에는 A주식에 대한 매도가 폭증할 것이다. 이러한 현상은 선물가격이 현물가격과 보유비용 만큼의 차이가 날 때까지 나타날 것이다. 결국 $F_{0,T} = S_0(1 + r_T)$의 관계로 결정될 것이다.

개념확인

1. 기대가설은 무엇인가?
2. 정상적 백워데이션 가설은?
3. 콘탱고 가설에서 헷저들의 포지션은?
4. 선물가격에서 보유비용의 역할은?

12.7 주가지수, 금리, 통화선물

주가지수선물

주가지수선물의 성격: 주가지수선물(stock index futures)은 주가지수를 기초자산으로 하는 선물거래이다. 주가지수는 증권시장에 상장된 주식들의 움직임을 나타내는 대표값으로서, 시가총액 방식이나 단순평균 방식에 의해서 계산된다. 주가지수에는 대표적으로 종합주가지수가 있는데, 종합주가지수는 거래소에 상장된 모든 종목의 움직임을 시가총액 방식에 따라 계산하여 나타낸다.

우리나라에서 거래대상이 되는 주가지수는 *KOSPI*200 지수와 *KOSDAQ*50 지수가 있는데, 실질적인 거래는 주로 *KOSPI*200 지수를 대상으로 하기 때문에, 주가지수선물의 설명을 위해서 *KOSPI*200 지수선물을 이용하기로 하자.

*KOSPI*200 주가지수는 증권거래소에 상장된 200개의 주요 종목들의 움직임을 하나의 지수로 산출한 것이다. *KOSPI*200은 1990년 1월 3일을 100으로 하여 시가총액 방식에 따라 주식가격의 움직임을 나타낸다. 선물거래의 기초자산이 되는 주가지수는 실물로서 존재하는 것은 아니고, 주식가격의 움직임을 나타내는 추상적인 개념이다.

*KOSPI*200 주가지수 선물거래제도는 다음과 같다.

*KOSPI*200거래제도

거래승수	호가단위	결제일
1포인트당 50만원	0.05포인트	3, 6, 9, 12월

〈표 12-3〉은 *KOSPI*200 주가지수 선물시세표를 예시한 것이다. 표에는 *KOSPI*200 주가지수 선물상품이 만기일에 따라 3월물, 6월물, 9월물, 그리고 12월물로 나뉘어

표 12-3 *KOSPI*200 주가지수 선물시세표(예제)

(단위: 포인트, 계약, *KOSPI*200 거래량=천주)

만기일	종가	전일 대비	시가	고가	저자	거래량	미결제약정
*KOSPI*200	114.64	▽0.12	113.41	114.65	113.17	142,312	–
05년 3월분	114.90	▽0.55	113.90	115.30	113.55	176,376	92,918
05년 6월분	115.60	▽0.20	114.45	115.65	114.10	72	222
05년 9월분	116.30	–	–	–		–	16
05년 12월분	116.70	–	–	–		–	29

진다. 1월 5일 현재의 시점에서 가장 가까운 만기일은 3월물이 되는데, 대부분의 거래는 만기일이 가까운 3월물에 집중되고 있다.

종가는 당일의 마지막 선물가격으로서 다음날 거래와 일일정산의 기준이 된다. 종가의 다음에는 전일 대비 등락이 표시되고 있다. 시가, 고가, 저가 등은 당일의 처음 가격, 최고가격, 그리고 최저가격을 각각 나타내고 있다. 거래량은 당일의 거래계약수를 나타내며, 미결제약정은 반대매매에 의해 청산되지 않고 남아 있는 선물계약을 의미한다. 당일의 종가를 기준으로 *KOSPI*200 3월 만기 주가지수 선물계약 1단위의 계약금액은 5,745만원(114.90×50만원)이 되며, 개시증거금은 계약금액의 13.5%인 775.58만원이고, 유지증거금은 계약금액의 9.0%인 517.05만원이 된다.

주가지수선물의 가격결정

주가지수선물의 가격은 보유비용모형에 의해서 설명될 수 있다. 주가지수선물은 실체가 존재하지 않는 금융상품이지만, 저장 혹은 보관에 의해서 그 본질이 바뀌지 않기 때문에 보유비용모형에 의한 가격결정이 적용되는 것이다. 주가지수의 경우 보유비용은 이자비용을 의미하며, 보유수익은 보관기간 동안에 발생하는 배당수익이다. 그러므로 주가지수선물의 가격은 다음과 같이 결정된다.

$$F_{0,T} = S_0(1 + r_T) - D_T \tag{12.5}$$

위에서 $F_{0,T}$: 만기일이 T인 주가지수선물의 가격
S_0 : 현재 시점의 주가지수
r_T : 만기일까지의 이자율
D_T : 만기일까지의 배당수익

위의 식에서 배당수익률을 적용한다면 $F_{0,T} = S_0(1 + r_T - d_T)$와 같이 표현될 수도 있다. 만약 위의 등식이 성립되지 않는다면 차익거래가 발생할 수 있다. 예를 들어 $F_{0,T} > S_0(1 + r_T) - D_T$의 경우에는 선물가격이 과대평가된 것이므로, 선물을 매도하고 현물을 매입하는 차익거래가 발생하게 된다. 이 경우 현물보유 차익거래에 의한 차익거래 이익은 $[F_{0,T} - \{S_0(1 + r_T) - D_T\}]$가 된다. 반면에 $F_{0,T} < S_0(1 + r_T) - D_T$인 경우에는 과소평가된 선물을 매입하고 과대평가된 현물을 매도(공매)하는 차익거래가 발생할 수 있다. 이 경우 차익거래 이익은 $[\{S_0(1 + r_T) - D_T\} - F_{0,T}]$가 된다.

실제에 있어서 주가지수 현물은 존재하지 않는다. 하지만 주가지수 현물과 유사한 행태를 나타내는 포트폴리오를 구성할 수 있으며, 그러한 **주가지수 포트폴리오**(index portfolio)가 현물의 주가지수로 이용될 수 있을 것이다. 주가지수 포트폴리오는 포트폴리오에 포함된 많은 종목들을 일시에 거래해야 하기 때문에 **프로그램매매**(program trading)에 의해 수행되는 경우가 대부분이다.

프로그램매매는 대부분의 차익거래를 수행하는 기관투자가들이 투자전략을 컴퓨터에 프로그램하여, 차익거래 등과 같은 기회가 발생하면 컴퓨터가 일시에 프로그램된 거래를 수행하게 하는 거래를 말한다. 프로그램매매는 많은 종목의 거래를 단시간에 처리하기 위해 개발된 투자기법이다.

예제

김갑돌은 현재 만기가 3개월 남아있는 *KOSPI*200 선물 1계약을 매수하는 것을 생각 중이다. 현재 *KOSPI*200 주가지수는 110포인트, 무위험이자율은 연 8%, 그리고 *KOSPI*200에 포함된 주식들의 평균배당수익률은 연 4%라고 한다(수수료 등의 거래비용은 고려하지 않는다).

(1) 김갑돌이 매입하려는 *KOSPI*200의 이론적 선물지수는 얼마인가?

(2) 김갑돌이 예치해야 하는 개시증거금은 얼마인가?

(3) 현재의 *KOSPI*200 선물지수가 120이라면 어떤 형태의 차익거래가 가능할 것인가?

(4) 위의 차익거래로부터 가능한 차익거래 이익은 얼마인가?

(1) 김갑돌이 매입하려는 *KOSPI*200의 이론적 선물지수는 다음과 같이 계산된다(3개월 이자=8%/4, 3개월 배당수익=4%/4).

$$F_{0,T} = S_0(1+r_T) - D_T$$
$$= 110(1+0.02-0.01)$$
$$= 111.1$$

(2) 개시증거금은 계약금액의 13.5%이다.

계약금액 = 111.1 × 50만원
= 5,555만원

개시증거금 = 5,555만원 × 13.5%
= 749.93만원

(3) 현재는 $F_{0,T} > S_0(1+r_T) - D_T$인 상태이다. 그러므로 과대평가된 선물지수를 매도하고, 과소평가된 현물지수를 매수하는 매수 차익거래가 가능하다.

(4) 거래비용 등을 제외한 완전시장을 가정한다면 차익거래 이익은 지수단위로 표현한다면 다음과 같다.

$$F_{0,T} - \{S_0(1+r_T) - D_T\}$$
$$= 120 - \{110(1+0.02) - 1.1\}$$
$$= 8.9$$

그러므로 1단위 거래에 있어서의 차익거래 이익은 445만원(8.9×50만원)이 될 것이다.

현실적으로 선물지수가 이론가격과 완전히 일치하는 경우는 드물다. 그것은 실제로 차익거래를 수행하는 데는 여러 형태의 거래비용이 필요하고, 또한 지수포트폴리오를 매수 매도하는 데에도 어느 정도의 시간도 필요하기 때문이다. 뿐만 아니라 지수포트폴리오가 *KOSPI*200 지수를 정확히 복제한다고 보증할 수도 없는 것이다. 하지만 거래에 따르는 제반 비용과 마찰을 감안한 후에도 실제의 선물가격이 현물가격과 큰 괴리가 발생하는 경우에는 차익거래가 집행될 것이다.

금리선물

금리선물(interest rate futures)은 이자율에 의해서 가격이 결정되는 기초자산에 대해서 거래되는 선물계약을 의미한다. 우리나라에는 CD, 통안증권, 3년 만기 국채, 5년 만기 국채 등을 대상으로 하는 금리선물제도가 있다. 우리나라에서 거래되는 금리선물들을 살펴보면 다음과 같다.

금리선물의 가격도 보유비용모형에 의해 설명될 수 있다. 금리선물의 경우에도 보유비용은 기회비용인 이자비용이다. 그러므로 금리선물 가격은 다음과 같이 결정된다. 아래의 식은 완전시장을 가정한 것이고, 실제에 있어서는 거래비용이 감안되어야 한다.

$$F_{0,T} = S_0(1 + r_T)$$

위에서 $F_{0,T}$: 만기일이 T인 자산의 선물가격

S_0 : 기초자산의 현재 가격

r_T : 무위험이자율

표 12-4 우리나라 금리선물의 거래제도

구 분	CD금리선물	통안증권금리선물	3년 국채선물	5년 국채선물
기초자산	91일물 CD	364일물 통안증권금리	3년 만기 국채 (표면금리 8%, 6개월 단위 이자지급)	5년 만기 국채 (표면금리 8%, 6개월 단위 이자지급)
거래단위	액면가 5억원	액면가 2억원	액면가 1억원	액면가 1억원
가격표시방법	100-유통수익률	100-유통수익률	액면가 100원당 원화 (백분율 방식)	액면가 100원당 원화 (백분율 방식)
호가단위 (1 tick의 가치)*	1베이시스포인트 (12,500원)	1베이시스포인트 (20,000원)	1베이시스포인트 (10,000원)	1베이시스포인트 (10,000원)
결제원	3, 6, 9, 12월	3, 6, 9, 12월	3, 6, 9, 12월**	3, 6, 9, 12월**
결제방법	현금결제	현금결제	현금결제	현금결제

* CD금리선물 1tick의 가치 $= 0.01\% \times 5억원 \times \frac{91일}{364일} = 12,500원$

(1tick의 가치를 12,500원으로 단순화시키기 위하여 1년을 364로 함.)

통안증권금리선물 1tick의 가치 $= 0.01\% \times 2억원 = 20,000원$

3년(5년) 국채선물 1tick의 가치 $= 0.01\% \times 1억원 = 10,000원$

** 국채선물의 경우 4개 결제월 중 6월 이내 2개의 결제월만 상장함.

통화선물

우리나라에서는 미국 달러에 대한 통화선물이 거래되고 있다. 달러선물의 매수자는 만기일에 원화를 지급하고 달러를 매입하게 되며, 달러선물의 매도자는 만기일에 미국 달러를 매도하고 원화를 받게 된다. 우리나라 통화선물의 거래제도는 다음과 같다.

달러선물제도

거래단위	가격표시방법	호가단위	결제월
U$50,000	₩U$	0.10원/U$	당월물 포함 연속 3개월 3, 6, 9, 12월

통화선물의 가격도 보유비용모형에 의해서 설명될 수 있다. 통화선물의 경우에 보유비용은 외환보유에 따른 기회비용인 이자비용이고, 보유수익은 외환의 보유기간 동안 발생하는 수익이다. 달러의 경우 보유수익은 달러의 투자에 의해 얻을 수 있는 이자율인 미국의 국채수익률이다. 그러므로 달러보유의 실질비용은 국내이자율과 미국의 국채이자율의 상대적 차이인 $\left(\frac{1+r_T^D}{1+r_T^F}\right)$이다. 여기서 r_T^D는 국내이자율을, 그리고 r_T^F는 미국의 국채이자율을 의미한다. 결국 통화선물의 가격은 다음과 같이 결정된다.

$$F_{0,T} = S_0\left(\frac{1+r_T^D}{1+r_T^F}\right) \tag{12.6}$$

예제

대미달러환 환율은 ₩1,000/U$이고, 국내이자율은 연 8%이며, 미국 국채이자율은 연 5%이다. 1년 만기 미국달러선물 1계약의 가격은 얼마인가?

먼저 1년 만기 미국달러선물의 환율을 구하면 다음과 같다.

$$\begin{aligned} F_{0,T} &= S_0\left(\frac{1+r_T^D}{1+r_T^F}\right) \\ &= 1{,}000\times\left(\frac{1+0.08}{1+0.05}\right) \\ &= \text{₩}1{,}028.57/\,\text{U\$} \end{aligned}$$

그러므로 1년 만기 달러선물 1계약의 가격은 ₩51,428,500이다. 왜냐하면 거래단위 1계약은 U$50,000이기 때문이다.

개념확인

1. 주가지수선물의 거래단위는?
2. 통화선물 가격결정에 영향을 미치는 요인들은?

12.8 스왑거래

스왑거래의 의의

스왑(swap)은 원래 교환한다는 의미이다. 스왑거래는 미래에 발생할 것으로 예상되는 현금흐름을 교환하기로 약정을 맺는 계약으로서 선도거래와 유사하다. 스왑거래는 1981년에 도입되었으나, 그 시장이 빠르게 성장하고 있다.

스왑거래는 상당히 다양한 형태가 가능하지만, 대부분의 스왑거래는 **금리스왑**(interest-rate swap)과 **통화스왑**(currency swap)의 형태를 띤다. 금리스왑은 거래상대방인 두 채무자가 미래의 이자지급 형태를 교환하는 약정이며, 통화스왑은 서로 다른 통화로 자금을 조달한 채무자들이 원리금의 지급에 대한 통화를 교환하는 약정이다.

스왑거래는 금리나 통화의 입장에서 상대적인 비교우위를 갖는 상대방이 비교우위의 교환에 의해서 차입비용을 절감하거나, 금리 및 환위험을 회피하기 위한 목적으로 사용된다. 스왑거래는 다른 파생상품들이 충족시키지 못하는 부분에 대하여 보완적인 성격을 갖는다.

금리스왑

금리스왑은 두 채무자가 금리변동 위험을 헷지(hedge)하거나 차입비용을 절감하기 위해서 각자의 차입조건을 상호 교환하는 계약이다. 고정금리부채와 변동금리부채를 상호 교환하는 방식이 대부분의 금리스왑에 대한 거래이다.

금융시장에서 고정금리부 부채는 차입자의 신용정도에 민감한 것이 일반적이다. 변동금리부 부채의 경우는 이자율의 변동에 따라 부채에 대한 금리가 변하기 때문에 차입자의 신용정도에 덜 민감한 경향이 있다. 금리스왑의 당사자들은 각각 비교우위를 갖는 시장에서 자금을 차입한 후, 서로의 이자지급을 교환하는 금리스왑을 통하여 차입비용을 절감할 수 있을 것이다.

예를 들어 고정금리와 변동금리의 차입조건이 다음과 같은 두 회사를 생각해 보자.

A, B회사의 차입조건

	A회사	B회사	금리차(B–A)
신용등급	AAA	BBB	
고정금리	8%	9%	1% 포인트
변동금리	LIBOR+0.3%	LIBOR+0.7%	0.4% 포인트

위의 차입조건에서 A회사는 신용등급이 높기 때문에 고정금리와 변동금리에서 모두 절대우위를 갖는다. 하지만 비교우위의 개념을 도입하면 A회사는 고정금리에서 비교우위를 갖고, B회사는 신용등급이 낮기 때문에 변동금리에서 비교우위를 갖는다.

위와 같은 상황에서 A회사는 고정금리로 차입을 하고, B회사는 변동금리로 차입을 하여 금리스왑 거래를 체결한다면 A, B회사 모두가 이익이 될 수 있다.

예를 들어 A회사가 8%의 고정금리로 차입하여 같은 이자율로 B회사에 대여한다면, B회사는 1%의 금리차익을 볼 수 있을 것이다. B회사가 같은 금액을 LIBOR+0.7%에 차입하여, A회사에 LIBOR+0.3%에 대여한다 하더라도 B회사는 0.6%의 금리차익이 발생하는 것이다. 두 회사가 금리스왑을 통하여 얻을 수 있는 이자율 절감효과는 총 0.6%인데, 그것에 대한 배분은 두 회사의 신용도나 금리스왑에 대한 수요와 공급에 의해서 결정될 것이다. 만약 A, B회사가 이자율 절감효과를 동등하게 배분한다면, A회사는 8%의 고정금리로 차입하여 B회사에 8.3%로 대여하고, B회사는 변동금리 LIBOR+0.7%로 차입하여 A회사에 LIBOR+0.3%로 대여하면, A, B회사는 각각 0.3%씩의 금리차익을 얻게 되는 것이다.

금리스왑은 자금의 차입비용을 절감하는 효과를 가져오기도 하지만, 경우에 따라서는 위험회피의 수단이 되기도 하며, 또한 직접적인 접근이 어려운 자금시장에의 간접적인 접근 수단을 제공하기도 한다. 위의 예에서 신용도가 떨어지는 B회사의 경우는 부채를 낮은 이자율의 고정금리로 확정함으로써 이자율 변동에 따른 금리위험을 회피하는 수단을 제공한다. 또한 만약 A회사가 높은 신용도에도 불구하고 여타의 제약에 의해서 변동금리 시장에 제약이 있는 경우에, B회사를 통하여 간접적으로 변동금리 시장에 접근할 수 있을 것이다.

스왑거래는 거래쌍방에 윈-윈 전략이 되어야 가능한 것인데, 적절한 상대방을 찾는 것이 쉬운 일은 아니다. 그러므로 스왑거래를 위해서는 **중개은행**(intermediary bank)이 개입하는 것이 일반적이다. 중개은행은 각 거래당사자와 별개의 계약을 체결하는데, 거래당사자의 입장에서는 중개은행이 거래상대방이 되는 것이다. 따라서 스왑거래의 당사자는 상대방의 거래조건이나 신용상태 등에 대해서 별도로 신경을 쓸 필요는 없게 된다.

통화스왑

통화스왑(currency swap)은 서로 다른 통화로 차입한 두 기업이 이자와 원금상환에 대한 통화를 상호 교환하는 거래이다. 통화스왑이 성장하게 된 이유도 금리스왑의 경우와 마찬가지로 차입비용을 절감하는 윈-윈 전략이 가능하기 때문이다. 금리스왑과 마찬가지로 각각의 통화에 대한 차입조건이 서로 다른 A, B 두 회사를 생각해 보자.

A, B회사의 차입조건

	A회사	B회사	금리차(B-A)
원 화	7%	9%	2% 포인트
달러화	8.2%	9.2%	1% 포인트

앞의 표에서 보듯이 A회사는 B회사보다 원화와 달러화의 차입에서 모두 절대우위에 있다. 하지만 비교우위의 개념에서 보면 A회사는 원화 차입에 비교우위가 있고, B회사는 달러화 차입에 비교우위가 있다. 위와 같은 경우에는 A회사는 원화로 차입하고, B회사는 달러화로 차입하여 통화스왑 계약을 체결하면, A, B 모두에게 이익이 되는 윈-윈 전략이 가능한 것이다.

두 회사가 통화스왑을 통해서 얻을 수 있는 총차입비용의 절감효과는 1%이다. 총차입비용의 배분은 A, B회사가 갖고 있는 신용도나 통화스왑 시장에서의 수요와 공급에 의해서 결정될 것이다. 예를 들면, 달러화를 원화로 스왑하려는 수요가 많으면, 상대적으로 원화를 달러화로 스왑하는 당사자에게 절감비용이 많이 배분될 것이다.

통화스왑은 차입비용의 절감뿐만 아니라, 접근이 쉽지 않은 외국통화에 대한 차입을 간접적으로 실현시키는 수단으로 사용되는 경우도 많다. 예를 들어 A회사는 한국의 기업이고 B회사는 미국의 기업이라면, A기업이 직접적인 접근이 어려운 달러화 차입시장에 스왑거래를 통해서 접근이 가능해지는 것이다.

12.9 요약 및 결론

본 장에서는 파생금융상품 중에서 선물거래를 중심으로 소개하였다. 우선 선물거래와 선도거래의 개념을 비교하여 설명하였다. 선도거래는 거래 쌍방 간의 필요에 의해서 이루어지는 거래로서 그 근원은 매우 오랜 역사를 갖는다. 반면에 선물거래는 선도거래를 정형화하고 표준화함으로써 파생금융상품으로 거래되고 있다.

선물거래는 나름대로의 독특한 시장구조를 가지고 있다. 구체적인 거래소의 존재는 말할 것도 없이 청산소, 중개회사 등이 선물거래의 체결을 위해서 각자의 기능을 수행한다. 뿐만 아니라 거래의 분명한 결제를 위해서 증거금과 일일청산제도를 운용하고 있다.

선물거래는 금융시장에서 여러 가지 중요한 기능을 수행한다. 선물거래는 우선 위험관리를 위한 수단을 제공한다. 위험을 회피하고자 하는 투자자에는 위험회피의 수단을 제공하며, 위험부담을 통해서 높은 수익을 올리려는 투자자들에게는 투기의 기회를 제공하기도 하는 것이다. 선물거래는 이외에도 미래가격의 발견, 금융시장 운영의 효율성 등을 제공하는 기회이기도 하다.

선물거래 유형에는 헷지거래, 투기거래, 차익거래, 그리고 스프레드거래 등이 존재한다. 헷지거래와 투기거래는 시장참가자들의 위험에 대한 태도에 따라 분류될 것이다. 차익거래는 시장의 효율적 운영을 위해서 꼭 필요한 거래이다. 그리고 스프레드거래는 선물계약 사이의 가격 차이를 이용하는 거래이다.

선물거래는 크게 상품선물과 금융선물로 나뉜다. 상품선물은 농산물, 원자재 등을 포함하는데, 그것들의 가격결정에는 저장의 가능성 정도가 중요한 역할을 한다. 금융선물에는 주가선물, 주가지수선물, 금리선물, 통화선물 등이 포함되는데, 금융선물들은 저장의 가능성에 대한 의문이 없기 때문에 보유비용모형에 의해서 가격이 결정된다.

본 장에서는 우리나라에서 거래되고 있는 금융선물의 가격결정에 대해서 살펴보았다. 여기서 살펴본 가격결정모형들은 이론적인 가격결정모형이라고 이해해야 할 것이다. 실제의 가격결정은 금융시장에서의 거래비용 등을 포함한 요소들을 감안해야 할 것이다. 하지만 금융시장은 상당히 효율적이고 상대적으로 거래비용이 적기 때문에, 실제로 결정되는 선물가격이 이론가격과 큰 차이를 보이는 것은 아니다.

본 장에서는 마지막으로 스왑거래에 대해서 소개하였다. 스왑거래에는 통상 금리스왑과 통화스왑이 있는데, 거래쌍방이 이득을 얻을 수 있는 윈-윈 전략으로서 많은 호응을 얻고 있다. 스왑거래가 도입된 것은 오래된 것은 아니지만, 앞으로 상당히 발전이 예견되는 분야이다.

연습문제

12.1 선도거래와 선물거래에 대하여 유사점과 차이점을 비교 설명하라. 선도거래의 역사는 매우 오래된 것으로 알려져 있고, 선물거래는 근래의 현상인데 선물거래가 등장한 이유는 선물거래의 어떤 특징 때문인가?

12.2 투기적 거래는 사회적으로 지탄의 대상이 되는 경우가 있으나, 실제로는 상당히 중요한 경제적 기능을 수행한다. 투기적 거래의 경제적 기능을 논하라.

12.3 선물거래의 경제적 기능을 설명하여라.

12.4 선물가격을 결정하는 데는 보관과 저장의 가능성이 매우 중요한 역할을 한다. 저장에 의해서 가치가 심하게 변동되는 상품의 선물가격결정을 설명하여라.

12.5 현물시장과 선물시장은 동일한 상품에 대하여 거래하는 경우에 매우 밀접한 관계가 형성되어 있다. 즉 현물가격과 선물가격을 연결하는 보유비용에 의해 연결되어 있고 그러한 관계는 이론선물가격으로 나타난다. 만약 이론선물가격과 현실적인 선물가격이 차이가 생기면 어떤 현상이 벌어질 것인가? 그리고 그러한 현상이 벌어지는 이유에 대하여 설명하라.

12.6 현재 *KOSPI*200 지수는 100pt이고 시중이자율은 10%라고 한다. 3개월 만기의 이론선물지수를 구하라. 3개월 동안의 배상금은 무시하기로 한다.

12.7 3월 15일 만기가 되는 선물가격 F_1이 ₩31,500이고, 6월 15일 만기가 되는 선물가격 F_2가 ₩31,530이다. 무위험이자율(r_f)이 연 5%이고 배당수익률은 2%라고 한다.

① F_1에 근거하여 F_2의 이론가격을 구하라.

② 이론가격과 F_2가 차이가 있다면 어떤 현상이 벌어질 것인지 설명하라.

12.8 김농부는 배추장사를 하고 있다. 배추의 수확량은 1,000포기이고, 현재의 가격은 포기당 430원이다. 김농부는 3개월 후에 가격이 하락할 것을 우려하여 선물시장을 통한 위험회피를 생각 중이다. 현재 거래되고 있는 선물가격은 460원이다.

① 김농부가 위험을 회피할 수 있는 방법을 설명하라.

② 3개월 후에 현물가격이 390원, 그리고 선물가격이 448원으로 하락하였다면 어떤 결과가 되는지 설명하라.

③ 3개월 후에 현물가격이 450원, 그리고 선물가격이 480원으로 상승하였다면 위험회피의 결과는 어떻게 되는지 설명하라.

12.9 현물 채권시장에서 3개월 만기의 할인채의 할인율이 12%이고, 6개월 만기의 할인채의 할인율이 12.8%이다. 채권의 액면가는 100만원이다. 현재 선물시장에서는 3개월 후에 시작되어 6개월 후에 만기가 되는 선물가격이 87만원이다.

① 향후 3개월에서 6개월 사이의 선도이자율을 구하라.

② 3개월 만기, 6개월 만기의 현물채권의 가격을 구하라.

③ 위의 조건으로부터 차익거래가 가능한지를 밝혀라.

12.10 현재 *KOSPI*200 지수는 120이고, 3개월 만기 *KOSPI*200 선물지수는 112이다. *KOSPI*200의 평균적인 배당률은 연 2%이고 무위험이자율은 5%이다. *KOSPI*200에 대한 공매도(short sale)는 가능하며, *KOSPI*200 지수 1포인트당 가격은 500,000원이다. 1년은 360일로 계산한다.

① *KOSPI*200 선물지수의 이론가격은 얼마인가?

② 선물지수의 현재가격과 이론가격이 차이가 있다면 어떤 형태의 차익거래가 가능할 것인가?

제 13 장

옵션거래

본 장에서는 옵션거래에 대해서 살펴볼 것이다. 옵션의 개념은 많은 금융거래에 내재되어 있는 경우가 많다. 옵션을 광범위하게 해석하면 다양한 조건부요구권들을 포함하게 된다. 옵션을 조건부요구권으로 해석하면 많은 금융거래들이 옵션의 범주에서 인식될 수 있게 된다.

'옵션은 가치가 있다.'라는 재무관리 원칙이 존재한다. '옵션의 가치는 마이너스의 값을 갖지 않는다.'는 말이다. 옵션의 가치가 양(+)의 값을 갖는 이유는, 옵션은 행사할 권리를 갖지만 의무를 동반하는 것은 아니기 때문이다. 이러한 옵션의 성격이 다양한 거래의 형태, 즉 금융공학을 가능하게 하는 원천이다.

옵션의 도입은 다양한 형태의 금융거래를 가능하게 한다. 옵션거래는 매입과 매도가 자유로울 뿐만 아니라, 손익의 형태도 선형적인 관계에 국한되지 않는다. 옵션을 통하여 여러 형태의 손익구조를 만들 수 있으며, 금융공학과 같은 다양한 설계가 가능해지는 것이다. 옵션을 통해서 금융거래의 묘미를 살펴보도록 하자.

13.1 옵션의 기초개념

옵션(option)은 그 보유자가 정해진 시기에 정해진 가격으로 어떤 자산, 즉 **기초자산**을 사거나 팔 수 있는 권리를 부여하는 특별한 계약이다. 옵션은 매우 다양한 형태로 나타나는데, 금융시장에서 거래되는 구체적인 옵션은 주로 주식을 기초자산으로 하여 사거나 팔 수 있는 주식옵션(stock option)이다. 주식옵션은 선물거래와 함께 대표적인 파생상품(derivatives)의 하나이다.

옵션과 선물의 차이점은 선물거래는 미래 일정 시점에서 미리 정해진 가격으로 거래를 집행하는 거래인데 비해서, 옵션거래는 미래 일정 시점에서 미리 정해진 가격으로 거래를 집행할 수 있는 거래인 것이다. 즉 선물은 거래의 집행을 확정한 것인데 반해서, 옵션은 거래의 집행이 확정된 것이 아니고 옵션보유자의 선택에 의해서 거래의 집행 여부가 결정된다는 차이점이 있다. 그러므로 집행시점에서 선물거래의 보유자는 자신의 손익과 관계없이 거래를 집행해야 하지만, 옵션의 보유자는 자신의 이익이 발생하는 경우에만 거래를 집행할 것이다.

'옵션은 가치가 있다'라는 것은 기본적인 재무원리 중의 하나이다. 옵션이 가치를 갖는 것은 그것의 보유자가 옵션을 행사할 권리를 가지지만, 반드시 행사해야 할 의무는 없기 때문이다. 반면에 옵션을 발행한 사람은 옵션보유자가 권리를 행사하는 경우에 그에 따른 계약을 이행할 의무를 진다.

옵션은 상대적으로 새로운 개념이기 때문에 그것에 사용되는 용어를 정리해 보는 것이 옵션을 이해하는 데 도움이 될 것이다.

- 옵션보유자(Option Holder) : 옵션을 매입(buyer)한 사람으로 옵션행사의 권리를 갖는다.
- 옵션발행자(Option Writer) : 옵션을 매도(seller)한 사람으로 옵션행사시 계약을

이행할 의무를 진다.

- 옵션행사(Exercising the Option) : 옵션계약에 명시된 권리를 행사하는 것으로 기초자산을 사거나 파는 행위를 말한다.
- 기초자산(Underlying Asset) : 옵션계약의 대상이 되는 자산으로서 주식옵션의 경우 주식이 해당된다.
- 행사가격(Exercise Price) : 옵션계약에 명시된 기초자산의 매입 또는 매도가격을 의미한다.
- 만기일(Expiration Date) : 옵션계약에 명시된 기간으로서 옵션은 만기일이나 그 이전에 행사할 수 있다.
- 유럽형 옵션(European Option) : 유럽형 옵션은 만기일에만 옵션의 행사가 가능한 계약이다.
- 미국형 옵션(American Option) : 미국형 옵션은 만기일 이내에 언제든지 행사가 가능한 계약이다.
- 콜옵션(Call Option) : 기초자산을 살 수 있는 권리를 갖는 옵션이다.
- 풋옵션(Put Option) : 기초자산을 팔 수 있는 권리를 갖는 옵션이다.

	옵션계약$_{t=0}$	옵션행사$_{t=T}$
보유자	옵션가격지급	옵션행사권리 (옵션행사 포기 가능)
발행자	옵션가격수입	옵션이행의무

옵션은 다른 파생상품들과 마찬가지로 현물자산에 대한 거래를 의미하는 것은 아니다. 옵션은 기초자산이라고 불리는 현물자산의 매입과 매도에 관한 권리를 거래하는 것이다. 그러므로 옵션계약의 거래는 그 권리에 대한 거래이고, 현물의 인수도는 옵션이 행사되는 시점에서 발생한다. 즉 옵션의 매입을 통한 소유 시점과 행사 시점에는 차이가 있다. 이 점은 선물거래의 경우도 마찬가지이다.

13.2 만기일의 옵션가치

옵션은 행사 가능성에 따라 유럽형 옵션과 미국형 옵션으로 나뉘기는 하지만, 만기일에서의 옵션의 가치를 살펴보면 옵션의 성격을 이해하는 데 도움이 될 것이다. 만기일에서의 옵션의 가치를 콜옵션과 풋옵션으로 나누어 살펴보기로 한다.

콜옵션의 가치

콜옵션은 기초자산을 행사가격으로 매입할 수 있는 권리이다. 예를 들어 콜옵션은 '3개월 후 A기업의 주식 1주를 20,000원에 살 수 있는 권리'와 같은 형태를 말한다. 여기서 만기일은 3개월 후, 기초자산은 A기업 주식 1주, 행사가격은 20,000원을 의미한다. 이 계약은 A기업과는 상관없이 콜옵션의 발행자와 매입자 사이에 이루어진다.

만기일(T)의 콜옵션 가치는 기초자산인 A기업 주식의 가격에 의해서 결정된다. 만약 만기일 시점의 A기업 주식가격이 20,000원을 넘는 25,000원이라면, 콜옵션의 가치는 주식가격과 행사가격의 차이인 5,000(25,000−20,000)원이 될 것이다. 왜냐하면 콜옵션의 보유자는 행사가격 20,000원을 지급하여 25,000원의 가치가 있는 주식을 보유하게 되기 때문이다. 즉 기초자산의 가격(S_T)이 옵션의 행사가격(X)보다 큰 경우($S_T > X$)에는 콜옵션의 가치는 (S_T-X)가 된다. 이러한 경우의 콜옵션을 '내가격'(in the money)이라고 한다.

만약 만기일의 기초자산 가격이 콜옵션의 행사가격보다 낮다면($S_T < X$) 콜옵션은 행사되지 않을 것이며, 만기시점에서 행사되지 않는 콜옵션의 가치는 0이 된다. 예를 들어, A주식의 만기일 시점에서의 가격이 15,000원이라면, 콜옵션의 보유자는 A주식을 행사가격 20,000원으로 매입하지 않을 것이다. 결국 콜옵션은 행사되지 않

을 것이다. 이러한 경우 ($S_T < X$)인 콜옵션을 '외가격'(out of the money)이라고 한다. 상대적으로 기초자산의 가격과 행사가격이 일치하는 경우 ($S_T=X$)의 콜옵션은 '등가격'(at the money)이라고 한다.

그러므로 만기일 시점의 콜옵션의 가치를 정리하면 다음과 같다.

$$C_T \begin{cases} S_T-X, & S_T > X \text{인 경우} \\ 0\quad, & S_T \leq X \text{인 경우} \end{cases} \tag{13.1}$$

C_T : 만기일(T)의 콜옵션의 가치

위의 식 (13.1)을 수학적 기호를 사용하여 다음과 같이 표현할 수도 있다. 다음의 식에서 Max[0, S_T-X]는 수학적 기호로서 괄호 안의 큰 값을 취한다는 의미이다. 즉 (S_T-X)가 0보다 큰 경우에는 그 값이 되고, (S_T-X)가 0보다 작은 경우에는 0을 취한다는 의미이다.

$$C_T=\text{Max}[0,\ S_T-X] \tag{13.2}$$

이상에서 살펴본 만기일의 콜옵션 가치를 그림으로 나타내면 [그림 13-1]과 같

그림 13-1 콜옵션의 만기일 가치

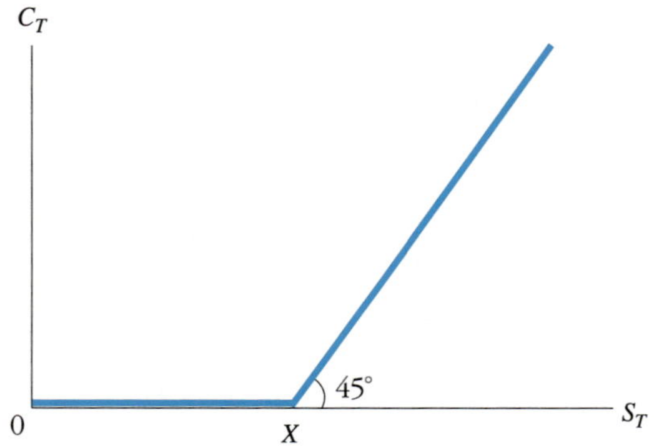

다. 그림에서 볼 수 있는 바와 같이 콜옵션의 가치는 결코 0보다 작을 수 없다는 점을 유의하여야 한다. 콜옵션은 기초자산을 매입할 권리를 갖지만 의무는 없기 때문이며, 이것이 콜옵션이 양(+)의 값을 갖는다는 의미이다. 그러므로 콜옵션 보유자의 입장에서 최대 손실은 옵션을 매입한 가격이 되는 것이다.

하지만 콜옵션의 가치는 (+)쪽으로는 제약받지 않는다. 기초자산의 가격이 올라가면 갈수록 콜옵션의 가치도 상승하는 것이다. 콜옵션 매입자의 입장에서는 옵션의 이러한 성격이 매력이 될 수 있을 것이다. 즉 손실은 한정되어 있는 데 반해서 수익은 한정되지 않는 새로운 형태의 수익구조가 가능한 것이다.

풋옵션의 가치

풋옵션은 콜옵션과 상반되는 것으로서 풋옵션의 보유자는 기초자산을 약정된 기간과 가격에 팔 수 있는 권리를 갖는다. 예를 들어, 풋옵션은 '3개월 후 A기업의 주식 1주를 20,000원에 팔 수 있는 권리'와 같은 형태를 갖는다. 여기서 만기일(T)은 3개월 후, 기초자산은 A기업 주식 1주, 행사가격(X)은 20,000원을 의미한다. 이 계약도 콜옵션과 마찬가지로 A기업과는 상관없이 풋옵션의 발행자와 매입자 사이에 이루어진다.

만기일의 풋옵션 가치는 기초자산인 A기업 주식가격에 의해서 결정된다. 만약 만기일 시점의 A주식 가격이 20,000원 이하인 15,000원이라면, 풋옵션의 가치는 풋옵션의 행사가격인 20,000원과 주식의 실제가격인 15,000원의 차이인 5,000원이 될 것이다. 왜냐 하면 풋옵션의 보유자는 15,000원 가치가 있는 주식을 20,000원에 팔 수 있기 때문에, 그 권리인 풋옵션은 5,000원 만큼의 가치를 갖게 되는 것이다. 즉 기초자산의 가격(S_T)이 풋옵션의 행사가격(X)보다 작은 경우($S_T < X$)에는 풋옵션의 가치는 ($X-S_T$)가 된다. 이러한 경우의 풋옵션을 '내가격'이라고 한다.

만약 만기일의 기초자산 가격이 풋옵션의 행사가격보다 높다면($S_T > X$) 풋옵션은 행사되지 않을 것이며, 행사되지 않는 옵션의 가치 역시 0이다. 위의 예에서 A주식의 만기일 시점에서의 가격이 25,000원이라면, 풋옵션의 보유자는 A주식을 행사가격 20,000원에 매도하지는 않을 것이다. 결국 풋옵션은 행사되지 않을 것이고, 이 경우 ($S_T > X$)의 풋옵션을 '외가격'상태라고 부른다. 또한 기초자산의 가격과 행사가격이 일치하는 경우의 풋옵션은 '등가격'상태에 있다고 한다.

만기일 시점의 풋옵션의 가치는 만기 시점의 주식가치(S_T)와 일정한 관계를 갖는데, 그것을 정리하면 식 (13.3)과 같다.

$$P_T \begin{cases} X - S_T, & S_T < X \text{인 경우} \\ 0 \quad , & S_T \geq X \text{인 경우} \end{cases} \tag{13.3}$$

P_T : 만기일(T)의 옵션의 가치

위의 식 (13.3)을 수학적 기호를 사용하여 하나의 식으로 나타내면 다음과 같다.

$$P_T = \text{Max}[0, X - S_T] \tag{13.4}$$

이상에서 살펴본 만기일에서의 풋옵션의 가치를 그림으로 나타내면 [그림 13-2]

그림 13-2 풋옵션의 만기일 가치

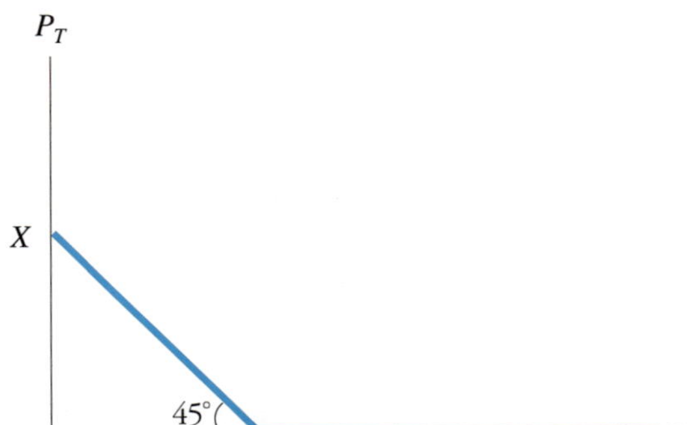

와 같다.

[그림 13-2]를 앞의 [그림 13-1]과 비교해 보면, 콜옵션은 주가가 높을수록 가치가 커지는데 반해서, 풋옵션은 주가가 행사가격보다 낮을수록 가치가 커짐을 알 수 있다. 그러므로 투자자들은 향후 주가가 행사가격보다 높을 가능성이 있을 때 콜옵션을 매입하지만, 풋옵션은 주가가 행사가격보다 낮을 가능성이 있을 때 매입하려는 경향이 있다.

옵션매도의 가치

옵션의 매도자 혹은 발행자는 옵션의 보유자가 계약상의 권리를 행사하는 경우에 그에 따르는 계약이행의 의무를 진다. 콜옵션의 발행자는 옵션의 보유자가 옵션을 행사한다면 기초자산을 행사가격으로 인도할 의무가 있다.

만기일에 기초자산인 주식의 가격이 행사가격보다 낮으면($S_T < X$), 콜옵션은 행사되지 않을 것이며, 콜옵션의 매도자는 아무런 의무가 없다. 반면에 주식의 가격이 행사가격보다 높으면($S_T > X$), 콜옵션은 행사될 것이다.

콜옵션의 매도자는 콜옵션이 행사되는 경우에 (S_T-X)만큼의 손실을 입게 되는데, 이것은 콜옵션의 보유자가 얻게 되는 이익과 같은 금액이다. 옵션거래에서는 거래의 쌍방이 제로섬(zero-sum)게임이 되는데, 매수자나 매도자가 이익을 보게 되면 거래상대방은 그에 해당하는 만큼의 손실을 보게 된다.

풋옵션의 발행자는 옵션의 보유자가 옵션을 행사한다면 기초자산을 행사가격에 인수할 의무를 진다. 만기일에 기초자산인 주식의 가격이 행사가격보다 높다면($S_T > X$), 풋옵션은 행사되지 않을 것이며 풋옵션의 매도자는 수행할 의무가 없다.

반면에 주식의 가격이 행사가격보다 낮으면($S_T < X$) 풋옵션은 행사될 것이며, 풋옵션의 발행자는 그에 따른 의무를 수행하여야 한다. 풋옵션이 행사되는 경우에 풋옵션의 매도자는 ($X-S_T$)만큼의 손실이 발생하는데, 이것은 풋옵션 보유자가 얻는

그림 13-3 콜옵션과 풋옵션 매도자의 성과

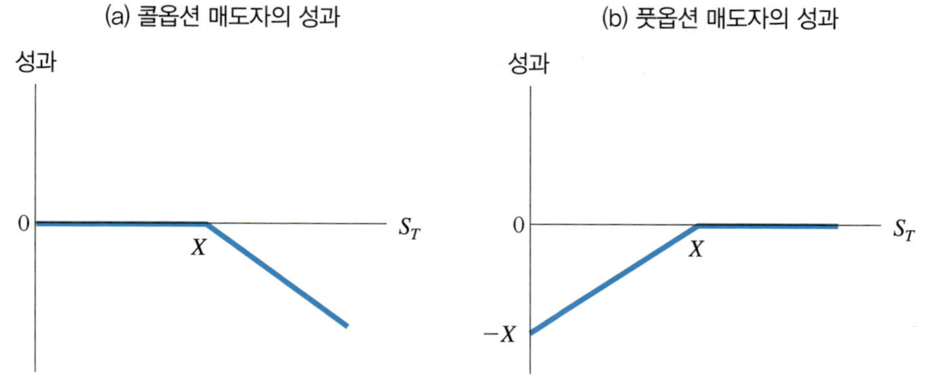

이익과 동일한 금액이다. [그림 13-3]은 콜옵션과 풋옵션의 매도자가 직면하는 성과를 나타낸 것이다.

13.3 우리나라의 옵션거래

우리나라에서는 *KOSPI*200 주가지수옵션, *KOSPI*200 주식옵션, *KOSDAQ*50 주가지수옵션, 그리고 달러옵션 등이 거래되고 있다. 이 중에서 *KOSPI*200과 *KOSDAQ*50 주가지수옵션은 실물이 존재하지 않는 주가지수라는 추상적인 숫자를 기초자산으로 한다. 주가지수옵션과 같이 실물이 존재하지 않을 때에는 옵션의 권리를 행사하는 경우에, 행사가격과 지수와의 차액으로 현금결제하는 방식을 택한다.

우리나라에서 거래되고 있는 옵션들에 대한 거래제도는 〈표 13-1〉에 요약되어 있다. 다음 두번째 표는 *KOSPI*200 주가지수옵션에 대한 시세표의 일부를 예시한 것이다. 종가는 거래일의 마지막 거래에 적용될 옵션가격으로 다음날 거래의 기준가격이 된다. 시가는 당일의 첫 거래 가격이며, 고가와 저가는 각각 당일 거래 중에서 가

표 13-1 우리나라의 옵션거래제도

구 분	*KOSPI*200 주가지수옵션	*KOSPI*200 주식옵션	*KOSDAQ*50 주가지수옵션	달러옵션
기초자산	*KOSPI*200	국민은행, 삼성전자, 한국전력,현대자동차, POSCO, KT, SK텔레콤	*KOSDAQ*50	달러(USD)
옵션의 종류	콜옵션과 풋옵션	콜옵션과 풋옵션	콜옵션과 풋옵션	콜옵션과 풋옵션
옵션의 유형	유럽형	유럽형	유럽형	유럽형
거래단위(승수)	1포인트당 10만원	100주(단, 10만원 이상 10주)	1포인트당 10만원	U$10,000
결제월*	4개월 결제월	4개월 결제월	4개월 결제월	4개월 결제월
결제방법	현금결제	실물 인수·도	현금결제	4개월 결제월

* 최근 월 3개+3월, 6월, 9월, 12월 중 1개

장 높은 가격과 가장 낮은 가격을 의미한다.

*KOSPI*200 주가지수옵션의 경우에 행사가격이 110.0포인트인 콜옵션을 종가로 매입하면 매입금액은 490,000원(4.90×10만원)이 되며, 풋옵션 1계약을 종가로 매입하는 경우 매입금액은 23,000원(0.23×10만원)이 된다. 그리고 미결제약정은 반대매매에 의해 청산되지 않고 남아있는 옵션의 계약수를 의미한다.

***KOSPI*200 주가지수옵션 시세표(예제)**

구분	결제월	행사가격	종가	전일대비	시가	고가	저자	거래량	미결제 약정
콜옵션	0501	112.5	2.65	▽0.37	2.13	2.90	1.90	114,995	95,913
콜옵션	0501	110.0	4.90	▽0.30	4.20	5.00	3.60	10,973	60,016
풋옵션	0501	112.5	0.66	▽0.07	1.10	1.33	0.60	946,645	119,415
풋옵션	0501	110.0	0.23	▽0.08	0.51	0.58	0.20	1,300,742	182,328

13.4 옵션가격 결정요인

앞에서 살펴본 대로 옵션의 거래로부터 얻어지는 이익의 형태는 만기시점의 주가에 따라 달라진다는 것을 보았다. 이와 같이 주가는 옵션의 가격을 결정하는 가장 중요한 요인 중의 하나이다. 그러나 옵션가격에 영향을 미치는 요인에는 주가 이외에도 행사가격, 만기일, 기초자산 수익률의 분산, 무위험수익률 등이 있다.

먼저 옵션의 대표적인 형태로 거래되고 있는 유럽형 콜옵션의 만기시점에서의 가치를 살펴보기로 하자. 만기시점에서의 콜옵션의 가치는 만기일에서의 주식가격에서 행사가격을 차감한 양(+)의 값, 즉 $C=\max[0, S_T-X]$와 같다. 그러면 옵션의 가격에 영향을 미치는 각 요인들에 대하여 살펴보기로 하자.

첫째, 콜옵션의 경우 옵션의 가격은 다른 조건이 동일할 경우 현재의 **주식가격**(S)이 높으면 높을수록 옵션의 가격은 상승한다. 왜냐하면 현재의 주식가격이 높을수록 만기일이 도래했을 때 주식가격이 행사가격보다 높을 확률이 크기 때문이다.

둘째, 콜옵션의 가격은 **행사가격**(X)이 낮을수록 높아진다. 그 이유는 행사가격이 낮을수록 만기일에 주식의 시장가격이 행사가격보다 높아질 가능성이 높기 때문이다. 현재의 주식가격이 행사가격보다 낮은 경우에도 콜옵션은 가치를 가지는데, 이것은 만기일 이전에 주식의 시장가격이 행사가격보다 높아질 수 있는 가능성이 있으면 옵션은 유효하기 때문이다.

셋째, 콜옵션의 가격은 **만기일**(T)이 길수록 높다. 그 이유는 만기일이 길수록 만기일의 주식가격이 현재의 주식가격보다 높아질 가능성이 크기 때문이다. 한편, 만기일까지의 기간이 무한한 옵션의 가격은 현재의 주식가격과 동일하다. 왜냐하면 만기일까지의 기간이 무한할 경우 만기일에 지급되는 행사가격의 현재가치는 제로(0)에 가깝기 때문이다.

넷째, 콜옵션의 가격은 기초주식의 가격 또는 **수익률의 분산**(variance of return)이 클수록 높아진다. 주식가격의 분산이 크다는 것은 주가가 크게 상승하거나 크게 하락할 가능성이 높다는 것을 의미한다. 만기일의 주식가격이 행사가격보다 크게 높으면 콜옵션의 이익은 그만큼 커지고, 반대로 크게 낮으면 옵션을 행사하지 않으면 되기 때문이다.

다섯째, 콜옵션의 가격은 **시장이자율**(interest rate)이 상승할수록 높아진다. 왜냐하면 시장이자율이 오를 경우 행사가격의 현재가치는 작아져서, 콜옵션의 이익을 증가시키는 효과를 가져오기 때문이다. 여기서 시장이자율은 무위험이자율을 포함한 전반적인 이자율 수준을 의미한다.

지금까지 설명한 옵션가격의 결정요인을 종합할 경우 옵션의 가격은 다음과 같은 함수로 표시될 수 있다.

$$C = f(S, X, \sigma^2, T, r)$$

단, S : 현재 주가
X : 행사가격
σ^2 : 주식수익률의 분산
T : 만기일까지의 기간
r : 시장이자율

정리하면 콜옵션과 이들 요인과의 관계는 다음과 같다.

$$\frac{\partial C}{\partial S} > 0,\ \frac{\partial C}{\partial X} < 0,\ \frac{\partial C}{\partial \sigma^2} > 0,\ \frac{\partial C}{\partial T} > 0,\ \frac{\partial C}{\partial r} > 0$$

한편, 이들 요인들은 콜옵션뿐만 아니라 풋옵션의 가격에도 영향을 미친다. 만기일에서의 풋옵션의 가치는 행사가격에 만기일의 주식가격을 차감한 양(+)의 값, 즉 $P = \max[0, X - S_T]$와 같다. 위에서 설명한 각 요인들이 유럽형 풋옵션의 가격에 미치는 영향을 살펴보면 다음과 같다.

첫째, 모든 조건이 동일한 경우 현재의 주식가격이 높으면 높을수록 풋옵션의 가격은 낮아지게 된다. 왜냐하면 현재 주식가격이 높을수록 만기일이 도래했을 때 행사가격이 주식가격보다 높을 확률은 줄어들기 때문이다.

둘째, 풋옵션의 가격은 행사가격이 높을수록 상승한다. 왜냐하면 행사가격이 높을수록 만기일에 행사가격이 주식의 시장가격보다 쉽게 높아질 수 있기 때문이다.

셋째, 풋옵션의 가격은 만기일이 길수록 상승한다. 그 이유는 만기일이 길수록 주가의 변동이 커짐에 따라 큰 이익을 얻을 수 있는 가능성이 있기 때문이다. 그러나 미국형 풋옵션의 경우에는 옵션을 미리 행사함으로써 얻을 수 있는 이자소득 때문에 그 관계가 명확하지 않다.

넷째, 기초주식의 가격 또는 수익률의 분산이 클수록 풋옵션의 가격은 상승한다. 왜냐하면 주식가격의 분산이 크다는 것은 주가상승뿐만 아니라 주가하락의 폭도 클 수 있으므로 큰 이익을 볼 수 있는 가능성이 높아지기 때문이다.

다섯째, 풋옵션의 가격은 시장이자율과 반대방향으로 움직인다. 시장이자율이 상승할 경우 행사가격의 현재가치는 감소되므로 풋옵션의 이익은 감소되는 효과를 가져오게 된다. 따라서 풋옵션의 가격 P는 다음과 같은 함수로 표시될 수 있다.

$$P = f(S, X, \sigma^2, T, r)$$

그리고 풋옵션과 이들 요인과의 관계는 다음과 같이 정리될 수 있다.

$$\frac{\partial P}{\partial S} < 0,\ \frac{\partial P}{\partial X} > 0,\ \frac{\partial P}{\partial \sigma^2} > 0,\ \frac{\partial P}{\partial T} > 0,\ \frac{\partial P}{\partial r} < 0$$

지금까지 설명한 콜옵션 및 풋옵션의 가격과 다섯 가지 가격결정요인들의 관계를 요약하면 다음 표와 같다.

옵션가격의 결정요인

가 격 요 인	증 가	효 과
	C	P
1. 현재 주식가격	↑	↓
2. 행사가격	↓	↑
3. 만기일까지의 기간	↑	↑
4. 주식가격의 분산	↑	↑
5. 시장이자율	↑	↓

한편, 옵션의 가격은 위에 설명한 다섯 가지의 기본적인 요인 이외에도 기초자산의 특성이나 법적 제도적 요인에 의해서 영향을 받을 수 있다. 예를 들어, 기초주식 가격의 기대성장률이라든가 투자자들의 위험에 대한 태도, 세금 등은 옵션의 가격결정에 어느 정도 영향을 미칠 수 있는 요인들이다. 그러나 이들이 옵션가격의 직접적인 결정요인은 아니므로 독립된 결정변수로 볼 수는 없다.

옵션가격의 범위

앞에서 옵션의 가격은 기초주식의 가격, 행사가격, 만기일까지의 기간, 주식가격의 분산, 무위험이자율 등에 의해서 결정된다는 것을 설명하였다. 한편 이러한 옵션의 가격은 균형 하에서 다음과 같은 범위 내에서 결정되게 된다.

첫째로, 콜옵션의 가격은 음(−)이 될 수 없다. 즉, $C \geq 0$이다. 왜냐하면 옵션이란 보유자가 유리한 경우에만 행사할 수 있는 권리이기 때문이다. 옵션보유자는 행사에 대한 의무가 없다.

둘째로, 콜옵션의 가격은 기초주식의 가격보다 낮다. 즉, $S \geq C$이다. 콜옵션의 가격은 어떤 경우에도 기초주식보다 높을 수는 없다. 콜옵션의 행사에 의해서 최대한 얻을 수 있는 가능성은 기초주식인데, 이를 위해 지급해야 하는 행사가격은 제로

(0)보다 크기 때문이다. 즉 주식을 구입할 수 있는 권리는 주식의 가치보다 높을 수는 없는 것이다.

셋째로, 콜옵션의 가격은 주식가격에서 행사가격을 무위험수익률로 할인한 값을 차감한 값보다 크다. 즉 $C \geq S - X/(1+\gamma_T)$이다. 이것은 균형 하에서 차익거래의 기회가 존재하지 않는다는 가정을 전제로 다음과 같이 증명할 수 있다.

다음과 같은 두 개의 포트폴리오 A, B가 있다고 하자.

A : C를 지급하고 콜옵션을 매입하는 동시에 $X/(1+\gamma_T)$ 만큼의 무위험채권을 매입한다.

B : S를 지급하고 주식을 매입한다.

이러한 포트폴리오를 구성할 경우 포트폴리오의 가치는 다음과 같다. 아래의 표에서 보면 만기일의 가치는 포트폴리오 A가 포트폴리오 B보다 항상 크거나($S_T < X$의 경우) 같다($S_T > X$의 경우). 따라서 차익거래의 기회가 존재하지 않기 위해서는 포트폴리오 A의 현재가치가 포트폴리오 B의 현재가치보다 크거나 같아야 한다. 즉, $C - S + X/(1+\gamma_T) \geq 0$이어야 한다. 이를 정리하면 $C \geq S - \frac{X}{(1+\gamma_T)}$가 된다.

콜옵션 가격의 범위

포트폴리오	현재의 가치	만기일의 가치	
		$S_T \geq X$	$S_T < X$
A	$C + \frac{X}{(1+\gamma_T)}$	$(S_T - X) + X$	X
B	S	S_T	S_T
A−B	$C - S + \frac{X}{(1+\gamma_T)}$	0	$X - S_T > 0$

한편 미국형 옵션의 가격(C^A)은 유럽형 옵션의 가격(C^E)보다 크거나 같다. 이는 미국형 콜옵션은 유럽형 콜옵션과는 달리 만기일뿐만 아니라 그 이전에도 언제든지 그 권리를 행사할 수 있는 옵션이기 때문이다. 즉, 다음의 관계가 성립한다.

$$C^A \geq C^E \geq S - \frac{X}{(1+\gamma_T)}$$

여기서 만약 현재 시점에서 미국형 콜옵션을 행사할 경우 옵션의 가치는 $C = \max[0, S-X]$가 된다. 그러나 지금으로부터 t기간 후에 이 옵션을 행사할 경우 옵션의 가치는 $C = \max\left[0, S - \frac{X}{(1+\gamma_T)}\right]$가 되므로 더 높은 가치를 갖게 된다. 따라서 미국형 콜옵션의 경우에도 주가에 특별한 변화가 예상되지 않는 한 만기일 이전에 행사되지 않는 것이 일반적이다.

지금까지 설명한 세 가지 조건을 종합하면 콜옵션의 가격은 [그림 13-4]와 같은 범위 내에서 형성될 것이다. 또한 다른 조건이 일정한 상태에서 옵션의 가격은 주가의 증가함수이므로 콜옵션의 가격은 그림에서와 같이 우상향하는 곡선으로 나타나게 된다.

한편, 풋옵션도 콜옵션과 마찬가지로 일정한 범위 내에서 그 가격이 결정되게 된다. 첫째, 풋옵션의 가격은 음(−)이 될 수 없다. 즉, $P \geq 0$이다. 왜냐하면 풋옵션도 콜옵션과 마찬가지로 그 보유자에게 유리할 경우에만 행사할 수 있는 권리이기 때문이다. 둘째, 풋옵션의 가격은 행사가격보다 작다. 즉, $P \leq X$이다. 셋째, 풋옵션의 가격은 행사가격을 무위험수익률로 할인한 값에서 현재의 주가를 차감한 값보다 크다.

그림 13-4 콜옵션의 가격곡선

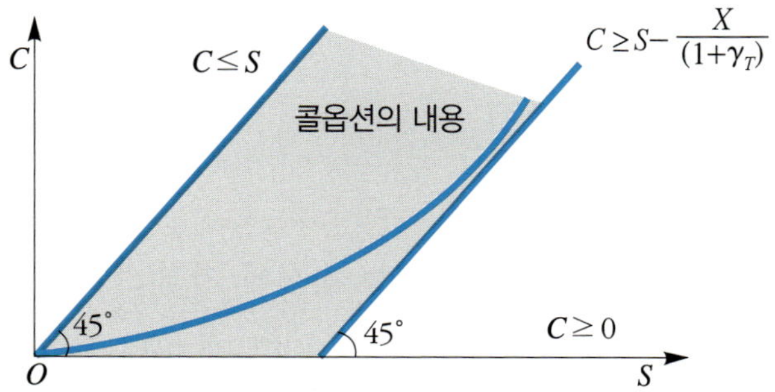

즉, $P \geq \frac{X}{(1+\gamma_T)} - S$이다. 이러한 관계는 균형하에서는 차익거래의 기회가 존재하지 않는다는 가정을 전제로 다음과 같이 증명될 수 있다.

다음과 같은 두 개의 포트폴리오 A, B가 있다고 하자.

A : P를 받고 풋옵션을 발행하여 매각하는 동시에 $\frac{X}{(1+\gamma_T)}$ 만큼의 무위험채권을 매입한다.

B : S를 지급하고 주식을 매입한다.

이러한 포트폴리오를 구성할 경우 포트폴리오의 가치는 아래의 표와 같다.

풋옵션 가격의 범위

포트폴리오	현재의 가치	만기일의 가치	
		$S_T > X$	$S_T < X$
A	$\frac{X}{(1+\gamma_T)} - P$	X	$X-(X-S_T)$
B	S	S_T	S_T
A−B	$\frac{X}{(1+\gamma_T)} - S - P$	$X - S_T < 0$	0

표에서 보면 포트폴리오 A의 만기일의 가치가 포트폴리오 B의 만기일의 가치보다 항상 작거나($S_T > X$의 경우) 같다($S_T < X$의 경우). 따라서 재정거래의 기회가 존재하지 않기 위해서는 포트폴리오 A의 현재가치가 포트폴리오 B의 현재가치보다 작거나 같아야 한다. 즉, $\frac{X}{(1+\gamma_T)} - S - P \leq 0$이어야 한다. 이를 정리하면 $P \geq \frac{X}{(1+\gamma_T)} - S$가 된다.

미국형 풋옵션은 현재 시점에서 당장 행사를 하면 X를 받을 수 있지만, t기간 후에 행사를 하면 t기간 후에 X를 받게 되어 그 현재가치는 X보다 작은 $\frac{X}{(1+\gamma_T)}$가 된다. 따라서 미국형 풋옵션은 미국형 콜옵션과는 달리 만기일 이전에 미리 행사되는

그림 13-5 풋옵션의 가격곡선

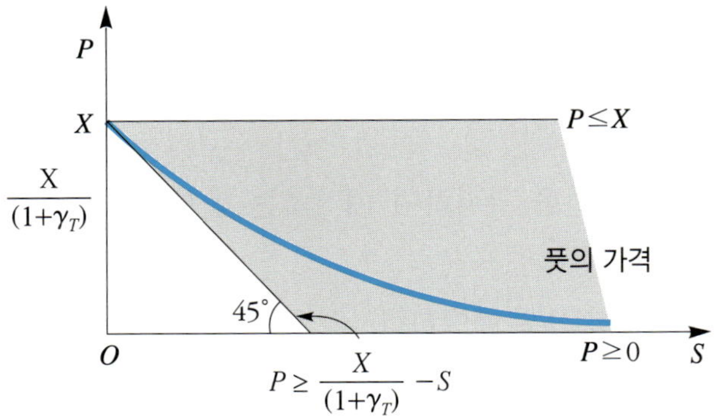

것이 일반적이다. 또한 이러한 이득 때문에 미국형 풋옵션은 유럽형 풋옵션보다 더 높은 가격을 갖게 된다.

이와 같은 조건들을 종합하면 풋옵션의 가격은 [그림 13-5]와 같은 범위 내에서 형성되게 될 것이다. 한편, 다른 조건이 일정한 상태에서 풋옵션의 가격은 주가의 감소함수이므로 풋옵션의 가격은 결국 그림에서와 같이 우하향하는 곡선으로 나타나게 된다.

개념확인

1. 옵션가격의 결정요인들은 무엇인가?
2. 콜옵션이 가질 수 있는 가격범위는 어디인가?

13.5 풋-콜 패리티

콜옵션과 풋옵션은 금융공학을 위한 기초를 제공한다. **금융공학**(financial engineering)은 콜옵션과 풋옵션을 중심으로 다양한 형태의 금융상품을 설계하는 과정이다. 옵션들이 금융공학을 통해서 다양한 금융상품들을 설계할 수 있는 것은, 옵션들의 성과가 직선의 형태가 아니고 굴절된 형태를 띠기 때문이다.

예를 들어 주식의 매입과 풋옵션의 매입으로 구성된 금융상품을 생각해보기로 하자. 설명을 위해서 현재의 주식가격을 S, 만기일의 주식가격을 S_T, 풋옵션의 행사가격을 X, 무위험이자율을 γ_T, 풋옵션 가격을 P, 그리고 콜옵션 가격을 C라고 하자. 주식매입과 풋옵션의 매입으로 구성된 금융상품의 만기일의 가치는 다음 표와 같을 것이다.

주식매입과 풋옵션 매입의 만기일 가치

포트폴리오	투자액	만기일 가치	
		$S_T < X$	$S_T \geq X$
(1) 주식매입	S	S_T	S_T
(2) 풋옵션 매입	P	$X-S_T$	0
(1) + (2)	$S+P$	X	S_T

즉 만기일의 주가 S_T가 행사가격 X보다 크다면, 풋옵션은 행사되지 않을 것이며, 두 개로 구성된 포트폴리오의 가치는 S_T가 될 것이다. 한편, 만기일의 주가 S_T가 행사가격 X보다 작다면, 풋옵션은 행사되며, 그 가치는 행사가격과 주식가격의 차이인 $X-S_T$가 될 것이다. 이 경우 주식과 풋옵션으로 구성된 포트폴리오의 가치는 X가 된다.

주식과 풋옵션으로 구성된 포트폴리오의 만기일의 가치를 그림으로 나타내면 [그림 13-6]과 같다. 다음 [그림 13-6]의 형태는 콜옵션의 매입과 같은 형태이고, 콜옵션의 매도와는 정반대의 형태를 보인다.

앞의 그림과 콜옵션의 매도가 정반대의 형태를 보인다는 것을 이용하면 무위험 포트폴리오를 구성할 수 있다. 즉 주식과 풋옵션을 각각 1계약씩 매입하고, 콜옵션 1계약을 매도한다면 무위험포트폴리오가 구성되는 것이다. 물론 이 경우에 행사가격

그림 13-6 주식과 풋옵션의 결합

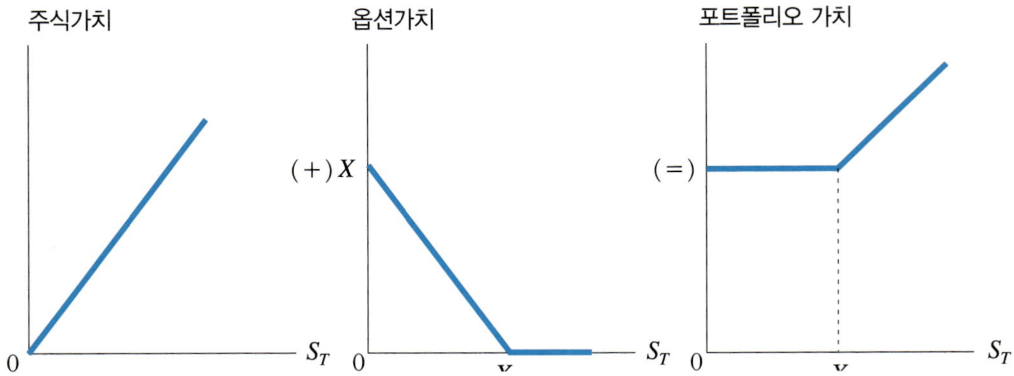

과 만기는 모두 같아야 한다. 이와 같이 구성된 포트폴리오의 성과가 다음 표에 나타나 있다.

주식, 풋옵션 매입과 콜옵션 매도

포트폴리오	투자액	만기일 가치	
		$S_T < X$	$S_T \geq X$
(1) 주식매입	S	S_T	S_T
(2) 풋옵션 매입	P	$X-S_T$	0
(3) 콜옵션 매도	$-C$	.0	$-(S_T-X)$
(1) + (2) + (3)	$S+P$	X	S_T

위의 표에서 알 수 있듯이, 위의 결합포트폴리오 (1)+(2)+(3)은 무위험포트폴리오이다. 왜냐하면 결합포트폴리오의 결과는 항상 행사가격 X로서 일정하기 때문이다. 다시 정리하면 $(S+P-C)$의 투자를 하면 만기일에 무위험수익인 X가 발생한다.

따라서 차익거래가 존재하지 않는 균형상태에서는 다음과 같은 관계가 성립한다.

$$S+P-C=\frac{X}{(1+\gamma_T)} \tag{13.5}$$

γ_T : 무위험이자율

위의 식 (13.5)를 풋-콜 패리티(put-call parity)라고 한다. 풋-콜 패리티는 동일한 행사가격과 만기를 가진 풋옵션과 콜옵션 사이의 균형관계를 보여준다. 식 (13.5)를 약간 변형하면 다음과 같이 표현할 수 있을 것이다.

$$P = C - S + \frac{X}{(1+\gamma_T)} \tag{13.5$'$}$$

식 (13.5)′는 기본적으로 풋옵션과 콜옵션의 균형관계를 표현하지만, 다음과 같이 다양한 형태로 변형해 볼 수도 있다.

① 합성주식(synthetic stock) : 1풋 매도, 1콜 매입,
무위험채권 $\frac{X}{(1+\gamma_T)}$ 매입

② 합성 풋(synthetic put) : 1주식 공매, 1풋 매입, 무위험채권 매입
$\frac{X}{(1+\gamma_T)}$ 매입

③ 합성 콜(synthetic call) : 1주식 매입, 1풋 매입, 무위험채권 공매

$$C = S + P - \frac{X}{(1+\gamma_T)}$$

④ 합성무위험채권(synthetic risk-free bond) : 1주식 매입, 1풋 매입, 1콜 매도

$$\frac{X}{(1+\gamma_T)} = S + P - C$$

예제 풋-콜 패리티

A기업의 주식에 대한 콜옵션과 풋옵션의 행사가격이 모두 20,000원으로 동일하며, 또한 만기일도 1년으로 동일한 유럽형 옵션이라고 가정하자. A기업 주식의 현재 가격은 15,000원인데, 만기일의 주가는 22,000원 혹은 12,000원이 된다고 한다. 1년 동안의 무위험이자율은 10%라고 한다.

(1) 주식, 풋옵션, 콜옵션을 이용하여 무위험포트폴리오를 구성하라.

(2) 콜옵션의 현재 가격이 3,000원일 경우 풋옵션의 현재가치는 얼마인가?

(1)′ 무위험포트폴리오를 구성하기 위해서는 $(S+P-C)$포트폴리오를 구성하면 될 것이다. $(S+P-C)$포트폴리오를 구성하면 그 성과는 $(X/(1+\gamma_T))$가 될 것이다. 포트폴리오의 구성과 성과를 표로 만들면 다음과 같이 나타낼 수 있다.

포트폴리오	투자액	투자성과	
		$S_T=12{,}000$	$S_T=22{,}000$
(1) 주식매입	15,000	12,000	22,000
(2) 풋옵션 매입	P	8,000	0
(3) 콜옵션 매도	$-C$	0	−2,000
(1) + (2) + (3)	$15{,}000+P-C$	20,000	20,000

(2)′ 풋-콜 패리티를 이용하여 풋옵션의 가격을 구할 수 있다.

$$15{,}000+P-C=\frac{20{,}000}{(1+0.1)}$$

$$P=C-15{,}000+\frac{20{,}000}{(1+0.1)}=6{,}182\text{원}$$

13.6 옵션가격결정모형

앞에서는 옵션가격의 결정요인들과 풋-콜 패리티에 대해서 살펴보았다. 그러나 아직까지는 옵션가격결정에 대한 구체적인 모형을 설명한 것은 아니다. 본 절에서는 이항옵션가격결정모형과 블랙-숄즈 옵션가격결정모형에 대해서 설명하고자 한다.

이항옵션가격결정모형

이항옵션가격결정모형(Binomial Option Pricing Model)은 콕스, 로스, 루빈스타인(J. Cox, S. Ross, and M. Rubinstein)에 의해서 개발된 옵션가격결정모형이다. 이항옵션

그림 13-7 주가변동의 이항분포

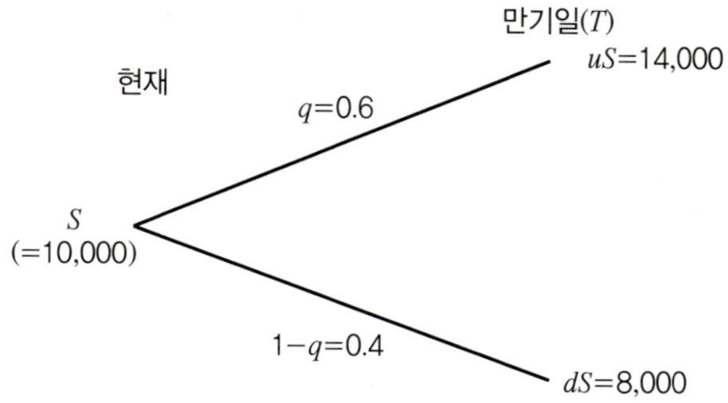

가격결정모형은 주식가격이 이산적(discrete)이며, 두 가지로 한정된다는 가정 하에서 도출된 모형이다. 즉 주가의 변동이 이항분포(binomial distribution)를 따른다는 것을 가정하는 것이다. 예를 들어 주가(S)가 10,000원인 주식의 만기일에 14,000원으로 상승하거나, 8,000원으로 하락한다고 가정하자. 그리고 주가가 상승할 확률은 60%이며, 하락할 확률은 40%라고 하자. 이러한 주가의 변동을 요약하면 [그림 13-7]과 같다.

그림에서 q는 주가가 상승할 확률을 나타내고, u는 주가의 상승계수(1.4 = 14,000/10,000), 그리고 d는 주가의 하락계수(0.8 = 8,000/10,000)를 의미한다.

이제 행사가격 X가 11,000원인 콜옵션을 생각해 보자. 만기일에 주가가 14,000원으로 상승하면, 콜옵션 C_u의 가치는 3,000원(14,000원−11,000원)이 된다. 반면에 만기일에 주가가 8,000원으로 하락하면, 콜옵션 C_d의 가치는 0이 된다. 콜옵션의 가치는 만기일 시점의 주가에 따라 달라지는데, 그것을 그림으로 나타내면 [그림 13-8]과 같다.

[그림 13-8]에서 보듯이 만기 시점의 콜옵션의 가치는 3,000원 또는 0이 되는데, 우리가 알고자 하는 것은 현재의 콜옵션의 가치 C이다. C를 발견하기 위해서는 주식 a주를 매입하고 콜옵션 1계약을 매도하는 무위험포트폴리오(risk hedging portfolio)를

그림 13-8 주가변동과 콜옵션의 가치

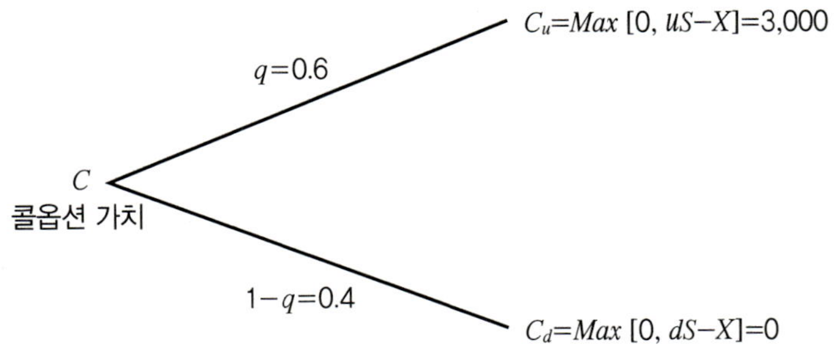

구성해보자. 이처럼 구성된 포트폴리오의 성과는 다음과 같을 것이다.

즉 이항분포를 가정한 상황에서 $(aS-C)$포트폴리오의 만기일 성과는 $(auS-C_u)$가 되거나 $(adS-C_d)$가 될 것이다. 무위험포트폴리오가 되기 위해서는 주가의 상승이나 하락과 상관없이 포트폴리오의 성과는 일정해야 한다. 그것을 식으로 표현하면 다음과 같다.

$$auS-C_u=adS-C_d \tag{13.6}$$

그러므로 무위험포트폴리오를 구성하는 a는 다음과 같이 정리된다. 여기서 a는 헷지비율(hedge ratio)이라고 한다.

$$a=\frac{C_u-C_d}{(u-d)S} \tag{13.7}$$

위의 예에서 헷지비율 a를 구하면 다음과 같다.

$$14{,}000a-3,000=8{,}000a$$
$$a=\frac{1}{2}$$

위의 결과를 정리하면 다음과 같다. 주어진 경우에서 10,000원에 해당하는 주

그림 13-9 주가변동의 이항분포

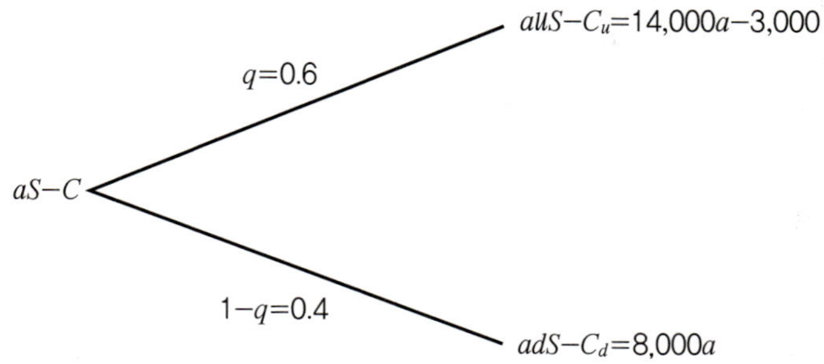

식 1/2을 매입하고, 1계약의 콜옵션을 매도하여 구성된 무위험포트폴리오의 성과는 4,000원으로서 일정하다. 또한 무위험포트폴리오의 투자결과는 무위험수익률이 될 것이다. 즉 무위험포트폴리오 ($aS-C$)에 무위험수익률 ($1+\gamma_T$)를 곱하면 투자의 결과가 될 것이다. 식 (13.8)은 이것을 나타낸다.

$$(aS-C)(1+\gamma_T)=auS-C_u=adS-C_d \tag{13.8}$$

위의 식에서 C를 구하면 다음과 같다.

$$C=\left[C_u\left(\frac{(1+\gamma_T)-d}{u-d}\right)+C_d\left(\frac{d-(1+\gamma_T)}{u-d}\right)\right]/(1+\gamma_T)$$

여기서 $p=\dfrac{(1+\gamma_T)-d}{u-d}$, $(1-p)=\dfrac{d-(1+\gamma_T)}{u-d}$로 놓는다면 위의 식은 좀 더 간단히 다음과 같이 표현될 수 있다.

$$C=\frac{pC_u+(1-p)C_d}{(1+\gamma_T)} \tag{13.9}$$

위의 식에서 p는 확률과 유사한 성격을 갖는 것으로 헷지확률(hedge probability)라고 불린다. 위의 예를 이용하여 콜옵션의 가치를 구해보도록 하자. 무위험이자율은 10%라고 하자.

$$p = \frac{(1+\gamma_T)-d}{u-d}$$
$$= \frac{(1+0.1)-0.8}{1.4-0.8}$$
$$= 0.5$$

$$(1-p) = \frac{u-(1+\gamma_T)}{u-d}$$
$$= \frac{1.4-(1+0.1)}{1.4-0.8}$$
$$= 0.5$$

그러므로 콜옵션의 가치는 다음과 같이 계산된다.

$$C = \frac{pC_u + (1-p)C_d}{(1+\gamma_T)}$$
$$= \frac{0.5 \times 3{,}000 + 0.5 \times 0}{1+0.1}$$
$$= 1{,}363\text{원}$$

식 (13.9)로 정리되는 이항옵션가격결정모형은 몇 가지 특징을 포함하고 있다.

첫째, 식 (13.9)에는 주가가 상승할 확률 q와 하락할 확률 $(1-q)$가 포함되어 있지 않다. 다시 말하면 옵션가격은 주가가 상승하거나 하락할 확률과 관계없이 결정된다.

둘째, 옵션가격은 투자자들의 위험에 대한 태도와 관계없이 결정된다. 여기서 가정되는 것은 단지 사람들은 더 많은 부(富)를 선호한다는 것이다. 이러한 특징은 옵션가격결정이 무위험상태에서 유도되기 때문에 나타나는 현상이다.

셋째, 옵션가격은 시장의 변화에 상관없이 기초자산인 주식의 가격변동에만 영향을 받는다는 것이다. 여기서 시장의 변화라는 의미는 시장포트폴리오를 말한다. 다시 말하면 옵션가격은 시장포트폴리오의 변동에 의존하지 않는다는 것이다.

위에서는 1기간을 전제로 한 이항옵션가격결정모형을 살펴보았는데, 위의 1기간 모형은 다기간 모형으로 확장될 수도 있다. 또한 위에서는 콜옵션의 가격결정에 대해서 살펴보았으나, 풋옵션의 경우도 같은 방식으로 확장될 수 있다. 본 원론에서는 옵션가격결정을 이해하는 데 중점을 두고자 하기 때문에 가장 단순한 형태의 가격결정모형을 소개한 것이다.

블랙-숄즈 옵션가격결정모형

블랙-숄즈 옵션가격결정모형(Black-Scholes Option Pricing Model)은 블랙 교수와 숄즈 교수에 의해서 개발된 모형이다. 이 모형은 다음과 같은 기본적인 가정하에서 수학적으로 도출되었다.

1. 공매도(short sale)에 대한 제약과 부담금은 없다.
2. 거래비용과 세금이 존재하지 않는다.
3. 유럽형 옵션을 전제로 한다.
4. 배당은 고려하지 않는다.
5. 주가는 갑작스런 변동없이 연속적으로 움직인다.
6. 무위험이자율은 일정하며 알려져 있다.
7. 주가의 움직임은 지수정규분포(lognormal distribution)를 한다.

블랙-숄즈 모형을 도출하는 과정은 재무관리원론의 범위를 벗어나는 것이다. 여기서는 모형의 의미와 이해를 중심으로 설명하고자 한다. 다음은 콜옵션에 대한 블랙-숄즈 모형이다.

$$C = S \cdot N(d_1) - X \cdot e^{-\gamma \cdot T} \cdot N(d_2) \tag{13.10}$$

여기서,

$$d_1 = \frac{\text{In}(S/X) + (\gamma + \sigma^2/2)T}{\sigma\sqrt{T}}$$

$$d_2 = d_1 - \sigma\sqrt{T}$$

S : 현재의 주가

X : 행사가격
e : 자연지수
γ : 무위험이자율(연리)
T : 1년 기준으로 환산한 만기
$N(d)$: d에서의 누적정규확률분포의 값
σ : 주가수익률의 표준편차

위의 식 (13.10)이 복잡하기는 하지만, 옵션가격결정에 대한 기본적인 요인들로 구성되어 있음을 알 수 있다. 즉 블랙-숄즈의 옵션가격결정모형도 주가(S), 행사가격(X), 만기(T), 무위험이자율(γ), 그리고 주가의 변동성(σ)이라는 다섯 요소로 구성되어 있는 것이다. 그런데 가격결정의 다섯 요소 중에서 주가의 변동성(σ)을 제외하면 다른 요소들은 쉽게 확인이 되는 것들이다.

위의 식 (13.10)에서 제시된 콜옵션 가격결정모형과 풋-콜 패리티를 이용하면, 다음과 같은 풋옵션 가격결정모형이 도출된다.

$$
\begin{aligned}
p &= C - S + Xe^{-\gamma T} \\
&= SN(d_1) - Xe^{-\gamma T}N(d_2) - S + Xe^{-\gamma T} \\
&= Xe^{-\gamma T}[1 - N(d_2)] - S[1 - N(d_1)] \qquad (13.11)
\end{aligned}
$$

블랙-숄즈 모형은 주식과 옵션을 이용한 무위험포트폴리오를 구성하여 가격을 도출한다는 점에서 이항옵션가격결정모형과 기본적으로 동일하다. 그러나 블랙-숄즈 모형은 주가가 연속적으로 변한다고 가정한다는 점에서, 이항모형이 이산적인 주가의 움직임을 전제로 한다는 점에서 다르다.

블랙-숄즈 모형에서 헷지비율은 다음과 같다. 그런데 아래의 헷지비율은 이항모형에서의 헷지비율인 a와 동일한 의미를 갖는다.

$$\text{콜옵션 헷지비율} : \frac{\partial C}{\partial S} = N(d_1) \qquad (13.12)$$

$$\text{풋옵션 헷지비율 : } -\frac{\partial p}{\partial S} = 1 - N(d_1) = N(-d_1) \tag{13.13}$$

위에서 보았듯이 헷지비율은 주가의 변화에 따른 옵션가격의 민감도를 나타낸다. 예를 들어 콜옵션의 경우에 주가가 순간적으로 1원 만큼 변할 때, 콜옵션 가격은 $N(d_1)$만큼 변한다는 것을 의미한다. 그러므로 무위험포트폴리오를 구성하고자 한다면 콜옵션 1계약을 매도하고, 주식 $N(d_1)$주를 매입하면 될 것이다.

풋옵션의 경우에는 헷지비율이 $1-N(d_1)=[N(-d_1)]$이 되는데, 이것도 역시 주가 1원의 변화에 대한 풋옵션 가격의 민감도를 나타내는 것이다. 만약 풋옵션 1계약을 매입하고 주식 $(1-N(d_1))$주를 매입한다면 무위험포트폴리오가 구성될 것이다.

예제 블랙-숄즈 옵션가격결정모형

A기업의 주가는 현재 10,000원이다. A주식에 대한 콜옵션은 만기일이 6개월 후이고, 행사가격은 10,500원이다. 무위험이자율은 10%이고, A주식의 연간수익률 표준편차는 0.8이라고 한다. 콜옵션의 가치와 헷지비율은 각각 얼마인가? 콜옵션과 동일한 행사가격과 만기를 갖는 풋옵션의 가치는 얼마인가?

콜옵션의 가치를 구하는 변수들은 다음과 같다. 즉 $S=10{,}000$, $X=10{,}500$, $T=0.5$년, $\gamma=0.1$, $\sigma=0.8$ 등이다. 우선 $N(d_1)$과 $N(d_2)$를 구하기 위해서 d_1과 d_2를 계산하도록 하자.

$$\begin{aligned} d_1 &= \frac{\ln(S/X) + (\gamma + \sigma^2/2)T}{\sigma\sqrt{T}} \\ &= \frac{\ln\left(\frac{10{,}000}{10{,}500}\right) + \left(0.1 + \frac{1}{2}(0.8)^2\right)(0.5)}{0.8\sqrt{0.5}} \\ &= 0.2850 \end{aligned}$$

$$\begin{aligned} d_2 &= d_1 - \sigma\sqrt{T} \\ &= 0.2850 - 0.8\sqrt{0.5} \\ &= -0.2807 \end{aligned}$$

d_1과 d_2값을 가지고 정규분포로부터 $N(d_1)$과 $N(d_2)$값을 구할 수 있다. $N(d_1)$은 표준정규분포에서 d_1값까지의 누적확률을 의미한다.

$$N(d_1)=N(0.2850)$$
$$=0.6141$$
$$N(d_2)=N(-0.2807)$$
$$=0.3897$$

위의 계산결과를 이용하여 콜옵션의 가치 C를 구할 수 있다.

$$C= SN(d_1)-Xe^{-\gamma T}N(d_2)$$
$$=(10,000)\times(0.6141)-(10,500)(e^{-(0.1)(0.5)})(0.3897)$$
$$=4,497\text{원}$$

$$\text{헷지비율}=N(d_1)$$
$$=0.6141$$

풋-콜 패리티를 이용한 풋옵션의 가치

$$p = C-S+Xe^{-\gamma T}$$
$$= 4,497-10,000+(10,500)(e^{-(0.1)(0.5)})$$
$$=4,473\text{원}$$

13.7 옵션거래의 유형

옵션은 투자자에게 주식이나 채권과는 다른 형태의 투자기회를 제공해 준다. 투자자는 옵션을 주식이나 기타 다른 증권과 결합함으로써, 자기가 원하는 여러 가지 형태의 위험과 수익을 얻을 수 있게 되는 것이다. 설명의 편의를 위해 수수료라든가 기타 거래비용은 무시하기로 한다.

순수 포지션

순수 포지션(naked position or uncovered position)은 단지 하나의 증권을 매입 또는 매도하는 것을 말한다. 예를 들어 주식을 매입하는 것도 하나의 순수 포지션이며, 콜옵션을 매입하는 것도 순수 포지션이다. 그러므로 순수 포지션은 가격의 움직임에 그대로 노출되어 있다.

콜옵션을 매입하거나 발행할 경우 이익의 형태는 [그림 13-10]과 같다. 그림에서 투자자가 콜옵션을 매입할 경우 이익선은 만기일에 주가 S_T가 행사가격 X보다 높으면 옵션을 행사함으로써 주가가 오르는 속도와 같이 이익이 증가되므로 45°선이 된다. 이때 콜의 매입에 필요한 가격(C로 표시)을 이미 지급하였으므로 실제적인 이익은 $(S_T-X)-C$가 된다.

반면 S_T가 X보다 낮을 경우 옵션은 행사되지 않을 것이므로 투자자는 S_T와 관계없이 콜옵션 매입을 위해서 이미 지급한 C만큼 손해를 보게 된다. 마찬가지로 콜을

그림 13-10 주가와 콜옵션의 손익

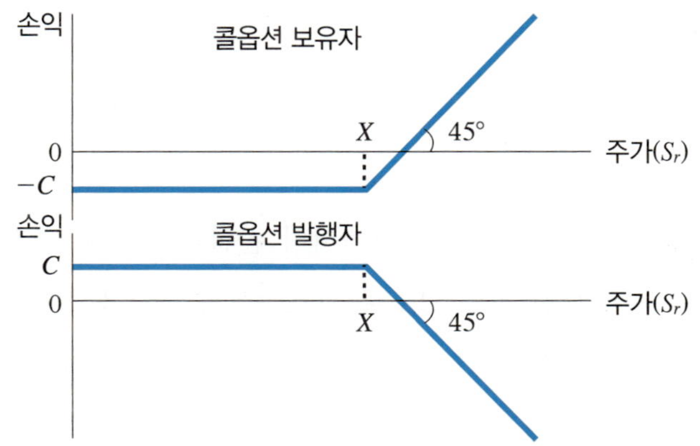

그림 13-11 주가와 풋옵션의 손익

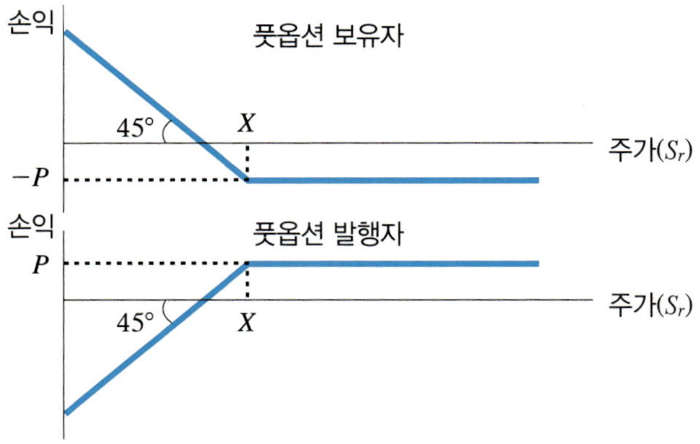

발행할 경우에는 매입하는 경우와 반대로 나타나게 될 것이다.

또한 풋옵션을 매입하거나 발행할 경우 이익의 형태는 [그림 13-11]과 같다. 그림에서 투자자가 풋옵션을 매입한 경우 S_T가 X보다 높으면 옵션은 행사되지 않을 것이고, 풋의 매입가격(P로 표시)을 손해보게 된다.

반면, S_T가 X보다 낮을 경우에는 옵션을 행사함으로써 $(X-S_T)$만큼의 이익을 얻을 수 있다. 그러나 풋을 매입하는 데 P를 지급하였으므로 실제적인 이익은 $(X-S_T)-P$가 된다. 한편, 풋을 발행한 경우에는 매입하는 경우와 반대로 나타나게 될 것이다.

헷지 포지션

헷지 포지션(hedge position)은 주식에서의 손실을 옵션이 보전하거나 또는 옵션에서의 손실을 주식이 보전할 수 있도록 기초주식과 옵션을 결합하는 것이다. 즉, 어떤 투자자가 주식을 보유하고 있을 경우에는 콜옵션을 발행하거나 풋옵션을 매입하고, 반대로 주식을 공매하였을 경우에는 콜옵션을 매입하거나 풋옵션을 발행하는 방

그림 13-12 주식과 풋의 결합

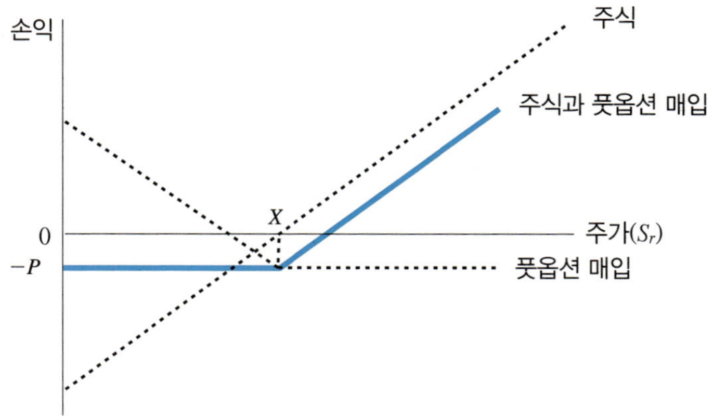

법이다.

주식을 보유하고 풋옵션을 매입한 경우가 [그림 13-12]에 나타나 있다. 이 경우에는 결과적으로 콜옵션을 매입할 경우([그림 13-10])의 이익의 형태와 동일하다. 이와 같이 1개의 주식에 대해 1개의 옵션을 결합하는 1 대 1 헷지 이외에도 헷지비율을 변화시킴으로써 새로운 이익의 형태로 얼마든지 얻을 수 있다.

스프레드 포지션

스프레드 포지션(spread position)은 동일한 기초주식을 대상으로 하는 옵션 중에서 행사가격 또는 만기일이 서로 다른 옵션을 하나는 매입하고 다른 하나는 발행하는 투자전략이다. 이때 두 개의 옵션의 가격차이를 스프레드라고 한다.

스프레드는 옵션의 형태에 따라 콜 스프레드와 풋 스프레드로 구분되고, 그 방법에 따라 여러 가지 형태로 구분된다. 수직적 스프레드(vertical spread)는 동일한 기초주식에 대하여 행사가격이 다른 두 개의 옵션을 하나는 매입하고, 동시에 하나는

그림 13-13 강세스프레드

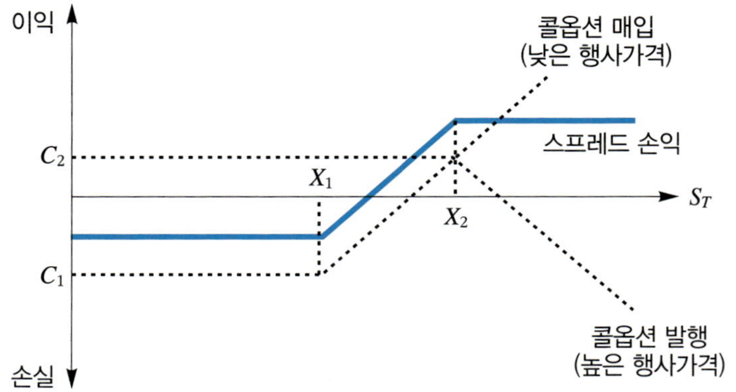

발행하는 것으로 가격 스프레드(price spread)라고도 한다.

가격 스프레드로부터 얻을 수 있는 이익의 형태 중의 하나가 [그림 13-13]이다. [그림 13-13]은 강세스프레드라고도 부르는데, 주식가격이 강세일 때 이익을 얻는 형태이다. 주식가격이 강세이면 이익을 얻게 되지만, 주식가격이 예상 외로 약세를 나타낸다 하더라도 손실은 매우 적은 수준에서 제한할 수 있는 투자전략이다. 강세

그림 13-14 약세스프레드

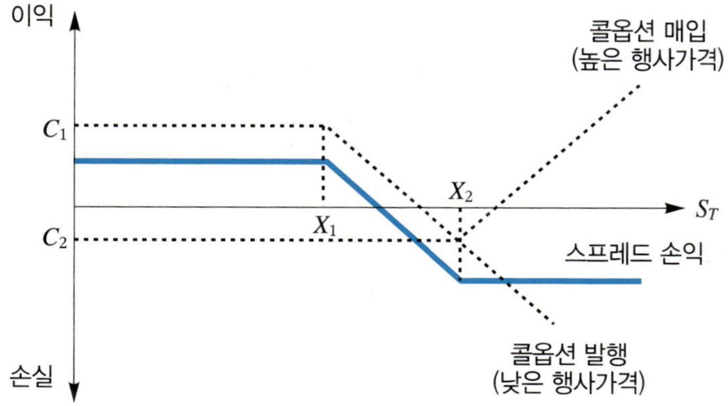

스프레드는 낮은 행사가격(X_1)을 가진 콜옵션을 매입하고 높은 행사가격(X_2)을 가진 콜옵션을 발행하여 구성된다.

[그림 13-14]는 약세스프레드라고 불린다. 약세스프레드는 주식시장이 약세로 예상되는 경우에 이익을 얻을 수 있는 전략이다. 그러나 주식시장이 예상과 달리 강세를 나타낸다 하더라도 손실폭은 제한되는 것이다. 이러한 전략은 낮은 행사가격을 가진 콜옵션을 발행하고, 높은 행사가격을 가진 콜옵션을 매입하여 구성될 수 있다.

위에서 제시한 몇 가지 전략 외에도 다양한 거래유형이 가능하다. 다음 [그림 13-15]는 옵션거래에 의해서 가능한 몇 가지 손익형태를 보여주고 있다. 예를 들어 나비형스프레드매수의 경우는 가격의 변동성이 적을 경우에 이익을 얻으면서, 가격의 변동이 클 경우에는 손실을 제한하는 형태의 손익구조이다. 그 반대의 경우가 나비형스프레드매도이다. 그 외에는 스트래들 및 스트랭글 등 다양한 전략적 선택이 가능하다. 옵션거래는 이러한 다양한 거래를 통하여 투자자들이 원하는 형태의 위험과 수익률에 대한 선택이 가능해지는 것이다.

그림 13-15

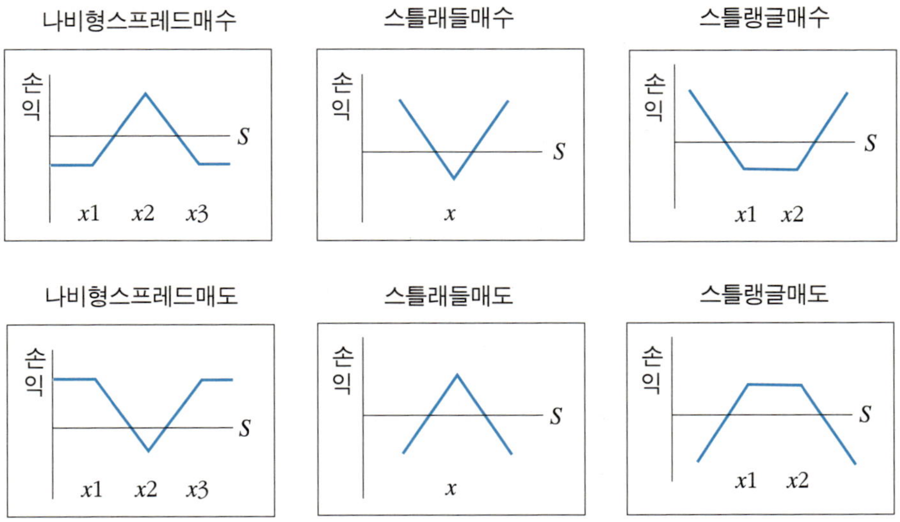

개념확인

1. 옵션거래가 기초주식의 투자와 다른 점은?
2. 옵션거래를 통하여 손실의 폭을 제한할 수 있는가?

13.8 요약 및 결론

본 장에서는 옵션의 기초개념에 대해서 설명하였다. 옵션은 광범위하게 정의하면 모든 형태의 조건부 요구권으로 해석할 수 있을 것이다. 옵션의 보유자는 자신의 선택에 따라서 권리를 행사할 권한을 갖지만 선택에 대한 의무는 없는 것이다. 결국 '옵션은 가치가 있다'는 명제는 성립하는 것이다.

옵션의 가치를 설명하기 위해서 만기일을 기준으로 콜옵션과 풋옵션의 가치를 살펴보았다. 옵션의 가치를 기초자산을 축으로 해서 나타내면 굴절된 형태로 나타나는데, 이처럼 굴절된 형태의 손익구조가 금융공학을 위한 기초를 제공하는 것이다.

다음에는 우리나라에서 실제로 거래되고 있는 옵션 계약들에 대해서 살펴보았다. 우리나라에서는 *KOSPI*200 주가지수옵션을 위시해서 몇몇 주요 주식들에 대한 옵션이 거래되고 있으며, *KOSDAQ*50과 미달러화의 옵션도 거래되고 있다.

옵션가격의 결정요인은 다섯 가지이다. 기초자산을 주식으로 상정한다면 주가, 행사가격, 만기일, 주가수익률의 분산, 무위험수익률 등이 그것이다. 우리는 각각의 요인들이 옵션가격에 어떤 영향을 미치는지를 이해해야 할 것이다. 또한 콜옵션과 풋옵션이 갖는 가격의 범위에 대해서도 이해해야 한다.

풋-콜 패리티는 동일한 행사가격과 만기를 가진 풋옵션과 콜옵션 사이의 균형관계를 보여준다. 풋-콜 패리티는 콜옵션과 풋옵션을 연결하는 중요한 연결고리이다. 풋-콜 패리티는 무위험포트폴리오의 수익률은 무위험수익률이 되어야 한다는 차익거래의 조건으로부터 도출된 결과이다.

다음에는 옵션가격결정모형들에 대해서 설명하였다. 여기서는 이항옵션가격결정모형과 블랙-숄즈 옵션가격결정모형을 설명하였다. 이항옵션가격결정모형과 블랙-숄즈 모형은 모두 무위험포트폴리오를 구성하여 가격을 도출한다는 점에서는 동일하다. 하지만 이항옵션가격결정모형은 가격의 움직임이 이산적이라는 것을 전제하고 있지만, 블랙-숄즈 모형은 연속적인 분포를 전제하고 있는 점이 다르다.

마지막으로 옵션거래의 유형 몇 가지를 소개하였다. 옵션거래의 유형은 실제에 있어 매우 다양한 형태로 설계될 수 있을 것이다. 본 장에서는 기본적인 네 가지 투자전략을 소개하고 있을 뿐이다. 옵션거래는 다양한 조합을 통해서 투자자들이 원하는 형태의 위험과 수익률에 대한 선택을 가능하게 한다.

연습문제

13.1 옵션이란 무엇인가? 콜옵션과 풋옵션은 각각 무엇인가? 어떤 경우에 사람들은 옵션을 매입하려고 할 것인가? 잠재적인 이익의 가능성에 대하여 언급하라.

13.2 다음 각 경제주체들의 옵션거래에 있어서의 권리와 의무를 주어진 문장의 형태로 완성하여라. "(콜/풋)의 (매수자/매도자)는 주어진 기간 동안 정해진 가격으로 특정 자산을 (매수/매도)하는 (권리/의무)를 위해서 돈을 (지급/수취)하는 사람이다."

a. 콜옵션의 매수자
b. 풋옵션의 매수자
c. 콜옵션의 매도자
d. 풋옵션의 매도자

13.3 당신은 증권시장이 앞으로 강세를 띨 것으로 예상한다. 그러나 당신은 위험회피적인 태도를 갖고 있기 때문에 손실을 한정하고자 한다. 옵션을 이용하여 당신이 원하는 바의 투자전략을 구성하고 설명하라.

13.4 현재 시장에서는 M기업의 주식이 8,000원에 거래되고 있다. 그런데 M주식에 대한 행사가격 6,000원의 콜옵션이 1,500원에 거래되고 있다. 이러한 경우에 이익을 추구하는 입장에서 당신은 어떻게 할 것인가?

13.5 우리기업의 주식이 현재 20,000원에 거래되고 있다. 1년 후에 우리기업의 주식은 20,000원 혹은 30,000원이 될 것으로 예상된다. 1년 만기 재정증권의 수익률이 10%라면 행사가격 20,000원의 콜옵션 가격은 얼마가 될 것인가?(힌트: 콜옵션과 재정증권의 결합은 주식가격과 동일한 성격을 갖는다.)

13.6 현재 주가가 10,000원인 주식이 1년 후에 0.5의 확률로 12,000원이 되거나 0.5의 확률로 9,000원이 된다고 한다. 만기가 1년이고 행사가격이 10,000원인 이 주식에 대한 콜옵션이 거래되고 있다. 시장의 무위험이자율이 10%이면, 이 콜옵션의 균형가격은 얼마가 되겠는가?

13.7 주식 A에 대한 콜옵션의 행사가격은 10,000원, 수익률분산은 0.05이며, 현재 A주식의 가격은 8,000원이다. 무위험자산수익률이 5%일 때 6개월 후에 만기가 되는 유럽형 콜옵션의 가치를 구하라.

13.8 나라기업의 주식에 대한 콜옵션이 4,375원에 거래되고 있다. 이 콜옵션은 만기가 6개월, 행사가격이 55,000원이다. 동일한 행사가격과 만기를 가진 풋옵션은 6,000원에 거래되고 있다. 무위험이자율은 6%이고, A기업의 현재 주가는 53,000원이다. 콜옵션을 기준으로 풋옵션의 이론가격을 계산하고, 가능한 차익거래를 제시하라.

13.9 옵션투자는 다양한 손익의 패턴을 창출할 수 있는 장점이 있다. 김투자 씨는 다음과 같은 투자전략을 고려 중이다.

① 포트폴리오 A : 주식 매입+풋 매입

② 포트폴리오 B : 주식 공매+콜 매입

③ 포트폴리오 C : 행사가격 X_1인 콜 매입+행사가격 X_2인 콜 매도 ($X_1 < X_2$)

④ 포트폴리오 D : 콜매입+풋매입

위의 각 투자전략에 대해서 손익패턴을 그림으로 그려 보자. 그리고 약세시장에서 이익이 커지는 것은 어느 것인지 설명하라.

제 14 장

국제재무관리

현대의 주요 금융현상 중의 하나는 국제화이며 세계화이다. 대부분의 기업들은 국제적 경쟁에 노출되어 있으며, 설사 국제거래를 수행하지 않는다고 하더라도 국제적 경쟁력의 필요성은 모두가 공감하는 바이다. 본 장에서는 기업들이 직면하는 국제재무관리의 문제를 다루려고 한다.

기업의 국제적 활동은 재무적인 현상만을 포함하는 것은 아니지만 본 장에서는 재무적인 측면을 중심으로 설명할 것이다. 물론 재무적인 현상도 국제투자, 국제기업재무, 국제적 운전자본관리 등과 같이 다양한 부문을 포함한다. 하지만 본서는 원론 수준에서 기업이 직면하는 국제재무관리의 문제들에 대한 기본적인 이해를 목적으로 한다.

국제재무관리에서 핵심이 되는 재무적 개념은 환율의 결정에 대한 이해이다. 모든 국제적 거래는 환율과 연결되며, 환율의 변화가 기업의 성과에 직접적이고 막대한 영향을 미치는 경우가 많다.

그러므로 본 장에서는 외환의 이해와 환율의 결정요인들을 살펴보고자 한다. 현실적으로도 우리나라가 외환위기를 경험하였고, 외환문제가 얼마나 중요한 것인지는 말할 필요가 없을 것이다. 이제 국제거래를 하는 기업이든 내수를 전문으로 하는 기업이든 모든 경영자는 외환과 환율의 결정에 대한 이해가 필수적인 것이다.

14.1 외국환시장과 환율

외환시장은 외환의 거래자와 이들의 매매를 지원하는 딜러, 브로커 등을 연결하는 시장 또는 추상적 거래 메커니즘을 말한다. 외환시장 중에서 옵션시장과 통화선물시장은 특정의 외환거래소를 설치하여 거래하는 구체적 시장의 형태를 띤다. 그러나 대부분의 외환거래는 특정의 거래소를 경유하지 않고 온라인 등으로 거래자들이 서로 직접 거래하는 **장외시장**의 형태로 이루어진다.

시장의 특성

외환시장의 성격은 대체로 네 가지의 특징으로 설명될 수 있다. 첫째, 이 시장은 하루 거래량이 평균 수조 달러에 이르는 매우 거대한 시장이다. 이러한 규모는 경상적인 국제거래 수준을 훨씬 능가하는 규모이다(2010년 약 4조 달러).

둘째, 개인이나 기업 등의 실수요자를 대상으로 하는 거래(대고객 거래)보다는 금융기관 간의 거래(은행 간 거래)가 훨씬 높은 비중과 중요성을 가지는 시장이다. 외환시장의 총거래량 중 은행 간 거래가 75~80%를 차지한다.

셋째, 거래단위가 보통 수백만 달러이고 최소 거래단위가 백만달러 내외가 되는 도매시장이다. 은행 간 시장이란 특성을 고려할 때 이것은 자연스러운 것이라 하겠다.

넷째, 외환시장은 하루 24시간 거래가 이루어지는 시장이다. 주요국 통화들 간의 외환거래가 하루 종일 세계의 어느 곳에선가는 이루어지고 있다. 서울과 동경, 시드니 등의 극동지역에서 아침 외환거래를 시작할 즈음 미국의 로스앤젤레스와 샌프란시스코의 은행들이 하루의 거래를 마감하고 문을 닫는다.

시장 참가자들

외환시장의 참여자는 개인 및 기업, 은행 등의 금융기관, 각국의 중앙은행과 정부의 부처 그리고 외환브로커 등이다. 개인과 기업은 외환서비스의 실수요자들이다. 특히 기업은 국제적인 상품교역과 자본거래를 수행할 때 외화의 수취 또는 지급이 필요하게 되어 이 시장을 이용하게 된다.

은행들은 세계적인 네트워크를 가지고 외환시장에서 중요한 역할을 하고 있다. 은행은 매매의 반대입장에 있는 거래자들을 중개시켜 주기도 하고, 거래의 당사자가 되기도 한다. 또한 은행은 거래를 하면서 통화의 장기 또는 단기 포지션을 취함으로써 투기자가 되기도 한다.

정부도 외환시장에 부단히 개입하는데, 보통 중앙은행을 통해서 거래한다. 정부나 중앙은행이 시장에 개입하는 변동환율제도를 관리변동(managed floating)환율제도라 한다.

외환시장에 참여하는 목적에 따라 구분해 보면 **헷저**(hedgers), **차익거래자**(arbitrageurs), 그리고 **투기적 거래자**(speculators)로 나눌 수 있다. 헷저들은 무역거래나 국제적 자본거래에 부수되는 환위험을 피하려는 목적으로 참여하는 실수요자들이다. 기업들뿐만 아니라, 금융기관들도 고객과의 거래에서 발생하는 포지션의 노출을 관리하기 위해 헷지거래를 많이 사용한다.

차익거래자들은 국가 간의 이자율 차이를 이용하려고 하며, 이 과정에서 선물환계약을 체결하여 자금의 국제적 이전에 따르는 환위험을 제거하여 확실한 이익을 얻으려고 한다.

투기적 거래자들은 고의로 환위험에 노출되는 계약을 체결하여 환율의 변동에 따르는 이익을 추구하려는, 다시 말하자면 적극적으로 환위험을 부담하고 그 대가를 추구하려는 목적을 가지는 거래자들이다.

외환시장도 금융시장이므로 위험과 수익 간의 상반관계가 있으나, 투기거래자들은 자기가 부담하는 위험에 대해 시장이 정상적으로 보상해 주는 수준 이상의 수익을 기대하고 거래에 참여한다. 이들이 이처럼 초과수익을 기대하는 것은, 미래의 환율을 예상하는 데 있어 시장의 예측치인 선물환보다 우수한 예측을 할 수 있다는 전문성에 근거를 두고 있다.

환 율

환율은 두 통화의 교환비율이며 외국통화 한 단위의 가격을 내국통화로 표시하는 방법(예, 한국에서 1달러=1,000원, 또는 ₩1,000/U$)을 직접표시환율(direct quotations)이라 하고, 반대로 외국통화로 표시한 내국통화 단위당 가격(예, 한국에서 1원=.001달러, 또는 U$ .001/₩)을 간접표시환율(indirect quotations)이라고 한다. 문헌에서 환율을 언급할 때는 직접표시인 것이 일반적이다.

직접표시환율(direct quotation)을 사용하는 우리나라의 경우에는 달러 환율의 절대치가 커지는 경우(예, 달러당 900원에서 1,000원으로), 환율이 상승하였다고 한다. 이것은 원화의 가치는 달러에 대해 하락하였음을 뜻하게 된다. 그러므로 환율상승은 원화의 평가절하를 의미한다.

외환거래의 종류: 외환거래는 결제일을 기준으로 당일거래, 익일거래, 현물거래, 선도거래 등으로 나누어진다. 거래금액이 큰 금융기관 사이의 거래에서는 당일 및 익일거래는 적으며, 현물환과 선물환거래가 대부분이다. 여기서 선물환은 선도거래로서의 외환거래를 의미한다.

현물환거래는 거래가 이루어진 후 2영업일에 결제된다. 현물환거래에 따른 지급지시가 은행제도를 통해서 결제되는데 통상 2일간의 영업일이 소요되기 때문이다. 현물환거래에서 형성되는 환율을 **현물환율**(spot exchange rate)이라고 한다.

선물환거래는 미래 일정 시점에서의 거래를 약속하는 계약이다. 실제적인 외환거래는 미래 시점에서 발생하지만 환율은 현재 시점에서 결정되는데 이것을 **선물환율**(forward exchange rate)이라고 한다. 예를 들어 3개월 후에 U$를 환율 1,100원으로 거래하기로 약정한 것으로 3개월 후의 현물시세에 상관없이 ₩1,100/U$로 정산되는 것이다.

외환시장에서의 대부분의 선물환은 선도거래의 형태를 띤다. 선도거래와 유사한 형태의 미래 일정 시점에 대한 계약에 **통화선물**이 있다. 선물환과 통화선물은 미래 일정 시점의 거래에 대한 약속이라는 측면에서는 같다. 하지만 선도거래와 선물거래의 차이점과 마찬가지로 선물환은 기본적으로 모든 조건이 거래 쌍방 간의 합의에 의해서 이루어지는 데 반해서, 통화선물은 일정한 장소에서 일정한 시간에 표준화된 상품들을 거래한다는 차이가 있다.

외환시장에서는 선물환과 통화선물이 모두 활발하게 이루어지는데, 선물환은 서로 간의 신뢰를 바탕으로 주로 은행 간에 이루어지고, 통화선물의 참가자는 금융기관, 기업, 개인투자자 등을 포함한 다양한 그룹이 참여하는 특징이 있다.

교차환율과 삼각차익거래: 대부분의 환율은 미국의 U$를 기준으로 표시된다. 미국 달러를 기준으로 환율을 설정하면 환율의 표시가 상당히 단순화되는 이점이 있다. **교차환율**(cross-exchange rate)은 미국 달러가 아닌 통화들에 대한 각자의 환율로 표시되는 것을 의미한다. 예를 들어 다음과 같은 경우를 보자.

달러당 엔= 100
달러당 원=1,000

교차환율인 엔화당 원=15로 나타났다고 가정해 보자. 무슨 문제가 있는가? 위에서 표시된 교차환율은 앞에서 인용된 환율과 모순이 나타난다. 어떠한 모순이 발생하는지 살펴보기로 하자.

예를 들어 당신이 ¥100을 가지고 있다고 가정해 보자. 당신은 ¥100을 가지고 교차환율로 ₩1,500을 바꿀 수 있으며, ₩1,500은 U$1.5로 교환할 수 있을 것이다. U$1.5는 ¥150으로 교환할 수 있는데 그러면 ¥50의 차익이 생기게 된다.

위와 같은 차익거래를 **삼각차익거래**(triangle arbitrage)라고 부른다. 삼각차익거래는 3가지 서로 다른 환율에 의해서 발생하는 것이다.

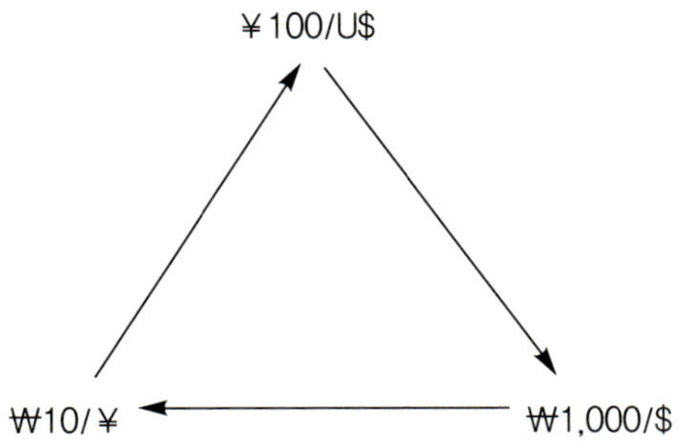

만약 교차환율이 위의 예에서처럼 결정된다면, 삼각차익거래는 계속적으로 발생할 것이다. 그러나 삼각차익거래의 존재는 위에서 인용된 교차환율의 존재를 거부한다. 왜냐하면 엔화를 원화로 교환하고자 하는 원화에 대한 수요가 폭증할 것이고, 결국 엔화와 원화의 환율은 다음과 같이 결정될 수밖에 없는 것이다.

$$₩/¥=10$$

만약 교차환율이 ₩10/¥으로 결정되지 않으면 앞에서 설명한 삼각차익거래가 발생할 것이고, 그러므로 결국 교차환율은 ₩10/¥으로 결정되게 될 것이다.

개념확인

1. 외환시장의 특성은 무엇인가?
2. 외환시장의 참가자는 누구인가?
3. 삼각차익거래는 무엇인가?

14.2 환 위 험

환위험(currency risk)이란 환율변동으로 인하여 기업의 수익성, 순현금흐름 및 시장가치가 변화할 가능성을 말하고, 기업이 직면하고 있는 환위험의 정도를 **환노출**(exchange exposure)이라고 부른다. 본 절에서 우리는 환노출의 세 가지 유형을 설명하고 재무관리에서의 환노출의 의미를 살펴보고자 한다.

환노출의 유형

환율의 변동이 기업에 미치는 효과를 측정하기 위하여 우리는 환노출을 [그림 14-1]과 같이 세 가지 유형으로 구분할 수 있다.

환산노출: 환산노출은 해외에 자산과 부채를 가지고 있는 기업이 자국통화로 연결재무제표를 작성하는 경우에 나타나는 환노출이다. 해외 영업을 하는 기업들

그림 14-1 **환노출의 유형**

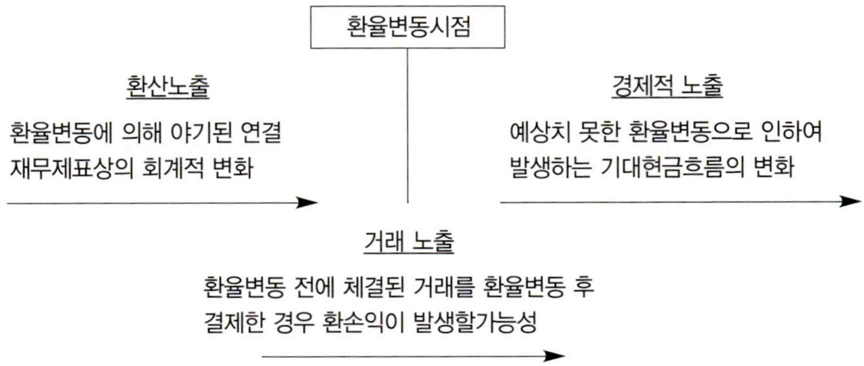

은 외화로 표시된 자산, 부채, 수익 및 비용을 가지고 있을 것이다. 그러나 국내의 투자자 및 금융계는 국내통화로 표시된 가치에 관심을 가지고 있기 때문에 외화표시의 재무제표는 국내통화의 가치로 표시되지 않으면 안 된다.

환산노출(translation exposure)은 해외 자회사의 재무제표를 현지통화로부터 국내통화로 환산하는 경우에 생기는 환차익 또는 환차손을 말하며 **회계적 노출**(accounting exposure)이라고 부른다. 예를 들어, 미국에 있는 A기업의 현지법인이 유동자산 200만달러와 유동부채 100만 달러를 가지고 있다고 생각해보자. 환율이 달러당 1,000원이라면, 유동자산의 원화가치는 20억원이 되고, 유동부채는 10억원이 될 것이다. 만약 원화가 평가절하되어서 환율이 1,100원으로 상승한다면 유동자산과 유동부채는 22억원과 11억원으로 각각 상승할 것이다. 그리고 순운전자본은 10억원에서 11억원으로 증가하게 될 것이다. 반면에 유동자산이 100만달러이고 유동부채가 200만달러라면 순부채가 10억원에서 11억원으로 증가할 것이다.

일반적으로 원화가치가 외국통화에 비하여 하락할 때 유동자산과 유동부채의 원화가치는 모두 증가한다. 만일 현지법인의 유동자산이 유동부채보다 크다면 순운전자본의 원화가치는 증가할 것이다. 반면에 현지법인의 유동자산이 유동부채보다 적다면 순운전자본의 원화가치는 하락할 것이다. 앞의 예에서와 마찬가지로 유동자산과 유동부채의 비중에 따라서 실질적인 순자산의 가치는 변화될 수 있는 것이다.

이처럼 환율변동은 해외 자회사의 순운전자본 포지션의 원화가치를 변화시킨다. 이러한 환산이익 또는 손실은 기업회계기준에 따라 모회사의 연결포괄손익계산서에 기재되지 않으면 안 된다. 그러나 재무적 관점에서 주목할 사실은 환차익이나 차손이 회계적 성질을 가지고 있으며 실질적인 현금흐름의 변화는 없다는 점이다. 환산노출은 단지 회계적 문제인 것이다.

거래노출: 거래노출(transaction exposure)은 이미 체결된 외화표시의 거래가 결제되는 시점에서 발생하는 환차익 또는 환차손의 가능성을 가리킨다. 이러한 거래

의 예로서는 ① 외화로 가격이 표시된 재화나 서비스를 외상으로 구입 또는 판매한 경우, ② 외화표시의 자금을 차입 또는 대출한 경우, ③ 아직 청산되지 않은 선물환계약의 당사자인 경우, ④ 그 밖에 외화표시의 자산을 취득하거나 부채를 부담한 경우 등을 들 수 있다.

거래노출의 대표적 예는 기업이 외화로 표시된 매출채권이나 매입채무를 보유하고 있을 때 발생한다. 예를 들어, 우리나라 수출기업 A가 미국의 수입업자 B에게 100만달러어치의 상품을 60일 후 결제조건으로 수출한 경우를 생각해 보자. 수출기업 A는 100만달러를 60일 후에 받게 되겠지만 60일 후에 100만달러가 어느 정도의 원화가치가 될지는 모른다. 즉 수출기업 A는 거래노출에 노출되어 있다.

거래노출은 또한 외화로 표시된 자금을 차입하거나 빌려줄 때도 발생한다. 예를 들어 우리나라의 차입기업 C가 일본의 수출입은행으로부터 100억엔의 엔화를 차입한 경우를 생각해 보자. 당시 환율은 ¥100당 ₩900이었으므로 C기업은 원화가치로 900억원을 차입한 것이다. 그러나 상환기간이 도래하였을 때 환율이 ¥100당 ₩1,000으로 상승했다면 원화의 상환액은 1,000억원으로 증가하게 된다. 반면에 환율이 ¥100당 ₩700으로 하락했다면 원화 상환금액은 700억원으로 감소하게 된다.

외화표시의 매출채권 및 부채와 같이 아직 결제되지 않은 거래의 일부는 이미 그 기업의 재무상태표에 기재되어 대부분 거래적 노출에 포함된다. 그러나 미래의 판매 또는 구매계약과 같은 것들은 아직 재무상태표에 기재되어 있지 않다. 이 경우의 거래적 노출은 미래 현금흐름에 영향을 미치므로 오히려 경제적 노출의 일부로 보아야 할 것이다.

경제적 노출: 경제적 노출(economic exposure)은 예상치 못한 환율변동이 기업의 미래 현금흐름에 영향을 미쳐 그 기업의 가치를 변화시킬 가능성이다. 환율변동이 기업의 수익 및 비용의 크기와 위험에 미치는 효과에 따라 기업가치에 미치는 영향은 달라질 수 있다.

경제적 노출은 환산노출이나 거래노출에 의해 야기된 변화보다도 기업의 장기적 건전성에 훨씬 더 중요한 의미를 갖는다. 기업의 경제적 노출을 측정하는 데 있어서는 예기치 못한 환율변동이 실질현금흐름에 미치는 효과를 분석하여야 한다.

실질환율의 변동은 상대가격의 변화를 가져오고, 상대가격의 변화는 기업의 영업 및 경제적 노출에 영향을 미칠 것이다. 경제적 노출은 새로운 환율이 판매량, 판매가격 또는 영업비용에 예기치 못한 변화를 야기하는가의 여부에 달려 있다. 예를 들어, 자회사가 있는 국가에서 평가절하(devaluation)가 일어났다면, 다국적기업의 재무담당자는 경제적 노출을 다음과 같은 측면에서 평가하여야 할 것이다.

1) 자회사의 수출품에 대한 수출가격을 그대로 유지할 것인가 아니면 평가절하 폭만큼 수출가격을 인하할 것인가? 이것은 수출품의 가격탄력성을 고려해서 결정될 것이다.
2) 현지 시장에서 판매가격을 유지할 것인가 아니면 현지 수입상품의 가격 인상에 따라 가격을 인상시킬 것인가? 이것은 현지 시장에서 자회사와 수입상품의 경쟁 정도를 고려해야 할 것이다.
3) 모국통화로 표시하면 현지 조달 원자재의 비용은 하락하지만 수입원자재의 비용은 거의 변함이 없을 것이다. 이러한 원자재의 조달원에 따라 평가절하가 모기업의 비용에 어떤 영향을 미칠 것인가?
4) 평가절하가 수입 감소 및 수출 증가를 촉진하는 한 그 나라의 국민소득이 증가하게 되는데, 이 경우 수요의 소득탄력성은 그 기업의 매출액과 비용에 어떤 추가적 영향을 미칠 것인가?

개념확인

1. 환노출의 종류에는 무엇이 있는가?
2. 경제적 노출의 의미는 무엇인가?

14.3 환위험 관리

국제적 거래에 노출된 기업의 경영자는 기업가치에 영향을 미치는 경제적 노출을 효율적으로 관리하는 것이 중요하다. 경제적 노출은 환율변동에 따라 미래 현금흐름에 영향을 미치고 따라서 기업가치에 영향을 미친다. 단기적으로는 환산 및 거래노출이 직접적으로 기업의 회계적 이익에 영향을 미친다. 여기서는 환산 및 거래노출의 관리기법 중에서 기본적인 환위험관리기법을 소개하고자 한다.

환산노출의 관리: 회계적 노출을 감소시키기 위한 기본적 관리전략을 설명해보자. 이 전략은 기본적으로 평가절상의 가능성이 큰 강세 통화표시의 자산을 증가시키고 평가절하의 가능성이 큰 약세 통화표시의 자산을 감소시키는 동시에, 강세 통화표시의 부채를 감소시키고 약세 통화표시의 부채를 증가시키는 것이다. 구체적 환관리 기법으로는 ① 자금흐름의 조정, ② 선물환계약의 체결, ③ 환산노출 상계의 세 가지 방법이 있다.

	환산노출의 관리	
	자 산	부 채
평가절상 가능성이 큰 통화	증 가	감 소
평가절하 가능성이 큰 통화	감 소	증 가

자금흐름조정(funds adjustment)은 현지통화 표시의 회계노출을 감소시킬 수 있도록 모회사와 자회사의 현금흐름과 통화를 변경시키는 것이다. 직접적인 조정방법은 강세 예상 통화의 상품수입을 증가시키고, 강세 예상 통화의 증권에 투자하며, 강세 예상 통화로 표시된 차입금을 상환하는 것 등을 포함한다.

선물환 계약(futures contracts)을 이용하면 외화표시의 자산이나 부채를 상쇄시키는 거래를 통하여 기업의 환산노출을 감소시킬 수 있다. 예를 들어, 한국이 모기업인 기업이 영국에 현지법인을 설립한 경우에, 영국 현지법인의 파운드화 자산이 파운드화 부채를 40만파운드 정도 초과한다면, 이 회사는 40만파운드의 선물을 매도함으로써 전체 환산노출을 제거할 수 있다.

환위험에 노출된 순자산 40만파운드의 환산노출에 의한 환차익(차손)은 선물환계약에 대한 환차손(차익)에 의해 상쇄될 것이다. 이러한 방법은 선물환을 이용한 기본적인 헷지전략에 해당한다.

그러나 이 방법은 현금흐름의 성격을 지닌 선물환계약이 현금흐름을 동반하지 않는 환산차익(또는 차손)에 의해 상쇄된다는 점에서 근본적 문제점을 지니고 있다. 왜냐 하면 선물환계약에 의해서 발생하는 환차익이나 환차손은 실현된 현금흐름이지만, 자산과 부채에 의해 발생하는 환차손(익)은 미실현 현금흐름이기 때문이다.

환산노출 상계(exposure netting)는 한 통화의 노출을 같은 통화나 다른 통화의 노출로 상쇄하는 것이다. 이 경우 한쪽의 노출된 포지션에 대한 환차손(차익)이 다른 쪽의 환노출에 대한 환차익(차손)에 의해 상쇄되도록 환율의 변동을 예측하여야 한다. 재무담당자는 각 통화별 환노출을 개별적으로 고려하는 대신에 전체의 환노출 포트폴리오에 대한 순차익 또는 차손을 고려하는 것이다.

거래노출의 관리: 거래노출관리의 기본적인 방법 중의 하나는 헷지전략의 이용이다. 헷지(hedge)란 환율변동으로 인한 손실위험에 대한 방어수단을 제공하는 계약 또는 약정을 말한다. 헷지의 기본원리는 환노출에 의한 손익이 환헷지에 의한 손익과 정확히 상쇄되도록 반대의 환포지션을 설정하는 것이다.

거래노출을 관리하기 위한 기법에는 기본적으로 **선물시장 헷지**(futures exchange market hedge)와 자금시장 헷지가 있다. 예를 들어 미국의 어느 철강회사가 수출업무에 종사하면서 달러표시로 거래하는 정책을 사용하여 왔다고 생각해보자. 이 회사는 자국통화인 미국 달러표시로 거래하기 때문에 환율변동에 대해서는 완전히 보호를 받고는 있으나 유로로 거래하고자 하는 유럽의 기업들에게 주문을 뺏기는 결과를 초래할 수도 있다.

이 회사의 재무담당자는 해외 거래선이 달러가 아닌 유로 통화로 결제될 때 수출가격을 어떻게 책정할 것인지 검토해야 한다. 만약 결제가 이루어지기 전에 계약서 상의 통화가치가 하락한다면 그 회사는 거액의 손실을 볼 수 있기 때문이다.

환위험에 대하여 헷지할 수 있는 한 가지 방법은 선물환을 매도하는 것이다. 이 경우 수출부서는 고객이 원하는 통화로 계약을 체결하고, 선물환율을 기초로 가격을 결정함으로써 환위험을 회피할 수 있다. 이 회사의 환노출을 관리할 책임을 맡고 있는 재무담당자는 헷지를 행할 것인가의 여부를 결정하여야 한다.

위의 철강회사가 환차손에 대하여 헷지할 수 있는 다른 한 가지 방법은 매출채권을 담보로 외화를 차입한 후 그것을 달러로 교환하여 미국 내에서 투자하는 것이다. 이것이 자금시장 헷지(money market hedge)이다.

이자율평가이론에 의하면 규제가 없는 시장에서는 선물매도와 현물매도 간의 차이는 해외이자율과 국내이자율 간의 차이와 정확히 같아야 할 것이다. 자금시장 헷지는 위에서 예로 든 선물시장 헷지와 동일한 결과를 가져올 것이다.

위의 논의로부터 우리는 선물환율에 대한 단순한 이론이 함축하고 있는 의미를 다음과 같이 예시할 수 있다. 첫째, 재무담당자는 계약가격을 정할 때 선물환율을 사용하여 환위험을 관리할 수 있다. 둘째, 선물환율이 미래의 환율에 대한 예상치라고 설명하는 환율결정의 기댓값에 의한 설명은 환위험에 대한 헷지가 해 볼 만한 가치가 있다는 것을 가리킨다. 셋째, 기본적으로 선물시장 헷지와 자금시장 헷지가 동일하다. 둘 중에서 어느 것을 선택하느냐의 문제는 거래제도와 거래비용에 의해 결정될 것이다.

계약에 의해 확정된 미래의 현금흐름에서 거래적 환노출을 측정하는 것은 비교적 단순명료하다. 측정된 거래적 환노출에 대해서는 파생상품거래를 통하여 노출의 정도만큼 환위험을 관리하기 위한 전략도 보다 구체적으로 수립될 수 있다. 다수의 계약에 의한 포지션을 가지고 있는 다국적기업의 경우에는 거래적 환노출을 종합적으로 파악할 필요가 있으며, 노출의 파악과 헷지의 의사결정을 위한 종합적인 환위험관리시스템이 요구된다.

환노출 유형	환노출의 요인	대응전략
경제적 노출	기업활동에 의한 모든 미래 현금흐름	영업전략, 투자전략, 생산전략, 마케팅전략
거래적 환노출	계약에 의해 확정된 미래 외화표시 현금흐름	파생상품 및 자금시장을 이용한 헷지전략 및 환율 변동요인을 감안하여 계약조건 결정
회계적 환노출	외화표시 자산과 부채, 포괄손익계산서 항목	재무상태표 헷지, 파생상품 및 자금시장 헷지

개념확인

1. 거래적 환노출의 해결방법은 무엇인가?
2. 회계적 환노출을 헷지하는 방법은 무엇인가?

14.4 환율과 물가 및 금리

구매력평가

국제적인 거래에 있어서 환율의 결정에 대한 이해는 필수적인 것이다. 본 절에서 설명하는 구매력평가설(Purchasing Power Parity: PPP)은 모든 것을 설명하지는 못할지 모르지만 적어도 환율의 결정과 변화를 설명하는 주요 이론임에는 틀림이 없다.

구매력평가의 기본적인 개념은 환율은 통화 간의 구매력의 차이를 조정하는 기능을 갖는다는 것이다. 구매력평가의 개념에는 절대구매력평가와 상대구매력평가의 두 가지 개념들이 있는데, 그것들은 구매력평가의 개념을 절대적인 차원에서 보느냐 아니면 상대적인 차원에서 보느냐의 차이이다.

절대구매력평가: 절대구매력평가(absolute purchasing power parity)의 기본적인 생각은 하나의 상품가격은 화폐의 종류나 거래장소에 관계없이 일정하다는 일물일가의 개념이다. 그러므로 절대구매력평가의 개념은 단순명료하다. 만약 맥도날드의 빅맥이 런던에서 2파운드이고, 환율이 달러당 0.6파운드이면 동일한 빅맥은 뉴욕에서 2/0.6=U$3.33으로 거래된다. 소위 빅맥지수라는 것이다.

공식적으로 살펴보기로 하자. S_0를 영국 파운드와 미국 달러의 0시점에서의 현물환율이라고 하고, P_{US}와 P_{UK}를 특정 상품에 대한 가격이라면, 절대구매력평가의 설명은 다음과 같다.

$$P_{UK} = S_0 \times P_{US}$$

위의 식이 말하는 바는 특정 상품에 대한 파운드 가격은 달러 가격에다가 환율을 곱한 것과 같다는 말이다.

절대구매력평가의 개념은 삼각차익거래의 개념과 유사하다. 만약 구매력평가가 성립되지 않는다면 차익거래가 가능할 것이다. 예를 들어 사과 10개가 미국에서 U$4일 때, 영국에서는 £2.4라고 하자. 절대구매력평가에 의하면 양국의 환율은 다음과 같이 결정될 것이다.

$$P_{UK} = S_0 \times P_{US}$$
$$£2.4 = S_0 \times U\$4$$
$$S_0 = £2.4/U\$4 = 0.6$$

즉 달러나 파운드의 현물환율은 0.6이 되는 것이다. 마찬가지로 영국의 1파운드는 U$1/£0.6=U$1.67의 가치가 있는 것이다.

만약 실제의 환율이 달러당 £0.5라고 가정해 보자. U$4를 갖고 있는 사람은 미국에서 10개의 사과를 사서 영국에서 £2.40에 팔 수 있는데, £2.40를 당시의 환율인 U$1=£0.5로 환산하여 미국 달러로 바꾸면 £2.40/0.5=U$4.8가 된다. 이러한 왕복거래를 통하여 U$0.80의 이익이 발생하는 것이다.

이러한 차익거래의 가능성 때문에 사과의 가격이나 환율에 대한 변동압력이 발생하는 것이다. 위의 예에서는 사과의 가격이 미국에서 싸기 때문에 사과가 미국에서 영국으로 이동할 유인이 발생하는 것이다. 그러면 사과의 미국에서는 공급이 감소하여 사과의 가격이 상승할 것이며, 상대적으로 영국에서는 사과의 가격이 하락할 것이다.

사과가 미국에서 영국으로 이동할 뿐만 아니라 미국에서 사과를 구매하기 위하여 달러에 대한 수요가 증가하게 될 것이다. 즉 달러에 대한 수요는 증가하는 반면에 달러를 구입하기 위해 파운드의 공급이 증가할 것이다. 따라서 달러의 가치는 상승하는 반면에 파운드의 가치는 하락할 것이다. 그러므로 환율은 달러당 £0.50보다 상승한 달러당 £0.60 수준까지 상승하여야 안정을 찾게 된다.

절대구매력평가가 성립하기 위해서는 몇 가지 조건이 전제되어야 한다.

1) 빅맥의 거래에 따르는 운반비를 포함한 모든 거래비용이 없어야 한다.
2) 빅맥의 거래에 있어서 관세, 세금을 포함한 모든 거래장벽이 없어야 한다.
3) 미국과 영국의 빅맥은 동일한 상품이어야 한다.

실제 상황에서는 위에서 언급된 조건들이 충족되지 않으므로 절대구매력평가는 동일한 종류의 상품 중에서도 교역되는 상품에만 제한적으로 적용될 수 있게 된다.

상대구매력평가: 실질적인 차원에서 절대구매력평가는 적용되기 어려운 제약조건들이 많이 존재하기 때문에 상대구매력평가(relative purchasing power parity)의 개념이 등장하게 되었다. 상대구매력평가는 환율의 절대적 수준에 대하여 설명하기보다는 환율의 변화를 설명하려는 것이 목적이다.

기본개념: 상대구매력평가를 설명하기 위해서 영국 파운드와 미국 달러의 환율(£/U$)이 현재 $S_0 = £0.50$이라고 하자. 또한 영국의 인플레이션이 앞으로 1년 동

안 10%이고 미국의 인플레이션은 0%로 예상된다고 가정하자. 1년 후에 환율은 어떻게 변할 것인가?

현재 미국의 1달러는 영국에서 0.5파운드로 거래되고 있다. 인플레이션이 10%라는 것은 영국에서의 일반적인 물가수준이 10% 상승한다는 것을 의미한다. 그러므로 1년 후에 영국에서 달러의 가격은 10% 상승할 것이고, 환율은 £0.5×1.1=£0.55로 상승할 것이다.

만약 미국의 인플레이션이 0%가 아니라면, 양국의 상대적인 인플레이션(relative inflation)을 고려해야 한다. 예를 들어 미국의 인플레이션이 4%로 예상된다고 하자. 미국의 물가상승에 비해서 영국의 물가는 10%−4%=6%만큼 상대적으로 상승하는 것이다. 그러므로 달러의 가격은 6% 상승하고 환율상승은 £0.50×1.06=£0.53으로 예상된다.

결 론: 일반적으로 말하면 상대구매력평가가 설명하는 것은 환율의 변화는 양국의 인플레이션의 차이에 따라서 결정된다는 것이다. 좀 더 정확히 설명하기 위해서 간단한 식을 이용해 보기로 하자.

S_0=현재의 달러당 현물환율
$E(S_t)$=t기 환율의 기댓값
h_{US}=미국의 인플레이션
h_F=F국의 인플레이션

위에서 설명한 바와 마찬가지로 상대구매력평가는 1년 동안의 환율의 변화율, $(E[S_1]-S_0)/S_0$는 인플레이션의 차이와 같다. 즉,

$$(E[S_1]-S_0)/S_0=h_F-h_{US} \tag{14.1}$$

말로 설명하면 상대적 구매력평가가 설명하는 것은 환율변화의 기댓값은 인플레이션의 차이와 같다는 것이다. 위의 식을 다시 정리하면 다음과 같다.

$$E[S_1]=S_0\times[1+(h_F-h_{US})] \tag{14.2}$$

위의 예에서 상대구매력평가는 환율이 $h_F-h_{US}=10\%-4\%=6\%$ 상승할 것으로 설명하였다. 만약 양국의 인플레이션의 차이가 다음 해에도 계속된다면 2년 후의 환율의 기댓값, $E[S_2]$는 다음과 같이 계산될 것이다.

$$\begin{aligned}E[S_2]&=E[S_1]\times(1+0.06)\\&=0.53\times1.06\\&=0.562\end{aligned}$$

위의 계산은 다음과 같이 표현될 수도 있다.

$$\begin{aligned}E[S_2]&=0.53\times1.06\\&=0.50\times1.06\times1.06\\&=0.5\times1.06^2\end{aligned}$$

그러므로 상대구매력평가를 일반식으로 표현하면 식 (14.3)이 된다.

$$E[S_t]=S_0\times[1+(h_F-h_{US})]^t \tag{14.3}$$

위의 식은 상당히 유용한 관계를 설명하고 있다. 실제에 있어서 절대구매력평가가 대부분의 재화와 용역에 적용될 수 없기 때문에 환율과 구매력과의 관계는 주로 상대적 구매력평가를 의미한다. 그러므로 일반적으로 구매력평가를 언급하는 경우에는 상대적 구매력평가를 의미한다고 이해해야 할 것이다.

예제 환율과 인플레이션

예를 들어 일본의 환율이 ¥130/U$라고 가정해 보자. 일본의 인플레이션은 향후 3년 동안 연간 1%로 예상되고, 미국의 인플레이션은 연간 2%로 예상된다. 상대구매력평가에 의하면 3년 후의 환율은 어떻게 될 것인가?

미국의 인플레이션이 높기 때문에 달러의 가치는 하락할 것으로 예상된다. 환율의 연간 변화는 1%−2%=−1%가 될 것이고, 3년 후의 환율은 다음과 같이 될 것이다.

$$\begin{aligned} E[S_3] &= S_0 \times [1+(h_F - h_{US})]^3 \\ &= 130 \times [1+(-0.01)]^3 \\ &= 126.14 \end{aligned}$$

개념확인

1. 절대구매력평가가 설명하는 것은 무엇인가?
2. 상대구매력평가가 설명하는 것은 무엇인가?

14.5 이자율평가설

구매력평가설이 상품시장에서의 일물일가법칙을 전제로 하는 데 반해, **이자율평가설**(interest rate parity)은 금융시장에서의 일물일가의 법칙, 즉 동일한 금융상품은 완전한 금융시장을 가정할 때 국제적으로 동일한 수익률을 갖는다는 것을 전제로 한다.

여기서 동일한 금융상품이란 위험의 크기, 만기, 그리고 유동성이 동질적임을 의미한다. 만약 동일한 금융상품에 대해 환율을 감안한 수익률이 국가 간에 서로 다르게 되면 차익거래가 일어날 것이며, 그 결과 금융상품의 가격과 환율이 변화하여 궁극적으로 차익거래가 발생하지 않는 균형을 이루게 될 것이다.

어떤 투자자가 자국 통화를 포함한 각국의 통화로 표시된 금융자산에 투자할 경우에 대해서 가정해 보자. 우리는 우선 해당 투자자는 자국 통화 금융자산과 외국통화 금융자산 사이에 특별한 선호를 가지고 있지 않다고 가정하자. 즉 투자자의 선택은 동일한 성질의 금융상품의 경우에 표시통화가 특별한 의미를 갖지는 않는다는 의미이다.

자국통화로 투자할 때의 수익률은 자국통화 금융상품의 원리금에 의해 결정될 것이다. 외국통화로 투자할 때의 수익률은 자금을 외환시장에서 외국통화로 교환하여 투자하고, 투자기간 만료 후에 받는 원리금을 자국통화로 교환한 결과에 의해 결정될 것이다.

다국통화를 대상으로 투자하는 경우에는 두 가지 정보가 필요하다. 하나는 각각의 통화와 관련된 수익률에 대한 정보이고, 다른 하나는 환율의 변화에 대한 정보이다.

환율예상은 불확실한 것이고, 그 불확실성을 제거하고 현금흐름을 확실히 해놓으려면 선물환계약을 미리 체결해 두는 것이 한 방법이다.

이자율평가설은 균형상태에서 위의 두 투자대안이 동일한 실질수익률을 가지게 된다는 것이다. 이를 식으로 표시해 보자. 어떤 시점에서 i_n의 고정이자율로 자국통화의 금융상품에 한 단위 투자한다면 t시점에서의 가치는, $(1+i_n)$으로 표시할 수 있다.

이제, 한 단위의 투자를 i_n^*의 고정금리를 지급하는 외화의 금융상품에 투자하는 경우를 살펴보자. 이 투자자는 0시점에:

① 먼저 현물환시장에서 환전하여, $(1/S_0)$만큼의 외화를 가진다.

② 그 외화를 투자하여, $(1/S_0)\ (1+i_n^*)$만큼의 원리금을 만기에 받기로 한다.

③ 투자가 완료되는 t시점을 만기로 하는 선물시장에서의 환율 $F_{0,\,t}$로 선물환계약을 체결한다.

그 후 t시점이 되면, 이 투자자가 이미 체결된 선물환계약에 따라 외국통화의 투자원금과 이자를 자국통화로 교환하게 되는데, 그 가치는, $(1/S_0)\ (1+i_n^*)F_{0,\,t}$로 나타낼 수 있다. 완전금융시장에서 이 둘은 같은 값을 가지게 될 것이다.

$$(1+i_n)=(1/S_0)(1+i_n^*)F_{0,\,t}$$

위의 식을 정리하면 다음과 같이 표현할 수 있다.

$$F_{0,\,t}=S_0[1+(i_n+i_n^*)]$$
$$=S_0(1+\text{양국 간의 금리 차이}) \quad (14.4)$$

이자율평가는 선물환의 할증 또는 할인이 선물환기간 동안의 양국의 금리 차이와 같게 됨을 보여주는 것이다. 자본이동에 제약이 없다면 양국의 이자율의 차이와 환율의 변동률이 같게 된다는 것이다. 왜냐하면 투자에 대한 의사결정을 할 때 투자자는 이자율의 차이뿐만 아니라 환율변동에서 오는 차이도 동시에 고려하기 때문이다. 이자율평가에서는 외국시장에 투자할 때, 환율변동위험을 선물환계약으로 보완하고 있기 때문에 "**보완된 이자율 차익거래**(Covered Interest Arbitrage)"라고도 한다.

이자율평가설은 금융시장과 외환시장이 서로 상반관계에 있음을 보이는 것이기도 하다. 상대적으로 명목금리가 낮은 통화에 투자하는 경우 금융시장에서는 금리 차이만큼 수익률이 낮으나, 외환시장에서의 선물환 할증에 의해 보상을 받게 된다.

금융시장과 외환시장이 균형관계에 있으면, 어느 통화에 투자하건 동일한 수익을 얻게 되므로 무관하게 된다. 이 두 시장이 균형상태에 있지 않으면, 차익거래가 발생하여 균형을 다시 찾게 된다.

예컨대 엔화표시의 유로채가 달러표시의 유로채보다 이자율이 3% 낮은데, 앞으로 1년 후 만기가 되는 선물환율에서 달러는 엔화에 대해 단지 2% 할인되어 있다고 가정하자. 이것은 엔화보유자들이 달러채권에 투자하는 것이 엔화채권에 투자하는 경우보다 대략 1%(=3%−2%)만큼 높은 수익을 얻게 됨을 뜻한다.

또는 달러보유자들이 엔화채권에 투자하는 경우 얻게 될 낮은 수익을 외환시장이 충분히 보상해 주지 않음을 뜻한다. 자연히 투자자는 엔화채권을 기피하게 되고 달러채에 집중된다. 금융시장에서는 달러채의 금리가 하락하게 되고 엔화채권의 금리는 상승하게 될 것이다.

외환시장에서도 변화가 생기는데, 현물환시장에서는 달러 수요가 증대되어 환율이 상승하는 반면, 선물환시장에서는 달러공급이 늘어남에 따라 선물환율이 하락하게 된다. 이같은 각 변수들의 변화로 인해 이자율평가를 이룰 때, 금융시장과 외환시장은 균형을 이루게 되고 더 이상 차익거래가 발생하지 않게 될 것이다.

이자율평가는 국제적 자본이동 및 외환시장의 효율성과도 관련이 되어 많은 실증분석의 대상이 되었다. 특히 유로통화시장에서는 각 통화별 증권들의 위험이 거의 똑같이 낮아서 이자율평가의 검증에 가장 이상적인 자료를 제공하는데, 많은 연구들이 유동적인 단기자본이 차익거래에 매우 민감한 반응을 보여 이자율평가가 잘 유지됨을 입증하였다.

개념확인

1. 커버된 이자율 차익거래의 의미는 무엇인가?
2. 이자율 평가관계가 성립하는 이유는 무엇인가?

14.6 정치적 위험

국제적인 재무거래에서 고려해야 할 마지막 요인은 정치적 위험(political risk)이다. 사실 정치적 위험은 국제적 기업의 경우에만 발생하는 것은 아니다. 예를 들어 우리나라의 경우에도 조세나 법률이 변경되면 어떤 기업들은 혜택을 보지만 어떤 기업들은 손해를 보게 된다. 그러므로 정치적 위험은 국제적인 환경에서뿐만 아니라 국내적으로도 발생하는 것이다.

세계에는 여러 나라들이 존재한다. 그중에서 어떤 국가들은 정치적 위험이 상대적으로 높은 나라들도 있다. 상대적으로 높은 정치적 위험을 보유하는 나라들에 투자하는 경우에는 그에 상응하는 높은 기대수익률을 생각해야 한다.

왜냐하면 정치적 위험이 높은 국가의 경우에는 투자자금이 동결되거나, 중요한 영업활동이 저지되거나, 혹은 계약이 무산되는 경우가 발생할 수 있기 때문이다. 극단적인 경우에 정치적 환경이 매우 불안한 국가의 경우에는 모든 자산이 국유화되는 경우도 발생할 수 있다.

정치적 위험은 기업의 성격과도 어느 정도 관련이 있다. 소유주가 바뀐다고 해서 특별한 변화가 예상되지 않는 사업은 자산이 동결될 위험이 상대적으로 적을 것이다. 예를 들어 특정 모기업을 대상으로 부품을 생산하는 중소기업을 정치적으로 압수한다는 것을 별의미가 없을 것이다. 마찬가지로 모기업의 특정 부품을 공급받아서 조립하는 중소기업도 정치적 위험이 적다고 할 수 있다.

그러나 구리광산이나 석유 시추와 같은 자원의 개발과 관련된 사업들은 정치적 위험이 높다. 영업이 개시되면 상품의 가치는 막대해진다. 그러므로 이러한 사업들은 정치적 위험이 높고 자산의 동결 가능성도 상대적으로 높은 것이다.

정치적 위험은 몇 가지 방식으로 회피될 수 있다. 특히 자산의 동결이나 국유화의 가능성이 있는 경우에는, 현지 정부를 통한 자금조달도 하나의 방법이 될 수 있을 것이다. 만약 정치적으로 문제가 되는 경우에는 현지 금융에 의한 부채상환을 거부하는 것으로 정치적 위험에 대응할 수 있을 것이다. 또한 앞에서 보았듯이 모기업에 특화된 현지법인을 설립하면 정치적 위험을 낮출 가능성이 있다.

개념확인

1. 정치적 위험이란 무엇인가?
2. 정치적 위험을 회피하는 방법에는 어떤 것이 있는가?

14.7 요약 및 결론

국제적인 기업은 국내 시장만을 대상으로 하는 기업보다 여러 가지 면에서 복잡한 환경에 처할 경우가 많다. 그러므로 국제적 기업의 경영자들은 환율, 이자율, 그리고 인플레이션 같은 경제변수들을 이해해야 할 뿐만 아니라 다양한 형태의 금융규제와 법규에 익숙해야 한다.

본 장에서는 환노출에 따른 위험을 설명하였다. 환노출에 대한 위험은 기업의 현금흐름에 영향을 주고, 결과적으로 국제적인 기업의 기업가치에 영향을 미친다. 마지막으로 국제적인 기업이 가질 수 있는 정치적인 위험을 설명하고 대응방안의 일부를 설명하였다.

그리고 환율의 기본적인 성격에 대하여 살펴보았다. 국제재무관리에서는 환율의 결정에 대하여 이해하는 것이 필수적이다. 본 장에서는 구매력평가설과 이자율평가설을 중심으로 환율결정에 관한 메커니즘을 살펴보았다. 구매력평가설은 자체적으로 상당한 설득력을 가지고 있으나 국제적인 실물의 이동이 완전히 자유로운 것은 아니기 때문에 단기적인 환율의 결정과 변화를 설명하는 데는 한계가 있다.

이자율평가설은 국제적인 자본이동이 자유화되면서 현실적인 환율의 변화를 설명하는 데 상당히 설득력이 있는 이론이다. 이자율평가설의 의미는 선도환율과 선물환율의 변화율의 차이는 이자율의 차이와 같다는 것이다. 여기서는 차익거래가 어떻게 이러한 관계를 유지하는지를 설명하였다.

연습문제

14.1 다음 표를 이용하여 U$10,000을 각국의 통화로 전환할 때의 금액을 소수점 이하를 반올림하여 구하라.

a. 현물시세

b. 3개월 선도환율

	주요 통화환율			
	현물시세	1개월	3개월	6개월
독일(마르크)	1.6479	1.6496	1.6451	1.6379
영국(파운드)	1.6928	1.6905	1.6876	1.6848
일본(엔)	115.44	116.64	115.75	114.40
스위스(프랑)	1,3268	1,3224	1,3147	1,3034

14.2 위의 표를 이용하여 각국의 통화를 현물시세로 U$를 교환할 때의 금액을 계산하라.

a. 100,000 마르크

b. 200,000 파운드

c. 2,000,000 엔

d. 60,000 스위스 프랑

14.3 다음과 같은 정보를 가지고 엔화의 1년 후의 선도환율을 계산하라.

현물환율	¥115/U$
미국 이자율	7%
일본 이자율	2%

14.4 구매력평가를 전제로 다음 경우의 미국의 기대인플레이션을 계산하라.

독일 : 미국의 현물환율	1.7
독일 : 미국의 선도환율(1년)	1.8
독일의 기대인플레이션	20%

14.5 영국 파운드와 독일 마르크화의 환율이 다음과 같다고 하자.

파운드/달러 = 0.60

마르크/달러 = 2.00

독일 마르크와 영국 파운드의 교차환율은 얼마인가?

14.6 문제 14.5에서 현실적인 교차환율이 DM 3/£라면, 차익거래가 어떤 방식으로 가능할 것인가?

14.7 당신은 수출대금을 6개월 후에 백만 파운드를 받을 것으로 예상한다. 환율위험을 회피하기 위하여 선도거래를 하였는데 6개월 뒤에 얼마를 받을 것인가? 우리나라의 환율은 ₩1,200/U$로 예상된다.

14.8 미국의 인플레는 앞으로 5년간 6%로 예상되고 있다. 그 동안 독일의 인플레이션은 2%로 예상된다. 현재의 환율이 DM 2.2/U$인데, 상대구매력평가에 의하면 2년 후의 환율은 어떻게 될 것인가?

14.9 스위스 프랑에 대한 현물환율과 360-day 선도환율이 각각 SF 1.8/U$와 SF 1.7/U$이다. 미국의 무위험이자율이 8%이고, 스위스의 무위험이자율이 5%라고 한다. 차익거래 기회가 존재하는가? 차익거래를 어떻게 형성시킬 것인가?

부 록

화폐의 시간가치 조견표

연습문제 해답

<부록 1> 미래가치요소

1원의 t기 후 미래가치$=(1+i)^t$

기간이자율(r) / 기간수(n)	1%	2%	3%	4%	5%	6%	7%	8%	9%	10%
1	1.0100	1.0200	1.0300	1.0400	1.0500	1.0600	1.0700	1.0800	1.0900	1.1000
2	1.0201	1.0404	1.0609	1.0816	1.1025	1.1236	1.1449	1.1664	1.1881	1.2100
3	1.0303	1.0612	1.0927	1.1249	1.1576	1.1910	1.2250	1.2597	1.2950	1.3310
4	1.0406	1.0824	1.1255	1.1699	1.2155	1.2625	1.3108	1.3605	1.4116	1.4641
5	1.0510	1.1041	1.1593	1.2167	1.2763	1.3382	1.4026	1.4693	1.5386	1.6105
6	1.0615	1.1262	1.1941	1.2653	1.3401	1.4185	1.5007	1.5869	1.6771	1.7716
7	1.0721	1.1487	1.2299	1.3159	1.4071	1.5036	1.6058	1.7138	1.8280	1.9487
8	1.0829	1.1717	1.2668	1.3686	1.4775	1.5938	1.7182	1.8509	1.9926	2.1436
9	1.0937	1.1951	1.3048	1.4233	1.5513	1.6895	1.8385	1.9990	2.1719	2.3579
10	1.1046	1.2190	1.3439	1.4802	1.6289	1.7908	1.9672	2.1589	2.3674	2.5937
11	1.1157	1.2434	1.3842	1.5395	1.7103	1.8983	2.1049	2.3316	2.5804	2.8531
12	1.1268	1.2682	1.4258	1.6010	1.7959	2.0122	2.2522	2.5182	2.8127	3.1384
13	1.1381	1.2936	1.4685	1.6651	1.8856	2.1329	2.4098	2.7196	3.0658	3.4523
14	1.1495	1.3195	1.5126	1.7317	1.9799	2.2609	2.5785	2.9372	3.3417	3.7975
15	1.1610	1.3459	1.5580	1.8009	2.0789	2.3966	2.7590	3.1722	3.6425	4.1772
16	1.1726	1.3728	1.6047	1.8730	2.1829	2.5404	2.9522	3.4259	3.9703	4.5950
17	1.1843	1.4002	1.6528	1.9479	2.2920	2.6928	3.1588	3.7000	4.3276	5.0545
18	1.1961	1.4282	1.7024	2.0258	2.4066	2.8543	3.3799	3.9960	4.7171	5.5599
19	1.2081	1.4568	1.7535	2.1068	2.5270	3.0256	3.6165	4.3157	5.1417	6.1159
20	1.2202	1.4859	1.8061	2.1911	2.6533	3.2071	3.8697	4.6610	5.6044	6.7275
21	1.2324	1.5157	1.8603	2.2788	2.7860	3.3996	4.1406	5.0338	6.1088	7.4002
22	1.2447	1.5460	1.9161	2.3699	2.9253	3.6035	4.4304	5.4365	6.6586	8.1403
23	1.2572	1.5769	1.9736	2.4647	3.0715	3.8197	4.7405	5.8715	7.2579	8.9543
24	1.2697	1.6084	2.0328	2.5633	3.2251	4.0489	5.0724	6.3412	7.9111	9.8497
25	1.2824	1.6406	2.0938	2.6658	3.3864	4.2919	5.4274	6.8485	8.6231	10.835
26	1.2953	1.6734	2.1566	2.7725	3.5557	4.5494	5.8074	7.3964	9.3992	11.918
27	1.3082	1.7069	2.2213	2.8834	3.7335	4.8223	6.2139	7.9881	10.245	13.110
28	1.3213	1.7410	2.2879	2.9987	3.9201	5.1117	6.6488	8.6271	11.167	14.421
29	1.3345	1.7758	2.3566	3.1187	4.1161	5.4184	7.1143	9.3173	12.172	15.863
30	1.3478	1.8114	2.4273	3.2434	4.3219	5.7435	7.6123	10.063	13.268	17.449
35	1.4166	1.9999	2.8139	3.9461	5.5160	7.6861	10.676	14.785	20.414	28.102
40	1.4889	2.2080	3.2620	4.8010	7.0400	10.286	14.974	21.725	31.409	45.259
45	1.5648	2.4379	3.7816	5.8412	8.9850	13.765	21.002	31.920	48.327	72.891
50	1.6446	2.6916	4.3839	7.1067	11.467	18.420	29.457	46.902	74.358	117.39
60	1.8167	3.2810	5.8916	10.520	18.679	32.988	57.946	101.26	176.03	304.48

기간이자율(r) / 기간수(n)	11%	12%	13%	14%	15%	16%	17%	18%	19%	20%
1	1.1100	1.1200	1.1300	1.1400	1.1500	1.1600	1.1700	1.1800	1.1900	1.2000
2	1.2321	1.2544	1.2769	1.2996	1.3225	1.3456	1.3689	1.3924	1.4161	1.4400
3	1.3676	1.4094	1.4429	1.4815	1.5209	1.5609	1.6016	1.6430	1.6852	1.7280
4	1.5180	1.5735	1.6305	1.6890	1.7490	1.8106	1.8739	1.9388	2.0053	2.0736
5	1.6851	1.7623	1.8424	1.9254	2.0114	2.1003	2.1924	2.2878	2.3864	2.4883
6	1.8704	1.9738	2.0820	2.1950	2.3131	2.4364	2.5652	2.6996	2.8398	2.9860
7	2.0762	2.2107	2.3526	2.5023	2.6600	2.8262	3.0012	3.1855	3.3793	3.5832
8	2.3045	2.4760	2.6584	2.8526	3.0590	3.2784	3.5115	3.7589	4.0214	4.2998
9	2.5580	2.7731	3.0040	3.2519	3.5179	3.8030	4.1084	4.4355	4.7854	5.1598
10	2.8394	3.1058	3.3946	3.7072	4.0456	4.4114	4.8068	5.2338	5.6947	6.1917
11	3.1518	3..4785	3.8359	4.2262	4.6524	5.1173	5.6240	6.1759	6.7767	7.4301
12	3.4985	3.8960	4.3345	4.8179	5.3503	5.9360	6.5801	7.2876	8.0642	8.9161
13	3.8833	4.3635	4.8980	5.4924	6.1528	6.8858	7.6987	8.5994	9.5964	10.699
14	4.3104	4.8871	5.5348	6.2613	7.0757	7.9875	9.0075	10.147	11.420	12.839
15	4.7846	5.4736	6.2543	7.1379	8.1371	9.2655	10.539	11.974	13.589	15.407
16	5.3109	6.1304	7.0673	8.1372	9.3576	10.748	12.330	14.129	16.172	18.488
17	5.8951	6.8660	7.9861	9.2765	10.761	12.468	14.427	16.672	19.244	22.186
18	6.5436	7.6900	9.0243	10.575	12.375	14.463	16.879	19.673	22.901	26.623
19	7.2633	8.6128	10.197	12.056	14.232	16.777	19.748	23.214	27.252	31.948
20	8.0623	9.6463	11.523	13.743	16.367	19.461	23.106	27.393	32.429	38.338
21	8.9492	10.804	13.021	15.668	18.822	22.574	27.034	32.324	38.591	46.005
22	9.9336	12.100	14.714	17.861	21.645	26.186	31.629	38.142	45.923	55.206
23	11.026	13.552	16.626	20.362	24.891	30.376	37.006	45.008	54.648	66.247
24	12.239	15.179	18.788	23.212	28.625	35.236	43.297	53.109	65.032	79.497
25	13.586	17.000	21.231	26.462	32.919	40.874	50.658	62.669	77.388	95.396
26	15.080	19.040	23.991	30.167	37.857	47.414	59.270	73.949	92.092	114.48
27	16.738	21.325	27.109	34.390	34.535	55.000	69.345	87.260	109.56	137.37
28	18.580	23.884	30.634	39.204	50.066	63.800	81.134	102.97	130.41	164.84
29	20.624	26.750	34.617	44.693	57.575	74.009	94.927	121.50	155.19	197.81
30	22.892	29.960	39.116	50.950	66.212	85.850	111.06	143.37	184.67	237.38
35	38.575	52.800	72.068	98.100	133.18	180.31	243.56	327.99	440.70	590.67
40	65.001	93.051	132.78	188.88	267.86	378.72	533.86	750.38	1051.6	1469.8
45	109.53	163.99	244.64	363.68	538.77	795.44	1170.5	1716.7	2509.6	3657.3
50	184.56	289.00	450.74	700.23	1083.7	1670.7	2566.2	3927.4	5988.9	9100.4
60	524.06	897.60	1530.1	2595.9	4384.0	7370.2	12335.	20555.	34105.	56347.

<부록 2> 연금미래가치요소

연금미래가치요소$(r, n) = \sum_{t=1}^{n} (1+r)^{r-1}$

기간이자율(r) / 기간수(n)	1%	2%	3%	4%	5%	6%	7%	8%	9%	10%
1	1.0000	1.0000	1.0000	1.0000	1.0000	1.0000	1.0000	1.0000	1.0000	1.0000
2	2.0100	2.0300	2.0300	2.0400	2.0500	2.0600	2.0700	2.0800	2.0900	2.1000
3	3.0301	3.0604	3.0909	3.1216	3.1525	3.1836	3.2149	3.2464	3.2781	3.3100
4	4.0604	4.1216	4.1836	4.2465	4.3101	4.3746	4.4399	4.5061	4.5731	4.6410
5	5.1010	5.2040	5.3091	5.4163	5.5256	5.6371	5.7507	5.8666	5.9847	6.1051
6	6.1520	6.3081	6.4684	6.6330	6.8019	6.9753	7.1533	7.3359	7.5233	7.7156
7	7.2135	7.4343	7.6625	7.8983	8.1420	8.3938	8.6540	8.9228	9.2004	9.4872
8	8.2857	8.5830	8.8923	9.2142	9.5491	9.8975	10.260	10.637	11.028	11.436
9	9.3685	9.7546	10.159	10.583	11.027	11.491	11.978	12.488	13.021	13.579
10	10.462	10.950	11.464	12.006	12.578	13.181	13.816	14.487	15.193	15.937
11	11.567	12.169	12.808	13.486	14.207	14.972	15.784	16.645	17.560	18.531
12	12.683	13.412	14.192	15.026	15.917	16.870	17.888	18.977	20.141	21.384
13	13.809	14.680	15.618	16.627	17.713	18.882	20.141	21.495	22.953	24.523
14	14.947	15.974	17.086	18.292	19.599	21.015	22.550	24.215	26.019	27.975
15	16.097	17.293	18.599	20.024	21.579	23.276	25.129	27.152	29.361	31.772
16	17.258	18.639	20.157	21.825	25.657	25.673	27.888	30.324	33.003	35.950
17	18.430	20.012	21.762	23.698	25.840	28.213	30.840	33.750	36.974	40.545
18	19.615	21.412	23.414	25.645	28.132	30.906	33.999	37.450	41.301	45.599
19	20.811	22.841	25.117	27.671	30.539	33.760	37.379	41.446	46.018	51.159
20	22.019	24.297	26.870	29.778	33.066	36.786	40.995	45.762	51.160	57.275
21	23.239	25.783	28.676	31.969	35.719	39.993	44.865	50.423	56.765	64.002
22	24.472	27.299	30.537	34.248	38.505	43.392	49.006	55.457	62.873	71.403
23	25.716	28.845	32.453	36.618	41.430	46.996	53.436	60.893	69.532	79.543
24	26.973	30.422	34.426	39.083	44.502	50.816	58.177	66.765	76.790	88.497
25	28.243	32.030	36.459	41.646	47.727	54.865	63.249	73.106	84.701	98.347
26	29.526	33.671	38.553	44.312	51.113	59.156	68.676	79.954	93.324	109.18
27	30.821	35.344	40.710	47.084	54.669	63.706	74.484	87.351	102.72	121.10
28	32.129	37.051	42.931	49.968	58.403	68.528	80.698	95.339	112.97	134.21
29	33.450	38.792	45.219	52.966	62.323	73.640	87.347	103.97	124.14	148.63
30	34.785	40.568	47.575	56.085	66.439	79.058	94.461	113.28	136.31	164.49
35	41.660	49.994	60.462	73.652	90.320	111.43	138.24	172.32	215.71	271.02
40	48.886	60.402	75.401	95.026	120.80	154.76	199.64	269.06	337.88	442.59
45	56.481	71.893	92.720	121.03	159.70	212.74	285.75	386.51	525.86	718.90
50	64.463	84.579	112.80	152.67	209.35	290.34	406.53	573.77	815.08	1163.9
60	81.671	114.05	163.05	237.99	353.58	533.13	813.52	1253.2	1944.8	3034.8

기간수(n) \ 기간이자율(r)	11%	12%	13%	14%	15%	16%	17%	18%	19%	20%
1	1.0000	1.0000	1.0000	1.0000	1.0000	1.0000	1.0000	1.0000	1.0000	1.0000
2	2.1100	2.1200	2.1300	2.1400	2.1500	2.1600	2.1700	2.1800	2.1900	2.2000
3	3.3421	3.3744	3.4069	3.4396	3.4725	3.5056	3.5389	3.5724	3.6061	3.6400
4	4.7097	4.7793	4.8498	4.9211	4.9934	5.0665	5.1405	5.2154	5.2913	5.3680
5	6.2278	6.3528	6.4803	6.6101	6.7424	6.8771	7.0144	7.1542	7.2966	7.4416
6	7.9130	8.1152	8.3230	8.5355	8.7537	8.9775	9.2068	9.4420	9.6830	9.9299
7	9.7830	10.089	10.405	10.730	11.067	11.414	11.772	12.142	12.523	12.916
8	11.859	12.300	12.757	13.233	13.727	14.240	14.773	15.327	15.902	16.499
9	14.163	14.776	15.416	16.085	16.786	17.519	18.285	19.086	19.923	20.799
10	16.722	17.549	18.419	19.337	20.304	21.321	22.393	23.521	24.709	25.959
11	19.561	20.655	21.814	23.045	24.349	25.733	27.199	28.755	30.404	32.150
12	22.713	24.133	25.650	27.271	29.002	30.850	32.823	34.931	37.180	39.581
13	26.211	28.029	29.984	32.089	34.352	36.786	39.404	42.219	45.244	48.497
14	30.095	32.393	34.883	37.581	40.505	43.672	47.103	50.818	54.841	59.196
15	34.405	37.280	40.418	43.842	47.580	51.660	56.110	60.965	66.261	72.035
16	39.199	42.753	46.672	50.980	55.717	60.925	66.649	72.939	79.850	87.442
17	44.501	48.884	53.739	59.118	65.075	71.673	78.979	87.068	96.022	105.93
18	50.396	55.750	61.725	68.394	75.836	84.141	93.406	103.74	115.26	128.12
19	56.939	63.440	70.749	78.969	88.212	98.603	110.29	123.41	138.16	154.74
20	64.203	72.052	80.947	91.025	102.44	115.38	130.03	146.63	165.42	186.69
21	72.265	81.699	92.469	104.77	118.81	134.84	153.14	174.02	197.85	225.03
22	81.214	92.503	105.49	120.44	137.63	157.41	180.17	206.34	236.44	271.03
23	91.148	104.60	120.20	138.30	159.28	183.60	211.80	244.49	282.36	326.24
24	102.17	118.16	136.83	158.66	184.17	213.98	248.81	289.49	337.01	392.48
25	114.41	133.33	155.62	181.87	212.79	249.21	292.10	342.60	402.04	471.98
26	127.99	150.33	176.85	208.33	245.71	290.09	342.76	405.27	497.43	567.38
27	143.08	169.37	200.84	238.50	283.57	337.50	402.03	479.22	571.52	681.85
28	159.82	190.70	227.95	272.89	327.10	392.50	471.38	566.48	681.11	819.22
29	178.39	214.58	258.58	312.09	377.17	456.30	552.51	669.45	811.52	984.07
30	199.02	241.33	293.19	356.79	434.75	530.31	647.44	790.95	966.71	1181.9
35	341.59	431.66	546.68	693.57	881.17	1120.7	1426.4	1816.7	2314.2	2948.3
40	581.83	767.09	1013.7	1342.0	1779.1	2360.8	3134.5	4163.2	5529.8	7343.9
45	986.64	1358.3	1874.2	2590.6	3585.1	4965.3	6879.2	9531.6	13203.	18281.
50	1668.7	2400.0	3459.5	4994.5	7217.7	10436.	15089.	21813.	31515.	45497.
60	4755.1	7471.6	11762.	18535.	29220.	46057.	72555.	114189.	179494.	281737.

<부록 3> 현가요소

t기 후 1원의 현재가치$=\frac{1}{(1+i)^t}$

기간이자율(r) / 기간수(n)	1%	2%	3%	4%	5%	6%	7%	8%	9%	10%
1	.9901	.9704	.9709	.9615	.9524	.9434	.9346	.9259	.9174	.9091
2	.9803	.9612	.9426	.9246	.9070	.8900	.8734	.8573	.8417	.8264
3	.9706	.9423	.9151	.8890	.8638	.8396	.8163	.7938	.7722	.7513
4	.9610	.9238	.8885	.8548	.8227	.7921	.7629	.7350	.7084	.6830
5	.9515	.9057	.8626	.8219	.7835	.7473	.7130	.6806	.6499	.6209
6	.9420	.8880	.8375	.7903	.7462	.7050	.6663	.6302	.5963	.5645
7	.9327	.8706	.8131	.7599	.7107	.6651	.6227	.5835	.5470	.5132
8	.9235	.8535	.7894	.7307	.6768	.6274	.5820	.5403	.5019	.4665
9	.9143	.8368	.7664	.7026	.6446	.5919	.5439	.5002	.4604	.4241
10	.9053	.8203	.7441	.6756	.6139	.5584	.5083	.4632	.4224	.3855
11	.8963	.8043	.7224	.6496	.5847	.5268	.4751	.4289	.3875	.3505
12	.8874	.7885	.7014	.6246	.5568	.4970	.4440	.3971	.3555	.3186
13	.8787	.7730	.6810	.6006	.5303	.4688	.4150	.3677	.3262	.2897
14	.8700	.7579	.6611	.5775	.5051	.4423	.3878	.3405	.2992	.2633
15	.8613	.7430	.6419	.5553	.4810	.4173	.3624	.3152	.2745	.2394
16	.8528	.7284	.6232	.5339	.4581	.3936	.3387	.2919	.2519	.2176
17	.8444	.7142	.6052	.5134	.4363	.3714	.3166	.2703	.2311	.1978
18	.8360	.7002	.5874	.4936	.4155	.3503	.2959	.2502	.2120	.1799
19	.8277	.6864	.5703	.4746	.3957	.3305	.2765	.2317	.1945	.1635
20	.8195	.6730	.5537	.4564	.3769	.3118	.2584	.2145	.1784	.1486
21	.8114	.6598	.5375	.4388	.3589	.2942	.2415	.1987	.1637	.1351
22	.8034	.6468	.5219	.4220	.3418	.2775	.2257	.1839	.1502	.1228
23	.7954	.6324	.5067	.4057	.3256	.2618	.2109	.1703	.1378	.1117
24	.7876	.6217	.4919	.3901	.3101	.2470	.1971	.1577	.1264	.1015
25	.7798	.6095	.4776	.3751	.2953	.2330	.1842	.1460	.1160	.0923
26	.7720	.5976	.4637	.3604	.2812	.2198	.1722	.1352	.1064	.0839
27	.7644	.5859	.4502	.3468	.2678	.2074	.1609	.1252	.0976	.0763
28	.7568	.5744	.4371	.3335	.2551	.1956	.1504	.1159	.0895	.0693
29	.7493	.5631	.4243	.3207	.2429	.1846	.1406	.1073	.0822	.0630
30	.7419	.5521	.4120	.3083	.2314	.1741	.1314	.0994	.0754	.0573
35	.7059	.5000	.3554	.2534	.1813	.1301	.0937	.0676	.0490	.0356
40	.6717	.4529	.3066	.2083	.1420	.0972	.0668	.0460	.0318	.0221
45	.6391	.4102	.2644	.1712	.1113	.0727	.0476	.0313	.0207	.0137
50	.6080	.3715	.2281	.1407	.0872	.0543	.0339	.0213	.0134	.0085
60	.5504	.3048	.1697	.0951	.0535	.0303	.0173	.0099	.0057	.0033

기간이자율(r) / 기간수(n)	11%	12%	13%	14%	15%	16%	17%	18%	19%	20%
1	.9009	.8929	.8850	.8772	.8696	.8621	.8547	.8475	.8403	.8333
2	.8116	.7972	.7831	.7695	.7561	.7432	.7305	.7182	.7062	.6944
3	.7312	.7118	.6931	.6750	.6575	.6407	.6244	.6086	.5934	.5787
4	.6587	.6355	.6133	.5921	.5718	.5523	.5337	.5158	.4987	.4323
5	.5935	.5674	.5428	.5194	.4972	.4761	.4561	.4371	.4190	.4019
6	.5346	.5066	.4803	.4556	.4323	.4104	.3898	.3704	.3521	.3349
7	.4817	.4523	.4251	.3996	.3759	.3538	.3332	.3139	.2959	.2791
8	.4339	.4039	.3762	.3506	.3269	.3050	.2848	.2660	.2487	.2326
9	.3909	.3606	.3329	.3075	.2843	.2630	.2434	.2255	.2090	.1938
10	.3522	.3220	.2946	.2697	.2472	.2267	.2080	.1911	.1756	.1615
11	.3173	.2875	.2607	.2366	.2149	.1954	.1773	.1619	.1476	.1346
12	.2858	.2567	.2307	.2076	.1869	.1685	.1520	.1372	.1240	.1122
13	.2575	.2292	.2042	.1821	.1625	.1452	.1299	.1163	.1042	0935
14	.2320	.2046	.1807	.1597	.1413	.1252	.1110	.0985	.0876	.0779
15	.2090	.1827	.1599	.1401	.1229	.1079	.0949	.0835	.0736	.0649
16	.1883	.1631	.1415	.1229	.1069	.0930	.0811	.0708	.0618	.0541
17	.1696	.1456	.1252	.1073	.0929	.0802	.0693	.0600	.0520	.0451
18	.1523	.1300	.1103	.0946	.0803	.0691	.0592	.0508	.0437	.0376
19	.1377	.1161	.0981	.0829	.0703	.0596	.0506	.0431	.0367	.0313
20	.1240	.1037	.0863	.0723	.0611	.0514	.0433	.0365	.0303	.0261
21	.1117	.0926	.0768	.0633	.0531	.0443	.0370	.0309	.0259	.0217
22	.1007	.0326	.0680	.0560	.0462	.0382	.0316	.0262	.0218	.0181
23	.0907	.0738	.0601	.0491	.0402	.0329	.0270	.0222	.0183	.0151
24	.0817	.0659	.0532	.0431	.0349	.0284	.0231	.0188	.0154	.0126
25	.0736	.0588	.0471	.0378	.0304	.0245	.0197	.0160	.0129	.0105
26	.0663	.0525	.0417	.0331	.0264	.0211	.0169	.0135	.0109	.0087
27	.0597	.0469	.0369	.0291	.0230	.0182	.0144	.0115	.0091	.0073
28	.0538	.0419	.0325	.0255	.0200	.0157	.0123	.0097	.0077	.0061
29	.0485	.0374	.0289	.0224	.0174	.0135	.0105	.0082	.0064	.0051
30	.0437	.0334	.0256	.0196	.0151	.0116	.0090	.0070	.0054	.0042
35	.0259	.0189	.0139	.0102	.0075	.0055	.0041	.0030	.0023	.0017
40	.0154	.0107	.0075	.0053	.0037	.0026	.0019	.0013	.0010	.0007
45	.0091	.0061	.0041	.0027	.0019	.0013	.0009	.0006	.0004	.0003
50	.0054	.0035	.0022	.0014	.0009	.0006	.0004	.0003	.0002	.0001
60	.0019	.0011	.0007	.0004	.0002	.0001	.00008	.00005	.00003	.00002

<부록 4> 연금현가요소

n기까지 매기 1원이 얻어지는 연금의 현재가치 $= \frac{C}{i}\left(1-\frac{1}{(1+i)^n}\right)$

기간이자율(r) / 기간수(n)	1%	2%	3%	4%	5%	6%	7%	8%	9%	10%
1	0.9901	0.9804	0.9616	0.9615	0.9524	0.9434	0.9346	0.9259	0.9174	0.9091
2	1.9704	1.9416	1.9165	1.8861	1.8594	1.8334	1.8080	1.7833	1.7591	1.7355
3	2.9410	2.8839	2.8286	2.7751	2.7232	2.6730	2.6243	2.5771	2.5313	2.4868
4	3.9020	3.8077	3.7171	3.6299	3.5460	3.4651	3.3872	3.3121	3.2397	3.1699
5	4.8534	4.7135	4.5797	4.4518	4.3295	4.2124	4.1002	3.9927	3.8897	3.7908
6	5.7955	5.6014	5.4172	5.2421	5.0757	4.9173	4.7665	4.6229	4.4859	4.3553
7	6.7282	6.4720	6.2303	6.0021	5.7864	5.5824	5.3893	5.2064	5.0330	4.8684
8	7.6517	7.3255	7.0197	6.7327	6.4632	6.2098	5.9713	5.7466	5.5348	5.3349
9	8.5660	8.1622	7.7861	7.4353	7.1078	6.8017	6.5152	6.2469	5.9952	5.7590
10	9.4713	8.9826	8.5302	8.1109	7.7217	7.3601	7.0236	6.7101	6.4177	6.1446
11	10.368	9.7868	9.2526	8.7605	8.3064	7.8869	7.4987	7.1390	6.8052	6.4951
12	11.255	10.575	9.9540	9.3851	8.8633	8.3838	7.9427	7.5361	7.1607	6.8137
13	12.134	11.348	10.635	9.9856	9.3936	8.8527	8.3577	7.9038	7.4869	7.1034
14	13.004	12.106	11.296	10.563	9.8986	9.2950	8.7455	8.2442	7.7862	7.3667
15	13.865	12.849	11.938	11.118	10.380	9.7122	9.1079	8.5595	8.0607	7.6061
16	14.718	13.578	12.561	11.652	10.838	10.106	9.4466	8.8514	8.3136	7.8237
17	15.562	14.292	13.166	12.166	11.274	10.477	9.7632	9.1216	8.5436	8.0216
18	16.398	14.992	13.756	12.659	11.690	10.828	10.059	9.3719	8.7556	8.2014
19	17.226	15.679	14.324	13.134	12.085	11.158	10.336	9.6036	8.9501	8.3649
20	18.046	16.351	14.877	13.590	12.462	11.470	10.594	9.8181	9.1285	8.5136
21	18.857	17.011	15.415	14.029	12.821	11.764	10.835	10.017	9.2922	8.6487
22	19.660	17.658	15.937	14.451	13.163	12.042	11.061	10.201	9.4424	8.7715
23	20.456	18.292	16.444	14.857	13.489	12.303	11.272	10.371	9.5802	8.8832
24	21.243	18.914	16.935	15.247	13.799	12.550	11.469	10.529	9.7066	8.9847
25	22.023	19.524	17.413	15.622	14.094	12.783	11.654	10.675	9.8266	9.0770
26	22.795	20.121	17.877	15.983	14.375	13.003	11.826	10.810	9.9290	9.1609
27	23.560	20.707	18.327	16.330	14.643	13.210	11.987	10.935	10.027	9.2372
28	24.316	21.281	18.764	16.663	14.898	13.406	12.137	11.051	10.116	9.3066
29	25.066	21.844	19.188	16.984	15.141	13.591	12.278	11.158	10.198	9.3696
30	25.808	22.397	19.600	17.292	15.373	13.765	12.409	11.258	10.274	9.4269
35	29.409	24.999	21.487	18.665	16.374	14.498	12.948	11.655	10.567	9.6442
40	32.835	27.356	23.115	19.793	17.159	15.046	13.332	11.925	10.757	9.7791
45	36.095	29.490	24.519	20.720	17.774	15.456	13.605	12.108	10.881	9.8628
50	39.196	31.424	25.730	21.482	18.256	15.762	13.801	12.233	10.962	9.9148
60	44.955	34.761	27.676	22.623	18.929	16.161	14.039	12.376	11.048	9.9671

기간이자율(r) / 기간수(n)	11%	12%	13%	14%	15%	16%	17%	18%	19%	20%
1	0.9009	0.8929	0.8850	0.8772	0.8696	0.8621	0.8547	0.8475	0.8403	0.8333
2	1.7125	1.6901	1.6681	1.6467	1.6257	1.6052	1.5852	1.5656	1.5465	1.5278
3	2.4437	2.4018	2.3612	2.3216	2.2832	2.2459	2.2096	2.1743	2.1399	2.1065
4	3.1024	3.0373	2.9745	2.9137	2.8550	2.7982	2.7432	2.6901	2.6386	2.5887
5	3.6959	3.6048	3.5172	3.4331	3.3522	3.2743	3.1993	3.1272	3.0576	2.9906
6	4.2305	4.1114	3.9975	3.8887	3.7845	3.6847	3.5892	3.4976	3.4098	3.3255
7	4.7122	4.5638	4.4226	4.2883	4.1604	4.0386	3.9224	3.8115	3.7057	3.6046
8	5.1461	4.9676	4.7988	4.6389	4.4873	4.3436	4.2072	4.0776	3.9544	3.8372
9	5.5370	5.3282	5.1317	4.9464	4.7716	4.6065	4.4506	4.3030	4.1633	4.0310
10	5.8892	5.6502	5.4262	5.2161	5.0188	4.8332	4.6586	4.4941	4.3389	4.1925
11	6.2065	5.9377	5.6869	5.4527	5.2337	5.0286	4.8364	4.6560	4.4865	4.3271
12	6.4924	6.1944	5.9176	5.6603	5.4206	5.1971	4.9884	4.7932	4.6105	4.4392
13	6.7499	6.4235	6.1218	5.8424	5.5831	5.3423	5.1183	4.9095	4.7147	4.5327
14	6.9819	6.6282	6.3025	6.0021	5.7245	5.4675	5.2293	5.0081	4.8023	4.6106
15	7.1909	6.8109	6.4624	6.1422	5.8474	5.5755	5.3242	5.0916	4.8759	4.6755
16	7.3792	6.9740	6.6039	6.2651	5.9542	5.6685	5.4053	5.1624	4.9377	4.7296
17	7.5488	7.1196	6.7291	6.3729	6.0472	5.7487	5.4746	5.2223	4.9897	4.7746
18	7.7016	7.2497	6.8399	6.4674	6.1280	5.8178	5.5339	5.2732	5.0333	4.8122
19	7.8393	7.3658	6.9380	6.5504	6.1982	5.8775	5.5845	5.3162	5.0700	4.8435
20	7.9633	7.4694	7.0248	6.6231	6.2593	5.9288	5.6278	5.3527	5.1009	4.8696
21	8.0751	7.5620	7.1015	6.6870	6.3125	5.9731	5.6648	5.3837	5.1263	4.8913
22	8.1757	7.6446	7.1695	6.7429	6.3587	6.0113	5.6964	5.4099	5.1486	4.9094
23	8.2664	7.7184	7.2297	6.7921	6.3988	6.0442	5.7234	5.4321	5.1668	4.9245
24	8.3481	7.7843	7.2829	6.8351	6.4338	6.0726	6.7465	5.4509	5.1822	4.9371
25	8.4217	7.8431	7.3300	6.8729	6.4641	6.0971	5.7662	5.4669	5.1951	4.9476
26	8.4881	7.8957	7.3717	6.9061	6.4906	6.1182	5.7831	5.4804	5.2060	4.9563
27	8.5478	7.9426	7.4086	6.9352	6.5135	6.1364	5.7975	5.4919	5.2151	4.9636
28	8.6016	7.9844	7.4412	6.9607	6.5335	6.1520	5.8099	5.5016	5.2223	4.9697
29	8.6501	8.0218	7.4701	6.9830	6.5509	6.1656	5.8204	5.5093	5.2292	4.9747
30	8.6938	8.0552	7.4957	7.0027	6.5660	6.1772	5.8294	5.5168	5.2347	4.9789
35	8.8552	8.1755	7.5856	7.0700	6.6166	6.2153	5.8582	5.5386	5.2512	4.9915
40	8.9511	8.2433	7.6344	7.1050	6.6418	6.2335	5.8713	5.5482	5.2582	4.9966
45	9.0079	8.2825	7.6609	7.1232	6.6543	6.2421	5.8773	5.5523	5.2611	4.9986
50	9.0417	8.3045	7.6572	7.1327	6.6605	6.2463	5.8801	5.5541	5.2623	4.9995
60	9.0736	8.3240	7.6873	7.1401	6.6651	6.2491	5.8819	5.5553	5.2630	4.9999

연습문제 해답

제 3 장

번호	답	번호	답
3.1	1,610만원, 1,276만원	3.24	430만원
3.3	A: 1.254 B: 1.191 C: 1.188 D: 1.126	3.25	9.65%
3.5	FV_3: ₩5,620 FV_7:₩8,843	3.28	투자안의 가치는 256만원
3.7	65세에 3,192만원, 9%이면 4,833만원	3.30	728만원
3.8	106.16만원	3.31	2,180만원
3.10	₩6,840	3.32	925만원
3.14	$500\times(1.09)^2=594$원	3.40	12.55%
3.15	9,230원	3.44	19.56%
3.19	다른 곳에 투자	3.47	8.75%
3.21	$r=8\%$		

제 4 장

번호	답	번호	답
4.14	$E(R_U)$: 20% 위험프리미엄$_U$: 12%	4.16	a. $E(R_A)$: 8.8%
	$E(R_L)$: 25% 위험프리미엄$_L$: 17%		$E(R_B)$: 8.4% $E(R_C)$: 8.0%
1.15	σ^2_U: 0.91 σ_U: 0.1		b. $E(R_p)$: 8.4%
	σ^2_L: 0.2025 σ_L: 0.45		c. $E(R_p)$: 8.5%
			d. $V_{ar}(R_p)$: 0.0018375
		1.18	$E(R_p)$: 14.9%, β_p: 1.16
		4.20	1.3베타: 15.18%, 2.6베타: 26.36%

제 5 장

번호	답	번호	답
5.5	b. 879만원	5.9	a. 20,000원 b. 12,000원
5.6	a. 1,883만원 b. 1,303만원	5.10	a. S_0=₩40,940,
5.7	a. 115.69만원 c. $B_0=100$만원		b. S_0=₩22,240,
5.8	a. $\gamma=11\%$ $B_0=100$만원		c. $S_0=\infty$
	$\gamma=15\%$ $B_0=78.33$만원	5.12	a. Ks: 14.8%, b. ₩29,550
	$\gamma=8\%$ $B_0=122.60$만원		

제 6 장

번호	답	번호	답
6.6	a. 초기투자액: 656만원 c. 말기 현금흐름: 294 e. 자본회수기간: 3.93년 f. NPV: 75.37 g. IRR: 약 19%	6.9	a. NPV_X=3,520원, NPV_Y=10,280원 b. NPV_X=8,950원, NPV_Y=11,933원 c. prob($NPV_x \geq 0$)=60%, prob($NPV_y \geq 0$)=25%
6.7	a. 자본회수기간 A: 3년 B: 3.2년 C: 3.4년 b. NPV_A=103.40만, NPV_B=107.86만원 NPV_C=43.02만원 c. IRPA≒20%, IRRB≒17%, IRRC≒15%		

제 7 장

번호	답	번호	답
7.4	a. 11% b. 12%	7.6	a. 부채비용: 6.46% 우선주비용: 12.70% 보통주비용: 15% 신규보통주 비용: 15.89% b. 15.89%, c. 11.33%, d. 11.78%
7.5	b. WACC=12.4%	7.7	b. NPV: 53.78억

제 8 장

<table>
<tr><th>번호</th><th>답</th><th>번호</th><th>답</th></tr>
<tr><td>8.5</td><td><table><tr><th>부채비율</th><th>부채액</th><th>자기자본</th></tr><tr><td>10%</td><td>1,000만</td><td>9,000만</td></tr><tr><td>30%</td><td>3,000만</td><td>7,000만</td></tr><tr><td>60%</td><td>6,000만</td><td>4,000만</td></tr><tr><td>90%</td><td>9,000만</td><td>1,000만</td></tr></table></td><td>8.7
8.8</td><td>V_U=20,000, V_L=21,800원
a. EPS: 400, PER: 15
b. 16,129주 c. EPS: 413원 d. 6,195원</td></tr>
</table>

제 10 장

번호	답	번호	답
10.5	b. (1) 제약적 전략 : 장기－500, 나머지는 단기 (2) 신축적 전략 : 장기－740 c. (1) 제약적 전략비용: 88만원 (2) 신축적 전략비용: 118.4만원	10.6	a. 재고자산회전율: 3.28회 재고자산 전환기간: 111.3일 매출채권회전율: 6.4회 매출채권 전환기간: 57일 b. 영업주기: 168일 c. 매입채무회전율: 9.4회 매입채무거치기간: 39일 d. 현금주기: 129일
		10.7	a. 9.0%, b. 13.06%

제 11 장

번호	답	번호	답
11.7	a. 변경전: 20,000원 변경후: 48,000원 b. 28,000원		

제 12 장

번호	답	번호	답
12.7	① F_2(이론)=31,733	12.10	① F_0: 120.9
12.9	① r_2=0.034 연리=13.6% ② 3개월 만기 현물채권가격 : 970,000원 6개월 만기 현물채권가격 : 936,000원		

제 13 장

번호	답	번호	답
13.6	c=1,212원	13.8	4,749
13.7	70		

제 14 장

번호	답		번호	답
14.1	a. DM16,479,	BP16,928,	14.4	h_{US}=14.12%
	JPY1,154,400,	CHF13,268	14.5	DM2.00/£0.60=DM3.33/£
	b. DM16,451,	BP16,876,	14.7	₩712,250,000
	JPY1,157,500,	CHF13,147	14.8	E[S_2]=DM2.03
14.2	a. U$ 60,683	b. U$118,147		
14.3	c. U$17,325	d. U$45,222		
	F_1=¥109.25/U$			

찾아보기

국 문

ㄱ

가격발견 · 498
가격의 기능 · 41
가중평균자본비용 · 317
가치평가 · 23
가치평가의 과정 · 220
가치평가의 근본모형 · 216
간접증권 · 71
간접파산비용 · 366
간접표시환율 · 564
감채기금부 사채 · 405
강형 효율성 · 246
개시증거금 · 491
거래노출 · 568
거래비용 · 456, 498
거래소 · 489
거래신용 · 440
경쟁시장 · 501
경제적 노출 · 569
경제적 주문량 · 455
고갈비용 · 427
고객효과 · 373
고유위험 · 194
고정배당모형 · 238
고정소득증권 · 223
공개모집 · 401
공매도 · 499
공모 · 393
공정게임 · 165
과대평가 · 203
과소평가 · 203
과잉반응 · 245
관리변동환율제도 · 563
교차헷지 · 495
교차환율 · 565
구매력위험 · 467
구매력평가설 · 574
국채 · 402
금리선물 · 513
금리스왑 · 516
금리연동부 사채 · 405

금융공학 · 540
금융시스템 · 63
금융자산 · 25
금융채 · 403
기대가설 · 503
기대수익률 · 171
기술적 분석 · 245
기업재무 · 25
기여예금 · 147, 453
기본사채 · 405
기초연금 · 125
기초자산 · 524
기회비용 · 41, 214, 264, 453, 456
기회집합 · 184

ㄴ

내부수익률법 · 288
내부수익률 접근법 · 306
내부자 정보 · 247
내적 효율성 · 388
내재가치 · 213

ㄷ

단기금융 · 440
단기금융시장 · 67
단리 · 117
담보부채권 · 403
당좌대출 · 441
대체투자 · 259
도덕적 해이 · 85
독립적 투자 · 260
등록채권 · 404

ㄹ

레버리지효과 · 499
롱헷지 · 495

ㅁ

마진콜 · 493
만기 · 400
만기일 · 533
만기수익률 · 230
만기일치 · 437
말기현금흐름 · 267
매도가격 평가법 · 234
매몰비용 · 86, 264
매몰비용의 오류 · 264
매입채무 거치기간 · 423
매출채권 전환기간 · 422
목표자본구조 · 355
무담보채권 · 403
무상주배당 · 379
무위험이자율 · 222
무위험증권 · 186
무임승차 · 102
무조건 모방 · 102
무차입자본비용 · 361
미래가치 · 114, 115
미래의 불확실성 · 162
미지급비용 · 440
민감도 분석 · 296
밀러-오어 모형 · 460

ㅂ

발생주의 · 42
배당금잔여이론 · 371
배당성장모형 · 325
배당성향 · 377
배당의 정보효과 · 373
배당정책 · 374
배당정책의 무관련성 · 373
배분의 효율성 · 64
변동성 · 162
변동성장모형 · 239
변동적 유동자산 · 436
보유비용 · 505
보증채권 · 404
보통연금 · 125
보통주 · 398
복리 · 117
부채비용 · 330
분리의 원칙 · 190
분산 · 176
분산가능위험 · 192
분산불가능위험 · 192
분산효과 · 190
분석의 마비 · 301
블랙-숄즈 옵션가격결정모형 · 549
옵션가격결정모형 · 544
비체계적 위험 · 194

ㅅ

사모 · 394, 401
사전적 · 164
삼각차익거래 · 566
상관계수 · 178
상관관계 · 178
상대구매력평가 · 576
상업어음 · 465
상호배타적인 투자 · 260
선도거래 · 486
선도환율 · 565
선물거래 · 486
선물시장 헷지 · 572
선물환계약 · 571
세금절감효과 · 360
세후 추가현금흐름 · 263
손안의 새 · 374
손익확대효과 · 349
숏헷지 · 495
수금정책 · 473
수시상환사채 · 405
수익률곡선 · 435
수익률의 변동성 · 172
수익률의 분산 · 534
수직적 스프레드 · 555
순수게임 접근법 · 334
순수 포지션 · 553
순운전자본 · 265, 417
순현가 · 285
순현가법 · 284
순현가접근법 · 307
순현금유입 · 433
숨겨진 옵션 · 98
스왑 · 516
스프레드 포지션 · 555
시간선 · 117

시뮬레이션 분석 · 301
시장가치평가이론 · 221
시장경제 · 40
시장민감도 · 197
시장위험 · 193
시장이자율 · 534
시장의 효율성 · 499
시장포트폴리오 · 196
신용기간 · 471
신용기준 · 472
신용비용곡선 · 475
신용정책 · 471
신용조건 · 471
신주인수권부사채 · 406
실물자산 · 25
실효이자율 · 144

ㅇ

액면가 · 400
약속어음 · 441
약형 효율성 · 245
어음할인 · 441
M&M가설 Ⅰ · 352
M&M가설 Ⅱ · 352
역선택 · 94
연간순현가 방식 · 304
연금 · 125
연금공식 · 142
연속복리 · 122
연속상환사채 · 405
영구연금 · 138
영구적 유동자산 · 436
영업주기 · 422
영업현금흐름 · 267
예비적 동기 · 452
옵션 · 524
옵션가격결정모형 · 544
옵션매도의 가치 · 530
외적 효율성 · 388
요구수익률 · 204, 318
운영의 효율성 · 64
위험 · 163
위험과 기대수익률의 보상관계 · 164, 196
위험관리 · 497
위험프리미엄 · 161, 420
위험선호형 · 165
위험중립형 · 165
위험회피형 · 165
유동성 · 499
유동성 위험 · 468
유동자산 · 418
유지비용 · 427
유지증거금 · 491
이론선물가격 · 507
이자율위험 · 467
이자율의 기간구조 · 435
이자율평가설 · 579
2차시장 · 70
이항옵션가격결정모형 · 544
인수 · 392
인수기능 · 392
인수단 · 392
일물일가의 법칙 · 92
일일청산제도 · 491
일일청산절차 · 488

일정성장모형 · 238
1차시장 · 70

ㅈ

자가레버리지 · 352
자금시장 · 71
자금시장헷지 · 573
자금의 원천 · 319
자금흐름조정 · 571
자기자본비용 · 324
자기자본이익률 · 346
자본 · 27
자본구조 · 27, 101
자본구조 무관련성 · 352
자본구조비중 · 322
자본구조의 정태적 이론 · 367
자본배급 · 261, 305
자본비용 · 318
자본시장 · 68
자본시장선 · 186
자본예산 · 26, 258
자본자산 가격결정모형 · 196
자본회수기간법 · 281
자산운용 · 32
자원배분의 효율성 · 58
잔여재산 분배청구권 · 397
장부가치 평가법 · 233
장외시장 · 562
재고자산 전환기간 · 422
재무곤란비용 · 366
재무레버리지 · 346
재무적 곤란 · 365
재무활동 · 32
적자부문 · 63
적정할인율 · 318
적정현금수준 · 463
전략적 자산 배분 · 258
전환사채 · 406
절대구매력평가 · 575
정규분포 · 170
정보의 비대칭성 · 93
정상적 백워데이션가설 · 504
정액상환절차 · 135
정치적 위험 · 582
제로섬 · 500
제로섬게임 · 96, 530
제로성장모형 · 237
조견표 · 140
종속적 투자 · 260
주가수익률 평가법 · 235
주가지수선물 · 509
주가지수 포트폴리오 · 511
주관적 접근법 · 336
주당순이익 · 346
주식가격 · 533
주식배당 · 379
주식분할 · 380
주식옵션 · 524
주주들의 투자기회 · 376
준강형 효율성 · 246
중개은행 · 518
중개회사 · 490
증거금 · 491
증권 · 71
증권시장선 · 200, 327

증권시장선 접근법 · 327
지방채 · 403
지연반응 · 245
직접증권 · 71
직접표시환율 · 564

ㅊ

차익거래 · 92, 495
차익거래이익 · 501. 563
차익거래자 · 563
채권 · 400
채권시장 · 401
채무불이행 위험 · 467
채무한계 · 98
청산소 · 490
체계적 위험 · 193
초과수익 · 243
초기투자 · 267
총액인수 · 389
최소분산포트폴리오 · 185
최적신용정책 · 474
최적자본구조 · 355, 367
최적현금잔고 · 458
72법칙 · 150

ㅋ

콘탱고가설 · 505
콜옵션 · 97, 525
쿠폰부채권 · 404

ㅌ

통제선 · 461
통화선물 · 514, 565
통화스왑 · 516, 518
투기거래 · 495
투기거래자 · 497, 563
투기기회 · 499
투기적 동기 · 452
투자결정 · 258
투자의 재원 · 61
투자활동 · 25
특수채 · 403

ㅍ

파산비용 · 364
판매기능 · 392
포트폴리오 · 176
표면이자 · 330
표면이자율 · 144
표준화 · 488
풋옵션 · 97, 525
풋-콜 패리티 · 540
프로그램매매 · 511

ㅎ

한계분석 · 41
할인거래 · 226
할인율 · 128
할증거래 · 226
해당위험 · 194

행사가격 · 533
헷저 · 563
헷지거래 · 495
헷지거래자 · 497
헷지접근법 · 437
헷지 포지션 · 554
현금예산 · 430
현금유출 · 432
현금의 운용 · 420
현금의 원천 · 419
현금인도 · 493
현금잔고 · 433
현금주기 · 423
현금할인 · 474
현금흐름 · 31, 217
현금흐름의 할인 · 128
현물인도 · 493
현물환율 · 564
현재가치 · 114, 128
화폐의 시간가치의 개념 · 112
확장투자 · 259
확정이자부 사채 · 405
환노출 · 567
환산노출 · 568
환산노출 상계 · 572
회계적 노출 · 568
회계적 이익률법 · 278
효율적 곡선 · 185
효율적 시장가설 · 242
효율적 자본시장 · 242
흑자부문 · 63

영 문

A

absolute purchasing power parity · 575
accounting exposure · 568
accounting rate of return · 278
accrued expenses · 440
actual delivery · 493
adverse selection · 94
allocational efficiency · 64
annuity · 125
annuity due · 125
appropriate discount rate · 318
APR · 144
arbitrage · 92
arbitrageurs · 563
arbitrage profit · 501

B

bankruptcy cost · 364
BAT · 454
binomial option pricing model · 544
Black-Scholes Option Pricing Model · 549
blind imitation · 102

bond · 400
bond with warrants · 406

C

callable bond · 405
call option · 97, 525
capital · 32
capital asset pricing model : CAPM · 196
capital budgeting · 258
capital market · 68
capital market line · 186
capital rationing · 261, 305
capital structure · 101
capital structure irrelevance · 352
capital structure weights · 322
carrying costs · 505
cash budget · 430
cash cycle · 423
cash delivery · 495
cash discounts · 474
carrying costs · 427
clearing house · 490
clientele effect · 373
collection policy · 473
commission house · 490
common stock · 396
compensating balance · 147
competitive market · 501
compounding interest rate · 117
constant growth model · 238
contango hypothesis · 501
control limits · 461
convertible bond · 406
corporate finance · 25
cost of capital · 318
cost of debt · 330
cost of equity · 324
coupon bond · 404
coupon rate · 330, 400
credit cost curve · 475
credit period · 471
credit standards · 472
credit terms · 471
cross-exchange rate · 565
cross hedge · 495
currency swap · 516, 518
current assets · 418

D

daily settlement · 491
daily settlement procedure · 488
danger · 163
default risk · 497
deficit spending unit · 63
delayed reaction · 245
direct quotations · 564
direct security · 71
discount · 226
discount rate · 128
diversifiable risk · 192
diversification · 176
diversification effect · 190
dividend growth model · 325

E

Earnings Per Share: EPS · 346
economic exposure · 569
efficient allocation of resources · 58
efficient capital market · 242
efficient market hypothesis · 242
efficient frontier · 185
exchange · 489
exchange exposure · 567
expectation hypothesis · 503
expected return · 171
external efficiency · 388

F

face value · 400
fair game · 165
financial assets · 25
financial distress · 365
financial distress costs · 366
financial engineering · 540
financial leverage · 346
financial system · 63
fixed income security · 223
fluctuating current assets · 436
forward contracts · 486
forward exchange rate · 565
free rider · 102
fundamental valuation model · 216
funds adjustment · 571
future contracts · 486, 571
future value · 103, 114, 115
futures exchange market hedge · 572

G

guaranteed bond · 404

H

hedge position · 554
hedger · 497, 563
hedging approach · 437
hidden option · 98
homemade leverage · 352

I

incremental cash flow after tax · 263
index portfolio · 511
indirect bankruptcy costs · 366
indirect quotations · 564
indirect security · 71
information asymmetry · 93
informational effect of dividends · 373
initial investment · 267
initial margin · 491
insider information · 247
interest rate · 534
interest rate futures · 513
interest rate parity · 579
interest rate risk · 467
interest-rate swap · 516
interest tax shield · 360
intermediary bank · 518

internal efficiency · 388
intrinsic value · 213
inventory conversion period · 422
investment · 25
IRR · 288

L

law of one price · 92
leverage effect · 499
limited liability · 98
liquidity risk · 468
Loan Amortization Schedule · 135
long hedge · 495

M

maintenance margin · 491
managed floating · 563
margin · 491
margin call · 493
marginal analysis · 41
market efficiency · 499
market portfolio · 196
market risk · 193
market sensitivity · 197
market valuation theory · 221
maturity · 400
maturity matching · 437
Miller-Orr Model · 460
minimum variance portfolio · 185
money market · 67
money market hedge · 573
moral hazard · 94

N

naked position or uncovered position · 553
net cash inflow · 433
Net Present Value: NPV · 284
net working capital · 417
normal backwardation hypothesis · 504
normal distribution · 170

O

operating cash flow · 267
operating cycle · 422
operational efficiency · 64
opportunity cost · 41, 214, 264, 453
opportunity set · 184
optimal capital structure · 349, 367
optimal credit policy · 474
option · 524
optional capital structure · 355
ordinary annuity · 125
outstanding bond · 405
over-reaction · 245
overvalued · 203

P

paralysis of analysis · 301
payables deferral period · 423
payback period method · 281
perfect positively correlated · 178

permanent current assets · 436
perpetuities · 138
political risk · 582
Portfolio · 176
precautionary motive · 452
premium · 226
present value · 103, 114, 128
price discovery · 498
primary market · 70
private placement · 394
program trading · 511
promissory note · 441
public issue · 406
public offering · 393
purchasing power parity: PPP · 574
purchasing power risk · 467
put-call parity · 540
put option · 97, 525

R

real assets · 25
receivables conversion period · 422
registered bond · 404
relative purchasing power parity · 576
relevant risk · 194
replacement projects · 259
required rate of return · 204, 318
residual theory of dividends · 371
Return On Equity: ROE · 346
risk · 163
risk averse · 165
risk neutral · 165
risk taking · 165
risk free interest rate · 222
risk free security · 186
risk management · 497
risk premium · 161, 410

S

secondary market · 70
secured bond · 403
securities · 71
security market line: SML · 200
semistrong form efficiency · 245
sensitivity analysis · 296
separation principle · 190
serial bond · 405
short hedge · 496
short sale · 499
shortage costs · 427
simple interest rate · 117
simulation analysis · 301
sinking fund bond · 405
source of funds · 319
speculative motive · 452
speculative opportunity · 499
speculator · 491, 563
spot exchange rate · 564
spread position · 555
stock index futures · 509
stock option · 524
stock splits · 380
strategic asset allocation · 258
strong form efficiency · 245

sunk cost fallacy · 264
surplus spending unit · 63
swap · 516
syndicate · 392
systematic risk · 193

T

target capital structure · 355
technical analysis · 245
term structure of interest rates · 435
terminal cash flow · 267
time line · 117
trade credit · 440
trade-off between fisk and expected return · 164
transaction exposure · 568
triangle arbitrage · 566

U

undervalued · 203
underwriting · 389, 392
undiversifiable risk · 192
unguaranteed bond · 404
unique risk · 194
unlevered cost of capital · 361
unsecured bond · 403
unsystematic risk · 194

V

valuation process · 220
variability or fluctuation · 172
vertical spread · 555

W

WACC · 321
weak form efficiency · 245

Y

yield curve · 431
yield to maturity : YTM · 230

Z

zero-sum · 500
zero-sum game · 96

[저자 약력]

민성기

서울대학교 졸업(경제학 학사)
뉴욕주립대 졸업(경영학 석사)
텍사스주립대 졸업(경영학 박사)
루이지애나주립대 조교수
제일경제연구소 연구위원
현재, 한성대학교 경영학부 교수

[저　　서]

『제2판 경영분석』(창민사, 2020)
Asymmetric Information and Shareholers' Wealth, Garland Publishing Inc., USA

[주요 논문]

"Sources of Wealth Loss in New Equity Issues"
"Speculative Efficiency and Foreign Currency Futures"
"The Effects of Asymmetric Information on Management Leveraged Buyouts"
"주가지수선물거래와 증권시장"
"베이시스를 이용한 株價指數先物에서의 去來規則의 成果 분석"

엄윤성

서울대학교 인문대학 미학과 졸업
서울대학교 경영대학 경영학과 졸업
서울대학교 경영대학원 경영학 석사
서울대학교 경영대학원 경영학 박사(재무금융)
미국 워싱턴 대학교 객원연구원
한국은행 경제연구원 객원연구원
2008～현재, 한성대학교 경영학부 교수
https://sites.google.com/view/yseom/

[주요 논문]

"Short sales restrictions and market quality: Evidence from Korea"
"Kimchi Premium and Speculative Trading in Bitcoin"
"Individual Investors and Post-Earnings-Announcement Drift: Evidence from Korea"
"The Disposition Effect and Investment Performance in the Futures Market"
"Negative Momentum Profit in Korea and its Sources"
"국민연금의 시장충격비용에 대한 연구"
"Can Liquidity be a Risk Factor that Predicts Economic Growth?: The U.S. and International Evidence"
"펀드매니저의 포트폴리오 펌핑에 대한 재고찰"
"모멘텀과 기업규모의 관계"
"애널리스트 투자의견 하향에 대한 공매도거래 분석"
"Monetary Policy and the Stock Market: Intraday Transaction Data Analysis"
"주가지수 선물과 옵션의 만기일이 주식시장에 미치는 영향: 개별 종목 분석을 중심으로"
"사이드카가 프로그램매매종목의 가격 · 변동성 · 유동성에 미치는 영향"

그 외 〈한국증권학회지〉, 〈재무연구〉, 〈금융연구〉, 〈재무관리연구〉, 〈선물연구〉, 〈금융공학연구〉 등의 국내외 재무금융 관련 저널에 총 29편의 논문 게재

제7판 재무관리원론

1999년 11월 20일 제1판 발행
2018년 2월 25일 제6판 발행
2022년 2월 21일 제7판 발행
2024년 2월 20일 제7판 2쇄 발행

저 자 민성기·엄윤성
발행인 윤 동 구
발행처 **창 민 사**
주 소 서울시 마포구 창전로 46 4층 401호
등 록 1999. 10. 28/제10-1846호
전 화 3272-1243~4
팩 스 3272-1245
e-mail cmbooks@hanmail.net

정가 29,000원 ISBN 979-11-92272-00-9 93320